管 理 学

主 编 贾名清 方 琳

东南大学出版社

·南京·

图书在版编目(CIP)数据

管理学 / 贾名清,方琳主编. —南京:东南大学出版社,
2012.10
ISBN 978-7-5641-3776-2

Ⅰ.①管… Ⅱ.①贾… ②方… Ⅲ.①管理学 Ⅳ.①C93

中国版本图书馆 CIP 数据核字(2012)第 233665 号

管理学

出版发行:东南大学出版社
社　　址:南京市四牌楼 2 号　邮编:210096
出 版 人:江建中
责任编辑:史建农
网　　址:http://www.seupress.com
电子邮箱:press@seupress.com
经　　销:全国各地新华书店
印　　刷:南京玉河印刷厂
开　　本:787mm×1092mm　1/16
印　　张:28
字　　数:681 千字
版　　次:2012 年 10 月第 1 版
印　　次:2012 年 10 月第 1 次印刷
书　　号:ISBN 978-7-5641-3776-2
印　　数:1~3000 册
定　　价:55.00 元

本社图书若有印装质量问题,请直接与营销部联系。电话:025-83791830

前　言

　　管理是人类最基本的实践活动,在漫长的人类社会发展史上,管理实践的丰碑随处可见,无论是现在还是将来,管理都将是促进经济社会发展的强大动力,同时,管理也是一个令人兴奋并且充满挑战的领域。

　　管理学是一门系统研究和探讨管理最一般规律的科学,作为专门介绍管理的基本理论、技能和方法的管理学教材,本书是在立足于现代管理理论和实践的最新研究成果,参考了国内外众多优秀的管理学教材和同类书籍的基础上编写而成的,框架体系沿用了经典的以管理基本职能为线索的管理学学科体系,主要内容包括管理与管理学、管理思想的演进、决策、计划与战略计划、组织、人力资源管理、组织文化、组织变革与发展、领导、激励、沟通、控制、全球化管理及管理创新等内容。由于现代管理者面对问题的多样性以及管理环境的复杂多变,要做好管理工作,不仅需要掌握完整的管理理论,具备丰富的管理方法和艺术,还需要适当了解和掌握诸如政治学、经济学、哲学、心理学、社会学等相关知识,因此,本书在附录部分简略介绍了管理者应当掌握和拓展的相关领域的概念、原理、方法与技能,旨在为读者拓展相关领域的知识和技能提供一个较为清晰的参考线索。

　　本书以管理和管理学的基本概念和基本理论为基础,力求从现实和实用的角度出发,系统、有效地阐述管理学的真谛所在。为了突出和强调管理学的应用性、系统性和前瞻性,同时使得本书既便于读者学习,也有利于教师组织课堂教学,本书配有案例导读、专栏、案例阅读和点评、复习思考题、案例分析讨论。

　　本书可作为高等院校特别是应用型高等院校经济管理类及其他专业本、专科层次管理学课程的教学用书,也可作为研究生教学的参考用书,还可作为企业经营管理人员的在职培训教材及管理爱好者的自学读本。

　　感谢为本书辛勤劳动和提供过帮助的每一位老师、同学和朋友,同时向本书所引用的资料和参考文献的作者们致谢,感谢他们提供的原始素材。尤其是附录部分的内容主要取材于李廉水教授主编的《管理学——基础与技能》,在此表示特别感谢。当然,没有组织者和出版者就不会有此书的面世。因此,首先要感谢南京信息工程大学滨江学院,本书是南京信息工程大学滨江学院第二期教改工程资助项目成果。感谢东南大学出版社所有为本书的编辑出版提供帮助的工作人员,感谢他们严谨、认真和高效率的工作,特别感谢东南大学出版社史建农编辑一如既往的大力支持!

由于编者能力和经验所不及,本书必然存在不足和疏漏之处,请同学们和同行在学习和组织教学过程中提出宝贵意见,也请其他读者不吝赐教,你们的意见将会促使本书能够得到不断改进和完善。

编者

2012 年 9 月 24 日

目　录

1　管理与管理学

▶ 案例导读

蒋华是某新华书店邮购部经理。该邮购部每天要处理大量的邮购业务,一般情况下,登记订单、按单备货、发送货物都是部门中的业务人员承担的。但在前一段时间里,接连发生了多起 A 要的书发给了 B,B 要的书却发给了 A 之类的事,引起了顾客极大的不满。今天又有一批书要发送,蒋华不想让这样的错误再次发生。如果你是蒋华,你认为应该由你亲自核对这批书,还是仍由业务员来处理。

管理是人类最基本的实践活动,也是现代经济社会发展的强大动力,而管理学则是研究管理活动基本规律的科学。本章阐述了管理的含义、基本特征和性质;管理者的内涵、角色和技能、企业的社会责任和管理者的道德;管理的内外部环境;管理学的学科性质、基本框架和管理学的学习方法。旨在为以后各章的学习奠定基础。

1.1　管理

管理无时不在,管理无处不在,有人群活动的地方就需要管理。从某种意义上说,管理是人类存在的一种方式,也是一个令人兴奋并且充满挑战的领域。

1.1.1　管理的概念

长久以来,中外学者从不同角度对管理的概念提出了许多看法,这些看法都从不同角度反映了管理的内涵。其中比较有影响的定义有以下几种:

科学管理的创始人泰罗认为,管理就是"确切地知道你要别人去干什么,并使他用最好的方法去干"。

职能管理学派的代表法约尔认为,管理就是实行计划、组织、协调和控制。

行为学派的代表人物梅奥认为管理就是做人的工作,管理的主要内容是以研究人的心理、生理和社会环境之间的相互关系为核心,激励员工的行为动机,调动人的积极性。

决策学派的代表人物西蒙认为,管理就是决策,决策贯穿于管理的全过程。

管理科学学派的代表人物韦伯认为,管理是用数学模型来计划、组织、控制、决策等合乎逻辑的程序,求出最优的解答,以达到系统所追求的目标。

近代管理大师孔茨认为,管理就是设计和保持一种良好的环境,使个人在群体中高效率地完成既定的目标。

从以上列举的定义可以看出,各个学派、各个学者对管理的定义尽管有不同的描述,但都有其合理和可取之处,都是从某个侧面反映了管理的某些内容和特点。本书认为,要全面理解和把握管理的概念必须从以下几个角度来理解：首先，从经济的角度看，管理是与经济发展有关的最重要的社会活动，是一个国家最重要的经济资源，是第二生产力。其次，从行为学的角度看，管理是有关人的行动的一门学问，就是通过他人将事情办妥，或者可以理解为让别人同自己一起去实现既定目标的活动。最后，从管理职能的角度看，管理就是决策，就是实行计划、组织、指挥、协调和控制。

根据上述分析，我们给管理的定义是：管理是组织中的管理者通过实施计划、组织、领导、控制等职能来协调包括人在内的各种资源，从而高效地实现既定目标的活动过程。

1.1.2 管理的基本特征

1）管理是一种社会现象或文化现象

只要有人类社会存在，就会有管理存在。因此，管理是一种社会现象或称文化现象。从科学的定义上讲，存在管理必须具备两个必要条件，缺一不可：①必须是两个以上的集体活动，包括生产的、行政的等活动；②有一致认可的、自觉的目标。

2）管理的"载体"就是"组织"

管理是在特定的组织中进行的，任何组织都需要管理。所谓组织，是对完成特定使命的人们的系统性安排。组织的具体形式有很多，例如企业、学院、政府机构等，但是它们都具有共同的特征。

在组织内部，一般包括5个要素，①人——包括管理的主体和客体；②物和技术——管理的客体、手段和条件；③机构——实质反映管理的分工关系和管理方式；④信息——管理的媒介、依据，同时也是管理的客体；⑤目的——宗旨，表明为什么要有这个组织，它的含义比目标更广泛。

组织还包括9个外部要素：①行业，包括同行业的竞争对手和相关行业的状况；②原材料供应基地；③人力资源；④资金资源；⑤市场；⑥技术；⑦政治经济形势；⑧政府；⑨社会文化。

因此，一个组织的建立和发展，既要具备5个基本的内部要素，又要受到一系列外部环境因素的影响和制约。管理就是在这样的组织中，由一个或者若干人通过行使各种管理职能，使组织中以人为主体的各种要素得到合理配置，从而高效地实现组织目标。

3）管理的职能具有普遍性

尽管不同的管理专家对管理职能的具体划分存在差异，但管理和管理人员需要履行的基本职能大体是相同的，即计划、组织、领导和控制（见图1.1）。只是由于主管人员在组织中所处的层次不同，他们在执行这些职能时也就各有侧重。

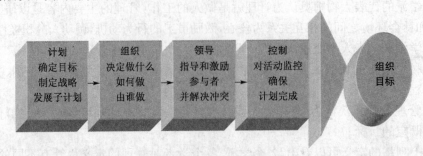

图 1.1　管理的基本职能

4) 管理的核心是处理各种人际关系

管理活动自始至终,在每一个环节上都是与人打交道的,因此说管理的核心是处理组织中的各种人际关系。人际关系的内涵随着社会制度的不同而不同。

案例阅读

人际关系及管理中的"人"的重要性

人际沟通使我们在社会中发挥重要作用并维持我们工作和生活中重要的相互关系,也是构成我们道德规范的基础。同时,良好的人际沟通和人际关系是我们每个人身心健康的重要保证。西方的多项研究显示,人际关系不良会导致诸多健康问题:

● 一项研究显示,缺乏与他人的接触使生病和死亡的机会加倍。

● 在一项对大学宿舍室友的研究中,室友相互之间越不喜欢,就越有可能去看医生和患伤风感冒。

● 隔绝对男性比对女性的影响更大,没有亲密社会联系的男性早逝的可能性是有亲密社会联系的男性的 2~3 倍。

在管理领域中,"人"被视为一个组织最具价值的资源,管理者尤其是高层管理者往往会花费更多的时间和精力与人打交道。其中较为著名的有苹果公司前掌门人乔布斯的"顶尖人才理论"。与对产品和战略高度聚焦的做法相似,在人才的使用上,乔布斯极力强调"精"和"简"。乔布斯曾创立并管理的 Pixar 公司倡导的是没有"B 团队",每个电影都是集合最聪明的漫画家、作家和技术人员的最佳努力而成。"质量比数量更加重要",乔布斯表示。从若干年前看到 Stephen G. Wozniak 为制造第一台苹果机而显示出的超凡的工程学技能的那些日子开始,他就相信由顶尖人才所组成的一个小团队能够运转巨大的轮盘,仅仅是拥有较少的这样的顶尖团队就够了。为此,他花费大量精力和时间打电话,用于寻找那些他耳闻过的最优秀人员以及那些他认为对于苹果公司各个职位最适合的人选。

【点评】 管理者到底管什么,李廉水教授认为,所谓管理就是"管人,管事,管人和事"。没有人,不存在管理;没有事,不需要管理。其中最核心的内容还是管人,人的问题解决了,事的问题就有了基础,因为任何事都需要通过人去设计、谋划和落实。

5) 管理者的角色

管理是一种无形的力量,这种力量是通过各级管理者体现出来的。

1.1.3　管理的性质

1) 管理的二重性

管理具有自然属性与社会属性两重属性,这是马克思主义管理理论的主要内容(见图 1.2)。

自然属性:管理是由许多人进行协作劳动而产生的,是有效组织共同劳动所必需的,具有同生产力和社会化大生产相联系的自然属性。

社会属性:管理又体现着生产资料所有者指挥劳动、监督劳动的意志,因此,又有同生产关系和社会制度相联系的社会属性。

管理的自然属性体现在两个方面:①管理是社会劳动过程的一般要求。管理之所以必要,是由劳动的社会化决定的。它是共同劳动得以顺利进行的必要条件。共同劳动的规模越大,劳动的社会化程度越高,管理也就越重要。②管理在社会劳动过程中具有特殊的作用。只有通过管理才能把实现劳动过程所必需的各种要素组合起来,使各种要素发挥各自的作用。

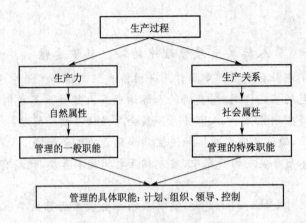

图 1.2　管理二重性示意图

管理的社会属性体现在管理作为一种社会活动,它只能在一定的社会历史条件下和一定的社会关系中进行,管理具有维护和巩固生产关系,实现特定生产目的的功能,管理的社会属性与生产关系、社会制度紧密相连。

管理的两重属性是相互联系、相互制约的。一方面,管理的自然属性不可能孤立存在,它总是在一定的社会形式、社会生产关系条件下发挥作用;同时,管理的社会属性也不可能脱离管理的自然属性而存在,否则管理的社会属性就会成为没有内容的形式。另一方面,管理的两重属性又是相互制约的,管理的自然属性要求具有一定的"社会属性"的组织形式和生产关系与其相适应;同样,管理的社会属性也必然对管理的科学技术等方面发生重大影响与制约作用。

研究管理二重性理论的基本意义在于:

(1) 管理的二重性体现着生产力和生产关系的辩证统一关系。管理仅仅看作生产力或仅仅看作生产关系,都不利于我国管理理论和实践的发展。

(2) 西方的管理理论、技术和方法是人类长期从事生产实践的产物,是人类智慧的结晶,它同生产力的发展一样,具有连续性,是不分国界的。因此,我们要在继承和发展我国过去的科学的管理经验和管理理论的同时,注意学习、引进国外先进的管理理论、技术和方法。

(3) 研究和创立具有中国特色的管理理论。任何一种管理方法、管理技术和手段的出现总是有其时代背景的,也就是说,它是同生产力水平、特定生产关系及其他一些情况相适应的。

2) 管理的科学性和艺术性

管理既是一门科学,也是一门艺术,它是科学和艺术的辩证统一,是科学和艺术的有机结合。

管理的科学性是指管理作为一个活动过程,其间存在着一系列基本客观规律。管理是一门科学,是指它以反映管理客观规律的管理理论和方法为指导,有一套分析问题、解决问题的科学方法论。

管理的艺术性,就是强调管理活动除了要掌握一定的理论和方法外,还要有灵活运用这些知识和技能的技巧和诀窍。

管理是指导人们从事管理工作的一门科学,但它不可能为管理者提供解决一切管理问题的标准答案。它只是探索管理的一般规律,提出一定的理论、原则和方法。而这些理论、原则和方法等的应用,要求管理者必须从实际出发,具体情况具体分析,发挥各自的创造性。从这个意义上说,管理又是一门艺术。

管理既是科学又是艺术并不矛盾,正如管理学家孔茨所言:"最富有成效的艺术总是以对它所依借的科学的理解为基础的。因此,科学和艺术不是相互排斥的,而是相互补充的。"人们不难看到,主管人员如没有管理学的知识,就必然靠运气,靠过去的经验来管理,其成功率不高;一旦掌握了科学的管理理论,又深入实际调查研究,就很可能对管理问题设想出切实可行的解决办法,收到较好的效果。所以,学习管理理论仍然必要。管理既是一门科学,又是一门艺术。

综上所述,管理的科学性和艺术性之间的关系可以概括为:有成效的管理艺术是以对它所依据的管理理论的理解为基础的;但仅凭管理理论不足以保证管理的成功,人们还必须懂得如何在实践中运用它们。

■ 案例阅读

一则发放年终奖金的故事说明了管理的艺术性

一个蒸蒸日上的公司,当年盈余竟大幅度下滑。马上就要过年了,往年的年终奖金最少加发2个月工资,有的时候发得更多。这次可不行,算来算去,只能多发1个月的工资作为奖金。按常规做法,实话告诉大家,很可能士气要下滑。董事长灵机一动。没过两天,公司传来小道消息:"由于经营不佳,年底要裁员。"顿时人心惶惶,但是总经理却宣布:"再怎么艰苦,公司也决不愿意牺牲同甘共苦的同事,只是年终奖可能无力发放了。"总经理一席话使员工们放下心了,只要不裁员,没有奖金就没有吧。人人都做了过个穷年的打算。除夕将至,董事长宣布:"有年终奖金,整整1个月工资,马上发下去,让大家过个好年。"整个公司大楼爆发出一片欢呼声。

【点评】 与其因最好的期盼,造成最大的失望,不如用最坏的打算,引来意外的惊喜。同样是发1个月的奖金,常规做法可能是打击士气,换一种做法竟激励了士气,这就是管理的艺术,许多管理方法和技巧都是一种艺术。

管理中处处有艺术:用权、用人、决策、统筹、协调、应变、奖励和批评等。因此,任何一位管理者都应当是一位管理艺术家。

1.2　管理者

每个组织中都有各种各样的管理者,而每个管理者又处于不同的管理岗位。那么,究竟什么样的人是管理者呢?

1.2.1 管理者的概念

如果给管理者下一个严谨的定义的话,那么:管理者就是让别人同自己一起完成组织目标的人,或者说,管理者是管人、管事、管人和事的负责人。管理者的共同特点是:管理者都存在下属;管理者都是在组织中工作的。

管理者都存在下属。管理不是个人的活动,对管理者来说,管理就是要在其职责范围内协调自己以及下属人员的行为。组织中的任何事都是由人来传达和处理的,管理者既管人又管事,而管事实际上也是管人。管理者所要解决的核心问题是处理好组织中的各种人际关系,而管理者与下属之间的关系就是各种人际关系的主导与核心;同时,下属之间的关系在组织中也大量存在,也需要管理者进行协调与处理。

管理者都是在组织中工作的。管理者进行的管理活动一定是在组织中实施的。"许多人在同一生产过程中,或在不同的但相互联系的生产过程中,有计划地一起协同劳动,这种劳动形式叫做协作。"(《马克思恩格斯全集》第 23 卷,第 362 页)有效的协作需要组织,需要在组织中实施管理。一个组织的建立和发展,既要具备内部要素(人、物、技术、机构、信息、目的等),又要受到外部环境因素(行业、市场、政治经济形势、社会文化等)的影响和制约。管理就是在这样的组织中,由一人或若干人通过行使各种管理职能,使组织中以人为主体的各种要素实现合理配置,从而提高系统的整体效益。

1.2.2 管理者的任务

管理者的任务可以从管理的 4 项基本职能中去理解:

1) 计划职能中的管理者

管理者需要带领下属对未来活动进行预先筹划,即确定要达到的目标和实现目标的行动方案。为此,必须要进行一系列的环境分析、预测未来、确定目标、选择行动、确定所需资源的工作。计划工作的内容包括研究活动条件、制定业务决策和编制行动计划等。

2) 组织职能中的管理者

管理者对计划所涉及的资源在时间上和空间上的一种安排,需要对财务、物质、信息和其他实现目标所需资源进行分析与协调,要明确工作责任、工作分类、资源配置、人员配置。组织工作的内容包括设计组织、人员配备、运行组织、监视组织运行效果等。

3) 领导职能中的管理者

管理者要利用组织赋予的权力和自身的能力去指挥和影响下属为实现组织目标而努力工作的行为,是管理活动过程。领导工作的内容包括:指导、激励员工的工作以及与员工个人或群体沟通,在满足员工需要的同时,促进组织目标的实现。

4) 控制职能中的管理者

管理者为了保证系统按预定要求运作而进行的一系列工作,包括事前、实时和事后控制。控制工作的内容包括制定标准、评定成效和采取措施。

1.2.3 管理者的角色

管理者在管理过程中,根据不同的情境,需扮演的角色也不同。管理者在组织的管理过程中必须要扮演好 3 种角色:

1) 人际角色

所谓人际角色，又称为人际关系角色，是指管理者是协调、处理与组织利益相关者关系的负责人。一方面，管理者作为组织的代表人，行使一些具有法律、礼仪性质的职责；另一方面，管理者作为组织的领导者，对所在组织的成败负重要责任；同时，作为组织利益相关人的联系者，管理者需要在组织内外建立广泛的关系和网络。管理者的人际角色直接来自于管理者的正式权利。在人际角色方面，管理者通常担任了3种具体角色，即挂名首脑、领导者和联络者角色。

挂名首脑：是管理者所担任的最基本和最简单的角色，这是由于管理者处于组织的顶端，是组织的象征。其中有些事项是例行公事，有些带有鼓舞人心的性质。

领导者：作为组织的行政长官对下属进行工作方面的指导、激励与控制，也包括制定组织的方针、发展方向和经营思路等。领导者的角色是为了把组织目标与成员的个人目标结合起来，以促进有效的作业，直接关系到组织目标是否实现。

联络者：是管理人员同组织以外的个人和团体之间的广泛联系，如参加外部的各种会议、社会活动和公共事务，同政府和其他机构的人员进行正式的或非正式的交往等。

2) 信息角色

管理者作为监督者，需要关注组织内外环境的变化以获取对组织有用的信息。然后，管理者的身份将转化为传播者，将所获取的信息分配出去。同时，管理者作为组织的发言人，把相关信息传递给单位或组织以外的人。组织成员信息的获得依赖于管理结构和管理者。信息角色方面，管理者主要扮演了以下3种不同角色，即信息接收者、信息传播者和发言人。

信息接收者：又称信息的监听者。管理者主要关注来自两个方面的信息：通过联络者的角色获取外部信息和通过领导者的角色获取来自下属的内部信息。这些信息包括内部业务信息、外部事务信息、分析报告、各种意见和倾向、压力等。

信息传播者：指管理者把外部信息传播给自己的组织，把内部信息从一位下属传递到另一位下属，这些信息包括有关事实的信息和有关价值标准的信息。信息传递的目的是为了使下属了解情况，便于对下属进行工作的指导。

发言人：主要指管理人员把本组织的信息向组织周围的环境传播。通常把信息传递给两个集团，即对组织有重要影响的一批人和组织之外的公众。

3) 决策角色

在决策方面，管理者的角色通常代表着一个决策的连续统一体，统一体的两个极端分别是企业家角色和故障排除者角色，资源分配者角色和谈判者角色则位于统一体上。

企业家：指的是主管人员在其职权范围内充当本组织许多变革的发起者和设计者，是管理者自愿采取的行动。其具体活动始于视察工作，寻找各种机会和问题，然后采取行动来改进组织状况，从而开始决策的设计阶段。管理者通常从3个不同层次上来参与决策方案的设计和选择：授权、批准和监督。

故障排除者：指管理者处理非自愿的情况以及其中含有不能控制因素的变革。管理者通常面临的故障包括：下属之间的冲突、组织之间的冲突、资源的损失或有损失的危险。

资源分配者：管理者的这一角色通常由3个部分组成：安排自己的时间、安排工作以及对重要决定的实施进行事先批准。

谈判者:是指由管理者带队,同其他组织或个人进行重大的、非程序化的谈判。这一角色是建立在挂名首脑、发言人和资源分配者 3 种角色之上的,因为谈判是当场的资源交易,要求参加者有足够的权力来支配各种资源并迅速作出决定。

识别管理者的角色

- 某大学校长聘请若干院士为兼职教授,校长为受聘院士发聘书。
- 两个企业的经理人员为组建战略联盟进行磋商会谈。
- 某酒店决定开展金钥匙服务竞赛活动,总经理在动员大会上做动员演讲。
- 某企业总经理经常与主要的供应商和客户等进行会晤。
- 总经理向董事会介绍公司年度发展规划报告。
- 总经理接待一个来访团,向来访团介绍企业的发展历史和现状。

弗雷德·卢森斯(Fred Luthans)和他的副手研究了 450 多位管理者后发现,这些管理者都从事以下 4 种活动:

传统管理:决策、计划和控制等。

沟通:交流例行信息和处理文件等工作。

人力资源管理:激励、惩戒、调解冲突、人员配备和培训等。

网络联系:社交活动、政治活动以及与外界交往等。

成功的管理者维护网络联系对管理者的成功相对贡献最大;从事人力资源管理活动对管理者的相对贡献最小。

在有效的管理者中,沟通的相对贡献最大,维护网络联系的贡献最小,而传统管理和人力资源管理处于中间水平。

1.2.4　管理者的技能

美国学者罗伯特·L. 卡茨(Robert L. Katz,1974)认为,无论是什么组织的管理者,都必须具备 3 个方面的基本技能,即技术技能、人际技能和概念技能。

1) 技术技能

技术技能是指使用某一专业领域内有关的工作程序、技术和知识完成组织任务的能力。技术能力的高低通常与个人对工作的了解、操作的熟练程度有关。

2) 人际技能

人际技能是指与处理人事关系有关的技能,即理解、激励他人并与他人共事的能力。管理者大部分具体工作要由别人(主要是下属)来完成,所以各种人际关系的处理直接影响管理者的工作完成情况。

3) 概念技能

概念技能是指管理者纵观全局、认清为什么要做某事的能力,也就是洞察企业与环境相互影响之复杂性的能力。概念技能要求管理者能把组织看成一个整体,快速敏捷地从混乱而复杂的环境中分辨出影响形势的重要因素以及各种因素之间的相互关系,抓住问题的实质,并作出正确的判断决策。

　　一般而言,由于管理者在组织中所处的层次不同,对各项技能的要求也不尽相同。基层管理者对技术技能要求最高而对概念技能要求相对较低,随着管理层次的逐级提高,对管理者概念技能的要求越来越高,而对技术技能的要求将逐步降低。但无论是哪个层次的管理者,都要求有较丰富的人际技能(见图 1.3)。

图 1.3　不同层次管理者技能要求

　　孔茨(Harold Koontz)和韦里克(H. Weihrieh)认为,管理者的能力还应该包括设计能力。设计能力是指采取对组织有力的方法解决问题的能力。一个优秀的管理者不仅要善于发现问题、分析问题,而且更要善于根据他所面临的现实设计出解决问题的切实可行的方案。

1.3　企业的社会责任与管理者的道德

1.3.1　企业的社会责任

　　企业如果只讲经济利益而忽视社会责任,那就可能引发一系列社会问题,增加社会的负担;反之,企业如果在谋求经济利益的同时,自觉履行道德义务,那就可以树立良好的社会形象,提高自己的产品和服务的声誉,从而扩大促进企业利润增长的发展空间。

　　企业社会责任问题引起日益广泛的关注,对于社会舆论乃至国家的社会经济政策有着重要影响,这是国内外环境深刻变化所引发的社会现象。

　　1) 企业社会责任观的思想渊源

　　早在 18 世纪中后期英国完成第一次工业革命后,现代意义上的企业就有了充分的发展,但企业社会责任的观念还未出现,实践中的企业社会责任局限于业主个人的道德行为之内。企业社会责任思想的起点是亚当·斯密(Adam Smith)的“看不见的手”。古典经济学理论认为,一个社会通过市场能够最好地确定其需要,如果企业尽可能高效率地使用资源以提供社会需要的产品和服务,并以消费者愿意支付的价格销售它们,企业就尽到了自己的社会责任。

　　到了 18 世纪末期,西方企业的社会责任观开始发生了微妙的变化,表现为小企业的业主们经常捐助学校、教堂和穷人。

　　进入 19 世纪以后,两次工业革命的成果带来了社会生产力的飞跃,企业在数量和规模上有较大程度的发展。这个时期受“社会达尔文主义”思潮的影响,人们对企业的社会责任观持消极态度,许多企业不是主动承担社会责任,而是对与企业有密切关系的供应商和员工等极尽盘剥,以求尽快变成社会竞争的强者,这种理念随着工业的大力发展产生了许多负面的影响。

与此同时,19世纪中后期企业制度逐渐完善,劳动阶层维护自身权益的要求不断高涨,加之美国政府接连出台《反托拉斯法》和《消费者保护法》以抑制企业不良行为,客观上对企业履行社会责任提出了新的要求,企业社会责任观念的出现成为历史必然。

2) 企业社会责任观的发展历程

企业社会责任观的具体内容,在不同时代的法律和道德环境中是不一样的,它随着时代的变化而发展。这一发展过程大体如下:

(1) 20世纪30年代—70年代,赢利至上。在20世纪30年代之前,权威的观点认为企业的社会责任就是通过管理获取最大利益。1919年,美国密歇根法院就曾宣称:企业机构运营的主要目的是为股东赚取利润。这种观点完全确认了企业的经济功能对社会进步的作用,得到企业界的普遍认可和推行。

从20世纪30年代到20世纪60年代早期,企业管理者的角色从原来的授权者变成了受权者,其职能也相应地由追求利润扩展为平衡利益。企业从要向所有者负责转变为要向更多的利益相关者负责。在这一阶段,公众成为推动转变的主角。他们要求企业更多地关注员工和顾客的利益和要求,更多地参与改善工作条件和消费环境的工作,为社会的发展发挥更突出的作用。他们不断在公开场合喊出他们对企业的期望。优秀的企业积极响应公众的期望,并且取得公众的支持。

不过企业社会责任的发展并非一帆风顺,而是始终伴随着反对的声音。在20世纪70年代,诺贝尔经济学奖得主、"新古典主义经济学之父"米尔顿·弗里德曼成为反对企业履行社会责任的领军人物。他多次在各种场合论及企业社会责任问题,无一例外地坚持批判的立场。弗里德曼认为,公司只有在追逐更多利润的过程中才会增加整个社会利益,如果公司管理者出于社会责任的目的花公司的钱,实质上就是像政府向股东征税一样,那么就失去了股东选择管理者的理由。

社会经济观认为,利润最大化是企业的第二目标,企业的第一目标是保证自己的生存。"为了实现这一点,他们必须承担社会义务以及由此产生的社会成本。他们必须以不污染、不歧视、不从事欺骗性的广告宣传等方式来保护社会福利,他们必须融入自己所在的社区及资助慈善组织,从而在改善社会中扮演积极的角色(见表1.1)。

1976年,经济合作与发展组织(OECD)制定了《跨国公司行为准则》,这是迄今为止唯一由政府签署并承诺执行的多边、综合性跨国公司行为准则。这些准则虽然对任何国家或公司没有约束力,但要求更加保护利害相关人士和股东的权利,提高透明度,并加强问责制。2000年,该准则重新修订,更加强调了签署国政府在促进和执行准则方面的责任。

表1.1 两种社会责任观

	古典观	社会责任观
利润	一些社会活动白白消耗企业的资源;目标的多元化会冲淡企业的基本目标——提高生产率而减少利润	企业参与社会活动会使:(1)自身的社会形象得到提升;(2)与社区、政府的关系更加融洽因而增加利润,特别是增加长期利润
股东利益	不符合股东利益。企业参与社会活动实际上是管理者拿股东的钱为自己捞取名声等方面的好处	符合股东利益。承担社会责任的企业通常被认为其风险低且透明度高,其股票因而受到广大投资者的欢迎

续表 1.1

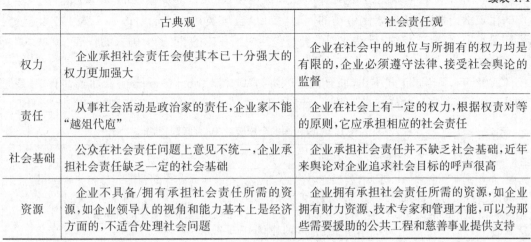

	古典观	社会责任观
权力	企业承担社会责任会使其本已十分强大的权力更加强大	企业在社会中的地位与所拥有的权力均是有限的,企业必须遵守法律、接受社会舆论的监督
责任	从事社会活动是政治家的责任,企业家不能"越俎代庖"	企业在社会上有一定的权力,根据权责对等的原则,它应承担相应的社会责任
社会基础	公众在社会责任问题上意见不统一,企业承担社会责任缺乏一定的社会基础	企业承担社会责任并不缺乏社会基础,近年来舆论对企业追求社会目标的呼声很高
资源	企业不具备/拥有承担社会责任所需的资源,如企业领导人的视角和能力基本上是经济方面的,不适合处理社会问题	企业拥有承担社会责任所需的资源,如企业拥有财力资源、技术专家和管理才能,可以为那些需要援助的公共工程和慈善事业提供支持

(2) 20 世纪 80—90 年代,关注环境。80 年代,企业社会责任运动开始在欧美发达国家逐渐兴起,它包括环保、劳工和人权等方面的内容,由此导致消费者的关注点由单一关心产品质量,转向关心产品质量、环境、职业健康和劳动保障等多个方面。一些涉及绿色、和平、环保、社会责任和人权等的非政府组织以及舆论也不断呼吁,要求社会责任与贸易挂钩。迫于日益增大的压力和自身的发展需要,很多欧美跨国公司纷纷制定对社会作出必要承诺的责任守则(包括社会责任),或通过环境、职业健康、社会责任认证应对不同利益团体的需要。

(3) 20 世纪 90 年代至今,社会责任运动兴起。20 世纪 90 年代以来,全球化的进程加快,跨国公司遍布世界各地。但是生态环境恶化、自然资源破坏、贫富差距加大等全球化过程中的共同问题引起了世界各国,不仅是发达国家,而且包括发展中国家的关注和不安。恶意收购、"血汗工厂"也引起了人们对过分强调股东利益的不满。企业在发展的同时,承担包括尊重人权、保护劳工权益、保护环境等在内的社会责任已经成为国际社会的普遍期望和要求,关于社会责任的倡议和活动得到了来自全世界的广泛支持和赞同。

90 年代初期,美国劳工及人权组织针对成衣业和制鞋业发动了"反血汗工厂运动"。因利用"血汗工厂"制度生产产品的美国服装制造商 Levi-Strauss 被新闻媒体曝光后,为挽救其公众形象,制定了第一个公司生产守则。在劳工和人权组织等 NGO 和消费者的压力下,许多知名品牌公司也都相继建立了自己的生产守则,后演变为"企业生产守则运动",又称为"企业行动规范运动"或"工厂守则运动",企业生产守则运动的直接目的是促使企业履行自己的社会责任。

但这种跨国公司自己制定的生产守则有着明显的商业目的,而且其实施状况也无法得到社会的监督。在劳工组织、人权组织等 NGO 组织的推动下,生产守则运动由跨国公司"自我约束"(Self-Regulation)的"内部生产守则"逐步转变为"社会约束"(Social Regulation)的"外部生产守则"。

到 2000 年,全球共有 246 个生产守则,其中除 118 个是由跨国公司自己制定的外,其余皆是由商贸协会或多边组织或国际机构制定的所谓"社会约束"的生产守则。这些生产守则主要分布于美国、英国、澳大利亚、加拿大、德国等国。

2000 年 7 月,《全球契约》论坛第一次高级别会议召开,参加会议的 50 多家著名跨国公司的代表承诺,在建立全球化市场的同时,要以《全球契约》为框架,改善工人工作环境,提高环保水平。《全球契约》行动计划已经有包括中国在内的 30 多个国家的代表、200 多家著名大公司参与。

2002 年,联合国正式推出《联合国全球协约》(UN Global Compact)。协约共有 10 条原则,联合国恳请公司对待其员工和供货商时都要尊重其规定的 10 条原则(见表 1.2)。

表 1.2　联合国的全球契约 10 大原则

人权	劳动	环保	反腐败
1. 企业应在其所能影响的范围内支持并尊重对国际社会作出的维护人权的宣言 2. 不袒护侵犯人权的行为	3. 有效保证组建工会的自由与团体交涉的权利 4. 消除任何形式的强制劳动 5. 切实有效地废除童工 6. 杜绝在用工与职业方面的差别歧视	7. 企业应对环保问题未雨绸缪 8. 主动承担环境保护责任 9. 推进环保技术的开发与普及	10. 积极采取措施反对强取和贿赂等任何形式的腐败行为

3) 企业社会责任的含义

企业的社会责任的基本要求是企业要超越把利润作为唯一目标的传统理念,强调要在生产过程中对人的价值的关注,强调对消费者、对环境、对社会的贡献。

企业社会责任(Corporate Social Responsibility,简称 CSR)的正式定义虽经国内外论坛多次讨论,却仍莫衷一是。目前国际上普遍认同 CSR 理念:企业在创造利润、对股东利益负责的同时,还要承担对员工、对社会和对环境的社会责任,包括遵守商业道德、生产安全、职业健康、保护劳动者的合法权益、节约资源等。

世界银行把企业社会责任定义为:企业与关键利益相关者的关系、价值观、遵纪守法以及尊重人、社区和环境有关的政策和实践的集合。它是企业为改善利益相关者的生活质量而贡献于可持续发展的一种承诺。

还有一种观点认为,所谓"企业的社会责任",是指在市场经济体制下,企业的责任除了为股东(Stockholder)追求利润外,也应该考虑相关利益人(Stakeholder),即影响和受影响于企业行为的各方的利益。其中,雇员利益是企业社会责任中最直接和最主要的内容。

另外,从广义和狭义两方面考察企业社会责任的含义。

广义上的社会责任包括含有社会利益内容的法定责任和含有社会利益内容的道德责任。法定的社会责任是指由法律、行政法规明文规定的企业应当承担的对社会的责任。如果企业违反法定的社会责任,则应当承担相应的法律后果。道德的社会责任是指虽然没有法律的直接规定,但道德伦理要求企业承担的对社会的责任。由于法律规定不能包罗万象、面面俱到,道德的社会责任便成为法定的社会责任的必要补充,二者相互依存,相互促进,共同构成整个企业的社会责任。

狭义的企业社会责任仅仅指企业根据伦理道德对社会承担的责任,也就是道德责任。但正如学者所言:"公司社会责任概念,其本身,基本上虽是道德性的抽象观念,但在学术研究上仍应该寻求如何将之具体落实的办法,否则将沦为纯粹道德化的诉求,免不了终致落空成为一项口号而已。"因此,有必要将这种道德责任法律化。另一种途径是将这种社会责任融进具体的制度设计中,例如在公司法人治理结构中赋予职工参与决策、确立董事中心地位等。

这一含义显示:

(1) 企业社会责任是多元化的,具体可分为以下 6 个主要方面:①企业对员工的责任(如员工安全健康、培训等);②企业对消费者的责任(如质量、诚信等);③企业对投资者的责任(如赚取利润、保证企业成长发展等);④企业的政府责任(如纳税、履行政府经济政策等);⑤企业社区责任(如社团和慈善捐赠等);⑥企业对环境的责任(如环境保护、资源循环利用等)。

(2) 企业社会责任是更高层次的企业责任。

(3) 社会责任的承担与企业行为所造成的后果有因果关系。判断企业是否承担了社会责任不能只根据"说",必须根据其行为和后果下结论,既要听其言,更要观其行。那些只喊漂亮口号而不落实行动的企业,很难让人相信其社会责任意识的真诚。

尽管企业社会责任并没有一个单一的定义,但从本质上,作为企业的管理者,需要做 3 件重要事情:

(1) 管理者应认识到,其经营活动对其所处的社会将产生很大影响;而社会发展同样也会影响其追求企业成功的能力。

(2) 作为响应,管理者积极管理其世界范围内的经营活动在经济、社会、环境等方面的影响,不仅使其为公司的业务运作和企业声誉带来好处,而且还使其造福于企业所在地区的社会团体。

(3) 使公司通过与其他群体和组织、地方团体、社会和政府部门进行密切合作,来实现这些利益。

4) 企业社会责任的内容

企业的社会责任是法定的必须承担的责任,其特点是具有法定性和强制性,因而这种责任企业是否真正履行,直接涉及法律问题,所以它属于法制性责任。一般来说,企业的社会责任包括三大内容:

(1) 为政府提供税收。这是企业的重要社会责任,企业应该勇于承担这个社会责任,要坚决按照法律规定为政府缴税。所有企业都应该充分认识到纳税是自己应该履行的法定的社会责任。

(2) 为社会提供就业机会。这也是企业极为重要的社会责任。

(3) 为市场提供产品或服务。企业的这个社会责任关系到人们的生命和健康,关系到整个社会的生活质量和经济生活的正常运转,因而企业的这个社会责任,要求它必须保质保量地为市场提供优良产品和优质服务,绝对不能搞伪劣产品和虚假服务,否则,就是根本没有履行自己的社会责任。

5) 企业社会责任与经济绩效

有观点认为,企业承担社会责任将带来经营成本的增加,从而影响其经营业绩,因此企业的社会责任与绩效是一种负相关的关系。在短期财务核算下,这一观点是成立的。但事实上,这只是企业短期财务绩效与社会责任的矛盾冲突,长远分析未必如此。企业的社会责任支出虽然增加当前的经营成本,但正是这些社会支付为企业创造了更多的长期利润回报。

（1）提高企业融资吸引力。在全球媒体和消费者越来越关注劳工问题时，有效地实施社会责任管理有利于保护和提升公司品牌价值，避免公司品牌因劳工标准等问题受到损害。社会责任管理很大程度上有助于企业社会声誉的建立和完善，有助于企业树立良好的形象。

（2）提高人力资源的回报。人力资源状况对企业获得竞争优势具有决定性的作用。企业全面而富有针对性的人力资源管理实践能够比仅仅依靠经营者个人的努力在提高企业绩效方面取得更好的效果。如沃尔玛公司将员工视为合伙人，于1971年实行了"利润共享"政策。这一政策促使员工们不折不扣地以管理层对待他们的态度来对待顾客。员工善待顾客，顾客感到满意，从而经常光顾本店，这正是利润的真正源泉。

（3）提高顾客的满意度。长期与一个供应商保持稳定合作关系的企业将比那些同时拥有很多供应商的企业具有更高的绩效水平。

（4）获得政府政策支持。政府在市场经济的发展中担负着重要的角色，企业对政府的责任主要集中于按照法律法规办事，依法纳税，如果企业对政府负责能为自己争取更好的政策促进企业发展，那么该社会责任与企业绩效正相关。

此外，较好的社会声誉对于求职者也具有更大的亲和力，更容易得到劳动者的认同，它会直接影响到人才的流向。对于外向型企业来说，是消除贸易壁垒的利器。推行社会责任管理可以帮助企业及其商业伙伴更好地遵守法规，避免因社会责任管理不善而丢失国际订单。

6）企业承担社会责任的意义

人类要构建的文明社会是一个既充满活力又富于秩序的社会，它需要调动一切劳动、知识、管理、资本和技术的活力，发掘一切社会财富的源泉。企业拥有的资源优势来自国家所有企业组织的集合规模和优势。因此，在构建文明社会的过程中，他们具有其他社会成员所无法比拟的地位和作用。

企业社会责任的明确有助于解决就业问题。除通过增加投资、新增项目、扩大就业外，最重要的是提倡各企业科学地安排劳动力，扩大就业门路，创造不减员而能增效的经验，尽量减少把人员推向社会而加大就业压力。过去只有ISO 9000和ISO 14000国际认证，现在对企业社会责任也有了一个旨在解决劳动力问题，保证工人工作条件和工作环境的国际认证标准体系。这一标准明确规定了企业需保证工人工作的环境干净卫生，消除工作安全隐患，不得使用童工等，切实保障了工人的切身利益。现在众多企业积极履行社会责任，努力获得ISO 8000国际认证，不仅可以吸引劳动力资源，激励他们创造更多的价值，更重要的是通过这种管理可以树立良好的企业形象，获得美誉度和信任度，从而实现企业长远的经营目标。从这个意义上说，企业履行社会责任，有助于解决就业问题。

企业社会责任的明确有助于保护资源和环境，实现可持续发展。企业作为社会公民对资源和环境的可持续发展负有不可推卸的责任，而企业履行社会责任，通过技术革新可首先减少生产活动各个环节对环境可能造成的污染，同时也可以降低能耗，节约资源，降低企业生产成本，从而使产品价格更具竞争力。企业还可以通过公益事业与社区共同建设环保设施，以净化环境，保护社区及其他公民的利益。这将有助于缓解城市尤其是工业企业集中的城市经济发展与环境污染严重，人居环境恶化间的矛盾。

企业履行社会责任有助于缓解贫富差距，消除社会不安定的隐患。一方面，大中型企业可集中资本优势、管理优势和人力资源优势对贫困地区的资源进行开发，既可扩展自己的生产和经营，获得新的增长点，又可弥补贫困地区资金的不足，解决当地劳动力和资源闲置的问题,帮助当地脱贫致富。另一方面,企业也可通过慈善公益行为帮助落后地区的人民发展教育、社会保障和医疗卫生事业,既解决当地政府因资金困难而无力投资的问题,帮助落后地区逐步发展社会事业,又通过公益事业达到无与伦比的广告效应,提升企业的形象和消费者的认可程度,提高市场占有率。

■ 案例阅读

从江苏盐城水污染事件中透视企业的社会责任感

从 2009 年 2 月 20 日早晨开始,因主取水口水源受酚类化合物污染,江苏省盐城市主城区发生大范围断水之后,该市市区至少 20 万市民生活受到影响。但是直至 2 月 22 日中午,供水仍未恢复到事件发生前的水平。究其原因是位于盐都区龙冈镇的盐城市标新化工有限公司向河里偷排污水,才造成了这次自来水污染。

盐城市区的供水由盐城汇津水务有限公司提供,该公司下辖城西、越河和城东 3 个水厂。2 月 20 日早晨 6:40,城西水厂的工作人员发现流入管网的自来水有刺鼻异味。7:20,盐城市紧急采取停水措施,将同在新洋港河取水的城西、越河两个水厂全部关闭。经检验,出现异味的原因是水厂原水受酚类化合物污染,所产自来水不能饮用。这个日产能达 11.5 万吨、实际日供水 7 万吨以上、占盐城市区用水量近一半的大水厂竟然没有能力对水质进行定量检测,水质控制竟然完全靠检验人员鼻闻口尝。至于水厂报表上的那些数据,竟然是每隔 1 个月取水样送到自来水公司实验室中进行检测后填上的。

(资料来源:http://www.china.com.cn/news/txt/2009-02/22/content_17317011.htm)

这一事件尽管是由盐城市标新化工有限公司向河里偷排污水引起的,但从自来水公司的检测流程来看,1 个月进行一次水质检测,平时主要靠鼻闻口尝,虽然由此企业可以节省大量的检测费用,但如果这次水污染事件是无色无味的污染,居民需饮用 1 个月的毒水后才可能发现。

【点评】 作为自来水公司,降低运行成本,追求利润,本无可厚非;但由于自来水公司的服务对象是广大居民,其产品维系着广大民众的生命安全。问题是如何处理好降低企业运行成本和承担自身的社会责任之间的关系。

1.3.2 管理者的道德

企业在追求经济利润最大化的同时,要考虑到社会责任,此时,企业的管理道德就会起作用,道德标准和价值观就会影响企业取得经济利益的行为和态度。企业经营活动所带来的经济利益与其管理道德紧密相连。一些企业在面对以生产假冒伪劣商品获得暂时生存还是以质量上乘的产品在市场上为自己明确定位来发展壮大的选择时,管理道德将对其经营行为产生约束作用。

1) 管理道德的含义

道德,就是依靠社会舆论、传统习惯、教育和人的信念的力量去调整人与人、个人与社会之间关系的一种特殊的行为规范,是规定行为是非的惯例和原则。一般来说,道德是社会基本价值观一个约定俗成的表现,人们一般都会根据自己对社会现象的理解、社会认同的形态,形成与社会大多数人认同的道德观,大多数人能够知道该做什么不该做什么,哪些是道德的哪些是不道德的。

道德一般可分为社会公德、家庭美德、职业道德 3 类。其中职业道德,是同人们的职业活动紧密联系的符合职业特点所要求的道德准则、道德情操与道德品质的总和,是从事一定职业的人在职业劳动和工作过程中应遵守的与其职业活动相适应的行为规范。职业道德是从业人员在职业活动中应遵守或履行的行为标准和要求,以及应承担的道德责任和义务。

管理道德作为一种特殊的职业道德,是从事管理工作的管理者的行为准则与规范的总和,是特殊的职业道德规范,是对管理者提出的道德要求,对管理者自身而言,可以说是管理者的立身之本、行为之基、发展之源;对企业而言,是对企业进行管理的价值导向,是企业健康持续发展所需的一种重要资源,是企业提高经济效益、提升综合竞争力的源泉,可以说管理道德是管理者与企业的精神财富。

2)道德观的类型

第一种是道德的功利观,即完全按照成果或结果制定决策的一种道德观点。功利主义的目标是为绝大多数人提供最大的利益。一方面,功利主义者鼓励效率和生产力,并符合利润最大化目标。但另一方面,它能造成资源的不合理配置,尤其当那些受影响的部门缺少代表或没有发言权时更是如此。功利主义还会造成一些利害攸关者的权利被忽视。

第二种是道德的权利观,这是与尊重和保护个人自由和特权有关的观点,包括隐私权、良心自由、言论自由和法律规定的各种权利。权利观的积极一面是保护个人自由和隐私,但它也能造成一种过分墨守成规的工作气候,阻碍生产力和效率的提高。

第三种是道德的公正观,这要求管理者公平和公正地加强和贯彻规则。公正观保护了那些其利益可能未被充分体现或无权的利害攸关者,但它也会降低风险承诺、创新和生产率的权利意识。大多数管理者持功利观。因为它与效率、生产力和高利润等目标一致。但往往为了大多数人的利益而牺牲少数人的利益。随着社会的进步,它受到越来越大的挑战。管理者往往会发现自己正面临着道德的困境。

3)道德的发展阶段

国外学者的研究表明,道德的发展阶段要分 3 个层次,这 3 个层次中间又有不同的阶段,可以说道德的发展是经过很长的历史的。

随着道德层次的提高,个人的道德判断的标准越来越不受外界环境的影响。道德发展的 3 个阶段大致分为前惯例层次、惯例层次、原则层次。道德发展的阶段是由低级向高级发展的,根据时代的不同,企业在规划道德层次时也会有不同的规划(见图 1.4)。

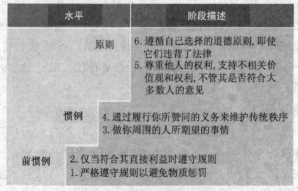

水平	阶段描述
原则	6. 遵循自己选择的道德原则,即使它们违背了法律 5. 尊重他人的权利,支持不相关价值观和权利,不管其是否符合大多数人的意见
惯例	4. 通过履行你所赞同的义务来维护传统秩序 3. 做你周围的人所期望的事情
前惯例	2. 仅当符合其直接利益时遵守规则 1. 严格遵守规则以避免物质惩罚

图 1.4　道德的发展阶段

前惯例层次：只受个人利益的影响。决策的依据是本人利益，这种利益是由不同行为方式带来奖赏和惩罚决定的。

惯例层次：受他人期望的影响。包括对法律的遵守，对重要人物期望的反应，以及对他人期望的一般感觉。

原则层次：受个人用来辨别是非的道德准则的影响，这些准则可以与社会的规则或法律一致，也可以与社会的规则或法律不一致。

4）影响管理道德的因素

企业的管理道德同企业的价值观和文化相关，并且直接影响企业的绩效和发展，不同的公司的管理道德不尽相同。如麦道公司的伦理守则为：在所有的交往中要诚实可信；要可靠地完成所交代的任务；说话和书写要真实和准确；在所有工作中要与人合作并作出自己的贡献；对待同事、顾客和其他人要公平和体贴；在所有活动中要遵守法律；承诺以较好的方式完成所有任务；节约使用公司资源；为公司服务并尽力提高我们的生活质量。

影响管理道德的因素可分为外部因素和内部因素。外部因素的影响主要包括早期教育因素、企业的管理体制及制度因素、企业文化因素、社会大环境因素等。

（1）早期教育因素的影响。个人早期受的教育、生活环境，尤其是在其幼年、童年时期所处环境的熏陶、所受教育的程度对其今后的观念的形成起到至关重要的影响，通过这时期感知、认知事物，其个人的道德观初步形成。"孔融让梨"就是早期教育对其道德影响的表现。

（2）企业的管理体制及制度因素的影响。企业的管理体制是否有利于企业发展，企业领导者是否为管理者创造一个工作、发展的平台，企业是否做到组织结构科学合理、规章制度是否健全完善、人才培训培养机制是否激励有效等，都对管理道德的形成起到较大影响。正如张瑞敏评价他在海尔充当的角色时，认为"第一是设计师，在企业发展中如何使组织结构适应企业发展；第二是牧师，不断地布道，使员工接受企业文化，把员工自身价值的体现和企业目标的实现结合起来"。

（3）企业文化因素的影响。一个企业有较强的、积极向上的企业文化就可以抵御外来风险，化解内部冲突。在走上市场经济之路以来，许多企业注重实施企业文化建设，形成具有企业自身特色的文化，如海尔文化，不仅使海尔的知名度进一步提升，而且使企业的凝聚力和员工的亲和力进一步增强，从而形成了海尔人良好的职业道德、行为准则。

（4）社会大环境因素的影响。一定时期社会上大多数人的世界观和价值观也会被外部影响，甚至改变个人的管理道德观。尤其是在社会转型期，多种因素综合导致了一些人的道德观危机，如社会不同层次的管理道德问题、职业圈子中的管理道德问题、企业内部日常管理中面临的管理道德问题等。

内在因素的影响主要包括管理者自身的意志、能力、信念因素、自身责任感因素等。

（1）个人意志、能力和信念因素的影响。个人意志坚强、个人能力较强、个人信念坚定的管理者对事物判断比较准确，无论身处顺境还是逆境，无论外部诱惑如何，其大多数会在道德准则判断与道德行为之间保持较强的一致性，不会因一时之事、一念之差而作出不正确的选择；反之，则会在道德准则判断与道德行为之间作出不正确的选择。

（2）个人责任感因素的影响。责任感是每个人对工作、企业、社会等所作出行为的负责态度，有较强责任感的人，是一个能自觉承担社会责任、积极履行职责和正确行使职权的管理者,敢于、勇于对自己的行为负责,很少出现违背道德准则的情况;反之,缺乏责任感的人,对自己行为的后果不愿承担责任,甚至认为"事不关己",推卸责任,缺乏最基本的道德素质。

上述几种因素基本上决定了一个人管理道德观的形成,不同的道德观导致了相应的管理行为,造成各种各样的管理道德问题。

1.4　管理环境

1.4.1　管理的内部环境

管理的内部环境,是指处于管理组织界限之内的直接管理活动的因素的总和。内部环境既包括组织内的有形部分,如人员、厂房设备、资金等实体性因素,也包括公司的目标、组织文化、人际关系等无形因素。管理的内部环境可以分为有形环境、无形环境和组织文化。

1) 有形环境

有形环境即组织的有形资源,包括人力、财力、物力、技术和信息。

(1) 人力资源。人具有创造性及主观能动性,人的潜力如果被开发出来,就会产生极大的动力;同时,人的工作效率、生产积极性的发挥受到感情的影响。而感情因素是最难量化的因素,由此决定了人是一个组织中管理难度最大,也是最能体现管理艺术的管理对象。人力资源分析的最终目的是要提高员工的工作效率和保证经营战略的实施,其分析的内容主要包括:一是高层领导者的经营管理能力、管理人员的管理能力、技术人员的工作热情及开发能力;二是要分析人力的配备与组织是否合理;三是要加强人力资源管理与开发。

(2) 物力资源。物力是组织活动的基本要素之一,组织的物力资源一般分为生产制造、储运以及事务处理等部分。通过分析组织的物力资源,以期找出组织物力资源存在的薄弱环节,予以改进。物力资源管理的要求:遵循客观事物发展规律的要求,根据组织目标和组织的实际情况,对各种物力资源进行最有效的配置和利用。提高投入产出率是管理中的一个最基本的原则。

(3) 财力资源。财力资源是各种经济资源的价值体现,是组织的资金实力。财力资源分析主要是组织根据自身事业的性质和规模,测算所需资金的数量,参照资金市场的行情,对组织资金的来源、筹集、使用及分配等进行统筹规划,以配合组织战略的实施。

(4) 技术资源。在信息化时代的今天,技术资源对一个企业的发展起着至关重要的作用,技术资源的先进与落后决定了企业在竞争中的地位。对技术资源的分析包括组织研发能力分析、技术信息分析、产品质量分析3个方面。企业应根据自己的战略方针,研发新技术,保持技术的领先性,力争在激烈的竞争环境中立于相对有利的位置。

(5) 信息资源。信息是特制属性和关系的表面特征,信息资源大致可分为两种:一种是环境信息,即外部信息,如顾客、市场、企业信用、形象等;另一种是内部信息,如企业文化、员工积极性、经营方式等。企业应根据实现组织目标管理的要求,建立完善高效的信息网络,保证管理所需的各种信息的准确性、完整性和及时性;在组织内建立起合适的信息共享网络,为平等、互动、交流的新型管理提供条件。

2) 无形环境

无形环境即组织内部的无形资源,包括人际关系、雇主—雇员关系和组织结构。

(1) 人际关系。人际关系是人们在共同的实践中结成的相互关系的总称,从其功能看,可以分为良好的人际关系和恶性的人际关系。良好的人际关系有助于组织内的沟通、理解和组织成员的团结,从而对组织目标的形成和实现起着积极作用;而恶性的人际关系则会加剧组织成员间的冲突和不相容,使得组织成员浪费大量的时间和精力去应付其他成员,这无疑不利于组织目标的实现,会导致组织"内耗"。协调企业内部人际关系可以调动职工的积极性,保证企业目标的实现;是发挥管理的整体功能,提高企业效益的关键;同时也是推行人本管理的内在要求。因此,协调组织内部的人际关系是组织管理的重要的内部条件之一,也是管理的核心部分。

(2) 雇主—雇员关系。雇主—雇员关系的目标是通过强调员工的兴趣和挑战性的工作、绩效导向的报酬制度、通过培训使雇员能够适应公司内外的不同要求来提高员工的满意度。相应地,员工则被期望通过对工作任务和工作团体有更强的承诺来为雇主—雇员关系作出贡献。

(3) 组织结构。企业的组织结构是企业针对外部经营环境所建立起来的内部环境,通过内部环境的协同作用来响应外部经营环境的变化,它是企业内部环境不可缺少的一部分。组织结构主要分为高层领导者、中层管理者和普通员工。高层领导者是企业的最高领导和决策人物,其最主要的任务是制定企业的竞争战略;中层管理者是企业经营活动的推动与执行者,其主要任务是服务于部门客户,通过部门之间的协作,支持实现公司总体经营目标;普通员工是具体工作职责和任务的执行者,其最主要的任务是理解并接受具有明确目标的任务,并努力实现目标、完成任务。

3) 组织文化

组织文化即"企业成员共有的哲学、意识形态、价值观、信仰、假定、期望、态度和道德规范"(Hellreigel,1992),是一个组织共有的价值体系。

组织文化体现了组织的运行哲学和原则、解决问题和制定决策的方式、做事模式,解释了组织为什么要这样做事情的原因。其内容包括共同价值观、行为规范、形象与形象性活动等。有关组织文化的功能、塑造等内容将在本书组织文化部分详细讨论。

1.4.2 管理的外部环境

管理的外部环境通常是指存在于组织外部并对组织活动产生影响的各种相关因素的组合时诸要素相互交错而形成的复杂的整体。管理的外部环境包括宏观环境和微观环境。

1) 宏观环境

宏观环境也称为一般环境,是指经济、科技、社会文化、政治法律以及全球力量等更大范围的影响企业及其任务环境的一组力量,它对所有组织的影响都是间接的,也是均等的,虽然不会立即影响企业的日常管理,但从长远看,肯定会对企业的经营逐渐产生影响。对宏观环境的分析通常采用所谓的 PEST 分析。

(1) 政治和法律力量(Political and Legal Forces)。指的是中央和地方政府所制定的政策、法规以及政府的政治活动对企业行为的影响。政治环境是影响企业经营活动的重要宏观环境因素,调节着企业的经营活动方向;法律则为企业规定了经营活动的行为准则。政治和法律相互联系,共同对企业的经营活动发挥影响和作用。

(2) 经济力量(Economic Forces)。反映了企业经营所在国或地区的总体经济状况。其中部分经济环境因素对企业的管理活动可以起到直接影响作用,还有部分经济环境因素会对企业的管理活动起到或多或少的间接的影响作用。直接影响企业管理活动的经济力量因素主要有消费者收入水平的变化、消费者支出模式和消费结构的变化、消费者储蓄和信贷情况的变化等;而经济发展水平、经济体制、地区与行业发展状况、城市文化程度等经济力量会对管理起到间接的影响作用。

(3) 社会文化力量(Sociocultural Forces)。我们所说的社会文化因素,一般指在一种社会形态下已经形成的信息、价值、观念、宗教信仰、道德规范、审美观念以及世代相传的风俗习惯等被社会所公认的各种行为规范,包括人口因素、社会准则和习惯以及整个社会的价值观等。社会文化力量对组织的影响可以从人口变化、家庭变化、消费行为以及人们的价值观、生活方式、风俗习惯、信仰等各方面体现出来,从而影响到组织成员的思想和行为,并间接影响到组织的管理活动。

(4) 技术力量(Technological Forces)。包括政府研发支出总额、行业研发支出总额、专利保护、技术转移等,共同构成了管理外部环境的一部分。技术环境不仅直接影响企业内部的生产和经营,同时还与其他环境因素相互依赖、相互作用,特别是与经济因素和文化环境的关系更加紧密。尤其是新技术革命,给企业经营管理既带来了机会,又造成了威胁。

2) 微观环境

微观环境又称为管理的任务环境,是指那些对组织的影响更频繁、更直接的外部环境因素,是与某一具体的决策活动和处理转换过程直接相关的各种特殊力量,是那些与组织目标的制定与实施直接相关的因素。一般包括供应商、客户或顾客、竞争者、政府机构及特殊利益集团如工会等。

(1) 供应商(Supplier)。即向企业供应生产所需要的原材料和零部件的企业。供应商可能是组织也可能是个人,他们提供产品和服务的质量、价格直接影响到企业产品和服务的质量及成本水平。现代企业倾向于选择较少的供应商,并与之建立起良好的关系,以便获得物美价廉的原材料和零部件。

(2) 顾客(Customer)。组织是为了满足顾客的需要而存在的,顾客是吸收组织产出的主体。一个企业可能要面对多种顾客,如个人和组织、批发零售商和最终的消费者、国内外的顾客等。企业的顾客会因受教育水平、收入水平、生活方式、地理条件等众多方面的不同而对企业的产品和服务提出不同的要求,顾客作为企业产品的接受者决定了企业的成败。

(3) 竞争对手(Competitor)。指与本企业处于同一行业,提供相同或类似产品的企业,即竞争对手是与特定企业争夺消费者的企业。包括实际上的竞争者和潜在的竞争者。竞争对手之间的对立是管理者需要处理的最具威胁性的一种力量,而做到竞争对手之间的竞合则是管理者的重要管理目标。潜在的竞争对手虽然在当前任务环境中并不存在,但由于可能进入该领域从而构成另一种威胁力量。

(4) 政府机构(Government)。指国务院、各部委及地方政府的相应机构。政府机构拥有特殊的官方权力,可制定有关的政策法规、规定价格幅度、征税、对违法行为采取必要的行动等,从而对组织产生直接的影响。有的组织由于其组织目标的特殊性,甚至直接受制于某些政府机构,如电信业、医药业、饮食业等。

（5）战略同盟伙伴（Strategic Allies）。是指与特定企业结成战略同盟的组织。战略同盟伙伴可能是企业，也可能是科研院校或政府机构等。战略同盟的存在会增强特定企业的竞争能力，从而提高企业在竞争中获胜的机会。

管理的外部环境具有不确定性的特点，即环境变动难以预先确知。这一方面是由于环境变动是多种因素共同作用的结果，可能有规律，更有可能无规律；另一方面是组织成员的认知能力的有限性。根据组织环境的复杂程度和变化程度，可以将外部环境分为以下几种类型：

（1）简单与稳定的环境。在简单与稳定状况下，不确定的程度很低，企业所面临的环境比较容易理解，变化不大。例如原材料供应商和大批量生产企业。在这类企业中，相关的外部因素较少，技术过程相比之下比较单一，竞争和市场在较长的时期内固定，市场和竞争的数量可能有限。例如，软饮料制造厂、啤酒批发商、容器制造厂、食品加工厂以及律师事务所等。如果企业所处的环境简单且稳定，那么，对过去环境影响的分析就有一定的实际意义，因为历史上出现过的规律性事情有可能继续在未来出现。

（2）复杂与稳定的环境。复杂与稳定环境表明不确定性有所增加。在外部审查过程中需要考虑众多的环境因素。为了提高企业的效益，必须要对这些因素进行分析。然而，这种环境下的外部因素变化不大，且往往在意料之中。例如大学、电器制造厂和保险公司所处的环境复杂但比较稳定。尽管外部因素较多且在不断变化中，但是变化速度比较缓慢，而且可以预见。

（3）简单与不稳定的环境。在简单与不稳定环境中，不确定性进一步增加。尽管企业的外部因素很少，然而，这些因素很难预测，往往与企业初衷相违背。面对这种环境的企业，包括时装公司、个人计算机公司、玩具制造公司和声乐行业。这些企业面临的市场供求关系经常发生变动。

（4）复杂与不稳定的环境。复杂与不稳定状况下不确定程度最高。企业面临着众多的外部因素，且变化频繁，对企业的举措影响甚大。当几种因素同时变化时，环境会发生激烈动荡。电子公司和航空公司往往处在这种复杂与不稳定环境中。许多外部因素会同时发生变化。例如航空公司，在过去的几年中出现了不少地区性航空公司，法规进一步放宽，价格战不断出现，燃料成本上升，海湾战争爆发，机场拥挤不堪，顾客需求变化等。除此之外，航天公司和电子通讯公司也属于这类处在复杂与不稳定状况下的企业。

1.5 管理学

1.5.1 管理学的学科特点

1）一般性

管理学是从一般原理、一般情况的角度对管理活动和管理规律进行研究，不涉及管理分支学科的业务与方法的研究；管理学是研究所有管理活动中的共性原理的基础理论科学，无论是"宏观原理"还是"微观原理"，都需要管理学的原理作为基础来加以学习和研究，管理学是各门具体的或专门的管理学科的共同基础。

2）多科性或综合性

从管理内容上看，管理学涉及的领域十分广阔，它需要从不同类型的管理实践中抽象概括出具有普遍意义的管理思想、管理原理和管理方法；从影响管理活动的各种因素上看，除了生产力、生产关系、上层建筑这些基本因素外，还有自然因素、社会因素等；从管理学科与其他学科的相关性上看,它与经济学、社会学、心理学、数学、计算机科学等都有密切的关系,是一门非常综合的学科。

3) 实践性

实践性也称实用性,管理学所提供的理论与方法都是实践经验的总结与提炼,同时管理的理论与方法又必须为实践服务,才能显示出管理理论与方法的强大生命力。

4) 社会性

构成管理过程主要因素的管理主体与管理客体,都是社会最有生命力的人,这就决定了管理的社会性;同时,管理在很大程度上带有生产关系的特征,因此没有超阶级的管理学,这也体现了管理的社会性。

5) 历史性

管理学是对前人的管理实践、管理思想和管理理论的总结、扬弃和发展,割断历史,不了解前人对管理经验的理论总结和管理历史,就难以很好地理解、把握和运用管理学。

1.5.2 管理学的基本内容和框架

管理学的研究有 3 个侧重点:

(1) 从管理的二重性出发,着重从 3 个方面研究管理学

从生产力方面:研究如何合理配置组织中的人、财、物,使各要素充分发挥作用的问题;研究如何根据组织目标的要求和社会的需要,合理地使用各种资源,以求得最佳的经济效益和社会效益的问题。

从生产关系方面:研究如何正确处理组织中人与人之间的相互关系问题;研究如何建立和完善组织机构以及各种管理体制等问题;研究如何激励组织内成员,从而最大限度地调动各方面的积极性和创造性,为实现组织目标而服务。

从上层建筑方面:研究如何使组织内部环境与其外部环境相适应的问题;研究如何使组织的规章制度与社会的政治、经济、法律、道德等上层建筑保持一致的问题,从而维持正常的生产关系,促进生产力的发展。

(2) 着重从历史的方面研究管理实践、思想、理论的形成、演变、发展,知古鉴今。

(3) 着重从管理者出发研究管理过程,主要有:

① 管理活动中有哪些职能。

② 每项职能涉及哪些要素。

③ 执行职能应遵循哪些原理,采取哪些方法、程序、技术。

④ 执行职能会遇到哪些困难,如何克服。

管理过程中所涉及的这一系列问题将作为本书的重点,即系统论述计划、组织、领导、激励等管理的基本职能。

1.5.3 学习和研究管理学的重要性

1) 管理的重要性决定了学习、研究管理学的必要性

管理是有效地组织共同劳动所必需的。随着生产力和科学技术的发展,人们逐渐认识到管理的重要性。从历史上看,经过了两次转折,管理学才逐步形成并发展起来。第一次转折是泰罗科学管理理论的出现,意在加强生产现场管理,使人们开始认识到管理在生产活动中所发挥的作用。第二次转折是第二次世界大战后,人们看到,不依照管理规律办事,就无法使企业兴旺发达,因此要重视管理人员的培养,这促进了管理学的发展。

管理也日益表现出它在社会中的地位与作用。管理是促进现代社会文明发展的三大支柱之一,它与科学和技术三足鼎立。管理是促成社会经济发展最基本、最关键的因素。先进的科学技术与先进的管理是推动现代社会发展的"两个轮子",二者缺一不可。管理在现代社会中占有重要地位。经济的发展,固然需要丰富的资源与先进的技术,但更重要的还是组织经济的能力,即管理能力。从这个意义上说,管理本身就是一种经济资源,作为"第三生产力"在社会中发挥作用。先进的技术,要有先进的管理与之相适应,否则,落后的管理就不能使先进的技术得到充分发挥。管理在现代社会的发展中起着极为重要的作用。

2) 学习、研究管理学是培养管理人员的重要手段之一

判定管理是否有效的标准是管理者的管理成果。通过实践可验证管理是否有效,因此,实践是培养管理者的重要一环。而学习、研究管理学也是培养管理者的一个重要环节。只有掌握扎实的管理理论与方法,才能很好地指导实践,并可缩短或加速管理者的成长过程。目前我国的管理人才,尤其是合格的管理人才是缺乏的。因此,学习、研究管理学,培养高质量的管理者成为当务之急。

3) 学习、研究管理学是未来经济社会发展的需要

随着社会的发展,专业化分工更加精细,社会化大生产日益复杂,而日新月异的社会将需要更加科学的管理。因此,管理在未来的社会中将处于更加重要的地位。

1.5.4 学习和研究管理学的方法

1) 历史研究的方法

管理学是在企业发展的历史过程中形成与发展起来的,研究历史,才能分析现状和预测未来。

2) 比较研究的方法

有比较才能鉴别,管理学的理论最早是在西方国家形成的,我们要把中国的企业管理搞好,就必须借鉴外国先进的管理经验,在中外管理的比较中更好地实现"洋为中用"。

3) 案例分析的方法

管理学是实践性非常强的学科,因此必须重视实际案例的分析,不断总结经验教训。

4) 归纳演绎的方法

善于总结经验,处理好个别与一般的关系,从个别到一般就是从事实到概括的归纳推理方法,从一般到个别就是由一般原理到个别结论的演绎推理方法。

 本章小结

管理是管理学中最基础的概念,由于管理活动的多样性和复杂性,至今为止,关于什么是管理仍然没有一个统一的定义。本章对管理定义的4种类型的划分并没有涵盖所有专家的观点。我们认为,所谓管理,就是组织中的管理者通过实施计划、组织、领导、控制等职能来协调包括人在内的各种资源,从而高效地实现既定目标的活动过程。同时,管理具有5个基本特征。

管理的二重性是指管理同时具有与生产力相联系,反映社会化大生产要求的自然属性以及与特定生产关系相联系,承担稳定和巩固社会生产关系职能的社会属性;管理的科学性更强调管理理论的重要性,而管理的艺术性则强调管理理论在实践应用中的变通,两者是辩证统一的关系。

管理者是管理工作的实际承担者,管理者的任务可以从计划、组织、领导、控制等主要

的管理职能中去理解。根据明茨伯格的研究,管理者在日常工作中需要扮演包括人际关系角色、信息角色、决策角色在内的三大类10种具体角色。要胜任管理工作,管理者需要具备技术的、人际关系的和概念的三大技能,组织中不同层次的管理者对3种技能的要求有所区别。

在现代管理中,管理者还被要求承担相应的社会责任和遵守管理道德。

管理环境由内部环境和外部环境所构成,内、外部环境的各个组成要素不是孤立存在而是相互联系的,它们共同影响管理工作的成效。

管理学具有一般性、综合性、实践性、社会性和历史性5个基本特性,学习和研究管理学无论是对于培养合格的管理者还是对于未来经济社会发展都极其重要,学习和研究管理学必须掌握科学的方法。

复习思考题

1. 什么是管理? 管理具有哪些基本特征?
2. 管理的基本职能有哪些? 它们之间的关系如何?
3. 简述管理的二重性及其意义。
4. 如何理解管理的科学性、艺术性及其相互关系?
5. 什么是管理者? 管理者的角色和技能是什么?
6. 怎样理解并处理企业盈利与承担社会责任之间的关系?
7. 企业社会责任包含哪些内容?
8. 什么是管理道德? 管理道德发展有哪几个阶段?
9. 简述管理环境的基本构成。
10. 简述管理学的学科性质和基本内容。
11. 管理学的学科性质是什么?
12. 为什么要学习、研究管理学? 学习和研究管理学的基本方法有哪些?

案例分析

案例 1

工厂经理李萧及其他人的工作

李萧是一家生产小型器械的装配厂经理。每天李萧到达工作岗位时都随身带来了一份他当天要处理的各种事务的清单。清单上的有些项目是总部上级电话通知他亟须处理的,另一些是他自己在一天多次的现场巡视中发现的或者他手下人报告的不正常的情况。

这一天,李萧与往常一样带着他的清单来到了办公室。他做的第一件事是审查工厂各班次监督者呈送上来的作业报告。他的工厂每天24小时连续工作,每班次的监督者被要求在当班结束时提交一份报告,说明本班次开展了什么工作,发生了什么问题。看完前一天的报告后,李萧通常要同他的几位主要下属开一个早会,会上他们决定对于报告中所反映的各种问题应采取什么措施。

李萧在白天也参加一些会议,会见来厂的各方面访问者。他们中有些是供应商或潜在供应商的销售代表,有些则是工厂的客户。此外,有时也有一些人来自政府机构。总部的职能管理者和李萧的直接上司也会来厂考察。当陪伴这些来访者以及他自己的上司参观的时候,李萧常常会发现一些问题,并将它们列入待处理事项的清单中。

他那待处理事项的清单好像永远没有完结。李萧发现,自己很明显地无暇顾及长期计划工作,而这些活动是他改进工厂的长期生产效率必须做的。他似乎总是在处理某种危机,他不知道哪里出了问题。为什么他就不能以一种使自己不这么紧张的方式工作呢?

【问题】

1. 从管理职能的角度,对李萧的工作进行分析。

2. 试运用管理者角色理论来描述李萧的工作,并完成表中的各项内容。

3. 试将工厂经理的角色分别与公司总经理和作业监督者的角色作一比较,说明管理者工作与组织层次的关系。

对于公司总经理、工厂经理和作业监督者这3种不同的职位,请分别:

(1) 指出任何有可能与该职位不相关的角色,并说明理由。

(2) 对于可能存在于该职位的角色,请给出一个特定的活动事例,并说明每一角色可能在该职位工作中发挥的作用。

(3) 按照该职位在每种角色上花费的时间多寡,对各种角色的重要性作一个的排序。

(4) 以 3~5 个学生为一组,讨论每个人的分析结果,然后以组为单位按上述步骤确定可能的角色及其重要性排序。

(5) 每组指定一名学生作为发言人,向全班说明所在小组的分析结果,并与全班一起讨论和形成可能的结论。

管理者的角色	案例中明确的活动	案例中未明确但可能发生的活动	活动重要性排序 (个人/小组)
挂名首脑			
领导者			
联络者			
接收者			
传播者			
发言人			
企业家			
故障排除者			
资源分配者			
谈判者			

案例 2

山西省繁峙铁矿垮坝引发泥石流

据统计,至 2009 年 1 月,山西省共有尾矿库 1 346 座,其中 608 座为非法运营的尾矿库,近几年更是溃坝事故频发。2007 年 5 月 18 日,山西省繁峙县岩头乡境内宝山公司一大型尾矿库发生溃坝,80 多万立方米尾沙泥浆汹涌而下,绵延 20 余公里,所过之处,工厂、变电站、桥梁、村庄、农田悉数被毁,直接经济损失 4 500 多万元,间接损失数亿元。

2007 年 5 月 18 日,位于繁峙县岩头乡境内的山西宝山矿业有限公司的尾矿发生溃坝,近百万立方米泥石泻入峨河。由于发现及时,措施得力,目前水已基本排完,险情也基本解除,未发现人员伤亡。据环保局专业人员介绍,泥石流里并无有毒有害污染物,绝大多数是沙子、石头和少量铁粉,对环境的影响主要是造成土壤板结。

据知情者介绍,18 日上午 10 时许,宝山公司的尾矿库开始发生渗漏。上午 11:40,排渗管发生堵塞,坝肩开始渗漏,坝体出现塌陷。次日凌晨4时许,坝体下方出现大面积溃损,大量泥石流顺流而下,造成下游部分农田受到浸漫,电力通讯设施遭受破坏,接近尾矿库的一座小型桥梁被冲毁,使繁五线交通部分受阻。

18日下午3:00,繁峙县政府接到险情报告后,相关部门人员迅速进入现场组织抢险救援,并成立了现场应急指挥部。为确保下游人民群众的生命财产安全,指挥部紧急疏散危险区域内的100多名滞留人员,并予以妥善安置;同时,组织5台水泵从库内抽水,以减轻坝体压力。

险情就是命令,繁峙县委、县政府马上启动应急预案,指挥部紧急疏散危险区域100多名滞留人员,予以妥善安置;组织5台水泵从库内抽水,以减轻坝体的压力;安监、环保等有关部门暂扣宝山公司证照,责令其立即停产整顿,并对所有选矿企业进行排查,防止类似事故发生。同时采取险情观察通报、危险路段封闭、溃坝周围企业、村庄人员紧急疏散等措施,尽力把溃坝事故损失降到最低。

19日凌晨4时许,坝体下方出现大面积溃损,大量泥石流顺流而下,造成下游部分农田浸漫,电力通讯设施遭受破坏,接近尾矿库的一座小型桥梁被冲毁,繁五线交通部分受阻。

20日中午,从抢险一线返回的忻州市环保局有关负责人告诉记者,发生事故的矿坝呈倒三角形,坝高100 m、深600 m、底边宽200 m。18日上午11:00开始出现垮坝塌方现象,当日下午5时左右接到矿方报告。环保局专门派出了总工、监理队长及对大坝有丰富经验的6人专家组连夜赶到现场进行抢险技术指导。

据了解,宝山公司位于繁峙县岩头乡南磨村,始建于1996年,是当地一家股份制民营企业,年产铁精粉30万吨。尾矿库设计库容500万立方米,坝高100 m(含基础坝30 m),属于四级尾矿库。现库存量约80万~100万立方米。该库于2005年3月31日取得省安监局颁发的《尾矿库运营安全生产许可证》。

目前,安监、环保等有关部门已暂扣宝山公司证照,责令其立即停产整顿,并对所有选矿企业进行排查,防止类似事故发生。代县公安干警仍在沿河巡查,阻止群众进入河道捡拾东西,并展开事故损失调查。

18日发生尾矿库垮坝事故的宝山矿业公司已被安监、环保等有关部门暂扣相关证照,责令其立即停产整顿,有关部门还对繁峙县所有选矿企业进行排查,防止类似事故发生。

据介绍,宝山矿业公司始建于1996年,是繁峙县一家股份制民营企业,年产铁精粉30万吨,其尾矿库设计库容500万立方米,坝高100 m(含基础坝30 m),属四级尾矿库。该库于2005年3月31日取得山西省安监局颁发的《尾矿库运营安全生产许可证》,现库存量约80万~100万立方米。

18日10:00开始,位于繁峙县岩头乡境内的宝山矿业有限公司的尾矿库发生渗漏;11:40左右,排渗管发生堵塞,坝肩开始渗漏,坝体出现塌陷;16:00左右,尾矿库开始出现垮坝,引发泥石流下泄。19日凌晨4:00左右,坝体下方出现大面积垮坝,大量泥石流顺峨河而下,造成下游部分农田受到浸漫,电力通讯设施遭受破坏,靠近尾矿库的一座小型桥梁被冲毁,使繁(峙)五(台山)线交通部分受阻。

【问题】

1. 如果你是矿业公司的管理者,你认为社会要求你履行的责任与公司的利益矛盾吗?你会怎么协调?

2. 为避免类似事故的再次发生,繁峙县政府管理部门应采取哪些有力措施加强管理?

2　管理思想的演进

▶ **案例导读**

　　联合邮包服务公司(UPS)雇用了15万名员工,平均每天将900万件包裹发送到美国各地和180个国家。早在20世纪70年代,为了实现他们的宗旨——在邮运业中办理最快捷的运送,UPS的管理当局系统地培训他们的员工,使他们以尽可能高的效率从事工作。UPS的工程师们对每一位司机的行驶路线都进行了时间研究,并对运货、暂停和取货等各项作业活动都设立了标准。这些工程师记录了红灯、通行、按门铃、穿过院子、上楼梯、中间休息喝咖啡的时间,甚至上厕所的时间,将这些数据输入计算机中,从而给出每一位司机每天工作的详细时间标准。

　　为了完成每天取送130件包裹的目标,司机们必须严格遵循工程师设计的程序。当他们接近发送站时,他们松开安全带,按喇叭,关发动机,拉起紧急制动,把变速器推到1挡上,为送货完毕的启动离开做好准备,这一系列动作严丝合缝。然后,司机从驾驶室到地面后,右臂夹着文件夹,左手拿着包裹,右手拿着车钥匙。他们看一眼包裹上的地址把它记在脑子里,然后以每秒钟3英尺的速度快步走到顾客的门前,先敲一下门以免浪费时间找门铃。送货完毕后,他们在回到货车的路途中完成登录工作。

　　管理是人类的一种基本实践活动,自从有了人类就有了管理。管理知识也是人类文明史上最早出现的知识之一。智者说,知道人们如何思考,比知道人们如何行事更为重要。本章介绍了中外管理思想发展演变的历史;阐述了管理理论发展所经历的4个阶段,即古典管理理论阶段、行为科学理论阶段、现代管理理论丛林阶段和当代管理理论新发展阶段。分析了每个管理阶段中主要管理专家的管理理论及对这些理论的评述。

2.1　早期的管理实践和管理思想

　　伴随着人类社会的进步和演化,有意识和无意识的管理活动也在不断发展,历史学家、社会学家和管理学家通过大量的历史研究,深刻地揭示出了古代丰富的管理实践和管理思想。

2.1.1　原始社会的管理实践

　　如果要追溯管理理论的历史渊源,我们还得从远古时代的人类说起。远古时代指的是从人类出现到国家形成之间漫长的历史时期,也就是原始社会。这个时代大约经历了二三百万年。在这一时期人们组成氏族,形成部落,主要以狩猎、采集果实并逐渐演化为原始农业和家畜业的文化。管理思想的初步萌芽就是伴随着人们的实践活动而来的。

这一阶段的管理实践首先体现在分工与协作上。原始人类在不断与严峻的大自然环境作斗争的过程中形成了简单的劳动分工。人们意识到如果可以同其他人一起工作并且按人的自然属性和各成员的特殊兴趣与能力进行分工,每个人专业地重复做一项工作的话,劳动效率将大大提高。于是出现了男耕女织的分工;强壮的男人们聚集在一起通过合作捕猎到更多的食物;在联合捕猎中根据不同的人不同的技术能力由专人专业性地完成投掷石块、设计陷阱和猎物宰杀等工作。这样的结果是大大提高了工作的效率,保证了氏族里更多的人的生存与发展。

贸易雏形的显现。原始社会初期人类处于自然分工状态,生产力水平很低,没有剩余产品,也不存在贸易现象。随着人类历史的第一次社会大分工,即畜牧业和农业的分工,促进了原始社会生产力的发展,产品除维持自身需要以外,还有少量的剩余。于是便出现了氏族或部落之间用剩余产品进行原始的物物交换。当然,这种交换还是极其原始并偶然发生的物物交换。比如,甲的石斧有多余的,便与乙多余的猎物交换,这样可以简单地满足人们对不同事物的需要。

组织与领导的出现。既然有了分工与协作,生产劳动任务的分配和目标的完成需要达成某种协议。而达成这种协议要有组织权力进行保障,即原始的组织思想。在原始社会中,负责指挥和协调日常事物的是酋长或首领,通常这些领导者由集团内最有智慧、体格最强健的成员担任。

2.1.2 文明古国的管理思想

管理思想是随着生产力的发展而发展起来的。原始社会的生产水平非常低下,当时的管理水平也与之相适应。随着人类的不断进步,管理思想也有了很大的发展。文明古国有着悠久的历史和灿烂的文化,在其古代的建筑、史书和兵书中都蕴涵着非常丰富的管理思想,它们都曾经对管理思想做过一些突出的贡献。

1) 苏美尔

两河流域的苏美尔地区是地球上第一片文明开化之地。目前发现的关于管理思想最早的书籍资料是 5 000 年以前的西亚美索不达米亚的苏美尔人留下的。苏美尔人创建了一种类似"公司"性质的管理机构,用它来统一管理一批庙宇的经济活动,并实现了把宗教礼仪活动与世俗活动分开各由一名高级祭司负责的双头控制制度。与此同时。他们还创制了文字,并用它在泥板上记载账目,以便于管理庙宇中的财物。这其实就是最早的管理控制系统和库存账目记录系统。

2) 古巴比伦

古巴比伦是人们已知的历史最悠久的古代东方国家之一。公元前 18 世纪,古巴比伦王朝的汉谟拉比统治时期编纂了一部法典,史称《汉谟拉比法典》。这部法典被认为是人类社会有史以来的第一部较为完备的法典。法典全文 282 条,其中体现了许多涉及经济管理的思想,它对个人财产、个人行为、工作职责、工资报酬、会计、抵押、借贷、转让、租赁和其他民事商业活动责任的承担等都做了较详细的规定。例如关于工资报酬的一条:"凡雇佣一个农工,每年必须付给其 8 库鲁(每库鲁约合 121 升)谷物的工资。"这也是最低工资的原始记录。关于控制方面的有:"如果一个人在另一个人那里存放金银或其他东西,他都应该把这些东西给一位证人看,并拟定一项契约,然后再存放。"再如一条维护消费者权益的法律:"如果制造商为某人建造一所房屋,由于他建造得不牢固,结果房屋倒塌了,并使房屋主人身亡,那么这位制造商将被处死。"《汉谟拉比法典》是一部最早运用法律手段控制国家各种活动的文件,对以后管理思想的形成与发展产生了较大的影响。

3) 古埃及

5 000 年前建造的金字塔体现了古埃及人极大的聪明智慧和丰富的管理思想。每一个金字塔的建造要 10 万工人花费 20 年时间才得以建成。胡夫金字塔,是埃及金字塔的登峰造极之作,用花岗石砌成。金字塔原高 146 m,原塔基每边长 230 m,占地 5.29 万平方米。它的庞大的体积所需用的石料之多是空前绝后的。据估计,建成此塔共用了 230 万块石料,平均每块重 2.5 t,最大的一块重达 16 t。这样庞大的工程所达到的准确度之高也令人吃惊:巨大的金字塔的边长和角度的误差"不超过一个人的大拇指;石块的拼装紧密,至今石缝里一根针、一根头发也插不进去"。如此浩大的建筑工程离不开组织管理工作,对原料的规划,对运输的规划与组织,对人力的分配,都需要严格的管理和控制。所以金字塔不仅仅是人类建筑史上的奇迹,也是人类管理活动的典范。如果说人类文明诞生于尼罗河畔,那么管理也是和人类文明一起诞生的。

4) 古希腊

古希腊是欧洲文明的摇篮,没有希腊文化和罗马帝国所奠定的基础,也就没有现代的欧洲。古希腊人为了发展工商业开始有组织地生产,从而促进了一些思想家对自然的进一步的认识,在他们之中最出色的有:苏格拉底、色诺芬、柏拉图和亚里士多德。

苏格拉底,雅典人,出身于一个中产家庭。苏格拉底用问答法传播他的思想,在把受教育者的一切已有见解用一问一答的方式悉数破除之后,便使其在不知不觉中接受了他的影响。他认为管理具有普遍性,他提出"管理私人事务和管理公共事务仅仅是在量上的不同",并且认为一个人如果不能管理他的私人事务,他肯定也不能管理公共事务,因为公共事务的管理技术和私人事务的管理技术是可以相互通用的。

色诺芬是苏格拉底的门生,他曾经根据自己亲自经营和管理庄园的实践经验写成《家庭管理》一书。这是古希腊流传下来的专门论述经济问题的第一部著作。色诺芬在这本书中提到了经济管理的研究对象、判断标准、管理的核心任务以及分工的重要性。色诺芬早在公元前 370 年就曾对劳动分工、分工优越性有过详细的论述:"在制鞋厂,一个人可以仅仅靠缝鞋谋生,另一个人靠剪鞋样,再有一个人靠缝鞋帮,与此同时还有一个人不干上述任何一样活计,而是把各部分缝在一起,他们都能谋生。"这里的原则是:一个从事高度专业化的人一定能工作得最好。色诺芬的这一管理思想与两千年后产业革命时期的古典经济学家亚当·斯密的思想非常接近。

柏拉图是苏格拉底的学生,出生于雅典的贵族家庭,是古希腊著名的唯心主义哲学家,奴隶主贵族思想家。其著作是《理想国》,此书中他提出了一个理想国家的方案,主要是研究了国家范围内的分工,即每个人应该在国家里执行一种最适合其天性的职务。在柏拉图看来,每个人应该担任哪一种职务是先天决定的,并且各个阶层应该各司其职,不可僭越。

亚里士多德,古希腊最伟大的思想家之一,柏拉图著名的弟子。他在著作《政治学》中体现的管理思想之一是:在某种意义上揭示了管理者和被管理者的关系问题。他说:"从来不知道服从的人不可能是一位好的指挥官。"亚里士多德在管理上的第二个贡献是发展了色诺芬的"家庭管理"的思想。亚里士多德对于事物的内在的发展规律的揭示对管理思想的发展也极具启发意义，他认为一切具体事物都可归结为由"形式"和"质料"构成的。亚里士多德的这一思想实质上也揭示了管理的矛盾的运动变化和发展过程，即"目的→物质＋管理→新的目的"的过程。

5) 古罗马

古罗马在世界史上是最大的奴隶制国家之一，它最初是意大利北部的一个奴隶制城堡。公元前3世纪逐渐强大起来，后逐步扩张为横跨欧、亚、非三大洲的奴隶制大国。古罗马的管理思想主要体现在以下几个方面：

(1) 在罗马帝国的建立过程中，罗马人具有了集权、分权到再集权的实践经验，与不同的国家体制相适应，还建立了相应的管理机构。比如罗马人精于管理被征服的领土，他们使用了开明与独裁相结合的政策。他们通常并不破坏被征服的城市，而是给与它们一定的权力。一些城市，尤其是罗马附近的那些城市的市民全部被授予罗马公民权。还有一些城市被授予自治权，而另外的则结成同盟。不过，所有的城市都要向罗马缴税并派遣军队。另外，罗马士兵驻扎在部分被征服的地方，其军费由当地支付。在这些地方，罗马得到了实惠，士兵们获得了有价值的财物，并成为该地永久的军事居民。通过这种方式，罗马在被征服的每个地区都保持了一个永久的军事基地。

(2) 罗马人在长期的军事生涯中形成了遵照执行纪律的品格，又积累了以分工和权力为基础的管理职能设计能力。

(3) 一些奴隶主思想家在其政治、军事、经济、法律等著作中也体现出了较为丰富的管理思想。这些思想家的突出代表是贾图和瓦罗。

2.1.3 中世纪的管理思想

公元5世纪至公元15世纪，史称中世纪，是欧洲历史上的一个时代。时间跨度从西罗马帝国灭亡数百年后，在世界范围内封建制度占统治地位的时期，直到文艺复兴时期之后，资本主义抬头的时期为止。在欧洲大体上是奴隶社会末期直至资本主义萌芽时期。这段时期社会生产力、商品生产有了一定的发展，人们对自然的认识尽管受到中世纪教会的思想禁锢，但对自然的观察却越来越精确，其管理实践和管理思想都有了一定程度的发展。

1) 行会的出现

欧洲中世纪，由于商业与手工业的发展，在古代村落公社衰落的同时，从公元9世纪起，在自由城市与海滨等地，逐渐产生了一种新的联合组织——行会。行会最早出现于意大利，以后相继在法国、英国和德国出现。行会是城市手工业者保障自身利益的行业内部组织，它具备了现代管理的某些雏形，起到保护本行业利益而互相帮助、限制内外竞争、规定业务范围、保证经营稳定、解决业主困难等作用。行会也同样可以看成是最早的行业垄断组织，它限制了外来手工业者的竞争，最大限度地利用本行会所在城市的市场。

2) 封建等级制度

中世纪有一套严密的封建等级制度，维系其统治关系基础的是土地。国王是最大的封建主，国王按照各个贵族政治特权的大小和军功的等级，把土地分封给公爵、侯爵、伯爵、主教、子爵、男爵、骑士等大大小小的封建领主，这样层层受封，等级越低，人数越多。整个封建社会从上到下组成一座以国王为首的"金字塔"式的等级制度。整个封建社会中，每个封

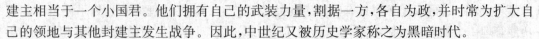

建主相当于一个小国君。他们拥有自己的武装力量,割据一方,各自为政,并时常为扩大自己的领地与其他封建主发生战争。因此,中世纪又被历史学家称之为黑暗时代。

3) 托马斯·阿奎那

托马斯·阿奎那是中世纪著名的经院哲学的哲学家和神学家,出生于意大利南部的一个贵族家庭,被誉为西方的"神学之父",其代表著作为《神学大全》。托马斯·阿奎那与经济管理有关的思想主要体现在:一是肯定封建等级制度的必要性与合理性,认为人应该有高低贵贱之分;二是重视经济交易中的公平交易与公平价格的问题。他提出应该防止贱买贵卖的行为,主张由一些权威部门或机构来规定公平价格,以便使买卖双方都不吃亏。

2.1.4 文艺复兴时期的管理思想

起源于意大利、繁盛于整个欧洲的14~16世纪的文艺复兴运动,是人类社会发展史上的一个重大转折点。这是一次资产阶级反对封建教会的思想政治解放运动,也是先进的生产力与落后的封建生产关系之间的一次较量。文艺复兴运动在人类历史上第一次确立了社会人文主义精神,对传统的宗教与封建专制提出挑战。

1) 威尼斯兵工厂

当时欧洲生产力水平有了一定的发展,尤其是在威尼斯和佛罗伦萨。威尼斯位于亚得里亚海北岸,是地中海沿岸从事商业活动最早的城市,在10世纪末已成为一个富庶的商业共和国。由于威尼斯的贸易和影响日益扩大,随之而来的保卫的必要性也日益增长。该城市在1436年建立了政府的造船厂(即兵工厂),由政府议会直接管理。威尼斯的兵工厂后来成为当时世界上最大的工厂,占有陆地和水面面积60英亩,雇佣一两千个工人。政府与工人的关系是控制与授权经营的关系。兵工厂的管理体现了相互制约和平衡。兵工厂虽然有1位正厂长和2位副厂长负责,但作为威尼斯元老院同兵工厂之间的联系环节的特派员也有很大的影响。厂长和特派员从事于财务管理、采购和类似的职能,生产和技术问题则由各部门的工长和技术人员负责,较好地体现了互相制约和平衡的原则。工厂内部的管理已具有相当的水平,兵工厂在成品部件的编号和储存、安装舰只的装配线、人事管理、部件的标准化、会计控制、存货控制、成本控制方面积累了成型的管理经验。

2) 马基雅维利

尼古拉·马基雅维利是文艺复兴时期意大利的政治思想家和历史学家。他于1498年进入统治佛罗伦萨共和国的十人执政团服务,随后奉派出国承担外交任务,这个工作使他获取了许多宝贵的经验,以作为往后政治与军事技巧净谏的素材。他主张结束意大利的政治分裂,建立一个统一而强大的君主国。为了达到这个目的,可以不择手段、因此被称为"马基雅维利主义",而这个词也就此成为只问目的、不择手段、好事莫做、坏事做尽的代名词。

马基雅维利的著作《君主论》在打破了旧的、自欺式的政治学观点的同时,创立了新的政治学观点。他提出目的是至关重要的,而手段却是独立于道德规范之外,可以独立研究的技术性问题。它与目的并不构成任何道义上的联系,只要有利于目标的实现,那些强暴狡诈、背信弃义的卑劣手段都是可取的。《君主论》虽然有讨好当时君主的意图,但也包含着他对建成统一、强大的意大利的强烈愿望。马基雅维利在当时提出的与管理有关的原则包括:①必须得到群众认可;②必须能够维持组织内部的内聚力③必须具备顽强的生存意志,以免被别人推翻;④必须具有领导者的品德和能力。这些管理原则是为了使君主能成功地管理一个国家,但同样也适用于管理其他组织,所以对管理思想的发展有着相当大的影响。马基雅维利在《君主论》中还第一次用了"案例"来分析一个君主应该具备的条件与才能。

3) 莫尔

托马斯·莫尔,英国著名的空想社会主义者,欧洲早期空想社会主义学说的创始人,才华横溢的人文主义者和阅历丰富的政治家,也是《乌托邦》一书的作者。1516 年,莫尔完成了一部著名而又颇具争议的作品——《乌托邦》,以一个旅客拉斐尔的见闻,描述假想岛屿国家乌托邦的政治制度。莫尔用小说作为手段描述了一个虚构的国家,其中详细介绍了理想的社会和完善的城市。莫尔采用对话体和海外奇闻的题材,揭露了资本主义社会的黑暗,抒发了他对消除人剥削人的未来美好社会的向往。书中主要的管理思想有:①私有制是一切罪恶的根源;②乌托邦岛已十分注意生产的布局和生产的组织;③在国家管理方式上,莫尔主张用民主的方式选举政府官员,按民主的方式治理国家;④在经济管理方式上,他设想整个社会经济是按照一定的统一原则管理的。

2.1.5　中国古代的管理思想

中国是一个具有五千年悠久历史的文明古国,在中华民族长期生存繁衍发展的历史长河中,创造了光辉灿烂的传统民族文化。悠久的中国古代传统文化孕育了博大精深的管理思想,产生了多姿多彩、独具特色的管理方式和方法,并且融入了整个中华民族的历史发展进程之中,乃至对日本、朝鲜以及东南亚诸国都产生了深远的影响。中国古代的管理思想从发展阶段上来分,可以分为萌芽阶段、繁荣阶段、定型阶段和衰落阶段。

1) 萌芽阶段

该阶段大体上相当于东周以前的夏、商、周三代时期。根据现存的历史资料,诸如《易经》、《尚书》、《诗经》等书里,我们还只能整理出我国有成文史以来流传的阶级社会初期的一些基本管理概念和管理原则。《尚书·尧典》中就记载着尧、舜、禹和皋陶关于职能分工和管理国家的事迹。古代居民为了求得生存与发展,在恶劣的环境中与各种自然灾害顽强地进行斗争。其中大禹治水的故事流传久远:面对滔滔洪水,野兽肆虐,尧为了把民众从水患中解救出来,命鲧去治水。鲧用堵塞的办法治理,虽经 9 年努力,仍以失败告终。于是,舜命禹治水,禹总结了鲧治水的经验教训,改用疏导的办法。他一心一意地率领民众兴修水利、治理洪水,"三过家门而不入",经过 8 年(一说 13 年)时间,终于征服了水患。公元前 11 世纪,《周礼》第一次把中国官僚组织机构设计为 360 职,并规定了相应的级别和职数,层次、职责分明,反映了当时中国已出现了相当完备的国家管理思想。《易经》堪称中国管理智慧的源头,其原理贯穿天、地、人三才之道,凝聚着中国文化在漫长的文明发展过程中对自然和人生规律探索的经验成果。《易经》原理影响着中国人社会生活的诸多方面,易道管理的核心就是把对世界的认知和自身的价值,在实践操作的基础上密切结合起来,这种决策管理模式包含着许多具体的经营策略,涉及了预测、计划、决策、组织、沟通、变通、控制、用人原则等诸多现代管理学中所关注的问题。

2) 繁荣阶段

这个阶段相当于春秋战国至秦始皇统一六国这段时间,这是我国历史上思想空前活跃和繁荣的时代,百家争鸣促使各学派阐述各自不同的治国、治家、修身、养性的主张,如儒墨道法、兵浓名杂,还有纵横家、阴阳家等。各学派代表人物有孔子、孟子、墨子、老子、韩非子、孙子等。

我国两千年来,不论立身处世以及政治社会,皆以儒家思想为中心,而论语便是最精粹、最可靠的儒书,所谓"半部论语治天下"便是这个意思。儒家管理思想作为一个独立的体系形成是通过孔子完成的。孔子儒家管理思想的核心内容是仁、礼、中庸。仁主要是社会管理伦理学说,即所谓仁爱、仁义、仁政等。礼即礼仪、礼节、礼教,是维护封建管理等级制度和秩序的伦理规范。也具有处理管理主体的道德信条,这些规范一方面可以成为管理群体团结和谐的积极力量,另一方面则发展为管理式的繁文缛节和极端苛刻的纲常礼教。中庸是一种管理思想、方法,讲究不偏不倚、适量守度,其基本精神是通过折中调和的手段,达到消除管理矛盾、避免管理冲突、稳定管理秩序的目的。

道家是一个比较严谨、逻辑性强的理论体系,充满了辩证的逻辑思维方法。老子所著的《老子》和庄周所著的《庄子》成为道家的经典著作。道家学说以说道为中心,从道出发,根据具体情况因时、因地、因人、因势、因需而扩展。道家认为世界上的一切事物的发展都是处在矛盾的对立统一规律的支配下运行和发展的。"无为"是道家管理哲学的最高原则。道家的无为而治是管理上的一个至高境界。存乎一心,无为而治。老子的无为是一种积极的、动态的。无为绝对不是讲不做事情,无为的目的是为了无不为,正如不争是为了更好地去争一样。自然就是客观世界的运动规律,无为就是让自然按自己的规律去运动,而人不去妄加干涉。

孙子是中国最杰出的兵学大师,他的思想对现在的商战具有非常重要的指导意义。孙子所著的《孙子兵法》一书更是被公认为是一部系统论述管理战略与战术问题的杰出著作。《孙子兵法》总共不到6 000字,但是全篇都闪耀着智慧的光芒,几乎全部是兵法纲要。《孙子兵法》有丰富的辩证法思想,书中探讨了与战争有关的一系列矛盾的对立和转化,如敌我、主客、众寡、强弱、攻守、胜败、利害等。《孙子兵法》正是在研究这种种矛盾及其转化条件的基础上,提出其战争的战略和战术的。这当中体现的辩证思想,在中国辩证思维发展史中占有重要地位。《孙子兵法》谈兵论战,集"韬略"、"诡道"之大成,被历代军事家广为援用,《孙子兵法》缜密的军事、哲学思想体系,深远的哲理、变化无穷的战略战术,在世界军事思想领域也拥有广泛的影响,享有极高的声誉。

3)兴盛阶段

这个阶段大体上从秦汉至宋元阶段。汉朝和唐朝是这个阶段中两个统一的主要王朝,它们为国家管理的制度化和定型化作出了自己的贡献。经过南北朝到唐朝,中国的封建社会到达了盛世,国家体制及各种管理制度趋于定型。例如,汉代"文景之治"使国家出现了政治安定、经济繁荣的局面;西汉末年贾让因提出治理黄河的上、中、下三策而著名,他的"制河三策"展现了中国古代人高超的决策管理水平;唐太宗李世民创造了"贞观之治",他的管理思想可以归纳为安人宁国、唯才是举、兼听纳谏、治国以法、发展经济。北宋丁谓的"一举三得"重修皇宫体现出了朴素而丰富的系统思想。宋真宗时期,大臣丁谓用"一举三得"方案重建皇宫,是一次典型的系统管理实践。当时,由于皇城失火,皇宫被焚,宋真宗命丁谓重修皇宫。这是一个复杂的工程,不仅要设计施工、运输材料,还要清理废墟,任务十分艰巨。丁谓首先在皇宫前开沟渠,然后利用开沟取出的土烧砖,再把京城附近的汴水引入沟中,使船只运送建筑材料直达工地。工程完工后,又将废弃物填入沟中,复原大街,这就很好地解决了取土烧砖、材料运输、清理废墟 3 个难题,使工程如期完成。工程建设的过程,同现代系统管理思想极其吻合。丁谓主持的皇宫修建工程体现了中国古人高超智慧的管理实践。

4) 衰落阶段

这个阶段大体上是明清两代五百多年时间。尽管这两个朝代都有它自己的鼎盛时期,分别有晋商和徽商的相继兴起与衰落。然而从明代中叶开始在封建经济机体中产生资本主义萌芽,从统治者的管理思想的角度来看,并无重大创见面世。因此,在这一时期,中国传统的管理思想开始衰落。

从古代的管理思想的发展速度来看,人们对于管理的认识往往表现为渗透在其他学科中零散的片段,而一直没有形成一门相对完整独立的古代管理学科。究其原因主要是来自 3 个方面:

(1) 社会需求不强。古代社会一直重农而轻商,加上农业生产在古代也只是封闭的自给自足的小农生产,很少需要大规模的分工协作,因而对管理知识要求低浅,管理思想难以发展。

(2) 忽视人际问题。管理的核心是人的问题,而古代经济学家多关心的是人物系统,忽视了人人系统的问题。

(3) 管理业务简单。古代社会人类处于传统的农业社会,工业不发达,社会生产力水平低下。人们所面对的管理问题比较简单,也就产生不了复杂的管理知识和理论。所以工业革命前的管理知识,谈不上规律,管理思想只能星星点点的产生,蜻蜓点水的一带而过,更谈不上形成系统的管理理论了。

2.2 管理理论的萌芽

工业革命的来临和工厂制的出现,带来了经济过剩、市场狭小等一系列问题。当时欧洲的经济学家在提出古典经济学的同时也关注了企业管理中的问题。另一方面,工业革命催生的工厂制和随之带来的资本主义经济制度,使得工厂管理中出现了劳资矛盾、工作效率低下等问题,一些实业家和科学家也纷纷把研究的目光投射到工厂管理中来。

1) 亚当·斯密

亚当·斯密,苏格兰人,古典经济学的主要创立者。1776 年,亚当·斯密发表了代表著作《国富论》,他在这部著作中系统地论述了古典政治经济学的主要内容,也涉及了许多管理思想。亚当·斯密对管理学的最大贡献是提出了劳动分工和经济人的观点。

劳动分工是管理中的首要问题。亚当·斯密的《国富论》第一章即是论分工。他主张组织和社会可以从劳动分工中获得经济利益,即将工作分解为狭窄的、重复性的任务。亚当·斯密明确指出了分工的三大益处:"第一,增加了每一个专业工人的灵巧程度;第二,节省了从一种工作转变为另一种工作所损失的时间;第三,发明了许多便于工作和节省劳力的机器,使得一个人能干许多人的工作。"[①]他在书中以制针业为例说明了劳动分工给制造业带来的变化,并分析了使劳动生产率提高的原因。以制针业为例,1 个工人 1 天大约能制

---

① 亚当·斯密: 国富论. 北京: 商务印书馆, 1987

10根。进行劳动分工之后,10个工人,每人从事一项专门化工序,一天能够生产约48 000根针。经过分工之后,劳动效率提高了400多倍。劳动分工是生产组织和生产管理中最重要的思想和方法。资本主义大工业就是在劳动分工的基础上发展起来的,没有劳动分工,人类社会和世界经济就不会发展到今天这个程度。

在管理学中,亚当·斯密的另外一个伟大的贡献就是他的经济人的观点。他指出人们工作完全是由于这种工作能够给他带来利益,只有有利可图他才会做。经济现象的产生完全是由于利己的思想左右的。人们在经济活动中都是追求自己的经济利益,在自己的经济利益与他人的经济利益发生矛盾的时候,人们总是会保护自己的经济利益,损害甚至是出卖他人的经济利益。亚当·斯密的经济人观点反映了西方资本主义生产关系的特点,它对于西方的经济管理思想有很重要的影响。

2) 罗伯特·欧文

罗伯特·欧文是19世纪初英国著名的空想社会主义者,也是一位企业家、慈善家,人事管理的先驱。

欧文曾经在其经营的一家大纺织厂中做过一系列的试验。针对当时工厂里劳动时间长、劳动强度高、工资水平低、饮食居住条件差的情况,欧文在自己的工厂里进行了一系列的改革。他摒弃了过去那种把工人当做工具的做法,着力改善工人的劳动条件,诸如提高童工参加劳动的最低年龄、缩短雇员的劳动时间、为雇员提供厂内膳食、设立按成本向雇员出售生活必需品的模式,从而改善了当地整个社会状况。欧文提出了著名的管理思想:“人是环境的产物”[①],由此推论有什么样的环境就会产生和塑造什么样的人。欧文提出企业主和管理人员不仅要重视死机器的改良,更要重视“活的机器”——人的改良。管理者的责任就在于为人们创造一种良好的环境,必须使人们生活在一个“比较合乎人的尊严”的良好的环境中,促使他们的性格和智力得到全面的发展,这样才能充分利用最宝贵的人力资源。

在管理思想史上,欧文可能是最早强调并努力在实践中突出人的地位和作用的人,他也因此被称为“现代人事管理之父”。

3) 查尔斯·巴贝奇

查尔斯·巴贝奇,英国数学家,计算机先驱,可编程计算机的发明者,运筹学和管理科学的创始人,也是科学管理的倡导者。巴贝奇有关管理理论的代表作为1832年发表的《论机器和制造业的经济》,他在这本书中论述了专业分工、工作方法、机器与工具的使用、成本记录等,使该书成为管理思想上一本重要的历史文献。巴贝奇对管理思想的贡献主要体现在以下3个方面:

(1) 进一步发展了亚当·斯密的分工思想,对劳动分工和专业化问题进行了更为系统的分析。巴贝奇更全面地分析了分工后使得生产效率得以提高的原因,主要有5个原因:①分工节省了学习所需要的时间;②节省了学习中所耗费的材料;③节省了一道工序转变到另一道工序所耗费的时间;④节省了改变工具所耗费的时间;⑤由于经常重复同一操作,技术熟练的工人工作速度加快。除此之外,最值得一提的是巴贝奇将脑力劳动也进行了分工,他以法国人普罗尼编制数学用表为例来说明这种分工。普罗尼在工作中把相应的人员分成熟练、半熟练和不熟练3类,按照这样的分类,把比较复杂的任务交给能力强的数学家

---

① 欧文选集(第2卷).北京:商务印书馆,1979

去完成,而把比较单一但又是必须做的杂务交给只会简单数学计算的人去做,从而保证了较强能力的数学家专注于复杂的计算工作。

（2）对于科学管理的贡献。巴贝奇在管理理论上的最大贡献在于他开创并发展了用科学的方法来进行管理研究工作。例如他提出了如何确定平均工时的方法。他指出,如果观测者手拿钟表在一个工人面前计时,那么这个工人几乎肯定会加快速度,于是估计出来的产量就会偏高。只有当工人完全没有意识到有人在观测他时,他在一定时间内所完成的作业次数往往是可以计算出来的。巴贝奇重视机器、工具和能源的有效作用,他发明了一种"计数机器"用来计算工人的工作量、原材料的利用程度。他还主张细致地研究工作方法。以铁锹为例,一个力量较弱的人,如果对于他的工作方法能仔细研究,加以改进,如果所使用的铲的形状、重量、大小都比较适宜,那么他一定能够胜过力量比较强的人。这一点对以后泰罗进行的铁锹试验是有明显影响的。巴贝奇还根据科学的方法制订了一种标准提问的表用来进行调查。

（3）提出了工资、利润加奖金的报酬制度。巴贝奇在应用数学方法精确分析管理的时候,还同时关注了管理中人的因素。他提出了一种可以调节劳资矛盾、激发工人生产积极性的利润分配制度。巴贝奇认为,工人的收入应该由三部分构成:第一部分为基本工资,按照工作的性质而固定下来,保证工人基本生存与发展所用;第二部分为利润,按照对生产效率作出的贡献分得相应比例的利润;第三部分为奖金,为增进生产效率提出建议而得的奖金。巴贝奇提出的报酬制度,把工人的实际利益和企业的效益及发展结合在一起,这在当时调节劳资矛盾、发挥工人生产积极性方面是有很大的进步意义的。

巴贝奇最大的贡献不在于他提出了什么理论,而在于他将数学方法引入到管理领域,试图用数学方法来解决管理问题。巴贝奇之前,没有人将数学方法和管理结合起来,这是他区别于其他先驱的最伟大的贡献。

2.3　古典管理理论

2.3.1　泰罗的科学管理理论

19世纪末20世纪初工业革命之后,西方的生产力得到了大幅度的提高。工业制度的普及、生产规模的扩大与相对滞后的管理显得格格不入。工厂管理主要是依靠资本家个人的经验和主观臆断,生产方法、工艺制作和人员培训方面都缺乏科学规范的依据。资本家只知道通过延长加班时间来获取超额利润,而工人的劳动效率却很低,表现为偷懒和"磨洋工",这使得劳资双方的矛盾冲突不断。如何改进工厂和车间的管理成了迫切需要解决的问题。

1) 科学管理理论的形成背景

科学管理理论的创始人弗雷德里克·泰罗出生于美国费城一个富有的律师家庭,中学后考上哈佛大学法律系,但由于眼疾问题不幸中途辍学。1875年泰罗去了费城的恩特普里斯液压厂做了一名学徒。1878年转入大钢铁公司的米德维尔工厂做了一名机械工,1884年被提升为总工程师。1890年泰罗在一家制造纸板投资公司任总经理,1893—1898年从事工厂的管理咨询工作。1901年以后开始无偿地做咨询工作,并不断地进行咨询、演讲和撰写管理文章,宣讲他的管理理念。1906 年泰罗担任了声誉很高的美国机械工程师协会主席。泰罗在他长期一线管理实践中清楚地认识到,管理中有很多问题需要澄清。如资方不知道怎样调动员工的积极性,只知一味延长劳动时间,却没有考虑到劳动效率的下降及其带来的冲突。对工人来说,也不知道怎样用标准的劳动工具、规范的劳动方法来做好工作,减少工作时间。为了改变这种情况,泰罗进行了多项试验,尤其针对工人的操作方法和作业时间,将这些试验逐步改进,并把它们写入他的代表作《科学管理原理》一书中,成为系统的管理理论和制度,即"科学管理理论"或"泰罗制",泰罗也因此被称为"科学管理之父"。

2) 科学管理理论的主要观点

(1) 用科学的方法工作。这也是泰罗科学管理的核心思想的体现,即用科学来代替经验,把科学引入管理实践之中。泰罗认为科学管理是过去曾存在的多种要素的结合,他把原有的知识收集起来加以分析组合并归类成规律和条例,于是构成了一种科学。其主要方法就是把工人多年积累的经验知识和传统的技巧归纳整理并结合起来,然后进行分析比较,从中找出其具有共性和规律性的东西,然后利用上述原理将其标准化,这样就形成了科学的方法。泰罗围绕这些问题展开了一系列的研究。

动作研究主要指的是将工人工作的动作进行要素分解,然后对动作的必要性和合理性进行细致的研究,据此确定去掉哪些不需要的动作,纠正哪些不合理的动作,合并改进保留下来的动作,形成标准的作业方法。时间研究是指在动作研究的基础上,确定工人完成每项动作的时间,并且考虑到一些不可避免的耽误的时间,为标准化的作业方法制定标准的作业时间,以便确定工人的劳动定额。泰罗在研究动作时间研究时做的一个经典试验就是"搬运生铁试验"。1898 年,泰罗在伯利恒钢铁公司工作时,找来约有 75 人的产品搬运小组,要求他们将厂房附近广场上每块重约 92 磅重的生铁块搬到火车车厢里,起初每个工人平均日工作量是 12.5 t。泰罗通过仔细观察工人们搬运过程中的动作、行走速度、负重时间和休息时间等这些搬运方法中的基本要素之后,认为存在一种合理的搬运生铁的方法,在这种方法下效率最高。经过方法改进之后,每个工人平均日工作量达到 47~48 t 的水平。

标准化原理指的是在工作中要建立各种标准的操作方法、规定和条理,使用标准化的机器、工具和材料,并使得作业环境标准化。泰罗在伯利恒钢铁公司还进行过另一个著名的"铁锹试验"。钢铁公司里的日常铲运量非常大,所用的铲子都是工人从自己家里带来的。这些铲子形状各异,重量不等,因此铲运工作的效率就比较低,每人的日工作量仅为 16 t。泰罗认为不同的物料,铁锹的重量是不同的。铁矿石比较重,一锹是 38 磅,如果是煤粉,一锹只有 3.5 磅。那么,到底一锹负重多少才最合适?经过试验,最终确定一锹为 21 磅最合适。为此,泰罗还制定了标准化的铁锹供工人们使用。在这之后,工人的日工作量从 16 t 提高到了 59 t,人数从 400~600 人降到了 140 人,日工资从 1.15 美元提升到 1.88 美元。

(2) 科学地挑选工人并进行培训。泰罗认为人的天赋与才能各不相同,他们适应做的工作也不同。因此,为了提高工作效率,必须挑选第一流的工人。泰罗指出第一流的工人是指那些能干又愿意干的工人。根据人的不同能力把工人们分配到各自适合的岗位上,并且对其进行教育与培训,教会他们科学的工作方法,使得工作效率大大提高。

(3) 实行差别计件工资制。泰罗为了鼓励工人完成工作定额,实行了一种有差别的、有刺激性的计件工资制。在这之前工厂普遍实行的是计时工资制,而计时工资制是导致工人磨洋工及引发劳资矛盾的重要原因。泰罗提出应根据工人完成工作的不同情况制定不同的工资标准：对于完成或超额完成工作定额的工人，工资按照高工资报酬率支付；对于没有完成工作定额的工人，其工资按照低工作报酬率支付。泰罗指出这种差别计件工资制能够明显地调动工人的工作积极性，提高工作产量，对劳资双方来讲都是有益的，其冲突可以在一定程度上得到缓解。

(4) 计划与执行职能相分离。为了提高劳动生产率，泰罗主张把计划职能与执行职能分开。泰罗的计划职能实际上就是管理职能，执行职能则是工人的劳动职能。当时的企业没有专门的管理部门，许多计划、统计、质检、控制等管理工作是混杂在执行工作之中的。泰罗主张将计划与管理相分离，分离的结果就是企业中出现了专门负责管理工作的管理者和专门负责执行职能的非管理者。计划与执行的分离在管理学发展史上具有重要的意义，这可以被视为管理作为一门科学形成的标志。

(5) 例外原则。泰罗将管理工作分为两类：一类是一般事务管理；另一类是例外事务管理。规模较大的企业不能只依据职能原则来组织管理，还需要运用例外原则，即企业的高级管理人员把处理一般事物的权限下放给下级管理人员，自己只保留对例外事项的决策权和监督权，如企业基本政策的制定和重要人事的任免等。这种分权的管理，在当时高度集权式管理的背景下，具有非常积极的现实意义。

3) 其他人的贡献

泰罗的科学管理理论在20世纪初得到了广泛的传播和应用，影响很大。因此在他同时代和他以后的年代中，有许多人也积极从事于管理实践与理论的研究，丰富和发展了"科学管理理论"。比较著名的有亨利·甘特和吉尔布雷斯夫妇等。

亨利·甘特是泰罗的合作者，他与泰罗密切配合，使"科学管理"理论得到了进一步的发展。甘特最大的贡献是他的"甘特图"，是当时计划和控制生产的有效工具，并为当今现代化方法 PERT 计划评审技术奠定了基石。

美国工程师弗兰克·吉尔布雷斯与夫人（心理学博士莉莲·吉尔布雷斯）在动作研究和工作简化方面作出了特殊贡献。他们采用动作时间研究的主要思路是：用拍影片的方法记录和分析工人的操作动作，然后去除并纠正了工人操作时某些不必要的多余动作，寻找合理的最佳动作，以提高工作效率。最终形成了快速准确的工作方法即标准的操作程序。他们把工人操作时手的动作分解为 17 种基本动作，吉尔布雷斯称之为"therbligs"，即分类体系。吉尔布雷斯夫妇毕生致力于提高效率，即通过减少劳动中的动作浪费来提高效率，被人们称为"动作专家"。

4) 科学管理理论的贡献评价

科学管理最大的贡献是提倡用科学的管理方法替代传统的经验管理方法。科学管理方法的逐步普及和发展极大地提高了企业的劳动生产率，也促进了当时工厂管理的根本变革。科学管理是管理发展史上一次伟大的革命，它的提出也标志着管理学作为一门科学开始形成，其贡献是巨大的、历史的。

科学管理也存在着明显的局限性。它最主要的局限是单从"经济人"的角度来看待工人。泰罗他们认为工人的目的只是为了获得最大限度的工资，只要给予经济上的刺激，就能提高他们的工作效率。实际上，人的需求是多方面的，除了经济上的动机之外，还有许多社会方面的需求。为了探索这一点也引出了后来的人际关系学说和行为科学。其次，科学管理以机械式的观点看待员工。该理论过分强调管理制度、规范等刚性的技术因素，不注重人群的社会因素,把员工一味地看作"活机器"。最后,科学管理的研究范围比较狭窄,主要集中在制造业工厂的一线生产车间,相当于今天所说的生产管理,而企业管理的其他职能如采购、销售、财务、人事等则没有涉及。

当然,科学管理的局限性是由于当时的时代局限性造成的,并不影响科学管理在管理理论中的重要地位,它仍为后来西方管理理论的丰富和发展提供了宝贵的理论基础及方法指导。

2.3.2　法约尔的一般管理理论

20世纪初泰罗的科学管理始于美国并迅速传遍欧洲,也传入了法国。然而,泰罗的科学管理主要研究的是工厂管理,并且集中于生产加工制造的环节,对于整个企业组织的管理而言有一定的局限性。所以,当时在欧洲,就出现了将重点放在高级管理者层面上的另一种管理理论体系,即以法国人亨利·法约尔为代表的一般管理理论。

1)　一般管理理论的产生背景

亨利·法约尔,法国人,1860年从圣艾帝安国立矿业学院毕业后进入康门塔里一福尔香堡采矿冶金公司,成为一名采矿工程师,并在此度过了整个职业生涯。从采矿工程师后任矿井经理直至公司总经理,由一名工程技术人员逐渐成为专业管理者,他在实践中逐渐形成了自己的管理思想和管理理论,其代表作为1916年发表的《工业管理与一般管理》。法约尔对管理学的形成和发展作出了巨大的贡献,因此被称为"一般管理之父"、"现代经营管理之父"。这里的一般管理和我们所说的组织管理相近,他研究的是整个组织管理的原则。从某种程度上来讲,他的研究站位要比泰罗高。

2)　一般管理理论的基本观点

(1) 管理的5项职能。法约尔一般管理理论的一个重要内容是他首次把管理活动划分为计划、组织、指挥、协调和控制五大职能。计划是指探索未来,制定行动计划;组织是指建立企业的物质和社会双重结构;指挥是使其人员发挥作用;协调是连接、联合、调动所有的活动及力量;控制是注意是否一切都按已制定的规章和下达的命令进行。法约尔在100年前提出的这些管理职能在今天仍被管理学家们视为经典,他对管理学的形成与发展作出了巨大的贡献。

(2) 对业务活动进行分类。法约尔认为,任何企业都存在着6种基本活动,要搞好企业的经营必须做好以下6个方面的活动:一是商业活动,指购买、销售、交换;二是技术活动,指生产、制造、加工;三是财务活动,指筹资和资本运作;四是会计活动,指财产清点、会计信息的统计;五是安全活动,指保护财产和人员;六是管理活动,指计划、组织、指挥、协调和控制。法约尔认为这6项都是企业的经营活动,其中包含管理活动,而管理职能与其他职能又是不一样的。与泰罗不同,泰罗极其重视作业阶层和技术能力,而法约尔更为重视一般性的管理工作和管理职能,他把管理活动从其他经营活动中单列出来,具有重要意义。

(3) 14条管理原则。法约尔根据自己长期的管理经验提出了一般管理的14条原则:

① 分工。法约尔认为劳动分工通过使员工的工作更有效率,从而提高了工作的产出。劳动分工不仅适用于技术工作,而且也适用于管理工作。值得注意的是,专业化分工要适度,不能分得过粗或过细。

② 权力与责任。管理者必须有命令下级的权力,职权赋予管理者的就是这种权力。但

是,凡行使职权的地方,都应当建立责任。

③ 纪律。法约尔认为,纪律是企业领导人同下属人员之间在服从、勤勉、积极、举止和尊敬方面所达成的一种协议。因此,员工必须遵守和尊重统治组织的规则。

④ 统一指挥。无论什么时候、无论什么工作,一个下属都应接受而且只应接受一个上级的命令。如果组织中两位领导人向同一个人或同一件事发布不同的命令,将会使下属无所适从,组织活动就会出现混乱。因此,必须避免出现多重指挥的情况。

⑤ 统一领导。法约尔认为,统一领导原则是指凡是具有同一目标的全部活动,仅应有一个领导人和一套计划。统一指挥与统一领导两个原则之间,既有区别又有联系。统一指挥原则讲的是一个下级只能接受一个上级的指令,而统一领导原则指的是组织机构设置的问题。人们通过建立完善的组织来实现一个社会团体的统一领导,而统一指挥取决于人员如何发挥作用,统一指挥不能没有统一领导而存在,但并不来源于它。

⑥ 个人利益服从整体利益。任何员工个人或员工群体的利益不应置于组织的整体利益之上。为了很好地贯彻这个原则,企业的目标应尽可能多地包含个人的目标,使企业目标实现的同时满足个人的合理需求;企业领导人要以身作则,作出榜样,以集体利益为重;对职工进行教育和约束,努力做到当个人利益与集体利益发生冲突时,优先考虑集体利益。

⑦ 报酬。报酬制度应首先考虑能够维持职工最低生活消费,其次要考虑企业的基本经营状况,在此基础上结合员工的劳动贡献的多少,对员工提供的服务必须付给公平的工资。对工作成绩和工作效率优良者给予奖励,但奖励要有限度。

⑧ 集权与分权。在管理上应保持适当的集权与分权,即掌握好集权与分权的尺度,视组织的实际情况而决定。认为下属的工作很重要就分权,认为下属的工作不重要就集权。集权和分权的问题是一个尺度问题,关键在于找到适合该企业的最适度。

⑨ 等级链。从最高层管理到最低层管理的直线职权是一个等级链。等级制度既表明组织中各个环节之间的权力关系,又可以表明组织中信息传递的渠道。法约尔还提出了一种"跳板"原则,该原则可以使两个部门的沟通更为便利。即在需要沟通的两个部门之间建立一个"法约尔桥",以这个桥为跳板,就可以建立沟通渠道。但这种跳板在横向沟通前要征求各自上级的意见,并且事后要立即向各自上级汇报,从而维护了统一指挥的原则。

⑩ 秩序。法约尔指出,"凡事各有其位"。人员和物料应当在恰当的时间处于恰当的位置上。

⑪ 公平。管理者应当和蔼和公平地对待下属,做到"善意与公道结合"。

⑫ 人员的稳定。管理当局应当提供有规划的人事计划,并保证有合适的人选接替职位的空缺。人员特别是管理人员的经常变动对企业不利。

⑬ 首创精神。允许雇员发起和实施计划将会调动他们的极大热情。

⑭ 团结精神。在组织内部要形成团结和谐的气氛。

法约尔总结出的以上14条原则,是任何一个管理者在管理的过程中都会遇到的,既常见又重要。这些原则在今天仍然适用,这也是法约尔的伟大之处。

3)一般管理理论的认识评价

法约尔提出一般管理理论迄今已近百年,经久不衰,至今仍有相当大的影响力。这主要是因为:

(1)法约尔提出了现代管理学的总体框架,第一次系统明确地划分了管理的职能和原

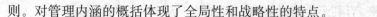

则。对管理内涵的概括体现了全局性和战略性的特点。

（2）法约尔的管理理论以大企业为研究对象，其理论的使用范围比科学管理更为普遍，成为今天管理学的主流框架体系。

（3）法约尔最早提出了管理教育的必要性。他认为对管理知识的需要是普遍的，尤其是对管理层来讲。法约尔大力提倡高等院校开设管理方面的课程，传授管理知识。

法约尔的一般管理理论也存在着一定的局限性：一是其理论主要研究的是静止状态下组织的管理，没有涉及外在动态环境下的情况；二是管理原则过于机械，缺乏弹性，在实践中有时会使得管理人员无所适从。

尽管如此，法约尔的一般管理理论还是得到了西方管理学学者的高度评价，其对管理理论的贡献和影响是巨大且深远的。

2.3.3 韦伯的行政组织理论

随着工业革命和工厂制度的发展，工厂和公司的组织管理问题越来越突出。人们开始注意到企业由于在管理中缺乏明确的组织机构，问题很多，事故不断，效率低下的情况屡见不鲜。因此，很多人开始反思现有的组织形式，究竟怎样的组织形式和组织结构才有利于企业的经营与发展，怎样进行高效的组织管理才能适应当时企业的时代特征。韦伯的行政组织理论就是在这样的大环境中得以形成与发展的。

1) 行政组织理论的产生背景

马克思·韦伯是德国社会学家、经济学家和古典管理理论的代表人物。韦伯的行政组织理论产生的历史背景，正是德国企业从小规模世袭管理到大规模专业管理转变的关键时期。人们开始思考什么样的组织结构可以适应工业革命后不断壮大的工厂规模与企业制度。韦伯在这时提出了行政组织体系理论，又称为官僚制或科层制。

韦伯出生于德国爱尔福特的一个中产阶级家庭，1882年进入海德堡大学攻读经济学和法律，之后又就读于柏林大学。在此期间，他还曾入军队服役，1888年参与波森的军事演习，因而对德国的军事生活和组织制度有相当的了解，这对他后来建立行政组织理论有相当的帮助。韦伯的代表作是《社会组织与经济组织》，书中首次提到了行政组织理论，对后来的研究有深远的影响，韦伯也因此被称为"组织理论之父"。

2) 行政组织理论的主要内容

韦伯认为，理想的行政组织是通过职务和职位来管理的，而不是通过传统的世袭地位来管理的。这种理想的行政集权组织最理性、最高效，在精确性、稳定性、纪律性和可靠性等方面都优于其他组织形式，并且适用于各种管理形式和大型组织，如企业、教会、学校、国家机构、军队和各种团体。

任何组织都是以某种形式的权力为基础的。韦伯把为社会所接受的权力分为3类：①传统权力、传统惯例或世袭得来；②个人崇拜式权威，来源于别人的崇拜与追随；③法定权力，理性——法律规定的权力。韦伯认为只有法定权力才是理想组织形式的基础。

理想的行政组织中的管理制度实际上就是一种金字塔式的指令链结构。它反映出组织中对内部秩序和办事准确的要求，也反映出工人对公正待遇的要求。在这样的组织中，领导者应在能力上胜任其工作，要依据事实来进行领导。除了最高领导之外的每一个官员，都应按一定准则被任命和行使职能。组织规定了每一个成员的职权范围，使得各成员能够正确行使职权,减少冲突,有利于提高组织的工作效率。

3) 行政组织理论的认识评价

韦伯提出的行政组织理论开创了公共行政组织进行理论研究的先河。他提出的这种理想的行政组织具有组织的严密性、管理的非人格化、技术的高效率及统治的知识化等优点。尽管如此,这种官僚制的组织体系无法避免存在体系庞大、行动缓慢、容易造成组织效率低下、产生官僚主义等弊端。

韦伯的行政组织理论不仅研究组织的行政管理,而且广泛地分析了社会、经济和政治结构;他在组织管理方面有关行政组织的观点是他对社会和历史因素引起复杂组织的发展的研究结果。韦伯是现代社会学的奠基人,他的观点对其后的社会学家和政治学家都有深远的影响。

2.4　行为科学理论

行为科学是 20 世纪 30 年代开始形成的一门研究人类行为的新学科,是一门综合性科学,并且发展成国外管理研究的主要学派之一。它综合应用了心理学、社会学、人类学、经济学、政治学、历史学、法律学、教育学、精神病学及管理学的理论和方法,是研究人的行为的边缘学科。它研究人的行为产生、发展和相互转化的规律,以便预测人的行为和控制人的行为。对于行为科学的研究,基本上可以分为两个时期:前期以梅奥的人际关系学说为主要内容,时间跨度从 20 世纪 30 年代霍桑试验开始,到 1949 年在美国芝加哥讨论会上第一次提出行为科学的概念为止。在 1953 年美国福特基金会召开的各大学科学家参加的会议上,正式定名为行为科学,为行为科学研究时期。

2.4.1　霍桑试验和人际关系学说

在经典管理理论已经相当成熟和完善的情况下,管理学家却发现,按照“经济人”的假设,用高工资、高福利并不能完全解决工人们的懈怠情绪。于是,管理学家们开始试图从人们的一些行为上寻找突破点。

1) 人际关系学说的形成背景及霍桑试验

从社会角度来看,虽然科学管理思想等理论已开始广泛运用,却使得工人的生活水平急剧下降,工人的懈怠现象越来越严重。“社会人”这一概念开始受到人们的重视,“人”在管理中的心理和感受开始越来越多地被研究。于是,为管理理论寻找一条新的出路,开辟一个新的研究方向是必需的。就在这个前提下,梅奥的“人际关系学说”诞生了,它可以视为早期的行为科学,而整个行为科学理论也是在这种背景下开始形成和发展的。

梅奥原籍澳大利亚,后移居美国,美国艺术与科学院院士,行为科学家,人际关系理论的创始人。1924—1932 年,哈佛大学的梅奥教授带领一个研究小组到芝加哥西方电器公司下的霍桑工厂做一个试验。这个试验的结果验证了很多经典管理理论所不能解释的东西。霍桑工厂是一家位于美国芝加哥城郊外的西方电器公司下属的专门制造电话机的专用工厂。它设备完善,福利优越,具有良好的娱乐设施、医疗制度和养老金制度。即便这样,工人们仍愤愤不平,生产效率一直不理想。为此,美国科学院专门组织了一个包括照明试验、继电器装配试验、大规模访谈、接线板工作室试验在内的霍桑试验。

照明试验(1924—1927年)。专家们选择了两个工作小组,一个为试验组,一个为控制组。试验组照明度不断变化,控制组照明度始终不变。当试验组照明度增大时,试验组和控制组都增产;当试验组照明度减弱时,两组依然都增产,甚至试验组的照明度减至0.06烛光时,其产量亦无明显下降;直至照明减至如月光一般实在看不清时,产量才急剧下降。因此,该阶段的试验得出结果为照明不是效率变化的决定性因素,于是研究小组决定继续进行研究。

继电器装配室试验(1927—1928年)。研究小组选择了5名女装配工和1名女画线工,单独安置在一间工作室内工作,并安排一位观察员加入这个小组,记录室内发生的情况。小组成员被告知,这项试验的目的并不是为了提高产量,而是研究不同工作环境对生产的影响。试验中允许这些女工自由交谈,观察员对她们也很和蔼。在试验中分期改善工作条件,如增加工间休息时间、供应午餐和茶点、缩短工作时间、实行集体计件工资制等,这些条件的变化使得产量不断上升。一年半后,取消了工间休息和免费午餐,工作日恢复到六天制,结果产量仍然维持在较高水平。

大规模访谈(1928—1931年)。研究小组对工厂的职工展开了大规模的访谈,他们花了两年多的时间走访了2万多名职工,了解他们对工作及其环境、监督方式、公司状况和那些使他们不满的问题的看法。大规模访谈的目的是了解如何得到员工真正的内心感受,进而倾听他们的诉说对解决问题的帮助,最终实现生产效率的提高。工人们长期以来对工厂的各项管理制度和方法存在许多不满,无处发泄,访谈计划的实行恰好为他们提供了发泄机会。发泄过后心情舒畅,士气提高,使产量得到提高。

接线板工作室试验(1931—1932年)。试验选择14名男工人在单独的房间里从事绕线、焊接和检验工作。对这个班组实行特殊的工人计件工资制度。但观察结果发现,总产量只保持在中等水平,每个工人的日产量平均都差不多,而且工人并不如实地报告产量。深入地调查发现,这个班组的试验得出3个方面的结论:①成员都故意自行限制产量。他们约定,谁也不能干得太多,突出自己;谁也不能干得太少,影响全组的产量。进一步调查发现,工人们之所以维持中等水平的产量,是担心产量提高,管理当局会改变现行奖励制度,或裁减人员,使部分工人失业,或者会使干得慢的伙伴受到惩罚。为了维护班组内部的团结,宁愿放弃物质利益的引诱。②工人们对待不同层次的上级持不同态度。一个人在组织中职位越高,所受到的尊敬就越大,大家对他的顾忌心理也就越强。③成员中存在一些小派系。为了维护他们群体的利益,自发的形成了一些规范,并且约法三章,不准向管理当局告密,如有人违反这些规定,轻则挖苦谩骂,重则拳打脚踢。

研究小组在霍桑工厂进行了长达8年的试验,获得了大量的第一手资料,原来假定的对工厂生产效率起影响作用的照明条件、休息时间以及薪水的高低与工作效率相关很低,而工厂内自由宽容的群体气氛、工人的工作情绪、责任感与工作效率的相关程度较大。也就是说,职工的士气、生产的积极性主要取决于职工与管理人员以及职工与职工之间的关系是否融洽等因素,而非工作条件等物理环境。这一结论的得出具有相当的震撼力,为日后人际关系学说及行为科学的形成与发展奠定了基础;它引发了产业界与学术界展开一系列的相关措施与研究;它替管理学打开了一扇通往社会科学领域的大门。

2) 人际关系学说的主要内容

梅奥在其1933年出版的代表作《工业文明中人的问题》一书中总结了他亲身参与和指

导的霍桑试验及其他几个试验的研究成果,详细论述了人际关系学说的主要思想。梅奥人际关系学说的内容主要有以下几点:

(1) 工人是社会人,而不是经济人。泰罗的科学管理认为工人是"经济人",只要用金钱加以刺激,就有工作的积极性。梅奥则认为,工人是社会人,除了物质需求外,还有社会、心理等方面的需求,因此不能忽视社会和心理因素对工人工作积极性的影响。

(2) 企业中存在非正式组织。企业成员在共同工作的过程中,相互间必然产生共同的感情、态度和倾向,形成共同的行为准则和惯例。这就构成了一个体系,称为"非正式组织"。非正式组织不仅存在,而且与正式组织相互依存,对生产率有重大影响。梅奥指出,非正式组织与正式组织有重大差别。在正式组织中,以效率逻辑为其行为规范;而在非正式组织中,则以感情逻辑为其行为规范。如果管理人员只是根据效率逻辑来管理,而忽略工人的感情逻辑,必然会引起冲突,影响企业生产率的提高和目标的实现。因此,管理当局必须重视非正式组织的作用,注意在正式组织的效率逻辑与非正式组织的感情逻辑之间保持平衡,以便管理人员与工人之间能够充分协作。

(3) 生产率的提高主要取决于工人的工作态度及其与周围人的关系。梅奥认为,提高生产效率的主要途径是提高工人的满足度,即力争使职工在安全方面、归属感方面、友谊方面的需求得到充分的满足,并且要因人而异。满足度越高,士气就越高,生产效率也就越高。

3) 人际关系学说的认识评价

人际关系学说的出现一方面转变了以往管理理论以物为中心的视角,而以人为中心进行管理理论的研究。它强调要重视人这一因素的作用,管理的重点应放在人及人的行为上。管理者通过对人的行为的预测、激励和引导,来实现对人的有效控制,并通过对人的有效控制,达到对事物的有效控制,从而实现组织的预期目标。另一方面,人际关系学说的出现还引起了管理方法的转变。该学说要求管理者改变对工人的态度和监督方式;提倡下级参与企业的决策,允许职工对作业目标、作业标准和作业方法提出意见;强调意见沟通,改善人际关系,对企业中的非正式组织提出了自己独特的看法。

人际关系学说的局限性表现在:①过分强调非正式组织的作用。非正式组织并非经常对每个人的行为起决定性的影响,往往正式组织所起到的作用更大。②过多地强调感情的作用,似乎职工的行动主要由感情和关系支配。③过分的否定经济报酬、工作条件、外部监督、作业标准的影响。物质因素对人们的行为仍然起着重要的作用,人们并不会因为追求情感而舍弃或降低对经济、物质因素的需要。

2.4.2 其他行为科学理论

1) 马斯洛的需要层次理论

需要层次理论是美国心理学家马斯洛于20世纪40年代提出的。人作为"社会人"到底有何种需要?如何去满足这些需要,让管理者更有效地进行管理,让工人更积极地工作?这些需要之间有怎样的联系和主次关系?在这些问题的引导之下,需要层次理论应运而生。马斯洛在1954年出版的《激励与个性》中提出了需要层次理论。人的需要可以分为生理需要、安全需要、社交需要、尊重需要和自我实现需要5种需要。

(1) 生理需要。这是个人生存的基本需要,如吃、喝、住、行等。对食物、水、空气和住房等需要都是生理需要,这类需要的级别最低,人们在转向较高层次的需要之前,总是尽力满足这类需要。一个人在饥饿时不会对其他任何事物感兴趣,他的主要动力是得到食物。即使在今天,还有许多人不能满足这些基本的生理需要。

(2) 安全需要。安全需要包括对人身安全、生活稳定以及免遭痛苦、威胁或疾病等的需要,如收入稳定、强大的治安力量、福利条件好、法制健全等。与生理需要一样,在安全需要没有得到满足之前,人们唯一关心的就是这种需要。对许多员工而言,安全需要表现为安全而稳定以及有医疗保险、失业保险和退休福利等。

(3) 社交需要。社交需要指能满足个体与他人交往的一切需要,如友谊、爱情、归属感等。人是社会的一员,需要友谊和群体的归属感,人际交往需要彼此同情、互助和赞许。当生理需要和安全需要得到满足后,社交需要就会突出出来,进而产生激励作用。人类对社交方面的需要是与前两个层次的需要不同性质的需要层次。前两者表现为人类对物质方面和经济方面的需要,而社交需要则表现为人类对心理和精神方面的需要。

(4) 尊重需要。尊重需要指能满足他人对自己的认可及自己对自己认可的一切需要,如名誉、地位、尊严、自信、自尊、自豪等。尊重需要既包括对成就或自我价值的个人感觉,也包括他人对自己的认可与尊重。有尊重需要的人希望别人按照他们的实际形象来接受他们,并认为他们有能力,能胜任工作。他们关心的是成就、名声、地位和晋升机会。这是由于别人认识到他们的才能而得到的。当他们得到这些时,不仅赢得了人们的尊重,同时就其内心因对自己价值的满足而充满自信。不能满足这类需要,他们就会感到沮丧。如果别人给予的荣誉不是根据其真才实学,而是徒有虚名,也会对他们的心理构成威胁。

(5) 自我实现需要。自我实现需要是人类最高层次的需要,指满足个体把各种潜能都发挥出来的一种需要,如不断地追求事业成功、使技术精益求精等。这种需要表现为一个人希望能够发挥自己的全部潜能,希望能体验到更多的解决问题的能力。

马斯洛的需要层次论是建立在以下3个假设的基础之上的:一个人的需要分等分层,呈阶梯式逐级上升;需要的存在是促使人产生某种行为的基础;当某种需要得到满足后,这种需要也就失去了对行为唤起作用。

2) 赫茨伯格的双因素理论

双因素理论是美国的行为科学家赫茨伯格提出来的,又称为激励因素—保健因素理论。20世纪50年代末,赫茨伯格和他的助手们在美国匹兹堡地区对200名工程师、会计师进行了调查访问。访问主要围绕两个问题:在工作中,哪些事项是让他们感到满意的,并估计这种积极情绪持续多长时间;又有哪些事项是让他们感到不满意的,并估计这种消极情绪持续多长时间。赫茨伯格以对这些问题的回答为材料,着手去研究哪些事情使人们在工作中快乐和满足,哪些事情造成不愉快和不满足。结果他发现,使员工感到满意的都是属于工作本身或工作内容方面的;使员工感到不满的,都是属于工作环境或工作关系方面的。他把前者叫做激励因素,后者叫做保健因素。

"保健因素"对员工产生的效果类似于卫生保健对身体健康所起的作用。保健从人的环境中消除有害于健康的事物,它不能直接提高健康水平,但有预防疾病的效果;它不是治疗性的,而是预防性的。保健因素包括公司政策、管理措施、监督、人际关系、物质工作条件、工资、福利等。当这些因素恶化到人们认为可以接受的水平以下时,就会产生对工作的不满。但是,当人们认为这些因素很好时,它只是消除了不满意,并不会导致积极的态度,这就形成了某种既不是满意又不是不满意的中性状态。

"激励因素"是指那些能带来积极态度、满意和激励作用的因素,这是那些能满足个人自我实现需要的因素,包括成就、赏识、挑战性的工作、增加的工作责任,以及成长和发展的机会。如果这些因素具备了,就能对人们产生更大的激励。按照赫茨伯格的意见,管理当局应该认识到保健因素只能消除工作中的不满意,只有"激励因素"才能使人们有更好的工作成绩。该理论有几个主要观点:①满意的对立面是没有满意,不满意的对立面则是没有不满意,据此,可将影响人们行为的因素分为两类:消除不满意的保健因素和制造满意的激励因素。②激励因素是以人对工作本身的要求为核心;保健因素是与人们的不满相关的因素。③只有激励因素的满足,才能调动人的积极性。

3) 麦格雷戈的 X 理论和 Y 理论

道格拉斯·麦格雷戈是美国著名的行为科学家,他在 1957 年 11 月的美国《管理评论》杂志上发表了《企业的人性方面》一文,提出了有名的 X 理论和 Y 理论。

X 理论和 Y 理论是两种截然相反的可供选择的人性观。X 理论假设人性是好逸恶劳、不求上进和逃避责任的,他们缺乏想象力和理性的思维。因此,对于 X 理论的员工,管理者必须严加监督与控制,把惩罚视为重要的管理手段,把金钱作为一种主要的激励手段。Y 理论则认为人们愿意承担责任、有主动性与创造性、要求工作是人的本能,人们可以通过自我控制和指导来完成对组织目标的承诺。所以管理者要有效地综合运用各种要素来实现企业的经营目标,要给人安排富有意义的工作使个人目标和组织目标统一起来,把责任最大限度地交给工作者。

麦格雷戈的 X 理论和 Y 理论将对人性的探索扩展为人的本性与人的行为是决定管理者行为模式的最重要因素的管理假定。它在旧的人际关系观念与新的组织人本主义之间起到了一种桥梁的作用,并且对人性的所在给出了一个容易让人理解,且适用于管理的合理的解释。麦格雷戈的 X 理论和 Y 理论可以从如何去认识人和锻炼人这方面给予当代管理者很好的指引作用。只有明白如何去认识人和在某种程度上改变人,才能成为懂得用人之道和为人所信服的管理者。

2.5 现代管理理论丛林

第二次世界大战以后,随着西方社会的战后复兴和生产力的高速发展,社会经济发展中出现了许多新的变化:工业生产和科学技术迅速发展;企业的规模进一步扩大;企业生产过程自动化的程度空前提高;市场竞争越来越激烈;生产社会化程度更加提高;许多复杂产品和现代化工程需要组织大规模的分工协作才能完成。这些都对企业经营管理提出了许多新的要求,原有的理论和方法有些已经不能适应新形势的需要了。因此,在经典管理理论和早期行为学派的基础上,出现了许多新的管理理论和方法,形成许多新的学术派别。在此阶段管理教育界和管理研究界也都有了蓬勃的发展,管理理论学派林立、百家争鸣,进入了一个空前繁荣的阶段。

2.5.1 管理过程学派

管理过程学派,又叫管理职能学派、经营管理学派、管理程序学派,是当代管理理论的主要流派之一。该学派主要致力于研究和说明"管理人员做些什么和如何做好这些工作",侧重说明管理工作实务。管理过程学派推崇法约尔的思想,最著名的代表人物是哈罗德·孔茨和西里尔·奥唐奈,代表作是他们合著的《管理学》。

法约尔将管理活动分为计划、组织、指挥、协调和控制五大管理职能。孔茨和奥唐奈在仔细研究这些管理职能的基础上将管理职能分为计划、组织、人事、领导和控制5项。他们认为协调本身不是一种单独的职能,以上5种职能中都需要有效地协调。管理过程学派认为,无论组织的性质有多么不同,组织所处的环境有多大差异,管理人员所从事的管理职能却是相同的,管理活动的过程就是管理的职能逐步展开和实现的过程。因此,管理过程学派把管理的职能作为研究的对象,他们先把管理的工作划分为若干职能,然后对这些职能进行研究,阐明每项职能的性质、特点和重要性,论述实现这些职能的原则和方法。管理过程学派认为,应用这种方法就可以把管理工作的主要方面加以理论概括并有助于建立起系统的管理理论,用以指导管理实践。

把管理看作是一个过程,无论从理论基础还是从研究方法上来看,这种观点和自然科学的研究方法有些类似,因而它的科学性比较容易被人们所接受,在现代管理理论中占有非常重要的地位。

2.5.2 经验主义学派

20世纪60年代是美国经济的繁荣时代,一大批大企业纷纷崛起并取得良好的效益,如美国钢铁公司、通用汽车公司、福特汽车公司等。一些管理学者们在大公司取得成功之后,将它们的实践经验归纳总结,进而形成了经验主义学派。经验主义学派,又称为案例学派,它认为管理学就是研究管理经验,通过对管理人员在个别情况下成功和失败经验教训的研究,会使人们懂得在将来相应的情况下如何运用有效的方法解决管理问题。该学派的代表人物有:彼得·德鲁克,主要代表作有《管理实践》、《管理:任务、责任、实践》等;欧内斯特·戴尔,代表作是《伟大的组织者》。

经验主义学派的主要思想体现在以下几个方面:

1) 对管理的定义

经验主义学派认为管理者所掌握的技巧,是一个特殊独立的活动,也是一个独立的知识领域。他们认为管理只同生产产品或提供服务的工商企业有关,管理学是管理工商企业的理论和实践的原理、原则的集合。

2) 对管理任务的界定

该学派认为管理的任务:一是取得经济成果;二是使企业具有生产性,并使员工有成就感;三是妥善处理企业对社会的影响和企业承担对社会的责任问题。

3) 重视组织结构

经验主义学派认为组织结构的设计是需要思考、分析和系统研究的;设计一个组织结构也不是第一步,而是最后一步;战略决定结构,组织结构要适应战略的需要。该学派同时详述了组织结构设计应该符合的若干规范。

4) 提出目标管理方法

目标管理指的是在企业个体员工的积极参与下,自上而下地确定工作目标,并在工作中实行"自我控制"，自下而上地保证目标实现的一种管理方法。这种管理方法是以目标为导向，以人为中心，以成果为标准，而使组织和个人取得最佳业绩的现代管理方法。目标管理综合了以工作为中心和以人为中心的管理技能和管理制度，能使得员工发现工作的兴趣和价值，从工作中满足自我实现的需要，企业的目标也能够随之实现。

经验主义学派认为管理的本质是一种实践，不在于知而在于行，唯一权威的就是成果。他们主张通过分析经验通常是案例分析来研究管理问题。经验主义学派强调经验而淡化理论的重要性，无法形成统一完整的管理理论，会带来使人无法适从的弊端。另一方面，"成功的经验是否能够复制"这一经验主义学派存在的前提同样也是一个有争议的话题。过多地依赖过去的经验有其危险性，可能也不适合环境多变的未来情况。

2.5.3　决策理论学派

决策理论的兴起与二战后西方企业环境变化和自身变化紧密相关。随着现代生产和科学技术的高度分化与高度综合，在越来越复杂的经营环境下，企业很多重大问题的决定和为实现组织目标所需进行的手段选择显得格外重要。决策理论学派的主要代表人物是曾获1978年度诺贝尔经济学奖的赫伯特·西蒙。西蒙虽然是决策学派的代表人物，但他的许多思想是从巴纳德那里吸取的。他发展了巴纳德的社会系统学派，并提出了决策理论，建立了决策理论学派，形成了一门有关决策过程、准则、类型及方法的较完整的理论体系，主要著作有《管理行为》、《组织》、《管理决策的新科学》等。其学派的主要观点如下：

1）管理就是决策

西蒙指出组织中经理人员的重要职能就是做决策。他认为，任何作业开始之前都要先做决策，制订计划就是决策，组织、领导和控制也都离不开决策。

2）决策的过程

西蒙提出决策过程包括4个阶段：收集情况阶段、拟定计划阶段、选定计划阶段和评价计划阶段。这4个阶段中的每一个阶段本身就是一个复杂的决策过程。

3）决策的原则

西蒙用"满意"原则替代了"最优"原则。以往的管理学家往往把人看成是以"绝对的理性"为指导，按最优化准则行动的理性人。西蒙认为事实上这是做不到的。由于组织所处的外部环境是变化的，要收集所有的数据信息作出完备的可选方案是很困难的，再加上决策者本身的知识、能力、眼界以及组织资源的限制，企业无法作出最优或者也不能作出最优的决策，所以管理者往往放弃对最优方案的追求，而是根据满意的原则进行决策。

4）决策的分类

西蒙认为，根据决策的性质可分为程序化决策和非程序化决策。程序化决策是一种有章可循的决策，一般是可重复的决策。非程序化决策是无章可循的决策，只能凭经验直觉作出反应的决策，一般是一次性的。不同的决策类型，需要采用不同的技术加以处理。这两类决策的划分并不是严格的，随着人们认识的深化，许多非程序化决策会转变为程序化决策。

决策理论学派围绕决策来建立管理理论有其正面积极的一面，然而过于强调管理中的决策，而忽视了其他方面的内容也有让人遗憾的地方。

2.5.4　系统管理学派

第二次世界大战之后,企业组织规模日益扩大,企业内部的组织结构也更加复杂,从而提出了一个重要的管理课题,即如何从企业整体的要求出发,处理好企业组织内部各个单位或部门之间的相互关系,保证组织整体的有效运转。以往的管理理论都只侧重于管理的某一个方面而不重视整体效率。为了解决组织整体的效率问题,系统理论学派应运而生了。该学派盛行于 20 世纪 60 年代,它将系统论、控制论、信息论等应用于工商企业等组织的管理,并且吸收了社会协作系统学派和决策理论学派的某些理论,其主要运用系统科学的理论、范畴及一般原理,全面分析组织管理活动的理论。代表人物是美国的卡斯特等人,其代表作为《系统理论和管理》。

系统管理学派认为组织是由一个相互联系的若干要素所组成的开放系统。具体说来主要是由 5 个不同的分系统构成的整体,这 5 个分系统包括:目标与价值分系统、技术分系统、社会心理分系统、组织结构分系统、管理分系统。系统的运行效果是通过各个子系统相互作用的效果决定的。组织自身是一个系统,它本身又是社会系统下的一个子系统,其在与社会环境的相互作用中取得动态平衡。组织系统中每个子系统的变化都会影响其他子系统的变化。因此,为了把握好组织的运行过程,就要研究这些子系统及其相互关系。

系统管理和系统分析被应用在管理中,提高了管理人员对影响管理理论和实践的各种相关因素的洞察力。该理论在 20 世纪 60 年代最为盛行,但由于它在解决管理的具体问题时略显得不足而稍有减弱,但仍然不失为一种重要的管理理论。

2.5.5　社会技术系统学派

二战以后,资本主义各国都纷纷投入到战后经济恢复和重建的工作上来,因此出现了第三次科技浪潮。这次科技革命始于 20 世纪 40 年代末 50 年代初的美国,逐渐扩大到西欧和日本,在 60 年代达到高潮。科技的发展不仅深刻影响资本主义社会的政治与经济,还影响到了管理思想的发展与应用。社会技术系统学派就是在战后新的政治、经济及科技的形势下发展起来的。

创立这一学派的是英国的特里斯特及其同事,该学派的代表著作有《长壁采煤法的某些社会学的和心理学的意义》、《社会技术系统的特性》等。社会技术系统学派认为,组织既是一个社会系统,又是一个技术系统,并且非常强调技术系统的重要性,认为技术系统是组织同环境进行联系的中介。他们根据对煤矿中“长壁采煤法”研究的结果认为,要解决管理问题,只分析社会协作系统是不够的,还必须分析研究技术系统对社会的影响,以及对个人的心理影响。他们认为管理的绩效,以至组织的绩效,不仅取决于人们的行为态度及其相互影响,而且也取决于人们工作所处的技术环境。管理人员的主要任务之一就是确保社会协作系统与技术系统的相互协调。社会技术系统学派的大部分著作都集中于研究科学技术对个人、对群体行为方式以及对组织方式和管理方式等的影响,因此,特别注重于工业工程、人机工程等方面问题的研究。这个学派虽然没有研究到管理的全部理论,但却首次把组织作为一个社会系统和技术系统综合起来考虑,可以说是填补了管理理论的一个空白,并且对管理实践也是很有意义的。

2.5.6　管理科学学派

管理科学学派,也称为数量学派,也有人把其与运筹学看成同义语。管理科学学派最早形成于二战期间,为了解决预备雷达系统、反潜艇战、城市防空、对付德国轰炸等复杂性已超过各级指战员知识范围的军事问题,在英国成立了很多运筹学研究小组。其后美国也开始进行专门的运筹作业研究。二战结束后,人们开始大量运用运筹学方法解决民用企业的问题。计算机的出现也为这一学派的发展起到了推动作用。20 世纪 50 年代之后,管理科学家纷纷利用计算机作为基本工具,管理科学的发展也日益加快,应用层面更广,涉及范围更深,研究对象也更加复杂。该学派的代表人物是曾任教于美国加利福尼亚大学管理研究院、哈佛大学工商管理学院的伯法,代表作有《现代生产管理》和《生产管理基础》。

管理科学学派认为,解决复杂系统的管理决策问题,可以用电子计算机作为工具,用各种数学方法对管理问题进行定量分析,寻求最佳计划方案,以达到企业的目标。管理科学其实就是管理中的一种数量分析方法。它主要用于解决能以数量表现的管理问题。通过管理科学的方法,减少决策中的风险,提高决策的质量,保证投入的资源发挥最大的经济效益。就管理科学的实质而言,它是泰勒的科学管理的继续与发展,因为它们都力图抛弃凭经验、凭主观判断来进行管理,而提倡采用科学的方法,探求最有效的工作方法或最优方案,以达到最高的工作效率,以最短的时间,最小的支出,得到最大的效果。不同的是,管理科学的研究,已经突破了操作方法、作业研究的范围,而向整个组织的所有活动方面扩展,要求进行整体性的管理。

管理中的问题在计算机辅助下建立数学模型之后可以大大提高解决问题的效率,但是并不是所有的管理问题都能够定量化地去解决,很多仍需要定性与定量相结合。只有将两者有机地结合起来才是最有效的方法。

2.5.7　信息中心学派

自 20 世纪 40 年代末申农创立信息论以来,各相关学科如控制论、计算机科学、通信科学、图书馆学、情报学、传播学、分子生物学、仿生学等的发展,扩展了信息科学的理论基础和应用领域,使得信息理论得到了重大的发展。信息科学是以信息为主要研究对象,以信息的运动规律和应用方法为主要研究内容,以计算机等技术为主要研究工具,以扩展人类的信息功能为主要目标的一门新兴的综合性学科。信息中心学派作为管理科学理论与信息科学理论的结合,将信息沟通介入管理学的研究领域,在两个理论同步发展的背景下得以形成与发展。

信息中心学派主张把管理人员看成为一个信息中心,并围绕这一概念来形成管理理论。这一学派认为,管理人员的作用就是接受、储存并发出信息。每一位管理者的岗位犹如一台电话交换机。该学派强调计算机技术在管理活动和决策中的应用,强调计算机科学同管理思想和行为的结合。该学派的代表人物有美国的李维特、申农和韦弗。美国著名的组织行为学家、心理学家李维特作为信息中心学派的主要代表之一,从组织群体行为与信息沟通的角度研究管理学,他认为信息的沟通与传播影响着组织中群体的行为,这也是李维特在管理心理学领域的研究成果之一,其代表作《沟通联络类型对群体绩效的影响》中记录了他在这方面的主要思想。20 世纪 40 年代,美国贝尔电话研究所的数学家申农在解决通讯技术中信息编码问题时,创新性地把发射信息和接收信息作为一个整体通讯过程来研究,提出了通讯系统的一般模型。后来,申农又与他的合作者韦弗一起改进了这一模型,将最初的单向直线式改为反馈系统,此模型后来被称为申农—韦弗模式,并在他们的代表作《沟通联络的数理统计理论》中详细论述。同时,申农还提出"信息"的概念并建立了信息量的统计公式,奠定了信息论的理论基础,他因此成为信息论的创始人。

信息论从提出到现在半个多世纪以来,发展迅猛,革命性地改变了人们对资本、技术、人才、知识的利用效率,改变了企业的组织结构与管理方法,也改变了全世界政治、经济、军事、文化的格局。

2.5.8 权变理论学派

进入 20 世纪 70 年代以来,权变理论在美国兴起,受到广泛的重视。权变理论的兴起有其深刻的历史背景。70 年代的美国,社会不安,经济动荡,政治骚动,达到空前的程度,石油危机对西方社会产生了深远的影响,企业所处的环境很不确定。以往的管理理论,如科学管理理论、行为科学理论等,主要侧重于研究加强企业内部组织的管理,这些管理理论大多都在追求普遍适用的、最合理的模式与原则,在解决企业面临瞬息万变的外部环境时又显得无能为力。正是在这种情况下,人们不再相信管理会有一种最好的模式,而是必须因地制宜地处理管理问题,于是形成一种管理取决于所处环境状况的理论,即权变理论,"权变"的意思就是权宜应变。其代表人物有钱德勒、卢桑斯、费德勒、豪斯等人。

权变理论认为,在企业管理中要根据企业所处的内外条件随机应变,没有什么一成不变、普遍适用的最佳管理理论和方法。该学派是从系统观点来考察问题的,它的理论核心就是通过组织的各子系统内部和各子系统之间的相互联系,以及组织和它所处的环境之间的联系,来确定各种变数的关系类型和结构类型。它强调在管理中要根据组织所处的内外部条件随机应变,针对不同的具体条件寻求不同的最合适的管理模式。

权变理论被一些研究者誉为未来管理的方向。它整合了管理学科某些方面的基本认识和方法,建立了多变量和动态化的新管理规定,它提倡实事求是、具体情况具体分析的精神,注重管理活动中各项因素的相互作用。但是权变理论也存在着有些研究偏重组织的表面结构特征、不够深化、样本过小等方面的不足。

2.6 当代管理理论新发展

进入 20 世纪 60～70 年代到 21 世纪的今天,随着计算机的普及,互联网的广泛运用,人类进入了信息化的新经济时代。因此,西方管理学界也随之而来出现了许多新的管理理论,它们体现了管理理论在当代的新进展。

2.6.1 战略管理

现代企业战略管理首先出现在 20 世纪 60 年代的美国。安索夫率先提出战略管理概念,倡导战略规划的系统理论,第一个阐述了企业竞争优势概念,并且还是把战略管理与混乱环境联系起来的权变理论的奠基人。在管理学界,安索夫是一代宗师,被尊称为"战略管理的鼻祖"。此后,很多学者积极地参与了战略管理理论的研究,形成了多种不同的战略管理流派。本书主要探讨其中的三大学派。

1) 战略规划学派

20世纪60年代，安东尼、安索夫和安德鲁斯奠定了战略规划的基础。三者的研究构成"三安范式"，其战略思想是战略要与公司资源及其竞争环境的商机相匹配。安索夫提出了"企业战略四要素说"，认为战略的结构要素应当包括产品与市场范围、增长向量、协同效果、竞争优势。安德鲁斯将战略划分为4个构成要素，即市场机会、公司能力与资源、个人价值观和渴望、社会责任。战略规划的核心任务是机会与资源能力匹配。安东尼提出一个管理过程：战略规划、管理控制与操作控制。这些战略理论对当时西方企业的管理活动以至现在的企业管理都起到了很重要的指导作用。

安德鲁斯和战略规划学派的另一代表人物克里斯滕形成了战略规划的基本理论体系，其基本步骤包括资料的收集与分析、战略制定、评估选择、战略实施。战略规划的主要分析工具有伦德等人的SWOT模型、波士顿矩阵及其变形。

2) 环境适应学派

20世纪70年代是战略管理理论中环境适应学派的时代。以1973年的石油危机为代表，经济环境的变化性越来越凸显，以环境不确定为基础的适应学派应运而生。这一学派强调"战略的动态变化"，即最合适的战略制定与决策过程依赖于环境波动的程度。战略家们把环境的不确定性作为战略研究的重要内容，更多地关注企业如何适应环境。适应学派的主要特点是强调战略的动态变化，强调组织适应，战略决策本质上是一个适应过程。环境适应学派的代表人物有明茨伯格、奎因、西蒙、林德布罗姆等人。环境适应学派的分析工具相对比较贫乏，代表性分析方法有SMFA法（Scanning, Monitoring, Forecasting, Assessing）与脚本分析法。

3) 产业组织学派

20世纪80年代初，世界经济形态发生了很大的变化：市场结构越来越集中，产业组织力量超越政治、经济环境的力量；大企业在行业内形成垄断，自由竞争转向垄断竞争；产业资本密集、技术密集导致行业进入障碍加大；成功的企业大多来自有吸引力的行业。战略学家纷纷从适应环境的战略分析框架中跳出来，转向寻找有吸引力的产业。产业组织学派的核心思想是：行业是企业经验最直接的环境，每个行业的结构又决定了企业竞争的范围，从而决定了潜在的利润水平。

该学派代表人物是美国管理学家迈克尔·波特，他通过对美国、欧洲与日本制造业的考察，提出了自己的竞争战略理论。他的竞争战略理论认为，企业要通过产业结构的分析选择有吸引力的产业。他指出有5种基本力量决定着企业的盈利能力，即同行竞争者的经济技术实力、供应者和购买者的讨价还价能力、行业潜在参加者以及替代产品的生产者所构成的威胁程度。波特同时认为，在行业竞争中，企业获取优势的途径有3条，即企业有3种主要的竞争战略，它们分别是成本领先战略、差异化战略与目标集中战略。

产业组织学派的分析工具有梅森、贝恩等人创立的SCP（Structure, Conduct, Performance），即结构—行为—绩效分析框架；肖弗勒等人的PIMS（Profit Impact of Market Strategies），即战略与绩效分析；波特的5种力量模型、价值链模型和钻石模型。

战略管理学科虽然经历了四十多年的发展，但仍然是一门不成熟的学科，目前也尚未形成统一的研究范式。对于企业如何获得或为什么具有竞争优势，不同的战略管理学者依然在不停地探索。

2.6.2 企业文化理论

1) 企业文化理论产生的背景

20世纪70年代,世界经济形势发生了巨大的变化。二战后在世界经济中长期占据主导地位的美国,经济衰退,通货膨胀,失业率上升。而资源贫乏的日本作为一个战败国,在战后二十多年一跃跻身于发达资本主义经济大国之列,经济高速增长,大有取代美国、西欧之势。日本的经济成就震动了美国,在这种情况下,管理学家开始关注日本的发展,并开始注意到日美企业管理模式的不同。日本的繁荣发展很大程度上取决于日本企业的强势企业文化,即价值观和信仰所起到的作用。于是,从20世纪70年代开始,美国管理学家、企业家对日美优秀企业进行实证分析和个案研究后得出的经验总结形成了企业文化理论。企业文化理论也因此成为风靡一时的一种新的管理思潮。

2) 企业文化的概念与功能

所谓企业文化,是指企业在生产经营过程中,经过企业领导者长期倡导和员工长期实践所形成的具有本企业特色的、为企业成员普遍认同和遵守的价值观念、信仰、态度、行为准则、道德规范、传统及习惯的综合,以企业成员共享的价值体系为核心。企业文化作为社会文化的亚文化,其主要功能体现在以下几个方面:

(1) 凝聚功能。指企业文化像一根纽带把企业领导和员工的心紧紧凝聚在一起,形成一种强大的聚合力量,团结一致地谋求企业的发展。企业文化通过沟通员工的思想,使之形成对企业目标、准则、观念的认同感,产生对本职工作的自豪感和对企业的归属感,从而形成强大的向心力和凝聚力。

(2) 导向功能。指对企业的发展方向、价值观念和行为取向的引导作用。企业文化作为一种共同的价值观,是企业最精粹、最概括的指导思想,必然对企业目标提出质的要求;而企业目标必然是企业共同价值观的具体化。

(3) 激励功能。企业文化所形成的企业内部的文化氛围和价值导向能够起到精神激励的作用,将员工的积极性、主动性和创造性调动激发出来,最大限度地开发人的潜能。优秀的企业文化会产生一种重视人、尊重人、关心人、培养人的良好氛围,产生一种积极向上的良好风气,激发每个人的工作热情,从而形成一种激励的环境和激励机制。

(4) 约束功能。通过道德规范、制度文化等软硬性约束,规范企业员工的行为,形成员工自我约束机制。硬性约束直接要求员工该做什么和不该做什么,形成批评、罚款、降职、解雇等制度来规范员工的行为;软性约束通过企业道德、职业道德、社会公德及社会舆论等对员工行为进行规范,形成一种无形的、理性的、韧性的约束。

(5) 辐射功能。企业文化的辐射功能,是指企业文化一旦形成固定的模式,就不仅在企业内部发挥作用,对本企业员工产生影响,而且也会通过各种渠道辐射到社会的每一个角落,对社会产生外部作用。

3) 企业文化的组成内容

企业文化从内到外由3个部分组成:

(1) 企业精神文化(核心层)。企业精神文化是指企业成员共同信守的基本信念、价值标准、职业道德及精神面貌,是企业文化的主体内容,体现在企业经营哲学、宗旨、方针及目标等方面。

(2) 企业制度文化(中间层)。企业的制度文化主要指对企业组织和企业员工的行为产生规范性、约束性的制度。它集中体现了企业文化的物质层和精神层对员工和组织行为的要求,直接规范企业行为及其行为文化的建设。企业制度一般包括企业法规、企业经营制度和企业的管理制度。

(3) 企业物质文化(最外层)。企业物质文化,是由企业创造的产品或服务以及各种物质设施构成的,是一种以物质形态为主要研究对象的表层企业文化,如产品设计、产品质量、司容司貌、员工服饰等。

4) 威廉·大内与《Z理论》

威廉·大内是日裔美籍管理学家,加利福尼亚大学教授。他从1973年开始转向研究日本企业管理,经过调查比较日美两国管理的经验,于1981年在美国爱迪生维斯利出版公司出版了《Z理论——美国企业界怎样迎接日本的挑战》一书。在这本书中,他提出Z理论,并最早提出企业文化概念,其研究的内容为人与企业、人与工作的关系。该书在出版之后立即得到广泛重视,成为20世纪80年代初研究管理问题的名著之一。

威廉·大内在研究中发现,日本企业的经营管理方式一般较美国企业的效率更高,这与20世纪70年代后期,日本经济咄咄逼人的气势是吻合的。作者提出,美国的企业应该结合本国的特点,向日本企业学习管理方式,并形成有自己特色的管理方式。威廉·大内从与美日企业界人士广泛的交往中得到有益的启发,在深入调查两国的企业管理现状的基础上,参照传统的X理论和Y理论,以日本企业文化为参照系,他把这种管理方式归结为Z型管理方式,并对这种方式进行了理论上的概括,称为"Z理论"。

Z理论强调管理中的文化特性,这种文化主要由信任、微妙性和亲密性所组成,它们对于提高劳动生产率很重要。根据这种理论,管理者要对员工表示信任,而信任可以激励员工以真诚的态度对待企业、对待同事,为企业忠心耿耿地工作,可以使企业内的部门作出牺牲以顾全企业整体的利益,关心企业劳动生产率的提高。大内把由领导者个人决策、员工处于被动服从地位的企业称为A型组织,美国大部分组织属于这种A型组织。A型组织的特点是:①短期雇佣;②绩效考核期短,员工回报快;③员工专业化体现较强;④明确的控制手段;⑤个人决策过程;⑥个人负责制;⑦局部关系。相反,他认为日本企业则具有不同的特点并把它们称作J型组织,特点是:①实行长期或终身雇佣制度;②对员工实行长期考核和逐步提升制度;③员工非专业化;④管理过程既要有明确控制手段又注重对人的经验潜能的启发诱导;⑤集体研究的决策过程;⑥集体负责制;⑦树立人人平等的整体观念。

大内在指出了A型和J型组织的各种特点之后,还分析了导致美国和日本之所以出现典型A型组织和J型组织的各自不同的文化传统。他认为,日本的管理经验不能简单地照搬到美国去。为此,大内提出了"Z型组织"的观念,认为美国公司借鉴日本经验就要向Z型组织转化,Z型组织既符合美国文化,又可学习日本管理方式的长处。他把这种组织称为Z型组织,并对这种方式进行了理论上的概括,称之为"Z理论"。例如,在Z型组织中,决策可能是集体作出的,但是最终要有一个人对这个决定负责。这与典型的J型组织做法不同。日本一般不会出现某一个人单独对某一事件负责的情况,而是一组人对一组任务负责。大内还详细剖析了Z型组织的特点以及从A型组织向Z型组织转变的13个步骤和转变所需要的时间。

2.6.3 核心竞争力理论

20世纪整个80年代美国企业在日韩企业步步紧逼下节节后退。美国的企业家、经济学家、管理学家们为此进行了一场深刻的反思。1990年美国密执安大学的普拉哈拉德教授和伦敦商学院的加里·哈默教授在《哈佛商业评论》上联合发表了题为《企业核心竞争力》一文，首次引入了"核心竞争力"一词。他们认为，日韩企业的优势在于对核心竞争力有意识地培育和维护，而美国只注重产品层次。此文一出，立即得到全球范围的关注和重视。

他们对核心竞争力的定义是："在一个组织内部经过整合了的知识和技能，尤其是关于怎样协调多种生产技能和整合不同技术的知识和技能。"[①]从与产品或服务的关系角度来看，核心竞争力实际上是隐含在公司核心产品或服务中的知识和技能，或者知识和技能的集合体。

核心竞争力主要具有以下三大特征：

1) 独特性

核心竞争力必须是企业独特的，不易被竞争对手模仿。企业同样也不能靠简单模仿来建立核心竞争力，核心竞争力必须是企业通过自身不断地学习创造并经过市场的磨炼所逐渐提炼出来的。

2) 价值性

核心竞争力必须能够为顾客带来较大的最终用户价值。企业是否有出色的业绩或者就长远来说有稳定的优势，最终还要由企业的顾客来评判。一切竞争归根到底都是为了更好地满足顾客的使用需求，都必须使产品具有顾客认可的实用价值。

3) 延展性

核心竞争力能够为企业提供一个进入多种产品市场的潜在途径，能够通过一定的方式向外衍生出其他的产品或服务。如本田公司的核心竞争力是其优秀的发动机技术，这一技术支撑本田从摩托车业务成功地延伸到汽车、滑雪车、锄草机等其他业务。这就是核心竞争力的延展性。

普拉哈拉德和哈默的核心竞争力理论的中心思想是核心技术或能力是决定企业经营成败的根本，企业应该围绕核心技术或能力的获得、应用和发展去设计发展战略，而不是只盯着短期的利润目标。根据《企业核心竞争力》一文，这样的战略应该包括以下四方面内容：建立基于核心技术的相关多元化业务结构；建立以获取核心技术为目的的战略联盟；使本公司的核心产品在全球市场上所占有的份额最大化；抛弃传统的集团公司分权模式，按照有利于核心技术应用和发展的原则，重新构造公司的组织体系。

2.6.4 企业再造理论

企业再造，又称为"企业流程再造"、"业务流程再造"、"BPR"（Business Process Reengineering），是1993年开始在美国出现的关于企业经营管理方式的一种新的理论和方法。该理论的创始人，原美国麻省理工学院教授迈克·哈默与詹姆斯·钱皮指出：企业必须摒弃已成惯例的运营模式和工作方法，以工作流程为中心，重新设计企业的经营、管理及运营

---

① 普拉哈拉德·哈默.企业核心竞争力.哈佛商业评论,1990

方式。

从亚当·斯密提出劳动分工理论以来,组织都是奉行以分工为基础的组织结构,并在企业中设立了以专业分工为背景的职能部门,如销售、采购、财务、人事等部门,每一部门只负责其职能范围内的工作。这种组织结构过度强调了专业化,每一项工作在部门与部门之间多次被分解,造成工作的重复劳动、各部门间协调困难以及管理成本的上升,降低了工作效率。20 世纪 80 年代以来,随着信息技术日益被运用到企业管理中,企业开始经历了前所未有的、脱胎换骨的变革。越来越多的企业逐步意识到竞争的焦点应该从产品或服务的生产、制造、营销的具体环节与技术问题上,转移到组织结构、运作机制等流程性因素上来。1993 年,哈默和钱皮共同发表了《企业再造》,这本被视为再造理论的奠基之作,迅速在全球企业管理界掀起了再造热潮。

哈默和钱皮认为,企业再造就是要"针对竞争环境和顾客需要的变化,对业务流程进行根本性的重新思考和彻底性的重新设计"[①],目的是"为了飞越性地改善成本、质量、服务、速度等重大的现代企业的运营基准",也就是说,"从头改变,重新设计"。当前企业再造理论所通行的范式具有两个特征:一方面强调人们把关注的焦点转移到了企业内在的核心因素上,而不是片面地关注企业的战略环境;另一方面以理解和控制各种各样的组织内部或组织间的"流"为研究重点,特别重视与组织改进、组织变革等研究领域相结合。

企业再造概念中包含了三方面的内涵:

1) 企业再造是一项战略性的进行企业重构的系统工程

过去,有许多美国企业实施再造的效果并不理想,其主要原因就在于将本来是战略层次上的业务流程再造当作一种管理技术加以战术运用。企业再造必须由公司战略驱动,并且最终要将战略的执行融入到日常营运之中。另一方面,企业再造还借助了工业工程技术、运筹学方法、管理科学、信息技术等多项现代社会人文与科技手段,从业务流程、组织结构和企业文化等方面对企业进行系统重构。

2) 企业再造的核心是面向顾客满意度的业务流程

市场或顾客需求,是企业一切活动的目标和中心。企业"把顾客需要放在中心地位"包含两层含义:一方面,企业再造要求从订单到交货或提供服务的一连串企业作业活动,按照"所有活动都必须以满足顾客需求为核心的原则",打破原有的科层组织中的职能与部门界限,使企业的活动重新构建在跨越职能部门与分工界限的"顾客需要导向"的基础上;另一方面,企业再造要求重新检查每一项作业活动,识别企业的核心业务流程和不具有价值增值的作业活动,简化或合并非增值的部分,剔除或减少重复出现和不需要的流程所造成的浪费,并将所有价值增值的作业活动重新组合,优化企业的整体业务流程,缩短交货周期,提高企业运营效率。

3) 企业再造的要素包括目标、技术和人

在企业再造运作过程中,要将各种目标进行排序,要识别流程运作的结构和基本假设,要识别新的市场机会,要协调方方面面的因素。企业再造的核心任务是要将技术和人这两个关键要素有效地运作在业务流程的再设计与重构活动之中,从而推进企业组织的技术性和社会性,产生出适应企业整体绩效改进和长远发展的改变。

---

① 迈克·哈默,詹姆斯·钱皮.企业再造——企业革命的宣言书.上海:上海译文出版社,1993

企业再造的主要步骤如下：

（1）对原有流程进行全面的功能和效率分析，发现其存在的问题。根据企业现行的作业程序，绘制细致、明了的作业流程图。

（2）设计新的流程改进方案，并进行评估。为了设计更加科学、合理的作业流程，必须群策群力、集思广益、鼓励创新。对于提出的多个流程改进方案，还要从成本、效益、技术条件和风险程度等方面进行评估，选取可行性强的方案。

（3）制定与流程改进方案相配套的组织结构、人力资源配置和业务规范等方面的改进规划，形成系统的企业再造方案。企业业务流程的实施，以相应组织结构、人力资源配置方式、业务规范、沟通渠道甚至企业文化作为保证。

（4）组织实施与持续改善。企业再造方案的实施并不意味着企业再造的终结。在社会发展日益加快的时代，企业总是不断面临新的挑战，这就需要对企业再造方案不断地进行改进，以适应新形势的需要。

企业再造与其他管理思想和技术一样，是一种对工作进行优化的思想和技术。它偏重于在企业经营管理活动中引入信息技术，加强人与各个工作环节之间的通信和交流，形成协调效应，从而达到优化的目的。同时，它还通过各个局部流程的自动化，通过加强流程间的联系来实现流程的整体优化。然而需要强调的是，如果不把人的思想加入到技术中去，不用新的眼光去看待这种管理的变化，那么无论设计如何精良的系统，其效果都不会尽如人意的。这是因为企业再造不仅是一种技术，同时更是一种思想的结晶。

2.6.5　学习型组织理论

在全球的竞争风潮之下，人们日益发觉21世纪的成功关键，与19世纪和20世纪的成功关键有很大的不同。在过去，低廉的天然资源是一个国家经济发展的关键，而传统的管理系统也是被设计来开发这些资源。然而，这样的时代正离我们远去，发挥人们的创造力是现在管理努力的重心所在。21世纪是一个以知识产业为核心的时代，发挥人的聪明才智，发挥人的创造力，已经成为企业战略考虑的核心问题，也是企业管理理论研究的重点。

20世纪90年代，美国麻省理工斯隆商学院提出"学习型组织"的管理科学新技术，通过"五项修炼"及其工具，不断学习以提高企业组织的竞争力，并采用电脑模拟系统，使网络时代的新企业能够立于不败之地。新兴的学习型组织理论的核心是"系统动力学"。系统动力学的创始人是麻省理工学院的福瑞斯特教授。在他的指导下，他的学生彼得·圣吉博士用了10年的时间发展出系统思考、学习型组织的理论与实务，写出了《第五项修炼》这本名著，其中吸收东西方管理文化的精髓，提出了以"五项修炼"为基础的学习型组织理论。

学习型组织理论认为，在新的经济背景下，企业要持续发展，必须增强企业的整体能力，提高整体素质。也就是说，企业的发展不能再只靠像福特、斯隆、沃森那样伟大的领导者一夫当关、指挥全局，未来真正出色的企业将是能够设法使各阶层人员全心投入并有能力不断学习的组织——学习型组织。给学习型组织简单地下一个定义：所谓学习型组织，是指通过培养弥漫于整个组织的学习气氛、充分发挥员工的创造性思维能力而建立起来的一种有机的、高度柔性的、扁平的、符合人性的、能持续发展的组织。这种组织具有持续学习的能力，具有高于个人绩效总和的综合绩效。

彼得·圣吉在《第五项修炼》中所提出的建立学习型组织的关键，即汇聚五项修炼或技能：

（1）自我超越。自我超越的修炼是学习不断理清并加深个人的真正愿望，集中精力，培养耐心，并客观地观察现实。它是学习型组织的精神基础。精熟"自我超越"的人，能够不断实现他们内心深处最想实现的愿望，他们对生命的态度就如同艺术家对艺术作品一般，全新投入、不断创造和超越，是一种真正的终身学习。个人学习是组织学习的基础，员工的创造力是组织生命力的不竭之源，自我超越的精要在于学习如何在生命中产生和延续创造力。

（2）改善心智模式。心智模式是指存在于个人和群体中的描述、分析和处理问题的观点、方法和进行决策的依据和准则。它不仅决定着人们如何认知周遭世界，而且影响人们如何采取行动。心智模式是根深蒂固于心中，影响我们如何了解这个世界，以及如何采取行动的许多假设、成见和印象。不良的心智模式会妨碍组织学习，而健全的心智模式则会帮助组织学习。心智模式不易察觉，也就难以检视，因此它不一定总能反映事情的真相。另外，心智模式是在一定的事实基础上形成的，它具有定期的稳定性。而事物总是不断变化的，这导致了心智模式与事实常常不一致。改善心智模式就是要发掘人们内心的图像，使这些图像浮上表面，并严加审视，即时修正，使其能反映事物的真相。改善心智模式的结果是，使企业组织形成一个不断被检视、能反映客观现实的集体的心智模式。

（3）建立共同的愿景。共同愿景是指组织成员与组织拥有共同的目标。共同愿景为组织学习提供了焦点和能量。在缺少愿景的情况下，组织充其量只会产生适应性学习。只有当人们致力实现他们深深关切的事情时，才会产生创造性学习。如果有任何一项领导的理念，一直能够在组织中鼓舞人心，那就是拥有一种能够凝聚并坚持实现共同的愿景的能力。IBM公司以"服务"、拍立得公司以"立即摄影"、苹果电脑以"提供大众强大的计算能力"为组织共同努力的最高纲领，这些组织都在设法以共同的愿景把大家凝聚在一起。

（4）团队学习。团队学习是建立学习型组织的关键。彼得·圣吉认为，未能整体搭配的团队，其成员个人的力量会被抵消浪费掉。在这些团队中，个人可能格外努力，但是他们的努力未能有效地转化为团队的力量。当一个团队能够整体搭配时，就会汇聚出共同的方向，调和个别力量，使力量的抵消或浪费减至最小。要不断激发个人的能量，促进团队成员的学习和个人发展，首先必须做到整体搭配。在团队中，如果个人能量不断增强，而整体搭配情形不良，就会造成混乱并使团队缺乏共同目标和实现目标的力量。

（5）系统思考。系统思考是一种分析综合系统内外反馈信息、非线性特征和时滞影响的整体动态思考方法。它可以帮助组织以整体的、动态的而非局部的、静止的观点看问题，因而为建立学习型组织提供了指导思想、原则和技巧。系统思考将前4项修炼融合为一个理论与实践的统一体。

"系统思考"是五项修炼的核心。企业和人类的其他活动一样都是一种"系统"，它们受到细微且息息相关的行动牵连，并彼此影响着。这种影响往往不易觉察，要经过漫长的时间才能展现出来，如果置身其中就更难看清整体变化。因此，系统思考显得尤为可贵，唯有对整体而不是对任何单独的部分深入地加以思考，才能够了解系统的全貌。系统思考的思想植根学习型组织，产生了新的管理理念。经过五十多年的发展，系统思考已经发展出一套思考的架构，它既具备完整的知识体系，也拥有实用的工具，可以帮助我们认清整个变化形态，并了解应如何有效地掌握变化，开创新局。

学习型组织有着它不同凡响的作用和意义。它的真谛在于：学习一方面是为了保证企业的生存，使企业组织具备不断改进的能力，提高企业组织的竞争力；另一方面，学习更是为了实现个人与工作的真正融合，使人们在工作中活出生命的意义。

 ## 本章小结

人类管理实践的历史源远流长，在早期的管理实践过程中，人们积累了丰富的管理思想，而管理理论是伴随着管理实践并在管理思想系统化的基础上产生的。以泰罗科学管理理论诞生为标志，管理理论发展经历了古典管理理论、行为科学理论、现代管理理论丛林和当代管理理论新发展 4 个主要阶段。

古代的管理思想比较松散、零星，没有形成系统整体的框架，它们是古代人的管理哲学和智慧的火花。

古典管理理论着重从技术和方法上探求如何提高社会化大生产条件下的个体和群体的工作效率。其中作出突出贡献的管理学家有泰罗、法约尔和韦伯等。

梅奥的人际关系学说首次将人们关注的重点引到人的问题上。通过霍桑试验得出的结论是人是社会人，正式组织中存在着非正式组织，生产率的提高主要取决于工人的工作态度以及他和周围人的关系。人际关系学说引出了行为科学的产生，它研究人的行为产生、发展和相互转化的规律，以便预测人的行为和控制人的行为。

二战以后，西方社会经济发展中出现了许多新的变化，出现了很多新的管理学学派，如管理过程学派、经验主义学派、决策理论学派、系统管理学派、社会技术系统学派、管理科学学派、信息中心学派、权变理论学派等。每一个学派都从各自的视角出发，提出新颖的观点。这一时期被称为现代管理理论丛林阶段。

20 世纪 60 年代以来，管理随着时代环境的变化，又出现了一些新的理论。其中较有影响力的理论包括 20 世纪 60 年代至 80 年代的战略管理理论，80 年代到 90 年代的企业文化理论，90 年代的核心竞争力理论、企业再造理论，以及 21 世纪的学习型组织理论等，它们的出现将管理理论又推向了新的发展和繁荣时期。

复习思考题

1. 管理理论可以分为哪几个发展阶段？

2. 简述古代中西方的管理思想。

3. 科学管理的主要内容及主要贡献是什么？

4. 法约尔的一般管理理论的主要内容是什么？它与科学管理理论有何区别？

5. 韦伯的行政组织理论的主要内容是什么？

6. 简述霍桑试验的内容及影响。

7. 人际关系的主要内容有哪些？

8. 行为科学有哪些主要的理论，它们各自从什么角度研究的？

9. 二战之后出现的百家争鸣的现代管理学派都有哪些？

10. 当代管理理论出现了怎样的新进展？

11. 有人说"管理思想的发展是由时代和当时的条件决定的"，你是否同意？为什么？

12. 随着信息时代的来临，计算机的普遍应用，管理科学学派中的数量方法会是将来管理学的发展趋势吗？数量方法能够帮助管理者解决人的问题吗？

13. 谈一谈你对中国管理思想的认识，试举例说明。

案例分析

案例1

中国农业气象发展的影响因素

中国古代农业气象科学技术在世界农业气象发展史中占有重要地位。它的发展过程既与中国古代农学和气象学有关，也与中国古代天文学有一定的渊源关系。

先秦时期。秦统一中国以前，可视为农业气象科学技术形成的初期阶段。原始农业参照自然物候变化确定农时，依据天文、气候现象划分季节、节气。经过农业生产的长期实践，逐步形成了"春播、夏耘、秋收、冬藏"的概念。殷墟出土的甲骨文中有有关农时和天气现象的记载。古代把发布农时当作一件大事，皇帝亲自主持仪式，延误农时的人要受惩罚。《尚书·尧典》、《诗经·七月》和《夏小正》等著作都涉及以物候定农时的内容，尤以《夏小正》的物候记载最为系统，已初步形成一部物候历。春秋时期已知用圭表测日影的方法来确定节气的日期。开始只有夏至、冬至两个节气，然后有了春分、秋分，继而又定出立春、立夏、立秋、立冬，发展为8个节气。战国时孟轲有"不违农时，谷不可胜食也"，荀况有"春耕、夏耘、秋收、冬藏四者不失时，故五谷不绝而百姓有余食也"的论述，均说明了当时对农时的重视。《吕氏春秋》任地篇把每个月的节气、物候与农业生产相对应，如说"冬至后五旬七日菖始生，菖者，百草之先生者也，于是始耕"。《吕氏春秋》审时篇详述了得时、先时、失时对各种作物生长、发育、产量、品质的影响，可说是较早的一部作物气象著作。

这一时期由于人们受认识和生产技术水平的限制，对于农业气象灾害尚无能为力，往往把它看作是由于失政而招致的天意惩罚。但当时也出现了荀况、韩非等提出的人能胜天的思想。荀况认为天就是自然界，自然界的变化是客观存在的，有它的规律性。

秦汉时期。从秦统一中国到汉末，农业气象科学技术的主要成就是二十四节气、七十二候的形成，它基本反映了黄河中下游的农业气候，为中国古代农业气象科学技术的发展奠定了基础。战国以后，农业发展迅速，耕作日趋精细，掌握农时被看作农耕之本，从而对农时的划分提出了更严格的要求。汉代《淮南子·天文训》中已有二十四节气的完整记载。《周髀算经》介绍了节气的计算方法，并解释说："二至者寒暑之极，二分者阴阳之和，四立者生长收藏之始。"在西汉农书中，节气已被用作确定耕作栽培时间的农时。二十四节气形成后，人们把物候历改为按节气编排。在《逸周书》里开始有每个节气三候，全年七十二候的记载，使"气"、"候"密切结合，形成了农业气候的概念。

这一时期，人们对农业气象灾害的认识有了变化。气象变化的自然说得到发展。王充指出："寒温天地节气，非人所为"，并认为旱涝是自然之气。农书中有关耕作保墒、积雪抗旱、抗旱播种和改变灌水方式以调节水温、防御寒害等技术的记载也开始出现。秦始皇命人于冬季在骊山暖处种瓜，汉成帝时建温室生产蔬菜，说明当时已知利用和控制小气候，对农业气象已开始有了趋利避害和进行人工调节的措施。人们还根据天气或物候变化来占卜未来收成，如《师旷占》说"五木者五谷之先，欲知五谷，但视五木。择其木盛者来年多种之，万不失一"等。

从晋代到元代。从西晋到元末,中国南方的农业日趋发达,对农时节令的认识也更加深化。这一时期出现了一些适应于当地的农时节令。防灾技术和小气候应用也有所发展。晋代对梅雨规律就有认识,出现了入梅、出梅等节令。南北朝时有了二十四番花信风,即从小寒至谷雨,每个节气三候各有一相应的植物开花的物候,是又一种形式的物候历。北魏贾思勰在《齐民要术》中把各种作物的播种期划分为上时、中时、下时,指出了"顺天时"的重要。宋代认为各年之间气候有变化,"农事必知天地时宜",庄稼才得以生育成熟;沈括主张按二十四节气改革当时的历法;吕祖谦于1180—1181年进行的物候观测记载,是迄今发现的最早的实测物候记录。到了元代,《王祯农书》中设计了一个《授时指掌活法之图》,按二十四节气、七十二候逐一编排农事活动,构成全年农事历,并解释说:节令农事年复一年的循环有其客观规律,"先时而种,则失之太早而不生,后时而艺,则失之太晚而不成";还指出,南北气候的不同,农时节令不能千篇一律,要因地而异。这说明当时对农时节令的认识已较成熟。同时,人们对防御农业气象灾害也有了更多的经验。如《齐民要术》对作物易遭霜冻时期的天气征兆和用熏烟防霜冻的技术有详细叙述。同时,抗旱技术也有发展。唐代黄子发撰有《相雨书》,总结了测雨的方法。在小气候利用方面,宋代已知大面积水体有调节小气候的作用,因而在太湖的洞庭山种植柑橘。元时《王祯农书》中还有利用风障进行农业生产的记载。

明清时期。从明初到清末,传统农业气象科学技术进一步发展。有关的研究探讨已不仅着眼于当地的适宜农时,而且开始注意到地区间农时和农业气候的差异。如明代冯应京指出:"广东、福建,则冬木不凋,其气常燠,如北之宣大,九月服纩,而天雪矣。草木蔬谷,自闽而浙,自浙而淮,则二候每差一旬。"清代在《知本提纲》中也讨论了作物的风土与栽培区域的关系。同时,防御气象灾害的方法也有进步,小气候在农业上的应用更加广泛。在防御农业气象灾害方面,这时有了调整播种期以避水旱灾害,采用多种方式的抗旱播种,以及大田作物熏烟、灌水防霜冻和冻后加强田间管理争取收成等技术措施。在改善农田小气候方面,有在种植柑橘和枇杷的果园西北方种植竹林的防寒措施;风障、阳畦和酿热温床也日趋普及。对各种作物的关键需水期,以及作物生育与温度的关系也有了更清楚的认识。为了防止高温、高湿对作物的伤害,已知作物栽培要密度合适、横竖成行、高矮均匀和通风透光,才有利于禾苗生长。这一时期有关农业气象预报、占验的著作和民间谚语大量出现,在《农政全书》中收录甚广。专著有《田家五行》、《养余月令》、《农候杂占》等。明成祖曾命各地报告每年雨情以估量农业生产,清代的《晴雨录》记录了自1724年至1903年间北京每次降雨的起止时间,说明较系统地观测和积累气象资料的工作已经开始。

明、清时期也是西方气象科学技术开始传入中国的时期。1879年华蘅芳与英美人士合译《测候丛谈》等书;1907年上海新学会社出版《农学全书·气象学》,较系统地介绍了西方气象科学技术;此外,有西方人在中国设站观测气象等。

现代农业气象学的发展,1912年起,由当时政府举办的气象站和农业测候所开始在各地建立。1922年竺可桢发表《气象与农业之关系》,积极倡导气象为农业服务;1935年陈遵妫的《农业气象学》出版;1945年涂长望发表《农业气象之内容及其研究途径述要》,指出了农业气象研究的方向和方法,都对推动中国现代农业气象学的发展起了积极作用。但总的说来,有关的研究工作和实际工作都进展缓慢,有组织的农业气象工作基本属于空白。

中华人民共和国成立后,在竺可桢的倡议下,中国科学院地球物理研究所与华北农业科学研究所合作,于1953年建立了中国第一个农业气象研究机构——华北农业科学研究所农业气象组。1957年该组扩大,中央气象局也参与协作,改为中国农业科学院农业气象研究室。中央气象局也于1954年在台站管理处农业气象组的基础上成立了农业气象科,1956年扩充为农业气象处,1958年成立农业气象研究室,1983年扩充为农业气象研究所。1957年,在全国建立了一批农业气象观测站和农业气象试验站,广泛进行农业气象试验的农业气象情报、预报等服务;地方的农业气象研究机构也相继成立。森林气象工作也在20世纪50年代后得到发展。在高等教育方面,北京农业大学于1956年正式招收农业气象专业学生;随后,南京气象学院等相继设立农业气象系或专业。1958年10月在南京召开的全国农业气象工作会议,对中国农业气象工作起到了推动作用。中国气象学会农业气象专业委员会和中国农学会农业气象研究会的成立以及《农业气象》等学术刊物的创办,保证了经常性学术活动的进行。80年代以来,各类专业气象工作,专题的与综合的农业气候分析和区划、作物冷害和干热风等农业气象灾害的研究,农业小气候的利用与改良等已广泛展开。新技术、新方法逐渐在农业气象中得到应用,系统工程、运筹学及其他相邻学科也正向农业气象学渗透。

(资料来源:http://www.jledu.com.cn/bksc/中国经济地理/农业/中国农业气象史.doc)

【问题】

1. 我国农业气象史的发展经历了哪几个阶段?
2. 农业气象发展一般会受到哪些实际因素的制约?
3. 我国农业气象史的发展与管理史的发展有哪些相似之处?

案例2

台湾宏碁集团企业再造

台湾宏碁集团于1976年成立,主要从事计算机硬件产品的制造与营销,发展至今,已成长为国际化的高科技企业集团,是台湾最大的自创品牌厂商、全球第七大个人计算机公司。美国《商业周刊》(Business Week)将宏碁集团评为"能够持续企业开创精神的亚洲新巨人";《时代》(Time)与《亚洲商业》(Asia Business)等杂志分别将其评为"台湾最具国际知名度的企业"、"最受赞赏的亚洲高科技公司"。宏碁集团所拥有的"Acer"品牌也多次蝉联"国际知名度最高的台湾品牌"。回顾宏碁集团国际化的历程,可以发现"企业再造"对其所取得的巨大成就功不可没。《世界经理人文摘》(World Executive's Digest)称宏碁集团在国际化进程中的再造策略为"第四种国际化模式"。哈佛大学也将宏碁列入企业国际化的杰出个案。

一、宏碁集团再造的背景

任何企业的国际化进程都不会是一帆风顺的,宏碁集团(以下简称为宏碁)更是如此。1986年,宏碁开始积极进入国际化经营阶段,实行了"龙腾国际"计划。该计划期望达到的目标是以过去的经验为基础,按照往年的成长幅度制订的。例如,人力资源增长20%,生产能力增长15%。但是,该计划刚实施就遭遇了产业变革。当时,生产能力每年提高15%已无法生存,必须提高2～3倍才能和同行业企业竞争。因此,按照旧结构所规划出来的扩张计划,方向是对的,但目标和模式是错误的,计划的执行造成人员过剩、效率递减、决策与新产品推出速度缓慢,导致成本偏高,公司运作开始进入非良性循环,竞争力也开始衰退。

就在问题逐渐酝酿,尚未出现明显征兆的时候,宏碁电脑(集团核心企业)股票发行上市。由于恰逢台湾股市飙涨,宏碁的投资决策变得大胆而不缜密。1990 年,宏碁以 9 400 万美元购并了美国高图斯(Altos)公司。后来的结果表明,这桩购并行为是宏碁最为失败的投资案之一。当初购并高图斯的目的,在于获取其所掌握的迷你计算机技术能力,以及利用其在欧美的较为完善的国际化经营网络,从而提高产品的附加价值,增强企业国际竞争能力。但是,当购并发生之后,整个计算机产业的主流已经从原来的大型计算机、迷你计算机,转向个人计算机。因此,购并高图斯的主要目的并未实现。而且,因为采取百分之百的购并方式,导致了严重的"消化不良"。高图斯公司原有的员工难以及时融入宏碁的企业文化,双方沟通起来非常困难。而且,由于支付这些员工的费用极为高昂,于是,1991 年,宏碁在美国与欧洲的公司同时出现大量亏损,使原本已有组织膨胀问题的台湾总部,更加重了经营的困难,背上了快速成长所带来的沉重包袱。严峻的局面使宏碁产生了进行再造工程的迫切要求。

此外,由于 IBM(国际商用机器公司)在 80 年代末开放了个人计算机环境,导致了计算机产业的一场无声革命。全球许多计算机厂商联手组成相容计算机的组装联盟,计算机的制造和销售从统合模式(Integration Mode)走向分工整合模式(Disintegration Mode)。产业变革的趋势也进一步推动了宏碁企业再造工程的实施。

二、宏碁集团再造的策略

宏碁实施再造工程采取了三项具有创造性的策略:一是以速食店(快餐店)模式进行流程和经营方式再造;二是采用"主从架构"(Client-Service)进行组织结构再造;三是以"全球品牌,结合地缘"为新的经营哲学,进行经营理念再造。

(一)速食店模式

宏碁董事长施振荣曾用餐饮业来形容计算机市场。他认为,中国餐馆遍布全球,中国菜也经济实惠,但是缺乏企业化经营,品质良莠不齐,因此,缺乏高水准的形象。这就如同采用台湾主机板的相容计算机厂商,也是全世界到处林立,但是产品品质参差不齐,没有品牌形象可言。而麦当劳以简单的菜单、企业化经营、统一的品牌,成为全球性连锁速食店。因此,宏碁要取全球各地相容计算机厂商之长,并以麦当劳的运作模式避免其缺点。

所谓"速食店模式",就是将原来在台湾生产计算机整机,转变为在台湾生产主机板、外壳装置、监视器等组件,卖给其海外事业单位(即海外子公司),在市场当地组装,向市场提供最新的计算机,加快新产品推出与库存周转速度。

推行"速食店模式",看来顺理成章,但却并非一蹴可就。有几件事促成了"速食店模式"的形成。

1990 年,为了打入美国市场,宏碁启用了新品牌"ACROS"。但是,由于已有类似的商标先行在台湾注册,使得宏碁无法在台湾生产"ACROS"品牌的整机,只能在台湾生产半成品,再运到美国去装外壳、贴标签。这是宏碁最早"当地组装"的雏形。由于有了这个起步,宏碁便根据各种组件的特质,将其分为几个类别:(1)机种变化性不大的组件,如外装、电源供应器与软盘驱动器等。(2)集团自己供应、市场变化快速的主机板。(3)市场变化迅速、必须向外采购的产品,如微处理器、硬盘驱动器等。分门别类之后,便建立不同的供料与库存管理:(1)第一类部件因为变化性不大,各海外事业单位可以预先大量库存,风险很低,以海运补给即可。(2)为保证及时提供新产品,主机板采用空运供应,缺什么机种立刻补什么货,降低库存折旧的风险。(3)同样是速度的考虑,硬盘驱动器与微处理器由海外事业单位在当地就近采购。运用这套"模组化(Modules)制造"的管理,宏碁可随时根据市场需要,快速装配出不同的产品,并依据组件的最新价格,及时调整价格。

另外,宏碁在1991年发展出的"矽奥技术"(Chip-Up)与无螺丝外装两项重要技术,为"速食店模式"提供了技术支持。有了矽奥技术,就可以设计出万用主机板,适用于各种微处理器;有了无螺丝外装,将所有组件组合成一部整机只需要30秒钟。这两项技术的发明,使装配工作变得简单,即使装配基地远在海外,产品品质也能够保持稳定。

当然,由于整个体系运作变得较以往复杂许多,宏碁的海外事业单位在最初实施"速食店模式"时,无法适应新的筹运管理方式。后来,宏碁派了一个小组到海外协助建立制度,海外事业单位在渡过适应和学习期后,速度与成本的优势渐渐显现。宏碁的库存周转速度加快了1倍,不但降低了经营风险,而且也为新产品上市创造了有利条件,新产品上市时间提前了1个月;由于库存降低,出清存货的时间也随之缩短,推出新产品就更具时效优势。更为重要的是,在模式改变之后,宏碁的产品能够紧随消费者需求的变化而变化。以往在台湾组装整机时,由于抓不准市场趋势,使得畅销的产品总是缺货,不畅销的产品又堆满仓库。现在,宏碁在全球28个国家和地区建立了34个装配基地,随时视市场需要,弹性装配交货,可及时适应市场的变化。

"速食店模式"对于宏碁的意义,不仅在于解决速度与成本问题,而且它可能为未来的宏碁带来更为广阔的发展空间。从近期目标来看,宏碁计划进一步将"中央厨房"(即制造组件的事业单位)区域化。目前,宏碁的"中央厨房"集中在亚洲。将来,当市场规模越来越大,势必要让"中央厨房"也向市场推移。宏碁正准备在美洲和欧洲建立"中央厨房",便于就近供应组件。届时,台湾总部所扮演的角色,将是发展新组件,调配新"菜单",同时支援尚未达到规模的地区。

(二) 主从架构

在实行主从架构之前,宏碁就已经按照业务性质的不同,将各事业单位分为以行销为导向的地区性事业群(Regional Business Unit)以及以制造为导向的策略性事业群。这是跨国企业经营的基本模式,但却为日后宏碁创新的"主从架构"建立了雏形。

"主从架构"是计算机领域的术语。早期,计算机有运算能力的只有主机,终端机只是暂时输出入资料的装置,本身并没有处理能力。后来,当个人计算机功能愈来愈强、价格愈来愈便宜时,个人计算机可以胜任的工作层次也愈来愈高。如果全部依赖主机,不仅价格昂贵,而且大型主机也越来越无法应付日益复杂的工作,因此,必须相当程度地依赖个人计算机。但是,问题也由此而生,即个人计算机散置各处,如何进行分工、管理呢?于是,"主从架构"应运而生。

所谓"主从架构",就是将散置于各处的个人计算机与不同功能的伺服机(Server)联接成一个完整的网络,每一台个人计算机都是独立运作的"主"(Client),网络上随时提供最佳资源给工作站的伺服机是"从"(Server),"主"和"从"密切而弹性地结合在一起。"主从架构"充分发挥了个人计算机的功能,又能适应复杂的工作,成本低,效率高,弹性大。

宏碁认为,从发展背景来看,企业组织的演进与计算机正好不谋而合。对企业而言,面对市场的快速变化和激烈竞争,如果任何决策都要从事业单位反映到总部,再从总部下指令到事业单位去执行,在命令层层传达之间,商机瞬间即逝。因此,类似大型主机架构的金字塔形阶层组织,在速度与弹性方面势必居于劣势。

　　1993年，宏碁将"主从架构"这一新兴的计算机架构，运用到其特有的管理模型之中。在这个管理架构中，宏碁在全球的事业单位都是与当地企业合伙，并且当地股权过半，决策中心是各事业单位的股东大会，总部只能通过股东大会影响决策。各事业单位既是独立决策运作的"主"，又是互相支援，作为其他事业单位的"从"。例如，明基电脑（宏碁集团所属企业）独立发展和制造监视器，是"主"的角色，其产品供应全球地区性事业单位，是最专业、最有效率的"从"。

　　在传统的阶层组织架构中，子公司与子公司之间的互动，必须通过母公司，如果还有第三、四层的转投资事业，彼此的从属关系是固定不变的。但是在主从架构中，第一层"主"所投资的第二、三层"主"，无须通过上一层"主"，便可直接和任何"主"进行互动。

　　1995年9月问世的"渴望"（Aspire）多媒体家用电脑，是宏碁产品发展史上极为重要的里程碑。这一被国际新闻界誉为"为家用电脑重下定义的"的计算机，它的意义不仅是一年200万台、高达上千亿新台币的业绩潜力，而且，更是宏碁"主从架构"模式运作的一次代表性的典范。这项由美国宏碁主导的计划，是集团成员通力合作的结果。从产品概念、软件界面、装机程序到营销策划，皆由美国宏碁负责；机械与电子设计则由明基和宏碁电脑支援；电视广告是新加坡和新西兰联合制作；代表产品形象的卡通人物"无得比小子"（OOBE Boy）在南非设计。这些合作事宜并未通过总部，而是由各事业单位直接沟通配合。如果"渴望"电脑的开发，是通过传统组织结构的沟通方式，在总部与诸多事业单位之间呈报、争论、修改、核准，按照计算机行业研发全新产品的先例来推估，上市至少需要一年半到两年的时间。而且，这项产品的大胆创意，极可能已经消磨殆尽。而"渴望"电脑仅花了9个月时间就推出上市，击破了美国大电脑公司在1994年圣诞节夸下的海口："明年圣诞节要将宏碁赶出美国市场"。

　　当然，在主从架构下，总部还是有必要制定某些运作规则的。宏碁只对有关价格与品牌的大原则制定规矩。例如，策略性事业单位销售给地区性事业单位，价格不能高于市场公开价格，如果是自有品牌产品，必须要通过地区性事业单位行销；地区性事业单位必须提取营业收入的2%～5%，作为自有品牌产品的广告费用；策略性事业单位也必须提取产值的5‰，作为品牌推广发展基金。宏碁只给各事业单位几点小约束，而让它们拥有相当大的经营自由度。例如，地区性事业单位可以向不同策略事业单位订货，自由选择最理想的供应商，如果策略性事业单位因此而倒闭，这表示它本来就缺乏竞争力；同样，策略性事业单位以服务代工客户的同等待遇，与地区性事业单位往来，如果自有品牌产品在市场竞争不过代工客户的产品，表明该地区性事业单位竞争能力不强。这样，宏碁为各事业单位提供了最强有力的竞争条件，让它们都能在各自的竞争市场上生存与发展。各事业单位以公开、合理的商业利益作为行为准则，各自对自己的股东负责，各为其"主"。如果事业单位的股东大会决议退出主从架构，随时都可以退出集团，但是从此它也就无法享用宏碁所提供的良好的技术与品牌资源。有了这些原则性的规定，各事业单位在共同获利的大方向上不断成长。

　　对于主从架构的实施，宏碁认为企业必须具备一些主客观条件。客观条件主要包括：（1）产业要具备相当的规模，使其分散经营之后还能独立运作、获利。如果产业规模不够大，分割之后，事业单位就无法生存。（2）业务必须具备相当的复杂度，否则，简单的业务由一个事业单位就可独立完成，无须"从"的协助。（3）完成业务者不只听命行事，而且能够独立做主。因此,一个主从架构下的成员,最基本的原则是:自己能做的,找伙伴帮忙,而且随时准备支援伙伴。主观条件则主要包括:(1)企业领导人具有进行授权、采用分散式管理的意愿和决心。宏碁认为,从风险管理的角度来看,正因为集权式的构架将资源放在总部,因此总部也负担了全部的风险。主从架构是让各事业单位自主决策,自己担负决策风险,也就是让担负风险的单位来作决策,反而能够分散并降低总部的风险。(2)各事业单位具有足够的决策与执行能力,而且成员彼此之间能有大方向的规范,为共同的利益而合作。

(三)全球品牌,结合地缘

所谓"全球品牌",是指创造属于宏碁自己的、具有全球知名度的品牌,建立全球性的制造和营销网络,塑造全球性跨国公司的优良形象。

与大多数台湾企业不同,宏碁在创业早期即将自创品牌作为自己的一项追求。1981年,宏碁推出了第一项自创品牌产品——"小教授一号"电脑,成功地打开了国际行销网络。但是,宏碁乃是在形象被完全否定的劣势下,踏出国际化的第一步。当他们开始在海外推广"小教授一号"时,收到一封新加坡进口商的回函,信上写着:"台湾不是生产电脑的地方,我没兴趣。"众所周知,台湾一向以制造见长。如果为台湾制造能力打分数,大概可得70分至95分;研究开发能力次之,介于30分至70分;行销能力大概只有5分到30分。因此,大量生产的产品没有有效行销,只能靠杀价竞争,如此一来,便无法摆脱低品质的形象。在国际间甚至有"MIT"(Made In Taiwan)=30%Off("台湾制"代表杀价三成)的惯例。因而,宏碁认为,要建立行销能力,必须塑造良好的企业与品牌形象。如果一家企业的产品能成为世界知名品牌,而且制造地点遍布各国,从短期来看,可以减少"台湾制"形象所带来的负面影响;长期而言,则能顺势改善国际间对台湾的观感。

宏碁在20世纪80年代初期、中期的品牌是"Multitech"。在全世界,以"——tech"为名的计算机公司不胜枚举,原来的名称既没有差异化,又因雷同性太高,在许多国家不能注册,导致无法推广品牌。因此,当宏碁加速国际化步伐时,就不得不考虑更换品牌。"Acer"就是在这样的情况下,从数万个名字中筛选产生的。它是个拉丁字,是"积极、有活力"之意,简短响亮、没有负面联想的谐音,还隐含王牌(Ace)的意思。最大的好处是,在各种展览与资料索引中,只要厂商是按名称的字母排序,Acer经常名列首位,顾客即使惊鸿一瞥都会印象深刻。1994年,根据美国评估公司的估价,Acer品牌已经价值1.8亿美元,是台湾价值最高的品牌。宏碁董事长施振荣认为还不止于此,即使有人愿意出价10亿美元,他也不会卖掉这一品牌。

1988年,宏碁进军日本市场。此时正是新兴工业国家和地区的产品开始登陆日本市场,日本人充满危机意识的时候。许多日本媒体认为宏碁将如其他台湾计算机企业一样,以杀价作为竞争的武器。但是,出乎他们的意料,宏碁的定价竟和日本计算机一样,走的是高价路线。宏碁绝不愿自己的科技与创新实力,初亮相就被扭曲为"便宜无好货"。宏碁认为,形象比事实先被接触,形象也比事实简单。而且,无论是企业形象还是产品形象,由高定位调整为低定位很容易,但是,以低定位调整到高定位却是相当困难的。更重要的是,在台湾整体产业形象已处于劣势的情况下,如果还把产品放在低定位,那就更难扭转劣势了。

此外,宏碁树立形象的另一重要策略是"创新",因为领先的技术与创新的产品,是提高品牌形象最好的工具。早期,宏碁每年以营业额的5%投入研究发展,不断以先进技术与产品去营造创新的形象。1986年,宏碁领先IBM推出32位元个人计算机;4年后,将32位元的计算机技术授权给美国优利系统公司(Unisys);1992年,整合计算机与消费性电子技术,领先开发兼具通讯、教育、娱乐、视听的多媒体个人计算机Acer PAC,该产品被美国《财富杂志》(Fortune)评为"焦点产品"(Product to Watch);随后,又推出"工作站功能、个人电脑价格"的Acer formula,翻新64位元个人计算机架构,《远东经济评论》与美国《商业周刊》分别以"亚洲的王牌"和"超越追随,领先群伦"为题对此加以报道;1995年,"渴望"多媒体家用电脑更堪称是宏碁近年新产品中的代表作。CNN等多家电视网、《华尔街日报》(Wall Street Journal)、美联社、路透社都对该项产品进行了介绍。这使得宏碁完全摆脱"30%Off"的形象,与康柏等计算机巨人的产品价位差距也拉近至3%。

回顾宏碁自创品牌的历程,可以总结出两条重要经验:(1)自创品牌是长期工作,不是非赚即赔的买卖,所以不能孤注一掷,必须运用策略调配速度。(2)企业必须避免自我膨胀,要更有自觉性地稳扎稳打。企业在自创品牌之后,媒体报道多,知名度较高,甚至外界的评价也会比较高,但企业绝不能错估自己的资源与实力,去从事超过自己能力的投资或其他活动。

当然,宏碁在塑造"全球品牌"的过程中,也遇到了许多阻碍。例如,1991年宏碁发展出独步全球的"矽奥技术",宏碁董事长施振荣特地前往纽约,向《华尔街日报》与《商业周刊》等媒体宣布这项突破,但却没有获得回响。因为这不是美国人的成就,美国的读者没有切身感,重要性因而被打了折扣。因此,同样是技术创新,美国企业与非美国企业在美国所获得的肯定有天壤之别。面对困难,宏碁没有退缩,而是另辟蹊径,采用"结合地缘"的国际化策略来有效地突破瓶颈。

所谓"结合地缘",是指宏碁与国外当地合伙人共同创办其海外事业单位,并且实行当地股权过半的政策。

乍看起来,"结合地缘"与塑造形象的关系似乎不大,但事实上,却是突破"MIT"(Made In Taiwen)刻板形象的重要策略。对发达国家而言,宏碁实行当地化经营,又是当地的上市公司,当地人就没有借口挑剔宏碁的产品。而在发展中国家当地化,让当地伙伴拥有过半数的股权,宏碁虽拥有国际性品牌,却没有一般跨国企业经济侵略的形象,消费者更愿意接纳宏碁。而且,由于当地合伙人拥有过半股权,其更注重企业的形象与信用,并致力保护当地消费者。从1993年起,宏碁囊括了拉丁美洲、东南亚、中东三大区域的第一品牌;次年,原来连年亏损的美国宏碁不但转亏为盈,还在强敌环伺下跻身第九大品牌,使宏碁品牌进入世界前十名,名列第七。

此外,宏碁采取"结合地缘"的策略,还可以获得以下好处:(1)与当地合伙人组成利益共同体。当地合伙人不仅可以共担风险,而且由于熟悉当地市场与国情,加之具有利益上的动力,能够较好地解决台湾总部与其各海外事业单位距离遥远、难以管理的问题,不断改善各事业单位的经营管理。(2)有利于吸引人才。实行当地化经营,以当地企业,特别是发达国家当地企业的角色出现,才能招聘到优秀人才为宏碁效劳。(3)有利于突破保护主义的市场障碍。

在"结合地缘"的策略中,除了"当地股权过半"以外,还包括一项"21In21"的内容,即宏碁在21世纪要有21家联属企业在全球上市。从"当地股权过半"到"21In21",是以联属企业在各地股票上市,实现更进一步的当地化。可以预见,计算机产业将会发展出极为庞大的市场,宏碁要掌握未来的机会,必定要有更多的资源,股票上市就是为这些资源而预作准备。通过股票上市,可以就地筹措资本,宏碁才有机会成为当地数一数二的公司,并且提高企业形象。

"21In21"对宏碁的意义非比寻常,它接续着"速食店模式"所带动的再造工程,将宏碁带入另一个起飞阶段。1994年1月,宏碁提出"2000In2000"(2000年达到年营业额2 000亿新台币)的目标。1995年,宏碁集团的营业额增长77%,达到1 500余亿新台币,使这个目标大幅修正为提前4年,于1996年实现。现在,外界推测宏碁2000年的营业额将达到3 000亿新台币,但宏碁自己估计可望达到4 000亿新台币,也就是在原计划上翻一番。这一成就正是由于"21In21"策略成功的结果。因为,这个理念向全球合伙人及同仁传达一个宣示性的信息:"这个公司迟早是你的!"这个理念创造出一个共结伙伴的基本环境,在共同利益的驱动之下,合伙人才有时时降低风险、积极掌握机会的意愿。

有了"21In21",速食店模式与主从架构的功能才能发挥得更为淋漓尽致。速食店模式、主从架构与当地股权过半是"三位一体"的,而后者又是核心。例如,如果没有主从架构,推行速食店模式时,只要各地区性事业单位零组件补给遇到一点困难,就会依赖总部解决。但在主从架构的组织策略下,地区性事业单位已经是"主",就得有独立运作的能力,不能事事依赖总部,这样才能建立起自主能力。但是,如果没有诱因让事业单位独立负责,它们还是会依赖总部。所以让当地股权过半,经营者有切身利害才会致力于公司经营,否则,授权的结果可能导致各事业单位自生自灭。这些策略之间紧密契合,构成了一套较为完善的体系。

当然,宏碁的"结合地缘"策略也不是毫无问题。例如,合伙人自己的事业过大、太过多元化,合资公司对其而言,重要性相对较小,因此派过来的经理人层级太低。或者,因为市场竞争日趋激烈,必须扩大规模,宏碁希望能够增资,但对方却不希望宏碁介入经营。这些问题必须通过谈判,寻求共识,以求解决。大体而言,除少数地区以外,宏碁在合资之前,与合伙人已有长久的业务合作关系,而且宏碁多年来的管理与文化也始终一致,所以,不会出现太大的问题。另一方面,分散式国际化架构的好处是,即使少数事业单位出现问题,也不会影响大局。

【问题】

1. 宏碁集团再造采取了什么样的战略和策略?

2. 宏碁集团再造取得了哪些有益的、可供其他相关企业借鉴的宝贵经验?

案例 3

成就学习型组织的十一步

韦尔奇刚刚接任 CEO 的时候,通用电气(GE)的总市值为130亿美元,2000年春GE已经成为世界上最值钱的公司,达到5 960亿美元的天价(不过,2001年和2002年股票市值大幅度下滑)。毫无疑问,韦尔奇的学习型文化在将通用电气(GE)从一家老迈的制造业官僚机构改造为世界上最大、最有价值的跨国企业之一的过程中起到了显著的作用。

1. 在开始着手全面培育学习型文化这样的事情之前,韦尔奇最优先的措施是夯实公司的财务根基。

1981年的GE拥有2.5万位经理人员和几十个管理层级。韦尔奇认为,除非公司有强

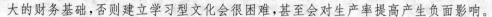

大的财务基础,否则建立学习型文化会很困难,甚至会对生产率提高产生负面影响。

2. 确定权威的战略方向,确保向企业所有的人解释清楚战略构想。

1986 年,韦尔奇花了 60 亿美元购买美国无线电公司(RCA),从而为公司购得了国家广播公司(NBC),使 GE 成为全国最大的服务公司之一。这是将 GE 从一个年迈的工业制造商改造成一个增长潜力巨大的、灵活的服务提供商的关键步骤(GE 资本基金作为公司金融服务的臂膀,2002 年为公司贡献了大约一半的利润)。

重要的一点是:韦尔奇将公司的一切都纳入他的改组行动之中。许多企业内部人对他的大规模变动很不高兴,但是他们都理解他的构想,能够理解即将到来的更大前景。

韦尔奇也作了一些其他的战略决策。其中最重要的一点是他的"必须居全行业领先"的战略,提高了 GE 所有业务的门槛。他公开宣扬,他的唯一目标是使 GE 成为世界上最具竞争力的企业。

3. 确保公司有一套确定的价值观。价值观念充当了 GE"宪章"的角色,有助于指导公司顺利应付在韦尔奇领导下经历的变化。

这种价值观有时被修正用以反映 GE 最新的优先事项或全公司的首创精神。例如,1985 年通用电气的价值观包括"变化是持续的"、"自相矛盾是一种常态"等话语。与之相对照的是,2002 年通用电气宣传的价值观包括"对消费者要有感情"(这是第一位的)、"每个人、每个思想都是有价值的"、"要有进取精神"。韦尔奇将这些价值观视为企业文化蓝图中的关键部分,他说,经理人如果不能做到,就要被解雇,即使他们实现了自己的财务目标。

4. 建立一个信任和开放的环境。韦尔奇总结道,经理不能倾听工人的意见,他知道经理与工人之间如果没有有意义的对话,那么形势就很难有很大改观。

5. 创建一个"无边界组织"(Boundaryless Organization)。到 1989 年,韦尔奇已经了解到经理人员不与雇员对话的情况,他知道需要实施一个项目或创意来结束这种状况。韦尔奇认为,做这项工作的人对怎样办好事情有很好的想法。这是韦尔奇文化创意"群策群力"的推动力。"群策群力"活动期间(一般持续 3 天),工人们可以向经理们提出改进生产过程等重要工作流程的建议,经理们必须说"是"、"不是"或"我将在某某时间内去找你"。结果如何? 经理们 80% 以上会说"是"。

"群策群力"活动是使企业成为更加符合韦尔奇企业理念的一个工具,他称之为"无边界",拆除了传统上挡在经理与雇员、市场营销与产品制造、员工与消费者之间的墙。20 世纪 80 年代后期到 20 世纪 90 年代中期,"无边界"运动开展得如火如荼。

6. 速度、灵活性、创新是无边界组织的三大特征。如果你的管理团队成员没有使用这些词汇描述你的公司,那么就说明你在通往无边界的道路上还有一段距离。

多年来,韦尔奇一直强调他要把小公司的工作精神逐渐输入 GE 这样机构庞大的大型公司。他坚信,小公司更明白在市场中行动迟缓、犹豫不决带来的后果,GE 要像小公司那样在市场中迅速准确地作出反应。

7. 确保企业中的每个人都受到鼓励,随时准备去寻求最佳方案。韦尔奇多次指出,能够从某处获得好的建议是一种荣誉的象征。例如,他是第一个接受六西格玛的人,但是最初并不是由他或通用电气开发出来的,而是由摩托罗拉提出来的。关键是确保企业中的人从每一个地方,特别是竞争对手那里搜寻新思想。在一个学习型企业里,学习并不断调节环境使之适应新思想,是每一个员工的责任。

8. 实施最优执行计划。最优执行是实现目标最有效的途径,是学习型组织的关键所在。在韦尔奇指导下,通用电气开始系统地周游世界,从世界上最优秀的公司那里学习做事情的更好途径。1989 年年底,韦尔奇发起一场全面的最优执行运动,持续了 3 个工作日。

为了确保通用电气能够向优秀的公司学习,他布置下任务,要求公司一位高级业务开发经理寻找世界级公司加以学习(福特和惠普是首批被研究的公司)。韦尔奇将 GE 描述为"精神饱满,具有无限求知欲的企业",一家致力于寻找最优秀的人和"开发员工无限求知欲的企业"。

9. 对那些促进学习型文化的行为和行动给予褒奖。韦尔奇认为,与公司目标相配套的公司报酬和奖励制度至关重要。相应地,他督促 GE 高级管理人员要做到褒奖与结果相称。他是这样要求别人的,自己也一直是这么做的。他成为首席执行官的时候,股票期权只给与几百个公司高级管理人员。他离任的时候,已经有 3 万名 GE 经理人员参加了公司盈利颇丰的股票期权计划。

10. 建立充分利用学习收益的基础设施。为了确保学习和治理能够让企业各部门分享,需要有计划地举办会议评论培训等活动。每年为 GE 培训 7 000 多名经理人员。韦尔奇以身作则,不仅频繁地到 GE 的学习机构中接受培训,而且还到那里任教。

11. 利用遍及全公司的创新活动传布福音。任期内,韦尔奇发动了 5 项遍及全公司的创新举措,永久改变了韦尔奇称之为 GEDNA 的东西。这些创举包括:全球化、改进管理方式(公司唯一的文化创新)、服务、六西格玛(一项质量计划)和数码化(电子商务)。为了实施这些综合项目,韦尔奇创造了影响深远的方法,促进有关最新创举和培训经理的信息的传播。

让每个人都参与到学习型文化中去是提高生产率的真正关键所在,这是韦尔奇担任CEO 最后一年思考后的结论。

【问题】

1. 从通用电气公司学习型组织构建中你认为学习型组织的真谛是什么?

2. 如果贵校管理者倡导构建学习型校园,你有什么好的策略和建议?

3 决 策

▶ 案例导读

尽管电话系统是一项典型的公用事业,但在 20 世纪初到 20 年代中期,费尔担任该公司总裁的这 20 多年时间里,他创造了一家世界上最具规模、发展得最快、最大的私营企业。原因主要在于他当时作出了以下"四大决策":

第一,满足社会大众的服务要求。美国的贝尔电话公司是一家私营企业,要想保持它的自主经营而不被国家接管,必须预测和满足社会大众服务的需求,所以他提出了一个"本公司以服务为目的"的口号。根据这一口号的精神,他认为应该树立一个全新的标准:衡量一个经理的工作成绩,应该是服务的程度,而不是盈利的程度。

第二,实行"公众管制"。不能把一项全国性的电讯事业看成是一种传统的"自由企业"。他认为要想避免政府的接管,在管理上唯一的办法就是实行"公众管制"。所谓"公众管制",就是坚持有效、诚实、服务的原则,这是符合公司利益而且事关公司生死存亡的关键所在。他把这一目标交给各地子公司总经理,使公司从高层领导到普通员工,都能朝着这一目标共同努力。

第三,建立"贝尔研究所"。电讯事业的生存与发展,领先技术具有决定性意义。为此必须建立一个专门从事电讯技术研究的"贝尔研究所"。目的是为了摧毁"今天",创造一个美好的"明天"。

第四,发行股票,开拓大众资金市场。贝尔设想发行了一种 AT&T(美国电话电报公司)股票来开拓着眼于社会大众的资金市场,可以避免通货膨胀的威胁。

正是得益于他的建设性计划,贝尔公司长期以来始终保持着源源不断的资金来源。

决策是管理者的中心任务,也是成功管理的关键。本章介绍了决策的含义和重要性,分析了决策原则和程序,阐述了决策的类型和基本的决策方法。

3.1 决策概述

管理者在从事计划、组织、领导、控制等基本职能的过程中,都需要不断作出决策,以充分利用组织内部和外部环境所提供的机会和条件,规避风险和威胁,不断地改善和提高组织绩效。

3.1.1 决策的概念

管理者几乎每天都要作出大量的决策,因此,有些时候管理者通常又被称为决策者,尽管决策和管理并非同一个概念。由于许多管理者的决策制定活动具有例常性,即决策涉及的问题非常细小和琐碎,而且是重复发生的,这类决策往往很容易作出,甚至管理者自身并没有意识到自己是在进行决策活动,以至于大多数管理者对决策的有关理论和特性以及决策的科学程序和方法缺乏必要的了解,由此严重影响了决策质量和管理者决策水平的提高。

1) 决策的定义

关于决策(Decision Making)的定义,可谓见仁见智,说法至今不尽统一,许多专家学者从各自的角度提出了自己的见解。一个简明的定义是:"从两个以上的备选方案中选择一个的过程就是决策。"(杨洪兰,1996)。此定义说明了科学的决策是一个正确选择的过程,并且强调必须有两个或者两个以上的备选方案。另一个较具体的定义是:"所谓决策,是指组织或个人为了实现某种目标而对未来一定时期内有关活动的方向、内容及方式的选择或调整过程。"(周三多,1999)。此定义表明,决策的主体既可以是组织,也可以是组织中的个人;决策要解决的问题,既可以是组织或个人活动的选择,也可以是对活动的调整;决策选择或调整的对象,既可以是活动的方向和内容,也可以是在特定方向下某种活动的方式;决策涉及的时限既可以是长期的,也可以是短期的。路易斯、古德曼和范特(Luwis,Goodman and Fandt,1998)对决策的定义是:"管理者识别并解决问题的过程,或者管理者利用机会的过程。"该定义着重强调了以下几点:①决策的主体是管理者,决策不仅是管理的一项职能,也是管理者的主要任务和职责。组织中大量的决策是由管理者作出的,是否负有决策责任也是区别管理者与非管理者的一个重要标志。虽然现代组织中越来越强调非管理人员对决策的参与,但通常情况下非管理人员的主要工作是操作性的。②决策的本质是一个过程,它包含一系列相互关联的步骤,尽管人们对决策过程的理解不尽相同。③决策的目的是为了解决问题或利用机会,也就是说,决策有时是一个发现、确定并解决问题的过程,有时是针对组织外部环境变化和组织内部资源运用过程中所产生的机会或威胁而采取行动,或者作出反应的过程。

我们认为,所谓决策,是管理者为实现一定的目标,在两个以上的备选方案中,选择一个方案的分析判断过程。

2) 决策的地位和作用

决策在管理活动中占据着非常重要的地位。美国卡内基—梅隆大学教授、1978 年度诺贝尔经济学奖得主西蒙认为:"管理就是决策"。这一论断使决策在管理中的地位和作用跃然而出,尽管我们不能就此从字面上把管理和决策两个概念等同起来,但是,很显然,西蒙之所以声称"管理就是决策",其目的和本意仍然是强调决策是管理的核心内容,决策贯穿于管理活动的全过程。

美国管理学教授斯蒂芬·P. 罗宾斯(Stephen P. Robbins)指出:"决策对管理者每一方面工作的重要性是怎么强调也不过分的,因为决策几乎渗透于所有主要的管理职能中。"在管理的计划职能中,管理者要作出关于组织的长远目标和战略方面的决策,也要确定组织的中短期目标,以及如何实现这些目标的实施方案方面的决策;在管理的组织职能中,管理者要设计和选择合适的组织结构,确定恰当的管理跨度,并决定如何在集权与分权之间取得平衡;在人力资源管理中,管理者要制定出恰当的人力资源政策和计划,并就如何引人、用人和育人作出一系列的科学安排;在领导与激励职能中,管理者要决定在特定环境下采取什么样的领导方式更加有效,怎样的激励措施能够更好地调动人员积极性;在控制职能中,管理者要明确组织的哪些活动需要控制,控制的标准有哪些,以及如何才能实施有效的控制。

最后,从管理的实践来看,决策对于管理的重要性也是确定无疑的,许多正面的和反面的例子都已经证实,决策正确与否,是管理成败的关键。对于实际管理者而言,一旦决策失误,尤其是一些重大战略性决策的失误,往往导致全盘皆输的结局。国内外众多企业由盛到衰的过程,很大程度上从反面印证了科学决策在企业发展过程中的地位和作用。

3.1.2 决策理论

1) 古典决策理论

古典决策理论是基于"经济人"假设提出的,又称为经典决策模型(Classical Decision-making Model)(见图 3.1),主要流行于 20 世纪 50 年代以前。古典决策理论认为,决策者应该从经济的角度来理性地看待决策问题,即决策的目的是谋求组织利益的最大化。

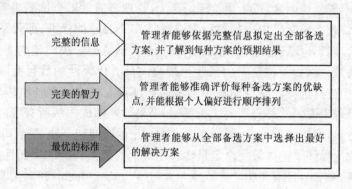

图 3.1 古典决策理论模型

古典决策理论的主要假设是,管理者一旦认识到他们的决策需要,他们能够做到:

(1) 全面了解和掌握有关决策环境的情报信息。

(2) 形成有关决策的全部备选方案。

(3) 全面评价各种备选方案的优劣。

(4) 依据评价结果及个人偏好程度对各种被选方案进行排序,从而作出最优化决策。

古典决策理论假设,决策者能够掌握有关决策的全部信息,决策者是完全理性的,而且具备完全的智力水平,能够将全部的备选方案列举出来并有能力对各种备选方案进行有效处理,最终可以作出符合组织利益最大化的最优决策。

2) 行为决策理论

20 世纪 50 年代开始,古典决策理论由于其自身假设的不完善而受到激烈的挑战。詹姆斯·马奇(James March)和赫伯特·西蒙(Herbert Simon)不同意古典决策理论的基本假设,相反,他们认为,现实中的决策者通常并不拥有与决策有关的全部信息,即使可以得到全部信息,多数管理人员仍然缺乏足够的智力和心理技能来进行正确的吸收和评估。因此,马奇和西蒙发展出了行政管理决策模型(Administrative Decision-Making Model),用来解释为什么说决策是一种具有内在不确定性的、充满风险的过程,以及为什么管理者极少依据古典决策理论所描述的方式进行实际决策。其他学者对决策者行为做了进一步研究,他们发现,影响决策的不仅有经济因素,还有决策者的智力、心理以及行为特征,如态度、情感、经验和动机等。

行为决策理论的主要内容建立在以下关键概念上：

（1）有限理性。人的理性是介于完全理性和非理性之间的，即人是有限理性的，也就是说，人类的决策能力受到认知局限的制约。人们在对信息进行理解、处理以及采取行动的过程中是存在局限的。尤其是管理者身处高度不确定和极其复杂的决策环境中，其知识、能力和经验的局限难以使其对所谓的最佳决策作出确定。

（2）信息不充分。即使决策者拥有对信息进行评估的无限能力，他们仍然不能作出最优化的决策，因为他们拥有的是不充分的信息。信息之所以不充分，是因为在绝大多数情况下，决策的备选方案是不可尽知的，且已知方案的结果也是不确定的。换言之，信息不充分的原因在于风险与不确定性、模糊性信息、时间限制及信息成本的制约。

（3）满意原则。由于存在有限理性、未来不确定性、难以评估的风险、模糊性信息、时间限制、高信息成本等制约因素，行为决策理论认为，管理者通常不会试图去寻找所有可能的方案。实际上，管理者通常采用一种被称为满意（Satisfying）的标准，即仅从部分备选方案中进行选择。管理者寻找、选择的是可以接受的、令人满意的解决问题的方案，而不是力图作出所谓最佳决策。例如一位公司的采购经理只向具有代表性的数目有限的供应商进行询问，并最后从中进行选择。这种做法虽然不能保证没有忽略掉最佳供应者，但这种行为对于那位采购经理来说仍然是合理的。相反，如果采购经理试图从所有可能的供应商里寻找最好的解决方案，即使能力可及，但势必要花费大量的时间和金钱，最后可能得不偿失。

行为决策理论批评了把决策完全定量化和程式化的机械做法的片面性，主张把决策视为一种文化现象。例如，日裔美国学者威廉·大内（William Ouchi）在对美日两国企业在决策方面存在的差异进行比较研究中发现，东西方文化的差异是导致这种决策差异的一个重要原因，从而开创了对决策的跨文化比较研究。马奇和西蒙也指出，决策更多地体现为一门艺术而不是一门科学。在现实世界中，面对不确定性和模糊性，管理者有时必须依靠他们的直觉、行业经验以及自己的判断来作出看起来是最好的决策，以达到可以接受的、满意的结果。

除了马奇和西蒙的"有限理性"模式，林德布洛姆的"渐进决策"模式也对"完全理性"模式的古典决策理论提出了挑战。林德布洛姆认为，决策过程应该是一个渐进的过程，而不是跳跃式的表现为大起大落，否则会危及社会组织的稳定，引起组织结构、心理倾向和习惯等方面的震荡。因此，"按部就班、修修补补的渐进主义决策者，似乎不是一位叱咤风云的英雄人物，而实际上是一位能够清醒地认识到自己是在同无边无际的宇宙进行搏斗的足智多谋的解决问题的决策者"。这说明，决策不能只遵守一种固定的程式，而应该具有较大的灵活性和变通性。

专栏3-1 ▶▶▶

关于决策的标准

什么是有效的和正确的决策？其判断标准是什么？对于这个问题，有3种颇具代表性的观点：

第一种代表性观点，是由被誉为"科学管理之父"的泰罗提出，并为一些运筹学家和管理科学学派的人士们所推崇的"最优标准"。在泰罗看来，任何一种管理工作，都存在一种最佳工作方式。他认为："管理这门学问注定会具有更富于技术的性质。"同时,他对技术的定义是："确切地知道别人干什么,并注意他们用最好最经济的方法去干。"应该肯定,追求最佳决策是管理者一项非常优秀的心理品质,但由于主客观条件的限制,并不总是能达到这样的结果。管理既是科学,也是艺术,决策工作亦是如此。

第二种代表性的观点,是西蒙提出的"满意标准"。他对运筹学家们的"最优标准"提出了尖锐的批评,他指出："热衷于运筹学的人很容易低估这种方法的适用条件的严格性。这可能导致一种名为数学家失语症的病。病人将原始问题加以抽象直到数学难点和计算难点被抽象掉为止(并失去了全部真实的外观),并将这一简化了的新问题求解,然后假装着认为这就是他一直想要解决的问题。"因此,西蒙提出了他的"满意标准"。

第三种具有代表性的观点,是美国管理学家哈罗德·孔茨提出的"合理性标准"。所谓合理,他认为："首先,他们必须力图达到如无积极行动就不可能达到的某些目标。其次,他们必须对现有环境和限定条件下依据什么方针去达到目标有清楚的了解。第三,他们必须有情报资料的依据,并有能力根据所要达到的目标去分析和评价决策方案。最后,他们必须有以最好的办法解决问题的强烈愿望,并选出能最满意地达到目标的方案。"孔茨认为,由于未来环境的不确定性,要做到完全合理是困难的,因此,主管人员必须确定的是有一定限度的合理性,是"有界合理性"。

3.2 决策的原则与程序

3.2.1 决策的原则

1) 决策的依据

如同其他管理活动一样,管理者进行决策活动也离不开信息的支持。就某种程度而言,管理者所拥有的信息的数量和质量,直接影响管理者的决策水平。管理者在决策之前以及在整个决策过程中,应该尽可能广泛地、多渠道地收集相关信息作为决策的依据。

任何一个高明的管理者在做决策时,都会对信息收集给予高度的重视,并且在决策之前努力收集到足够的信息,否则就不进行任何决策。闻名世界的日本丰田公司就是这样决策的。在丰田公司,任何一项决策都不是在匆忙之中作出的,花费足够的时间和精力以求作出正确的决策是他们的一贯原则,而他们大多的时间和精力都是花费在信息收集和决策分析上,往往是经过冗长而彻底的信息收集与决策分析之后,才最终作出决策。他们认为,决策首要的任务是要发现所有的事实,发现并考虑所有的事实,可以使决策的正确性得到最大的保障。因为,一旦有较为重要的事实未被考虑到,很可能会在未来导致极大的麻烦,甚至不得不重新回到原点。

信息对于决策的重要性是毋庸置疑的,但这并不是说,管理者必须要等到所有信息都无一遗漏的收集齐全了才能着手制定决策,事实上也没有人能够做到这一点。由于受时间、成本等各方面条件的限制,管理者不可能也没有必要试图去掌握所有的信息。因此,管理者应该紧紧围绕决策问题,决定收集什么样的信息、收集多少信息以及从何处收集信息等,同时考虑信息的成本和收益,这实际上也是一个决策的过程。

总体而言,我们认为,适量的信息是决策的依据。缺乏信息或信息量不足,会导致管理者无法决策或者导致决策难以达到应有的效果。从这个意义上说,信息量大有助于决策质量的提高。相反,我们也应该看到,过量的信息不仅对组织而言可能是不经济的,同时,由于受个人处理信息的能力的局限,过量信息对管理者或许也是有害无益的。

2) 决策的原则

决策所依据的是满意原则,而不是所谓的最优原则。对管理者而言,要使决策达到最优,需要同时具备以下条件:能够获得有关决策的所有信息;能够判断所有信息的价值所在,并据此拟定出所有可能的备选方案;能够准确预测每一种方案在未来的执行结果。

但是,现实的情形通常是上述条件不可能完全得到满足。由于组织所处环境的复杂性和变动性,管理者不仅很难收集到反映这些情况及其变化的全部信息,即使对于收集到的有限信息,受管理者自身处理和利用信息的能力的局限,他们往往也只能拟定出数量有限的方案而不是全部可能的方案。最后,由于任何方案在未来实施的过程中,都要受到各种不确定性因素的影响和干扰,其实施结果并非完全可以控制。因此,现实中的管理者在有限理性的前提下,通常难以作出最优决策,只能遵循满意原则作出相对满意的决策。

3.2.2 决策的程序

科学决策需要遵循一定的程序,一般而言,完整的决策程序主要包含以下几个基本步骤:

1) 识别问题或机会

制定决策的第一步是认识决策的需要,因此,决策过程开始于一个存在的问题,或者是为了利用一个潜在的机会。由于问题的存在或者机会的出现,导致目标与现实之间的差异,或者产生差异的潜在风险,由此需要管理者采取特定的行动。比如一家公司的销售经理发现销售额有所下降,或者采购经理发现采购成本正在上升,都有可能迫使他们去分析问题产生的原因,并有可能导致他们采取进一步的行动。

识别问题的困难在于,现实管理中的问题很少表现出是显而易见的,有时候问题本身并不明显,导致问题产生的原因也可能是错综复杂的。由于问题的识别通常带有很强的主观性,同一种状态下,有的经理人员可能认为是个"问题",而另一个经理人员则可能认为是一种"满意状态"。美国管理学家斯蒂芬·P.罗宾斯(Stephen P. Robbins)认为,"那些不正确地、完美地解决了错误问题的管理者,与那些不能识别正确问题而没有采取行动的管理者做得一样差。"所以,我们认为,识别问题或者发现机会,对于管理者作出有效决策而言,既非常重要,也相当困难。

一些因素通常会激发管理者对于决策需求的认识。比如,当组织外部环境发生变化而导致机会或威胁产生时,或者当组织内部拥有大量的技术、能力和资源时,为了积极有效地利用这些能力和资源,管理者往往会创造出决策的需求。管理者在认识决策需求的过程中,如何识别问题或发现机会,可能是主动的,也可能是被动的,但最重要的是,他们必须能够认识到决策的需要,并能及时、正确地采取恰当的行动。

2) 拟定备选方案

一旦问题或机会被正确地识别出来,管理者必须着手拟定出有针对性的备选行动方案,为了更好地达到解决问题或充分利用机会的目的,需要设计出尽可能多的备选方案以供评价和筛选。如果备选方案只有一个便谈不上选择,也就无所谓决策了。管理专家们认为,没有推出不同的备选方案并对它们进行比较分析,是管理者作出错误决策的重要原因之一。值得一提的是,由于受到时间、信息成本以及管理者自身信息处理能力的限制,备选方案的数量也并非越多越好。

备选方案既可以是标准化和常规性的,也可以是独特的和富有创造性的。那些标准化和常规性的方案可以借助于过去的做法,或者来自于管理者自己的经验。主要的问题是,由于管理者自身经验、经历以及个人固有的心智模式的局限性,往往很难对特定问题提出具有创造性的解决方案,要形成具有创造性的解决问题或利用机会的方案,要求管理者彻底放弃固有的思想观念,转而使用一种全新的思维方式,这对于管理者而言无疑是一项巨大的挑战。美国学者彼德·圣吉(Peter Senge)在其著作《第五项修炼》中提出了许多建设性的忠告和意见,以及对激发管理者创造性解决问题的思维提出了很多深受欢迎的技术。此外,管理者在试图设计出具有创造性方案的过程中,要善于听取他人的建议和意见,利用群体的智慧,通过头脑风暴法、名义组织技术和德尔菲技术等也可以得到独特的富有创造性的方案。相关内容我们将在本书的其他章节中予以讨论。

3) 评价备选方案

管理者获得了一组可行的备选方案后,必须对每一个备选方案的优点和缺点进行比较评价。因此,管理者必须具备评价各种备选方案的价值,也就是识别每一种备选方案的优点和缺点的能力。一些较差的管理决策产生的原因,可以追溯到对备选方案不良的和错误的评价。

要保证对备选方案进行正确的评价,最重要的是要能够确定出与决策相关的关键标准或标准组合,确定这样一个用来评价备选方案的标准或标准组合并非一件容易的工作。西方学者认为,通常有 4 个基本标准,可以用来对备选方案进行正反两个方面的评价,它们是:合法性、合乎伦理道德、经济可行性和实用性。当然,很多时候,管理者需要收集更多的补充信息,以保证评价的正确性。

4) 选择方案

在完成了对备选方案的全面评价之后,接下来的一项任务是对各个备选方案进行排序,并从中作出选择。尽管选择一个方案看起来并不复杂,但实际上并非如此。要作出正确的选择,管理者必须确保将所有可能得到的信息都纳入到考虑的范围,特别要避免对已经掌握的关键信息的忽视。

5) 实施方案

在选择出相对最佳方案后,就需要将方案予以实施。如果一项好的方案得不到恰当的实施,仍可能是失败的。作为管理者,必须清醒地认识到,方案的有效实施需要足够数量和种类的资源作为保障。这些资源或者是组织内部所拥有的,管理者必须设法将这些资源调动起来并加以合理地利用;或者是从组织外部可以获取的,管理者必须考虑获取这些外部资源的途径以及经济性。

由于决策的实施过程实际上就是将决策传递给相关人员,并得到他们行动的承诺,因此,如何赢得相关人员的支持,是一项决策能够成功实施的关键。在决策实施过程中,如何协调和处理各方面的责、权、利关系,是保障决策顺利实施以及调动每一个参与实施的人员积极性的基础。此外,如果决策的实施者参与了决策的制定过程,那么他们更有可能为决策的有效实施作出积极的贡献。

6) 评价与反馈

决策制定过程的最后一个步骤是评价决策效果,主要是看决策是否真正有效地解决了问题,或者实现了预先的期望。评价的问题主要包括:有没有正确地识别问题或机会? 备选方案设计是否合理? 方案评价是否失当? 方案选择和实施是否正确? 对问题的挖掘可能驱使管理者追溯到决策前面的任何一个步骤,甚至可能需要重新开始整个决策过程。

评价决策效果实际上是从反馈中进行学习。高效的管理者总是会对以前的经验和教训进行回顾和反思,通过对决策结果进行分析总结,能够帮助管理者不断提高决策能力;相反,则会停滞不前。为了避免发生这种情况,管理者需要建立一种从过去决策结果中进行学习的正式程序。

3.3 决策的类型与方法

3.3.1 决策类型

决策活动所涉及的问题千差万别,但是我们可以依据特定的标准,将决策区分为不同的类型。了解各种不同类型的决策可能具有的共同点,有助于管理者把握决策活动的规律性,从而提高决策的效率和效果。

1) 程序化决策与非程序化决策

一种观点认为,无论管理者所作出的具体决策是什么,决策过程要么是程序化的,要么是非程序化的。

(1) 程序化决策。在管理者所面对的诸多问题中,有一类问题是直观的。也就是说,这类问题对管理者而言是熟悉的,与问题相关的信息是易确定和相对较完整的。比如,公司里一位适龄妇女需要休产假,一位顾客想向零售商店退货,或者办公室管理人员需要采购日常的办公用品等,这些情况通常被称为结构良好问题(Well-Structured Problems)。与这类问题相关的决策通常称为程序化决策(Programmed Decisions),即一种能够运用例行方法解决的重复性决策。

程序化决策由于是例行性的和重复性的,并且在某种程度上存在解决问题的确定方法,因此,管理者不需要设法去建立一个复杂的决策过程。在多数情况下,程序化决策变成了一种依据先例的、自动的决策过程。由于管理者经常要做这类决策,因此,他们可以通过制定相应的政策、程序或规则,用来指导所有的程序化决策行为。

政策(Policy)可以使管理者沿着一定的方向考虑问题,虽然政策本身并没有告诉管理者具体要做什么和怎么做,但它为管理者设立了处理问题的相应的参数及范围。例如,公司的用人政策规定要聘用的人员的基本标准,这样就把那些不符合标准的人员排除在管理者考虑的范围之外。

程序(Procedure)是管理者可以用来处理结构良好问题的一系列相互关联的步骤。一旦问题确定,决策仅仅是执行事先拟定好的简单的步骤。

规则(Rule)是一种清晰的陈述,它告诉管理者什么是可以做的,什么是不可以做的。管理者在面对常规性的问题时,经常使用规则,因为它易于遵循而且能够做到前后一致。例如,关于劳动纪律的相关规则,能够使纪律监督人员迅速而准确地作出相关惩罚决定。

（2）非程序化决策。管理者，尤其是高层管理者面临的许多问题都是结构不良问题（Ill-Structured Problems），这类问题对管理者而言，通常是新的、不常发生的一些重大的问题，与问题有关的信息是模糊的和不完整的。如投资于一个新的领域，开发一种全新的产品或技术。管理者在处理这些结构不良问题时，他们必须作出非程序化决策。

非程序化决策（Non-Programmed Decisions）通常是指那种独一无二的、不重复发生且无先例可循的决策。在现实中，管理者面对新的问题或机会需要采取行动时，他们对某一行动是否会带来预期的结果并不能确定，甚至在更模糊的情况下，管理者对于其希望实现的目标也不甚明了，在此情形下，不可能形成处理相关问题的程序和规则。在无规则可遵循的非程序化决策过程中，管理者必须尽可能地收集相关信息，并借助于个人的直觉和判断从各种被选方案中作出选择。与程序化决策相比，非程序化决策对于管理者而言，是一项更大的挑战，发生错误的概率也要大得多。

研究显示，问题类型、决策类型与组织层次三者之间存在一定的关联性（见图3.2）。结构良好问题与程序化决策相对应，结构不良问题与非程序化决策相对应。基层管理者主要处理熟悉的、重复发生的问题，因此，他们主要进行程序化决策。而越是高层管理者，他们所面临的问题越可能是结构不良问题，他们所做的决策也大多属于非程序化决策。

图3.2 问题类型、决策类型与组织层次的关系

需要说明的是，在现实的管理活动中，完全程序化或完全非程序化决策是极少出现的两个极端，绝大多数决策介于两者之间。因此，比较客观的看法是将决策视作是程序化为主还是非程序化为主。最后需要指出，如果可能，管理决策都应该程序化，因为程序化决策使管理者需要斟酌决定的范围减至最低程度，这有利于降低决策失误的可能性，并可以降低决策的成本支出，从而大大提高组织的决策效率。

2）确定型决策、风险型决策与非确定型决策

决策过程中非常具有挑战性的任务之一，是要求管理者对通过的各种备选方案及其可能导致的结果进行评价分析，最后从中选择一个满意的方案。依据决策方案、自然状态及结果的不同，决策可以分为确定型决策、风险型决策和非确定型决策。

（1）确定型决策。制定决策最理想的状态是具有确定性，即无论这个决策存在多少种备选方案，每一种备选方案都只有一种确定无疑的结果，这种具有确定性结果的决策就称为确定型决策。这类决策相对比较容易，只需推算出各种备选方案的结果并加以比较，就可以判断方案的优劣，从而作出正确的选择。然而，这是一种理想化的情形，现实中这种情形很少会出现。

（2）风险型决策。风险型决策更接近现实情况。所谓风险型决策，是指每一个决策方案有若干种可能的结果，每一种结果出现的概率可以预先作出估计。概率的估计可能是基于个人的经验与判断，也可能是基于拥有指导估计不同方案概率的历史数据。

（3）非确定型决策。如果决策问题所涉及的条件中有些是未知的，每一种方案可能的自然状态以及概率也无法估计，这类决策通常称为非确定型决策。非确定型决策中的管理者面对的是一种高度不稳定的决策环境，决策者对各种备选方案的结果也难以确切估计，因此，除了尽可能多的收集相关信息，管理者通常更多的需要借助自己的直觉、经验和判断。决策的选择受管理者心理导向的影响也较明显。

3) 经验决策与科学决策

（1）经验决策。经验决策是指管理者主要依靠过去的经验和对未来的直觉进行决策。这种情形下，管理者的主观判断和个人价值观及心理因素对决策质量的影响较大。因此，经验决策中感性的成分较多，理性的成分相对较少。随着管理环境及管理者所面对的问题越来越复杂和多变，经验决策的局限性也越来越大，决策失误的风险也越来越高，因此科学决策日益受到人们的重视。但在许多时候，由于无法获得足够的信息，经验决策仍然起着重要作用。

（2）科学决策。科学决策是指决策者依据科学的理论，运用科学的方法和程序进行决策。科学决策是在调查分析的基础上，经过识别问题或机会、拟定备选方案、评价备选方案、选择方案、实施方案并进行反馈调整等各个阶段的完整过程。在整个决策过程中，决策者使用现代决策技术，如运筹学、结构分析等，有时还借助现代决策工具，如电子数据处理系统、管理信息系统、决策支持系统、人工智能等。

4) 个人决策与集体决策

组织中决策的制定者可能是单独的个人，也可能是组成群体的某个组织机构，如各种形式的小组或委员会。决策过程中一些主要环节的工作既可以由一个人单独完成，也可以由各种形式的工作小组集体完成。前一种情形称为个人决策，后一种情形称为群体决策。个人决策和群体决策各有优点，同时也都具有一定的局限性，几乎没有任何一个组织的所有决策都是由个人或者是群体作出的。

现代组织中的大多数决策通常由群体而不是个人单独作出的。在正式组织中，由一个人独自完成决策制定的全部过程的情况更是非常罕见的。研究表明，群体决策在一些方面要优于个人决策。这也许可以解释为什么管理者40%甚至更多的时间花费在各种会议上。毫无疑问，大部分的会议时间都是用于确定问题、寻找解决问题的方案以及如何实施方案等与决策相关的问题。当管理者们组成相关团队进行群体决策时，可以获得更多数量和种类的信息，他们可以利用群体成员各自拥有的技术、知识和能力，设计出比个人制定决策时更多的具有创造性的多样化的方案。当决策是由群体而非个人作出的时候，决策成功实施的可能性将会明显增加。因为更多的人参与了决策的讨论和制定过程，这些参与决策制定过程的人更容易接受，并有可能鼓励更多的人接受这个决策，从而降低了决策失败的风险。此外，随着民主意识的不断增强，群体决策往往被认为更具合法性，因为它更像是通过民主协商的结果。

群体决策虽然被普遍认为具有上述优点，但它并非是完美无缺的。群体决策几乎毫无例外的要比个人决策消耗更多的时间，因为让具有不同利益和偏好的人对一个问题达成一致是非常困难的，因此，群体决策的效率通常低于个人决策。由于群体决策中成员往往要屈从于社会压力，从而导致所谓的群体思维（Groupthink）。群体思维是一种屈从的形式，它通过对不同的观点、少数派以及标新立异的思想的抑制来达到表面一致的目的。群体思维会严重削弱群体中的批判和创造精神,最终可能是通过折中的方式作出决策,从而大大降低了决策的质量。最后,群体决策还可能出现少数人控制和带来责任不清。

专栏3-2 ＞＞＞

群体思维的危险

所谓群体思维(Groupthink),是指集体成员为了达成一致,以对决策相关信息不做准确评价为代价,从而导致决策有缺陷的现象。当管理者们陷于群体思维的时候,他们会绕过适当标准对备选方案进行评估,从而形成不适当的行动方案。通常情况下,群体成员会围绕着像CEO这样一个权威人物,形成一个权威人物所倾向的决策方案。群体成员对方案的盲从是出于对该方案感性的而不是理性的评价。

克服群体思维的两种常用的方法是魔鬼的争辩和辩证的质询。所谓魔鬼的争辩(Devil's Advocacy),是对于选择出的决策方案进行的一种关键分析,目的是在实施之前明确其优点和不足。通常由群体中的一员扮演魔鬼争辩的角色,目的是确定所有可能导致决策方案最终不可接受的理由,从而使管理者能够认识到所选择的方案可能存在的危险之处。

辩证的质询(Dialectical Inquiry)则更进一步,它针对一个决策问题安排两组管理者,每一组都要对决策的备选方案进行评价,并从中选择一个方案。高层决策者听取每一组成员对其选择的方案进行说明,同时对另一组成员选择的方案进行批评。在这样一个争论的过程中,高层管理者对每个小组的观点提出质疑,发现潜在问题和风险,以达到寻找更好的方案之目的。

3.3.2　决策方法

伴随着现代决策技术的不断发展,决策方法也日趋多样化,特别是计算机的广泛应用,为决策的精确化提供了强大的技术支持。在传统的决策方法的基础上,发展出了与计算机和网络技术相联系的一系列现代决策技术和方法。下面将分类介绍几种常用的决策方法。

1) 定性决策方法

定性决策是一种较早出现的决策方法,这种决策方法更多地依靠决策者的直觉、经验和主观判断。随着现代决策技术和手段的不断完善,强调精确性的定量决策方法越来越受到人们的推崇,但传统的定性决策方法并没有像人们设想的那样退出决策领域。由于受到决策环境的复杂性和信息非完全性等因素的综合影响,仍然存在大量的决策难以模型化和定量化的困难,因此,管理者不得不经常采用定性的方法作出决策。

（1）头脑风暴法。头脑风暴法(Brainstorming)是一种集体决策方法。其特点是,针对需要解决的问题,相关专家聚集在一起,在一种宽松的氛围中,敞开思路,畅所欲言,以利于形成多样化的决策思路和方案。

头脑风暴法的创始人是英国心理学家奥斯本(A. F. Osbon)。该决策方法强调以下4个基本原则:

① 各自发表自己的意见,任何人不得对他人的建议发表评论或提出批评。

② 建议越多越好,而各种建议不必是深思熟虑的。

③ 鼓励独立思考和奇思妙想。

④ 所有的建议都当场记录下来,留待稍后通过进一步讨论和分析加以补充和完善。

研究者认为,由于运用这种方法可以促使参与决策的每一个个体,受到来自于其他人提出的意见的刺激和启发,激起发散性思维,结果可以用同样的时间创造出 2 倍于个人独立思考时的意见数量。特别是当这种方法运用在拟定备选方案这一决策阶段时,可以获得大量新颖的方案和设想。

另一些研究者所做的心理实验不支持这样的结论。例如美国心理学家邓尼特(M. D. Dunnit)1973 年以科研人员和设计师为对象,分别让他们在独立思考和以 4 人为一组采用头脑风暴法的两种情形下,对两个问题提供解决办法。结果发现,独立思考较群体思考提出的意见更多、更有创造性。究其原因,研究者认为,在群体中采用头脑风暴法时,个人常常因为关注他人的意见,或者自己发表意见的机会受到剥夺,思维经常因受到干扰而中断,由此限制了新思想的产生。

还有一些研究者根据各自的实验结果认为,在群体中采用头脑风暴法具有预热效应(Warm-Up Effect),即由于受交流氛围及相互启发的影响,会使个体对本来不太关注的问题产生兴趣,并把群体的创造行为视作一种社会规范迫使自己主动思考,从而起到创造性思维的准备作用。一般认为,在解决问题的初期使用这一方法,而后再引导人们深入地独立思考,就会使社会助长作用发挥出远期的效果。

总之,头脑风暴法至今仍然是一种被广泛运用于群体决策中的有效方法。其潜在效益能够发挥到什么程度,以及最终的效果如何,一项非常重要的条件是,群体决策的领导人应该具有较强的领导水平。作为群体决策的领导者,应该具有创造一种鼓励群体成员作出充分贡献的环境的才能。一方面,领导人应该鼓励和引导群体成员充分讨论,以利于达到高质量的、具有创造性的方案;另一方面,他还必须勇于承担决策的责任和风险,而不是滥用民主,把责任推卸给大家。

由此我们可以看出,头脑风暴法实际上仅是一个产生思想的过程,其最大的特点在于鼓励创新思维。接下来的两种方法则进一步提供获得期望决策的途径。

(2) 名义群体法。名义群体法(Nominal Group Technique)又称名义群体技术,是一种"限制性"讨论的群体决策方法。在群体决策的过程中,如果群体成员对问题的性质了解程度存在较大差异,或彼此的意见有较大分歧,直接用小组会议的方式进行面对面的讨论,可能争执不下,也可能会附和权威人士的意见,难以形成高质量的决策。在这种情况下,可以采取名义小组法进行决策。名义小组法要求参与决策的所有小组成员都必须参加会议,但他们的思考是独立的。具体来说,应遵循以下步骤:

① 针对特定的问题,将对此问题有研究或有经验的人员组成一个决策小组,并事先向他们提供与决策问题有关的信息资料。

② 小组成员在各自独立思考的基础上提出决策建议,并将自己的建议或方案写成文字材料。

③ 每个成员在小组会议上宣读自己的建议或方案,直到所有成员的想法都表达完并被记录下来之前,不进行任何形式的讨论。

④ 接下来群体成员开始进行讨论,以便将每一种想法或方案都搞清楚,并作出评价。

⑤ 每个成员独立地对所有意见或方案进行排序,最终方案的选择依据综合排序最高的结果。

这种决策方法的优点是,在不限制小组成员独立思考的前提下进行会议交流,克服了传统会议的某些缺陷和弊端。

(3) 德尔菲法。德尔菲法(Delphi Technique)是一种更耗时、更复杂的群体决策方法。它最初是由兰德公司提出的,用于听取专家对某一问题的意见。除了不需要群体成员出席集体会议以外,它非常类似于名义群体法。其基本步骤是:

① 根据特定的问题,选择并确定一组具有相关经验的专家名单。

② 针对问题仔细设计调查问卷,将问卷分发给所有专家,并要求每一位专家独立地、以匿名的方式完成问卷。

③ 收回问卷并对问卷的结果进行编辑和汇总,并将第一轮问卷的结果反馈给所有专家,以激发他们的创意或促使他们调整和改变原有的看法。

④ 再次请求专家提出新一轮的意见或方案,并重复前面的步骤直至第三轮、第四轮甚至更多,直到获得相对一致的意见。

除非特殊情况,德尔菲法不进行专家会议讨论,这样做的目的是通过专家背对背方式防止了成员之间过度的相互影响,而且在一定程度上节省了召集会议的成本。当然,这种方法的缺陷可能是过于消耗时间,而且能否设计出高质量的问卷也是取得良好决策效果的重要条件。

(4) 电子会议。电子会议(Electronic Meeting)是一种最新的群体决策方法,它是将群体法与计算机技术结合起来的一种方法。参与会议的所有人拥有一个计算机终端,通过大屏幕将问题显示给所有参会者,每一个成员都将自己的意见打在计算机屏幕上,个人意见和评论以及票数统计结果都适时显示在会议室大屏幕上。电子会议的主要优点是匿名、诚实和高效。它鼓励群体成员大胆表达自己的想法而不必担心会受到惩罚,同时也避免了闲聊和讨论偏题,并且不需要担心打断他人的"讲话"。电子会议的缺陷可能是,那些打字速度快的人使得那些打字速度慢的人相形见绌;再者,电子会议方法缺乏面对面的口头交流与沟通所传递的大量丰富的信息。可以预见,随着此项技术的日益成熟,电子会议在群体决策领域中将得到越来越广泛的运用。

2) 定量决策方法

随着信息技术的发展和计算机应用的普及,特别是各种定量分析软件和工具的使用和推广,定量决策方法逐步从专业咨询机构扩展到企业、政府和其他实际应用部门。详细介绍这些方法超出了本课程的范围,它们是应用统计学和运筹学等课程的任务。下面我们将对一些典型的定量决策方法做简要介绍。

(1) 确定型决策方法。正如前文所述,确定型决策是一种最理想的决策状态,即无论这个决策存在多少种备选方案,每一种备选方案都只有一种确定无疑的结果。确定型决策所涉及问题的相关因素是确定的,决策模型所设定的各种参数也是确定的,因此,确定型决策的求解相对比较容易。虽然完全确定的决策在实际中是不存在的,但如果主要因素或者关键因素是确定的,我们可以暂时忽略那些次要的或非关键性因素的不确定的方面,将问题简化成确定型决策问题加以解决。

确定型决策的具体方法非常多,比如量本利分析法、内部投资回收率法、价值分析法等。以下主要介绍比较常用的量本利分析法。

量本利分析也叫保本分析或盈亏平衡分析,是通过分析生产成本、销售利润和产品数量三者之间的关系,掌握盈亏变化的规律,从而指导企业能够以最小的成本生产出最多的产品,并获得利润最大化的经营方案。

企业利润是销售收入扣除生产成本后的剩余。其中销售收入是销售数量及其销售价格的函数,生产成本可以分为固定成本和变动成本两大类。固定成本在一定的时期、一定的范围内不随产量的变化而变化,而变动成本则随产量的变化而上升或下降。当然,固定成本和变动成本的划分是相对而非绝对的。

图 3.3 描述了一定时期企业利润、销售收入(价格乘以销售数量)以及生产成本(固定成本和变动成本之和)之间的关系。

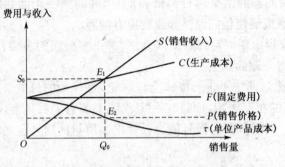

图 3.3　量本利关系图

企业获得利润的前提条件是生产过程中的各种消耗均能够得到补偿,即销售所得至少等于生产成本,为此,必须确定企业的保本产量和保本收入:在价格、固定成本和变动成本已经确定的条件下,企业至少应该生产多少数量的产品,才能使总收入与总成本持平;或在产量、价格、费用已经确定的情况下,企业至少需要获得多少销售收入才能补偿生产过程中的所有消耗。

确定保本收入与保本产量可以运用图上作业法或公式计算法。

图上作业法是根据已知的成本和价格资料,作出如图 3.3 所示的量本利关系图。图中总收入曲线 S 与总成本曲线 C 的相交点 E_1 或单位成本曲线 τ 与单位价格曲线 P 的交点 E_2 即表示企业经营的盈亏平衡点,与 E_1、E_2、相对应的产量 Q_0 即为保本产量,与 E_1 相对应的销售收入 S_0 即为保本收入。

公式计算法是利用公式来计算保本产量和保本收入。

根据上面分析的量本利之间的关系:

$$销售收入＝产量×单价$$

$$生产成本＝固定费用＋变动费用＝固定费用＋产量×单位变动费用$$

用相应的符号来表示,盈亏平衡时有下式:

$$Q_0 \cdot P = F + Q_0 \cdot C_v \tag{3.1}$$

整理上式,可得到:

$$Q_0 = \frac{F}{P - C_v} \tag{3.2}$$

即为保本产量的基本公式。由于保本收入等于保本产量乘以销售价格,因此,式(3.2)两边同乘以 P,即得到计算保本收入的基本公式:

$$Q_0 \cdot P = \frac{F}{P - C_v} P \tag{3.3}$$

整理上式,可得到:

$$S_0 = \frac{F}{1 - \dfrac{C_v}{P}} \tag{3.4}$$

式(3.2)中的 $P - C_v$ 表示单位产品得到的销售收入在扣除变动费用后的剩余,叫做边际贡献;式(3.4)中的 $1 - \dfrac{C_v}{P}$ 表示单位销售收入可以帮助企业吸收固定费用和(或)实现企业利润的系数,叫做边际贡献率。如果边际贡献或边际贡献率大于零,则表示企业生产这种产品,除了可以收回变动成本外,还有一部分收入可以用来弥补已经支付的固定费用。因此,在这种情况下,产品单价即使低于总成本,但只要大于变动费用,企业生产该产品仍然具有一定的意义。

(2) 风险型决策方法。风险型决策是指在不确定的状态下进行决策。企业中大量的生产经营决策属于此类决策。如建设新工厂的投资决策、新产品开发决策等。风险型决策的目标大多是经济性的,可以用货币来计量;决策存在多个方案,每种方案在未来环境中可能出现多种自然状态;每一种自然状态下的收益或损失可以根据相关数据和信息资料比较准确的加以估算,而且,每一种自然状态出现的概率也可以根据历史资料或经验加以判断;决策依据的标准是使净收益达到最大化,或者使净损失减至最小。

风险型决策的评价方法也有很多种,如收益表法、边际分析法、决策树法和效用理论法等,其中,决策树法是最常用和效果最显著的一种方法。

决策树法是一种用图形的方式,把可行方案、可能的结果以及决策所冒的风险等直观地表示在图形上。决策树的基本形状如图 3.4 所示。

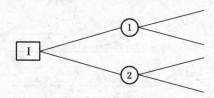

图 3.4　决策树图形

图中,矩形结点 I 为决策点,由此引出的若干条直线叫做方案枝,表示决策可采用的方案有几种。圆形结点 1 和 2 称为自然状态点,由状态点引出的若干条直线叫做概率枝或状态枝,表示各种方案在未来可能出现的不同的自然状态。决策树法的基本步骤如下:

① 根据已知条件绘制决策树,如可替换方案的数量、每种方案未来的自然状态及其概率、损益值等。

② 计算各种方案的期望值。

③ 比较不同方案的期望值大小,减去期望值较小的方案,保留最大期望值方案作为被

选的实施方案。

如果是多阶段或多级决策,则需要重复其中某些步骤的工作,基本原理和方法与单级决策相同。下面我们看一个多级决策的例子。

某公司为满足市场对某种新产品的需求,拟投资建设新厂,根据未来几年市场对这种新产品的需求预测,销路好的可能性较大,估计概率为70%,但也可能销路差,估计概率为30%。经过研究论证,公司可能面临以下3种选择:①建一座大厂,如果销路好则产品能很快占领市场,不仅能获得很大的收益,而且能有效地阻止竞争对手的进入,但如果销路差,则工厂会面临亏损。②建一座小厂,无论销路好还是销路差,公司都有一定的收益,但如果销路好,则有可能给竞争对手留下更多的机会,公司不仅失去获得高收益的机会,而且由于竞争者的进入,还可能造成公司未来收益大幅度降低。③先建一座小厂,若试销期销路好则进行扩建。这种方案看似稳妥一些,但也存在一些问题。首先是两次投资之和要大于一次性投资;其次,也可能因为未能及时全面占领市场,最终失去一部分收益。

为叙述方便,我们对上述问题进行适当简化,但这不是说决策树不能针对复杂问题进行决策。简化后的问题见表3.1。

表3.1　决策问题简化表

方　案	投资(万元)	预计损益(万元)		服务年限(年)
		销路好(0.7)	销路差(0.3)	
新建大厂	600	200	−60	10
新建小厂	280	80	60	10
先建小厂,3年后销路好再扩建	追加投资400	180(概率为1.0)	—	7

下面我们用决策树法进行最佳方案的选择。

第一步,根据表中所列情况绘制决策树图,并将已知的数据填在图中相应的位置。

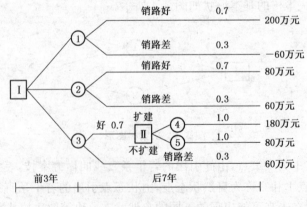

图3.5　多级决策树

第二步,计算各方案的期望收益值(或损失值),具体计算如下:

点①:$[0.7 \times 200 + 0.3 \times (-60)] \times 10 - 600 = 620$(万元)

点②:$(0.7 \times 80 + 0.3 \times 60) \times 10 - 280 = 460$(万元)

点④：$180 \times 1.0 \times 7 - 400 = 860$（万元）

点⑤：$80 \times 1.0 \times 7 = 560$（万元）

因为 $560 < 860$，所以：

点③：$(0.7 \times 80 \times 3 + 0.7 \times 860 + 0.3 \times 60 \times 10) - 280 = 670$（万元）

第三步，选择期望收益值最大（或损失值最小）的方案作为拟实施决策方案。本例题中方案三的期望收益值最大，故选择第三种方案，即先建小厂，3年后销路好再扩建。

（3）非确定型决策方法。当决策中涉及一些未知的条件，对于一些随机变量，甚至对它们的概率分布也无从知晓，这类决策就属于非确定型决策。在处理非确定型决策问题时，管理人员的主观心理等因素对决策方案的选择影响较大。常用的解决非确定型决策问题的方法有以下 3 种：

① 小中取大法。决策者对未来持一种悲观的态度，认为未来可能会出现最差的结果。因此，他们倾向于从各种方案可能带来的最大收益出发，然后从各种方案的最低收益中选择出收益最大的方案，故简称为小中取大法。

② 大中取大法。决策者对未来持有非常乐观的态度，认为未来会出现最好的状况，前景一片光明。在决策时，倾向于从各种方案可能带来的最大收益出发，最终从各种方案的最大收益值的比较中，选择收益值最高的方案作为拟实施的决策方案，简称大中取大法。

③ 最大最小后悔值法。决策者假设在选择了某种方案以后，事后发现客观情况并不像自己预想的那样发展，他们会为自己的决策而感到后悔，那些希望最小化其最大"后悔"的决策者，将采用最大最小后悔值法进行决策。

下面通过举例进一步说明非确定型决策的基本方法。

某公司决定生产某种新产品，通过市场预测分析，新产品未来销售情况将出现 3 种可能性：销路好、销路一般和销路差。生产新产品的可行性方案也有 3 种：对公司现有生产线进行改进、投资建设全新的生产线、与其他公司合作采取生产外包的方式进行生产。3 种方案在不同市场条件下的收益值估算见表 3.2 所示。

表 3.2 收益值估算表

方　　案	收　益　值		
	销路好（万元）	销路一般（万元）	销路差（万元）
改进生产线	220	140	−60
新建生产线	260	120	−100
生产外包	120	80	28

针对表 3.2 列出的决策问题，我们无法简单的作出选择，因为 3 种方案都面临 3 种不同的结果，3 种情况出现的概率，即可能性也无从知晓。现在，我们根据前面给出的 3 种方法对这一问题进行决策。

小中取大法：3 种方案的最小收益值分别为 −60 万元、−100 万元和 28 万元，其中第三种方案对应的最小收益值 28 万元最大，根据悲观原则，选择第三种方案，该公司将通过生产外包的方式生产新产品。

大中取大法：3 种方案的最大收益值依次为 220 万元、260 万元和 120 万元，其中第二种方案对应的数值最大,根据乐观原则,应该选择第二种方案,即新建生产线生产新产品。

最小最大后悔值法:与前面两种方法比较,最小最大后悔值法相对复杂一些,因为我们无法从表中直接看到各种方案的后悔值数据,所以要预先进行计算。具体步骤是:首先,计算每种方案在不同状态下的后悔值,并将计算结果填入表中。计算方法是,用该状态下各方案的最大收益值减去该方案在此状态下的收益,结果即为该方案在相应状态下的后悔值。其次,找出每种方案在不同状态下的最大后悔值。最后,对每种方案的最大后悔值进行比较,选择其中最小后悔值所对应的方案,即为拟实施的决策方案。依据这样的步骤我们对上面的决策问题进行选择。

第一步:计算后悔值并将计算结果填入表 3.3。

表 3.3　后悔值计算表

方　　案	后　悔　值			
	销路好(万元)	销路一般(万元)	销路差(万元)	最大后悔值
改进生产线	40	0	88	88
新建生产线	0	20	128	128
生产外包	140	60	0	140

第二步:找出各方案的最大后悔值,3 种方案在不同状态下的最大后悔值分别是 88、128 和 140。

第三步:在最大后悔值中选择出最小的数值,最小后悔值 88 所对应的方案即为拟实施的决策方案。因此,公司应该选择改进生产线的方式生产新产品。

 本章小结

本章介绍了决策的概念和决策的相关理论,详细探讨了科学决策所包含的基本步骤,分析了不同决策类型的基本特点,并着重介绍了常用的决策方法。现将本章涉及的一些重点概念和问题做一简要回顾。

有关决策的定义非常多,一般观点认为,所谓决策是管理者为实现一定的目标,在两个以上的备选方案中,选择一个方案的分析判断过程。决策贯穿于管理活动的全过程,对管理者和组织而言,有着极其重要的作用。

古典决策理论假设信息是完全的,管理者也是完全理性的,他们的信息处理能力不受限制,能够从全部的备选方案中选择出符合组织利益最大化的最优方案。

行为决策理论认为古典决策理论的假设前提与现实的决策环境很难吻合,他们强调决策遵循的是满意化的标准,基于信息、时间成本以及管理者自身的能力和有限理性的局限,决策实际上是在有限的方案中,结合管理者自身利益和偏好,选择一个相对满意的方案的过程。

适量的信息是决策的基本前提和有效依据,信息不足和信息过量都是有害无益的。决策依据的是满意原则而不是所谓的最优原则。

决策过程包含以下 6 个步骤:①识别问题或机会;②拟定备选方案;③评价备选方案;④选择方案;⑤实施方案;⑥评价与反馈。

管理者总是面对两类问题:结构良好问题和结构不良问题。结构良好问题是那些直观的、经常出现的、易处理的问题,可采用程序化决策加以解决,这类决策通常由中层和基层管理人员作出;结构不良问题是新的、不常发生和难处理的问题,只适用于非程序化决策方法,高层管理者面对的大多是结构不良问题,因此,进行非程序化决策是他们的主要任务。任何组织只要有可能,都应该使决策程序化,由此提高决策效率。

群体决策与个人决策相比,体现出较多的优势,具体表现在信息更加完整、方案更多、对方案的接受度更高以及看起来更合法等,这也许是为什么现代组织中普遍采用群体决策的原因所在。但另一方面,群体决策总是比个人决策更耗费时间,而且容易受少数人控制,也会出现从众压力和导致责任不清等问题。

改善群体决策的有效方法通常包括头脑风暴法、名义群体法、德尔菲法和电子会议,但这些方法本身并非无懈可击。

随着决策技术和手段的不断发展,特别是信息技术和计算机的广泛应用,强调决策精确性的许多定量决策方法得到越来越普遍的运用,盈亏平衡分析、决策树法、乐观法、悲观法等是本章介绍的有关定量决策的基本方法。

复习思考题

1. 如何理解决策的概念?
2. 决策有哪些主要的理论观点? 你是如何理解和评价这些观点的?
3. 简述决策应遵循的原则。
4. 决策应遵循的基本程序包含哪些主要步骤? 其中需要注意哪些问题?
5. 什么是程序化决策和非程序化决策? 为什么高层管理者经常面对的是一些非程序化决策,而中层、基层管理者正好相反?
6. 群体决策总是优于个人决策吗? 为什么?
7. 头脑风暴法有哪些优点和不足?
8. 非确定型决策有哪几种具体方法? 其基本依据是什么?

自我测试练习

你的直觉能力如何

对下列问题诚实的选出符合自己第一意向的答案,然后在所选答案上画上圈。

1. 当你从事一个项目时,你希望
   a. 知道问题是什么,但由你自由地决定如何解决它
   b. 在你行动之前,得到如何解决问题的明确的指示
2. 当你从事一个项目时,你愿意跟你一同工作的同事是
   a. 讲求实际的
   b. 富于想象的
3. 你最欣赏的人是
   a. 有创造精神的
   b. 细心的
4. 你选择的朋友是

a. 认真的和勤奋工作的

b. 激动的和容易动感情的

5. 当你向同事征求问题的建议时,你会

    a. 如果他对你的基本假设提出质疑,你极少或者决不会感到恼火

    b. 如果他对你的基本假设提出质疑,你常常会感到恼火

6. 一天的工作开始时,你经常

    a. 很少制定或遵循具体的计划

    b. 首先制定一个要遵循的计划

7. 当你和数字打交道时,你发现你

    a. 很少或从不发生实质性差错

    b. 经常发生实质性差错

8. 你觉得你

    a. 一天中很少做白日梦,即使做了你也不喜欢这样

    b. 一天中常做白日梦并以此为乐

9. 当你处理问题时

    a. 宁愿遵照指示或规则,如果有的话

    b. 如果有的话,也常常喜欢避开指示或规则

10. 当你试图将一些事物组合在一起的时候,你宁愿

    a. 一步一步写出如何组合它们的说明

    b. 先设想一下事物组合好以后的样子

11. 你发现使你最恼火的人看上去是

    a. 没有条理的

    b. 有条理的

12. 当你必须处理一个意想不到的危机时

    a. 你对形势感到焦虑

    b. 你对形势的挑战感到兴奋

案例分析

案例 1

泰德凯利:不做决策的管理者

作为公司的最高主管,泰德凯利在公司的日常事务上是不作决策的,完全交由他手下的经理们去做,他只需每周召开一次员工大会,会议上他同样不作出任何决策,他通过这种管理方法把公司带到一个良好的状态。

为什么他不作任何决策都可以管理公司,因为泰德凯利已经建立起一种良好的企业制度。这种制度可以保证部门经理们有充分的权力来处理本部门的事务,不会受到来自上级的压力,充分授权,使得各部门有了更高的创造性和积极性。这样的授权使得部门经理们得到了很好的锻炼,很快就能成长为一名成熟的决策者,很好地主持本部门的工作。同时,这些成长起来的经理们也有更好的机会升职。这样就很大地提高了他们工作的积极性。

在每周一次的员工大会上,是一个对决策总结批评的时候。泰德凯利设计的制度是让部门经理们相互批评,在批评中找出决策的问题来,从而可以作出更好的决策。对于部门经理解决不了的问题,则由大家一同讨论,加强了组织的合作性。在员工大会上,主持大会的经理就充当了泰德凯利要扮演的角色,而这些主持会议的经理常会得到泰德凯利的推荐,去从事更高职务。这种竞争机制使得经理们都努力地去做好这项工作。

泰德凯利在公司中虽然不作什么决策,但他只是把作决策的权力交给了下属,并没有把决策的责任交出来。泰德凯利所做的是让各部门有充分的自由来作决策,能够更加的客观。而对于作出决策的后果,泰德凯利仍是有责任的。如果一项决策对公司造成严重后果,泰德凯利则会是主要的责任承担者。

【问题】

1. 泰德凯利为他的公司建立了一个怎样的决策机制? 这种决策机制得以良好运行的条件有哪些?

2. 你认为这种管理方式有哪些优势及存在怎样的风险?

案例 2

格兰仕:决策凭直觉?

一个企业要做大做强,须五根手指——品牌、技术、价格、规模和服务——握成拳头才是实力。

十年做好一件事,懂得选择懂得放弃,坚持一夫一妻制。

做产品就像养小孩子,要养就要养一个思想品德好的孩子,不能养一个坏孩子。

企业家的决策不能出错。战术可以容许失误,但战略只有一个,你要出了差错就全输了。

企业在发展过程中要形成一种抗风险的能力和防范风险的意识。企业要在暴风雨来临之前就先做一些准备。

格兰仕就相当于一个美食城,有过桥米线、拉面、川菜、鲁菜等,来者不拒,你可以带灶具过来,也可以不带灶具过来。格兰仕是全世界的生产车间,将合作伙伴多余的生产能力挖掘出来,形成新的竞争力,从而提高我们本身的生产力水平。

选择上海卖出第一台微波炉

在各方面很薄弱的情况下,格兰仕不可能进行全国性的渠道建设,因为既没有这个力量,也没有可行性。考虑到各方面的因素以后,梁庆德选定了上海作为切入点。选定上海的原因主要有 3 个:首先,上海是整个中国经济的晴雨表,产品在这个城市上柜有一种示范性的作用;其次,上海的消费者是整个中国最挑剔的消费者,征服了上海的消费者,就有了征服全国的底气;最后,上海的消费者是最讲时髦的,比较前卫的产品要在全国打开局面就先要从上海打开局面,在整个中国大众对微波炉还未了解的情况下,在上海上柜也是最佳选择。

但是,以当时国有百货公司的"老大哥"作风,一个默默无闻的小乡镇企业想要进去,其难度可想而知。后来担任格兰仕副总经理的陈曙明是格兰仕的第一代业务员,也是第一个打进上海的业务员。他跑到上海最有代表性的南京路,向当时号称"中国第一店"的百货公司推介格兰仕的微波炉。一开始百货公司根本不给他任何机会。陈曙明天天碰壁,但仍然天天去，跟百货公司的人交朋友，帮人家干活，慢慢地感动了人家。百货公司的人终于勉强同意让他的微波炉上柜试一试，卖不掉就拿走。花了3天时间，陈曙明终于把格兰仕的第一台微波炉给卖了出去。卖出去以后，打电话回来，说了声"德叔"就哭了。

民营企业草创之初的艰难，从这一台微波炉上可见一斑。而正是这样千千万万个敢于碰壁的民企员工，为中国的民企在一片荒芜中开垦出一条道路。

天灾的洗礼

对格兰仕来说，1994年是这个企业无法磨灭的记忆。这一年，广东发生了百年不遇的特大洪灾。格兰仕在防洪的过程中一个管涌没堵好，就把整个厂区淹成一片汪洋，积水将近半米深。在外部，竞争对手幸灾乐祸；在内部，工厂员工人心惶惶。企业内外都存在一种"格兰仕不行了"的声音。

这个时刻也正是判断一个企业家决断力的紧要关头。梁庆德在洪水暂缓之后的第一个决定就是：借钱给每一位员工发2个月的工资，并称，愿意留下来的在工厂等待复工，不愿意留下来的自行回家。这项决策感动了许多原本以为工厂会停发工资的员工，但同时也面临很大的风险：如果企业不能撑过这一关，不但格兰仕倒闭，他本人也要负上巨额债务。

由于工资提前预支，工厂生产员工的人心很快稳定下来，并在接下来的工作中产生一种知恩图报的微妙心理，整个厂区工作热情高涨。这种情形不但发生在生产一线，而且连锁反应式地感染了格兰仕在销售线上的业务员和经销商。

"有些销售代理商不但没有离开格兰仕，反而提前打款给我们。而在市场上的业务员看到后方在这么困难的情况下还在坚持抗洪救灾，恢复生产，前线的人也被感动了，一天当三天用。1994年本来是一个灾年，但是在销售上，反而成为格兰仕的丰收年。"

这一年，格兰仕的销售增长达到50%以上。

"价格屠夫"的背后决绝

有一次，梁庆德在广州的友谊商场发现这样一对年轻夫妇：在商场徘徊良久，打量着一台微波炉，但来来回回看了3次都没有买。梁庆德很奇怪，上前跟他们搭话。这对年轻夫妇说："这个产品很好，但价格太高。如果我要买一台微波炉，那我们两口子半年的工资就没有了。所以我们虽然很想买，但觉得还是有点奢侈。"

这段话打动了梁庆德的市场神经。如果按照微波炉当时的价格和这个行业的发展速度，微波炉这种产品将永远不会进入百姓家庭。"产品不能进入百姓家庭，就意味着它的容量很小，市场面很窄，这样我的企业将会永远被这个市场容量限制住，没有做大的机会。"

当时，格兰仕除了微波炉以外，羽绒制品的生产线并没有停掉。从广州回到顺德以后，梁庆德在工厂开了一次会，决定把轻纺生产线全部卖掉，全力以赴把微波炉这一块的规模做大，以规模的增大来降低成本。在这样的决断下，格兰仕砍掉了轻纺部门，把所有的资源向微波炉集中。"只有规模做大才能把成本降下来。把成本降下来，消费者才能在价格符合其需求的情况下踊跃去购买。像现在汽车和房子一样，不是老百姓没有消费的欲望，而是他们消费不起，因此他们便持币待购。当时的微波炉也是这种情况。"

凭直觉取胜

做这样的决断，要面临比在水灾期间发2个月的工资更大的压力。一旦微波炉这一块做坏了，整个企业也就危险了，这是一种背水一战的行为。在格兰仕内部，当时也不乏反对的声音。但梁庆德终于拍板了。

1996 年,"总成本领先"的概念基本上还游荡在中国的国门之外。梁庆德的这项决策,只是基于民营企业家对市场的直觉和判断。

要把资金往一个地方集中→规模上去了→成本降下来→市场上微波炉降价→降价了以后把消费者的消费欲望变成消费行为,把市场的消费潜能变成消费事实→市场容量增大→拉动销售→企业资金回流,企业规模再次扩大→成本再次下降……这个简单的逻辑,引起了中国微波炉一波又一波的价格战。

"价格战其实是一种很简单的策略,但为什么能做好的企业寥寥无几?因为这个看似很简单的策略如果不是把它作一个系统的工程来做,而只是在下游降价的话,最终将导致利润的趋薄甚至亏本。你必须把规模做大,让自己得以开发核心产品,降低成本。所以价格战的背后是一个价值链条,你必须最大可能地掌控这个价值链条,你才能拥有别人所没有的降价空间。"

中国民营企业早期之所以成功,很多时候靠的是领航者的敏锐直觉。对他们而言,总是行动先于理论。实际上,管理学上的成功理论也不过是对成功经验的总结。在很多时候,左右市场竞争结果的就是决策速度。等到 21 世纪,"成本领先"等理论进入中国为大多数企业家所接受的时候,市场早已经被梁庆德们瓜分一空了。

格兰仕转型三大背景

1978 年梁庆德"奉命"创建广东顺德桂州羽绒制品厂。到 1992 年,产值已经达到 1 亿元。也是在这时候,宏观大势、行业背景和区域形势均发生了重大变化。

宏观大势:

1992 年,市场经济刚刚启动。而邓小平南方讲话又使广东成为全国的样板和试点。南方讲话为一系列改革提供了政治依据,广东的企业掀起了一场大规模的改革运动。在改革运动中,又以国有企业为主体,特别是活跃的乡镇企业,纷纷开始了产权改革。

这个时期,格兰仕已经完成当初企业创建时的第一个目标——亿元工业区。顺应政治大势进行了产权的重新分配,把股份让渡给格兰仕早期的创业元老。

行业背景:

上世纪 90 年代初,轻纺行业利润趋薄,羽绒业的发展也已经走过了波峰,难以有更大的发展空间。格兰仕本身有产业转型的需求。而也就在这期间,国际家电生产模块发生转移,中国有成为全球家电生产基地的趋势。

1992 年,梁庆德考察日本,相中了微波炉这种产品。当时他认为,随着人们生活质量的提高,微波炉在中国将会有很大的市场。

"为什么要做微波炉?因为如果当时要上其他产品,格兰仕明显的资源还不是很充足,而且许多当时流行的产品竞争也很激烈,因此就想了一个相对冷门但看好它的发展前景的产业。"

区域形势:

1992 年邓小平经过顺德,到珠江冰箱厂(科龙前身)巡视,并因此而产生许多对中国影响深远的讲话,如"发展才是硬道理"、"企业发展要大一点、快一点"。邓小平巡视科龙对周围企业家产生很大的精神影响。很快,顺德掀起了一场改革大发展。

而在 1992 年前后,顺德这个地方也已经开始形成产业集群。以家电为主体的家电生产基地正在开始形成,这个区域在当时中国具有很强的产品配套能力,这方面的人才也开始向这个地方聚集。

宏观大势、行业背景和区域形势三大形势逐渐合流,推动本身就具有改革冲动的格兰仕正式转型。1992 年 6 月,广东顺德桂州羽绒制品厂正式更名为格兰仕企业(集团)公司。同年,格兰仕改制,把股份让渡给格兰仕早期的创业元老,并引进当时最先进的东芝微波炉生产线,在半年内建成投产。1993 年,试产 1 万台微波炉并投放市场。

格兰仕集团董事长梁庆德语录:关于降价

我就想,如果是按照微波炉的这种发展速度和发展进程,这种产品永远不会进入百姓家庭。不能进入百姓家庭的产品容量就很小,市场面就很窄,我就永远没有做大的机会。

那个时候并没有什么"总成本领先"的清晰概念,只是一种对市场的直觉和判断。只是觉得要把资金往一个地方集中,规模上去了,让成本降下来,在市场上微波炉就可以降价。降价了以后消费者有了消费欲望,就能把消费潜能变成消费事实。我当时觉得只要我做到了我所设想的,就能实现我在这个产业的良性循环。

媒体有时候会说我是什么价格屠夫,其实我没有你们说的那么邪乎。降价谁不会做?小商小贩天天都在做,早上卖 2 元钱,晚上卖 1 元钱。但要在价格战中取胜可不是这么简单的事情。

价格战其实是一种很简单的策略,但为什么能做好的企业寥寥无几? 因为这个看似很简单的策略如果不是把它当作一个系统的工程来做,而只是在下游降价的话,最终将导致利润的趋薄甚至亏本。你必须把规模做大,让自己得以开发核心产品,降低成本。所以价格战的背后是一个价值链条,你必须最大可能地掌控这个价值链条,你才能拥有别人所没有的降价空间。

(案例原作者:林俊敏)

【问题】

1. 你认为格兰仕所做的一系列决策真的是靠"直觉"取胜吗? 为什么?
2. 格兰仕作出低价取胜决策的依据是什么?
3. 你对格兰仕在管理决策方面还有哪些建议?

4 计划与战略计划

▶ 案例导读

王雷担任厂长已一年多了,他刚看到了工厂今年实现目标情况的统计资料。厂里各方面工作的进展出乎他的意料之外。记得他任厂长后的第一件事就是亲自制定了工厂一系列工作的目标,例如为了减少浪费、降低成本,他规定在一年内要把原材料成本降低10%~15%,把运输费用降低3%。他把这些具体目标都告诉了下属有关方面的负责人。现在年终统计资料表明,原材料的浪费比去年更加严重,浪费率竟占总额的16%;运输费用则根本没有降低。

他找来了有关方面的负责人询问原因。负责生产的副厂长说:"我曾对下面的人强调过要注意减少浪费,我原以为下面的人会按我的要求去做的。"而运输方面的负责人则说:"运输费用降不下来很正常,我已经想了很多办法,但汽油费等还在涨,我想,明年的运输费可能要上升3%~4%。"

王雷了解了原因,并进行了进一步的分析以后,又把这两个负责人召集起来布置第二年的目标:生产部门一定要把原材料成本降低10%,运输部门即使是运输费用要提高,也绝不能超过今年的标准。你认为,王雷的目标可以实现吗? 为确保目标的实现还需要做些什么?

计划可以给出方向,减少变化的冲击,可以使浪费和冗余降至最低,以及设立标准以方便控制;随着环境的剧烈变化和竞争的日趋激烈,战略计划的重要性显得更加突出。本章主要介绍计划和战略计划的基本内涵及其在管理过程中的地位和作用;分析计划和战略计划的层次和基本类型;阐述计划工作过程及战略计划过程所包含的基本步骤。最后简要介绍了几种计划工作方法。

4.1 计划概述

计划(Plan)是管理的一项重要职能,任何组织中的各项管理活动几乎都离不开计划,计划工作本身的质量如何,是衡量一个组织整体管理水平高低的重要依据。组织中所有的管理者都制定计划,一些计划是非正式的。在非正式计划中,计划的结果没有形成正式的书面文字,计划涉及的目标也没有或很少与组织中的其他成员分享。这些非正式的计划大量存在于小型企业,在这些企业中,只有所有者兼管理者本人考虑过企业的目标以及如何实现这些目标的途径,这些计划存在于管理者自己的头脑中,而且是粗略的且缺乏连续性。当然,就如同大型企业也存在这种非正式计划一样,小企业也制定非常详细的正式计划。我们在本章乃至本书中所提到的计划,通常指正式计划。在正式计划中,管理者明确提出每一个时期的具体目标,并就如何实现这些目标提出具体办法,这些目标以及如何实现目标的途径都被郑重地写下来并与组织中所有成员分享。

4.1.1 计划的含义

1) 计划的定义

所谓计划,简单的理解,就是指管理人员为组织确定、选择适当的目标和行动的过程。在充满竞争性和不确定性的环境中,管理人员必须对组织活动进行周密的计划,即管理者需要明确规定组织想要达到的目标以及如何实现这些目标的路径和方法。因此,在大多数组织中,计划通常包含着 3 个方面或者是 3 个层次的内容。首先,定义组织的目标,即组织在一定时期内所要达到的预期成果。目标是各项管理活动指向的终点,也是计划最高层次的内容。其次,制定组织战略以确保组织目标的顺利实现。战略是计划的中间层次,是联系组织目标和具体计划的桥梁。第三,制定全面的分层计划体系,即将组织目标和战略逐层展开以形成具体的计划,有效地组织和协调各类资源为实现组织目标服务。因此,全面地分层计划体系是计划工作最基础也是最具操作性的内容。

根据以上对计划涉及的 3 个层次内容的分析,我们可以将计划定义为:计划是组织依据其外部环境和内部条件的现实要求,确定在未来一定时期内的目标,并通过计划的编制、执行和监督来协调各类资源以实现预期目标的过程。

计划的主要内容可以概括地归纳为以下 6 个方面,也就是说,任何一项完整的计划都必须包含以下 6 个方面的内容,这 6 个方面的内容可以简称为"5W1H":

What——做什么? 需要明确计划工作的具体任务和要求,以此确定一定时期的工作任务和工作重点。

Why——为什么做? 明确组织的宗旨、目标和战略,充分论证计划工作的必要性和可行性。

Who——谁去做? 计划所涉的各项工作都由哪些部门负责,必要的时候要落实到具体的人。

When——何时做? 规定计划中各项工作的开始和完成的时间以及进度。

Where——何地做? 合理安排计划实施的空间布局,明确规定计划的实施地点和场所。

How——怎样做? 明确计划实施的方式方法,制定实现计划目标的措施,包括相应的政策、规则和程序。

事实上,完整的计划还应该包括控制标准和考核指标的制定,它可以帮助计划实施部门和人员清楚地了解做到什么程度、达到什么标准才算是真正完成了计划。

2) 计划的目的

为什么组织中各部门、各层次的管理者都需要做计划工作? 计划工作的目的何在? 总的来说,是因为计划可以给出方向,防御未来变化的冲击,减少浪费和冗余,以及设立标准以利于控制。

(1) 为组织成员指明方向,协调组织活动。计划是一个协调的过程,良好的计划能够为组织中的所有成员指明行动方向。计划工作通过明确组织的宗旨、目标和战略,并且通过开发出一套全面的、分层次的计划体系,将组织成员的力量凝聚起来,朝着同一方向目标努力,从而形成团队合力,减少内耗,降低成本,提高实现目标的效率。

（2）预见未来变化,减少因变化给组织造成的冲击。计划始终是面向未来的,而未来最大的特点就是充满变化和不确定性。计划工作可以促使管理者通过预测,主动预见未来的变化,思考这些变化可能给组织发展带来怎样的冲击,并通过拟定相应的对策和方案,充分利用因变化所带来的机会,减少和避免变化给组织造成的冲击和损失。

（3）减少重叠性和浪费性活动,提高组织运行效率。组织中的各项活动如果缺乏计划性,即预先没有细致周到的安排,就会出现前后不一、相互脱节等现象。良好的计划可以通过协调一致、有条不紊的工作流程,减少组织中重复性和浪费性活动,提高组织的整体运行效率。

（4）设立控制标准,对组织活动实施有效控制。组织目标的实现离不开有效的控制,而计划是控制的基础。在管理过程中,计划职能为组织活动设立目标以及相应的计划指标,控制职能将组织活动所取得的实际绩效与原定目标或计划指标进行比较,发现可能的偏差并采取必要的校正措施,以保证目标或计划指标的实现。由此不难看出,计划为控制提供了明确的标准,计划是控制的基础和前提,没有计划,控制工作便无法进行。

专栏4-1 ▶▶▶

关于计划的误解

关于计划存在不少误解,斯蒂芬·P.罗宾斯在他的管理学著作中列举了一些常见的误解并给予了澄清。

误解一:不准确的计划实在浪费管理当局的时间——其实,最终结果只是计划的目的之一,计划过程本身就很有价值,即使最终结果没有完全达到预期的目标。计划迫使管理者认真思考要做什么和怎么做这两个极具管理价值的问题。

误解二:计划可以消除变化——计划永远不能消除变化,无论管理者如何进行周密的计划,变化还是会发生。管理者判定计划的目的是预测变化并制定最有效的应对变化的措施。

误解三:计划降低灵活性——计划意味着承诺,它之所以成为一种约束,仅仅因为管理者在制定出计划以后就不再做任何修正了。计划应当是一项持续进行的活动。事实上,由于正式计划是被推敲过的和清楚地衔接在一起的,因此它比只存在于高级经理人员脑子里的那套模糊的假设更易于修改。而且,很多计划本身可以做得更加灵活。

（资料来源:斯蒂芬·P.罗宾斯.管理学(第七版).北京:中国人民大学出版社,2006）

3）计划的性质

计划工作的性质可以概括为以下几个方面:

（1）目的性。计划活动要为组织的全部活动确立必要的目标,计划工作也是能够最明显地反映出管理基本特征的职能活动。任何组织和个人制定计划都是为了更加有效地达到某种目的或目标,没有目的或目标的活动不需要计划。从一定意义上看,目的或目标是计划工作的"起点"和"终点"。也就是说,任何计划及其派生计划都是以确定一个特定的目标为起点,并通过一系列的行动,最终以目标的实现为终点。

（2）首位性。计划相对于其他管理职能而言,是处于第一位的职能。从管理的过程来看,计划职能先于其他管理职能而存在(见图4.1),组织框架和结构的确定,人员的配备,领导方式的选择,激励系统的设计以及控制工作的有效实施,都是以计划为基础的。计划工作的质量在很大程度上决定了其他管理活动的质量,计划的改变,会引起组织、领导、激励和控制工作的调整和改变。有些时候,如果没有计划,其他管理职能甚至无法存在;或者说,没有计划,什么都不会发生。例如,一个新企业的诞生往往起始于一份创业计划,如果创业计划的论证结果是该计划不可行,有关新企业的筹建、组织、领导和控制活动也就无从谈起。

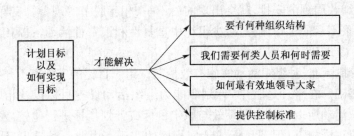

图 4.1 计划领先于其他管理职能

(3) 普遍性。所有组织中各个不同层次的管理人员,要想有效地进行管理,都必须做好计划工作,计划作为对所有管理者的一项共同的要求,普遍存在于他们的管理活动中。虽然不同组织中处于不同层次的管理者,其计划工作的具体对象和内容会有很大不同,比如高层管理人员通常侧重于制定长期的、战略性计划,中、基层管理人员则侧重于制定短期的、操作性计划,但有一点是共同的,即所有的管理人员都必须要学会同计划打交道。

(4) 效率性。计划不仅要确定目标,而且要选择和确定实现目标的最佳途径和方法。用更加通俗的语言来表述,就是计划不仅要求我们"做正确的事情",而且要求我们"用正确的方法做事",从这一点来看,计划工作的任务同经济学追求的目标是一致的。计划工作的效率性是通过制定和实施计划所需要的投入,与计划实施所取得的最终成效或效果之间的比较来体现的。许多有关计划与绩效的关系的研究得出的结论是,正式计划通常与更高的利润、更高的资产回报率以及其他更加积极的财务成果相联系,而且,高质量的计划过程和适当的实施过程将导致更高的绩效。

(5) 创造性。计划工作始终是针对未来需要解决的新问题和可能发生的新变化、新机会而作出的决定,因此,计划过程是一个创造性的管理过程,良好的计划是建立在主管人员对现实情况的认真分析和对未来的准确预测及判断的基础上,运用创造性思维,拟订各种可行性方案并从中进行合理选择的过程。犹如任何一项创造性活动都需要创新一样,成功的计划也依赖于创新。

4.1.2 计划的类型

按照不同的分类标准,可以将计划分为不同的类型,划分计划类型常用的标志主要包括计划范围的广度、组织的职能、计划的时间期限以及计划的明确性。需要说明的是,这些划分方法所划分出的计划类型不是完全相互独立和彼此割裂的,而是由适用于不同条件下的计划组成的完整的计划体系。比如,长期计划和中短期计划之间存在着紧密的联系;战略计划和作业计划之间也同样存在这样的关系。

1) 按计划范围的广度分类

涉及组织整体并应用于整个组织的计划称为战略计划(Strategic Plan)。战略计划为组织设立总体目标并力图寻求和保持组织在环境中的地位。基于组织的总体目标和地位通常不会随意改变,因此,战略计划一般涵盖了较长的时间周期,通常是 5 年甚至更长,属于长期计划的范畴。规定总体目标如何实现的细节性的计划称为作业计划(Operation Plan)。作业计划不仅覆盖范围较小,而且时间周期也较短,如年度计划、月度计划、周计划和日计划都属于作业计划,因此,作业计划属于短期计划的范畴。战略计划覆盖较宽的领域并且通常不规定具体细节,而作业计划覆盖面较窄且要求有细节方面的规定。此外,战略计划的一个重要任务是寻找并设立目标,而作业计划是在目标既定的假设条件下,只需要提供实现目标的方法。

2) 按组织的职能分类

从组织的横向层面看,组织内有着不同的职能分工,相对于组织的不同职能的工作内容,可以形成不同的计划类型。如作为经济组织的企业,其正常运营所需要的基本要素和主要活动可以用"人财物,供产销"6 个字来概括。业务计划的主要内容涉及的是"物、产、供、销",财务计划的主要内容是"财",而"人"是人事计划的主要内容。其中业务计划是企业的主体性计划,具体又可以分为产品开发计划、物资采购计划、仓储运输计划、供应计划、生产作业计划和市场营销计划等。财务计划和人事计划围绕着业务计划展开并为业务计划目标的实现提供服务和支持。

3) 按计划的期限分类

财务分析人员习惯于将投资回收期分为短期、中期和长期。短期通常是 1 年以内,长期则指 5 年或 5 年以上,而中期介于两者之间。管理者也采用短期、中期和长期来描述和定义计划。长期计划(Long-Term)侧重于描述组织在较长时期(通常是 5 年以上)的发展方向和方针,规定组织的各部门在较长时期内从事某项活动所要达到的目标和要求。短期计划(Shot-Term)则要对组织中各部门在较短的时期,特别是近期所要从事的活动提出具体规定和要求。

4) 按计划明确性分类

根据计划内容的明确性与否,可以将计划分为具体计划和指导性计划。具体计划(Specific Plan)具有明确的目标和一套可操作的行动方案,不存在模棱两可和容易引起误解的问题。指导性计划(Directional Plan)只规定某些一般的方针和原则,给予行动者比较大的自由处置权,它指出重点但不把行动者局限在具体目标和特定的行动方案上。相对而言,具体计划在可操作性、便于考核和控制等方面具有很大的优势,但与指导性计划相比明显缺乏灵活性。当具体计划所要求的明确性和可预见性条件不能满足,未来的不确定性很高时,必然要求管理者保持较高的灵活性以防止意外变化的发生,在这种情形下,指导性计划显得更加可取。因此,管理者通常会根据组织面临环境的可预见性和不确定性程度的不同,选择制定两种不同类型的计划。

4.1.3 计划的层次体系

从计划的分类中我们可以看出,计划是多种多样的。计划的不同表现形式是计划多样性的重要方面。在一个组织中,不同形式的计划可组成一个自上而下、由抽象到具体的较为完整的计划层次体系(见图 4.2)。

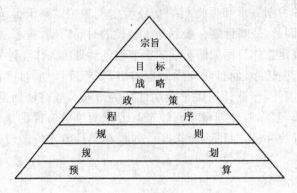

图 4.2　计划的层次体系

1) 宗旨

宗旨(Purpose)是一个组织的最基本的目标,也是一个组织存在的最基本的理由,它明确规定了组织在社会上应起的作用和所处的地位,也是一个组织有别于其他组织的显著标志。通俗地理解,组织的宗旨明确指出了一个组织是什么和应该是什么,并且规定了这个组织是做什么的和应该做什么。例如,企业的宗旨应该是为社会提供有价值的商品和服务;大学的宗旨应该是为社会培养有用的人才;法院的宗旨是解释和执行法律等。

2) 目标

目标(Objective)是指组织在未来一定时期内所要达到的预期成果。组织的宗旨往往是抽象化和原则性的,它需要进一步具体化为组织以及组织各部门在一定时期内所要实现的目标。换句话说,组织的宗旨规定了组织所要从事的事业,而组织的目标则更加具体地说明了组织从事这项事业的预期成果。虽然培养人才是大学的宗旨,但具体到某所大学,这一宗旨必须要最终落实到学校以及各院系不同时期的具体目标,如 5 年之内培养多少毕业生。组织的目标不是单一的,组织多方面和多层次的目标构成一个完整的相互关联、相互支撑的目标体系。

3) 战略

战略(Strategy)是为实现组织的长远目标所选择的发展方向、所确定的行动方针,以及资源分配方针和资源分配方案的一个总纲。战略是指导全局和长远发展的总方针,它不是试图确切地描述一个组织如何完成其目标,这一任务是由一系列主要的和次要的支持性计划来完成的,而战略只指明组织发展的方向和重点,以及资源分配的优先次序。从组织长远发展来看,选择方向、确定资源分配的优先次序远比其他具体的计划工作重要得多。

4) 政策

政策(Policy)是组织用于指导决策和处理问题的行动指南。政策既可以是一种书面的明文规定,也可以是隐含在主管人员行为中的一种"暗示"。作为书面的明文规定的政策,通常是组织正式计划的重要组成部分。一项重大政策,往往单独发布;而作为一种"暗示",通常是指主管人员处理某类问题的方式会被下属人员作为处理同类问题的一种模式加以效仿,这其实是一种潜在的、含蓄的政策。政策通常用来帮助事先规定的某些问题的处理方法,从而降低了处理例行性问题的成本。政策支持分权,允许并鼓励下属在一定的范围内自由处置问题。也就是说,与规则不同,政策允许下级人员对某些问题有酌情处理的自

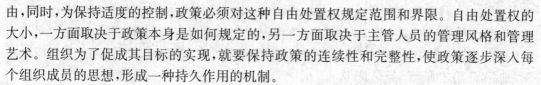

由,同时,为保持适度的控制,政策必须对这种自由处置权规定范围和界限。自由处置权的大小,一方面取决于政策本身是如何规定的,另一方面取决于主管人员的管理风格和管理艺术。组织为了促成其目标的实现,就要保持政策的连续性和完整性,使政策逐步深入每个组织成员的思想,形成一种持久作用的机制。

5) 程序

程序(Procedure)也是一种计划,它规定了那些经常重复发生的例行问题的处理方法和步骤。程序是用来直接指导如何行动,而不是用来指导如何思考问题。程序是一种经过优化的计划,它通过对大量日常工作过程和工作方法的总结和提炼,使之逐步规范化,从而提高了工作效率和效果。一般而言,组织中重复发生的工作或活动都应当建立相应的程序,如高层管理部门应当制定重大问题的决策和审批程序,中层管理部门应当制定各自的业务和职能管理工作程序,基层管理部门应该制定具体的工作和办事程序,从而保证组织各层次和各部门工作的规范性和有序性,提高组织整体运行效率。我们也可以说,管理的程序化水平是衡量一个组织管理质量和水平的重要标志,制定和观测各项管理和工作程序是组织的一项重要的基础性工作。

6) 规则

规则(Rule)是一种简单的计划。它规定了在某种特定场合和具体情形下,允许做什么和不允许做什么。规则常常容易与政策和程序相混淆,其实它们之间有着明显的区别。规则和政策最大的区别是,政策给主管人员的行动以较大的自由处置权,而规则没有给执行者留下酌情处理的余地。规则也不同于程序,虽然两者都是用于指导行动,都是通过限制自由处置权来抑制自由思考,但规则通常是对具体情形下的单个行动进行规定,而程序通常涉及一个连续的时间序列。或者可以说,程序更像是由多个规则按照一定的时间序列排列而成的一个组合。

7) 规划

规划(Programme)是包含了目标、政策、程序、规则、任务分配、行动步骤、资源使用以及其他必需的因素在内的一种综合性的计划或方案。规划本身可大可小,通常情况下,一个大的或者一个主要的规划需要很多子规划作为支撑。

8) 预算

预算(Budget)是用数字表示预期结果的一种报告书,是一种"数字化"的计划。预算是为规划服务的,但有些时候,预算本身可能就是一项规划。此外,预算还是一种非常重要的控制方法和手段。

4.1.4　计划的程序

虽然计划的类型和表现形式不同,计划的具体内容也千差万别,但编制计划的基本程序和要求却具有普遍性,科学的计划编制程序要求遵循相应的逻辑和步骤,即使是编制一些简单的计划,也应该按照以下这一完整的思路去构想整个计划过程,以保证整个计划工作的质量和科学性。

1) 估量机会

要能够正确地估量机会,必须对组织所处的外部环境以及组织自身的能力和条件进行深入细致的分析和判断,充分认识外部环境及其发展变化的趋势,清楚地了解组织自身的现实条件,在反复斟酌的基础上,寻求有效利用环境变化所带来的机会和规避潜在威胁的有效途径。估量机会的工作实际上就是要根据现实情况对可能的机会作出判断。对机会的估量虽然不是计划的一个组成部分,但却是计划工作真正的起点,而且这一工作应该在计划过程开始之前就已经完成。

2) 确定目标

计划工作的第一个步骤是要为整个计划确立目标,即计划的预期成果是什么。为了确立并最终实现这一目标,还要明确所要做的工作内容和工作重点是什么,如何运用战略、程序、规则、预算等计划形式去完成计划任务等。确定目标是计划工作中极其关键的一步,计划目标的选择既要与组织的总目标相吻合,也要体现计划目标本身的层次性、多样性、可考核性等方面的要求,同时,目标的选择还要能满足现实性和挑战性的要求。

3) 确定前提条件

所谓确定前提条件,是指确定未来计划实施的预期环境。如前所述,计划工作始终是面向未来的,而未来不论是组织所处的外部环境还是组织自身的条件都具有不确定性,计划工作的目标以及实现目标的具体方案是否切合实际,在相当大的程度上,取决于计划人员对未来组织环境和内部条件及其发展变化的准确估计,因此确定前提条件是计划工作非常重要的内容。计划人员对计划的前提条件了解得越细致、越透彻,并且越能保持一贯性,计划工作的质量也就会越高。当然,计划人员不可能也没有必要对计划实施所面临的所有内外部环境条件都作出精确判断,但对那些可能对计划内容有重大影响的主要因素进行预测是非常必要的,而且在众多的影响因素中,要善于区分哪些是可控因素,哪些是不可控因素。一般而言,存在的不可控因素越多,不确定性越大,越是需要通过预测来确定其发生的概率和影响程度,预测工作的难度当然也就越大。

4) 拟定备选方案

计划工作的第三个步骤是设计各种不同的备选方案。一般而言,我们做任何事情一定不会只有一种方法,计划方案的拟定工作也是一样。通常的情况是,最显而易见的方案未必是最好的方案,如果只存在一个方案,这个方案往往是错误的。因此,在这一阶段,计划人员必须充分发挥创造性,尽可能多的发觉和设计不同的计划方案,以便对不同的方案进行比较评价,从中选择出一个较理想的方案。当然,这并不意味着所设计的方案数量越多越好,即使计划设计人员可以借助数学的方法和计算机的帮助,设计出更多的方案,也还是要对方案的数量进行适当限制。必要的时候,计划设计人员要对方案进行初步的筛选,以保证备选方案的质量,减少后期方案评价的工作量,以便集中力量对那些最有希望的方案进行分析评价。

5) 评价备选方案

拟定了一定数量的备选方案以后,就需要根据计划目标和前提条件对各种备选方案进行比较评价。在方案评价阶段,首先要明确评价的标准,其次要注意给评价标准设定的权重,同时,方案的评价要全面,既要看到每个方案的优势,也要看到各种方案的劣势和局限性。方案的评价方法,可以采用运筹学中较为成熟的矩阵评价法、层次分析法,也可以在条件许可的情况下采用多目标评价法。

6) 选择方案

方案的选择可以说是计划工作中至关重要的一步,虽然方案的选择是建立在前几个步骤工作的基础之上,但方案选择本身仍然具有很大的风险性。为了降低方案选择的风险,有时决策者会选择两个甚至多个较优的方案,然后从中确定一个优先的实施方案,并将其他方案进行细化后作为后备方案。

7) 拟定派生性计划

总体的计划实施方案确定以后,还要着手拟定派生性计划。派生性计划实际上是在总体计划之下,并为总体计划的实现提供支持和保证的分项计划,派生性计划是总体计划的基础。

8) 编制预算

计划工作的最后一步是将计划转化为预算,即使计划"数字化"。编制预算的目的主要有两点:①要实现计划的目标,必然涉及资源的分配,只有将计划数字化才能汇总和平衡各类计划,分配好各种资源;②预算本身也可以成为衡量计划完成进度和计划目标实现程度的标准,对于后者,将在管理控制中加以详述。

4.2 战略计划

4.2.1 战略计划的含义

1) 战略和企业战略

如上节所述,所谓战略(Strategy)是为实现组织的长远目标所选择的发展方向、所确定的行动方针,以及资源分配方针和资源分配方案的一个总纲。无论是在我国还是在西方国家,"战略"一词起源于军事领域,最早是一个军事术语。《辞海》中对"战略"一词的解释是:"军事名词。对战争全局的筹划和指挥。它是依据敌对双方的军事、政治、经济、地理等因素,照顾战争全局各方面,规定军事力量的准备和运用。"而《简明不列颠百科全书》则称战略是"在战争中利用军事手段达到战争目的的科学和艺术"。随着人类社会的发展,"战略"一词逐渐被人们广泛应用于军事以外的各个领域,诸如政治、经济、科技社会发展等领域,"战略"一词的含义也逐步演绎为"泛指对涉及组织全局性、长远性问题的谋划和决策"。因此,可以将战略理解为对组织的基本性质和发展的总方向的一种规定,战略还包含着对抗的意思,它始终是针对竞争对手的优势和劣势及其正在和将要采取何种行动而制定的。

20世纪60年代前后,"战略"这一概念被明确地运用到美国的工商企业经营管理领域中。由于企业外部经营环境的快速变化和日趋复杂,市场竞争日益加剧,企业经营管理的难度增大,许多企业加深了对所谓"商场如战场"的认识,产生了研究和运用战略的需要,于是提出了企业战略。1962年,美国管理学家钱德勒(Chandler)出版的《战略与结构》一书,首先将战略这一军事术语用于公司管理,从而拉开了公司战略管理的帷幕。1965年,美国教授安索夫(I. Ansoff)出版了《战略管理》一书,从此,制定和实施企业战略,被看作是企业成功的关键,企业管理也进入了所谓战略管理时代。特别是70年代和80年代的能源危机,旧规则的废弃,日新月异的技术革新,全球性竞争以及其他方面的环境冲击,使得原来那种传统的长期计划的假设和计划方法变得不再有效。游戏规则的变化迫使管理者们采用新的更加系统的方法以分析环境,评价企业的优势和劣势,以识别可能建立竞争优势的机会,规避风险和威胁,企业战略的重要性逐步受到管理者们的高度重视。

关于什么是企业战略,存在各种各样不同的观点,归纳起来大致包括构成要素说、计划说、决策说和观念说等几种类型。所谓构成要素说,是从企业战略的构成要素(或者内容)来解释企业战略。如最早研究企业战略的安索夫(I. Ansoff)认为,企业战略包括 4 个要素,即产品与市场范围、增长向量(发展方向)、竞争优势和协同作用(整体效应)。计划说则将企业战略看作是企业计划。如格鲁克(Willian F. Glueck)认为:"战略就是企业发挥战略优势,迎接环境挑战而制定的统一的、内容广泛的、一体化的计划(Plan),其目的在于保证实现企业的基本目标。"持决策说观点的拜亚斯(Lioyd L. Byars)则认为"战略包括对现实组织目标和使命的各种方案的拟定和评价,以及最终选定将要实行的方案"。观念说则将企业战略看作是一种指导思想。如贝茨(Donald L. Baees)和艾德雷奇(David L. Eldredge)认为,战略可以定义为组织投入其资源、实现其目标的指导哲学,它为组织作出必要的行动决策提供约束和限制。

综合上述各种观点并将战略的基本含义考虑在内,我们认为,所谓企业战略,是企业以未来为基点,在充满挑战的环境中为建立和维持持久的竞争优势而作出的有关全局性、长远性重大问题的筹划和谋略。从定义中不难发现,企业战略应该具备全局性、长期性、相对稳定性、适应性和对抗性等特点。准确理解企业战略的概念需要把握以下几点:

(1) 战略的着眼点是企业的未来,企业应该把未来的生存和发展问题作为制定战略的出发点和归宿。

(2) 战略应该为企业确定一个明确、一致和长期的目标,这种目标不仅可以用于指导企业未来的发展方向,引导企业资源的分配和使用,而且有助于协调部门和个人的行动。此外,清晰明确的战略目标本身也规定了企业存在的理由,并使企业与其主要利益相关者的期望始终保持一致。

(3) 战略是企业对日趋复杂和多变的环境所作出的一种积极主动的反应。也就是说,"战略于行动之前而存在"。即在企业经营活动开始之前,管理者们需要对未来环境的变化作出科学合理的分析和预测,明确企业外部环境中存在的机会和威胁,在此基础上进行合理的判断和抉择,主动利用环境可能提供的机会,提前对环境变化可能带来的威胁作出反应。

(4) 战略的核心是为了帮助企业获得并维持一种持久的竞争优势,并通过战略的实施不断培养和发展企业的核心能力。

2) 企业战略的构成要素

如上文所述,美国早期的战略管理专家安索夫认为,企业战略是由 4 个要素构成的,即产品与市场范围、增长向量、竞争优势和协同作用。安索夫还认为将这 4 个要素组合起来能够形成一种合力,成为企业的共同经营主线。所谓共同经营主线即企业目前的产品与市场组合和未来的产品与市场组合之间的关联。有了这条经营主线,无论是企业内部人员还是企业外部人员,都能够了解企业经营的方向和产生作用的力量。

(1) 产品—市场范围。它说明了企业属于什么特定行业和领域,即企业现在正在做什么和应该做什么。企业如果将自己的经营范围定得过宽,就会造成经营方向模糊不清。为了清楚地定义企业经营方向和范围,产品—市场范围常常需要分行业进行描述。

(2) 增长向量。又称成长方向,它说明企业从现有产品—市场范围向未来产品—市场范围移动的方向,即企业将来应该做什么。

（3）竞争优势。它表明企业某一产品或产品组合与众不同的特殊属性,借此可以巩固和加强企业的竞争地位。企业谋求竞争优势的途径有很多,或者通过生产出具有突破性、创新性的新产品,或者选择进入一个具有专利保护的某个经营领域,或者通过兼并,谋求在原有行业或新行业中战局的重要地位等。

（4）协同作用。它表明了一种联合作用的效果,是指企业从其市场—产品范围的选择和资源配置中产生的共同努力而导致的成效。在管理领域,协同作用通常又被描述成1+1＞2的效果,协同效应意味着企业内部各经营单位联合起来共用某些资源和条件,其产生的效益要大于各自努力所取得的效益的总和。

安索夫还进一步将协同作用划分为:销售协同,即企业各种产品可以共同使用产品渠道;运作协同,即企业内可以分摊间接费用,分享共同的经验曲线;管理协同,即企业各经营单位可以分享管理经验与专门技术。当然,如果协同作用使用不当,也会产生负的协同作用,即所谓的组织内耗。

探讨和了解企业战略构成要素,其意义在于明确企业如何寻求自身的获利能力。一般来说,产品—市场范围指出了企业寻求获利能力的范围;增长向量指出了这种范围的扩展方向;竞争优势指出企业最佳获利机会的特征;协同作用可以挖掘企业总体获利能力的潜力。

3）战略管理的层次

在一些只生产和提供单一的产品或服务的组织里,管理者只需要开发出单一的战略性计划。也就是说,在这些组织中,公司层战略和业务层战略通常是合而为一的。但对于许多大型组织而言,其业务是多元化的。如美国的通用电气公司就是一家经营多种事业的企业,从飞机引擎的生产到电灯泡到医疗设备和金融业务,几乎无所不包。像大多数多元化的公司一样,每一个业务单位还拥有许多职能部门,如财务和市场营销等,这些职能部门为公司的每一种业务活动提供必要的支援。因此,在大型的多元业务的组织里,战略通常存在于 3 个层次上,即公司层战略、业务层战略和职能层战略（见图 4.3）。

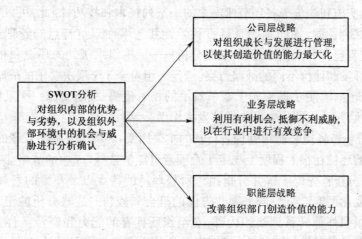

图 4.3　战略管理层次

（1）公司层战略。公司层战略（Corporate-Level Strategy）是企业总体的最高层次的战略,它是企业整个战略体系的主体和基础,也是居统治地位的战略。公司层战略的主要任务是：①明确整个企业的产品和市场范围,也就是要确定企业应当拥有什么样的业务组合,在哪几个市场领域进行竞争;②界定每一种业务在公司全部业务中的地位,并据此决定公司的资源分配和使用。公司层战略为整个企业的发展提供了一个总的方向,有利于合理有效地配置资源和协调各业务单位的活动,同时也为业务层战略的制定提供了一个基本框架。

(2) 业务层战略。业务层战略(Business-Level Strategy)是为实现公司战略中针对业务单位提出的目标而制定的,关于业务单位在自身所属领域内所使用的竞争战略。对于单一业务的小型公司,或者不从事多元化业务的大型公司而言,业务层战略与公司层战略是没有区分的,而对于那些拥有多元业务的组织,每个业务经营单位都会有自己的战略,这种战略规定该经营单位向哪些顾客提供什么样的产品和服务等。当一个组织从事多种不同的业务时,建立战略事业单位更有利于计划和控制。战略事业单位是一种单一业务或相关业务的组合,这种组合主要考虑经营或竞争战略的相似性,每一个战略事业单位都拥有自己独特的使命和竞争对手,这就要求每一个战略事业单位必须建立有别于组织中其他事业单位的独特的战略。当然,战略事业单位按照自身的能力和竞争的需要开发自己战略的同时,必须与整体组织的能力和需要保持一致,以确保整个组织在销售、收益和资产结构等方面获得均衡的增长。

(3) 职能层战略。职能层战略(Functional-Level Strategy)是指公司或其事业单位所属的各职能部门,为支持和落实公司或事业单位战略目标的实现而制定的具体战略。或者说是职能部门,如研究与开发、生产制造、市场营销、人力资源和财务部门等的工作目标和行动策略。职能层战略不仅可以丰富总体战略和事业层战略并使之更加具体化,增强总体战略和事业层战略的可靠性,也有利于促进各职能部门之间的协调,并能增强各职能部门贯彻落实总体战略和事业层战略的责任感和信心。

4) 战略管理过程

所谓战略管理过程,是一个包含了战略制定、战略实施和评价的完整过程。它涉及企业战略的制定、实施和评价等各环节所需要的一系列技术和技巧,因此,可以将战略管理过程看作是一个综合性的、周而复始且具有科学性和艺术性双重特点的管理过程。一般来说,战略管理过程包含3个关键环节:战略分析——了解组织所处的环境和相对竞争地位;战略选择——开发和评价不同的战略方案,选定一组符合3个层次要求的战略,充分利用环境机会和组织资源,以便获得领先于竞争对手的相对优势;战略实施——采取哪些措施使战略得以贯彻执行,从而使战略最终能够发挥作用。

(1) 战略分析。环境是制约管理者行动的主要因素,环境也是战略管理的关键性要素,因为组织所处的环境在很大程度上规定了管理者可能的选择,成功的战略必须与环境相适应。因此,战略分析首先要了解并分析组织所处环境的特点以及环境的发展变化趋势,评价环境及环境变化可能给组织带来哪些方面的机会和威胁。战略分析的第二个方面是将分析的视角从组织外部转移到组织内部,对组织所拥有的能力和资源条件进行深入的剖析。因为即便是处于同样的环境,由于组织掌控的资源和拥有的能力不同,对于有些组织而言可能是机会,而对于另外一些组织而言却可能是威胁。通过对组织所具有的能力和资源条件的分析,可以正确评价组织的优势和劣势,以帮助管理者识别出什么是组织与众不同的能力,以此决定组织将采取怎样的竞争战略。能力和资源条件分析通常是结合对竞争

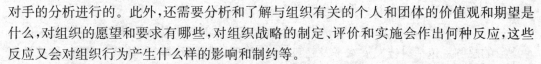
对手的分析进行的。此外,还需要分析和了解与组织有关的个人和团体的价值观和期望是什么,对组织的愿望和要求有哪些,对组织战略的制定、评价和实施会作出何种反应,这些反应又会对组织行为产生什么样的影响和制约等。

（2）战略选择。根据战略分析的结果,管理者能够清楚地了解组织所处的外部环境特征、组织自身能力和资源状况,以及利益相关者的期望。接下来的任务就是,管理者必须选择一组适合组织发展的战略。战略选择是一个极其复杂的决策过程,这个过程充满风险和挑战:①首先要求管理人员围绕战略目标,尽可能多地列出可供选择的战略方案。②必须能够依据特定的标准,对各种方案进行优劣比较,这是一个综合比较和全面评价的过程,需要综合考虑各种复杂的因素。战略选择的最后一步,是要选择一组能够最有效地利用组织的资源和环境的机会的战略方案作为正式实施的战略方案。正如决策过程中提到的那样,战略选择并不是完全理性的过程和纯逻辑的行为,由于信息的不完全性和其他各种相关因素的影响和制约,战略选择本质上是一个对各种方案进行比较和权衡,最后选择一个比较满意的方案的过程。

（3）战略实施和评价。战略实施和评价主要是如何将战略转变为实际的行动,以及对行动结果进行评估和修正。无论战略制定得如何成功,如果不能恰当的组织实施,最终也不会取得成功。对企业而言,战略实施与评价将涉及组织的资源分配、结构设计、人力资源、领导激励、组织文化以及管理控制等各方面的工作。

4.2.2　战略环境分析

环境是影响企业战略选择的关键因素,战略环境分析不仅是战略管理的重要环节,也是战略选择的重要基础,战略环境分析的目的是帮助管理者准确发现和评估环境中的机会和风险,有效地识别组织自身的优势和劣势,从而帮助管理者作出正确的战略选择,以达到趋利避害、扬长避短的目的。

1）一般环境分析

一般环境又称为总体环境,是在一定范围内存在的所有社会组织都共同面对的环境。一般环境是对企业有较大影响且不受企业控制的一种外部力量,分析一般环境的目的是为了了解一般环境中各种构成要素的基本情况及其变化趋势,评价它们将给企业带来哪些正面和负面的影响,从而提高企业的战略适应性。一般环境主要包括政治法律环境、经济环境、社会文化环境、技术环境、自然环境5个方面。

（1）政治法律环境。政治法律环境是指影响和制约企业发展的各种政治法律因素及其运行所形成的环境系统。主要包括一个国家的基本社会制度,执政党的性质,政局的稳定性,国家的方针、政策,政府的办事效率和廉洁程度,以及一个国家法律体系的完善程度和执法情况等。

（2）经济环境。经济环境是指企业经营所面对的各种经济条件、经济特征、经济联系等各种因素。主要包括一个国家或地区的经济制度和经济政策,经济发展的总体水平和所处的阶段,GDP的规模及其变化趋势,居民收入和人均购买力水平,货币供给状况,失业率和通货膨胀率等。

（3）社会文化环境。社会文化环境包括一个国家或地区的社会阶层的形成和变化,人口总量、人口结构以及人口的地区分布和流动,人们的价值观念和生活方式及其变迁,还包括道德、宗教、语言文化以及风俗礼仪等。

（4）技术环境。技术环境主要是指一个国家或地区的科学技术因素以及与之相关的社会现象的总和。包括科技发展水平及趋势、科技管理体制和政策、科技队伍情况、科技转化能力以及科技发展的动力机制。

（5）自然环境。自然环境主要是指企业经营所处的地理位置、气候条件和资源状况以及交通运输条件等自然因素的总和。

2) 行业环境分析

对企业影响最直接的环境因素是企业正处在或拟进入的一个或几个行业的环境。与一般环境对企业所具有的潜在性和间接影响相比，行业环境对一个企业的影响将更加直接和明显，而且，一般环境常常是通过行业环境的变化对企业发挥作用，因此，行业环境分析是企业战略分析的核心和重点。

行业环境的分析主要是通过对行业基本经济特征和行业竞争结构的分析，明确自身的产业定位，推断行业的赢利潜力和吸引力，帮助企业作出正确的战略选择。以下我们重点介绍麦克尔·波特的驱动行业竞争的 5 种力量模型。

根据美国哈佛大学工商管理学院教授麦克尔·波特(Michael Porter)的研究，一个行业内部的竞争状况是由 5 种基本力量相互作用的结果(见图 4.4)。

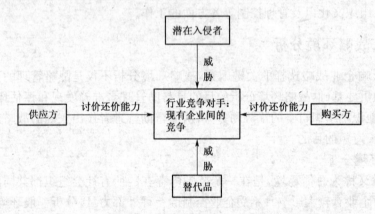

图 4.4 行业分析中的 5 种力量

（1）现有竞争者之间的竞争。现有企业之间竞争的激烈程度主要取决于行业增长速度和产品的差异性。另外，竞争者的数量和实力、生产能力状况、企业运行成本以及行业退出或转移成本等也是影响竞争激烈程度的非常重要的因素。

（2）潜在入侵者的威胁。潜在入侵者的威胁程度的大小主要取决于行业进入障碍的高低。行业进入障碍主要包括规模经济、产品差异、渠道优势、转移成本、资本需求、在位优势以及政府政策等。

（3）供应商的讨价还价能力。如供应方所处行业的集中度、供应方有无替代产品竞争、行业内企业的购买转移成本等因素，决定了供应商左右和控制行业内的企业的能力。

（4）购买者的讨价还价能力。如购买者的购买量、掌握信息的完整性、购买者的转移成本等，是构成其影响力的主要因素。

（5）替代产品的威胁。转移成本和购买者的忠诚度以及替代产品的价格优势等，是购买者转而选择替代产品的主要原因。

也就是说,上述5种力量主导和控制着一个行业的竞争规则,影响并决定了一个行业的赢利能力和空间。因为它们直接影响企业的产品价格水平、成本结构和投资需求,管理者应该通过对全部5种力量的分析来评价某个行业的吸引力。

3) 竞争者分析

竞争者通常是指那些同本企业争夺市场与资源的对手,包括那些生产相同或相似功能产品的企业,甚至也包括那些使用相同资源的生产者。竞争者又可以分为直接竞争对手和间接竞争对手、现实竞争对手和潜在竞争对手。因此,在进行竞争者分析时,首先是对竞争者及其类别进行识别和区分,其次必须认真调查和分析竞争者的竞争实力、竞争优势、竞争战略,并针对竞争者们正在或将要采取的行动作出积极的反应。

4) 内部条件分析

对企业内部条件进行分析的目的,是认清企业的现状,了解企业自身的优势和劣势、长处和短处,明确利用外部机会和避开威胁的可能性及限制条件。企业状况的差异和资源组织能力的不同,会导致企业核心能力的差别,进而影响并决定了企业竞争优势的获得。企业内部条件分析的主要内容可以分为资源条件分析,企业能力分析,文化、业绩和问题分析等几个方面。也可以运用价值链分析法,按照企业价值活动的顺序,从企业的基本活动和辅助活动两条线索出发来进行分析。企业基本活动由内部后勤、生产作业、外部后勤、市场营销和销售以及服务5个部分构成;辅助活动由企业基础设施、人力资源管理、技术开发和采购4个部分构成。通过价值链分析,管理者可以据此明确在哪些环节发现和建立自身的竞争优势(见图4.5)。

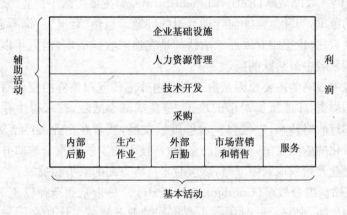

图4.5　企业价值链示意图

4.2.3　战略计划的选择

究竟存在多少种类型的战略可供企业选择,至今没有统一的和清晰的答案,各种战略管理书籍中对企业战略的分类方法也不完全一致。由于我们在前面曾将企业战略划分为3个层次,即公司层战略、业务层战略和职能层战略,因此在这里我们仍然依据这样的线索来介绍几种企业战略的基本形式。需要说明的是,这也只是一种大致的区分,各种战略类型与战略层次之间并非完全的一一对应关系。职能层战略本书将不做过多的讨论。

1) 公司层战略

公司层战略是关于组织为了实现其使命和目标,对应该从事什么业务或者业务组合所做的行动规划。在制定公司层战略时,管理人员需要思考如何对公司的长远成长或发展进行有效的管理,以提高公司为顾客创造价值的能力;同时,管理人员还必须帮助其组织对由于任务和环境变化而导致的威胁作出反应。

(1) 增长战略。增长战略(Growth Strategy)又称为成长战略或发展战略,是一种强调通过充分发挥企业内部资源、能力优势和利用外部环境中的机会,以促进企业不断发展的战略。增长战略包含了一些通用的衡量标准,如更大的资产规模、更高的销售额、更多的雇员和更大的市场份额等。很显然,增长战略是一种促使企业走向更高层次和更大规模的具有进攻性的战略态势。

企业选择采用增长战略的主要原因包括:外部机会的吸引,竞争的压力,企业家和员工的期望,由规模扩大、产销量增加而带来的更多的利润,扩大产品品种和实行多种经营可以分散风险等。

增长战略按照企业扩张的途径可以通过自我扩张、合并和合资合作的方式来实现;根据企业所涉及的业务范围,可以通过一体化、多元化和密集增长等方式来实现。

(2) 稳定战略。稳定战略(Stability Strategy)的基本特征是很少或者不发生重大变化,企业持续地向同类顾客提供同样的产品和服务,维持现有规模和市场占有率,稳定和巩固现有竞争地位和优势,保持组织一贯的投资报酬率。当组织的绩效令人满意而且环境看上去也将保持稳定的时候,管理者可能会选择稳定战略。有时管理者采取稳定战略还可能有另外两个目的:①通过暂时稳定谋求更进一步的发展;②通过暂时稳定逐步紧缩企业。

(3) 收缩战略。收缩战略(Retrenchment Strategy)主要指减小企业经营规模或者是缩小企业多元化的范围,实际上是如何管理衰退的问题。虽然"衰退"一词听起来也许会让所有人感到不愉快,过去也很少有人愿意承认其是在追求收缩战略,但近年以来,如何管理衰退已经成为管理领域中最活跃的问题之一。

企业采取收缩战略的主要原因是由于企业内外部环境和条件的变化对企业十分不利,企业只有紧缩和撤退,才能抵御对手的攻击,避免或减小威胁,在求得生存的基础上,通过积蓄能量或者实行战略转移,以便将来能够继续发展,或者在企业破产清算的过程中尽量减少损失。全球化的激烈竞争,行业性的衰退,新技术的发展以及全球兼并浪潮的影响,使得越来越多的企业开始采取紧缩战略,以应对来自各方面的威胁和挑战。

(4) 组合战略。组合战略(Combination Strategy)是指企业选择以上 3 种战略中的两种或两种以上的战略,把它们同时用在企业不同的业务领域。比如在同一个时期,公司某种事业可能实行增长战略,而另一种事业可能实行紧缩战略。一种非常流行的组合战略制定工具是公司业务组合矩阵。

业务组合矩阵是波士顿咨询集团(Boston Consulting Group, BCG)于 20 世纪 70 年代初开发的,因此,又称为波士顿矩阵(BCG 矩阵)。这种方法将组织的每一个战略事业单位标在一种二维的矩阵图上,从而能够直观地显示出哪个战略事业单位能够提供高额的潜在收益,哪个战略事业单位是组织资源的漏斗。BCG 矩阵的示意图见图 4.6。图中的横轴代表市场份额,纵轴表示预计的市场增长。市场份额高代表该项业务在市场上具有竞争优势,属于所在行业的领导者;高市场增长则意味着该业务具有广阔的市场发展空间。BCG

矩阵区分出 4 种业务组合。

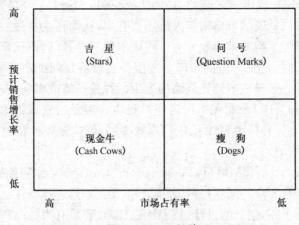

图 4.6 BCG 矩阵

① 现金牛(低增长,高市场份额)。处于此区域中的产品将给企业带来大量的现金收入,但未来的增长前景十分有限。

② 吉星(高增长,高市场份额)。吉星类的产品处于快速增长期,且由于其极具竞争力而占据着支配地位的市场份额,但能否获得大量的正现金流取决于投资规模的大小。

③ 问号(高增长,低市场份额)。这是一个高风险的带有投机性的区域,此类产品可能利润率很高,但由于市场份额很低而带有很大的不确定性。

④ 瘦狗(低增长,低市场份额)。此类产品既不具备竞争优势,又没有发展潜力,其绩效基本上没有改进的可能。

BCG 矩阵可以清晰地描述企业的产品业务组合是否合理,不合理的产品业务组合可能是前两类产品过少而后两类产品过多,企业可以依据 BCG 矩阵为其每个区域的产品制定不同的目标和策略。波士顿咨询集团的研究表明,那些牺牲短期利润换取高市场份额的企业将产生最高的长期利润。因此,对现金牛产品而言,为了保持一定的市场份额需要把新投资限制在一个必要的水平上,同时利用该类产品产生的大量现金对吉星产品进行投资。

对吉星产品的大量投资将获得高额利润,但是当该产品市场饱和及增长下降时,吉星最后将转化成现金牛。瘦狗类产品几乎不存在决策问题,这些业务应该尽快出售或瞅准机会清理变现。最困难的是关于问号类产品的决策,因为这类产品具有很大的不确定性,其中有的产品通过大量投资可能会转变成吉星,有的可能最终不得不出售。所以,基于这种风险,管理者应该适当控制问号类产品的数量。

尽管近年以来,由于各种原因,公司业务组合概念,特别是 BCG 矩阵,在实践中遇到很多问题,但不能否认它仍然是一种非常有用的理论工具,它提供了一种框架,帮助管理者理解并确定性质各异的业务以及资源分配的优先次序。

2) 业务层战略

业务层战略或者称事业层战略,是为实现公司战略中针对业务单位提出的目标而制定的,关于业务单位在自身所属领域内所使用的竞争战略。根据迈克尔·波特的观点,在竞争战略框架中,管理者共有 3 种基本的竞争战略可以选择,它们是成本领先战略、差别化战略和专一化战略。

（1）成本领先战略。成本领先战略（Cost-Leadership Strategy）是企业在较长时期内，通过加强成本控制和以低廉的价格来扩大市场占有率，从而在竞争激烈的市场中取得竞争优势的战略。成本领先战略要求企业成为行业成本的领导者，而不仅仅是行业里众多低成本的竞争者之一。同时，企业所提供的产品或服务必须能与同类产品或服务竞争，或者至少能够被消费者接受。选择成本领先战略的先决条件是产品或服务的市场容量足够大，消费者需求差异不明显；其次，企业在生产运作过程中有很强的成本管理和控制能力。一般情况下，企业获得成本优势的典型途径包括高效率的运作、规模经济、技术创新、低人工成本、优惠的原材料供应等。

（2）差别化战略。差别化战略（Differentiation Strategy）又称特色战略，是指企业努力在行业寻求别具一格和与众不同的特色，使其产品或服务具有独特性。差别化战略强调高超的质量和高品质的服务，创新的设计，技术性专长，或者强有力的品牌形象。选择差别化战略的关键是特色的选择必须有别于竞争对手，并且能够利用差别化带来的较高的边际收益，补偿因追求差别化而增加的成本。

（3）专一化战略。专一化战略（Focus Strategy）有时又称为集中或目标集聚战略，是指企业集中资源选择和主攻某个特殊的细分市场或某一种特殊的产品，并通过制定专门的战略向细分市场提供与众不同的服务，进而达到独占这个市场的目标。专一化战略可以通过寻求成本领先优势或差别化优势在特定的细分市场中取得成功。当然，专一化战略最终能否取得成功，很大程度上取决于细分市场的规模，以及该细分市场能否足以支撑专一化战略的附加成本。近年来，理论方面的研究和企业实践似乎都表明，专一化战略对于小型企业通常是一种更加有效的选择，部分原因是因为小企业一般不具有规模经济性或足够的内部资源，难以在较广泛的领域同大企业进行竞争。

波特还用"徘徊其间"（Stuck in the Middle）一词来表示那些不能明确的选择并坚持某一种基本战略获取竞争优势的组织。从长期来看，这样的组织很难获得成功，之所以目前还没有完全失败，或者是其暂时处于一个非常好的行业，或者是其竞争对手也同样正在徘徊其间。波特还指出，一些原本选择了一种基本的竞争战略并取得成功的组织，一旦超出其竞争优势的范围，就会使自己处于徘徊其间的境地而最终走向失败。

不论选择了上述3种竞争战略中的哪一种，要使企业取得长期的成功，一旦建立了竞争优势，必须设法将这种优势保持下去，以阻止来自竞争对手的侵蚀，管理者需要建立起一些难以让竞争对手跨越的某些障碍，防止竞争对手模仿，或是减少竞争对手的可乘之机，这是一项长期而艰巨的任务。

4.2.4 战略实施

战略实施主要是指如何将战略构想转变为实际的战略行动，实现战略目标并取得预期的战略成果。战略实施过程主要包含3个基本步骤：①明确战略制定与战略实施之间的关系，两者配合得越好，战略管理越容易取得成功；②编制战略实施计划，具体落实拟定好的战略方案；③分析并选择战略实施模式。

1）分析战略制定与战略实施的关系

无论组织战略制定得如何成功，如果不能恰当地组织实施，最终也不会取得成功。战略制定和战略实施的质量的不同组合,可以导致4种不同的战略结果,即成功、摇摆、艰难和失败(见图4.7)。

图 4.7 战略制定与战略实施的关系关系

成功象限:不仅组织战略制定质量较高,而且也能够有效地实施这一战略。在这种情况下,尽管组织本身可能仍旧无法控制其外部的环境因素,但由于能够成功制定和实施其战略,因此仍能够顺利实现组织的目标。

摇摆象限:组织虽然没有能够制定出高质量的战略,但由于执行战略时的一丝不苟,可能会导致两种不同的局面:一种情况是由于组织能够很好地执行战略,从而克服了原有战略的不足之处,或至少可以为管理者提供一些失败的信号或警示,帮助组织尽快进行战略调整;另一种情况是由于组织严格认真地执行了一个不完善的战略,从而加速了组织的失败。面对这两种情况,组织及其管理者要及时准确地判断出在这个象限里战略将会导致何种结局,主动采取措施避免失败。

艰难象限:组织虽然制定了高质量的战略,但贯彻实施不力。这种情况往往是管理者过分注重战略制定而忽视战略实施的缘故。一旦出现问题,管理者的反应通常是重新制定战略,而不是去检查实施过程有无问题。结果,即使重新制定了全新的战略,如果还是按照原来的办法去实施,那么仍然招致失败。

失败象限:组织所面临的问题是战略本身不完善又没有很好地执行。在这种情况下,管理者几乎无法把战略扭转到正确的轨道,无论是修正战略还是改变战略实施的方式都不会奏效,结果注定会失败。

综上所述,可以得出两点结论:一是战略实施与战略制定是同等重要的;二是如果战略实施无效,则很难判断战略制定本身的质量如何。因此,需要管理者在摇摆、艰难和失败的象限里,明确诊断战略失败的真正原因,以便找出有效的解决办法。

▌ 案例阅读

猫 的 铃 铛

一群老鼠长久以来被一只猫不断猎杀,群体数量一直处于非常惨淡的状况,它们决定改变这个严峻的现实,于是一场全体鼠民参加的大会召开了。

一个平时说话很聪明的老鼠率先站了起来,以很有权威的语气说道:"各位,死亡的脚步声就在我们的洞穴外徘徊,如果不解决那只猫,我们终将会依次沦为它爪下的玩物。杀死它不是我们的能力范围之内的事。我们需要解决的问题就是躲开它,不被它抓住。这么一来就简单多了。我已经准备了一个铃铛，铃一晃就会响。猫静卧不动的时候是抓不到我们的，所以只要把这个铃铛挂到猫的脖子上，一旦猫向我们靠近，铃铛就会发出声音。听到这个声音，我们只要躲到猫爪子够不着的洞里面去就可以了。"

权威的老鼠说完后，会场里响起雷鸣般的掌声。"对呀，真是个好主意啊！"你一言我一语的，赞美声随着安下心来的笑声充斥着会场，这只老鼠也满面笑容地接受着大家的夸奖，心里暗暗得意。

这时，一个小老鼠一边往后退缩，一边胆怯地说："要在猫的脖子上挂铃铛，好可怕啊，那会被吃掉的，我可办不到。"会场在瞬时之间变得寂静无声。这个办法是绝妙的，也是十分稳妥的，但是派哪个老鼠把铃铛挂在猫的脖子上呢？

【点评】 一个问题产生了，该如何解决呢？总是有很多方案。于是便有一些完美的计划回响在我们的耳边，可是它们又有多少是可以实现的呢？制定的计划只有可以实现的才是计划，否则只是空谈。

如果有了好的计划而没有力量实行，那么它就没有丝毫用处。在企业界，充满着大量的"聪明老鼠"，他们忙于指导企业该如何如何，并提出了一系列精美的解决方案，但是却没有实施能力。

2) 编制战略实施计划

战略实施计划的任务是通过将战略方案展开、分解和具体化，将之变为具体的行动计划，为此需要划分战略实施的阶段，规定各阶段的主要目标任务、方针原则、工作内容、分工协作、进度控制等。尤其要重视并保证开始阶段的计划细致、具体、操作性强，力求将计划内容和任务落实到各个单位和个人。

3) 选择战略实施模式

除了简单结构的组织以外，从战略制定到战略实施，需要一个从高层战略管理者到职能层管理者的责任转移过程。根据责任和权力转移程度的不同，战略实施可以采取 5 种不同的模式。

(1) 指挥型。在指挥型模式里，管理者运用严密的逻辑分析工具，重点考虑战略制定问题，一旦制定出满意的战略，高层管理者便强制性地要求下层管理者去执行战略，而他们自己并不介入战略实施的具体过程。这种模式的运用需要一定的约束条件，如战略管理者具有较高的权威、战略制定者和执行者目标比较一致、战略不会冲击现行的运作系统、环境简单且稳定、要求有较为客观的战略规划人员等。此模式的缺陷是战略执行者缺乏自主权，处于完全被动的地位，因此会挫伤其自尊心和执行战略的积极性。

(2) 变革型。变革型模式的高层管理者重点研究的是如何在组织中有效地实施战略，其作用是为有效地实施战略而设计适当的行政管理系统。为此，他们将在有关方面的积极配合下，采取一系列的组织变革和激励手段来增加战略成功的机会。这种模式大多是从微观角度考察战略实施过程，因此可以用来实施一些较为困难的战略。但其局限性是只适用于稳定环境里的小型组织。

(3) 合作型。在合作型模式里，负责战略制定的高层管理者发动并利用下层管理者积极参与到战略制定和战略执行过程中来。组织的各级管理者有机会就战略问题充分发表自己的意见，提出各自的方案。这时，高层管理者主要起着一种协调作用。合作模式可以克服指挥型和变革型两种模式的缺点,提高组织战略制定和战略实施的有效性。当然,在实践中对合作型模式的看法并非完全一致。首先,这种模式下制定的战略方案会过于四平八稳;其次,方案讨论时间过长影响了决策效率,有可能导致战略机遇的丧失。

(4) 文化型。文化型模式扩大了合作型模式的范围,将组织基层员工也包括进来。在这种模式中,高层管理者首先提出自己对组织使命的看法,不断向组织全体成员灌输战略思想,建立共同的价值观和行为准则,然后鼓励员工根据组织的使命去设计自身的工作活动。高层管理者所起的作用是指明总体的方向,而在战略执行过程种则放手让每个人作出自己的行动选择。文化型模式打破了战略制定和战略实施之间的界限,从而避免了战略制定者"只想不做"而战略实施者"只做不想"的矛盾。在这种模式中,通过自上而下的方式容易取得战略目标的统一性,自下而上的方式则能够考虑到战略选择的多样性。因此,文化型模式能够实现统一性与多样性之间的平衡。文化型模式的局限性主要表现在:①对员工的素质要求比较高;②可能会造成人力、财力以及时间资源的浪费;③可能因为管理者不愿意放弃控制权,从而使员工参与流于形式。

(5) 增长型。在增长型模式中,高层管理者鼓励中下层管理者制定并实施自己的战略,以确保组织不断发展。这种模式与其他模式的区别在于战略实际是从组织的基层开始自下而上提出来的,这种战略集中了来自实践第一线管理者的经验与智慧,高层管理者仅对来自于下层的战略作出判断,并不把自己的意见强加给下属。在一些拥有多个事业部的大型组织中,为确保每个事业部能够制定并实施更切合实际的战略,高层管理者往往将战略制定和战略实施的权力和责任下移到事业部层。这种模式最大的优势是中下层管理者和一线员工拥有较大的自主权,从而提高了战略决策的环境适应性和灵活度。

以上5种战略实施模式与具体的战略和管理环境息息相关,在高层管理者拥有绝对权威的组织中,指挥型模式可能是最佳的选择;为配合战略实施需要对组织实行变革时,变革型模式应运而生;而合作型、文化型和增长型模式则显示,无论战略的制定还是战略的实施,都充满着各种变化着的影响因素,只有将各方面的积极性和主动性充分调动起来,才有可能取得预期的战略成果。这5种战略实施模式并非相互孤立和相互排斥,更多的时候,管理者会交叉使用多种模式以确保实现战略目标。

4.3 计划的方法和技术

计划工作的方法和技术有很多种,下面介绍几种常用的行之有效的计划方法:目标管理、滚动计划法、运筹学方法和 PERT 网络分析法。

4.3.1 目标管理

美国管理学家彼得·德鲁克于 1954 年在其著作《管理的实践》中首先提出了"目标管理"(MBO,Management by Objective)这一概念。由于它较好地体现了现代管理的原理,在管理实践中受到广泛的重视,特别适用于对管理人员的管理,所以被称为"管理中的管理"。

1) 目标管理的概念

目标管理是指这样一个系统:由上、下级共同决定具体的绩效目标,首先确定出整体目标,将组织的整体目标转换为组织单位和成员的目标,层层分解,逐级展开,采取保证措施,定期检查目标的进展情况,依据目标完成过程中的具体情况来进行考核,从而有效地实现组织目标。

简言之,所谓目标管理是指组织内部各部门乃至每个人为实现组织目标,自上而下地制定各自的目标并自主地确定行动方针、安排工作进度、有效地组织实施和对成果严格考核的一种系统的管理方法。

目标管理的概念可以从以下几个方面理解:目标管理是参与管理的一种形式。目标的实现者同时也是目标的制定者,即由上级与下级共同确定目标,上下协商,制定出企业各部门直至每个员工的目标,用总目标指导分目标,用分目标保证总目标,形成一个目标手段链。强调自我控制,通过对动机的控制达到对行为的控制。促使下放过程管理的权力,注重工作成果。

企业实行目标管理后,由于有了一套完善的目标考核体系,从而能够使员工的实际贡献大小得到如实的评价。目标管理还力求组织目标与个人目标更紧密地结合在一起,以增强员工在工作中的满足感,调动员工的积极性,增强组织的凝聚力。

目标管理是一个全面的管理系统,它用系统的方法,使许多关键的管理活动结合起来,它将整体目标细分为组织中的单位与个人的具体目标,所以目标管理既是自下而上进行的,也是自上而下进行的,其结果是形成了一个不同层次之间目标相连的层级体系。如果组织中所有人都达到了各自的目标,那么单位的目标也就达到了,这样,组织的整体目标也就会实现。所以,德鲁克把目标管理看作是将每一个工作的目标导向整个组织的目标。

彼得·德鲁克认为,企业的宗旨和任务必须转化为目标,组织的各级管理人员必须通过这些目标对下级进行领导,以此达到组织的总体目标。他强调组织的成员参与目标的制定,通过"自我控制"实现目标。由于有明确的目标作为考核标准,因此对员工的评价和奖励更客观、更合理,大大激发了员工为完成组织目标而努力工作。

目标管理方法提出来后,美国通用电气公司最先采用,并取得了明显效果。其后,在美国、西欧、日本等许多国家和地区得到迅速推广,被公认为是一种加强计划管理的先进的科学管理方法。我国 20 世纪 80 年代初开始在企业中推广,目前采取的干部任期目标制、企业层层承包等,都是目标管理方法的具体运用。

2) 目标管理的特点

目标管理的具体形式各种各样,但其基本内容是一样的。目标管理指导思想上是以 Y 理论为基础的,即认为在目标明确的条件下,人们能够对自己负责。具体方法上是泰罗科学管理的进一步发展。它与传统管理方式相比有鲜明的特点,可概括为:

(1) 重视人的因素。目标管理是一种参与的、民主的、自我控制的管理制度,也是一种把个人需求与组织目标结合起来的管理制度。在这一制度下,上级与下级的关系是平等、尊重、依赖、支持,下级在承诺目标和被授权之后是自觉、自主和自治的。

(2) 建立目标锁链与目标体系。目标管理通过专门设计的过程,将组织的整体目标逐级分解,转换为各单位、各员工的分目标。从组织目标到经营单位目标,再到部门目标,最后到个人目标。在目标分解过程中,权、责、利三者已经明确,而且相互对称。这些目标方向一致,环环相扣,相互配合,形成协调统一的目标体系。只有每个人员完成了自己的分目标,整个企业的总目标才有完成的希望。

(3) 重视成果。目标管理以制定目标为起点,以目标完成情况的考核为终结。工作成果是评定目标完成程度的标准,也是人事考核和奖评的依据,成为评价管理工作绩效的唯一标志。至于完成目标的具体过程、途径和方法,上级并不过多干预。所以,在目标管理制度下,监督的成分很少,而控制目标实现的能力却很强。

3) 目标管理的实施原则

制定目标看似一件简单的事情,每个人都有过制定目标的经历,但是如果上升到技术的层面,管理者需要掌握 SMART 原则。SMART 原则可以具体展开如下:

(1) S(Specific)——明确性。所谓明确就是要用具体的语言清楚地说明要达成的行为标准。明确的目标几乎是所有成功团队的一致特点。很多团队不成功的重要原因之一就是因为目标定得模棱两可,或没有将目标有效地传达给相关成员。例如,如果一个组织的目标是"增强客户意识",这种对目标的描述就很不明确,因为增强客户意识有许多具体做法,如减少客户投诉,过去客户投诉率是 3%,现在把它降低到 1.5%或者 1%。提升服务的速度,使用规范礼貌的用语,采用规范的服务流程,也是客户意识的一个方面。

实施要求:目标设置要有项目、衡量标准、达成措施、完成期限以及资源要求,使考核人能够很清晰地看到部门或科室月计划要做哪些事情、计划完成到什么样的程度。

(2) M(Measurable)——衡量性。衡量性是指目标应该是明确的,而不是模糊的。应该有一组明确的数据,作为衡量是否达成目标的依据。如果制定的目标没有办法衡量,就无法判断这个目标是否实现。但并不是所有的目标可以衡量,有时也会有例外,比如说大方向性质的目标就难以衡量。

实施要求:目标的衡量标准遵循"能量化的量化,不能量化的质化"。使制定人与考核人有一个统一的、标准的、清晰的、可度量的标尺,杜绝在目标设置中使用形容词等概念模糊、无法衡量的描述。对于目标的可衡量性应该首先从数量、质量、成本、时间、上级或客户的满意程度 5 个方面来进行。如果仍不能进行衡量,其次可考虑将目标细化,细化成分目标后再从以上 5 个方面衡量。如果仍不能衡量,还可以将完成目标的工作进行流程化,通过流程化使目标可衡量。

(3) A(Attainable)——可接受性。目标是要能够被执行人所接受的,如果上级利用一些行政手段,利用权力性的影响力一厢情愿地把自己所制定的目标强压给下属,下属典型的反映是一种心理和行为上的抗拒。

"控制式"的领导喜欢自己定目标,然后交给下属去完成,而不在乎下属的意见和反映,这种做法越来越没有市场。现在员工的知识层次、学历、素质以及他们主张的个性张扬的程度都远远超出从前。因此,领导者应该更多地吸纳下属来参与目标制定的过程,即便是团队整体的目标。

实施要求:目标设置要坚持员工参与、上下左右沟通,使拟定的工作目标在组织及个人之间达成一致。既要使工作内容饱满,也要具有可达性。可以制定出跳起来"摘桃"的目标,不能制定出跳起来"摘星星"的目标。

(4) R(Relevant)——实际性。目标的实际性是指在现实条件下是否可行、可操作。可能有两种情形:①领导者乐观地估计了当前形势,低估了达成目标所需的条件,这些条件包括人力资源、硬件条件、技术条件、系统信息条件、团队环境因素等,以至于下达了一个高于实际能力的指标;②可能花了大量的时间、资源,甚至人力成本,最后确定的目标根本没有多大的实际意义。

实施要求：部门工作目标要得到每位成员的通力配合，就必须让每位成员参与到部门工作目标的制定中去，使个人目标与组织目标达成认识一致、目标一致，既要有由上到下的工作目标协调，也要有员工自下而上的工作目标的参与。

（5）T(Time-Based)——时限性。目标特性的时限性是指目标是有时间限制的。没有时间限制的目标没有办法考核，或带来考核的不公。由于上下级之间对目标轻重缓急的认识程度并不相同，这种没有明确的时间限定的方式也会带来考核的不公正，伤害工作关系，伤害下属的工作热情。

实施要求：目标设置要具有时间限制，根据工作任务的权重、事情的轻重缓急，拟定出完成目标项目的时间要求，定期检查项目的完成进度，及时掌握项目进展的变化情况，以方便对下属进行及时的工作指导，以及根据工作计划的异常情况变化及时地调整工作计划。

总之，无论是制定团队的工作目标，还是员工的绩效目标，都必须符合上述原则，5 个原则缺一不可。制定的过程也是对部门或科室先期的工作掌控能力提升的过程，完成计划的过程也就是对自己现代化管理能力历练和实践的过程。

4）目标管理实施中的关键要素

目标管理是以目标为导向，以人为中心，以成果为标准，而使组织和个人取得最佳业绩的现代管理方法，它在实施中的关键要素如下：

（1）明确目标。研究人员和实际工作者早已认识到制定个人目标的重要性。美国马里兰大学的早期研究发现，明确的目标要比只要求人们尽力去做有更高的业绩，而且高水平的业绩是和高的目标相联系的。人们注意到，在企业中，目标技能的改善会继续提高生产率。然而，目标制定的重要性并不限于企业，而且在公共组织中也是有用的。在许多公共组织中普遍存在的目标的含糊不清对管理人员来说是一件难事，但人们已在寻找解决这种难题的途径。

（2）参与决策。MBO 中的目标不是像传统的目标设定那样，单向由上级给下级规定目标，然后分解成子目标落实到组织的各个层次上，而是用参与的方式决定目标，上级与下级共同参与选择设定各对应层次的目标，即通过上下协商，逐级制定出整体组织目标、经营单位目标、部门目标直至个人目标。因此，MBO 的目标转化过程既是"自上而下"的，又是"自下而上"的。

（3）明确期限。MBO 强调时间性，制定的每一个目标都有明确的时间期限要求，如 1 个季度、1 年、5 年，或在已知环境下的任何适当期限。在大多数情况下，目标的制定可与年度预算或主要项目的完成期限一致。但并非必须如此，这主要根据实际情况确定。某些目标应该安排在很短的时期内完成，而另一些目标则要安排在更长的时期内。同样，在典型的情况下，组织层次的位置越低，为完成目标而设置的时间往往越短。

（4）绩效反馈。MBO 寻求不断地将实现目标的进展情况反馈给个人，以便他们能够调整自己的行动。也就是说，下属人员承担为自己设置具体的个人绩效目标的责任并具有同他们的上级领导人一起检查这些目标的责任。每个人因此对其所在部门的贡献就变得非常明确。尤其重要的是，管理人员要努力吸引下属人员对照预先设立的目标来评价业绩，积极参加评价过程，用这种鼓励自我评价和自我发展的方法鞭策员工对工作的投入，并创造一种激励的环境。

5) 目标管理的实施过程

目标管理的实施遵循 PDCA 循环过程(Plan 计划,Do 实施,Check 检测,Action 处理行动),可以概括为 1 个中心、3 个阶段、4 个环节和 9 项主要工作。具体分为以下几个步骤。

(1) 确定总目标。企业在确定总体目标时,必须注意到目标的可分解性。也就是说,不是主观地分解目标,而是根据目标的实际需要分解目标。总体目标的可分解性涉及许多方面的问题,但最主要的是利益问题。就我国企业的现状来看,职工利益与企业利益相背离是实行目标管理的障碍。这一问题如不能解决,职工不会主动去关心企业的目标,企业目标得不到落实,也就失去了可分解性。企业必须承认员工的利益和权利,但员工的利益只有与企业的利益挂起钩来才能实现。解决这一问题是实行目标管理的前提条件。

决策理论学派的代表人物西蒙和马奇指出:确定企业目标应看成是由经营者、员工、股东、消费者、中间商参加所构成的共同行为,个人的目的在企业中是通过诱因和贡献的平衡来实现的。企业目标的确定应遵循的原则是:①要以市场需求为依据,体现企业发展的战略思想;②在一定的价值观的支配下,提高企业的经济效益;③从实际出发,最有效地利用企业的有限资源;④要先进合理,应当是经过努力可以达到的;⑤要提高目标的清晰度。

按照系统论的原则,确定目标时应当保证目标之间的整体性,而要按照先整体后局部的原则,经过由整体到局部、由长远到近期、由专业到岗位、由总体到层次的全面考虑之后再确定目标体系。

(2) 目标展开。当企业总体目标确定之后,如何具体地将目标落实下去,这就是目标的展开问题。目标展开应包括以下工作:

① 目标分解。从形式上看,目标分解就是将目标一层层划开,大划中,中划小,一直分解到班组和个人。在分解过程中,一定要理解这样做的目的,它的实质是一种自上而下层层展开,自下而上层层保证的过程。在企业中,目标分解是一项具有艺术性的工作,不能把目标分解理解为"目标均摊"。目标分解首先要将总体目标分解为专业目标,然后将专业目标经分解再落实到基层,形成基层的综合目标。经过层层分解,就形成了一个由综合到专业,再由专业到综合的有机分解过程。

② 目标协商。在目标协商这一点上,充分体现着目标管理的特征。目标协商是指在目标分解过程中,企业上下级之间围绕企业目标的分解、层次目标的落实所进行的沟通和意见商讨。

目标协商是目标管理不可缺少的环节,它从根本上改变了过去上级向下级压任务,下级讨价还价的不正常现象。因此,目标协商有以下作用:

A. 能使上下级的目标统一。由于层次目标主要是各层次根据企业目标自己制定的,有可能产生偏差,因此通过协商可以消除。

B. 可以加深执行者对目标的理解。通过目标协商,下级可以认识实现目标的意义。在协商过程中,上级可以向下级讲解为什么要实现目标,使员工增强完成目标的荣誉感和责任感;同时,还能促使员工树立全局观念,这就为以后进行横向协调打下基础。

C. 可以消除下级的顾虑。经过协商之后,下级掌握了更多情况,了解实现新目标的条件,就会提高实现目标的信心。

D. 目标协商实现了员工民主参与。民主参与使员工摆脱了执行者受驱使的感觉,感受到自身价值的实现,从而有利于调动员工的工作积极性。

③ 对策展开。当目标确定之后,实现目标的关键在于抓住主要问题,制定措施及时予

以解决。对策展开的实质就是解决问题。

④ 明确目标责任。它不仅包括实现目标的质量标准和承担责任的项目,还包括向有关方面提供保证,同时配以奖惩措施。这些都应以明确的方式表示出来,使目标的执行者随时都可以检查自己的目标实现程度。若没有明确的责任加以约束,总体目标最终难以实现。

⑤ 编制目标展开图。目标展开图是以图表的方式,将目标管理所要实现的内容表示出来。图表方式比较直观,目标的分解、对策、责任、标准一目了然,而且还能使人们了解目标的体系结构和自己在目标体系中所处的地位。目标展开图公布于众,有利于人们把握实现目标的进度,同时也便于讨论和分析问题。

通过以上工作就形成了自上而下层层展开、自下而上层层保证的目标分解展开图(见图 4.8)。

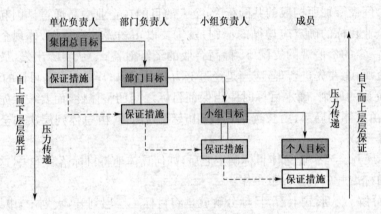

图 4.8　目标分解展开图

(3) 目标的实施。目标的实施阶段就是目标的实现过程,这一阶段的工作质量直接影响着目标成效。为了保证各层次、各成员能实现目标,必须授予相应的权力,使之有能力调动和利用必要的资源,保证目标实施有效地进行。这一阶段包含的内容如下:

① 编制计划。经过目标分解和协商之后,各个部门和各个岗位所需完成的目标已经确定下来。目标分解解决的是每个部门应该做什么的问题,而编制计划则要解决的是什么时候做,做什么的问题。因此,在目标分解的基础上还要编制计划。

编制计划实际上就是制定实现目标的措施和确定实现目标的手段。在目标管理中,这一步虽然要由目标执行者自己进行,但决不等于放任自流,而是要求领导者给予必要的协助,如提出各种建议、提供各种信息、组织各种沟通交流活动等,力图使制定出的计划更加严密和切实可行,同时也更加符合总体目标的要求。

② 自我控制。自我控制是目标管理的一个十分重要的特征。它是员工按照自己所承担的目标责任,在目标实施过程中进行自主地管理,由于受控于目标,不会出现自由放任的现象。

自我控制采用的主要方法是自我分析和自我检查。在实现目标的过程中,不断地总结经验与教训,通过一定的反馈方式,把握目标的实现程度;通过将实现程度与目标进行对比,从中找出差距与不足,并研究实现目标的有效方法。自我控制对目标的实现起着积极的作用。

自我控制并不意味着脱离领导,而是要建立新型的上下级协作关系。实现这种类型的关系要做到：

A. 要保持一定的沟通，及时汇报目标的实施情况和存在的问题，使上级掌握工作进度，以便取得领导的支持和指导。

B. 实施的情况要及时反馈给协作部门，以便实现相互间的良好配合，纵向和横向关系要做到制度化。

③ 监督与检查目标的实施。监督与检查目标的实施主要是靠员工的自我控制，但并不排斥管理者对目标实施进行必要的监督和检查。这是因为在实施目标的过程中，难免在局部会出现不利于总体目标实现的行为。通过监督和检查，可以对好的行为进行表扬和宣传，对偏离目标的现象及时指出和纠正，对实施中遇到的问题及时给予解决，从而保证目标的最终实现。

监督和检查的内容包括进度、数量和质量等。通过监督和检查可以实现对偏差的调整，并保证完成目标的均衡性，实现有效的协作和信息沟通。

（4）目标成果的评价。目标成果的评价是实施目标管理过程中不可缺少的环节，它可以起到激励先进和教育后进的作用。目标成果评价的步骤是：先由执行者进行自我评价，并填入目标卡片中，送交上级主管部门；然后再由上级实事求是地给予评价，确定其等级。

进行评价的依据主要是目标的完成情况。同时，包括目标的困难程度和为完成目标的努力程度。若在执行目标过程中，由于各方面情况的变化对目标进行了必要的修正，则还应包括修正部分，对目标完成情况的考核一定要有说服力，能充分体现职工实际成绩的好坏。而且，考核的具体办法应事先就规定好的，让员工做到心中有数。具体的考核评价办法可由企业根据自身的实际情况确定，其原则就是要能准确真实地反映员工的绩效。

（5）实行奖惩。根据评价结果实行奖惩，评价考核一定要同物质及精神奖励结合起来，体现多劳多得。评价考核工作是否公平、合理，是否照顾到了大家的利益，这对新一轮目标管理的影响是很大的。因此，企业领导人一定要谨慎抓好这项工作。

（6）新的目标管理循环。目标成果的评价与奖惩，既是对某一阶段组织活动效果以及组织成员贡献的总结，也为下一阶段的工作提供参考和借鉴。在此基础上再制定新的目标，开始目标管理的新一轮循环（见图 4.9）。

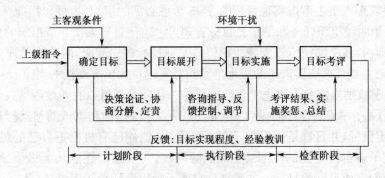

图 4.9 目标实施过程图

6）目标管理实施的注意事项

目标管理可能看起来简单，但要将它付诸实施，管理者必须对它有很好的领会和理解。

（1）管理者必须知道什么是目标管理，为什么要实行目标管理。如果管理者本身不能很好地理解和掌握目标管理的原理,那么,由其来组织实施目标管理也是一件不可能的事。

(2) 管理者必须知道公司的目标是什么,以及他们自己的活动怎样适应这些目标。如果公司的一些目标含糊不清、不现实或不协调一致,那么主管人员想同这些目标协调一致,实际上是不可能的。

(3) 目标管理所设置的目标必须是正确的、合理的。所谓正确,是指目标的设定应符合企业的长远利益,和企业的目的相一致,而不能是短期的。所谓合理,是指设置目标的数量和标准应当是科学的,因为过于强调工作成果会给人的行为带来压力,导致不择手段的行为产生。为了减少选择不道德手段去达到这些效果的可能性,管理者必须确定合理的目标,明确表示行为的期望,使得员工始终具有正常的"紧张"和"费力"程度。

(4) 所设目标无论在数量或质量方面都具备可考核性,也许是目标管理成功的关键。任何目标都应该在数量上或质量上具有可考核性。有些目标,如"时刻注意顾客的需求并很好地为他们服务",或"使信用损失达到最小",或"改进提高人事部门的效率"等,都没多大意义,因为在将来某一特定时间没有人能准确地回答他们有没有实现了这些目标。如果目标管理不可考核,就无益于对管理工作或工作效果的评价。

正因为目标管理对管理者的要求相对较高,且在目标的设定中总是存在这样那样的问题,使得目标管理在付诸实施的过程中往往流于形式,在实践过程中有很大的局限性。

7) 目标管理的优缺点

虽然目标管理是现在最广泛的实际管理方法之一,但它的效果有时还有问题。管理实践表明,要评价目标管理的真正效果是困难的。那么,如果一个目标管理方法产生效果,它一定与其特定的环境条件相适应。尽管目标管理方法有很多优点,但也有若干的弱点和缺点。但目标管理在管理过程中是必不可少的一个重要环节。为了进一步认识目标管理的必要性,扬长避短,有必要了解目标管理的优缺点:

(1) 目标管理的优点

① 有利于提高管理效率。目标管理的全部好处可以扼要地讲,就是目标管理导致管理工作有很大的提高。用目标和预期结果来定向地计划工作是非常有效的办法。目标管理迫使管理人员去考虑关于计划的效果,而不仅仅是计划本身的工作。为了保证目标的实现,它也需要管理人员去考虑实现目标的方法,考虑必需的组织、人员和物资。

② 有利于明确组织任务和结构。目标管理可以迫使管理人员弄清组织的任务和结构。在可能的范围内,各个岗位应该围绕所期望的关键目标建立起来,各个岗位应有人负责,从而尽可能地把主要目标所要取得的成果落实到对实现目标负有责任的岗位上。

③ 有利于鼓励人们专心致志于自己的目标。目标管理可以有效地调动人们的积极性、创造性和责任心。人们不再只是做工作、执行指示、等待指导和决策的被动行为,他们实际上是参与制定目标,并且都是明确规定目标的个人;他们已有机会把自己的想法纳入计划之中了;他们了解自行处理的范围——他们的职权,而且他们还能从上级领导那里取得帮助,以保证他们完成自己的目标。这些都是有助于承担责任感的因素。

④ 更有效地实施控制。控制就是测定工作,就是采取措施以纠正在计划实施中出现的偏差,以确保目标的实现。管理控制系统的一个主要问题是要知道去监视什么,一套明确的考核目标就是进行监视的最好指导。

(2) 目标管理的缺点

①　对目标管理的原则阐明不够。"目标"二字看起来很简单,但是要将它付诸实施的管理人员,必须对它有很好领会和了解。他们必须依次向下层人员解释目标管理是什么,它怎样起作用,为什么要实行目标管理,在评价绩效时它起什么作用,以及参与目标管理的人能够得到什么好处。但是实际上,许多管理人员对目标管理的基本思想理解不深。

②　目标难以确定。真正可考核的目标是很难确定的,为了追求目标的可考核性,人们可能过分使用定量目标,而且不宜用数字表示的一些领域里也企图利用数字,或者对一些项目最终成果用数量表示有困难的重要目标,他们可能降低等级。例如,一个良好的企业形象,可能成为企业的关键目标领域,但它用数字表示是困难的,为了体现目标管理的思想,可能会导致定量化的目标无法充分反映组织的总体要求,甚至会降低标准。

③　目标短期化。在大多数的目标管理计划中所确定的目标一般都是短期的,很少超过1年,常常是一个季度或更短。然而组织强调短期是危险的,会损害长期目标的实现。因此,为防止短期目标导致的短期行为,上级管理人员必须从长期角度提出总目标和制定目标的指导准则。

④　不灵活。目标管理要取得成效,就必须保持其明确性和稳定性,如果目标经常改变,就难以说明它是经过深思熟虑和周密计划的结果,这样的目标是没有意义的。计划是面向未来的,而未来存在许多不确定因素,使得必须根据已经变化了的环境对目标进行修正。目标的改变可能导致目标前后不一致,给目标管理带来困难。

即使目标管理在某些情况下有这些困难,但实际上,这种管理方法所强调的是设置目标,人们一直认为那是计划工作和管理工作不可缺少的部分。这就要求组织成员要不断探索,总结经验,以取得最好效果。

4.3.2　滚动计划法

1) 滚动计划法的基本内涵

滚动计划法是一种编制长期计划的方法,其目的是增强长期计划的灵活性和提高对环境变化的适应性,这种方法是在已编制出的计划的基础上,根据计划的实际执行结果和环境的变化,按照固定的时间周期(通常称为计划的滚动期)对原计划进行修订,并依次向前推进。图 4.10 是一个 5 年期滚动计划编制过程的示意图。

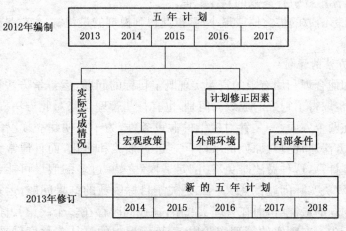

图 4.10　滚动计划编制过程

从图4.10可以看出,在计划的第一个阶段结束时,要根据该阶段计划的实际执行情况以及内外部有关因素的变化情况对原计划进行修订,每次修订时,在保持原来的计划期限不变的前提下,将整个计划依次的向前推进一个滚动期。

2) 对滚动计划法的评价

长期计划的时间跨度较长,而且涉及的多是有关组织整体的全局性的战略问题,由于人们很难准确预测组织未来环境的确切变化,以及由此可能给企业长期计划带来的影响和冲击,所以计划期限越长,计划的不准确性和难度也就越高。而滚动计划法相对缩短了计划的期限,可以根据环境变化和计划实施的情况对计划进行定期修订,因此,提高了计划的准确性和可操作性,从而成为战略性计划实施的有效方法。其次,滚动计划法使组织始终保持有一个长期计划为指导,并使得组织的长期计划、中期计划和短期计划能够紧密地衔接在一起,保证了组织的计划目标与环境之间动态平衡。最后,滚动计划法采取"近细远粗"的编制原则,既保证了近期计划的可操作性,又为远期计划预留了较大的调整空间,增强了计划的弹性,尤其在环境剧烈变化的今天,极大地提高了组织的应变能力。

滚动计划法存在的不足表现在计划工作量相对较大,在一定程度上提高了计划工作的复杂性和难度,也在一定程度上增加了计划成本,因此,主管人员往往存在畏难情绪。但是随着计算机的广泛应用,以及其他一些计划辅助工具的开发和利用,滚动计划法的这一缺陷正在得到弥补,其优势有望得到进一步发挥,主管人员对滚动计划法的一些消极的看法和态度也将逐步改变。

4.3.3 运筹学方法

运筹学方法的核心是运用数学模型,力求将计划涉及的相关因素转化为各种变量并将其反映在相关模型里,然后通过数学和统计学的方法,在一定的条件范围内求得问题的最佳解决办法。

1) 运筹学方法的基本步骤

(1) 根据问题的性质建立数学模型,同时界定主要的变量和问题的范围。为了简化问题和突出重点影响因素,还需要作出各种假定。

(2) 根据模型中变量和结果的关系,建立目标函数作为比较结果的工具。

(3) 确定目标函数中各参数的具体数值。

(4) 找出目标函数的最大值或最小值,以此得到模型的最优解,也就是问题的最佳解决方案。

2) 运筹学方法的评价

对于那些如何合理利用有限的资源实现既定目标的问题,运筹学方法显示出比较强的优势,在实践中也取得了很好的成效。但是,也有一些管理学家对此方法提出了质疑,这些质疑主要集中在两个方面:一是针对模型的假设条件,为了方便建立模型和降低计算的复杂程度,运筹学方法通常要对原始的实际问题进行抽象和简化,而且通常会提出一些假设条件以适应数理计算,这种做法难免有"削足适履"之嫌,过多的假设可能会使结果高度失真,从而失去了解决实际问题的意义。二是关于目标函数的结果问题,运筹学方法的目的是要最终求得问题的最优解,而在管理实践中,往往同时存在多个决策目标,最终方案可能是多个目标的折中。在现实的管理实践中,管理者追求的是从多角度看来均为满意的解,而不是附加了各种限定条件的最优的解。正如在本书上一章有关决策理论中提到的,由于受到各种主客观因素的制约,所谓最优方案实际上是不存在的。即便存在,有时候寻求最优方案也是不经济的。

值得一提的是,随着计算机技术的不断发展,特别是计算机的广泛应用,数学模型允许的复杂程度不断提高,以上质疑部分得到了解决。虽然运筹学方法至今仍然远远不是解决实际问题的一种完美方法,但它无疑是对个人经验判断等定性的决策方法的一个很好的补充,在某些领域中,运筹学方法甚至是一种无可替代的计划方法和技术。

4.3.4 PERT 网络分析法

PERT(Program Evaluation and Review Technology)网络分析法,是管理者在计划大型的复杂项目时比较常用的一种方法或技术。比如企业重组或新产品开发等活动,它们要求协调成百上千的活动,各项活动之间存在紧密的时间序列关系,其中一些活动必须同时进行,而另外一些活动必须待前一项活动完成以后才能开始。这时,管理者可以利用网络分析法解决这一问题。

1) PERT 网络分析法的基本步骤

PERT 网络是一种类似流程图的箭线图,它描述了各项活动的先后顺序以及完成每一项活动所需要的时间,从而帮助管理者从中找出完成计划目标活动的关键线路,以便用最少的资源和最快的速度完成工作。其基本步骤如下:

(1) 确定实现计划目标所需要进行的每一项有意义的活动。

(2) 确定各项活动的先后顺序关系。

(3) 按照活动的先后顺序,绘制整个活动从起点到终点的流程图。

(4) 估算每项活动的完成时间。

(5) 寻找关键线路,关键线路的长度决定了完成整个计划目标所需要的时间。

2) 网络图

网络图是网络分析法的基本工具,将计划任务分解成各项活动,根据这些活动在时间上的衔接关系,用箭线表示它们的先后顺序,绘制出一个由各项活动相互联系并标明所需时间的箭线图形,这个箭线图形就称为网络图。图 4.11 就是一个简单的网络图。

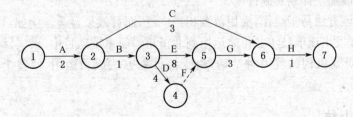

图 4.11　PERT 网络图

从图 4.11 可以看出,网络图是由以下部分组成的:

(1) "→"表示活动,是从一个事件到另一个事件的过程,需要消耗人力、物力和时间。图中箭线上方的数字表示该活动所要花费的时间。此外用虚箭线表示的活动不消耗资源和时间,仅仅用来说明活动之间的逻辑关系。

（2）"○"表示事件,事件是两个活动之间的连接点,事件本身不消耗资源和时间,只是表示前一项活动结束和后一项活动开始的那一个瞬间,一个网络图中只有一个始点事件和一个终点事件。

（3）线路和关键线路。线路是指网络图中从始点事件出发,沿箭线方向连续不断到达终点事件所经过的路径。关键线路是指网络图中花费时间最长的一条或几条线路。关键线路上所包含的活动是关键活动,关键线路的长度决定了完成计划所需要的最短时间。也就是说,关键线路上不存在机动时间,沿关键线路的各项活动的延迟将直接导致整个计划无法按期完成。因此,确定关键线路,以此合理安排各种资源,对关键线路上的每一项活动进行严格的进度控制,确保计划如期完成,是利用 PERT 网络分析法的主要目的。

从图 4.11 中可以看出,此计划所包含的线路总共有 3 条:

线路一:①→②→⑥→⑦

线路二:①→②→③→⑤→⑥→⑦

线路三:①→②→③→④→⑤→⑥→⑦

其中线路二消耗的时间最长（15 周）,是关键线路,如果要优化此方案,应该重点关注该线路二上的活动 A、B、E、G 和 H。

3）PERT 网络分析法的评价

虽然 PERT 网络分析法涉及大量繁琐的计算,但在计算机广泛运用的今天,许多计算工作基本上已经程序化了,因此,该方法因显示出一系列的优点而得到广泛应用。

（1）该方法能够清楚地表明整个计划中各项活动之间的先后顺序和逻辑关系,并指出了完成计划的关键路径,使管理者在制定和执行计划的过程中可以全面权衡,统筹安排,同时又能进行重点管理。

（2）该方法中的关键线路的作用可以提示管理者哪些活动是整个计划工作的重点,以便于围绕重点活动进行资源优化和时间进度管理,对关键线路上的各项活动可以在时间和资源上予以优先安排和重点监控,对可能影响关键活动的各种风险也能提前制定应急预案,从而降低计划执行的风险。

（3）当管理者想要缩短计划完成时间和节省资源消耗时可以把考虑的重点放在关键线路上,在资源分配上出现矛盾时也可以适当调动非关键线路上相关活动的资源去支持关键线路上的活动,以加快计划实施进度。

此外,由于该方法易于操作,应用范围相当广泛,而且效果显著。例如,1958 年,美国海军武器计划处开发出该项技术并将之运用到北极星潜艇系统项目中,该项目需要协调 3 000 多家供应商和研究机构的几万种活动,由于该计划方法成功运用,使整个项目提前 2 年完成。

 本章小结

本章介绍了计划和战略计划的相关概念和理论,详细探讨了计划工作和战略管理所包含的基本步骤,分析了不同层次的计划和战略的基本类型和特点,并着重介绍了企业战略的基本类型以及常用的计划方法。现将本章涉及的一些重点概念和问题做一简要回顾。

计划是为组织确定、选择适当的目标和行动的过程。计划指明了组织方向,减少变化的冲击,减少浪费和冗余,设立标准以利于控制。

计划的类型很多,从纵向看,计划是一个从抽象到具体的自上而下的层次体系;从横向看,计划包含了涵盖企业各项活动的职能计划序列;从时间跨度看,计划包含了长期、中期和短期计划组成的相互衔接的计划序列。

计划工作需要遵循一定的程序,这个程序包含了从估量机会、确定计划目标一直到拟订派生性计划和编制预算等主要环节的工作。计划工作的成效取决于各环节工作的质量。

与一般的作业计划相比,战略计划一般涉及较长的时间期限和较广泛的问题,是对企业全局性、长期性重大问题的一种纲领性的谋划和决策,其目的是为企业在充满挑战的环境中寻求并保持持久的竞争优势。

战略管理具有层次性,公司层战略和业务层战略作为企业基本的框架性战略越来越受到人们的重视,职能层战略主要是为上面两个层次提出的目标提供支撑和服务的。

企业战略的选择必须建立在科学而全面的战略分析的基础上,外部环境分析的目的是发现机会和威胁,内部条件的分析是为了识别或建立企业的优势,克服企业的短处或劣势。成功的战略选择能够帮助企业充分做到趋利避害、扬长避短。

公司层战略存在着 4 种基本的选择,即增长战略、维持战略、收缩战略和组合战略。BCG 矩阵区分出 4 种业务组合——吉星、现金牛、问号和瘦狗,以帮助企业进行合理的业务决策。

业务层战略的主要选择包括成本领先战略、差别化战略和目标集聚战略。

目标管理法是一种有别于传统的目标制定方法,强调员工参与的新的管理制度和方法,目标管理过程包括目标体系的建立、目标实施和目标评价及奖惩等几个基本步骤。目标管理提高了组织各级人员的"承诺意识",从而有很强的激励作用,并且通过一系列的方法将员工行为的引导、激励和控制有机地统一起来,提高了管理的效率。

其他计划方法主要包括滚动计划法、运筹学方法以及 PERT 网络计划技术。每一种计划方法都有其相应的优点、不足和适用范围。

复习思考题

1. 如何理解计划的概念?
2. 计划有哪些基本类型?
3. 你能说明政策、规则和程序之间的区别和联系吗?
4. 计划的基本程序是什么?
5. 什么是战略?企业战略有哪几种基本观点?你是怎样理解企业战略的含义的?
6. 战略管理的层次有哪些?
7. 战略分析的目的和主要内容是什么?
8. 公司层战略和业务层战略有哪些主要形式?
9. 目标管理法的含义、步骤和优点、缺陷是什么?
10. 简述 PERT 网络分析法。

案例分析

案例 1

西南航空公司

成功的标志——几乎用任何标准衡量,西南航空公司都是一家非常有效率和非常成功的公司。最突出的成功标志是它的高效率,最佳正点率,最佳飞行安全记录和最少投诉数。

西南航空公司与众不同之处——西南航空公司的宗旨很直截了当:向顾客提供低廉的、俭朴的和专一化的航空运输服务。公司决心成为航空运输产业中成本最低的经营者。

朴实无华——在西南航空公司的飞机上,不设头等舱座位,发放可重复使用的编了号的塑料登机卡,在飞机上不供应餐点。其结果是公司的效率水平和经营成本绝对领先于竞争对手。

飞机的标准化——西南航空公司只有一种型号的飞机,即波音 737 飞机,并使得维修人员和飞行训练减至最少。

市场选择——都是短程的点对点的航班,平均飞行时间为 55 分钟。集中服务于阳光地带和中西部地区。

低票价——平均票价只有 58 美元,票价甚至比城市间长途汽车票价还便宜。

低经营成本和低债务——大多数航空公司背负着沉重的债务,西南航空公司的资产负债率仅为 49%,是美国航空公司中最低的。

雇员忠诚——创始人和首席执行官赫布·凯莱特,试图使西南航空公司成为一个愉快的工作场所,目的是培育同心协力的精神,这有助于提高生产率,雇员们工作辛苦但毫无怨言,他们为受到尊重而自豪。

使顾客满意——公司的过去和未来都取决于能否满足顾客的需要,低成本加上大量的航班和可靠的服务换来的是日益增多的高度忠诚的顾客,公司尽一切努力使你准时到达要去的地方,这是最重要的。

【问题】

1. 如果西南航空公司想要成为国际性的航空公司,这种战略还有效吗？为什么？
2. 你认为赫布·凯莱特是企业家吗？为什么？
3. 你认为 MBO 在西南航空公司会成功吗？请说明理由。

案例 2

DHL

新需求创造新市场,新需求成就新辉煌。如果不是当年美国海运无法满足往来加州和夏威夷的运输需要,3 位美国人就不会在旧金山市创立驰骋全球的橙黄色 DHL(敦豪环球速递公司)。在今天,DHL 已经成了快递的代名词,如公司白领就经常说:"请你帮我把这个文件 DHL 过去。"

DHL 这个名称来自于 3 个公司创始人姓氏的首字母,他们是 Adrian Dalsey、Larry

Hillblom 和 Robert Lynn。1969 年,在阿姆斯壮迈出伟大的登月第一步的几个月后,3 个创始人也在一起迈出了一小步;时至今日,DHL 已经独占全球航空快递业约 40% 的市场份额,成为全球国际快递与物流服务领导品牌,正一步步迈向明日帝国。

客户价值创新战略,全速决胜中国

已故管理大师彼得·德鲁克曾形象地指出:"没有战略的企业就像流浪汉一样无家可归。"世界上每 1 000 家破产倒闭的大企业中,就有 850 家企业是因为企业家决策失误造成的。优秀的跨国公司企业家用于战略思考、战略研究上的时间占其全部工作时间的 60%。在迈入客户经济时代的今天,企业应该强化战略管理,积极实施基于客户经济理念的客户价值创新战略,以实现企业的可持续、稳步快速增长。

客户价值创新战略的鲜明特点就是以客户需求为本位。客户价值创新战略首先考虑的不是企业产品的成本、利润等,也不是与同行之间相比的所谓差异化,而是完全从客户视角看问题。

DHL 秉承为客户提供最佳服务、创造最大价值的客户价值创新战略,自成立以来,一直担任着改革创新的先锋,站在高科技领域的最前沿;本着快速、迅捷、高效的服务宗旨,除了为客户提供快递服务外,还可以向客户提供个性化的电子商务解决方案和量身定做的物流解决方案。

在谈到近年来取得的成绩时,中外运敦豪董事、总经理吴东明说:"今天的成绩离不开客户的信任和支持,而取得客户的全心信赖则是凭借我们多年来潜心打造的高标准、个性化服务。"

战略目标:巩固第一,引领市场

DHL 在中国的发展战略非常清晰,其远景目标是做到空运业全国第一,海运业第二,物流业前三名,做中国快递物流市场的市场领导者,并保持全面领先优势,在国际快递行业中给客户提供最佳服务。正如敦豪运输物流大中华地区资深副总裁莫志明所言:"我们的战略目标是巩固 DHL 在货运市场第一的地位,做合同物流领域中的领跑者,为客户提供端对端的服务。敦豪运输物流将在空、海运领域为客户提供优质服务,包括拼装及物流管理;在高科技领域继续保持其优势,并且在汽车、快速消费品、零售及工业领域进行多元化发展,扩大客户范围。"

为了将战略目标落到实处,中外运敦豪还把公司的战略目标细化为财务、效率指数和服务质量这 3 个具体的领域,从客户、流程及人才这 3 个角度设定具体的绩效测评指标,这样管理层就可以及时跟踪并修正指标,不但提高了效率,而且也增加了透明度,管理上更加便捷有效。虽然中外运敦豪的各个分公司之间可能存在地区差异,但评估体制是一样的,因此它们也就多了一个共同语言。无论是在服务质量还是在服务效率上,这些量化的标准可以让它们很清楚地知道自己在全国所有分公司中所处的水平。

"中国优先"战略:全球战略重心

迅速崛起的中国已成为全球重要的战略市场,中国也已成为 DHL 全球网络中增长最快的市场,中国市场对 DHL 亚太地区乃至全球都具有重要的战略意义。中外运敦豪对外宣称:"全面的配送服务将涵盖 DHL 在华物流业务的每一个关键环节,一站式服务使客户通过 DHL 统一渠道即可使用所有的快递和物流服务。作为连接 DHL 全球业务桥梁的中外运敦豪,将依托全球整合资源,以世界领先的专业化经验和技术推进国内物流快递业的发展。”

2006 年 4 月,DHL 在其中国合资公司中外运敦豪成立 20 周年之际,正式发布了“中国优先”战略。根据这一战略,中外运敦豪将继续加大在华投资力度,并力争在 2006 年年底前把分公司数量从 56 家增长到 72 家,此举将使中外运敦豪的网络覆盖进一步完善,作业能力进一步提升。

作为市场领跑者,DHL 力求将已高达 37% 的市场份额增加到 45%～50%。DHL 在中国市场的发展战略很明显,它肯定会集中资源进一步扩大自己在中国市场的领先地位,因为这个市场贡献的不仅仅是份额,更有丰厚的利润。

【问题】

1. 你认为 DHL 运用了怎样的战略来赢得中国市场?该战略成功的关键在哪里?

2. 你认为 DHL 要想实现其在中国市场的未来目标,可能存在哪些战略机遇和风险,你有何建议?

案例 3

某机床厂的目标管理法

某机床厂从 2008 年开始推行目标管理:为了充分发挥各职能部门的作用,充分调动一千多名职能部门人员的积极性,该厂首先对厂部和科室实施了目标管理。经过一段时间的试点后,逐步推广到全厂各车间、工段和班组。多年的实践表明,目标管理改善了企业经营管理,挖掘了企业内部潜力,增强了企业的应变能力,提高了企业素质,取得了较好的经济效益。

按照目标管理的原则,该厂把目标管理分为 3 个阶段进行。

第一阶段:目标制定阶段

1. 总目标的制定

该厂通过对国内外市场机床需求的调查,结合长远规划的要求,并根据企业的具体生产能力,提出了 20×× 年“三提高”、“三突破”的总方针。所谓“三提高”,就是提高经济效益、提高管理水平和提高竞争能力;“三突破”是指在新产品数目、创汇和增收节支方面要有较大的突破。在此基础上,该厂把总方针具体化、数量化,初步制定出总目标方案,并发动全厂员工反复讨论、不断补充,送职工代表大会研究通过,正式制定出全厂 20×× 年的总目标。

2. 部门目标的制定

企业总目标由厂长向全厂宣布后,全厂就对总目标进行层层分解、层层落实。各部门的分目标由各部门和厂企业管理委员会共同商定,先确定项目,再制定各项目的指标标准。其制定依据是厂总目标和有关部门负责拟定、经厂部批准下达的各项计划任务,原则是各部门的工作目标值只能高于总目标中的定量目标值,同时,为了集中精力抓好目标的完成,目标的数量不可太多。为此,各部门的目标分为必考目标和参考目标两种。必考目标包括厂部明确下达的目标和部门主要的经济技术指标;参考目标包括部门的日常工作目标或主要协作项目。其中必考目标一般控制在 2～4 项,参考目标项目可以多一些。目标完成标准由各部门以目标卡片的形式填报厂部,通过协调和讨论最后由厂部批准。

3. 目标的进一步分解和落实

部门的目标确定了以后,接下来的工作就是目标的进一步分解和层层落实到每个人。

(1) 部门内部小组(个人)目标管理,其形式和要求与部门目标制定类似,拟定目标也采用目标卡片,由部门自行负责实施和考核。要求各个小组(个人)努力完成各自的目标值,保证部门目标的如期完成。

(2) 该厂部门目标的分解是采用流程图方式进行的,具体方法是:先把部门目标分解落实到职能组,任务级再分解落实到工段,工段再下达给个人。通过层层分解,全厂的总目标就落实到了每一个人身上。

第二阶段:目标实施阶段

该厂在目标实施过程中,主要抓了以下3项工作。

1. 自我检查、自我控制和自我管理

目标卡片经主管副厂长批准后,一份存企业管理委员会,一份由制定单位自存。由于每一个部门、每一个人都有了具体的、定量的明确目标,所以在目标实施过程中,人们会自觉地、努力地实现这些目标,并对照目标进行自我检查、自我控制和自我管理。这种"自我管理",能充分调动各部门及每一个人的主观能动性和工作热情,充分挖掘自己的潜力,因此完全改变了过去那种上级只管下达任务、下级只管汇报完成情况,并由上级不断检查、监督的传统的管理办法。

2. 加强经济考核

虽然该厂目标管理的循环周期为一年,但为了进一步落实经济责任制,即时纠正目标实施过程中与原目标之间的偏差,该厂打破了目标管理的一个循环周期只能考核一次、评定一次的束缚,坚持每一季度考核一次和年终总评定。这种加强经济考核的做法,进一步调动了广大职工的积极性,有力地促进了经济责任制的落实。

3. 重视信息反馈工作

为了随时了解目标实施过程中的动态情况,以便采取措施、及时协调,使目标能顺利实现,该厂十分重视目标实施过程中的信息反馈工作并采用了两种信息反馈方法:

(1) 建立"工作质量联系单"来及时反映工作质量和服务协作方面的情况。尤其当两个部门发生工作纠纷时,厂管理部门就能从"工作质量联系单"中及时了解情况,经过深入调查,尽快加以解决,这样就大大提高了工作效率,减少了部门之间不协调现象。

(2) 通过"修正目标方案"来调整目标。内容包括目标项目、原定目标、修正目标以及修正原因等,并规定在工作条件发生重大变化需修改目标时,责任部门必须填写"拟修正目标方案"提交企业管理委员会,由该委员会提出意见交主管副厂长批准后方能修正目标。

该厂在实施过程中由于狠抓了以上3项工作,因此不仅大大加强了对目标实施动态的了解,更重要的是加强了各部门的责任心和主动性,从而使全厂各部门从过去等待问题找上门的被动局面,转变为积极寻找和解决问题的主动局面。

第三阶段:目标成果评定阶段

目标管理实际上就是根据成果来进行管理的,因此成果评定阶段显得十分重要。该厂采用了"自我评价"和上级主管部门评价相结合的做法,即在下一个季度第一个月的10日之前,每一个部门必须把一份季度工作目标完成情况表报送企业管理委员会(在这份报表上,要求每一个部门自己对上一阶段的工作做一恰如其分的评价)。企业管理委员会核实后也给予恰当的评分。如必考目标为30分,一般目标为15分。每一项目标超过指标3%加1分,以后每增加3%再加1分。一般目标有一项未完成而不影响其他部门目标完成的,扣一

般项目中的 3 分,影响其他部门目标完成的则扣分增加到 5 分。加 1 分相当于增加该部门基本奖金的 1%,减 1 分则扣该部门奖金的 1%。如果有一项必考目标未完成则扣至少 10%的奖金。

该厂在目标成果评定工作中深深体会到:目标管理的基础是经济责任制,目标管理只有同明确的责任划分结合起来,才能深入持久,才能具有生命力,才能达到最终的成功。

【问题】

1. 在目标管理过程中,应注意一些什么问题?

2. 目标管理有什么优缺点?

3. 增加和减少员工奖金的发放额是实行奖惩的最佳方法吗?除此之外,你认为还有什么激励和约束措施?

4. 你认为实行目标管理时建设规范、严肃的管理环境和制定自我管理的组织机制哪个更重要?

5 组 织

要成功地精简一个公司的组织机构,其难度就好比教一只大象跳舞。但是,20世纪90年代曾任惠普公司首席执行官的约翰·杨(John A. Young),却赢得了妙计制胜的声誉。

在1990年初,杨开始认识到公司的行政机构是如何拖延决策的过程。他听说公司在开发一组高速计算机工作站时,因为在技术决策问题上无休止地开会,结果使开发过程延期了一年多。惠普公司原先为促进各工作小组之间的沟通和更好地评估各项决策而设立的38个内部委员会,不仅增加了成本,还限制了创新和延缓了决策。比如,仅仅为公司开发出的第一代计算机软件取个名字,竟用了9个委员会,近100人讨论了7个月时间。

杨立即着手改革公司结构以解决这一问题。他取消了公司的委员会机构设置,并采取措施实现组织扁平化。他将计算机业务分为自治的2个集团:一个集团经营通过代理商销售个人微机、打印机和其他产品业务;另一个集团负责向大顾客推销计算机工作站和小型机。他还将公司集中的销售力量一分为二,使每个计算机集团拥有自己的营销队伍。

结果是令人鼓舞的。一位现在只要与3个委员会而不是38个委员会打交道的总经理这样评论说:"我们正在做更多的生意,正在以更少的人将产品更快地送出去。"数据也证实了杨重组机构的成功:在1991—1992年间,惠普公司的季度利润增加了40%。

在计划职能确定了组织的具体目标,并对实现目标的途径作了大致的安排之后,为了使人们能够有效地工作,还必须设计和维持一种组织结构,包括组织机构、职务系统和相互关系。具体地说,就是要把为达到组织目标而必须从事的各项工作或活动进行分类组合,划分出若干部门,根据管理宽度原理,划分出若干管理层次,并把监督每一类工作或活动所必需的职权授予各层次、各部门的主管人员,以及规定上下左右的协调关系。此外,还需要根据组织内外诸要素的变化,不断地对组织结构作出调整和变革,以确保组织目标的实现。

本章讨论了组织的含义和类型,组织设计的必要性、基本原则和影响因素;分析了组织部门化和层级化的基本思路和方法,并就常见的组织结构类型及其优缺点进行了深入的阐述和对比。

5.1 组织概述

从管理的角度正确把握组织的含义,深入了解组织工作的流程和主要内容,区分不同组织类型及其特点,是做好组织工作的必要条件和基本前提。

5.1.1 组织的含义

组织的含义可以从多个角度去理解,不同的管理学家从不同的角度对组织做了不同的解释。有学者认为,组织通常包含两种基本含义。一种是一般意义上的组织,即泛指存在于现代社会的各种各样的企事业单位。切斯特·巴纳德(C. I. Barnard)认为,由于生理的、心理的、物质的、社会的限制,人们为了达到个人的和群体的目标就必须协作,于是形成了特定的群体,即组织。虽然一般意义的组织形式多种多样,但它们都包含了"人、物质技术、机构、信息和目的"等基本的内部要素,以及诸如"行业、原材料供应、人力资源、市场、政府、社会文化"等外部要素。另一种是管理学意义上的组织,巴纳德将之定义为"有意识地加以协调的两个或两个以上的人的活动或力量的协作系统"。

从管理的角度看,我们认为组织是为了实现某一共同的目标,经由分工与协作,以及不同的权利和责任制度而构成的人群集合系统。这个概念包含以下3层含义:

(1) 组织必须有共同的目标。目标是组织存在的前提和基础,任何组织都是为实现特定的目标而存在的,不论这种目标是明确的还是隐含的。

(2) 组织必须有分工与协作。明确的分工与协作系统是确保组织的各项活动协调一致,使人们在群体里高效率地完成工作的基本保证。

(3) 组织必须有权利和责任制度。居于组织各层级、各部门和各岗位的人员为了更加有效地完成工作任务,必须赋予他们相应的职权和职责,并保证这些职权和职责达到一种动态的平衡。

5.1.2 组织工作的过程和内容

组织管理活动是根据已经明确的组织目标,对必须进行的全部活动加以分类和组合,据此设计出不同的组织机构和部门,划分出不同的管理层次,明确规定各层级、各部门、各机构和人员的权利和责任以及相互之间的关系,并加以合理授权的过程。因此,组织工作包含了组织的设计、组织运作、人员配备及组织变革和发展等主要内容。

具体而言,组织管理过程包括以下几个步骤:①确定组织的整体目标。②分解目标,形成目标体系。③明确实现目标所需的各项业务或活动,并加以分类和组合。④划分职能部门,设置管理机构。根据业务分类和组合情况,将相同或相近的业务活动组合在一起,形成不同的部门。⑤明确各部门的权利和责任。通过职务分析,进一步明确各个部门、各个岗位的权力和责任。⑥合理分配人员。⑦建立和维持一个畅通的信息联系渠道。⑧规定规章制度,确立运作机制,保持组织的灵活性、适应性、开放性和相对稳定性。

通过对以上步骤的分析可知,组织管理主要包括以下几个方面的内容:①组织结构设计,主要内容包括:职能分析和职位设计;部门设计;管理层次与管理幅度的分析与设计;横向联系系统的设计。②组织运作,管理者执行组织所规定的权力,行使组织职能,推动各个员工各司其职,相互协调地进行工作,主要内容包括制定工作规范和标准作业程序,确定组织信息沟通网络,以及对下属各单位、各部门的控制等,其核心是组织职权的运用与规范。③人员配备,通过人力资源计划、招聘、选拔、培训、评估等一系列活动,向组织提供合适的人选并取得高水平的工作绩效和职工最大的满足感。④组织变革与发展,组织需要随着内外环境的变化不断地进行变革与发展,以便不断提高组织的竞争力,需要根据组织发展的规律恰当地选择变革的时机、选用合适的变革方式以及在变革推动过程中消除变革阻力。

5.1.3　组织的类型

现代社会包含了各种各样、形形色色的组织,依据不同的标准对组织进行简单的分类,可以使管理者了解不同类型组织的一些基本特点,从而更好地开展管理工作。组织的分类方法大致包括以下几种。

1) 按组织的性质分类

(1) 经济组织。指参与市场交换,通过生产经营活动获取经济利益的营利性组织,包括各种生产性组织、商业组织、金融机构、交通运输组织及其他服务性经济组织。

(2) 政治组织。指以完成各种政治任务、实现特定的政治目标为主要目的的组织,包括政党组织和国家政权组织。

(3) 文化组织。指以满足人们的各种文化需求为主要目标,以文化活动为其主要活动内容的社会团体。如学校、图书馆、电影院、艺术团体和科研机构等。

(4) 群众组织。指社会各阶层各领域的人民群众,为开展各种有益活动而形成的社会性团体。如工会、共青团、妇联、科学技术协会等。

(5) 宗教组织。指以某种宗教信仰为宗旨而形成的组织,代表宗教界的合法利益,组织正常的宗教活动。

2) 按组织的形成方式分类

(1) 正式组织(Formal Organization)。正式组织指为了实现组织目标,明确规定组织成员之间的职责范围和相互关系的一种结构。正式组织有明确的目标,以效率逻辑为标准,组织制度和规范对组织成员具有正式的约束力。

(2) 非正式组织(Informal Organization)。非正式组织是人们在共同工作的过程中,由于具有共同或相似的情感、兴趣爱好,以共同利益和需要为基础而自发形成的团体。其主要特征有自发性、内聚性、不稳定性和领导人物的特殊作用。

3) 按组织的社会功能分类

(1) 以经济生产为导向的组织。这类组织以经济生产为核心,运用一切资源扩大组织的经济生产能力,包括工厂、银行和饭店等。

(2) 以政治为导向的组织。这类组织的功能在于通过权力的产生和分配,实现某种政治目的,如政府部门的一些组织。

(3) 整合组织。这类组织的功能在于通过协调各种冲突,引导人群向某种固定的目标发展,以维持一定的社会秩序,如法院、政党等组织。

(4) 模型维持组织。这类组织的功能在于维持固定的社会形式来确保社会的平衡发展,如学校、社团、教会等。

4) 按组织对其内部成员的控制方式分类

(1) 强制型组织。这类组织用高压和威胁等强制性手段控制其成员,如监狱、精神病院等。

(2) 功利型组织。这类组织主要以金钱或物质的媒介作为手段来控制其所属成员,包括各种工商组织。

(3) 正规组织。这类组织主要以荣誉鼓励的方式管理组织成员,且组织的运作比较规范,如政党、机关、学校等。

5）按利益受惠分类

（1）互利组织。这类组织的一般成员都可在其中获得某种方便和实惠，如互助团体、会员制俱乐部等。

（2）服务组织。这类组织为社会大众服务，使大众得到益处，如医院、大学、福利机构等。

（3）实惠组织。这类组织的所有者或经理等主要管理者能得到实惠，如银行、工厂等。

（4）公益组织。这类组织指为社会所有人提供服务的组织，如警察机关、行政机关和军队组织等。

5.2 组织设计

组织职能是管理过程中不可或缺的手段，组织目标一旦明确，必须进行有效的组织设计以保证实现组织目标。组织设计主要是探讨在怎样的原则下，能够最有效地进行组织的横向和纵向的分工。也就是在一定的原则框架内，对组织的结构和活动进行创构、变革和再设计。

5.2.1 组织设计的必要性

个体劳动者和手工作坊类的小型组织不存在组织设计问题，因为他们可以根据实际情况安排自己的工作，或者由管理者直接管理和安排每一项具体活动。随着组织规模的扩大，管理者无法直接安排和管理组织内的一切活动，无法安排每个人的具体工作，就必须通过组织设计对组织活动进行细分，并通过区分工作类型和工作间的相互关系来确定有效的组合方法。传统的组织设计是建立在劳动分工的基础上的。在外部环境相对稳定的条件下，组织设计者只需将工作任务按其复杂和难易程度进行分解，然后委托一定数量的管理者负责相应的管理工作，并授予一定的权力，就能够保证工作任务的顺利进行。因此，传统的组织设计是在相对封闭的系统内部进行的。随着外部环境变化日趋复杂，组织设计必须在一个开放的系统环境中进行，以保持组织的灵活性和对环境的高度适应性。

从现代观点出发，组织设计的目的就是通过创构柔性灵活的组织，动态地反映外在环境要求，并能够在组织演化成长的过程中，有效积聚组织资源，同时协调好组织中部门与部门之间、人员与任务之间的关系，使员工明确自己在组织中的位置及相应的权利和责任，有效地保证组织活动的开展和组织目标的实现。

5.2.2 组织设计的原则

组织设计的基本原则早在 20 世纪初期就已为古典管理学家所提出。如早在 20 世纪20 年代，法约尔提出的著名的管理 14 项原则、韦伯提出的理想的行政组织体系主要都是针对组织设计的。40 年代，古典管理学集大成者林德尔·F. 厄威克（Lindall F. Urwick）在综合的基础上，提出了适用于一切组织的 8 项原则，即目标原则、相符原则、职责原则、组织阶层原则、控制幅度原则、专业化原则、协调原则、明确性原则。这些基本原则为管理者从事组织设计提供了理论依据。遗憾的是，古典组织理论对组织设计的理论并不完全适用于一切情况和所有组织。人际关系学派率先对古典管理学派的组织原则提出了批评。人际关系学派对古典管理学派的批评和修正集中在劳动分工、等级与职能过程、组织结构、管理幅度 4 个方面。随着时代的变迁,组织设计的原则虽然也体现为一定的流动性,但历经数十年组织理论与实务的演化,还是存在着较为一般性的基本原则。这些原则为组织设计一个既有效率又有效果的组织结构提供了强有力的指导作用。当然,任何原则性的条文在发挥正向作用的同时,也不可避免地产生负向作用,这就需要我们在具体运用这些原则时,一方面要注意坚持,另一方面还要注意不断超越。只有这样,才能反映组织活动日益复杂多变的现实。

管理大师德鲁克对组织设计提出了建设性的意见,他认为从组织设计角度看,组织结构要满足以下一些最低要求:清晰性、经济性、愿景的方向、对个人任务和共同任务的理解、决策、稳定性以及永存性与自我更新。

(1) 清晰性。组织中的每一个管理部门、每一个人,特别是每一位管理者,都需要了解他属于哪里、处于什么地位。同时,他们也需要了解应该到哪里去取得信息、协作或决定以及如何才能够取得。

(2) 经济性。组织结构应该使人们能够进行自我控制,并鼓励人们进行自我激励。不得不把时间和注意力投放在使机构运转,即放在"管理"和"组织"、"内部控制"、"内部沟通"和"人事问题"的人,应该保持在最低限度。对于有很强工作能力的人,更应该如此。

(3) 愿景的方向。组织结构应该能够对个人和各个管理部门的愿景提供指引,把它们引向取得绩效的方向,而不是引向作出努力的方向。而且,它应该把愿景引向取得成果的方向,即指引到有利于提升整个组织绩效的方向上去。

(4) 理解个人的任务和共同任务。一个组织应该使每个人,特别是每个管理者和每个专业人员(也包括每个管理单位)都理解自身的任务。这当然意味着工作本身必须专业化。工作始终是特定而具体的,只有一项任务本身是可以明确加以界定的,只有完成该任务所必需的条件是任务本身所固有的,人们才能够理解该任务。

(5) 决策。在现有的组织设计原则中,没有一种主要是以"决策模式"为中心建立起来的。但是管理者必须作出决策,必须就正确的问题由恰当的组织层次来作出决策,必须使决策转化为工作和成就。因此,必须在是阻碍还是强化决策过程这方面对组织设计进行检验。如果一种组织结构使得决策必须由组织中尽可能高的层次作出(而不是由尽可能低的层次作出),这种组织结构显然是一种障碍。类似地,如果一种组织结构使得作出重大决策的需要变得模糊不清,或把注意力集中于错误的问题上,如集中于管辖范围的争执,那显然也是一种障碍。

(6) 稳定性与适应性。一个组织需要足够的稳定性,必须在周围的世界处于动乱时仍能够正常工作,必须能够以过去的绩效和成就为基础继续前进,必须能够对其未来和连续性进行规划。但稳定性并不是僵化的。相反,组织结构还需要具有高度的适应性。一个极其僵化组织是不稳定的,而且是脆弱的。只有组织结构使自己适应新的情况、新的需求和新的条件以及新的面孔和新的个性时,它才能继续存在。所以,适应性是一项十分重要的要求。

(7) 永存性和自我更新。一个组织还必须能够使自己永存,必须能够为它自己而进行自我更新。这两种必要性包含许多要求。此外,德鲁克认为一个组织必须能够从内部产生未来的领导者。要做到这一点,一项最低要求是:组织不应该有太多的管理层次;组织结构应该帮助每一个人在其担任的每一个职位上能够得到学习和发展,组织结构的设计应该使人能够持续学习;必须接受新思想并愿意和能够做新事情。

综合各类观点,我们认为,组织设计的主要任务包括职能与职务的分析与设计、组织部门设计和组织层级设计。为了达到组织设计的理想效果,在组织设计过程中,应该遵循以下原则:

(1) 专业化分工原则

专业化分工是组织设计的基本原则。根据科学管理的奠基人泰罗的观点,专业化分工不仅适用于生产劳动领域,同样也适用于管理劳动领域。管理劳动领域的专业化分工不仅能够提高管理效率,而且有助于对需要履行不同职能的专职管理者的培养。从某种意义上说,组织设计就是对管理者和管理劳动进行横向的和纵向的分工的过程:部门划分是根据相似性和相关性的标准,对不同部门的管理者进行横向分工;层级设计是根据相对集权或相对分权的原则,把涉及资源分配等相关权力在不同层次的管理机构或岗位进行纵向的安排。

(2) 统一指挥原则

统一指挥原则(Unity of Command),是指每个下属应当而且只能向一个上级主管直接负责,要求在上下级之间形成清晰的指挥链。如果下属有多个直接上级,就会因为上级可能会下达多个彼此不同甚至相互冲突的命令而无所适从。为了避免多头领导可能导致的混乱,除非在一些特殊的情形下,组织的各项活动应该有明确的区分,并且应该明确上下级的职权、职责以及沟通联系的具体形式。

(3) 管理幅度原则

所谓管理幅度是指管理者有效地监督、管理其直接下属的人数应该有一定的限度,并且是有效的。古典管理学者、法国管理顾问格兰丘纳斯(V. A. Graicunas)提出:在建立一种适当的控制幅度时,要考虑一个重要因素是管理者与下属间可能发生的潜在的关系数,其公式为 $N = n(2^{n-1} + n - 1)$。式中:N 表示管理者与其下属之间相互交叉作用的最大可能数;n 表示下属人数。由此他认为,当一个上级的控制幅度超过 6~7 个人时,需要协调的关系数会呈几何级数增加,这些错综复杂的关系最终可能使其无法驾驭。这就意味着,管理幅度不能够无限度的增加,因为个人的知识水平、能力水平等都是有限的。当然,影响管理幅度的因素是多种多样的,至今还没有形成一个可以被普遍接受的有效管理幅度的标准。值得注意的是,随着计算机和网络技术的不断发展,人们处理信息的能力大大增强,管理者协调各种管理的能力和效率也会大大提高,管理幅度有可能也会大量的增加。

(4) 权责对等原则

组织中每个部门和每个人员都有责任按照工作目标的要求完成工作任务,同时,组织也必须委之以自主完成任务所需要的权力。职权与职责必须对等。有责无权,或者权力范围太小,责任方就可能因为缺乏主动性、积极性而导致无法承担或履行责任;有权无责或者责任不明确,就有可能导致滥用职权,滋生助长官僚主义,影响组织的健康运行。

(5) 柔性经济原则

组织的柔性主要是指组织的部门、岗位和人员可以根据组织内外环境的变化进行调整和变动,组织的柔性可以减少组织变革带来的震荡和冲击。组织的经济性是指组织的管理层次与幅度、人员结构以及部门工作流程必须进行合理设计,以达到组织运行的高效率。组织的柔性与组织的经济性是相辅相成的,只有如此,才能保证组织机构既精简高效,又具有环境的适应性。

5.2.3 组织设计的权变因素

随着环境的变化和竞争的加剧,人们发现并不存在一种所谓"唯一"的组织设计适合于所有的情况,正如在计划及其他管理概念中的情形一样,理想的组织设计取决于各种权变的因素。一些学者总结出,在各种各样的组织设计方案中,存在着两种极端化的组织形态,即机械式组织与有机式组织。机械式组织(Mechanistic Organizations)也可以称为官僚式组织,是综合使用传统的组织设计原则的产物。其特点是僵化的部门制、高度正规化、明确的命令链及高度集权化。有机式组织(Organic Organization)也称为适应性组织,是综合使用现代的组织设计原则的产物,是一种低度复杂化、低度正规化和分权化的松散、灵活的具有高度适应性的组织结构形式。表 5.1 比较了两类组织的不同特点。

表 5.1　机械式组织与有机式组织的不同特点

有机式组织	机械式组织
雇员服务于部门的共同任务	工作被分成分离的、专门化的部分
工作通过雇员的团队重新调整和划分,不断调整职责	工作被严格限定,固定的职责
较少的权力和控制的等级,规章较少	有严格的权力和控制等级,有许多规章
分权化	集权化
沟通是横向的	沟通是纵向的

那么,为什么有些组织选择了机械式结构而另外一些组织选择了有机式结构呢?影响这种选择的因素主要包括以下几个方面:

1) 环境

环境是由组织外部可能影响组织绩效的多种机构和因素组成的。在前面的有关章节中我们已经讨论了管理环境的构成,以及环境是怎样成为管理决策的限制性因素的。同样,环境也是影响组织设计的重要力量。组织环境可以依据 3 个关键维度来进行区分和考察,即环境容量、稳定性和复杂性。所谓环境容量是指环境可支持组织发展的程度。丰富和成长的环境可带来丰富的资源,能够使组织面临资源短缺时有缓冲的余地;稳定的或变化不大的环境可以使管理者对未来进行比较准确的预测;所谓环境的复杂性即指环境要素的异质性和集中状况,复杂性是相对于简单环境而言的,简单环境是同质的、单一的。研究表明,在稀少、动态、复杂环境中的组织面临的不确定性最大,应该采用有机式组织结构;而处在丰富、稳定和简单环境中的组织,选择机械式组织结构运行效率更高。

2) 战略

艾尔弗雷德·钱德勒对战略—结构关系进行了较系统的研究,他对美国 100 家大型组织进行了考察,追踪这些组织长达 50 年的发展历程并收集了大量案例资料后得出了组织战略的变化先于并导致了组织结构的变化的结论。他认为,简单战略只需要一种简单的、松散的结构形式来执行这一战略,这时,决策可以集中在一个高层管理者手中,组织的复杂性和正规化程度都很低。当组织成长以后,其战略变得更加有雄心和更加复杂,组织结构也要进行相应的调整。例如,追求探索者战略的组织必须以创新来求生存,有机式组织能更好地适应这一战略,因为这种结构更加灵活,能够保持最大的适应性。相反,防御者战略是追求稳定性和效率性,这需要一种机械式组织才能更好地与之相适应。

3）技术

技术是指组织将其投入有效地转化为产品或服务的手段。任何组织都必须至少拥有一种技术以便实现这种转换。关于技术—结构关系的研究很多,具体情形也很复杂,比较有影响的观点有伍德·沃德(Joan Woodward)等人对制造业的3种技术类型与结构之间的关系的研究,他们根据制造业技术的复杂程度把技术分为3类,即单件小批量生产技术、单件大批量生产技术和流程生产技术。研究结论认为,大批量生产组织通过严格的规范化的管理,可以提高生产和管理效率,适合选择机械式组织结构;而对于小批量生产和流程生产技术的组织则因为需要更大的灵活性,选择有机式结构将更加有效。需要指出的是,随着计算机和信息技术的飞速发展及其在制造业中的广泛运用,改变了伍德·沃德等人所描述的大批量生产技术无法实现定制生产的传统格局,组织结构的选择空间也进一步拓展了。

4）规模

组织规模对其结构具有明显的影响。一般而言,大型组织总是倾向于比小型组织具有更高程度的专业化和横向及纵向的分化,同时其规章条例也更多。当然,这种关系并不是线性的,而是规模对结构的影响强度呈弱化的趋势。即随着组织的扩张,规模对结构的影响将变得越来越不明显。

5.2.4 组织的部门化

组织的部门化是指按照职能相似性、任务相近性或活动关系紧密性等原则把组织中的专业人员集合在同样的部门里,然后配以专职的管理者来协调领导,统一指挥。部门化可以依据多种不同的标准进行安排选择,如业务职能、产品或服务、顾客、地区、流程等,其中职能部门化和流程部门化是按工作的过程标准来划分的,其他几种则是按工作结果标准来划分的。

1）职能部门化

职能部门化是一种传统而基本的组织形式,即按照生产、营销、财务、人事、研发等基本活动相似性或技能相似性的要求,分类设立相应的管理部门。职能部门化的组织结构可以充分发挥专业化分工所带来的种种好处;有利于维护最高管理层的领导权威;促进同一部门人员之间的相互学习和交流,从而有利于对工作人员的培训。但职能部门化也存在明显的局限性:各职能部门之间协调性差,本位主义严重,容易淡化组织的整体目标;关键人员过度专业化导致其观点狭隘,限制了全面管理者的发展;环境适应性较差。

2）产品部门化

职能部门化往往是组织发展初期、品种单一、规模较小时的一种理想选择,但随着组织的成长和产品品种的多样化,把不同产品的生产和销售集中在同一个生产销售部门进行管理会给部门主管带来很多困难。因此,在有着多种产品或产品线的规模较大的组织,按产品或者按产品系列对组织活动进行分组的形式变得越来越普遍。产品部门化的优势是:①能够使组织将多元化经营与专业化经营结合起来,既降低了风险又保证了效率;②有利于组织及时调整产品结构和生产经营方向;③可以促进组织内部竞争和培养全面型的高层管理人才。产品部门化的不足之处是需要较多的具有全面管理能力的人才;部门间可能存在职能重叠设置,从而导致管理费用的增加。

3) 地区部门化

地区部门化是根据地理因素来设立管理部门,把不同地区的经营业务和工作职责划分给不同部门的经理人员来管理。组织活动在地理上的分散性所带来的交通和通信的不便,曾经是地区部门化的主要理由。而现在取而代之的理由是,地区部门化通过使那些处在不同地区的生产经营单位成为相对独立的实体,可以更好地适应当地的社会文化环境以及劳动者和消费者的需求。在国际范围内从事跨国经营业务的跨国组织更是如此。地区部门化的优势和不足非常类似于产品部门化。

4) 顾客部门化

这是一种多用于最高主管部门以下的一级管理层次中划分部门的方法。它根据服务对象或顾客的需要,在分类的基础上来划分各个部门。这种方法也是许多不同类型的组织中所普遍采用的。例如一所大学的学生,可以分为研究生、本科生、专科生、进修生、函授生、夜大学生等类型。那么,对这些不同类型的学生的安排,就形成了学校的不同部门。这种按服务对象划分部门的方法最大的优点就是能满足不同顾客的特殊需求,社会效益也比较好。但按这种方法组织起来的部门,主管人员常常要求给予特殊的照顾,从而使这些部门和按照其他方法组织的各部门之间的协调发生困难。此外,这种方法有可能使专业人员和设备得不到充分的利用。

以上介绍的是一些划分部门的主要和基本的方法,除此之外,还有一些方法如按人数划分、按设备划分、按市场销售渠道划分、按工艺流程划分、按字母或数字划分等。总之,设计组织的横向结构,即划分各层次的业务部门,是为保证组织目标的实现而对业务工作进行安排的一种手段。所以,在实际运用中,每个组织都应根据自己的特定条件,选择能取得最佳效果的划分方法。应该指出的是,划分方法的选择不是唯一的,并不一定要求各层次的业务部门都整齐划一。在很多情况下,常常采用混合的方法来划分部门,即在一个组织内或同一组织层次上采用两种或两种以上的划分方法。例如一所大学,在中层这个管理层次上,就可以按领域划分为各个系、所;按职能划分为教务处、人事处、后勤处、财务处、保卫处、外事处等;按服务对象划分为研究生院、函授学院;按设备划分为数据处理中心等。这种混合划分部门的方法,常常能够更有效地实现组织的目标。

▌案例阅读

中粮集团按产业划分板块

中粮集团从一家单一的粮食进出口企业发展到国内最大的粮食贸易商、最大的农产品及食品加工企业、最大的生物能源生产企业——旗下公司越来越多,规模越来越大。2004年宁高宁空降中粮后,以"集团有限相关多元化、业务单元专业化"为发展思路,实施战略转型,重塑商业模式,不断提升核心竞争力,探索出了一条"新国企"的发展道路。

2006年,中粮集团按照"业务单元专业化"的要求,将原有的43个业务单元调整为34个,由集团总部直接管理。2007年1月,中粮集团又按照商业逻辑,将集团34个业务单元调整成9大板块:中粮贸易,主营粮食进出口贸易;中粮粮油,主营农产品加工,中粮控股是其融资平台;中国食品,主营食品消费品,中粮国际是其融资平台;以及中国土畜、地产酒店、中粮发展、金融事业部、屯河公司、中粮包装。集团仅负责总体战略、资源配置等方面的决策,其余经营管理等具体工作均由业务主体自行决定。

这种调整是围绕主营业务建立专业化经营单位,鼓励每一个板块上市,使中粮的9大板块都在行业竞争中领先。调整之前,集团的各个业务群和新并购的公司是独立运营的战略业务单元,没能完全实现基于统一目标、整体利益及职能、责任、信息关联性的业务架构和流程,供应链改善、价值链管理、利益协同、成本管理、营运效率都有待加强。

【点评】 中粮集团调整后的架构,有利于中粮集团战略的实现和集团品牌的建立,规范公司的治理,提高效率,降低成本,最大化控制风险和缔造核心竞争力。从"有限相关多元化"到"业务单元专业化",再至成立专业营销公司,中粮整合战略一直在继续深化。业内人士认为,将来中粮或可使其核心业务群——粮油食品贸易、物流、加工、进出口等业务发展成为按照产业链逻辑形成的组织体系。

5.2.5　组织的层级化

组织层级化设计所要解决的主要问题是组织纵向的合理分工。组织层级化设计需要处理好以下方面问题:

1) 组织层级化与管理跨度

管理层次是指组织中从最高管理层到最基层的管理者之间的等级数量。一般而言,层级化与管理幅度之间存在一种互动关系。管理幅度又称为管理跨度或者管理宽度,是指一名主管人员能够有效指挥和监督的直接下属人员的数量。如前文所述,受管理幅度的影响,组织必须采取分层管理的形式。一般来说,在组织人员规模大致一定的情况下,组织层次与管理幅度在数量上是一种反比例关系,即宽幅度对应较少的层级,窄幅度对应较多的层级(见图5.1)。究竟管理幅度多大合适,至今还没有一个统一的答案。在计算机技术广泛应用以前,管理学者经过调查研究发现,在组织结构的高层,管理幅度一般为4~8人,低层一般为8~15人。对具体的管理幅度数目,目前还没有形成一致的意见。古典学者主张窄小的幅度(通常不超过6人)以便对下属保持紧密控制,从而形成所谓的直式结构(Tall Structure)。但近些年来,越来越多的组织正努力扩大管理幅度,出现组织扁平化的趋势,形成了扁平结构(Flat Structure)。

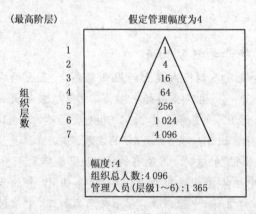
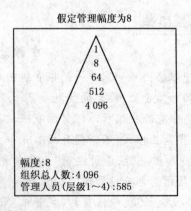

图 5.1　管理幅度与管理层级比较图

扁平结构与直式结构各有利弊：

扁平结构有利于缩短上下级距离，密切上下级关系，信息纵向流通快，管理费用低，而且由于管理幅度较大，被管理者有较大的自主性、积极性、满足感，同时也有利于更好地选择和培训下层人员。但由于不能严密地监督下级，上下级协调较差，管理幅度的加大也加重了同级间相互沟通联络的困难。

直式结构具有管理严密、分工明确、上下级易于协调的特点。但层次增多，带来的问题也越多。这是因为层次越多，需要从事管理的人员迅速增加，彼此之间的协调工作也急剧增加，互相扯皮的事会层出不穷；管理层次增多之后，在管理层次上所花费的设备和开支、所浪费的精力和时间也自然增加；管理层次的增加，会使上下的意见沟通和交流受阻，最高层主管人员所要求实现的目标，所制定的政策和计划，不是下层不完全了解，就是层层传达到基层之后变了样；管理层次增多后，上层管理者对下层的控制变得困难，易造成一个单位整体性的破裂；同时，由于管理严密，从而影响下级人员的主动性和创造性。因此，现代组织更倾向于应尽可能地减少管理层次。

在实际管理过程中，影响管理幅度的因素很多，主要有：

（1）管理者的个人能力。在前提条件相同的情况下，管理者的管理能力越强，其管理的幅度就越大。这里的管理能力指的是各个方面的能力，如管理者的表达能力强，能够迅速地把握问题的关键，对下属的请示提出恰当的指导建议，并且能够使下属明确地理解，从而缩短与每一位下属接触所占用的时间等，这样，其管理的幅度就会扩大。

（2）下属的工作能力。下属的工作能力强，在工作中能够独立地处理所遇到的困难和问题，就会减少对上级的时间的占用。如果下级人员事事都需要向上级请示、汇报、协调，就必然制约上级的管理幅度。

（3）工作的内容与性质。管理者的工作越复杂，涉及面越广，对管理者的时间、精力的占用就越多，其管理的幅度就不会太大。

（4）计划的详尽程度。计划是对工作的一种事前安排。如果计划制定得十分详尽，下级也已经透彻地了解并且接受，管理工作就相对容易，管理的幅度就可以大一些，反之就要小一些。

（5）管理手段的先进程度。在管理中，管理手段对管理幅度的影响也十分明显，其中信息传递手段的影响特别显著。随着电子计算机和信息网络等先进的管理工具在管理中的运用，使得管理幅度有了很大的提高。近年来，很多组织的结构由过去的多层次的金字塔结构向少层次的扁平式结构的转变，意味着管理幅度不断扩大。

（6）管理环境的稳定性。管理环境越是稳定，组织与环境之间适应性工作就相对简单，新问题比较少，经常性的问题可以按照既定的程序来解决，管理幅度就可以大一些；反之，环境变化快，新问题多，管理者的时间和精力就必须用来应付出现的各种问题，管理幅度就会受到限制。

专栏5-1 ▷▷▷

管理幅度的实践

20世纪初期，美国将军伊恩·汉密尔登（Ian Hamilton）根据他作为一个军官的经验总结了对管理幅度大小的认识。他发现，一般人的头脑在管理3～6个人时处于最佳工作状态。一个军士在仅仅指挥 3 个士兵时并不十分忙碌,一个陆军中将难以指挥 6 个师长的活动。伊恩·汉密尔登最后建议,越接近于整个组织的最高领导人,他的管理幅度越接近 6 个人越好。

亨利·法约尔指出,合适的管理幅度应该是最高经理管理 4～5 名部门经理,部门经理管理 2～3 名管理人员,管理人员管理 2～4 名工长,工长管理 25～30 名工人。

英国著名的管理顾问林德尔·F. 厄威克(Lyndall F. Urwick)上校提出了他观察到的心理现象:一个人的"注意力跨度"——能够同时给予注意的事项的数目——是有限的,并以此为依据讨论管理幅度的大小。他的研究结论是:"没有一个管理者能够直接管理超过 5 个或者至多 6 个工作紧密相关的下属的工作。"

美国管理学会的研究报告(1952 年)介绍了当时在 141 家"公认的具有良好组织实践"的公司调查结果,该项调查的主题是这些公司中的总经理的管理幅度实践情况。结果发现总经理的管理幅度为 1～24 人不等。

2) 集权与分权

集权化程度(Centralization)是组织内决策权力的分布及集中情况。当组织的决策权更多地分布在高层,组织的相对集权程度较高;当组织的决策权力更多地分散在下层,则组织的相对分权程度较高。集权和分权是相对的,没有绝对集权的组织,也没有绝对分权的组织。一般来说,随着社会生产力的发展,分工协作的深化,分权和集权的趋势也在发展。首先是技术的发展,使协作劳动更加紧密,分工更加细致,协调更加重要,对集中统一指挥与管理的需要就更为迫切,这样才能保证组织中各个部门的协调配合,最合理地利用组织的各种资源,集权的要求自然不言而喻。另一方面,技术的发展、环境的变化都在加强,要求组织具有更大的灵活性和适应性。因此,组织的权力应当适当分散,以增加组织的应变能力。

戴尔(R. Dell)曾提出判断一个组织分权程度的 4 个标准:①较低的管理层次作出的决策数量越多,分权程度越大;② 较低的管理层次作出的决策重要性越大,分权程度越大;③较低的管理层次作出的决策影响面越大,分权程度越大;④较低的管理层次作出的决策审核程序越少,分权程度越大。

传统的组织是一种职权和权力集中在高层的金字塔形的结构,是一种相对集权的组织。但是,随着组织环境日益复杂化和动态化,现在越来越多的组织将决策权力分散。因为管理者相信,决策应该由那些拥有充分信息的人作出,而不论他处于组织的哪一层次。组织究竟是采用分权还是集权,以及在多大程度上集权或分权,应视具体情境而定。在实际的组织设计中,影响集权和分权的因素主要包括:

(1) 决策的代价。这里要同时考虑经济标准和诸如信誉、士气等一些无形的标准。对于较重要的决策、耗费较多的决策,由较高管理层作出的可能性较大。因为基层主管人员的能力及获取的信息量有限,限制了他们去决策。再者,重大决策的正确与否责任重大,因此往往不宜分权。

(2) 政策的一致性要求。组织内部执行同一政策,集权的程度较高。

(3) 规模问题。组织规模大,决策数目多,协调、沟通及控制不易,宜于分权;相反,组织规模小,决策数目少,分散程度较低则宜于集权。

(4) 组织形成的历史。若组织是由小到大扩展而来,则集权的程度较高;若组织是由联合或合并而来,则分权的程度较高。

（5）管理哲学。主管人员的个性与所持的哲理影响权力的分散程度。

（6）主管人员的数量和管理水平。主管人员的素质及数量也影响着权力分散的程度。主管人员数量充足,经验丰富,训练有素,管理能力较强,则可较多地分权;反之,应趋向集权。

（7）控制技术和手段是否完善。通讯技术的发展、统计方法、会计控制以及其他技术的改进都有助于趋向分权。但电子计算机的应用也会出现集权趋势。

（8）分散化的绩效。权力分散化后的绩效如何,将会影响职权的分散与否。

（9）组织的动态特性及职权的稳定性。组织正处于迅速发展中,要求分权。原有的、较完善的组织或比较稳定的组织,一般趋向集权。有些问题的处理有很强的时间性,而且要随机应变,权力过于集中容易贻误时机,处理此类事项的权力应当分散,以便各管理环节机动灵活地解决问题。

（10）环境影响。决定分权程度的因素中,大部分属组织内部的,但影响分权程度的还有一些外部因素,例如经济、政治等因素。这些外部因素常促使集权。正如戴尔（Ernest Dale）所说:"困难时期和竞争加剧可能助长集权制。"

3）层级化与授权

所谓授权是组织为了共享内部权力,增进下级和员工的努力,把某些权力或职权授予下级,下级可以在一定的范围内自由决断,灵活处置问题,同时负有完成任务并向上级报告的责任,即上级授权以后仍然保留对下级的指挥和监督权。因此,授权包含了3层含义:委派任务,授予权力或职权,明确责任。

组织中的授权有它特定的含义,应注意区别以下问题:

（1）授权不同于代理职务。代理职务是在某一时期,依法或受命代替某人执行其任务,代理期间相当于该职,是平级关系,而不是上级授权给他。

（2）授权不同于助理或秘书职务。助理或秘书只是帮助主管工作,而不承担责任,授权的主管依然应负担全责。在授权中,被授权者应当承担相应的责任。

（3）授权不同于分工。分工是在一个集体内,由各个成员按其分工各负其责,彼此之间无隶属关系;而授权则是授权者和被授权者存在上下级之间的监督和报告关系。

（4）授权不同于分权。授权主要是指权力的授予和责任的建立,它仅指上、下级之间短期的权责授予关系;而分权则是授权的延伸,是在组织中有系统地授权,这种权力根据组织的规定可以较长时期地留在中、下级主管人员手中。

有效授权可以克服层级化组织的纵向权力过于集中所带来的组织僵化等弊端,随着信息时代的到来,越来越多的组织意识到,把权力分解下去可以更好地促使组织成员自由、圆满、高效地完成工作任务,因此授权也成为组织发展的一个重要趋势。为了更好地发挥授权的效果,组织除了需要提供一定的要素和环境外,还需要遵循以下原则:

（1）因事设人,视能授权。一切依被授权者的才能大小和知识水平的高低为依据。"职以能授,爵以功授",这是古今中外的历史经验,两者绝不能混为一谈。"因人设事""以功授权",必然贻误大事。授权前,必须仔细分析工作任务的难易程度,将职权授予最适合的人选。一旦授予下属职权而下属不能承担职责时,应明智地及时收回职权。

（2）明确所授事项。授权时,授权者必须向被授权者明确所授事项的任务、目标及权责范围,这样不仅有利于下属完成任务,更可避免下属推卸责任。

（3）不可越级授权。只能对直接下属授权,不可越级授权。例如局长只能把所属的权力授给他所管辖的处长,而不能越过处长直接授予科长。越级授权必然造成中层主管人员的被动,以及部门之间的矛盾。

(4)授权适度。授予的职权是上级职权的一部分,而不是全部,对下属来讲,这是他完成任务所必需的。授权过度等于放弃权力。对于涉及有关组织全局的问题,例如决定组织的目标、发展方向、关键人员的任命和升迁、财政预算,以及重大政策问题等,不可轻易授权,更不可将不属于自己权力范围内的事授予下属。

(5)适当控制。在授权过程中要适度地进行控制。如果主管人员授权后仍不断地检查工作,是授权不足的表现。有效的主管人员在实施授权前,应先建立一套健全的控制制度、制定可行的工作标准和适当的报告制度,以及能在不同的情况下迅速采取补救的措施。

(6)相互信赖。授权和沟通相似,必须基于主管人员和部属之间的相互信赖的关系。因此,主管人员如果把权力授予下属,就应该充分信任下属,也就是说要用人不疑。

5.3 组织结构

组织结构是用来描述组织的基本框架,是指组织内关于规章、职务及权利关系的一套形式化系统(Formal System),它说明组织内各项工作如何分配、谁向谁负责及内部协调机制。组织结构可用复杂性、正规化和集权化3个方面的特性来描述。

(1)复杂性(Complexity)。是指组织的分化程度。一个组织愈是进行细致的劳动分工,具有愈多的纵向等级层次,组织单位的地理分布愈是分散,则协调人员及其活动就愈是困难,组织的复杂性愈高。

(2)正规化(Formulization)。是指组织依靠规则和程序引导员工行为的程度。组织通过规则决定员工应该做什么和不应该做什么,通过程序规定员工先做什么后做什么。组织中的规章制度和程序对人的约束力越大,组织的正规化程度就越高。

(3)集权化(Centralization)。是指决策制定权力的集中程度。当组织的权力高度集中在上层,问题要由下而上反映,并最终由高层作出决策时,组织的集权程度就高。反之,一些组织授予下层人员更多决策权力时,组织的集权化程度就低,这被称为分权化。

专栏5-2 ▶▶▶

罗马天主教的组织结构

罗马天主教教会可能是现今世界上最古老的组织之一。在公元2世纪,罗马天主教教会建立了它的组织结构,规定了严格的教会目标和教义,将最高权威集中于罗马。教会建立了一个简单的权力等级结构,由5个层次组成,即社区教士、主教、大主教、枢机主教和教皇。在接下来的近2 000年中,这种结构基本上没有变化。罗马天主教教会之所以能够控制在世界各个角落的几亿教徒的宗教生活,在很大程度上与它采用的这一套组织形式有着密切的关系,而这套组织形式至今仍被现代组织广泛使用。

以下是几种常见的组织结构模型:

1)简单结构

简单结构(Simple Structure)是组织的原始形态,当组织规模很小或者在初创时期,往往表现出几乎没有什么结构。简单结构主要是业主制和合伙制组织的内部管理组织结构,由所有权和经营权合一的管理者或群体主宰整个组织,直接对没有专长的员工群体进行监督和指挥。简单结构的组织结构图见图5.2所示。简单结构的优点就在于其简单,它简便易行,反应敏捷,权力集中,命令统一,联系方便且费用低廉;不足之处是适应面窄,只适用于小型组织。

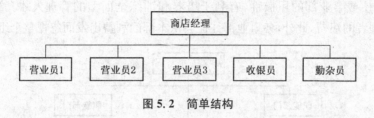

图 5.2 简单结构

2) 职能结构

职能结构(Functional Structure)也被称为 U 型结构。一个原始形态的组织开始成长以后,第一步通常就是按照一定的职能进行专业分工,把组织划分为各个职能部门,员工根据各自的技能划分到一个个部门中,从事计划、生产、人事、销售、财务等方面的管理工作,以获得规模经济优势以及便于职能专家之间的交流,形成职能型结构(见图5.3)。按照授予职能部门权力的程度不同,可以分为职能制、直线职能制、直线参谋制。

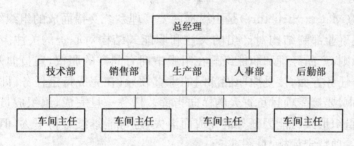

图 5.3 职能结构

直线职能制结构比直线参谋制更加完善和有效,为中小组织广泛地采用,它具有许多优点。这种组织结构内部部门之间分工细密,任务明确,能够有效地利用资源和发挥规模经济优势,同时,有利于深入的技能培训和职能部门内的职业发展,部门内部的合作比较容易。这种结构具有较高的稳定性,在外部环境相对稳定的情况下,易于发挥组织的集权化的优势。

表 5.2 职能结构的优缺点

优 点	缺 点
有效地利用资源和规模经济	不良的跨部门沟通
深入的技能专业化及开发	对环境变化的反应迟钝,阻碍创新
职能部门内的职业发展	决策集中于高层,造成延迟
高层管理者的指导和控制	只有总经理对整体业绩负责
职能部门内部的良好合作	员工对组织目标理解有限
解决复杂的技术问题	只培养专才型职能经理而不是通才型经理

3) 分部型结构

分部型结构(Divisional Structure)是指在总部的领导下设立多个自我包容的单位,每个单位或事业部拥有相对独立的产品和市场,实行独立核算。其最大特点在于"集中决策,分散经营"(见图5.4)。其优点是有利于组织最高层集中精力做好战略决策和长远规划,有利于发挥各单位或事业部的积极性,有利于培养和训练全面型的管理人才。缺点是机构重复,易造成管理者的浪费,此外,各事业部往往会从本部门利益出发而忽视整个组织的利益。

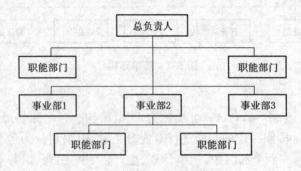

图5.4 分部型结构

4) 矩阵结构

矩阵式结构(Matrix Structure)是由纵横两套管理系统交错而成的组织结构,其独特之处在于同时实现事业部制结构对产出的关注和职能式结构对职责的关注。矩阵式结构打破了命令统一原则,产品经理和职能经理在组织中拥有同样的职权,雇员向两者负责报告:在执行日常工作任务方面,接受原职能部门的垂直领导;在完成特定任务(即这一矩阵式组织的目标)过程中,要接受项目负责人的横向指挥。任务一旦完成,组织成员仍回原部门工作。此时,这一组织形式可能因任务的完成而消失,也可能继续维持下去,但要重新挑选组织成员,执行另一项特定目标(见图5.5)。

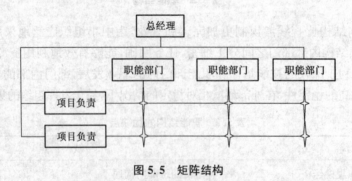

图5.5 矩阵结构

5) 团队结构

近年来,团队已经成为组织工作活动最为流行的方式之一。当管理者动用团队作为协调组织活动的主要方式时,其组织结构即为团队结构(Team Structure)。这种结构的主要特点是,打破原有的部门界限,并把决策权下放到团队成员手中,这种结构要求团队成员既是全才又是专才。在一些小型组织中,团队结构可以成为整个组织的结构选择。在一些大型组织中,一些跨部门的多功能团队作为一种有效的补充,可以帮助提高大型官僚组织的灵活性,提高组织的运行效率。

6) 网络结构

网络结构(Network Structure)是一种以项目为中心,通过与其他组织建立研发、生产制造、营销等业务合同,有效地发挥核心业务专长的协作型组织形式。网络组织结构的出现是基于日新月异的信息技术和更为激烈的市场竞争,它在一定程度上实现了组织内部的核心优势与市场外部资源优势的动态有机组合,因而更具灵敏性和快速反应能力(见图 5.6)。

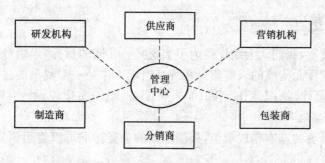

图 5.6　网络结构

其优点是:组织结构更具灵活性和弹性,以项目为中心的合作能够更好地结合市场需求来整合各项资源,而且容易操作;网络中的各价值链部分也可以随时根据市场需求变动情况增加、调整或撤退;组织中的大多数业务可以借助于电子商务成功地实现"外包",组织结构更具扁平化。缺点是:可控性比较差;外部合作是临时性的;需要建立较高的组织文化以保持一定的凝聚力;员工对组织的忠诚度低。

专栏5-3 ▶▶▶

耐克公司的生产模式

耐克(Nike)公司是利用虚拟公司抢占市场成功的公司之一。耐克公司是世界上最大的一家旅游鞋供应商和制造商,公司将主要的财力、物力、人力投入到产品的设计和销售上,甚至样鞋也不靠自己生产,其生产活动完全在台湾企业和其他地区的企业中进行。公司的许多经理经常穿梭全球寻找合适的生产合作伙伴。20 世纪 70 年代,耐克与菲律宾、马来西亚、英国、爱尔兰的制鞋厂合作;80 年代,耐克转向我国台湾、韩国等地谋求合作;90 年代,耐克对中国大陆、印度尼西亚、泰国等国又信心十足。耐克的成绩是惊人的。从 1985 年到 1992 年,耐克的纯利润增长了 24 倍。耐克成功的关键是恰当地组建虚拟公司,并在虚拟公司中处于领导地位,从而获得了低成本、高利润。

7) 无边界组织

无边界组织(Boundaryless Organization)是美国通用电气 CEO 杰克·韦尔奇(Jack Welch)创造出来用以表述他理想中的组织形象的。尽管组织体积庞大,韦尔奇仍然希望减少组织垂直和水平界限,并尽量消除组织与客户及供应商之间的外部障碍。无边界组织所追求的是减少命令链,对控制跨度不加限制,取消各种职能部门,代之以授权的团队。充分发挥无边界组织的职能,能够有效地消除或降低组织内部各层级、各部门以及组织与外部客户和供应商之间的障碍,以提高组织的运行效率,增强组织的环境适应性。一些致力于达到无边界状态的组织在各个方面采取了一系列的行动,取得了一定的进展。比如通过组建跨等级团队、让员工参与决策和 360 度绩效评估等方法,打破或取消组织层级界限,使组织趋向扁平化;通过组建跨职能、跨专业部门的多功能团队,加强组织的横向沟通和协作,消除横向部门的沟通障碍;通过经营全球化、构建组织间的战略联盟、建立与顾客及供应商的固定联系,有效地清除组织与外部的界限和交流障碍。特别是信息技术和网络技术的不断发展,为无边界组织的发展提供了更加广阔的空间。

 本章小结

从管理的角度看,我们认为组织是为了实现某一共同的目标,经由分工与协作,以及不同的权利和责任制度而构成的人群集合系统。组织工作是一个复杂的过程,组织的工作内容主要包括组织设计、组织运作、组织的人员配备、组织文化建设、组织的变革和组织发展等。

组织是现代社会的基本构成单位,根据不同的分类标准可以将组织划分成很多不同的类型。

组织设计是组织工作的基础,组织设计必须遵循专业化分工原则、统一指挥原则、管理幅度原则、权责对等原则、柔性经济原则等基本原则。此外,权变的组织设计还需要考虑组织结构与组织环境、组织战略、组织规模以及技术之间的互动关系和匹配性。

组织设计的重要内容之一是组织的部门化,常用的部门化的方式包括职能部门化、产品部门化、地区部门化和顾客部门化等,很多组织常常根据不同的需要灵活地选择一种或多种部门化的方法。

组织设计的另一项重要工作是组织的层级化,组织的层级化需要处理的是管理层次与管理幅度、集权与分权以及如何有效地授权等问题。

在组织规模确定的前提下,组织的管理层次与管理幅度是一种反向变动关系,即管理幅度越大,管理层次越少;反之,管理幅度越小,管理层次越多。在管理实践中,影响管理幅度的因素很多。虽然管理幅度没有明确的统一要求,但现代组织的一个普遍趋势是向"少层次、宽幅度"的扁平化结构发展。

组织层级化需要解决的另外一个问题是集权与分权的问题。其基本含义是决策权如何在组织的不同层次间分配。影响集权和分权的因素非常复杂,管理的关键是如何兼顾各种因素在集权与分权之间寻求平衡,从而取得更好的管理绩效。此外,管理者还必须懂得有效的授权。

组织结构反映了组织各部门、各层级之间的相互关系状态,现代组织可以选择的组织结构形态主要包括直线型、职能型、事业部型、矩阵型、团队结构、网络结构和无边界组织等,了解不同形态的组织结构的优缺点以及适用范围,从而对组织架构做一个恰当的安排是组织设计追求的目标。

复习思考题

1. 什么是组织?组织主要有哪些基本类型?
2. 简述组织工作的基本内容和过程。

3. 组织设计的基本原则有哪些？

4. 权变的组织设计所考虑的影响因素是什么？

5. 组织部门化的方法有哪几种？各自有什么特点？

6. 什么是管理幅度和管理层次？两者是何种关系？

7. 影响管理幅度的因素有哪些？

8. 什么是集权和分权？判断组织集权或者分权的标准是什么？

9. 影响组织集权和分权的因素有哪些？

10. 什么是授权？如何有效地授权？

11. 简单结构的特点和适用范围是什么？

12. 什么是职能制结构？职能制结构有何优缺点？

13. 事业部制、矩阵制结构的优缺点是什么？

14. 什么是团队结构、网络结构和无边界组织？

案例分析

案例 1

耐克公司和皮尔·卡丹公司

耐克公司和皮尔·卡丹公司是近年经营消费品最成功的厂商。耐克公司是世界上最大的旅游鞋供应商和制造公司,1991 年到 1992 年度,其营业额达 34 亿美元,其中 3/4 来自旅游鞋的销售,纯利润高达 3.2 亿美元,而 1985 年其净利润仅 1 300 万美元,7 年内增加了 24 倍,令人惊讶不已。它成功的关键就在于采用模块化结构。公司员工 7 000 人,从总裁到普通工作人员,几乎没有一个人会做鞋,公司的全部精力都放在设计和销售上,就连新设计出来的样鞋也是在台湾生产的,耐克的经理人员跑遍全世界,专门去物色承包商。他们与当地制鞋厂联系,拿出样鞋给他们看,如果制鞋厂认为可以做,双方便就价格、产量、交货期和质量等进行磋商。20 世纪 80 年代,耐克公司先后终止了与菲律宾、马来西亚、英国和爱尔兰的几家鞋厂的合作,而转到韩国和我国台湾。近几年又转向中国大陆、印度尼西亚和泰国等成本更低的国家。

皮尔·卡丹的辉煌已经持续了 30 年,其经营方式与耐克公司相似,几乎没有属于自己的制衣工厂,而是将自己的设计方案和新样衣承包给考察合格的企业生产、制作,成品由皮尔·卡丹检验认可后,就打上"皮尔·卡丹"的商标送往世界各地的时装市场。1992 年,全世界有 800 多家企业用"皮尔·卡丹"商标生产服装,而皮尔·卡丹每年从中获得不少于 30 亿美元的收入。

【问题】

上述两家公司选择的是一种什么样的组织结构？这种结构与其成功之处是否能被所有的公司所采纳和复制？为什么？

案例 2

组织结构的变革

制定得良好的计划,常常因为管理人员没有适当的组织结构予以支持而落空。而在某一时期是合适的组织结构,可能过了一二年以后就不再合适。格里(Gerry)和莉洛·利兹(LiLo Leeds)是经营 CMP 出版公司的一对夫妇,对此有着清楚的认识。

利兹夫妇在 1971 年建立了 CMP 出版公司。到 1987 年,他们出版的 10 种商业报纸和杂志都在各自的市场上占据了领先地位。更令人兴奋的是,他们所服务的市场(计算机、通讯技术、商务旅行和健康保健)提供了公司成长的充足机会。但是,假如利兹夫妇继续使用他们所采用的组织结构,这种成长的潜力就不会得到充分的利用。

他们最初为 CMP 设立的组织,将所有重大决策都集中在他们手中,这样的安排在早些年头运作得相当好,但到 1987 年它已经不再有效。利兹夫妇越来越难照看好公司。比如,想要见格里的人得早上 8 点就在他的办公室外排队等候。员工们越来越难得到对日常问题的答复。而要求快速反应的重要决策经常被耽误。对于当初设计的组织结构来说,CMP 已经成长得太大了。

利兹夫妇认识到了这个问题,着手重组组织。首先,他们将公司分解为可管理的单位(实质上是在公司内建立半自主的公司),并分别配备一名独立的经理掌管各个单位。这些经理都被授予足够的权力去经营和扩展他们各自的分部。其次,利兹夫妇设立了一个出版委员会负责监管这些分部。利兹夫妇和每个分部的经理都是该委员会的成员。分部经理向出版委员会汇报工作,出版委员会则负责确保所有的分部都能按 CMP 的总战略运作。

这些结构上的变革带来了明显的效果。CMP 现在总共出版 14 种刊物,年销售额达到近 2 亿美元。公司的收益持续地按管理当局设定的 30% 的年增长率目标不断增加。

【问题】

在组织结构设计和重新设计的过程中需要考虑哪些方面的因素?

案例 3

斯隆的组织改造

GM 公司于 1908 年由威廉·C.杜兰特创建。当时,他是别克汽车公司(Buick Motor Company,后来成为 GM 公司的一个分公司)的总经理。杜兰特年轻时就在他的故乡从事马车制造业。1885 年他和多特成立杜兰特-多特马车公司,在短时间内建立了全国性的销售网,创建了一个大型马车装配厂,年产量达到 15 万辆,并在弗林特购买和设立了一些制造车身、轮子、车轿、内饰件、弹簧等零部件的工厂。19 世纪末,该公司成为全美国最大的马车制造厂。

1904 年杜兰特购买了缦林特的一家破产的小汽车厂——别克汽车厂,从此开始制造汽车。他采用了与经营马车同样的策略,结果在 4 年内使别克汽车厂成为全美国最大的汽车厂。产量从 1904 年的 28 辆增加到 1908 年的 8 847 辆,而 1908 年福特公司的产量仅为 6 181 辆。

当时杜兰特认为,汽车发展的黄金时代即将到来,汽车的销售量很快会达到 50 万辆。杜兰特当时的目标是能够占有市场的 1/10。但是这靠企业本身的积累则过程太慢,不能迅速抢占市场。为此,杜兰特决定建立一个庞大的生产、装配和销售的综合体。这个综合体要靠财务合并(资本运营)手段,而不是靠技术和工程能力。在此后的两年中,杜兰特通过用"股票换股票"的手段,集中了包括 11 个汽车制造公司的 20 多个汽车零件和附属品制造公司。

在这 20 多个被吸收的公司中,除别克、卡迪拉克、欧兹以及奥克兰(后改为庞迪克)之外,其他公司不免都有生拼硬凑之感。这是杜兰特盲目集中的典型。表面上急速膨胀,实质上中央管理机构尚未确定,被吸收的企业仍然保留着以前的法人身份,分散经营着各自的业务。

由此,伴随着美国1910年发生经济衰退,GM遇上了资金周转不灵的麻烦。杜兰特不得不向银行集团贷款1 275万美元以支付原材料和工资费用,自己退出,同意由银行集团来控制GM公司5年。

在这5年中,杜兰特又购买了一个小汽车企业——雪佛兰公司,并用经营马车和别克公司的手法使之变成了一个大企业,还得到了对汽车工业发生兴趣的杜邦集团的支持。此后,杜兰特卷土重来,用雪佛兰的股票换得了大量GM股票。在GM成立7周年之际所进行的选举中,杜兰特又重新获得了控制权。杜兰特在1916年6月1日正式恢复总经理职务之后,于当年10月13日把公司名称从"通用汽车公司"(General Motor Company)改为"通用汽车有限公司"(General Motor Corporation)。但他仍然采用的是其一贯的战略扩张战略,在1916年至1920年间,又收买了20家公司。

通过吞并和增加生产设施两种手段,GM由以前的"控股公司"改组为"事业公司"。以前独立经营的子公司逐步成为"事业部"并入GM。但是这种改组在当时仅限于法律的变更,大多数事业部仍沿用以前的管理模式,各事业部部长仍可独断专行。

这种组织软弱的问题在一战期间和战后繁荣期间还没有暴露出它的严重性,但是从1920年开始的整个社会的经济衰退中就暴露无遗了。由于当时大量款项用于扩大生产,当汽车市场突然萎缩时,GM即陷入了严重的困境,最后导致杜兰特的又一次下台。由杜邦财团和摩根财团进一步控制GM,并在管理体制上进行改组。1920年末,由杜邦财团派出的代表皮埃尔·杜邦接替杜兰特就任总经理,对GM进行全面的改造。具体的,由副总经理阿尔弗雷德·斯隆担当起了重新设计和执行组织改造计划的重任。

其实,在1920年5月,斯隆就针对他所看出的问题提出了一份关于GM组织机构的详细报告,一份具体化的关于GM经营管理系统化及引用先进管理技术的计划书,但并没有引起杜兰特的重视。

当时,GM公司的状况:

不清楚总公司拨给各事业部的款项或各事业部手中的款项有多少。

不清楚各事业部对总公司的贡献值的正负和相对地位。

不清楚各事业部效率高低。

不清楚增长点在哪里。

不清楚资金投向何处才是有利的。

各事业部自己管理现金,有自己的银行户头,因为各事业部自己销售产品。

总公司无法在各事业部之间进行资金的调度。

总公司的支出(股息、税款、租金、工资等)由会计部门派人到殷实的事业部去要。而各事业部总想使自己的现金收支平衡得越牢靠越好,因此总希望拥有比实际需要多得多的现金,不愿将现金转到总公司。

对供应品的盲目采购,库存增加。盲目乐观的销售增长倾向。

针对这样的一个烂摊子,斯隆提出了《组织研究》报告。"简洁明了,没有任何多余的字,在28页的篇幅中(再加上一份综合组织图)提出了改组GM的方案。"

斯隆的主张:在中央控制和检查下,实行分权管理和经营。

对生产活动:专业化基础上的分工,分权管理。

对事业部经营活动:总公司进行中央协调和控制。

斯隆提出的两条原则:

每一作业单位的主要经理人员的职责应该不受限制。即由主要经理人员领导的每一组织应具有完备的必要职能,能充分发挥其主动性并得到合理的发展。——作业单位分权化。

某些中央组织职能对公司活动的合理发展进行恰当协调是绝对必要的。——参谋服务部门集中化。

斯隆改组计划的四大目标:

不仅从各单位的相互关系上,而且从它们与中央组织的关系上,明确规定构成公司活动的各个单位的职能。

规定中央组织的地位并协调中央组织的运作与整个公司的关系,使之能够必然而合理地发挥作用。

把公司的全部经营职能集中于作为公司最高经营者的总经理一身。

在实际可行的范围内尽可能限制直接向总经理报告的经理人数,使总经理无需过问那些可以由下级经理处理的事,以便更好的对公司大政方面进行指导。具体来说,把作业职能授权给下级人员,而由综合参谋人员进行协调和计划。使最高经营者的工作集中于创新和代表公司整体方面。

经过 4 年多的努力(1923 年斯隆接替皮埃尔·杜邦出任总经理),GM 实现了分权的事业部制组织结构,将几十个汽车厂和零配件厂进行了合理分工,形成了雪佛兰、庞迪克、卡迪拉克、别克和欧兹 5 个轿车事业部,分别生产经营 5 种不同类型的轿车。

新组织的基本结构与特点如下:

各事业部经理对本单位的制造、销售、财务和工程人员拥有绝对的行政控制权。

总公司设立财务委员会和经营委员会,对各事业部的生产经营活动进行指导与控制。

总公司设立综合顾问部,在采购、工程、研究与开发、保险、法律、房地产、销售和广告等专业问题上为分权化的各个事业部提供帮助,但明确规定参谋人员只有建议权,没有直接权力。

总公司设立财务和会计综合参谋部,通过总经理来协调各事业部的财务活动。

集权的具体内容(主要是人事与财务):

集中管理资金:统筹现金收支(超过 100 万美元的资本支出必须得到财务委员会的批准)、资本筹措等。

统一采用与变更会计制度。

高级雇员管理:超过一定工资水平的高级管理人员的雇佣及其工资变动,一定级别以上人员的罢免等。

分权的具体内容(事业部的权限范围):

产品的规格、色彩、基本特征、销售方式。

一定范围内的产品定价。

工人及低级管理人员的雇佣和工资决定权。

【问题】

1. 斯隆"组织改造"的主要贡献有哪些?

2. 对多产品企业如何进行有效的战略分工? 组织设计的关键有哪些?

3. 事业部制的主要优、缺点是什么?

案例 4

年轻有为的助理为何被要求撤换?

鉴于公司在发展中所出现的成本失控问题,X 公司的总经理请获得了注册会计师资格的年轻助理解决这个问题。这位助理又请了一些高明的财务分析专家、本地大学工商管理学院的著名教授组成一个诊断小组。在知晓了公司的问题之后,他们去调查成本问题和公司的生产、采购、销售等各部门的管理方法问题。经多次研究之后,小组发现了各部门中效率低的许多根源,于是,该助理把小组所发现的效率低的详情和拟予以纠正的措施写出提要,向总经理提出了诊断报告,并说明小组所建议的行动会给公司节约上百万元。总经理采纳了这些建议,并付诸实施。但实施不久,负责生产、销售、采购的几位副总经理就群起围攻总经理,坚决要求撤掉那位助理。

【问题】

1. 为什么这位助理工作做得那么好,却受到副总经理的憎恨?

2. 若诊断小组的调查结果是准确的,那么总经理、助理、副总经理及其他人应怎样才能使这些调查结果有助于解决问题?

6　人力资源管理

▶ 案例导读

当你面临毕业找工作时,你从报纸上看到几则招聘广告:某实业有限公司招聘一名市场部经理,年薪50万元;某大公司招聘若干推销员,年薪6万元;一中外合资企业招聘一位基层管理人员,要求管理专业本科生,懂外语,底薪年4万元;某大商场招聘若干营业员,要求高中以上文化程度,月收入约两千元。你对每一则广告的反应是什么?你会去哪一家应聘?为什么?

管理是一门科学,更是一门艺术。科学方法的应用,使得管理日趋规范和完善,不断提升管理绩效和管理水平。而人力资源管理是对"人"的管理,人是活的,富于情感,因此对人的管理更需要在科学管理的基础上强调灵活性,用情感和艺术来"管理人",才能达到至高境界。如何把握好人力资源管理的科学和艺术的平衡,是值得每位管理者深入思考和实践的问题。

人是组织活动的关键资源,他们在组织的各个管理层次和管理部门中,担负着计划、组织、领导和控制等项职能。人员的配备关系到组织人力资源的有效使用和开发,对人员的选拔、培养和考评是组织人力资源管理工作的核心。本章将从人力资源管理的内涵、规划、人员招聘、开发培训、新员工培训、人员调配、绩效考核以及职业生涯发展等角度展开论述。

6.1　人力资源管理概述

6.1.1　人力资源的含义与基本特征

人力资源(Human Resource)是指从事组织特定工作活动所需的,并能被组织所利用的所有体力和脑力劳动的总和[①]。

从本质上说,人力资源包括两部分:一部分是现实的人力资源,即现在就可以使用的人力资源,它是由劳动适龄人口中除去因病残而永久丧失劳动能力者之外的绝大多数适龄劳动人口,加上老年人口中具有一定劳动能力的人口组成。包括正在使用的人力资源和暂时未被使用的人力资源。另一部分是后备人力资源,即现在还不能使用但未来可使用的人力资源,主要由未成年人口组成。本书所指的是现实的人力资源。

由于人本身所具有的生物性、能动性、智力性和社会性等特性,决定了人力资源具有以下基本特征。

---

① 杨顺勇,王学敏.人力资源管理(第三版).上海:复旦大学出版社,2008

1) 人力资源是主体性资源或能动性资源

主体性或能动性是人力资源的首要特征,是与其他一切资源最根本的区别。主体性是指人力资源在经济活动中起着主导作用。一切经济活动首先是人的活动,人的活动引发、控制、带动了其他资源的活动。马克思的劳动价值论也认为,在经济活动中,人力资源是唯一能创造新价值的因素。经济活动的生命是发展、进取和创新,只有人力资源才具备这种能力,担负这种任务。

2) 人力资源是特殊的资本性资源

人力资源作为一种经济性资源,它具有资本属性,与一般的物质资本有共同之处。首先,人力资源是公共社会、组织等集团和个人投资的产物,其质量高低主要取决于投资程度。人力资源的这个特点起因于人的能力获得的后天性。因为任何人的能力都不可能是先天就有的,为了形成能力,必须接受教育和培训,必须投入资金和时间。其次,人力资源是在一定时期内可能源源不断地带来收益的资源,一旦形成,能够在适当的时期内为投资者带来收益。再次,人力资源在使用过程中也会出现有形磨损和无形磨损。例如劳动者生理上的衰老是有形磨损,劳动者知识和技能的老化是无形磨损。但是,人力资源又不同于一般资本,对一般实物资本普遍适用的收益递减规律,并不完全适用于人力资源,如随着年龄的增长,技术性知识可能会下降,但经验性知识会不断增加。

3) 人力资源是高增值性资源

在经济增长的贡献中,人力资源的贡献份额正在迅速超过自然资源和资本资源。劳动者的可支配收入不断上升,高质量人力资源与低质量人力资源的收入差距也在不断扩大。人力资源的作用日益增强,不仅是人力资源质量提高的结果,也是人力资源在使用过程中自身不断自我补偿、更新、发展和丰富化所形成的结果。

4) 人力资源是再生性资源

人力资源的再生性,主要基于人口的再生产和劳动力的再生产,通过总体人口中个体的不断更替和"劳动力耗费—劳动力生产—劳动力再次耗费—劳动力再次生产"的过程得以实现。需要指出的是,人力资源的再生性不同于一般生物资源的再生,除了遵守一般生物学规律外,它还受人类意识的支配和人类活动的影响。

6.1.2 人力资源管理的内涵

人力资源管理(Human Resource Management)作为组织的一种管理职能,最早源于工业关系和社会学家怀特·巴克(E. Wight Bakke)于 1958 年发表的《人力资源功能》一书。该书首次将人力资源管理作为管理的普遍职能加以讨论,后来众多学者对人力资源管理的概念与内涵进行探讨,提出了一系列的著名理论和观点。

美国著名的人力资源管理专家雷蒙德·A. 诺伊(Raymond A. Noe)等在其《人力资源管理:赢得竞争优势》一书中提出:人力资源管理是指影响雇员的行为、态度以及绩效的各种政策、管理实践以及制度。美国的舒勒等在《管理人力资源》一书中指出:人力资源管理是采用一系列管理活动来保证对人力资源进行有效的管理,其目的是为了实现个人、社会和组织的利益。佳里·德斯勒(Gary Dessler)在《人力资源管理》一书中提出:人力资源管理是为了完成管理工作中涉及人或人事方面的任务所需要掌握的各种概念和技术。迈克·比尔提出：人力资源管理包括会影响组织和雇员之间关系的（人力资源）性质的所有管理决策和行为。

我国台湾地区的著名人力资源管理专家黄英忠则提出：人力资源管理是将组织所有人力资源做最适当的确保（Acquisition）、开发（Development）、维持（Maintcnance）和使用（Utilization），以及为此所规划、执行和统制的过程。大陆的一些学者则将人力资源管理界定为：对人这一特殊的资源进行有效开发、合理利用与科学管理。

综上所述，本书认为，人力资源管理是基于实现组织和个人发展目标的需要，有效开发、合理利用并科学管理组织所拥有的人力资源的过程。

6.1.3 人力资源管理的功能

人力资源管理的功能主要体现在吸纳、激励、开发和维持4个方面（见图6.1）。

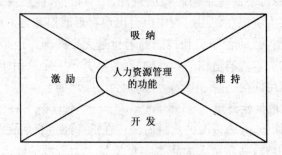

图 6.1 人力资源管理的功能

1) 吸纳功能

即吸引并让优秀的人力加入本组织。吸纳功能是基础，为其他功能的实现提供了条件。

2) 激励功能

即让员工在现有的工作岗位上创造出优良的绩效。激励功能是核心，是其他功能发挥作用的最终目的。

3) 开发功能

开发功能就是使员工保持能够满足当前及未来工作需要的知识和技能。开发功能是手段，只有让员工掌握了相应的工作技能，才能为激励功能的实现提供客观条件。

4) 维持功能

维持功能即是让已加入的员工继续留在本组织。维持功能是保障，只有将吸纳的人员保留在组织中，开发和激励功能才会有稳定的对象，其作用才可能持久。

在实践过程中，人力资源管理的这4项功能通常被概括为"选、育、用、留"4个字。这里，"选"等同于吸纳功能，要为组织挑选出合适的人力资源；"育"等同于开发功能，要不断培育员工，使其工作能力不断提高；"用"等同于激励功能，要最大限度地使用已有的资源，为组织作出贡献；"留"等同于维持功能，要采用各种办法将优秀的人力资源保留在组织中。

6.1.4　人力资源管理的职能

人力资源管理的功能,是通过它所承担的各项职能和从事的各项活动来实现的,这些职能及其活动主要包括下述 6 个方面的内容。

1) 战略规划

人力资源战略规划,是整个人力资源管理的"选、育、用、留"四大功能的起点,是人力资源管理各子职能的依据,它主要包括人力资源数量规划、人力资源素质规划和人力资源结构规划 3 个方面的内容。

2) 职位分析

人力资源职位分析,是整个人力资源管理系统构建的基础和根本。职位分析包括两个部分的活动:一是对组织内各职位所要从事的工作内容和承担的工作职责进行清晰的界定,称之为职位描述;二是确定各职位所要求的任职资格,如学历、专业、年龄、技能、工作经验、工作能力以及工作态度等。任职资格是指为人员招聘、甄选和录用提供的用人的知识、技能和经验方面的要求。通过职位分析形成的职位说明书,对其他各人力资源职能具有重要的支撑作用。

3) 招聘甄选

人力资源招聘甄选,是指根据组织战略和人力资源规划的要求,从组织内部和外部通过各种途径识别、选取、发掘有价值的员工,并进行组织内部人力资源配置的过程。该职能是人力资源"选人"和"用人"功能的体现。

4) 培训开发

人力资源培训开发,是指向员工传授其他更为广泛的技能,使员工的技能由单一技能转向多重技能,以适应不断变化的客户需求与组织发展的需要。此外,还可以利用培训与开发来强化员工对组织的认同,培养员工的忠诚度,强化员工的服务意识,提高员工的适应性和灵活性,使员工与组织同步成长。

5) 绩效管理

人力资源绩效管理,是指对组织运行过程进行监控、分析和优化的管理行为,其目的是为了持续改善组织和个人的绩效,最终实现组织的战略目标。

6) 薪酬管理

人力资源薪酬管理,是组织吸引和保留人力的关键,其主要职能体现为通过具有内部一致性、外部竞争性和激励性的薪酬体系设计,为组织的"留人"提供重要支撑。

以上六大职能,除职位分析和人力资源战略规划作为人力资源管理系统的基础和根本以外,其他四大职能是现代人力资源管理的核心职能:人力资源配置(招聘甄选)、人力资源开发(培训开发)、人力资源评价(绩效管理)以及人力资源激励(薪酬管理)。

人力资源管理过程[①](Human Resource Management Process),通常包括 9 项活动或步骤(见图 6.2)。

---

① 斯蒂芬·P. 罗宾斯. 管理学(第四版). 北京:中国人民大学出版社,1997

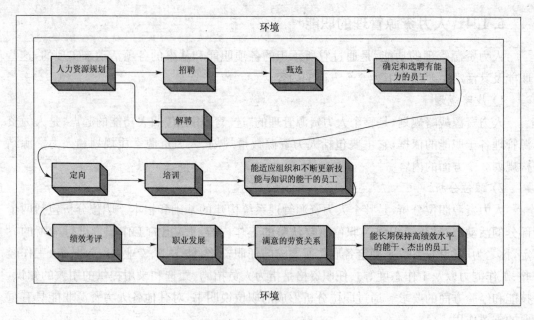

图 6.2　人力资源管理过程

6.1.5　人力资源管理的基本原理

1) 投资增值原理

投资增值原理是指对人力资源的投资可以使人力资源增值,而人力资源增值是指人力资源品位的提高和人力资源存量的增大。劳动者劳动能力的提高主要靠两方面投资:营养保健投资和教育培训投资。从该理论可以得出如下的启示:任何一个人,要提高自己的劳动能力,必须在营养保健和教育培训方面进行投资;任何一个国家,要想增加本国人力资源存量,都必须加强教育投资,完善社会营养保健保障体系。

2) 互补合力原理

所谓互补,指的是人各有所长也各有所短,以己之长补他人之短,从而使每个人的长处得到充分发挥,避免短处对工作的影响。互补是现代人力资源管理的要求,它要求一个群体内部各成员之间密切配合。互补产生的合力比单个人的能力简单相加而形成的合力要大得多。个体与个体之间的互补主要是指:①特殊能力互补;②能级互补,即能力等级的互补;③年龄互补;④气质互补。

3) 激励强化原理

激励强化指通过对员工的物质或精神的需求欲望给予满足的许诺,来强化其为获得满足就必须努力工作的心理动机,从而达到充分发挥积极性的效果。

人力和物力的重要区别在于人的思想性。人的思想感情对其潜力的发挥至关重要。管理学家统计研究结果显示,一个计时工,只要发挥个人潜力的 $20\% \sim 30\%$ 即可保住饭碗,但通过恰当的激励,这些工人的个人潜力可以发挥 $80\% \sim 90\%$。显然,激励可以调动人的主观能动性。强化期望行为,可以显著地提高劳动生产率。

根据这一原理,对人力资源的开发与管理,除了应注意人在量(技术、能力、知识、专长)

上的调配之外,更应注意对人的动机的激发,即对人的激励(见图6.3)。

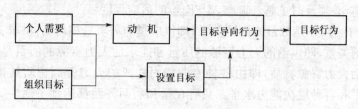

图6.3 激励过程示意图

如图6.3所示,激励过程的关键一环是设置目标(如评选先进工作者),它应该符合组织目标的要求,又包含较多的个人需要,为多数职工所看重,可以激发职工争取先进的动机,他们按照先进生产者的标准要求自己,从而促成大量的目标导向行为(即组织期望行为)。

4) 个体差异原理

个体差异包括两方面:一是能力性质和特点的差异,即能力的特殊性不同;二是能力水平的差异。承认人与人之间在能力水平上存在差异,目的是为了在人力资源的利用上坚持能级层次原则,各尽所能,人尽其才。在人力资源管理中,能级层次原理是指:具有不同能力层次的人,应安排在相应能级层次的职位上,并赋予该职位应有的权利和责任,使个人能力水平与岗位要求相适应。

个体差异原理要求做到:①组织中的所有职位,都要根据业务工作的复杂程度、难易程度、责任轻重及权力大小等因素,统一划分出职位的能级层次。②不同的能级应该有明确的责权利。各负其责,责权相应,利与责权相适应,责是利的基础,做到在其位、谋其政、行其权、取其利。③各人所对应的能级不是固定不变的。当一个人的能力层次上升了,其所对应的职位能级必然发生变化。

5) 动态适应原理

动态适应原理是指人力资源的供给与需求要通过不断地调整才能求得相互适应;随着事业的发展,适应又会变为不适应,又要不断调整达到重新适应。这种"不适应—适应—再不适应—再适应"是螺旋式的上升过程。人力资源的供给与需求关系,包含3个层面和2个内容的关系。

(1) 3个层面是指宏观、中观、微观的关系。

① 从宏观上看人力资源的供求关系,它是一个国家在一定时期内的人力资源总供给和总需求的关系。一个国家人力资源的总供给量,受到人口增长速度、人口受教育程度、人口健康状况等因素影响;一个国家人力资源需求总量受到国家经济社会发展速度和发展水平、科技水平、产业结构、劳动者素质等因素的影响。这些影响因素是不断发生变化的,因此人力资源供应总量和需求总量也在不断发生变化。

② 从中观上看人力资源的供求关系。一个部门或一个单位对人力资源的需求受到该部门业务工作性质、业务发展状况和水平、科技应用程度、产品或服务的市场占有率等因素的影响;而人力资源的供给除受到国家人力资源供给总量的影响外,还受到人力资源的特质及水平构成、劳动者择业倾向等因素的影响。这些因素也经常处于变化之中,从而使这种供求关系具有不确定性。

③ 从微观上看人力资源的供求关系。劳动者个人与工作岗位的适应也不是绝对和固

定的。随着事业的发展,科技的进步,岗位对人员资格条件的要求越来越高。同样,人的能力也会日益提高,必须及时了解和调整人与岗位的适应程度。

(2) 两方面内容:一是数量方面的关系,即供应量与需求量相均衡,供求关系才能适应;二是质量方面的关系,即供给的人力资源的质量和需求的人力资源的质量是否相适应。这里的质量既包括人力资源特质,即由各种专业能力构成的人力资源特质结构,包括劳动者的平均能力水平和各种层次能力水平。只有在量和质两方面都达到了适应,人力资源的供求关系才能达到均衡。

6) 公平竞争原理

公平竞争指对竞争各方遵循同样的规则,公正地进行考核、录用、晋升和奖惩的竞争方式。在人力资源市场上,各类人员通过竞争而选择职业和单位,在组织内部的人力资源的市场中,任用、提拔和调整也主要依靠竞争。在人力资源管理中引进竞争机制,可以较好地奖勤罚懒、用人所长、优化组合人力资源。

6.2 人力资源规划

人力资源规划是以未来和战略为导向,规划未来人力资源的发展方向、强化人力资源管理的职能①。它主要包括两个内容:①组织未来的成功需要什么样的人。②为了实现组织的目标,应该制定什么样的人力资源管理政策。进行人力资源规划的前提条件是组织必须有明确的战略规划、业绩目标和预算。

6.2.1 人力资源规划的实质

人力资源规划,是连接战略规划和组织业绩的必由之路,它包括人力资源规划(员工队伍规划)和人力资源管理职能规划两个部分。员工队伍规划,即规划所需要员工的结构、素质层次与数量;人力资源管理规划,即规划人力资源管理在组织中的定位、职能和政策方向等。组织的战略规划直接影响人力资源战略规划,人力资源战略规划直接影响人力资源职能规划,人力资源职能规划会影响到组织的绩效。

1) 战略规划的内容

(1) 远景、使命、发展方向。远景(未来是什么?)即未来组织希望担当的角色或获取的地位;使命(为什么?)即组织或组织进取的内在动力或动机;发展方向(用什么来保证?)即未来发展战略实现的方向保证。

(2) 业绩衡量。这里的业绩是指组织业绩,即组织的业绩通过哪些关键指标来反映出来。

(3) 未来对各职能的要求,即组织要实现未来的目标,有哪些必须履行的关键职能,履行到什么程度,以及职能如何分解等。

2) 人力资源战略规划的内容

(1) 现有员工队伍的描述。描述现有员工的结构(层次数)、各层次的素质或能力状况,以及各层次员工数量。

(2) 未来的员工队伍预测。预测未来需要的人员结构、结构中不同层次要求的人力素

---

① 胡薇,陈炳泉,陈智斌,农晓莉.人力资源管理咨询全方案.广州:广东经济出版社,2008

质或能力,以及各层次需要的人员数量。

(3) 差距分析。从结构、素质、数量 3 个方面分析未来需要与现状之间的差距。

3) 人力资源职能规划

(1) 人力资源管理的角色定位。通常的角色可分为员工代言人、管理专家、战略合作伙伴、变革推动者等。在不同的组织中和不同情形下,可以扮演不同的职能,有些职能还可能出现重叠和交叉。

(2) 人力资源管理职能在内部如何分配。人力资源管理职能不只是人力资源管理部门的工作。在人力资源管理过程中,从组织最高领导到其他部门的管理者都承担着相应的职责。通过科学方式,明确组织最高领导、各部门部长、人力资源部在承担人力资源管理职能上的差别。

(3) 如何识别、吸引、保留、发展和激励优秀人力。通过建立相应的机制、制度和政策来识别、吸引、保留、发展和激励优秀人力。

人力资源规划在三方面影响组织实现战略目标的能力:

(1) 将人力资源管理与组织战略紧密相连,为实现组织战略,人力资源管理必须承担起相应的职能,为组织发展提供合理的激励机制,供应充裕的人力等。

(2) 分析未来变化,在人力资源方面制定应对措施。为了承担起相应的人力资源管理职责,发挥应有的作用,必须从战略发展需要出发,预计未来的人力需求状况,从而制定有针对性的人力资源管理措施,保证人力资源管理的目的性和方向性。

(3) 提高人力资源成本利用的经济性。基于战略发展目标需要,对人力资源现状进行盘点,可以规划和设计人力配置模式和方法,加强人力资源使用的计划性和有序性,提高内部人力资源使用效率,降低人力浪费。

6.2.2 人力资源规划的设计

1) 人力资源规划设计的理念

人力资源战略规划,应是组织经营战略规划中的重要一环,人力资源的配置、储备和开发应与组织的核心能力培育相结合,并应支持组织的战略发展意图。

人力资源战略规划,应根据组织当时的业务方向和规模规定各类人员必须配备的数量以达到精简结构、节约用人和提高工作效率的目的。

人力资源规划,应注重数量和质量,明确组织各工作岗位应配备什么素质的人员,配备多少人员,何时提供适当的人力和技能。

人力资源规划,应基于对现有的人力资源盘点和未来的人力资源供求分析,以确定人力资源补充、调整和能力提升方案:①人力资源盘点。对目前组织的人力资源数量及人员的知识、技能和素质进行评估分析。②人力资源供求分析。了解内外环境和业务发展的需求,对支持未来经营战略所需的人力资源数量、结构和能力进行预测分析。

2) 人力资源规划的原则

人力资源规划必须结合组织业务的战略发展方向。不同的组织业务发展战略选择,要求不同的人力结构、素质和数量与之相适应,业务发展战略的变化必然伴随人力资源规划的变化,因此,明确的业务发展战略方向是制定人力资源规划的前提条件。

人力资源规划具有一定的时效性。人力资源规划是一个动态的过程,它要根据组织业务发展战略调整、经营环境(包括人力资源市场供求关系等)变化、主要竞争对手策略等进行调整,所以人力资源规划必然具有一个有效期,需要适时进行调整,以保证其生命力。

人力资源规划不仅要从数量上解决好人力资源的配置,还要从质量上确定使用人员的标准。很多组织的人力资源规划只是数量的规划,而忽视了人员的素质。人员素质不同,所要求的人员数量也不相同,所以,有必要确定人员的基本素质标准。

人力资源规划只需确定一些关键的岗位或某几类岗位的人员。人力资源规划的重点是规划关键岗位或某几类岗位的人员配备,所谓的关键岗位是指在组织价值创造过程中扮演重要作用的职位,换句话说,即为组织创造更多价值的职位。可以根据岗位职能特点来划分不同的职位族,表 6.1 是岗位分类的一个示例。

表 6.1 岗位示例

类 别	岗位族	描 述	关键岗位
后勤支援	人力资源	包括从事薪酬、绩效、培训、招聘、福利等岗位	招聘管理部经理、组织发展部经理、绩效管理部经理、薪酬福利部经理、培训部经理、招聘主任、组织发展主任、薪酬主任招聘助理、薪酬助理、培训助理等

6.2.3 人力资源规划的范围

人力资源规划应集中在结构、数量、能力三方面。

结构规划即要规划人力资源的层次,包括确定组织结构与岗位、管理幅度、各职位类别(如技术、管理、辅助)的人员比例关系以及业务贡献程度等,比如将职能管理人员分为高级专业人士、专业人士、助理专业人士 3 个层次。

数量规划即要确定各职类和职能的人员数量,以及各职类和职能内不同层次人员需要的数量(如所需要的高级专业人士、专业人士、助理专业人士等的人数)和人力成本(如薪酬、福利、培训等方面的支出)。

能力规划即根据组织战略、业务模式、业务流程等确定对员工行为的要求,确定各职能和职层人员的能力水平(如专业能力、管理能力、核心价值),区分高级专业人士、专业人士、助理专业人士的能力(素质)的差异。对照能力要求,评估现有人员的能力状况,明确能力差距,为员工指明发展方向,同时也根据能力差距来制定人力引进、发展和培养计划,使得人力资源管理的这些方面工作更有条理和计划性。

6.2.4 人力资源规划的方法

1) 人员结构规划

人员结构规划,需要根据组织或组织所处行业和业务特点来确定,不同类型的组织的人员结构应该符合一些基本特征。如传统制造组织的人力结构一般是"金字塔"式的,科研院所等研发结构的人员结构一般符合"纺锤形"。

2) 人员能力规划

人员能力规划,要通过对整个组织发展所需要的能力进行分析,确定整个组织需要重点发展的能力类型,并将这些能力要求分解到不同的职位族或者职位。通常人员能力规划通过能力模型建立、能力测评、能力发展建议等来实现。

3) 人员数量规划方法

人力资源规划方法的运用不是绝对的,组织应根据当时的业务方向和规模在不同的时期运用不同的方法(见图 6.4)。

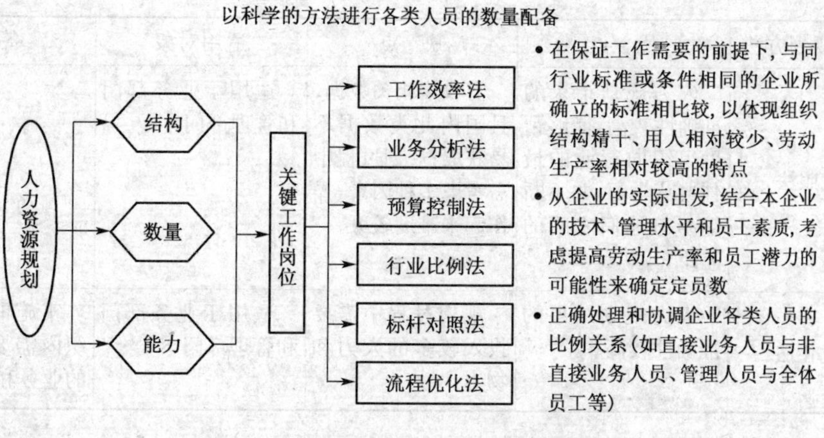
以科学的方法进行各类人员的数量配备
人力资源规划
结构
数量
能力
关键工作岗位
工作效率法
业务分析法
预算控制法
行业比例法
标杆对照法
流程优化法
• 在保证工作需要的前提下，与同行业标准或条件相同的企业所确立的标准相比较，以体现组织结构精干、用人相对较少、劳动生产率相对较高的特点
• 从企业的实际出发，结合本企业的技术、管理水平和员工素质，考虑提高劳动生产率和员工潜力的可能性来确定定员数
• 正确处理和协调企业各类人员的比例关系（如直接业务人员与非直接业务人员、管理人员与全体员工等）

图 6.4 人力资源规划——人员数量规划方法

人力资源的数量规划实际上是对关键工作岗位的数量规划，关键工作岗位也是在组织中创造更多价值的职位，通常指在一定职位层次以上的职位。需要指出的是，这里的职位层次并不等同于行政级别职位。人员数量规划方法包括工作效率法、业务分析法、预算控制法、行业比例法、标杆对照法、流程优化法等，以上人员数量规划方法各有利弊，表 6.2 是对它们的利弊分析和适用对象的介绍（见表 6.2）。

表 6.2 人员数量规划方法利弊分析①

人员数量规划方法	优 点	缺 点	适用对象	备 注
工作效率法	由于规划来自于公司内部的历史数据，因此数据较易于获取	由于人力规划基于历史数据，因此其前瞻性不够	较适用于业务部门	准确规划的前提在于销量预估的数据要准确
业务分析法	由于规划来自于公司内部的历史数据，因此数据较易于获取	由于人力规划基于历史数据，因此其前瞻性不够	较适用于业务部门	需要足够的数据点以寻找业务和人数之间的关联性
预算控制法	对于管理层较易于操作，可以就实际情况作出灵活的调整	对于管理层成熟度要求较高	适用于业务部门和管理部门	对年度预算管理的准确性要求较高，年中预算维护和预算变更的审批流程要规范化
行业比例法	计算较为容易和快速	需收集相关数据，且国内此类数据不易获取，而国外数据通常由于人员能力/管理系统的差异，对国内组织没有很大的参考价值	适用于业务部门和管理部门	

① 胡薇等. 人力资源管理咨询全方案. 广州：广东经济出版社，2008

续表 6.2

人员数量规划方法	优 点	缺 点	适用对象	备 注
标杆对照法	人力规划结果的准确性较高,能够帮助组织向行业的最佳典范学习,并不断缩小与他们之间的差距	需收集相关数据,且国内此类数据不易获取;规划过程中需考虑多种因素,操作起来难度较大	适用于业务部门和管理部门	
流程优化法	人力规划结果的准确性较高	规划过程中需要投入较多的人力和物力	适用于业务部门和管理部门	实施的前提是组织内需要有规范化的业务和管理流程

案例阅读

华为早期的人力资源规划

华为曾经是一个名不见经传的民营企业,在短短的十几年间,发展成为利润率最高、研发投入率最高的中国电子信息百强企业之一。究其成功的原因,其中重要的因素之一是按照战略规划目标,制定人力资源规划并大规模地进行相关人才储备。

华为创业之初仅有 10 多人,逐步增加到 100 多人,20 世纪 90 年代中期以后,在确定了"华为将长期专注于通信网络从核心层到接入层整体解决方案的研究开发,同时以标准的中间件形式向用户提供开放的业务平台,并关注宽带化、分组化、个人化的网络发展方向"的战略发展方向之后,华为进行了人力资源的规划,开始了大规模的人才引进和储备。1998—2000 年,平均每年员工增长人数在 3 000~4 000,居国内首位。以 1998 年为例,中国科技大学 1998 年毕业的研究生除继续在国内外求学的,共有 400 人左右找工作,其中近 90 人到了华为公司,而华中理工大学则有近 200 人到了华为。到 2001 年华为已有员工 15 000 余人,其中 85% 具有本科以上学历,45% 具有硕士、博士和博士后学历,员工平均年龄 27 岁。从人员结构看,科研人员占 40%,市场营销和服务人员占 35%,生产人员占 10%,管理及其他人员占 15%(2001 年数字)。

【点评】 本案例值得关注的是,华为对人力资源的规划并非中规中矩,不是按照供给和需求的预测作出的,而是更多地从切断竞争对手人才补给线的战略高度出发制定实施的。正是这一基于人力资源规划的战略举措,为华为的发展奠定了雄厚的基础,同时也给其他竞争对手产生了巨大的压力。

6.3 人力资源管理的人员招聘

人员招聘是人力资源管理至关重要的环节,把好人员入口关,是确保人员质量、提升人力资源竞争的关键。

6.3.1 人员招聘及其重要性

1) 人员招聘的含义

人员招聘,是指组织通过劳动力或人才市场获取人力资源的活动。它是组织根据自身发展的需要,依照市场规则和人力资源规划的要求,通过各种可行的手段及媒介,向目标公众发布招聘信息,并按照一定的标准招募、聘用组织所需人力资源的活动。人员招聘是组织获取人力资源的第一环节,也是人员甄选的基础。

人员招聘任务的提出,通常出于如下几种情况:①新组建一个组织;②业务扩大,人手不够;③原有人员调任、离职、退休、死伤等而出现职位空缺;④人员队伍结构不合理,在裁减多余人员的同时需要补充短缺人才。

2) 人员招聘的重要性

管理者必须高度重视人员招聘工作。首先,人员招聘质量事关重大。新补充人员的素质犹如制造产品的原材料,严重影响到今后的培训及使用效果。素质好的新员工,接受的培训效果好,很可能成为优秀人才;素质差的新员工,在培训及思想教育方面的投入量大,还不一定能培训成优秀人才。新补充人员的素质不仅决定着其今后的绩效,而且还会影响到组织氛围。不合格的人员进入组织会带来一系列麻烦,辞退一名员工会引起多方面的连锁反应,而且还会给当事人造成心理创伤。其次,人员招聘是一项比较困难和复杂的工作。一方面是优秀人才比较短缺,即使在失业率很高的情况下,组织所需的某些员工也很难找到。如英国在大萧条时期,人力资源管理部门在市场上招聘经理人员时竞争仍十分激烈。另一方面,识人也比较困难。了解一个技术工人需要几小时到几天;了解一个工长需几周到几个月;而对组织经营者,则需要几年才能作出判断。人员招聘的困难还在于一些有权力的人物要求安排自己的亲友到较好的职位,使公平竞争法则受到挑战。招聘的复杂性还表现在一系列法律、政策的制约方面。例如,美国的公平就业法要保证雇佣一定比例的妇女和少数民族等。因此,能否招聘到合格的尤其是优秀的人才,是衡量人力资源管理部门成绩的主要依据之一。

6.3.2　人员招聘的程序

人员招聘作为人力资源管理工作的一个部分,不仅与其他人力资源管理工作如人力资源规划、组织的激励机制、薪酬管理等方面有密切关系,而且还受诸多因素的影响。所以一个有效的招聘活动应该经过认真筹划。人员招聘一般应包括 4 个步骤(见图 6.5)。

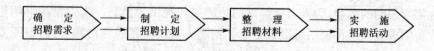

图 6.5　人员招聘过程示意

1) 确定招聘需求

组织需要新员工吗? 这个问题看似简单,但有时并不容易回答。当组织要扩大生产规模时,当组织有员工离职而其内部人员又无法填补岗位空缺时,当组织业务进行调整,需要特定人才时,组织需要马上能得到新员工。但是,有时这种需求并不十分明显。如果组织不能及早预见到潜在的人员需求,就无法保证在其需要时提供足够的人员。所以,在招聘活动开始之前,首先要确定招聘需求,即明确以下几个问题:

（1）是否存在岗位空缺？

（2）存在多少岗位空缺？

（3）需要什么样的人来填补岗位空缺？

其实，这项工作应在人力资源规划中已经完成。人力资源规划明确了组织有多少岗位空缺，需要多少人员补充，所需人员应该具有何种知识和技能。这些岗位空缺可能是由于组织结构调整或业务变更产生的新岗位，也可能是由于组织内部人员流动而产生的岗位空缺。当部门经理或一线经理发现某些岗位空缺需要通过招聘来补充，并填写了人员需求表，这就意味着招聘工作的开始。表 6.3 是人员需求表的一个示例。

表 6.3 人员需求表示例

某公司人员需求表					
部门：		填表人：			填表时间：
新增加的职位：□是　　　□否					
何时需要：					
需要原因：					
职位名称：				薪资等级：	
主要工作职责：					
需求性质：□永久需求　　　□临时需求　　　□合同约定（时间长度）：					
任职资格要求：					
特殊技能/培训要求：					
素质要求：					
年龄要求：					

资料来源：Master Human Resources Guide 2002，The Global Law Firm

人员需求表明确记录了所要招聘的工作名称、部门、招聘员工到岗的时间、岗位要求，以及其他需要说明的内容，为人力资源部门招聘工作提供了信息。人力资源部门根据部门提供的人员需求表及工作说明可以确定所要招聘人员应具备的资格和条件，以便发布招聘信息，组织招聘活动。

2）制定招聘计划

在确定招聘需求之后，需要制定一个完善的招聘计划。招聘计划应包括确定招聘渠道、选择招聘方法、制定招聘预算等。

（1）确定招聘渠道。组织首先要确定招聘人员的渠道。如果选择内部招聘，就要从现有员工中发现哪些人员能够满足新岗位的工作需要，以填补岗位空缺；如果选择外部招聘，学校、劳动力市场、劳动服务和中介机构、猎头组织等都是人员招聘的渠道。一般来说，组织人员招聘通常包括内部招聘和外部招聘两个渠道。这两种招聘渠道各有其优点和缺点（见表 6.4）。

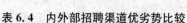

表 6.4 内外部招聘渠道优劣势比较

内部招聘	外部招聘
优点： (1) 组织对候选人的能力有清晰的认识； (2) 候选人了解工作要求和组织； (3) 奖励高绩效，有利于鼓励员工士气； (4) 组织仅仅需要在基本水平上雇佣； (5) 更低的成本	优点： (1) 更大的候选人蓄水池； (2) 会把新的技能和想法带入组织； (3) 比培训内部员工成本低； (4) 降低徇私的可能性； (5) 激励老员工保持竞争力，发展技能
缺点： (1) 会导致"近亲繁殖"状态； (2) 会导致为了提升的"政治性行为"； (3) 需要有效的培训和评估系统； (4) 可能会因操作不公或心理因素导致内部矛盾	缺点： (1) 增加与招聘和甄选的相关的难度和风险； (2) 需要更长的培训和适应阶段； (3) 内部员工可能感到自己被忽视； (4) 新的候选人可能并不适应组织文化； (5) 增加搜索成本等

资料来源：Master Human Resources Guide 2002，The Global Law Firm

（2）选择招聘方法。招聘的人员不同，需要采用不同的招聘方法。一般来说，内部招聘的方法主要有两种：

① 工作公告法。这是最常用的一种内部招聘方法，它是通过向员工通报现有工作空缺，从而吸引相关人员来申请这些空缺职位。工作公告中应包括空缺职位的各种信息，如工作内容、资格要求、上级职位、工作时间以及薪资等级等（见表 6.5）。

表 6.5 工作公告示例

工 作 公 告

公告日期：_____

结束日期：_____

在_____部门中有一全日制职位_____可供申请。此职位对/不对外部候选人开放

薪资水平：最低_____ 中间值_____ 最高_____

职责：(参见所附工作说明书)

所要求的技能和能力：(候选人必须具备此职位所要求的所有技能和能力，否则不予考虑)

1. 在现在/过去的职位上表现出良好的绩效，其中包括：
——有能力完整、准确地完成任务 ——能够及时地完成工作并坚持到底
——有同其他人合作共事的良好能力 ——能进行有效的沟通
——可靠、良好的出勤率 ——较强的组织能力
——解决问题的态度与方法
——积极的工作态度：热心、自信、开放、乐于助人和献身精神

2. 可优先考虑的技术和能力：
(这些技术和能力使候选人更有竞争力)

员工申请程序如下：

1. 电话申请可打号码_____，每天下午 3:00 之前，_____除外

2. 确保在同一天将已经填好的内部工作申请表连同截至目前的简历一同寄至

_____

对于所有的申请人将首先根据上面的资格要求进行审查

筛选工作由_____负责

机会对于每个人来说都是平等的

资料来源：加里·德斯勒. 人力资源管理. 北京：中国人民大学出版社，1999

发布工作公告时应注意,公告应置于组织内部人员都可以看到的地方,以便有资格的人员有机会申请这些职位;公告应保留一定的时间,避免有些人因工作外出而看不到;应使所有申请人都收到有关的反馈信息。

② 档案记录法。在组织的人力资源部,一般都有员工的个人资料档案,从中可以了解到员工在教育、培训、经验、技能以及绩效等方面的信息,通过这些信息,组织的高层和人力资源部门就可以确定出符合空缺职位要求的人员。使用这种方法进行内部招聘时,要注意两个问题:一是档案资料的信息必须真实可靠、全面详细,此外还要及时更新,这样才能保证挑选人员的质量;二是确定出人选后,应当征求本人的意见,看其是否愿意进行调整。随着计算机和网络技术的发展,很多组织都建立起了人力资源信息系统,对员工的个人信息进行动态化和规范化的管理,利用档案记录进行内部招聘的效率和效果都得到了大幅度的提高。

相比内部招聘,外部招聘的方法相对就比较多,主要有以下几种。

① 广告招聘。通过媒体广告形式向社会公开招聘人才是目前运用得最为广泛的人员招聘方式。通过广告形式招聘需要注意以下两点。一是广告媒体的选择。一般来说,可采用的广告媒体主要有报纸杂志、广播电视、网站以及随机发放的宣传材料等。在确定了媒体形式后,应进一步选择刊登招聘广告的具体媒体单位。二是广告形式与内容的设计。为了最大限度地获取招聘广告形式上的效果,一般组织可以通过外部专业广告设计机构完成招聘广告的设计。招聘广告的另一重要方面是广告包含的内容,即广告需要传递的信息。除了与职位相关的信息外,招聘广告还应包括方便求职者清晰快捷的联系方式以及相关事宜(如有效时间、注意事项等)。

② 关联人员推荐。通过组织的员工、客户以及合作伙伴等推荐人选,是组织招聘的重要形式。这种方式的优点是对候选人的了解比较准确,招聘成本比较低廉。采用这种方式的典型案例是思科公司,该公司中约 10% 的应聘者是通过员工相互介绍而来的。组织可以建立一些特别的奖励机制,鼓励员工向组织推荐员工。

③ 校园招聘。高校是人才高度集中的地方,也是组织获取人力资源重要的源泉。每年都有数以万计的大学生迈出校门,走向社会。大学生的专业知识和对工作的热情是组织所期待的。

从 1999 年 12 月教育部开始允许企事业单位进入高校招聘之后,用人单位可在每年 11 月 20 日之后的休息日和节假日等到高校开展宣传和咨询活动。在此之前,许多用人单位也每年定期到大学去做招聘宣传,争夺优秀毕业生。此外,还可选择人才交流会、公共服务机构以及网络招聘等外部招聘方法。

(3) 制定招聘预算。组织还要对招聘费用进行预算。随着人才争夺的日趋激烈,招聘方法和手段不断翻新,很多招聘单位都面临着招聘费用不断提高的难题。用于招聘活动的费用支出主要有:包括招聘广告和宣传册等在内的招聘信息成本、招聘会或联谊会的费用。有些招聘活动已经不局限在本地区,跨地区招聘还要包括差旅费和通讯费用等。招聘单位可用于招聘的费用多少,在一定程度上决定了其可以采用的招聘方法。

3) **整理招聘材料**

首先是准备招聘信息。现在越来越多的组织认识到招聘工作也是宣传组织形象、吸引应聘人才的过程。招聘信息在这个方面发挥着重要作用。招聘信息不仅仅局限于招聘广告,也包括组织内部的工作张榜、组织的宣传册、内部刊物、组织的录像带等。

在准备招聘信息时,有以下几点应该注意:

(1) 应传达组织最具吸引力之处。招聘过程是宣传组织形象、吸引人员的过程,所以组织应该了解什么对求职者具有吸引力,并将其最具吸引力的地方通过各种方式传达给求职者。如北大方正大光明招聘广告上许诺"提供有竞争力的薪酬福利,广阔的专业发展空间,有计划的专业技术培训,丰富的技术实战演练等"。许多国际性跨国组织更是充分展现组织综合实力来吸引求职者。荷兰皇家壳牌专为大学毕业生发布的招聘广告上没有提供具体的招聘岗位,而是用很大篇幅描述壳牌在中国的美好发展前景,以及吸引大学生的"什么使您心动?——毕业生发展计划"。

(2) 应交代清楚所要招聘的人员条件和资格。组织吸引的是那些满足岗位需要的,具有一定技能要求的应聘者,而不是所有人员。因此,招聘信息中要将所要招聘的人员条件和资格交代清楚,以便求职者根据招聘条件进行自我评估,否则会使筛选过程复杂化。

(3) 招聘信息一定要客观,对组织的宣传不要夸大其词。现在人才竞争日益激烈,有些组织或单位为了吸引人才,往往夸大对自己的宣传。这种过分"推销"组织和工作的做法可能会吸引求职者,但却很难留住他们。如果员工被录用后的实际工作与其期望值有较大差距,将会导致员工的不满,加剧员工流失,这也是一些单位员工频繁跳槽的原因之一。所以,招聘信息一定要客观,对组织的宣传不要夸大其词,否则会误导应聘者。

有效的招聘信息应该包括:①组织的简单介绍;②工作或岗位名称;③简单清晰的工作职责描述;④工作所需的能力、技能、知识、经验的说明;⑤工作条件:工作地点、工作时间、福利等;⑥申请方式。此外,还要整理应聘者的信息。

当组织通过一定渠道、采用适当方法将招聘信息发布出去后,对所招聘的工作或岗位感兴趣的人员可递交个人申请表。但是有的组织要求求职人员必须填写统一的申请表(见表6.6)。

表 6.6　求职申请表示例

申请职位:		可到职日期:		薪金要求:

	姓名		年龄		性别

身份证号			户口所在地	

通讯地址			联系电话	

	起止时间	学校名称	专　业	学　历
教育经历				

	起止时间	单位名称	岗位和职责	离职原因
工作经历				

接受培训	培训时间	培训内容

其他说明

　　一般来说,申请表的设计要结构清晰,内容明确,既有助于招聘单位通过申请表充分了解求职者的信息,又方便求职者填写。

　　申请表一般包括以下内容:①个人基本信息;②教育经历;③工作经历;④培训经历;⑤其他说明。个人简历和申请表在招聘和选择人员过程中各有优劣(见表6.7)。

表 6.7　个人简历和申请表的对比

	个人简历	申请表
优点	(1) 形式开放,申请者的简历形式多样; (2) 申请者可以提供较多的信息; (3) 申请方便; (4) 费用较小	(1) 直截了当,结构清晰; (2) 避免不必要的信息,简化筛选过程; (3) 便于评价; (4) 便于计算机管理
缺点	(1) 信息过多,不便于了解关键信息; (2) 难以评估; (3) 不便于计算机管理	(1) 形式封闭,限制创造性; (2) 成本较高

　　比较好的方法是将个人简历与申请表结合使用,即求职人员在递交了个人简历后,再填写一份招聘单位统一格式的申请表。这样既可以方便地了解应聘者的信息,便于计算机管理,又可以通过个人简历的风格了解应聘者的个性。

　　组织可以将收到的人员简历或申请表进行分类,送交有关部门或人员进行筛选。现在越来越多的单位已采用计算机来管理应聘者的信息。有些应聘者由于目前没有合适的岗位而未被录用,其信息也将存入组织的人才库,一旦有岗位空缺时,可以随时查询,寻找合适的求职者。

专栏6-1 ▶▶▶

关于求职申请表的填写

　　在招聘会上、面试之前或面试之后,你所申请的组织都可能让你填一张求职申请表。在填写这类似乎显得简单乏味的申请表时,一定要仔细。你所表现出来的谨慎程度就会告诉阅读这张表的人很多有关你的情况。

　　在填写申请表时,最好用黑墨水笔,找一个能写字的平整干净的地方填写,避免弄脏。填表时,首先好好看一看填表项,考虑好答案再写,尽量避免涂涂改改。如果写错了,如果可以的话,宁愿重填一张。

　　有的表格中有些项目要求用大写字母填写(BLOCK CAPITALS),切记全部填大写字母,而不仅仅是首字母。有些组织的申请表格相当长也相当复杂,如果有什么问题不明白一定要请教他人。如果有什么项目对你不适用,不要什么也不填,要写上 not applicable(不适用),这样阅读表格的人就不会认为你忽略了某些项目。

申请表中有几个问题是比较常见的:①SOURCE OF APPLICATION(招聘消息来源),如实填写消息来源,如果来自报纸,指明是哪一天的什么报纸。②NEXT OF KIN(最近的亲属)。组织想知道与你关系最亲密的人的姓名,有时也要知道他们的地址。如果你没有结婚,可以填你的父亲、母亲或监护人。如果已婚,就该填你的丈夫或妻子。③DE-PENDANTS(受抚养的亲属)。组织要知道你是否有需要抚养的人,比如孩子等。

在可能填写申请表的那段时间里,应当随身携带履历,这样会使你感到很方便。因为履历里包含了填表时你所需要的详细而又准确的资料,这样你就不必把它们都记在脑子里。

(资料来源:http://www.xiashanet.com)

4) 实施招聘活动

招聘活动的具体实施一般包括以下步骤:招聘信息发布—填写申请表—初步筛选—笔试—面试(第1次、第2次甚至更多次)—其他测试—录用决策—通知录取者和落选者。

招聘时需要注意以下几点:

(1) 面试笔试前的行政安排。致信给未接到面试通知的可能人选和不太可能人选的求职者,告诉他们正在分析他们的申请表;致信给落选的求职者,使他们感到被充分考虑过了。刊登招聘广告时确定面试日期;分配给每位候选人面试日期、时间、面试所用时间以及面试顺序。安排路程近的候选人先面试。注意考虑当地的交通条件,给面试人充足的时间做记录。

(2) 程序设计。如果面试人不止一位,提前发给他们每人一份面试时间表、简介和申请表;给接待员一份印有候选人姓名、面试时间和面试人姓名的表格;如有可能,至少提前一星期通知每位候选人面试的具体日期、地点以及面试可能占用的时间;通知候选人他们将与谁见面;告诉他们去组织的乘车路线,发给每人一张印有组织位置的地图以及发生意外情况的处理方法,可为省他们的时间,也能节省你的时间。

(3) 人员招聘的管理工作。人员招聘的管理工作包括以下环节:人员招录程序的设计(区别不同人员)—申请表设计—笔试题库建设—面试题目的储备和设计—面试人员的培训—人才库建设—招聘网络的开发与维护—相关文件设计(面试评分表、书面通知、登记表等)。

(4) 人员招聘的后续工作。人员招聘的后续工作要考虑以下问题:

新雇员的到来应通知哪些人(其他部门、同事、工作联系人、下属等)?

由谁负责安排相关的办公设备?

由谁接待和照顾新雇员?

由谁负责介绍给同事和重要联系人?

是否有必要安排培训?

由谁介绍组织的产品、政策和制度?

能否提供培训课程? 如果能的话,在什么时候、由谁安排?

有无最新的岗位描述? 它能否作为初级指导? 如果必须修改,新雇员如何参与修改?

如何制定工作目标? 什么时候、由谁制定? 有谁在此后几个星期追踪调查进展情况? 是直接管理者、选拔人还是其他什么人?

案例阅读

微软公司的招聘流程

微软公司是一个知识密集的企业,它的持续成长,依赖于一个稳定的充满智慧和激情的员工队伍。正如公司的一位高级副总裁指出的:"你不可能使用低水平的编程员编制出伟大的计算机程序。"1989年,公司的工资单上共有4 000名员工。到1992年,员工人数超过了1万人。填补公司员工配置需要的任务真是非常艰巨。发现和选聘最优秀的人才,是微软公司的首要任务。当比尔·盖茨被问到他过去几年为公司所做的最重要的事时,他回答说:"我聘用了一批精明强干的人。"

微软公司是如何发现和选聘人员的?负责招聘者每年要访问130多所大学。申请者在会集到西雅图郊外的公司总部前,可能已在校园内接受了多次考察。到总部后,他们要花1天时间与公司中从各部门来的至少4位考官进行面谈。面谈的问题侧重于应聘者的创造力与解决问题的能力,而不是具体的程序编制知识。而且,微软公司的薪金倾向于较低,通常每周要工作60~80个小时。因此,公司寻找的是那些重视价值实现而不是报酬多少的人。当然,了解情况的应聘者知道,公司为表现卓越的员工提供的股票期权,已经使这些人中的2 000余人成为百万富翁。

【点评】 微软公司的人员选聘过程,明显的是行之有效的。这家公司已经赢得了良好的声誉,招聘到许多美国的杰出青年工程、营销和管理人才。实践是最好的检验标准,微软公司的成长记录已经有力地证明了其人员选聘过程的效果。

6.4 人力资源管理的开发培训

6.4.1 人力资源开发的概念

关于人力资源开发的概念,国内外学者给出了许多不同的定义:

(1) 开发者通过学习、教育、培训、管理等有效方式,为实现一定的经济目标与发展战略,对既定的人力资源进行利用、塑造、改造与发展的活动。(萧鸣政,2002)

(2) 通过投资(包括物质、精神和时间等的投入),利用教育和训练等方式,促进和提高人的潜在体力、脑力、知识和技能等,促使潜在能力显现化。(赵秋成,2001)

(3) 由组织所开展的任何有计划的培训、教育和开发活动。(Rothwell,1985)

(4) 人力资源开发是通过组织发展和个人培训与发展,以开发、释放人的才能的过程,其目标是改进绩效。(Swanson,1995)

(5) 为雇员今后发展而开展的正规教育、在职体验、人际互助以及个性和能力的测评等活动。(Raymond A. Noe,1999)

由上所述可见人力资源开发是一个内涵比较广的概念,它与培训、教育、开发与管理都不同。萧鸣政(2002)对这些概念的比较有助于加深我们的理解(见表6.8)。

表 6.8　培训、教育、开发与管理特点比较

活动形式	主要内容	活动目的	效用时间	财政理念	风险程度
培训	知识与技能方面的掌握与提高	满足当前的工作需要	当前	短期投资	较低
教育	行为习惯、行为方式、智力与体力的基础素质的培养	满足将来组织与个人需要	不久的将来	中期投资	中等
开发	潜能的挖掘与现有能力的发展与发挥	满足将来组织的需要	将来	长期投资	较高
管理	现有人力资源的利用与发挥	满足目前组织的需要	现在	消费	无

资料来源:萧鸣政.人力资源开发学.北京:高等教育出版社,2002

关于上述概念,这里有几点说明:

(1)培训和教育都是人力资源开发的具体形式,人力资源开发还有很多其他的形式,例如面谈、职业发展计划、开发性考核等。

(2)很多人认为人力资源开发是人力资源管理的一部分内容,不少《人力资源管理》教材都把人力资源开发作为其一部分。我们也赞同这种观点,进一步认为,人力资源开发是人力资源管理非常重要的内容,它不是一项独立的职能,它渗透在人力资源管理的整个过程之中。

(3)人力资源开发与人力资源的使用是两个相对独立的过程,开发是形成人力资源的过程,使用是消耗人力资源的过程,尽管二者经常交织在一起,但在理论上不能把它们相互混淆。

6.4.2　人员培训的重要性

人的素质的提高,一方面需要个人在工作中钻研和探索,更重要的是需要有计划、有组织的培训。虽然组织也可以通过招聘获得自己所需要的人才,但优秀的组织毫无例外的高度重视人员培训。

培训的重要性主要表现在以下方面:

1)培训是调整人与事之间的矛盾,实现人事和谐的重要手段

随着科学技术的发展和社会的进步,"事"对人的要求越来越高,人与事的结合处在动态的矛盾之中。总体来看,各种职位对工作人员的智力素质和非智力素质的要求都在迅速提高。今天还很称职的员工,如不坚持学习,明天就有可能落伍。人与事的不协调是绝对的,是事业发展的必然结果。要解决这一矛盾,一要靠人员流动,二要靠人员培训。人员流动是用"因事选人"的方法实现人事和谐,而人员培训则是"使人适事"的方法实现人事和谐。即通过必要的培训手段,使其更新观念,增长知识和能力,重新适应职位要求。显然,这是实现人事和谐的根本的手段。

2)培训是快出人才、多出人才、出好人才的重要途径

社会对人才的需要千变万化,对各层次人才的培养提出越来越高的要求,仅仅依靠专门的、正规的学校教育越来越难以满足要求,必须大力发展成人教育,而人员培训是成人教

育的重点。

3）培训是调动员工积极性的有效方法

组织中人员虽然因学历、背景、个性的不同有不同的主导需求,但大多数人员都渴求不断充实自己、完善自己,使自己的潜力充分发掘出来。越是具有高成就愿望的人才,这种需求就越迫切。在组织中得到锻炼和成长,已成为人们重要的择业标准。组织如能满足员工这种自尊、自我实现的需要,将使员工激发出深刻而又持久的工作动力。国内外大量事实证明,安排员工参加培训、去国外任职、去先进组织跟班学习以及脱产去高等学校深造、去先进国家进修等都是满足这种需求的途径。经过培训,人员不仅提高了素质和能力,而且也改善了工作动机和工作态度。应该说,培训是调动员工积极性的有效方法。

4）培训是建立优秀组织文化的有力杠杆

在激烈的市场竞争中,有越来越多的组织家发现文化因素的重要作用。韩国著名的组织家郑周永说:"一个人,一个团体,或一个组织,它克服内外困难的力量来自哪里? 来自它自身,也即说来自它的精神力量,来自它的信念。没有这种精神力量和信念,就会被社会淘汰,这是资本主义社会最朴素的法则。"在有着悠久文化传统的社会主义中国,组织更需要重视文化建设。组织文化建设不是孤立的,特别是离不开人力资源管理活动。培训是建设组织文化的重要环节,应把组织文化作为人员培训的重要内容,在培训过程中宣传、讲解和强化组织文化。

5）培训是组织竞争优势的重要来源

知识经济的崛起,技术创新成为组织赢得竞争的关键一环。技术创新的关键在于一流技术人才的培养。通过技术培训,使组织的技术队伍不断地更新知识、更新技术、更新观念,才能走在新技术革命的前列。从另一方面讲,培训着眼于提高人的素质,而人正是组织最根本、最主要的竞争优势。所以,组织要想在激烈竞争中立于不败之地就必须重视培训。

6.4.3　人员培训的方式

培训的方式主要有 3 种:在职培训、脱产培训和半脱产培训。

1）在职培训

在职培训即人员在实际的工作中得到培训。这种办法比较经济,不需要特殊的场所、设备,有时也不需要专职的教员,而是利用现有的人力、物力来实施培训。同时,培训对象不脱离岗位,可以不影响工作或生产。但这种方法往往缺乏良好的组织,不太规范。以技术培训为例,机器设备、工作场所只能有限制地供培训使用,有些昂贵的仪器设备不宜让学员操作,因而影响培训效果。

2）脱产培训

脱产培训即受训者脱离工作岗位专门接受培训。组织可以把员工送到各类学校、商业培训机构或自办的培训基地接受培训,也可以选择本单位以外的适宜场地自行组织培训。由于学员为脱产学习,没有工作压力,时间集中,精力集中,其知识技能水平会提高很快。这种形式的缺点是需要专门的设备和场所、专门聘请的教师,成本较高。另外,其针对性往往较差,所学内容如何能在实践中应用尚需进一步摸索。

3）半脱产培训

半脱产培训介于上述两种形式之间,可在一定程度上克服二者的缺点,吸纳二者的优点,从而较好的兼顾费用和质量。例如,将培训穿插在工作中,培训一段时间后,让受训者工作一段时间,应用培训所学,然后再集中培训。

6.4.4 人员培训的具体方法

1) 授课

授课是成本最低的培训方法之一,因为它几乎没有什么开发费用,并且可以用于比较大的培训班。尽管有批评说这种方法缺少实践和反馈的机会,但有关研究却显示它至少有中等水平的效力。

2) 学徒制和指导人制度

"师傅带徒弟"是一种古今中外都流行的培训方法,现在很多组织还在应用这种方法,有些组织把这种方法称为"指导人制度"、"导师制"等,主要用于培训新员工。一个师傅或指导人可以指导1个人,也可以同时指导几个人。指导的内容应该是全面的,不仅包括技术、工艺、操作、服务技巧、办事方法,而且包括思想、作风、伦理。这种方法成本较低,对新员工的帮助较大。其局限性在于:对师傅或指导人的要求较高;另外,有的组织学徒期或指导期是固定的,这对不同员工原来的思想技能水平和学习速度的个体差异考虑不足。有效应用学徒制或指导人制度有两个关键环节:一是选拔合适的师傅或指导人,这种人应该是那些业绩突出、熟知组织历史、认同组织文化的人;二是建立对师傅或指导人的考核和激励制度,包括明确他们的责任、对其履行职责的情况进行考核、对优秀的师傅或指导人予以奖励等。

3) 教练

"教练"(Coaching)是20世纪90年代才开始流行的一种管理技术。美国的咨询师Gallwey把教练技术定义为"释放人的潜能以最大限度地提高人的绩效。教练是帮助人们学习而不是教他们"。虽然现在还没有对教练技术的一致定义,但这一定义所表达的思想得到了大部分专家的认同。教练技术和学徒制、指导人制度、导师制等存在着许多区别:如教练技术所涉及的双方的关系不是固定的,教练可以用这种技术去帮助任何人,后三者所涉及的双方的关系是相对固定的;教练技术关注的是马上改变表现和迅速开发技能,后三者关注的则是在比较长的时间里获得技能;在具体方法上,教练技术和其他方法也不相同。教练技术是上级帮助下级以至于人们之间互助的一种有效方法,管理者尤其需要掌握和自觉运用这一技术。其基本方法是通过提问和倾听,建立员工对周边环境和自我的意识,建立责任感,建立自信。传统的管理者习惯于告诉下级现成的答案,教练技术则强调通过提问帮助员工自己找到答案,而提问的顺序通常是厘清目标、分析现状、发掘方案、制定计划。一些比较有效的问题包括:①还有什么? ②如果你知道答案,这个答案会是什么? ③这样对你以及别人会有什么影响? ④你的标准是什么? ⑤这里对你最困难、最有挑战性的部分是什么? ⑥你这样做/说会得到/失去什么? ⑦如果别人对你这样说(或者这样对待你),你会有什么感觉(或者你会怎样想)? ⑧如果你的一个朋友与你处境相同,你会给他(她)提什么建议?

4) 讨论会

这种方法适用于培训人数较少的群体。其长处是提供了双向讨论的机会,受训者比较主动,他们的特殊和具体问题可以得到比较充分的讨论和回答;他们不仅可以向培训者学习,也可以彼此互相学习;培训者也可以及时而准确地把握受训者对培训内容的理解程度。这种方法对解决具体问题、提高受训者的责任感或改变工作态度特别有效。

5) 工作轮换

工作转换是一种在职培训的方法,目的在于扩展受训者的知识和技能,使其胜任多方面的工作,同时增加工作的挑战性和乐趣;组织也可在人员调配上获得更大的灵活性。相对于普通员工,工作轮换制度应用更为普遍。除了上述作用外,管理人员轮换还可达到以下3个目的:①管理人员将逐渐学会按照管理的原则从全局而不是某一职务方面来思考问题;②帮助管理人员确定他们愿意进行管理的职务范围,同时也便于上级确认适合他们的岗位;③组织的高级职务可以由资深人士担任。组织应用工作轮换制度时,要注意的问题有:①让参加轮换的人员明确轮换的目标,尤其是了解在每项工作上需要培养哪些技能;②掌握适当的轮换频率,在达到轮换目标的同时尽可能降低因为轮换影响工作而增加的成本;③把工作轮换作为员工职业发展的一个环节进行系统规划等。

6) 录像

组织可以自制或购买培训用的录像资料。这种方法具有许多优势:可以激发受训者的兴趣;可以用来异地培训,从而节约旅行成本;可以对不同的对象重复使用而不增加成本。在行为模式化培训以及人际技巧培训中,这种方法更具有其他方法不可取代的优越性。受训者可以看到真实的行动从而去模仿,受训者自己的言行也可以被录像并立刻回放以给他们提供反馈。这种方法的主要缺点是录像资料的初期开发成本和后来进行调整的成本较高,有些情况下也可能比较费时。

7) 模拟

模拟是以实际情况为模型的一种经过精心设计的练习,受训者可以参与其中并得到反馈。这种方法对于错误的风险和代价很高(如飞行员培训)以及缺乏直接的、可以看得见的反馈(如管理决策制定)的工作特别有用。在计算机技术的帮助下,机械模拟器(如飞行模拟)可以造得惊人的真实。模拟也经常用于管理培训,如商业游戏、角色扮演、处理公文练习等。

(1) 商业游戏。商业游戏是对实际管理问题的一种模拟,其具体形式多种多样,但一般都在游戏中设计若干角色,参加者各自扮演不同的角色,在一定的情境和规则下完成一系列的仿真活动。例如,一种典型的决策竞赛游戏:首先给定当前的经济条件、市场状况、生产设备、人员和资金情况,在指定的时间内,要求比赛者就推销、研究和开发、人事、服务、生产设备等方面如何运用资金作出决策。在专门的表格上记录决策,并将之交给裁判,由裁判输入计算机,计算机经过模拟运行后输出结果,包括新的市场供求情况、各小组(组织)的股价变化情况等。将结果反馈给比赛者,让他们作出新的决策。新的决策再次被输入计算机,形成新的结果并送回到比赛者手中。如此循环往复,具体轮次视比赛时间而定。比赛一般持续3~4小时,有时可以更长一些。比赛后一般召开评比会,首先由裁判评论各组的决策和效果。每组检查自己的决策并且推测其效果,对同一种情况下其他组所作出的决策进行评价。全体参与者的讨论有助于总结收获,强化学习效果。

(2) 角色扮演。设定某种带有普遍性的、比较棘手的情况,让几个人分别扮演其中的角色,把事件的过程表演出来。例如,一名雇员要求调动工作。可选一人扮演雇员,一人扮演主管,然后把各人的角色资料提供给他们。在稍做准备后,让两个人即兴地模拟这一事件的交涉过程。当此二人进行模拟表演时,其他成员在一旁观摩、思考、记录。模拟结束后,也可请另一些人模拟表演同一情节,最后组织全体讨论。还可将表演过程进行录音、录像,表演者可进行自我检查,也供大家仔细研讨。

（3）拓展训练(也称为外展训练)。这种训练包括了一系列的练习,例如让一组受训者翻越一座高墙而不借助任何设备,利用一些油桶、竹竿和绳子自制成船并通过一片水域。每一次练习之后,培训者将练习中的行为和受训者的工作环境相联系,使受训者获得改进工作的启发。模拟的优点是真实性强,表演者身临其境,可在模拟实践中加深对工作现实和管理原理的领会以及对工作技巧的把握。缺点是费时较多。

8）案例研究

案例是对真实管理情境和问题的描述,它可以只涉及一个典型的管理问题,也可以把若干的管理问题综合在一起。这种方法的优点是真实性、实用性、参与性都很强。因为案例分析往往采用个人思考、小组讨论与集体讨论相结合的形式,所以既能锻炼受训者个人的分析能力,又可以训练团队合作能力。组织在培训中采用案例方法,最好能应用本组织自己的案例,这种案例不仅能更有效地调动受训者参与的积极性,而且实用性也更强。

9）内部网

多媒体工具、网络技术的发展为组织的培训工作提供了新的、便捷的手段。组织可开发内部网,将文字、图片乃至音像等培训资料放在网上,从而形成一个网上资料馆、网上课堂。这种方法的优点是:方便,不需要统一时间,员工可以选择方便的时间随时上网学习;突破地域限制,网络手段把天各一方的员工联系在一起,即使地处偏远,也可学到同样的内容;成本较低,除了课件制作外,几乎不增加任何成本。事实上,内部网具有网络所具有的几乎所有优势。正因为如此,这种方法近些年来得到了长足的发展,并形成了一个新的研究方向和组织管理模式——知识管理。

10）远程教育

远程教育是借助卫星、电视、网络等通讯和视听手段,实现人员异地交互的一种教育培训方法。与内部网方法不同的是,远程教育中人员彼此之间是可视的,并能实现实时的沟通,就像在同一个教室中一样。目前,不论在大学教育还是组织培训中,这种方法都日渐普及。

11）自学

集体培训必须与自学相结合。组织既可要求员工通过内部网自学,也可指定或者提供学习资料,提倡或要求员工利用业余时间自学。不少组织还用支付部分学费的方法鼓励员工自行参加社会组织的培训。

6.4.5　人力资源管理的新员工培训

1）新员工培训的目的

新员工培训是几乎所有组织面临的一项共同任务,其主要目的包括:

（1）互相理解。首先是要让新员工了解组织。虽然他们在应聘过程中已经对组织有了一些了解,但这种了解一般都是比较肤浅和片面的,特别是对组织文化的认识,在到组织之前,几乎没有哪个员工会有机会现场听总经理详细介绍组织的历史和经营理念;对组织的规章制度,新员工更是一无所知。在正式开始工作前真实而全面地了解组织,不论对新员工还是组织都十分必要。其次,新员工培训的过程,也是组织管理者和新员工相互了解的过程。大部分管理者和新员工在培训中都是第一次见面,双方都将在此过程中获得对方的第一印象,这是双方互相认识、初步了解的一次重要机会。参与培训的管理者一方面要让新员工认识和了解自己,另一方面也要尽可能多地认识新员工。

(2) 打消疑虑。新员工是怀着各种各样的想法进入组织的,有对未来的美好期待,也有对新环境的不安和疑虑。自己的上司是什么样的人、同事们是否友好、组织在招聘时的承诺能否兑现、自己将承担什么工作等,他们迫切希望尽快知道答案。一般而言,这种不安和疑虑的心理都会持续一段时间,但良好的培训和接待能够缩短这种不稳定的时间而使新员工更早的全力以赴地投入工作。

(3) 适应工作。新员工进入组织后做的第一份工作都将是新的工作,不管他(她)以前是否做过类似的工作。即使他们已经有了扎实的基础知识和丰富的实践经验,他们也还需要了解本组织这方面工作是怎样做的,这正是培训要解决的。要让新员工了解他(她)即将从事的工作的基本内容和程序,知道自己应该如何开始,如何尽快进入角色。

(4) 培养归属感。员工对组织的归属感,即员工对组织从思想、感情和心理上产生的认同、依附、参与和投入,是对组织的忠诚和责任感。归属感是培养出来的。新员工对组织还没有什么归属感,但这却是培养归属感最关键而又最有效的阶段。刚刚加入一个组织,一方面,新员工迫切希望得到同事的认可和接受,得到上司的重视和赏识;另一方面,他们又觉得自己是新来的,是陌生人,还不属于这个组织,甚至可能有"不满意就走"的想法。在这时,周到而充实的培训安排、管理者和老员工的热情态度都将把新员工们躁动的心拉向组织,很快地,他们也会觉得自己是这个组织的人了。

2) 新员工培训的内容

新员工培训的主要内容包括:

(1) 组织文化培训。包括要让新员工了解组织的历史、宗旨、组织精神、发展目标、经营哲学等,从而最终明确组织提倡什么,反对什么,自己能从组织得到什么,应以什么样的精神风貌投入工作,应以什么样的态度待人接物,怎样做一名优秀职工。

(2) 规章制度培训。新员工不可能在开始就熟悉组织所有的规章制度,在本阶段主要是要让新员工了解他们最关心的以及不了解就难以开始工作的制度,例如考勤制度、请假制度、奖惩制度、薪酬福利制度、财务报销制度、人员调配制度、培训制度、考核制度、职称评定制度、晋升制度、岗位责任制度、安全规程、员工行为规范等。

(3) 业务培训。包括本组织产品或服务的基本知识、组织的基本生产经营特点、本部门的主要职能、基本的工作流程、工作要求及操作要领等。

(4) 熟悉环境。即要让新员工了解与其工作、生活关系最为密切的部门和场所,例如财务部门、食堂、卫生间、饮水点、活动室等。

3) 新员工培训的程序

(1) 概况介绍。由了解组织情况的人员向新员工作介绍,或者播放介绍组织的影片。介绍的内容包括组织发展历史、组织机构、主要领导、平面布置等。

(2) 参观。在参观过程中,除了向新员工介绍上文提到的关键部门和场所外,还应重点了解组织环境内的纪念建筑,例如雕塑、展览橱窗、荣誉室、纪念碑等。

(3) 组织层次的培训。包括由组织主要领导(通常是总经理或董事长)宣讲组织文化,由有关部门负责人介绍组织的规章制度和组织生产经营特点、技术特点,对新员工进行上岗前的岗位技能培训等。

(4) 部门层次的培训。新员工分散到各部门后,各部门应组织相应的培训,包括向新员工介绍本部门人员、本部门主要职能、本部门的特殊规定以及对新员工继续进行必要的岗位技能培训等。

(5) 有关领导与新员工单独面谈。对于小组织,应该由组织的主要负责人,例如总经理、副总经理出面与新员工面谈;对于大组织,可由新员工的直接上司与新员工面谈。面谈的主要目的是了解新员工个人的特殊情况,例如其职业规划、遇到的困难、对上司及组织的期望等。

4) 新员工培训应注意的问题

张德认为,组织新员工培训时需要注意以下几点[①]:

(1) 新员工在最初 60～90 天的工作中形成的印象具有持久性。

(2) 进入组织的第一天非常重要,数年后员工仍然会记得第一天的情景,所以,组织对员工进入组织的第一天务必要精心安排,尤其是不要让新员工在第一天填一大堆的表格。如果确实有很多表格要填,可以让他们先填最重要的,其余的慢慢来。

(3) 让新员工了解整个组织以及他们的部门、工作与整体的关系,而不只是了解他们自己的工作。

(4) 不要提供过量的信息。人在一定的时间内能掌握的信息是有限的,在新员工培训阶段要传达的信息应该是新员工感兴趣的或最重要的,而不是他们不知道的所有信息。

(5) 给每个新员工找一个老员工作为指导人或者伙伴是培训新员工的有效办法,老员工不一定与新员工在同一部门,不同部门的人结成伙伴能使他们在今后更好地合作。

6.5 人力资源管理的人员调配

近年来,越来越多的媒体报道了一些著名企业重要或关键人物的"跳槽"事件。对愈演愈烈的跳槽现象,支持者认为这反映了现代组织正常的人员流动,反对者则从法律、组织长期发展等角度对此持保留态度。其实,跳槽现象只是人员流动的一种形式而已,不必大惊小怪,但跳槽背后的原因和对离职跳槽事件的处理方式却更值得关注和反思,这些都涉及组织的人力资源的调配问题。

6.5.1 人员调配的原则

人力资源管理的目的就在于合理地调配人力资源,最大限度地提高人力资源的使用效益。组织最基本的生产条件是劳动力、信息、资金、劳动工具和劳动对象,这些生产要素的有机结合和不断地协调发展,才能使组织高效运行,生产出高质量的产品以满足和适应社会不断发展的需求。在所有的生产要素中,人力资源是组织一切活动的主体,合理使用人力资源有利于提高组织的管理水平,有利于进一步提高员工的整体素质,从而可以不断增

---

① 张德. 人力资源开发与管理(第三版). 北京:清华大学出版社,2007

强新产品的研究开发能力、提高劳动生产率、提高设备使用率、节约材料和能量消耗、降低成本等。相反,人员使用不当,就会形成有的人没有事情做,该做的事情没有人去做,在人员使用上该用的不用,不该用的滥用,成绩人人领功,过错相互推诿。可以想象这样的组织不可能留住真正的人才,不可能有长久的生命力。所以,合理使用人员对组织的生存和发展具有至关重要的意义。只有做到人尽其才,才能做到物尽其用,财尽其力,才能使组织得到长期的可持续发展。

人员调配指经主管部门决定而改变人员的工作岗位职务、工作单位或隶属关系的人事变动,包括在组织之间和组织内部的变动。我们着重探讨在组织内部的不同单位之间,以及单位内部不同职位(岗位)或职务(如工种)之间的变更。这种变更具有两个特点:①经过劳动人事部门认定并办理相应手续;②较长时间的职位或职务改变。具体来说,人员调配使用应当符合以下基本原则①:

1) 人适其事

所谓人适其事,是指每个人都有适合自己能力和特长的岗位和具体工作。俗话说,没有不能用的人,只有用不好的人。在今天的许多组织中,仍然存在着用人上的随意性,不考虑员工的特长和意愿,结果自然出现"专业不对口"、"能力得不到发挥"等抱怨。所以组织要对员工的个性特长有深入的了解,针对其特点安排相应的工作,做到人适其事。

2) 事得其人

所谓事得其人,是指组织中的每项工作和每个岗位都找到合适的员工。工作的责任要明确,责任人也要明确,不能出现无人负责的现象,而这个员工必须能够完成这项工作。有的组织在人员使用上目光狭隘,只会在小圈子中寻找人选,"少数人在少数人中选少数人",往往就会出现"都不行,但退而求其次,只能是他了"的现象。这既是人员使用不当的表现,也给工作带来了潜在的危机。所以,在使用人员上,要扩大选才的范围,一定要坚持为每个岗位找到最合适的人选,这样才能真正把工作完成。

3) 人尽其才

这是在组织中说得最多的一句话,但在实际中,很少有组织真正做到了人尽其才,许多员工即使是在合适的岗位上,才能也得不到完全的发挥,这就与组织的人力资源管理的大环境直接相关。如在一些组织中,"员工干多干少一个样、干好干坏一个样",自然就不会尽力发挥其能力。或者员工的职业发展通道与个人能力绩效没有直接的关系,仅仅取决于其资历,员工也不会全力工作。所以人力资源管理的整个系统要能够调动员工的积极性,使其做到人尽其才,这样才能使员工在最大限度上发挥其主观能动性。

4) 事竟其功

所谓事竟其功,即要使工作完成到最好,或者说获得在现有条件下最优效果。粗略来看,此原则与人员使用无关,但实际上反映了人员合理使用后的结果,也是衡量人员是否合理使用的标准。在美国,高科技企业员工跳槽现象非常普遍,但高层管理者并不是简单地担忧有人走了,更关心的是有没有更好的人来,将工作做到最好。这说明"事竟其功"是其人力资源管理工作的重要标准之一。

---

① 张德. 人力资源开发与管理(第三版).北京:清华大学出版社,2007

6.5.2　人员调配的作用

人员调配的目的和作用,指促进人与事的配合和人与人的协调,充分开发人力资源,实现组织目标。具体而言,它有以下 5 个方面的作用:

1) 是实现组织目标的保证

任何组织,无论是政府机关、学校、军队还是组织,实现自身的生存与发展,都离不开人力资源的保证。如果在每一个岗位、每一个职位上都有第一流的人员在工作,组织何愁得不到发展? 但由于组织的外部环境、内部条件以及组织的目标和任务都在不断地变化,因此岗位、职位的数目和结构,及其对人员的要求也必须不断地发生变化,只有不断进行人员调配,才能适应这些变化,维持组织的正常运转和推动组织的发展壮大。

2) 人员调配是人尽其才的手段

人的才能各异,各有所长,也各有所短。只有放到最适合的岗位、职位上,人才能扬长避短,充分发挥出自己的潜能。但是,人与事的最佳配合不是一劳永逸的,而是动态的。有时,随着工作内容的扩充、设备的更新,人的能力变得越来越不适应;有时,人的能力提高,经验增加,兴趣转移,对眼前工作越来越不满足,甚至产生厌倦情绪。如果不及时对相应人员进行调配,不仅影响工作,更影响人员才能的发挥,影响杰出人才的脱颖而出。

3) 人员调配是实施人力资源计划的重要途径

人力资源计划中确定的人员培训和劳动力转移的方案,都必须通过人员调配手段来实现。及时调出待培训人员,合理安排培训已返回人员,按照人力资源结构合理化的要求,进行劳动力的调动和组合,这是实施人力资源计划、提高人力资源开发水平和人力资源使用效益的基本途径。

4) 人员调配是激励员工的有效手段

人员调配包括职务的升降和平行调动。职务晋升对当事人是一种内在激励,使其产生较强的成就感、责任感和事业心;平行调动虽不如晋升,但职工面对全新的工作环境、工作内容和工作要求,产生一种新鲜感和应付挑战的刺激,从而提高工作积极性并有利于挖掘其潜在才能;对于降职的人,只要做好工作,也会促其变压力为动力,改掉缺点,迎头赶上。

5) 人员调配是改善组织气氛的措施之一

对于风气不正的部门和团队,通过人员调配可以扭转不良风气;对于互抱成见、难以合作的当事人,经沟通和调解工作无效,采取组织手段使一方调离,仍不失为改善人际气氛、优化工作环境的有效措施。

6.5.3　人员调配的原则

人员调配事关工作成效和职工个人利益,应该谨慎地进行,并遵循下述原则。

1) 因事设人

诸葛亮有一句名言:"为官设人者治,为人设官者乱。"这里的"官"即职位、职务,亦即我们所说的"事"。为官设人、因事设人是根据职位或职务对人员素质、能力的需要,挑选合适的人去担当。相反,为人设官或因人设事,则偏离了组织目标,也离开了"事"的需要,是一种不正常的人事调动,往往伴随着"裙带风"、"帮派风"、"以贿求职"、"以职行贿"等不正之风,是十分有害的。违背因事设人原则的非正常人事变动,是导致机构臃肿、人浮于事的直接原因之一。

2) 用人所长

因事设人是按工作的需要选人,并不是说可以忽视对人的关心。与其并行的原则是用人所长,容人所短。对多数员工来讲,能发挥自己的业务专长是最大的愿望,而英雄无用武之地则成为最大的苦恼。领导者应该花费许多时间和精力,研究各类人才的不同特长,使其各得其所、各展所长,这就叫因材施用。韩国著名的组织家李秉哲说:"如果一个经营者把因材施用看得很容易,就无法作出一个经营者的正确判断,我把我90%以上的精力都用在了人事工作和因材施用上了。"在人员调配中能容人之短也是重要的。人各有长短,就像有高山必有深谷一样,"峰谷并存"也是人才的普遍规律。唐代陆贽有句名言:"录长补短,则天下无不用之人;责短舍长,则天下无不弃之士。"多少年来,一些单位的领导和人力资源管理部门的管理者,形成了一种有害的思维定势——在人员调配时不是盯住人的长处,而是盯住人的短处,致使有瑕之玉遭冷落,无瑕之石登大堂。这恰恰是有些单位留不住人才的一个原因。

3) 协商一致

人员调配涉及面广,变动一个人的工作岗位,除了调出、调入单位的领导外,有时还牵涉到三四个人的工作连锁变动。因此,在调配过程中,应贯穿深入细致的思想工作,做好各方意见的沟通工作,否则将影响部门与部门、人与人之间的正常关系。力争协商一致,使各方基本满意,是人员调配的另一个原则。当然,这种协商一致不是扯皮不止、议而不决、调而不动,它应该建立在人事部门的权威基础上。人力资源管理部门依靠办事公道、决策正确、廉洁自守、与人为善的自身形象会赢得崇高的威望,也自然为人员调配的顺利进行创造了良好的前提条件。当然,万一协商而不能一致,争取上级领导的支持也是十分必要的。

4) 照顾差异

人在生理、心理、能力等各方面千差万别,适当考虑和细心照顾这些差异是因材施用、人员调配工作的重要方面。应主要考虑5个方面的差异:

(1) 性别差异。男女性别差异带来生理和心理上的差异,导致职业适应性上的差异。一般而言,重体力劳动只适于男性;而需要耐心、细心、体力消耗不大的工种,如纺纱、织布、缝纫、流水线操作工等,较适于女性。由于男性在空间及机械方面的能力,注意某种特殊物体而不被周围环境影响的能力优于女性,所以宜于从事高精密度机床的操作和维修,操作复杂机械和监视自动装置仪器仪表的运行;而由于女性在艺术、社会服务、感情方面的优势,以及"维持现状心理较强"的特点,更适宜从事营业员、办事员、服务员、教师、医生、护士、演员、公关人员以及比较标准化、定型化的工作。

(2) 年龄差异。随着人在年龄上的增加,经验趋于丰富,技术趋于成熟,分析能力增强,而记忆能力下降,视力和肌肉反应减退,所有这些都应在人事调配中充分考虑。研究不同年龄组的职工对工作的适应性,及时调整老工人和年龄偏大的管理者的工作。一般而言,中老年人更适于从事质量要求胜过数量要求的工作、需要自我管理的岗位、把关性质的工作、需要刻苦和耐心的工作、需要经验胜过体力的工作。

(3) 气质差异。气质指人的典型的、稳定的心理特征,主要表现为情绪体验的快慢、强弱以及动作的灵敏或迟钝等方面。心理学把人的气质分为胆汁质、多血质、黏液质和抑郁质4种类型,各自具有不同的职业适应性。人的气质的基本类型是与高级神经活动的基本类型相当的。胆汁质相当于兴奋型,多血质相当于活泼型,黏液质相当于安静型,抑郁质相当于抑制型。每种气质类型都各有自己的特点。胆汁质的人精力旺盛、态度直率、动作迅速、性情急躁、富于热忱,宜于从事革新、攻关或突击性的工作。其缺点是行为上往往表现出不平衡性。多血质的人被俄国生物学家巴甫洛夫称为热忱和高效率的活动家。他们的神经活动具有高度灵活性,往往表现为智慧和灵敏,对新生事物敏感,性情十分活跃,宜于从事研究性、创造性的工作,从事反应迅速而敏捷的工作,从事内容多样化和多变的工作。其缺点是行为受兴趣的影响过大,易表现出冷热病。黏液质的人被巴甫洛夫称为安详、沉着、坚定和顽强的实际劳动者。他们因神经过程的稳定性和一定的惰性,具有较强的自我克制能力,埋头苦干,注意力集中,态度持重,交际适度,宜于从事有条有理、重复性较强和持久性的工作。其缺点是动作迟缓、不够灵活、缺乏创造性,倾向于保守。抑郁质的人孤僻、多愁善感、犹豫不决、优柔寡断,但他们办事细心、谨慎、感受力强,宜于从事上下工序连续性不强的具有独立性的工作、要求操作细心谨慎的工作、对速度要求不高的工作。在友好团结的集体中,抑郁质的人也可以与别人融洽相处。

(4)能力差异。由于每个人的心理素质不同,其能力往往具有显著区别,对工作的适应性也各不相同。

(5)兴趣差异。兴趣是人积极探究某种事物的认识倾向,而兴趣发展成为某种活动倾向时就成为爱好。兴趣和爱好是人们从事活动的强大动力。如果人们对自身工作充满了兴趣,就会十分专注和投入,以至于达到入迷的程度,从而取得卓越的成绩。因此,在人员调配时,充分考虑职工的不同兴趣爱好,尽量满足职工个人对某项工作的期望,也是一条正确的原则。当然,若满足所有人的兴趣事实上是不可能的,应辅之以耐心的解释和说服。

6.5.4　职务升降的调配

人员调配带来的职务变动,一般指平行调动,不涉及升迁。而人员职务的晋升和降低,则可视为一种特殊的人员职务变动,即人员职位的垂直变动。长期以来,人们总习惯地把职务晋升当作奖励,把职务降低当成处罚,降职似乎成为"犯错误"的代名词,这成为干部能上不能下的重要心理障碍。因此,正确理解人员职务的升降,对推动我国人事制度的改革意义非同小可。

1)职务升降的功能

(1)经常保持人事相宜。人事相宜是现代人事管理的基本法则。对人量才而用,德才高者承担较大的责任,德才低者承担较小的责任,对事对人皆有利,对当事人并无褒贬之分。但是,事和人都不是一成不变的,而总是处在不断地变化之中。因此,人事配合是动态的,人事相宜是相对的。随着生产力的迅速发展和市场经济的不断完善,各个职务对人员的素质要求不断提高,新的职位不断涌现,不可避免地会出现职位的新要求与原有人员素质之间的不协调,即人事矛盾。另一方面,人的素质和能力也在发生变化,新员工的加入也使人员素质能力上的优劣发生变化。同时,年龄和生理因素也在发挥作用。科学研究表明,人在45岁前能力递增,此后10~15年能力处在相对稳定阶段,55岁或60岁以后则进入能力衰减期。人的能力的变化、素质的变化与其所担负的职务的要求也将发生矛盾,这是人事矛盾的另一方面。人与事之间的这两种矛盾都可以通过人员职务的升降加以解决,从而动态地保持人事相宜状态。

(2) 激励人员进取。长期形成的干部能上不能下的"铁交椅"制度，造就了一批"不求有功，但求无过"和"只会当官，不会做事"的平庸者，无法适应激烈竞争的要求。因此，在传统的干部制度中引进竞争机制，根据绩效进行升降，竞争上岗，彻底改变"铁交椅"以及所谓"干部"的身份意识，实行能上能下的制度，不仅有利于择优用人，也有利于不断发现和提拔杰出人才。这种机制本身鼓励人员进取、不断提高能力、完善素质、作出成绩，在实现组织目标和职位要求的同时实现个人价值。

(3) 使管理者队伍充满活力。生命的活力在于新陈代谢，管理者队伍的活力也在于吐故纳新。改革开放以来，我国依据"革命化、知识化、专业化、年轻化"的标准，对各种组织的管理者队伍进行了更新和优化，在两个方面取得了显著的效果：①使管理者队伍的知识结构、能力结构进一步合理化，重点提拔了一些具有较高知识水平和专业技能、管理能力的管理者到重要的领导岗位，减少了"外行领导内行"带来的弊病；②使管理者队伍的年龄结构进一步年轻化。年龄问题实质上是一个精力问题。通过对管理者队伍进行梯队配置，有计划地培养和提拔一批年富力强的人员走上领导岗位，有效地避免了管理者队伍的"老化"。为了经常保持管理者队伍的勃勃生机，必须经常选择、吸收和提拔有相应专业知识、管理知识和领导能力的管理者，不断调整管理者队伍的知识结构和年龄结构。缺乏必要的知识和能力，不能胜任现职要求的，要坚决调下来；有较高知识和能力，能胜任较高职位要求的，要大胆晋升上去。年龄偏大，精力已不能胜任现职要求的，要调到较低的职位或者离休、退休。此外，对于虽然知识水平较高、能力较强，但以权谋私、作风不正的管理者也应该坚决地把他们调下来。

(4) 突破"关系网"的重要措施。拉帮结伙、任人唯亲、编织关系网，这是我国干部工作中的主要不正之风，它与"干部只能上不能下"存在着密切的联系。在任人唯亲而编织成的关系网内，往往存在着浓厚的"哥们儿义气"、"互相提携"的气氛。这种不良风气助长了关系网中的干部能上不能下；反过来，关系网中的干部为了步步高升，就会更加卖力地维护、加强其"关系网"，进一步破坏干部晋升中的平等竞争、择优上任、任人唯贤的原则。突破"关系网"，除了必要的思想教育之外，严格地执行人员晋升和降职制度，真正使该上者上、该下者下，优上劣下，不徇私情，是一项最根本的措施。

2) 职务升降的原则

(1) 德才兼备原则。德和才两方面不可偏废。韩国最大的组织集团——三星财团创始人李秉哲坚持提拔那些"正直不阿，有为有守"的管理者。他说："以后能成为社长的社员，其素质并不是由学历决定的，最重要的还是在于诚实的品性。"在目前普遍缺乏诚信的今天，任用和晋升管理者更应该重视其德才两方面的平衡。一些组织在"用能人"的旗号下，重用和晋升一些才高德寡的管理者，大搞不正当经营，这无异于饮鸩止渴。

(2) 机会均等原则。应该使每个员工面前都有晋升之路。在改革开放过程中，首钢集团等组织率先取消了工人和管理者的界限，有利于及时发现和提拔人才。也有一些组织，对各个层次的管理者实行公开招聘，平等竞争，唯才是举，不强调学历、资历，也取得了良好效果，有的组织甚至还做到了全员竞聘。

(3) 民主监督原则。为了保证任人唯贤和公平竞争，一是靠组织主要负责人的素质，二是靠必要的民主监督制度，即党委组织部门的监督作用以及职代会的民主监督作用。在党

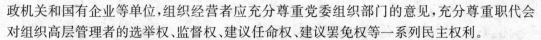

政机关和国有企业等单位,组织经营者应充分尊重党委组织部门的意见,充分尊重职代会对组织高层管理者的选举权、监督权、建议任命权、建议罢免权等一系列民主权利。

(4)"阶梯晋升"与"破格提拔"结合原则。"阶梯晋升"是对多数管理者而言,这种逐级晋升的方法,可避免盲目性,准确度较高,便于激励多数管理者。对非常之才、特殊之才则应该"破格提拔",使少数杰出人才不致流失并及时发光,并可增加对年轻员工的凝聚力。

(5) 有计划的替补和晋升原则。一个组织的管理人员举足轻重,因此各级管理者的替补和晋升都应谨慎地、有计划地进行。中国一些组织已经开始有计划的进行管理者的后备人才选拔和培养工作,诸如 AB 岗、一拖二等针对具体某个岗位的后备选择或者针对层级的后备人才配备做法,并开始有针对性地对后备人才进行培训和锻炼(轮岗或者进修等形式)。

6.5.5 我国人事调配方式

无论是人员调配,还是职务升降,都应通过一定的人事任用方式来实现,我国目前常见的有以下几种方式:

1) 选任制

即用选举方式确定任用对象,诸如党委系统、工会系统的干部和一部分行政系统干部均由选举产生。选任制通常的程序是提名、筛选、确定候选人、投票,最后确定任用对象,但所有的程序必须有相应的法律和法规予以保障。

2) 委任制

即由有任免权的机关按照管理权限直接指定下属单位领导者的任用制度。这种任用方式的特点是任用程序简单,权力集中,便于统一指挥,同时委任制与调配制是配套的任用制度,便于适人适用、适人适职、人尽其才、各得其所。如果没有委任制,调配制则难以实行。

3) 聘任制

即用人单位通过契约或合同形式聘任人员的一种任用制度。根据契约或合同,用人单位有聘用和解聘的权利,个人有应聘、拒聘和辞聘的权利。聘任制和合同制不仅在外资组织中广为采用,而且随着改革的深入,在国有企业中,对具有专业职称的人员和广大职工也越来越多的采用这种方法。专业技术职务聘任制度是在定编定员的基础上,由行政领导根据其任职资格和实际表现加以聘任,有一定任期并在任职期间领取相应的专业技术职务的工资。专业技术职务聘任制把职务和学位、学衔等区分开来,同时与定编、任期挂钩,有利于人才的使用和更新。

4) 考任制

即通过公开考试、公平竞争、择优录用,广泛地选拔优秀人才的任用制度。这种制度的优点是机会均等、公开竞争,便于广揽人才,避免了委任制中的主观因素和选任制中的资历和历史因素造成的偏差;其缺点是考试成绩的可靠性、有效性值得研究。理论强不等于实践强,说得好不等于干得好。一些组织在公开招聘管理者时,在考任制与聘任制相结合方面做了大胆的尝试。在不断完善招聘方法(特别是公开考核和答辩的内容和方法)的基础上,它必将显示出突出的优点和生命力。目前中国的一些企事业单位中,考任制被广泛地使用。即使是在一些特大型国有企业中,对于高层管理者的委任,往往在考任的基础上进行,充分体现了科学民主的精神。

6.6 人力资源管理的绩效考核

绩效考核是对员工的工作行为与工作结果全面的、系统的、科学的进行考察、分析、评估与反馈的过程,是考核组织成员对组织的贡献,对组织成员的价值进行评价。绩效考核是人员配备的一项重要活动,通过绩效考核,可以使员工矫正个人成长的方向,找到现存的不足,明确与组织要求的差距,获得组织的支持;可以使组织掌握制定薪酬、培训、晋升、奖惩等各项人力资源决策的客观依据;使员工与组织加强沟通交流,融洽关系。因此,甚至可以说,没有考核就没有管理。

6.6.1 绩效考核的一般过程

绩效评价是一项非常细致的工作,必须严格地按一定的程序进行。绩效评价的基本程序主要包括:

1) 确定工作构成

一项工作往往由许多活动所构成,但评价不可能针对每一项工作活动内容进行,因为这样做,一是没有必要,二是不易操作。这里所说的工作构成,一般是指工作结果对组织有重大影响的活动或虽然不很重要但却是大量重复的活动。

2) 确定绩效评价标准

绩效应以完成工作所达到的可接受程度为标准,不宜定得过高。由于绩效标准是评价判断的基础,因此必须客观化、定量化。具体做法是将评价内容逐项进行分解,形成评价的判断基准。

3) 评价实施

如何消除评价中的非客观因素是评价的关键环节,具体做法是将工作的实际情况与评价标准逐一对照,判断绩效的等级。

4) 评价面谈

面谈是评价中的一项重要技术,但常常被忽略。通过面谈,双方形成对绩效评价的一致看法,并就下一阶段的工作达成协议。经过这样的面谈,下属会满怀积极的态度,而不是不满的情绪。

5) 制定绩效改进计划

绩效改进计划是评价工作最终的落脚点。一个切实可行的绩效改进计划应包括以下要点:①切合实际;②计划要有明确的时间性;③计划要具体;④计划要获得认同。

6) 绩效改进指导

现代评价技术中,应把在工作中培养下属视为改进工作绩效的重点来抓。因此,主管人员要经常带头与下属讨论工作,以有效地完成工作作为讨论的核心,并时常对下属的工作和绩效改进予以具体的忠告和指导。对绩效改进计划的指导,要一直持续到下次评价为止。

6.6.2 绩效考核的方法

绩效考核非常重要,但是如何对员工的绩效进行考核呢? 主要的绩效考核方法如下:

1）评分量表法

评分量表法是最普遍、最常用的方法,考核者根据量表对员工每一个考核项目的表现进行评价和计分。

2）配对比较法

配对比较法也称相互比较法,就是将所有要进行评价的职务列在一起,两两配对比较,其价值较高者可得 1 分,最后将各职务所得分数相加,其中分数最高者即等级最高者,按分数高低顺序将职务进行排列,即可划定职务等级。由于两种职务的困难性对比不是十分容易,所以在评价时要格外小心。

3）强制选择法

强制选择法要求定级者必须从一对陈述关于雇员级别情况的语句中选择出一个最具描述某一雇员特性的语句。通常一对陈述要么都是积极肯定的,要么都是消极否定的。

用强制选择法评估时,定级者对每个雇员必须像他对其他雇员一样作出选择,所以可以减少偏见。这种方法也便于管理,广泛适用于不同的工作,且容易标准化。但这种方法与具体工作联系不紧,限制了它改进雇员表现的作用。更糟的是,雇员在一组中只选择一项,会感到有的方面被轻视。因为提供不了许多有益的反馈,考核者和被考核者都不太喜欢这种方法。

4）关键事件法

关键事件法是由美国学者福莱·诺格(Flanagan)和伯恩斯(Baras)在 1954 年共同创立的,它是由上级主管者记录员工平时工作中的关键事件:一种是做得特别好的,一种是做得不好的。在预定的时间,通常是半年或一年之后,利用积累的记录,由主管者与被测评者讨论相关事件,为测评提供依据。其主要原则是认定员工与职务有关的行为,并选择其中最重要、最关键的部分来评定其结果。这种方法考虑了职务的动态特点和静态特点。

关键事件法的主要优点是研究的焦点集中在职务行为上,因为行为是可观察的、可测量的。同时,通过这种职务分析可以确定行为的任何可能的利益和作用。但这种方法需要花大量的时间去收集那些关键事件并加以概括和分类;关键事件的定义是显著的对工作绩效有效或无效的事件,这就遗漏了平均绩效水平。

5）现场考评法

现场考评法是指考评机构到现场采取勘察、询查、复核等方式核实有关情况,在此基础上对所掌握的有关信息资料进行分类、整理和分析,提出考评意见。

6）行为锚定评分量表法

行为锚定评分量表法是一种基于关键行为的评价量表法,是将关键事件法和评分量表法结合的一种方法。行为锚定评分量表通常由行为学专家与组织内的评估人员共同讨论设计。针对某一被评估职务选出适当的评估维度,每一评估维度附以行为描述文字和相对应的评分标准。

7）书面描述法

书面描述法是以一篇简短的书面鉴定来进行评估的方法。评估的内容、格式、篇幅、重点等均不拘,完全由评估者自由掌握,不存在标准规范。

8）目标管理法

目标管理法是依托"目标管理"制度,通过使每个员工都为完成组织使命而努力来实现组织的有效性。

考核后,考核者按照组织规定与被考核者正式面谈,就考核结果及其原因、成绩与问题及改进措施进行沟通。这是员工得到有关其工作绩效反馈信息的一个主要渠道。绩效考核的结果要使员工感觉到考核是公正的和客观的,让员工了解自己现在工作的不足,并决心加以改正,提高绩效。但是由于员工往往会对自己的绩效有过高的估计,这样,管理者往往反馈的不是"好"结果,这就需要在绩效考核结果反馈时要掌握足够的技巧。在反馈过程中,管理者应该事先做好充分准备,将反馈聚焦于绩效与发展,要具体解释考核结果,并确定考核对象今后发展的措施,要充分肯定和强化考核对象的理想表现,要重点强调未来绩效改善。

6.7　职业生涯规划

职业生涯就是一个人的职业经历,是指一个人一生连续从事和负担的职业、职务、职位的过程。职业生涯不仅仅是职业活动,而且包括与职业有关的行为和态度等内容。职业生涯是人一生中最重要的历程,是追求自我、实现自我的重要人生阶段,对人生价值起着决定性作用。

6.7.1　职业生涯规划的含义

职业生涯规划也叫职业生涯设计,是指个人和组织相结合,在对一个人职业生涯的主客观条件进行测定、分析、总结研究的基础上,对自己的兴趣、爱好、能力、特长、经历及不足等各方面进行综合分析与权衡,结合时代特点,根据自己的职业倾向,确定其最佳的职业奋斗目标,并为实现这一目标作出行之有效的安排。

职业生涯规划包括个人对自己进行的个体生涯规划,使个人在职业起步阶段成功就业,在职业发展阶段走出困惑,取得职业上的成功。职业生涯规划也包括企业对员工进行的职业规划管理。良好的职业生涯管理体系可以充分发挥员工的潜能,给优秀员工一个明确而具体的职业发展引导,保证企业拥有必要的人才。

6.7.2　职业生涯的阶段

美国的职业指导专家萨帕(Donald E. Super)把人的职业发展过程分为 5 个阶段(见图 6.6)。

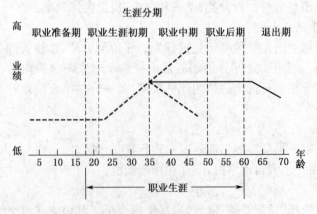

图 6.6　职业阶段划分

1) 职业准备阶段

职业准备阶段典型年龄为 0～18 岁,其主要任务是职业想象力,评估不同的职业,选择第一份工作,接受必需的教育。虽然职业教育或大学教育也有分科、分系,学生可以学到一些专业的知识,并摸索到自己的兴趣所在,对自己的未来事业也会有些期望和目标。但事实上,由于种种原因,学校教育和实际的工作差异颇大,大多数学生对专业设置、自身的兴趣、社会未来的变迁也不能在刚进入校门就能完全了解和决定。

2) 职业生涯初期阶段

职业生涯初期阶段典型年龄为 18～35 岁。这时找到了并开始了自己的第一份工作。刚出校门的职场新人,对企业运作、工作本质及职业的内涵特质并不十分了解。等到实际工作后,往往事与愿违,差异颇大。因此,不稳定是他们的特点,理想与现实的落差,也使他们不断调职、跳槽、换工作,以寻求他们的理想,这就是"试验期"。在此期间,他们逐渐改进工作表现,不断犯错,不断改进。

3) 职业生涯中期阶段

职业生涯中期阶段典型年龄为 35～50 岁。这个时期主要任务是对职业生涯初期阶段重新评估,强化或转变职业理想,对中年生活做适当选择,在工作中再接再厉。职业生涯中期阶段有人称之为危险期。这时小部分表现特殊或特别获得赏识的人员,可能更上一层楼进入企业核心,或成为独当一面的部门主管、高级顾问等,肩负更大的责任。但大部分的人员可没那么幸运,金字塔形的组织越往上层人数愈少,这是必然的。一般人心理上一时无法调适,因而对自己的能力、理想等产生怀疑。生涯的停滞是危险期的特征,会使许多人重新评估自身生涯目标及工作,最后可能会离开现在的公司、自行创业、重新进入学校充电等,试图另创新的局面。也可能调整自己的生活重心,由工作转移至家庭、兴趣爱好等,以逃避工作上的挫折。"中年危机"是大部分上班族可能面对的问题,但正好也借此时对自身未来生涯再做一次思考。

4) 职业生涯后期阶段

职业生涯后期阶段典型年龄为 50～60 岁,大多数的人在此时的抉择可能是"宜静不宜动"而进入"维持期",选择留在公司里。就算没能晋升,也可能被安排为一个中、高级的资深管理者、技师、工程师、专员等。此时对组织所能贡献的,就是他们多年累积的专业知识和判断力。从事顾问、教导和技能传承的工作,这都是幸运的一群。在现实的企业环境中,他们也有可能被冷落、忽视,甚至遭到讽刺,但必须忍耐。所以职业生涯后期的个人机运,差别会很大。

5) 退出阶段

退出阶段一般是指 60 岁或 65 岁(西方发达国家由于人口老龄化,退休年龄稍大)退休以后至死亡为止。当然,每个人退休后情况不尽相同。如果年龄不到 60 岁或身体状况还不错,许多人仍然选择退而不休,接受单位返聘或继续从事一些其他工作。因为,对一个工作了近 40 年的人来说,一下子无事可做还是难以面对的。有些人退休后突然老了许多,就是心理无法调适的结果。

美国学者萨帕的"职业生涯阶段"只是一个模式,但这个模式有助于规划职业生涯,排除不安的心理及障碍,顺利度过人生的各个阶段。

6.7.3 职业生涯成功要领

斯蒂芬·P. 罗宾斯(Stephen P. Robbins)总结了 10 条职业生涯成功要领,这是一些经过管理者实践检验过的有效策略和建议,这些要领对职场新人特别有帮助。

1) 审慎选择第一项职务

一个管理者在组织中的起点,对于其后的职业发展具有重要的影响。第一份工作对今后的职业生涯有绝对性的影响。如果有选择机会的话,应该选择在组织中有权力的部门中工作。你所在的部门权力越大则越受重视,越受重视则担负的责任越大,责任越大则可能作出的贡献越大,在组织中影响力就越大。在这样的部门工作,你自身的能力能迅速得到提升,你也能受到更多的关注,在这样的职位上,以后得到提升的机会就会更多。

2) 做好工作

做好自己的工作是职业生涯的必要条件。因为,只有你有好的工作业绩,才会受到组织的重视和赏识,才有可能晋升。但做好工作,并不能保证职业生涯一直顺当。

3) 展现正确的形象

什么是正确的形象,看看你的领导们的形象就知道了。他们做事的方式,甚至衣着打扮等都值得学习。因为这些体现着一个公司的文化。作为一个管理者,其形象应该体现公司的文化。

4) 了解权力结构

组织的权力结构和组织结构经常是不同的。组织结构明确了职权,但那只是权力的一种。了解权力结构,就是要知道谁在控制局面、谁在控制资源等。一旦对这些权力结构有了更好的了解,那么你就可以更熟练、更自如的在组织中工作。

5) 获得组织资源的控制

这也是权力的一大来源。知识和技术就是其中一类特别有效的可控制资源,这些可以让你显得更有价值,也就是个人的核心竞争力,更是职业保障和晋升保证。

6) 保持可见度

由于管理绩效评估很难避免主观性,所以,要让你的上司和组织中有权力的人意识到你的贡献。你应该学会采取一些手段来曝光,比如向上级汇报工作、出席社交集会、参加有关的职业协会、与正面评价你的人结成有力的同盟等。

7) 不要在最初的职务上停留太久

如果有机会的话,你应该尽早选择转换到不同的岗位上,在不同的岗位上工作,会给大家一种你在"快车"上的感觉,而这能加强自我成就感。

8) 找个导师

组织也许会指定一个导师给你,也许你自己会找到一个愿意指导你的"导师"。无论是哪一种情况,对你都会很有帮助。你可以从导师那里学习到工作技能,得到鼓励和帮助。有一个位高权重的导师更是如此。

9) 支持你的上司

你眼前的未来掌握在你现在的上司手里。很少有人能挑战自己上司的权威的。假如你的上司很有才干,他很有可能在组织中得到晋升。你如果是他的有力支持者,将自然获得晋升机会。

10）保持流动性和考虑横向发展

让组织了解你愿意在各种职位和区域工作，并争取这样的机会，通过工作的轮调和交流，工作经历将更丰富，工作也将更有趣，也可以获得更多的满足感和成就感，这无疑对以后的职业生涯有很大的帮助。

■ 案例阅读

鲶鱼效应

西班牙人爱吃沙丁鱼，但沙丁鱼非常娇贵，极不适应离开大海后的环境。当渔民们把刚捕捞上来的沙丁鱼放入鱼槽运回码头后，用不了多久沙丁鱼就会死去。而死掉的沙丁鱼味道不好销量也差，倘若抵港时沙丁鱼还活着，鱼的卖价就要比死鱼高出若干倍。为延长沙丁鱼的活命期，渔民想方设法让鱼活着到达港口。后来渔民想出一个法子，将几条沙丁鱼的天敌鲶鱼放在运输容器里。因为鲶鱼是食肉鱼，放进鱼槽后，鲶鱼便会四处游动寻找小鱼吃。为了躲避天敌的吞食，沙丁鱼自然加速游动，从而保持了旺盛的生命力。如此一来，沙丁鱼就一条条活蹦乱跳地回到渔港。

【点评】 一个公司，如果人员长期固定，就缺乏活力与新鲜感，容易产生惰性。尤其是一些老员工，工作时间长了就容易厌倦、松懈、倚老卖老，因此有必要找些外来的"鲶鱼"加入公司，制造一些紧张气氛。当员工们看见自己的位置多了些"职业杀手"时，便会有种紧迫感，知道该加快步伐了，否则就会被"吃"掉。这样一来，企业自然而然就生机勃勃了。当压力存在时，为了更好地生存和发展下去，惧者必然会比其他人更用功，而越用功，跑得就越快。适当的竞争犹如催化剂，可以最大限度地激发人们体内的潜力。

本章小结

人力资源是指从事组织特定工作活动所需的并能被组织所利用的所有体力和脑力劳动的总和。人力资源管理是基于实现组织和个人发展目标的需要，有效开发、合理利用并科学管理组织所拥有的人力资源的过程。人力资源管理的功能主要体现在吸纳、激励、开发和维持4个方面。

人力资源规划是以未来和战略为导向，规划未来人力资源的发展方向，强化人力资源管理的职能。它主要包括两个内容：①组织未来的成功需要什么样的人；②为了实现组织的目标，应该制定什么样的人力资源管理政策。

人员招聘是人力资源管理至关重要的环节，把好人员入口关，是确保人员质量、提升人力资源竞争的关键。人员招聘，是指组织通过劳动力或人才市场获取人力资源的活动。具体而言，它是组织根据自身发展的需要，依照市场规则和人力资源规划的要求，通过各种可行的手段及媒介，向目标公众发布招聘信息，并按照一定的标准招募、聘用组织所需人力资源的活动。人员招聘一般应包括确定招聘需求、制定招聘计划、整理招聘材料、实施招聘活动4个步骤。

人的素质的提高，一方面需要个人在工作中钻研和探索，更重要的是需要有计划、有组织的培训。培训的方式主要有3种：在职培训、脱产培训和半脱产培训。新员工培训是几乎所有组织面临的一项共同任务，新员工培训的主要内容包括组织文化培训、规章制度培训、业务培训、熟悉环境。

人员调配的目的和作用,指促进人与事的配合和人与人的协调,充分开发人力资源,实现组织目标。人员调配应该遵循因事设人、用人所长、协商一致、照顾差异等基本原则。

绩效考核是对员工的工作行为与工作结果全面的、系统的、科学的进行考察、分析、评估与反馈的过程,是考核组织成员对组织的贡献,对组织成员的价值进行评价。主要的绩效考核方法包括评分量表法、配对比较法、强制选择法、关键事件法、现场考评法、行为锚定评分量表法、书面描述法、目标管理法等。

职业生涯就是一个人的职业经历,是指一个人一生连续从事和负担的职业、职务、职位的过程。美国的职业指导专家萨帕(Donald E. Super)把人的职业发展过程分为 5 个阶段,即职业准备阶段、职业生涯初期阶段、职业生涯中期阶段、职业生涯后期阶段、退出阶段。

复习思考题

1. 与物力资源相比较,人力资源有哪些不同的特征?

2. 人力资源规划有哪些主要的数量规划方法? 各有哪些优点和缺点?

3. 为什么要开展新员工培训? 新员工培训时应注意哪些问题?

4. 员工招聘有哪些渠道?

5. 面试应该注意哪些问题?

6. 人员培训有哪些方法?

7. 如何进行绩效考核结果反馈?

8. 管理者的职业生涯成功要领有哪些?

案例分析

案例 1

市场二部集体辞职

人力资源部杨经理刚刚接到一封员工集体辞职信,信件来自市场二部,信中谈到辞职的主要原因是:"员工能力有限,不能胜任目前部门经理分配的工作,与经理志趣相异。"很显然,这是变相炒"老板"——市场二部魏经理的鱿鱼。

为了详细了解情况,杨经理逐一通知信中签名的员工谈话,大家反映的情况基本相似:

1. 魏经理官僚作风严重,总是摆出一副领导面孔训话。

2. 品行不端,对待他的上级极尽殷勤,甚至掩盖事实,对待下级却趾高气扬,甚至不是为了培养下属的团队精神,而是利用内部员工的小矛盾制造是非。

3. 缺乏公正,平时围着魏经理转成绩平平的,考核时却得了好评;反之,埋头苦干的考核成绩偏低。

4. 工作不务实,常以花架子骗过上级领导,获得上级的赏识。

5. 员工跑市场经费紧张,魏经理吃喝玩乐的费用却很宽裕。

所列各条都很严重,而且还有具体例子说明。了解完情况以后,杨经理也有同感,比如上周五公司召开市场宣传工作会议,本来与魏经理关系不大,但是从总裁出席到退场,魏经理一直跟随左右,整个会场成了他的表演舞台,弄得员工很反感。另外,平时有事没事总和几个部门经理出去喝酒,杨经理也曾被请过一次,但自己实在太忙没有去,因此,一段时间内与魏经理的关系还很紧张。不过,在青年员工中,魏经理提拔得最快,去年10月还是部门级副经理,今年3月就成了正职了,而杨经理升到正职等了3年。

与员工们谈过之后,杨经理如实汇总了一份报告,带到人力资源黄总监办公室。向黄总监介绍完情况之后,黄总监说出了下面一段令杨经理想不到的故事:

去年9月,杨经理还在董事会办公室工作,当时人力资源部没有正职,全面负责工作的刘副经理又被上级主管政府部门调走,主管人力资源工作的黄总监很着急。恰巧,当时任市场部总经理助理的魏经理与黄总监走得很近,魏经理时常带着一份市场方面的分析或策划请黄总监指教,谈得很投机。黄总监认为魏经理写东西很快,思路清晰,经营意识强,是一块好料。在人力资源部缺将之际,黄总监首先想到魏经理,征得魏的同意,并向总裁口头请示后就下发任命通知了。魏经理到人力资源部任职后,工作进展稳定,虽然有时听到人力资源部员工汇报一点魏经理的不是,但黄总监总认为是小事一桩,自己看好的人错不了。今年3月,公司进行机构调整,黄总监顺势将魏经理转正,成了正职。可是,从这以后,员工反映魏经理的意见越来越多,甚至与黄总监不错的几位副总裁也为他器重魏经理而不可理解。直到5月,魏经理乘黄总监出差之时,安排了两个私人关系到公司。硬给安排工人的部门随后向黄总监反映了情况。黄总监最受不了这种事情。这时,市场二部经理跳槽走了,黄总监顺势将魏经理安排到了市场部。

更令黄总监生气的是,从市场二部要辞职的杨经理那里获悉,起初魏经理经常递给他的报告和策划都是杨经理起草的。

谈到这里,黄总监已经怒火难耐了,愤愤地说:"这种人要不得,赶快,赶快撤了他的职!"

【问题】

1. 魏经理的提拔过程存在哪些问题?如何杜绝此类现象?

2. 杨经理应该如何处理市场二部集体辞职事宜?对魏经理如何处置,按黄总监说法执行,妥当吗?

3. 请谈谈如何选拔中高层领导,采用什么标准和程序?

4. 从此案例中你受到什么启示?

案例 2

零售业为何天天喊缺人?

临近年关,南京商业零售业正迎来新一轮市场高峰。在大量开业、布点的信息背后,随之而来的则是人才需求的旺季。事实上,这种旺盛的人才需求一直在持续。

各家超市、家电零售等行业的老总如今最烦心的事情,并不是人们想象中的"资金紧缺",而是"缺人"。一些公司甚至出现"周周在招聘、天天在进人"的局面。

与此同时,伴随着零售市场全面开放,大量的外资零售企业进入中国,中外零售企业竞争越来越激烈,各家零售商之间也开始了明争暗斗,不断抬高薪金互挖墙脚的故事频繁上演。零售业人才紧缺,本早已不是新闻。可他们对人才近乎"疯狂"的渴求,就不能不引起人们关注了。

超市招聘每天上演

每到周六,苏果连锁的会议室并未因周末而关门,人力资源部的工作人员忙碌地接待着应聘者。而据《江苏商报》了解,像这样的招聘会,苏果总部每周都会有。

从中层领导到普通一线员工,苏果所提供岗位之全面、所需人才数量之大,令人惊诧。

据苏果有关人士透露,苏果每一家新店的开业,至少需要400多名员工。而目前,苏果正处于高速发展时期,临近年底苏果更是爆发新一轮的开店狂潮,至少有近十家大的卖场诞生,对熟悉零售行业的人才需求可见一斑。"苏果现在面向社会全年招聘,天天招聘。"苏果行政部胡科长告诉《江苏商报》。

前不久刚开业的家乐福三店,目前也在南京全面招聘。家乐福相关负责人对外表示,到2007年年底前将在国内建立100家分店。据称,家乐福明确宣称至少需要3 500名中高级以上管理人员加盟,仅店长级别的职位空缺就在百位以上。

据了解,欧尚超市也对外宣布,将在南京大肆招兵买马,仅见习经理一职就将提供数十岗位。

不怕缺钱就怕缺人

据了解,在沃尔玛、家乐福、金润发这样的外资卖场,高管的薪资待遇直接与业绩浮动挂钩,平均每月5 000~6 000元左右,店长最多能享受15~16个月薪水,算下来年薪也在10万元以上。

如此优厚的待遇,却不能招到想要的人,这让不少外资卖场开始犯难。据其介绍,一家1万平方米以上的新店开业,就需要400多名工作人员,其中管理职位大约占20%。目前各家都在储备人才,通过社会招聘,又都缺乏工作经验,人才紧缺已经超过资金紧缺。

跳槽事件频繁上演

在商贸零售业中高层管理人才匮乏的现状下,很多超市都采取了"抢挖"的方式来解人才缺乏的燃眉之急。于是,在零售业竞争激烈的今天,"挖"人、跳槽事件十分频繁。

一般有几年工作经验的部门主管跳槽的几率最高,而且每跳一家超市待遇和职位都会相对有所提高。

随着零售业人才竞争的加剧,"挖角"之风日益盛行。自从近几年多家外资零售企业相继涌入国内,面对既抢地又抢人的洋巨头们,国内零售企业为了壮大自己,不得不加速扩张。而对于一些急需的中高层管理人才,只好不惜重金从本土同行或外国同行那里"挖"来,以解燃眉之急。同样想在中国扎稳脚跟推行本土化的国外零售企业,也"挖"走了一批本土的零售业人才。目前华润万佳的采购总监是家乐福来的;新一佳的顾问是家乐福来的;而家乐福店长是好又多来的,公关总监则是沃尔玛来的。

目前零售企业之间互挖墙脚已经公开化,企业或亲自抛头露面广发"英雄帖",或找猎头公司代为物色。业内人士透露,现在挖人不同以前,"挖一个人不顶用,需要团队作战,因此是一个团队的挖"。而此次华联挖人就酝酿了很长时间,本来想挖一个人,但经过谈判后还是引入了一个团队。

零售业为何人才紧缺

据了解,我国目前零售业人才不仅数量少,而且素质也不高,具有大专以上文化程度的各类专门人才只占3%左右。

这样的比例让有些人把国内零售业人才的匮乏归根于外资商企的频频"挖人",而苏果一位高层则认为根本原因是国内院校对零售人才的培养力度大大削弱了。目前仅有少数几家大学保留了商贸专业，而且即便是保留商贸专业的院校，其课程设置与实际需求严重脱节，对连锁商业的针对性也不强，有的高校甚至找不到连锁超市的专业或课程。

国美圈地急，苏宁抢人忙

7月25日，国美电器与永乐合并，完成了国内家电业最大的合并行动。当晚，10多名包括门店经理在内的上海永乐员工因担心被裁员而转投苏宁电器。第二天，上海永乐不少"老臣"投奔苏宁。

为稳定人心，7月27日，国美、永乐召开新闻发布会，矛头直指苏宁，称其"恶意挖角"。另一方面，国美方面紧急安抚员工，重申"不关闭门店、不裁员"的承诺。

针对国美的指责，7月28日，苏宁电器总裁孙为民高调透露，从国美永乐宣布合并以来，已经有近30名上海永乐员工转投苏宁。

鉴于有大量永乐员工投奔苏宁，8月1日，苏宁在上海市各大媒体刊出大幅招聘广告，正式宣布启动"人才争夺战"。招聘团队由苏宁电器副总裁孟祥胜亲自挂帅，这也是苏宁总部高管首次走出南京到其他城市亲自进行招聘。

尽管孟祥胜再三强调，此次招聘是出于自身发展需要面向全社会的公开招聘，并不是针对哪一家，是"选拔贤才"，而非"接收人才"，但由于其开出了比同行业高20%～30%的薪酬标准，还是引起了永乐和国美的强烈不满，永乐更是指责苏宁这时大规模高薪招聘是趁火打劫。

永乐指责苏宁在这个节骨眼上突然跑到上海大规模招聘人才是"别有用心"，并再次对永乐员工承诺，永乐不会关一个店，也不会裁减一个人。永乐新闻发言人黄建平表示，招聘人才是企业的正常行为，但有针对性地挖人就违反了公平竞争的原则。

黄建平表示，希望双方保持冷静，否则永乐将联手国美进行反击。国美新闻发言人何阳青也表示，苏宁此时在上海招聘比较敏感，希望对方低调行事。

但苏宁坚持说，此次大规模招聘就是为总部迁沪作准备，是计划中的事，与国美、永乐合并无关。苏宁对永乐的反应表示难以理解，认为是其心理太脆弱，把正常的人才招聘行为当成进攻，且如临大敌。

现在的竞争已经不仅仅是资金、技术等的竞争了，更是人才的竞争。苏宁在国美并购永乐完成前就称要将本部迁至永乐老巢上海。入驻上海直接对抗国美，首先就是招揽本地人才。正如苏宁老总孙为民所说，国美要店我们要人。苏宁如今就是要加强人才储备，对抗国美。

家电连锁企业的发展，不仅看中门店数字的增长，更重要的是提升卖场的综合运营水平，人才在其中会扮演越来越重要的角色。

凌国胜同时还透露，苏宁上海总部定位为"发展国际化，用人本土化"，未来员工主体将以上海员工为主，在人才培养方面还将在上海投资建立一个大型培训基地，作为苏宁向全国其他地区输送人才的源泉。

连锁行业的竞争到最后就是人才和后台的竞争。近两年，家电连锁业人才争夺日益激烈，除了公开招聘，一些得力干将基本都是从对手处"挖墙脚"得来。为了抵制竞争对手的"挖"人行为，苏宁不惜启动股权激励政策，给予中高层管理人员持有苏宁电器股票的机会，以此笼络人心。

人才紧缺导致争夺加剧

今年,国美、苏宁在全国扩张开店都将超过 100 家,五星在华东地区要拓展 80~100 家商业网点,苏宁在南京也要再开 40 家、外埠 50 家左右。目前由于零售业疯狂扩张,中高端人才的数量和质量已经远远供不应求,甚至成为制约连锁业跑马圈地的瓶颈。一家新卖场开业,从店长、店长助理到部门经理、采购人员和财务人员等,少说要 3~4 人,100 家门店需要 400 人,而且公司总部也要相对应的增加 100~200 人进行对接管理,人才紧缺导致争夺加剧。

在巨型"机器"急速膨胀的同时更需要大量人才跟上。据悉,从 2002 年开始,全国零售业新增从业人员每年都要超过 100 万人。与不断增加的人才需求相比,国内零售业的人才储备却是寥寥无几。虽然零售业人才总量有所增加,但是与快速发展的零售业相比显得供不应求。

人才危机,使正处于扩张高峰期的零售业一筹莫展。华润万佳就有这样的经历,万佳在中山开一家店也不是很贵,才 5 000 万元,问题是没有人,要从深圳调过去 300 人,"有钱没人的感觉相当强烈"。连华润万佳这样早已名声在外的零售企业都为找不到人而发愁,就更何况那些中小企业了。

企业要完善造血功能

连锁企业快速扩张对人才的需求变得越来越大。各巨头同时扩张,向对手内部"挖人"已经不能解其缺人之渴,"无人可挖"的尴尬局面使它们不得不开始建立"人才蓄水池工程"。

国美从 2002 年就开启了"蓄水池工程",每年招聘大批应届毕业生,经过 3 年培养后才有上岗资格,目前高层 80％都来自于这个蓄水池。

3 月 15 日,国美电器宣布,在包括上海在内的其 7 个大区主要城市成立 7 个国美电器管理学院分院,在内部重点培养中层零售人才,以保证门店扩张的人才需要。该公司同时表示,将每年拿出员工工资 2％的经费用于员工培训。

去年 2 月 20 日,国美电器与北京大学合作,成立了国美电器管理学院,旨在对国美电器的中高层进行培训。目前,该学院已培训了 200 名店长以上的零售管理人才。

此前麦德龙中国总部也宣称,投入 4 000 万元设立培训基金,启动储备干部培养计划。

五星两年前与大学合办了"人才订单式培养"班,在高校建立了人才资源培训基地。目前江苏经贸职业技术学院五星班的在校生已达 100 人,陆续输送了 500 名人才。"五星班"的学生毕业后将分别担当卖场专柜负责人。

【问题】

1. 人力资源在零售业发展中的重要性如何?
2. 什么原因导致了零售业人才短缺?
3. 如果你是一家零售业的人力资源部门的经理,你打算怎么应对这个问题?

7   组织文化

案例导读

　　乔布斯将一个企业家的能量贡献于众多别的 CEO 认为是自己不需要亲自做的事情上,无论是校对合作协议还是给记者打电话讲述一个他认为非常重要的故事,他都会去做。而同时,与很多 CEO 不同的是,他很少参加华尔街分析家的研讨会,倾向于做一些自己的事情。在员工的眼中,乔布斯承担了很多责任,但在很多富于创造性的层面上他又非常放手而不参与。

　　前苹果产品营销主管离职后在他的博客中透露,乔布斯每一场讲演都需要几个星期的预先准备和上百人的协同工作,经过精确的细节控制和若干次秘密彩排之后,乔布斯总是以激情四射的演讲者面目出现在现场。当乔布斯邀请百事可乐总裁约翰·斯高利加盟苹果时,他这样说:"难道你想一辈子都卖汽水,不想有机会改变世界吗?"

　　乔布斯还在 2000 年苹果的一度停滞期喊出了"Think Different"(另类思考)的广告语,他希望这个斥资上亿美元宣传的广告不仅让消费者重新认识苹果,更重要的是,唤醒公司内员工的工作激情。

　　乔布斯以用户个人化引导产品和服务,以员工个人化来塑造公司文化和创新能力,以自身个人化获得一种自由和惬意的人生。以曾经由乔布斯掌控的 Pixar 为例,Pixar 最著名的企业文化就是"以下犯上",娱乐和自由的工作环境,我行我素、稀奇古怪的员工,随时随地随便提出的新主意,都构成了一种职业文化中高度个人化的元素。"什么中层、部门、领导,这些词我们统统没有,这就是我们独一无二的地方。"这是 Pixar 员工的描述。

　　苹果公司的乔布斯真正的秘密武器是他具有一种敏锐的感觉和能力,能将技术转化为普通消费者所渴望的东西,并通过各种市场营销手段刺激消费者成为苹果"酷玩产品"俱乐部的一员。每当有重要产品即将宣告完成时,苹果都会退回最本原的思考,并要求将产品推倒重来。以至于有人认为这是一种病态的品质、完美主义控制狂的标志。波士顿咨询服务公司共调查了全球各行业的 940 名高管,其中有 25% 的人认为苹果是全球最具创新精神的企业。"在苹果公司,我们遇到任何事情都会问:它对用户来讲是不是很方便? 它对用户来讲是不是很棒? 每个人都在大谈特谈'噢,用户至上',但其他人都没有像我们这样真正做到这一点。"乔布斯骄傲地说。

　　组织文化是看不见的软件,优秀的组织文化是一个组织完成从优秀到卓越跨越的精神保证。本章首先介绍组织文化的概念、特征、结构层次及组织文化的若干功能,然后讨论企业文化塑造的一般途径。通过对本章的学习,应该能够概述组织文化的定义以及组织文化的一般特征与结构层次,了解组织文化的一般功能,熟悉组织文化塑造的一般过程。

7.1 组织文化概述

组织文化的概念是伴随着管理理论和相关学科,如人类学、心理学研究的发展而逐渐成为多学科研究的内容。20世纪70年代初期,随着日本企业的崛起,人们注意到了文化差异对企业管理的影响,进而发现了社会文化与组织管理的融合——组织文化,它是企业发展到一定阶段,企业领导人将其在企业创业阶段关于经营理念、基本假设等达成的共识用于对组织管理过程中包括文化、价值和心理因素等在内的非结构性因素的一种整合,并使之成为一个组织或企业独具个性化的管理模式,以文化的力量推动着组织和企业的长期发展。

美国关于组织文化的研究引起了日本企业界与理论界的强烈反响,并波及其他国家,由此在全世界范围内掀起了一股学习和研究组织文化的热潮。很多学者也把组织文化看成一种管理手段,只是这种手段与管理制度等硬约束相比,更像是一种软约束,但是有的时候比硬约束还要硬。通俗地讲,制度管不了的,就由文化来规范。例如:在车间里,当着领导的面吸烟则违反制度,而在无人能发现的情况下也能不吸烟就体现了一种文化的软约束作用。

组织文化是组织的灵魂,是一个组织生存和发展的基础和动力。每一个组织在其发展过程中,必然形成一些独特的组织文化,这种组织文化深刻地影响着一个组织的运作和组织成员的行为。20世纪80年代以来,组织文化越来越为学术界和企业界重视,它昭示着文化因素的重要性,促使人们为提高组织工作的成效,努力塑造适合本组织的优秀组织文化。

7.1.1 组织文化的概念与特征

1) 组织文化的概念

正如每个人都有其独特的个性一样,一个组织也具有自己的个性,这种个性称为"组织人格"、"组织气氛"或"组织文化"。

相对于国家文化、民族文化、社会文化而言,组织文化是一种微观文化。任何一个社会中存在的由人组成的具有特定目标和结构的集合体,都有自己的组织文化。政府部门有机关文化,学校有校园文化,军队有军队文化。对于作为生产经营主体的企业,都有其特定的企业文化。企业文化是组织文化的一种主要表现领域,也是最受普遍关注和广泛研究的一个课题。

对于企业文化的概念,有以下几种说法:

威廉·大内的《Z理论》中说:"传统和气氛构成一个企业的文化,同时,文化意味着一个企业的价值观,如进取、保守或灵活,这些价值观成为企业员工活动、建议和行为的规范。管理人员以身作则,把这些规范灌输给员工,再一代一代地传下去。"

美国学者迪尔(Terrence E. Deal)和肯尼迪(Ailen A. Kennedy)在《企业文化》一书中指出:"我们把文化描述为'我们在这种环境中做事的方式'。"他们认为,每个企业乃至组织,都有一种文化,文化甚至对组织中的每件事都具有很强的影响力。企业文化是由企业环境、价值观、英雄人物、典礼和仪式、文化网络五要素组成的,并以价值观为核心。还有一种广义的说法,认为组织文化是指组织在建设和发展中形成的物质文明和精神文明的总和,包括组织管理中硬件和软件、外显文化与隐性文化(或表层文化和深层文化)两部分。这种看法的理由是相当一部分组织文化是同物质生产过程和物质成果联系在一起的,即组织文化不仅包括非物质文化,而且还包括物质文化。

我们认为,组织文化定义过宽、过窄都未必科学,而同意一种适中的定位:组织文化是指组织在长期的生存和发展中所形成的,为本组织所特有的,且为组织多数成员共同遵循的最高目标、价值标准、基本信念和行为规范等的总和及其在组织活动中的反映。

专栏7-1 ▶▶▶

"组织文化"与"企业文化"

"组织文化"这一术语首次在英文文献中出现是 20 世纪 60 年代。当时和"组织气氛"(Organization Climate)这一术语几乎不相区别。与此相当的"公司文化"(Corporate Culture 或 Organizational Culture,简称 OC),直译成中文应该是公司文化或组织文化。可是在当时的中国,"公司"一词实际表示的是"部—局—公司—厂"这种垂直管理中的一级行政组织。为了避免发生误会,翻译家们把这个新的术语译成了"企业文化"。因此,组织文化指的就是我国很多著述所沿用的企业文化。

2) 组织文化的特征

文化是由人类创造的不同形态的特质所构成的复合体,它是一个庞大的丰富而复杂的大系统,既包含有社会文化、民族文化等主系统,也包含有社区文化、组织文化等属于亚文化层次的子系统。由于文化的层次不同,其所具有的功能、担负的任务及所要达到的目的也不同。组织文化作为一种亚文化中的子系统,其特征主要包括以下 4 个方面:

(1) 无形性

组织文化所包含的共同理想、价值观念和行为准则是作为一个群体心理定势及氛围存在于组织员工中,在这种组织文化的影响下,员工会自觉地按组织的共同价值观念及行为准则去从事工作、学习、生活,这种作用是潜移默化的,是无法度量和计算的,因此组织文化是无形的。

组织文化是一种信念的力量,这种力量能支配、决定组织中每个成员的行动方向,能引导推动整个组织朝着既定目标前进。

组织文化是一种道德的力量,这种力量促使其成员自觉地按某一共同准则调节和规范自身的行为,并转化为成员内在的品质,从而改变并提高成员的素质。

组织文化是一种心理的力量,这种力量能使组织员工在各种环境中都能有效地控制和把握自己的心理状态,使组织成员即使在激烈的竞争及艰难困苦的环境中也能有旺盛的斗志、乐观的情绪、坚定的信念、顽强的意志,因而形成整个组织的心理优势。

以上 3 种力量互相融合、促进,形成了组织文化优势,这是组织战胜困难、夺取战略胜利的无形力量。

组织文化虽然是无形的,但却是通过组织中有形的载体(如组织成员、产品、设施等)表现出来的。没有组织,没有员工、设备、产品、资金等有形的载体,那么组织文化便不复存在。组织文化作用的发挥有赖于组织的物质基础,而物质优势的发挥又必须以组织文化为灵魂,只有组织的物质优势及文化优势的最优组合,才能使组织永远立于不败之地。

（2）软约束性

组织文化之所以对组织经营管理起作用,主要不是靠规章制度之类的硬约束,而主要是靠其核心价值观对员工的熏陶、感染和诱导,使组织员工产生对组织目标、行为准则及价值观念的"认同感",自觉地按照组织的共同价值观念及行为准则去工作。它对员工有规范和约束的作用,而这种约束作用总体来看是一种软约束。员工的行为会因为合乎组织文化所规定的行为准则受到群体的承认和赞扬,从而获得心理上的满足与平衡。反之,如果员工的某种行为违背了组织文化的行为准则,群体就会来规劝、教育说服这位员工服从组织群体的行为准则,否则他就会受到群体意识的谴责和排斥,从而产生失落感、挫折感及内疚,甚至被群体所抛弃。

（3）相对稳定性与连续性

组织文化是随着组织的诞生而产生的,具有一定的稳定性和连续性,能长期对组织员工行为产生影响,不会因为日常的细小的经营环境的变化或个别干部及员工的去留而发生变化。

但是,组织文化也要随组织内外经营环境的变化而不断地充实和变革,封闭僵化的组织文化最终会导致组织在竞争中失败。在我国经济体制改革过程中,由于企业内外环境及企业地位等发生了重大的变化,企业文化中如价值观、经营哲学、发展战略等都会发生很大变化,若企业仍然抱残守缺,不肯变革,终究会走上破产的道路。因此,在保持组织文化相对稳定的同时,也要注意保持组织文化的弹性。及时更新、充实组织文化,是保持组织活力的重要因素。

（4）个性

组织文化是共性和个性的统一体,各国组织大多从事商品的生产经营或服务,都有其必须遵守的共同的客观规律,如必须调动员工的积极性,争取顾客的欢迎和信任等,因而其组织文化有共性的一面。而另一方面,由于民族文化和所处环境的不同,其文化又有个性的一面,据此我们才能区别美国的组织文化、日本的组织文化和中国的组织文化。同一国家内的不同组织,其组织文化有共性的一面,即由同一民族文化和同一国内外环境而形成的一些共性。但由于其行业不同,社区环境不同,历史特点不同,经营特点不同,产品特点不同,发展特点不同,等等,必然会形成组织文化的个性。而只有组织文化具有鲜明的个性,才有活力和生命力,才能充分发挥组织文化的作用,使组织长盛不衰。

▎案例阅读

猴子实验

科学家将4只猴子关在一个密闭房间里,每天喂食很少的食物,让猴子饿得吱吱叫。几天后,实验者在房间上面的小洞放下一串香蕉,一只饿得头昏眼花的大猴子一个箭步冲向前,可是当它还没拿到香蕉时,就被预设的机关所泼出的滚烫的水烫得全身是伤。当后面3只猴子依次爬上去拿香蕉时,一样被热水烫伤。于是众猴只好望"蕉"兴叹。

几天后,实验者换了一只新猴子进入房内。当新猴子肚子饿得也想尝试爬上去吃香蕉时,立刻被其他3只老猴子制止,并告知有危险,千万不可尝试。实验者再换一只猴子进入房内,当这只新猴子想吃香蕉时,有趣的事情发生了,这次不仅剩下的2只老猴子制止它,连没被烫过的半新猴子也极力阻止它。

实验继续着,当所有猴子都已换过之后,没有一只猴子曾经被烫过,上面的热水机关也取消了,香蕉唾手可得,却没有一只猴子敢前去享用。

【点评】 企业文化常常具有传承性,虽然时过境迁、环境改变,但大多数的组织仍然恪守前人的失败经验,平白错失大好机会。

7.1.2 组织文化的内容和结构

1) 组织文化的内容

组织文化主要包含以下内容:

(1) 组织的最高目标或宗旨

组织的存在,都是为了某种目标或追求,学校有其办学宗旨,企业有其经营目标。学校的办学宗旨是教书育人,是为社会培养有用的人才;而企业是一个经济实体,必须获取利润,但我们绝对不能把盈利作为企业的最高目标或宗旨。企业经营实践证明,单纯把盈利作为最高追求,往往适得其反。纵观世界上比较优秀的组织,大都以为社会、顾客、员工服务等作为最高目标或宗旨。我国是社会主义国家,社会主义组织最根本的目标是为社会及人民不断提高的物质及文化生活服务。我国许多组织正在形成中的组织文化大都包含有国家、集体、个人利益结合起来的内容,如北京第四制药厂的宗旨是"用优质产品、优质服务为人类的健康长寿奉献出一片赤诚,用高效率、高效益为国家和组织发展作出更大的贡献"。

(2) 共同的价值观

所谓价值观就是人们评价事物重要性和优先次序的一套标准。组织文化中所讲的价值观是指组织中人们共同的价值观。共同的价值观是组织文化的核心和基石,它为组织的全体员工提供了共同的思想意识、信仰和日常行为准则,这是组织取得成功的必要条件。因此,一般优秀的组织都十分注意塑造和调整其价值观,使之适应不断变化的经营环境。优秀企业的价值观大致包括以下内容:

① 向顾客提供一流的产品和服务,顾客至上。

② 组织中要以人为中心,要充分尊重和发挥员工的主人翁精神,发挥员工的主动性、积极性和创造性。

③ 强调加强团结协作和团队精神。

④ 提倡和鼓励创新来谋求组织发展。

⑤ 追求卓越的精神,这是创造一流产品、一流服务的价值观基础。

⑥ 诚实和守信,这是企业经营的道德观念。

(3) 作风及传统习惯

作风和传统习惯是为达到组织最高目标的价值观念服务的。组织文化从本质上讲是员工在共同的工作中产生的一种共识和群体意识,这种群体意识与组织长期形成的传统的作风关系极大。我国组织文化中提出的"团结、勤奋、进取、奉献","自力更生、艰苦创业、团结奋斗、开拓前进"等精神,便体现了我国组织的作风及传统习惯。

(4) 行为规范和规章制度

如果说组织文化中的最高目标和宗旨、共同的价值观、作风和传统习惯是软件的话,那么行为规范和规章制度就是组织文化中的硬件部分,在组织文化中要配合软件,使组织文化得以在组织内部贯彻。

(5) 组织价值观的物质载体

诸如标识、环境、包装、纪念物等,这些属于组织文化硬件的另一部分。

2) 组织文化结构

组织文化的结构大致可分为 3 个层次,即物质层、制度层和精神层(见图 7.1)。

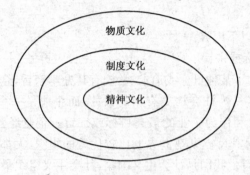

图 7.1　组织文化结构层次图

(1) 物质层

这是组织文化的表层部分,是形成制度层和精神层的条件,它能够折射出组织的经营思想、经营管理哲学、工作作风和审美意识。对于一个生产型企业来说,它主要包括几个方面:

① 企业面貌。企业的自然环境,建筑风格,车间和办公室的设计及布置方式,工作区和生活区的绿化、美化,企业污染的治理等,都是企业文化的反映。

② 产品的外观和包装。产品的特色、式样、品质、牌子、包装、维修服务、售后服务等,是组织文化的具体反映。如美国汽车以豪华、马力大为特点,日本汽车以省油为特点,德国"奔驰"汽车以耐用为特点;法国香水以香味纯正、留香持久而著称等。每个企业只有具有自己独特的产品时,才能吸引一部分具有特殊需求的顾客。如果产品特点不突出,就要靠其他因素,如包装、价格、销售地点及服务等吸引顾客。

③ 技术工艺设备特性。设备指企业的机器、工具、仪表、设施,是企业的主要生产资料。任何一个具体的设备,都与一定的技术和工艺相联系。技术工艺设备和原材料,是维持企业正常生产经营活动的物质基础,也是形成企业生产经营个性的物质载体。一定的技术工艺设备,不仅是知识和经验的凝聚,也往往是管理哲学和价值观念的凝聚。因此,企业的技术工艺设备的水平、结构和特性,必将凝结和折射出该企业组织文化的个性色彩。

不可否认,云南少数民族蜡染布的作坊式设备、手工工艺和精湛的个人技术,反映出一种具有鲜明民族、地方色彩的文化。同样不可否认,在日本的某些现代化企业中,大量采用机器人高效率地进行生产,这种不知疲倦的"钢领工人"的崛起,不仅是企业技术工艺设备上的突破,也是一种以"人—机系统"为特点的新型微观文化的雏形。

④ 纪念物。组织在其环境中往往建立一些纪念建筑,如雕塑、石碑、纪念标牌等;在公共关系活动中送给客人的纪念画册、纪念品、礼品等,它们都充当着组织理念的载体,成为组织塑造形象的工具。

（2）制度层

这是组织文化中间层次，又称组织文化的里层，主要是指对组织员工和组织行为产生规范性、约束性影响的部分，它集中体现了组织文化的物质层及精神层对员工和组织行为的要求。制度层主要规定了组织成员在共同的工作活动中所应当遵循的行动准则，主要应包括以下几个方面：

① 工作制度。这是指组织中领导工作制度、技术工作及技术管理制度、计划管理制度、生产管理制度、设备管理制度、物资供应管理制度、产品销售管理制度、经济核算及财务管理制度、生活福利工作管理制度、劳资人事管理制度、奖惩制度等，这些成文的制度与某些不成文的厂规厂法，对组织员工的思想和行为起着约束作用。

② 责任制度。这是指组织内各级组织、各类人员工作的权利及责任制度，其目的是使每个员工、每个部门都有明确的分工和职责，使整个组织能够分工协作，井然有序地、高效率地工作。主要包括领导干部责任制、各职能机构及职能人员责任制，以及员工岗位责任制等。

③ 特殊制度。这主要是指组织的非程序化制度，如员工民主评议干部制度、干部"五必访"制度（员工生日、结婚、死亡、生病、退休时干部要访问员工家庭）、员工与干部对话制度、庆功会制度等。

④ 特殊风俗。组织特有的典礼、仪式、特色活动，如生日晚会、周末午餐会、厂庆活动、内部节日等。

（3）精神层

精神层又称组织文化的深层，主要是指组织的领导和员工共同信守的基本信念、价值标准、职业道德及精神风貌，它是组织文化的核心和灵魂，是形成组织文化的物质层和制度层的基础和原因。组织文化中有没有精神层是衡量一个组织是否形成了自己的组织文化的主要标志和标准。

组织文化的精神层包括以下 5 个方面：

① 组织经营哲学。它是组织领导者为实现组织目标在整个生产经营管理活动中的基本信念，是组织领导者对组织生产经营方针、发展战略和策略的哲学思考。只有以正确的组织经营哲学为基础，组织内的资金、人员、设备等才能真正发挥效力。有了正确的组织经营哲学，处理组织生产经营管理中发生的一切问题才会有一个基本依据。组织经营哲学的形成首先是由组织所处的社会经济制度及周围环境等客观因素所决定的，同时也受组织领导人人文修养、科学知识、实践经验、思想方法、工作作风及性格等主观因素的影响。组织经营哲学是在长期的组织活动中自觉形成的，并为全体员工所认可和接受，具有相对的稳定性。

② 组织精神。它是组织有意识地在员工群体中提倡、培养的优秀价值观和良好的精神风貌，是对组织现有的观念意识、传统习惯、行为方式中的积极因素进行总结、提炼及倡导的结果，是全体员工有意识地实践所体现出来的。因此，组织文化是组织精神的源泉，组织精神是组织文化发展到一定阶段的产物。

③ 组织风气。国有国风，党有党风，一个组织也有其组织风气，如厂风、校风等组织风气也是组织文化的外在表现，是组织及其成员在长期活动中逐步形成的一种精神状态及精神风貌。所谓风气就不是个别人、个别事、个别现象，只有形成了带普遍性的、重复出现的和相对稳定的行为心理状态，并成为影响整个组织生活的重要因素时，才具有"风"的意义。

一个组织的组织风气一般有两层含义:第一层是指一般的良好风气,例如,开拓进取之风、团结友爱之风、艰苦朴素之风、顽强拼搏之风等。第二层是指一个组织区别于其他组织的独特风气,即在一个组织的诸多风气中最具特色、最突出和最典型的某些作风,它是组织在长期生产经营活动中形成的,体现在组织活动的各个方面,形成全体员工特有的活动样式,构成该组织的个性特点。例如,我国 20 世纪 60 年代大庆油田的艰苦创业、无私奉献的"铁人精神"。

组织风气是组织文化的外在表现,组织文化是组织风气的本质内涵。人们总是通过组织全体成员的言行举止感受到组织的独特风气,又透过组织风气体会到全体成员共同遵循的价值观念,从而深刻地感受到该组织的组织文化。

组织风气是约定俗成的行为规范,是组织文化在员工的思想作风、传统习惯、工作方式、生活方式等方面的综合反映。组织风气一旦形成就在组织中形成一定的氛围,并形成组织心理的定势,形成集体多数成员一致的态度和共同的行为方式,因而成为影响全体成员的无形的巨大力量。

组织风气所形成的文化氛围对一切外来信息有筛选作用。同样一种不良的社会思潮,在组织文化贫乏、组织风气较差的组织可能会造成劳动积极性下降、人际关系紧张、凝聚力减弱、离心力加大等灾难性后果;而在组织文化完善、组织风气健康的组织,则全体成员可能会与组织同呼吸共命运,同舟共济,战胜困难,共渡难关。在改革开放实践中,有远见的企业家已认识到物质刺激的作用是有限的,而培育优秀的组织文化,建设优良的组织风气,才是使全体员工产生强大凝聚力,使企业兴旺发达的根本途径。

④ 组织目标。它是组织生产经营发展战略的核心,有了明确的组织目标,就可以发动群众,提高广大员工的主动性、积极性、创造性,使员工将自己的岗位工作与实现组织奋斗目标联系起来,这样组织的管理工作就有了坚实的群众基础。因此,组织目标是组织成员凝聚力的焦点,是组织共同价值观的集中表现,也是组织对员工考核和奖惩的主要标准,同时又是组织文化建设的出发点和归宿。组织长远目标的设计是防止其出现短期行为的有效手段。

⑤ 组织道德。道德指人们共同生活及其行为的准则和规范;组织道德是指组织内部调整人与人、单位与单位、个人与集体、个人与社会、组织与社会之间关系的准则和规范。

道德与制度都是行为准则和规范,但制度是强制性的行为准则和规范,而道德是非强制性的行为准则和规范。一般来讲,前者解决是否合法的问题,后者解决是否合理的问题。道德的内容包括道德意识、道德关系和道德行为三部分。道德意识是道德体系的基础和前提,它包括道德观念(人们的善与恶、荣与辱、得与失、苦与乐等观念)、道德情感(人们基于一定的道德观念,在处理人际关系和评价某种行为时所产生的疾恶扬善的感情)、道德意志(人们在道德观念和道德情感的驱使下形成的实现一定道德理想的道德责任感和克服困难的精神力量)和道德信念(人们在道德观念、道德情感、道德意志基础上形成的对一定道德理想、目标的坚定信仰;道德关系是人们在道德意识支配下形成的一种特殊的社会关系;而道德行为是人们在道德实践中处理矛盾冲突时所选择的某种行为。组织道德就其内容结构上看,主要包含调节成员与成员、成员与组织、组织与社会 3 个方面关系的行为准则和规范。作为微观的意识形态,它是组织文化的重要组成部分。

从以上分析可知,组织文化的物质层、制度层及精神层这三者是紧密相连的。物质层是组织文化的外在表现,是制度层和精神层的物质基础。制度层则制约和规范着物质层及

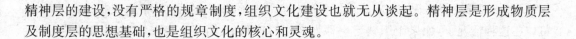

精神层的建设,没有严格的规章制度,组织文化建设也就无从谈起。精神层是形成物质层及制度层的思想基础,也是组织文化的核心和灵魂。

7.2 组织文化功能

组织文化功能是指作为一个经营管理因素的组织文化对组织生存发展的作用和影响。

近年来,国内外学者就组织文化功能问题做了大量有益的探讨,比较多的观点认为,组织文化具有导向、激励、凝聚、融合、规范、守望和辐射功能。

7.2.1 导向功能

组织文化的导向功能是指它对组织行为的方向所起的指引、诱导和坚定的作用。国内外优秀组织都有明确而坚定的组织方向。它们不论是在组织顺利、成功的形势下,还是在组织处境恶劣的形势下,都不曾发生过迷茫、失去前进的方向。它们之所以能够这样做,是因为有强大的组织文化导向。

1) 组织文化能够指引组织方向

组织文化通常以高度概括、富有哲理性的语言来明示组织目标,并铭刻在广大员工的心里,成为其精神世界的一部分。因此,即使组织发展道路上出现障碍和险阻,遇到阴云和迷雾,内化在员工心里的组织远大目标也丝毫不会模糊。美国 IBM 公司的目标是:"我们要为顾客提供世界上最优秀的服务。"经过长期的努力,"优良的服务几乎成了 IBM 公司的象征"。它们不仅向客户提供各种机器租赁,而且提供各种机械服务;不仅提供设备本身,还提供公司人员随叫随到的咨询服务。他们以实际行动"保证在 24 小时内对任何一个顾客的意见和要求作出答复"。在长期的服务过程中,他们也遇到过某些挑剔、刁难、攻击,但他们"始终设身处地地考虑客户的立场",因为,他们的目标是"提供优质服务","在任何时刻都不能忘记服务这个目标"。

2) 组织文化能够诱导组织方向

组织文化可以把员工个人行为吸引到组织目标上来。我们知道,组织员工队伍的构成是复杂的,不仅有年龄、性别、学历、经历、政治及宗教信仰的不同,而且有着体力、智力、气质和性格方面的差异。因此,他们的个人工作动机和目标,也存在着形形色色的区别。在这种情况下,组织如果没有统一目标的吸引,让每个人自行其是,各搞自己的一套,那么组织就失去正确一致的行为方向。这个统一的有吸引力的目标,就是组织文化所提供的被广大员工所认同的组织目标。组织目标本身是吸引员工行为的诱因。员工放弃个人目标,把组织目标作为自己的目标,并且矢志追求,努力奋斗,本身就会获得心理满足,体验莫大的快乐和幸福。彼得斯和沃特曼说:"文化传统的主导作用是那些优秀公司的一项基本素质。""在这些公司里,因为有鲜明的指导性价值观念,基层的人们在大多数情况下都知道自己该做些什么。""每一个人都有对目标的追求(而不仅仅是公司顶层'享受高官厚禄'的 50 个人才有对目标的追求)。"他们进一步指出:"人们对目标的追求是如此强烈,以致大多数人愿意为赋予他们以目标的机构忍痛割爱、牺牲相当程度的自由。"

3) 组织文化能够坚持并坚定组织文化方向

每个组织的发展道路都是曲折的,甚至是坎坷的。宏观社会经济和政治形势的变化、市场竞争、领导决策失误,以及重大偶发事件都会影响组织的发展,给组织带来困难和危机。在这种情况下,如果组织缺乏一种强文化的鼓舞,人们就会丧失信心,悲观失望,畏缩不前,从而放弃既定的组织目标;或者在困难压力下,在严峻的挑战面前,惊慌失措,手忙脚乱,忘记组织的大方向,作出有违组织既定方向的选择。相反,那些文化强大、文化素质优异的组织,会把困难作为锻炼,压力变为动力,挑战当作机会,锐气不仅不减,而且士气日益高昂。正如有位厂长说的那样:"平时,厂里生活是平静的,既没有令人振奋的奇迹,也看不出谁是值得称道的英雄:大家按时上班,按时下班,见面寒暄问候,没有更多可说的。可是,一旦出现天灾人祸,或是在生产任务紧迫、销售困难、技术攻关时刻,全厂上下精神一下子就振奋起来,处处都可看到可歌可泣的非凡事迹,时时都会感受到我们组织精神所焕发出的强大的意志力量!"松下幸之助把组织文化比做"精神灯塔",组织有了它就能在任何时候都不会迷失前进的方向。

7.2.2 激励功能

组织文化的激励功能是指组织文化对强化员工的工作动机,激发员工的工作主动性、积极性和创造性所发生的作用。激励分外激励与内激励。

外激励是指靠外部的力量,如恐怖的压力和物质的吸引力去加强员工的工作动机。这种激励的激发力是有限的。它可能只对一部分员工有效,而对另一些员工无效;它需要不断显示恐怖因素,时时离不开严密的监督,更需要经常增强诱发物的效价,不断提高物质分配水平,否则,就会因监督不力,刺激物效价不足而削弱人们的工作动机,失去工作动力。外激励不仅在受激励的对象方面不普遍、时间方面不持久,而且更为有害的是,它会造成员工对外力的消极依赖,从而妨碍主动性、积极性、创造性的发挥。因此,外激励充其量也只能维持一般的工作效率、维持组织的正常运转,而不能开拓工作的新局面,大幅度提高工作效率。国外有的学者把外激励称为"维持型激励",把外激励因素称为组织的"保健卫生性因素",其道理就在于此。

与外激励不同的内激励,又叫自我激励,是指靠员工内在的目标、信念、兴趣和偏好等因素去强化人们的工作动机,激励人们的工作干劲。这种激励的激发力是无限的,它不需要事事都物质刺激,必要的时候,人们会忘我牺牲,不计报酬。它更不需要时时监督,一般情况下,人们都会自觉履行职责,严格要求自己。并且,靠内激励而工作的员工,十分反感外力控制和监督,把它们看作是压抑、妨碍自己发挥的异己力量。因此,内激励会使员工保持高度的自觉、自动,从而会极大地发挥出自己的体力、智力和聪明才干。国外有的学者把内激励称为"真正的激励",把内激励因素才称为"激励因素",其道理就在于此。

员工工作动机的激励与其需要的满足有关。员工的需要不仅仅是物质需要或生理需要,它还有社会的需要和精神的需要。马斯洛把人类的需要分为由低到高逐级排列的 5 个层次,即生理需要、安全需要、社交需要、尊重需要和自我实现、自我发挥、自我完善的需要。人们的工作动机是在寻求这些需要的满足。凡是能满足人们需要的事物,就能强化人们的工作动机,就具有激发力;凡是不能很好地满足人们需要的事物,与人们工作动机的强化就无关或者关系不大,因而它不具有理想的激发力。由此可见,物质刺激仅能满足人们的生理需要和部分安全需要,而远远不能满足人们的社会需要和精神需要。因此,单靠物质力量激励的外激励,其激发力是有限的,只有充分开发那些能广泛满足人们社会需要和精神需要的事物，才能提高组织的激励效果，增强对员工工作动机的激发力。不言而喻，这种具有高激励功能的事物，就是组织文化。

1) 组织文化能够给员工提供良好的心理环境

组织文化使员工享受到精神的满足和快乐，从而会激发其努力工作。在一个良好的心理环境里，人们一般都崇尚精神的价值，注重信念的力量，敬佩那些忠于组织、不计报酬、热心合作、利他、勇于献身的人，而鄙视那种目光短浅、一心向钱看、为了个人利益而不惜损害别人利益的行为。这在社会上某些角落里道德贬值，精神文明滑坡，甚至出现堕落、腐败现象的情势下，身处良好精神文化环境中的员工，尤其会感到精神满足价值的分量。

2) 组织文化能够给员工提供良好的人际交往环境

组织文化使员工获得社交需要和尊重需要的满足，从而会强化其在组织团体中努力工作的动机。在一个良好的人际环境里，人们之间相互理解，彼此尊重，坦率交往，真诚合作，并能迅速获得足量信息，及时交流思想感情，无拘无束地表达自己的意见和主张，而且能够得到回报反馈。每个员工都会获得应有的关心、爱护和支持，都会体验到像在家庭里才能体验的那种"手足情、骨肉爱"，谁也感受不到孤独、陷阱、敌意及失落。这在社会上某些角落人际冷漠、隔阂，甚至不断发生尔虞我诈、互相利用、互相欺骗、攻击侵犯现象的情势下，身处家庭般温暖环境中的组织员工，会倍加珍惜这种环境，把自己的一切归属于组织。

3) 组织文化能够给员工提供有利与创新的环境

创新是组织生命力和竞争力的源泉。创新的基础在于充分发挥员工求新求变的首创精神。具有优秀组织文化的组织，总是鼓励、支持和表彰员工的创造性，并千方百计地为员工的创造活动提供方便条件。青岛橡胶九厂，以前仅能生产黑底黄帮的"解放鞋"和白、蓝帮的"网球鞋"。而现在，能生产运动鞋、出口鞋、橡塑鞋、注射鞋、妇女鞋、儿童鞋、老人鞋七大系列产品，几百个品种，而且每年都能花样翻新，推出一批新品，他们靠的是什么？他们并没有高薪招聘技术权威，也没有引进成套的技术设备，他们靠的就是开拓创新的组织精神。他们为了鼓励、支持广大员工开拓创新，不仅给员工提供应有的技术培训，而且还及时提供市场和消费者需求变化的信息。他们不仅在车间、班组为员工的创造提供方便条件，还通过定期举办新品设计大奖赛，把那些设计水平优异的普通员工选拔到科室里搞专门设计工作。现在，该厂设计部门的员工中，有一半以上是从生产第一线选拔上来的。

7.2.3 凝聚功能

组织文化的凝聚功能是指组织文化对组织的团结和组织对员工的吸引所起的促进作用。任何一个优秀的组织都有很强的凝聚力。高凝聚力主要表现在 3 个方面：①整个组织是团结的，即组织与团体、团体与团体之间的关系是和谐、亲密的；②组织对团体、团体对员工个人具有很强的吸引力；③员工对团体和组织有很强的认同感、依赖感和向心力。优秀组织之所以能把若干团体及个人凝聚在一起，是因为它有强大的组织文化。

1) 组织文化为组织凝聚提供了坚实的精神基础

没有坚实的精神基础，要把全部团体和广大员工长期凝聚在组织内，是根本不可思议的。物质利益的结合可能会暂时把人们笼络在一起，但它经不住时间的考验。随着时间的推移，利益的冲突会使人们分道扬镳，各奔东西。只有以精神为基础的结合，才能使人们长期凝聚在一起，形成一个坚强的命运共同体。而组织文化正是组织团结的精神基础。它不仅赋予人们共同的目标、理想、志向和期望,使人们心往一处想、劲往一处使,而且赋予人们共识和同感。所谓共识是指人们对事物的共同认识;所谓同感是指人们对事物的共同感受和体验。共识和同感是人们一致行为的前提。在组织生活中,人们只有达成共识,才能顺利沟通,相互理解,彼此合作,减少误解和冲突引起的离心力。在组织凝聚问题上,干群关系起着关键作用。有些组织干群关系总不和谐,甚至经常处于冲突状态。究其原因,最主要、最直接的原因就是干部与群众之间缺乏共识和同感,干部的决策得不到员工的正确理解,员工的感受得不到干部的共鸣,从而使干群之间产生隔阂、疏远、矛盾,并由此引起整个组织的涣散。过去,克服组织涣散状态时,人们一般采取调换干部、整顿纪律等措施,而忽视了组织文化建设,因此效果都不理想。现在看来,治"散"的根本方针应该抓住组织文化这个主题。只有把组织文化建设好,人们有了共同一致的目标,有了共识和同感,才能紧密地团结起来,从根本上摆脱涣散状态。

2) 组织文化为解决组织内部冲突提供了准则

一个组织由团体组成,团体由个人组成。组织结构有同质结构、异质结构和混合结构。无论哪种结构,组织内部都会出现这样或那样的矛盾和冲突,如团体与组织间的矛盾和冲突,团体与团体间的矛盾和冲突,团体与个人及个人与个人间的矛盾和冲突。对于一个组织来说,矛盾和冲突是不可避免的,是极其正常、自然的,并且不一定都是有害的。及时而正确地解决这些矛盾和冲突,促使其向有利方向转化,便会成为组织进步和团结的契机。但是,及时而正确地解决组织内部矛盾和冲突并不是件容易的事情。许多企业领导人,什么都不怕,就怕组织内部矛盾和冲突;许多企业,什么都不怕,能攻克生产、技术难关,唯独经受不住内部矛盾和冲突的考验。这些组织及其领导人之所以害怕内部矛盾和冲突,是因为矛盾和冲突解决起来十分困难。困难的关键在于缺乏正确判断和评价是非、善恶、美丑和爱憎的准则,归根结底在于缺乏一种强大的组织文化。有了组织文化,人们普遍掌握了一套价值标准,知道怎样做是正确的,怎样做是错误的,不仅会避免某些矛盾发生,防止冲突,而且即使出现矛盾和冲突,也会主动、积极地寻求解决,而不使矛盾和冲突经过积累,变得复杂、尖锐起来,致使关系紧张,损害团结。许多具有强文化传统的优秀组织,矛盾和冲突一般都解决在萌芽状态,解决在基层,控制在极小的范围内,很少需要高层领导人出面正式直接协商、调停和仲裁。即使有些矛盾和冲突提到组织负责人面前,他们也一般以非正式方式处理,而不轻易诉诸权力的影响,以损害矛盾和冲突双方的感情,削弱组织的凝聚力。

3) 组织文化为员工提供了多方面的心理满足

组织文化增强了组织对员工的吸引力和员工对组织的向心力。吸引力和向心力问题,归根结底是个需要满足的问题。组织给员工的满足越多,员工对组织越满意,则组织对员工的吸引力就越大,员工对组织的向心力就越强。组织给员工的满足与组织对员工的吸引力及员工对组织的向心力的关系,是正比关系。而要给员工以更多的满足,单纯给钱和物是不行的。其实,员工对组织的期望,不仅仅寄托在物质方面,更主要的还有寻求精神和心理的满足。例如,员工寻求归属感,期望组织和团体能够承认、接受他,使他感到"企业是我的,我是企业的";员工寻求安全感,期望企业和团体能够保障他的权利,使他能够安全、安定地工作,没有危险、危机和威胁;员工寻求友谊和亲密感,期望与周围的人和睦相处,亲密相待,互相关心,互相爱护,互相帮助;员工寻求荣誉感和自豪感,不仅期望自己能够获得组织和同事的尊重、好评和表彰,而且期望所在企业和团体兴旺发达,蒸蒸日上,社会声誉好,是"好样的",值得为它自豪和骄傲。显而易见,要满足员工需要,就只能诉诸组织文化。只有强文化的组织,才能给予员工多方面的满足,从而使员工在精神上寄托于组织,在情感上依恋于组织,在行动上忠实于组织,与组织同呼吸、共命运,风雨同舟,休戚与共。如果一个组织没有优秀而强大的组织文化,不能满足员工多方面的心理要求,即使给了员工优厚的物质待遇也不能把员工紧紧固定在本组织中。前些年,有些乡镇企业从国有企业挖走了一些人才,满以为只要给他们优厚的待遇,他们就会一心一意地安心在乡镇企业里。可是,有些被招聘的技术人才,纷纷要求返回原来的企业。他们的共同体会是,乡镇企业虽然给了他们高薪,使他们在物质上富有了,但乡镇企业并没有满足他们的创造欲,也不能给他们以荣誉感和自豪感。他们普遍感到自己很孤独,无归属感,处于情感饥饿状态。这说明,他们原来的组织有较强的文化传统,对员工有一定吸引力。他们虽然身体离开了原来的组织,但并没有从心理上和文化上与组织割断联系;另一方面也说明他们不适应乡镇企业文化,或者说,他们所去的乡镇企业还没有形成强大而优秀的组织文化,从而不能把他们同化,使他们变成乡镇企业的人。

7.2.4　融合功能

组织文化的融合功能有两层含义,其一是指组织文化能够把组织内部的各个不同团体从文化上整合为一个共同体;其二是指组织文化能够把带有异质文化倾向的个人,同化为本组织文化的人。也就是说,通过文化的融合功能,使组织内部的各个团体和个人都达到文化的同质化,从而使组织更加团结、统一。

我们知道,企业组织内的各个团体,如科室、车间、工段和班组等,是依据完成整个组织任务的需要,按不同分工而设置的。不同团体所承担的任务不同,其工作性质、工作条件和工作方式自然不同,并由此决定不同团体所拥有的成员素质也不尽相同,从而在长期的工作实践中,会形成各个团体之间文化上的差异,使其具有不同色彩的价值观、作风、习惯、礼仪和文化网络,这就是所谓的团体文化。组织的一、二、三线各具有自己的文化。一线从事直接生产的人员,一般注重工作场合的严肃和紧张,产品的数量和质量,评价的及时和公正,同事间的竞争和协作;二线从事服务工作的人员,一般重视服务周到、及时,处处为一线着想,而不像一线人员那样严肃、紧张,也不太关心完成任务的数量;三线从事科室机关工作的人员,他们所关心的只是组织领导的意向和决策,基层组织执行领导决策的情况及对其的评价。同时,机关各个科室的价值和行为方式也大不一样。财务科注重财务数字的统计、分析,强调认真、细致、清晰、准确可靠。搞财务的人员,多数时间是坐在办公室算账、造表,而很少同办公室外的人接触和交往。他们与销售科的人员大不相同,销售科则更多地关注办公室之外的市场、客户,因此,他们特别重视外部信息的获取,重视广泛而又实用的交往。组织人事部门重视政策法规的解释和员工素质的考评及分析;保卫部门尤其崇尚敏感警惕;团委喜欢活泼、朝气,工会则十分看重员工的意见,注重与广大员工的密切联系。

组织中丰富多彩的团体文化,一方面丰富了组织文化,保证了整个组织职能的完备和实现,同时也构成了组织内部矛盾和冲突产生的土壤和条件。团体与组织的矛盾和冲突,团体之间的矛盾和冲突,其根本原因就在于文化上的差异阻碍着沟通和理解,缺乏共识和同感。因此,要达到团体之间及团体与组织之间的共识和同感,则必然诉诸强大的组织文化。只有用组织这个大集体的文化,才能整合各个具有小文化的团体,保证整个组织在文化上的同质和统一。而一个组织只有实现文化上的同质结构,才能成为坚强有力的组织。如果组织缺乏强文化,便不能把各个团体整合为一体,从而会使组织变为一盘散沙。

保证组织结构的文化同质,不仅涉及团体文化,而且涉及个人或个别文化。组织中的个人文化大体有两种情形:一是新员工,包括成批招聘和个别调来的员工的异质文化倾向;二是虽为老员工,但由于接受了别的文化的影响,而表现出的异质文化倾向。异质文化的涌进,不论其价值如何(异质文化可能是先进文化),但总会构成组织内部的矛盾和冲突,有损于组织的团结统一。解决个人文化问题的关键在于组织文化的强弱。强大的组织文化对个人文化能起到同化作用。同化,对于新员工来说,是一个接受、认同组织文化的过程,社会学把这个过程叫做"社会化"或"组织化"过程;而对于老员工来说,是一个重新接受、重新认同组织文化的过程,社会学把这个过程叫做"再社会化"或"再组织化"过程。组织在其发展过程中,员工队伍总处于不断流动状态,因而组织总处在不停顿的文化同化过程中。一般来说,组织员工的流动率越高,其文化同化的任务越艰巨,越需要强大的组织文化。否则,它就难以应付新员工所带来的异质文化的挑战。

7.2.5 规范功能

文化的规范功能是指它按照一定行为准则对员工行为所起的规定、约束作用。从某种意义上说,组织文化是一种规范性文化。所谓规范性文化是指影响人并已形成行为规范的文化。构成这种文化的内容有两种:一种是观念性文化,包括人们的价值观、信仰、道德、习俗、礼仪等,它让人们按照这些观念选择符合要求的行为;另一种是制度文化,包括正式组织所制定的法规、纪律、守则等,它强制人们按照这些法规选择符合要求的行为。显然,组织文化属于观念性文化,它赋予人们一定的价值观、作风、习俗和礼仪,使人们作出符合这些规范的行为选择。

7.2.6 守望功能

组织文化对其自身有守望功能,对外部文化有辐射功能。

守望功能也可以称为防守功能。组织文化有维持自身基本价值观纯洁性、连续性和一贯性,防止外部文化干扰、渗透的功能,这种功能就是守望或防守功能。组织外部的文化氛围是极其复杂的,不仅有直接规定组织文化的社会大文化,而且还有同样受着社会大文化影响,并对组织文化发生作用的各种样式的小文化,如校园文化、军营文化、教堂文化、别的组织文化,包括异族组织文化等。这些异质文化信息将会通过各种媒体传播到组织中来,有些被组织文化所吸收、同化,有些还可能构成组织文化新的积累过程的契机,而有些则同组织文化相矛盾、相冲突,构成组织文化的危机。面对种种异质文化的包围,一种强大的组织文化要保持自己的文化个性,就会对异质文化采取防范、抵制、封闭、排斥的态度,并作具体的文化反应:

(1) 挑剔、贬低、批判异质文化,以消除它对组织成员的同化影响。

(2) 弘扬本组织的文化传统,促使员工对其再认同。

(3) 加强对组织内部文化异己力量的控制,使其陷入孤立无援的状态。

(4) 在维持本组织基本价值观的前提下,有选择地吸收异质文化元素,补充和丰富本组织文化。

强大的组织文化之所以能够对自身实现守护功能,是因为它具有强文化传统,有凝结着文化价值意识的作风,有化风为俗的文化习俗和礼仪。也就是说,它具有一整套从意识到态度、从态度到行为固定不变的文化模型。没有这套固定的文化模型,组织文化是难以有效抵制异质文化的干扰、渗透,保持自己文化的个性和纯洁性的。在实际生活中我们看到,有些组织随着大众传播媒介而赶时尚,变花样。这样,看起来它们在文化上很"开放",实际上是在"开放"的方式下掩盖了它们在文化上的幼稚和脆弱。考察结果表明,这些组织一般都没有文化传统,甚至都还没有形成自己的文化特质和个性。

7.2.7 辐射功能

组织文化的辐射功能是指组织文化向外部扩散,同化异质小文化,影响社会大文化的功能。"组织的'小气候'改变了社会'大气候'",这是说强组织文化对社会大文化的积极影响;"一盏明灯,照亮了全行业",这是说强组织文化对社会文化的积极影响;"先进企业的经验,改变了后进企业的面貌",这是说强组织文化向异质文化组织的扩散、渗透,异质文化被强组织文化所同化。具有强文化组织的门,对于进来的文化信息是封闭的,对于出去的文化信息是敞开的,因此,它的文化信息极容易传播出去。

传播信息的具体渠道有:

(1) 大众传播媒介,以新闻报道、经验介绍、文学传记等形式,把强文化企业的信息传递给广大读者、听众、观众。

(2) 企业的产品、质量和服务,承载着强文化的信息传递给广大顾客、用户。

(3) 广大员工通过各自的社会关系、交际圈子,把本组织的文化信息非正式地传播到各个角落。

(4) 参观者、考察者和旅游者,把自己捕捉到的组织文化信息,以各自一定的方式向有关领域传递。

强文化信息之所以能够传递出去,传播开来,是因为它是强文化,它有着成功的积累历程,有着可供借鉴之处,有着珍贵的价值、鲜明的个性、独特的风格。如果一种组织文化本身不强大,又无特色,只是人为的想在社会、在同行业中传播,那么即使开动一切宣传机器,大张旗鼓地宣传,也不会被别人接受和认同。

7.3 组织文化的塑造

组织文化的塑造是一项非常复杂的系统工程。因为价值观念的培养是一个微妙而柔软的心理过程。组织成员在个性、气质、文化修养和社会背景等方面存在着很大的差别,要在如此复杂多样的个体中形成一种共同的价值观念,除了需要创造必要的条件外,还要有一个很长的过程。组织文化的塑造过程可以分为 5 个阶段。

7.3.1 分析内外因素,选择价值标准

一个组织选择什么样的价值标准作为形成组织文化的基础,这是建设组织文化的首要问题。一般来说,一个组织在选择价值标准时应考虑下列因素:

1) 组织性质

组织文化因组织性质的差异而有所不同,工业企业与商业企业不一样,商业企业中百货商店和副食商店之间也有一定的区别。因此,一个组织首先要根据本身的性质选择适当的价值标准。例如工厂可以从产品出发树立"向社会提供最优产品"的价值标准,商店则可以根据本身经营特点提倡"顾客至上,一切为顾客服务"的价值标准。实际上这就是制定组织的最高目标。

2) 组织成员及其构成

不同类型的人以及他们的组合方式都会影响组织文化的形成。每一个人在进入组织成为组织一员之前,大体都已经形成了自己的价值观念,个人的价值观与组织的价值观是相容、互补或是互斥,这些关系错综复杂,直接影响到组织的价值标准能否为每一个成员所接受。组织成员在组织中的地位以及与上下左右之间的关系也很重要,影响力大以及人际关系好的成员对组织文化形成的作用就比较大,如果他们接受了组织的价值标准,就可能影响一批成员接受,从而有利于促进组织价值标准为全体成员所接受的过程。因此,组织在选择价值标准时应认真分析研究人的因素。

3) 组织外部环境

包括政治、经济、民族文化、法律等方面,这些因素都会影响组织成员的思想意识和行为。例如,社会政治生活的民主气氛会影响成员对组织的关心程度与一体感,社会传统文化对人们改变旧观念、接受新的价值观念的能力也有很大的影响。

总之,价值标准的选择并非由主观随意决定,只有在认真分析研究各种相关因素的基础上才能确立既体现组织特征又为全体组织成员和社会所接受的价值标准。

7.3.2 进行感情投资,强化职工认同

组织选定了合适的价值标准以后,就要研究如何使这一价值标准为人们所接受,并成为每个组织成员价值观念体系的有机组成部分。一个人要改变自己固有的价值观而去接受一种新的价值观,这是一个非常艰难的过程,没有相当长的时间是不容易实现的。也就是说,组织文化要产生影响和发挥作用并被组织全体职工所接受,真正成为群体意识和群体行为,必须经过组织全体职工的认同。这种认同的过程,就是组织文化建设形成的过程。只有自觉忠诚的心理认同和行为认同,调动起组织全员的积极性和创造性,才能形成良好的组织文化氛围,保证组织文化建设和经营目标的实现。

组织成员的认同,是对组织自身现存文化的认同。这种认同是一个动态过程,作为组织职工既要接受认同组织优秀的传统文化,又要吸收认同不断更新的文化概念。职工的认同,首先是对组织哲学的认同,使之变为全体职工共同的价值观念,使企业家的理念变成整体的追求目标;其次是对组织精神的认同,渗透、强化自己独具特色的组织精神,坚定整个组织的精神支柱;再次是对组织道德的认同,养成良好的整体行为规范,强化组织内部的自我约束机制;第四是对组织风格的认同,塑造优良的组织风气,增强组织内部的凝聚力,优化组织的外部形象。

组织职工的认同过程,也是一个循环往复、相互作用、相互促进、相互提高的过程。通过认同,一方面职工要接受、学习和模仿组织文化;另一方面还要丰富和完善组织文化;同时也要反馈、验证和制约组织行为。所以,职工认同绝不仅仅是一个简单的放大过程。通

过职工的认同,一方面会增强职工的参与意识,强化他们的主人翁责任感;另一方面职工的认同反馈到企业家的思想和行为中,也会带来企业家精神的丰富和提高,由此形成"认同—强化—提高—再认同—再提高"的循环过程,由此形成组织文化建设的良性循环。

为了使组织文化得到全体职工的认同,关键是需要有某种"诱因",提供"桥梁"和"纽带"。一般说来,主要有以下几个方面。

1) 确定目标

要明确为实现组织目标每个成员应遵循的行为准则,他们的地位和作用。组织目标要易于为大家所理解,明确奋斗的方向。这一目标应是组织价值观念的具体化。

2) 推行参与管理

应使组织成员意识到自己就是管理主体,而非单纯的被管理者。这就可以使他们不再从个人与组织的对立状态来考虑问题,而是能够以主人翁的姿态从组织整体的角度出发处理个人与组织之间的关系,对整体利益具有一种责任感,自觉地按组织的目标校正自己的行为。因此,推行参与管理,培养成员的参与欲和主人翁责任感具有十分重要的作用。

3) 组织应重视内部非正式团体的作用

由共同兴趣爱好相吸引而自然形成的非正式小群体,它不仅可以弥补正式组织的不足之处,满足成员的一些心理需要,而且成员之间相互产生影响,每个成员根据群体内部约定俗成的要求决定价值取向,达到"异质整合"。积极的非正式小群体直接对生产和工作起促进作用。组织内部的小群体对组织成员的约束力有时甚至比正式管理部门还强,他们直接制约着自己的成员是否接受组织的价值观。因此,组织要善于协调与非正式小团体的关系,特别是要取得其领袖式人物的支持,引导他们接受组织的价值观,使非正式团体的作用力与组织方向一致化。

此外,组织还应特别重视人们的日常生活,包括家庭生活问题、业余文体活动等,这些方面往往能起到"细微之处见真情"的效果,能有效地增强成员对组织的忠诚度和归属感。可见,管理不应局限于组织内部,还应延伸到整个社会。

7.3.3　领导身体力行,信守价值观念

组织文化能不能建设好,关键看领导。要使职工信守组织价值观念,首先要求组织的各级领导干部具备与之相适应的素质和才能,牢牢树立"想主人翁的事,干主人翁的活,尽主人翁的责"的思想意识,并通过自己的行动向全体成员灌输组织的价值观。因为组织领导者本身是组织价值观的化身,其模范行动是一种无声的号召,对下属成员起着重要的示范作用。

当前,我国不少企业的领导人主要依靠提供物质报酬、组织、制度和纪律来维持生产秩序,职工在外推力的作用下,心理和行为主要表现为消极的服从,这种"实用型"的领导模式培养不出良好的组织文化。另一种被称为"规范型"的领导模式,是以企业领导人的素质、价值观念的自然影响力为前提,通过潜移默化,使职工在内驱力的作用下,心理和行为表现为心悦诚服,主动进取。

为此,必须做到以下几点:

(1) 注意抓好领导干部队伍的思想建设、组织建设、作风建设。只要干部身上首先具备了组织价值观,就会以较高的思想境界、模范的实际行动去带动职工群众,产生强大的影响

力、号召力和推动力,为组织文化的培养提供榜样。

（2）培养"规范型"的领导人,使"实用型"的领导向"规范型"转化。这需要实际锻炼,更需要计划培训,是我国经济管理中的战略问题。

（3）领导者必须加强自身修养,发挥其应有的作用。首先,领导者要坚定信念;其次,要在每一项工作中体现企业价值观;再次,领导者注意与下层成员的感情沟通,重视感情的凝聚力量。领导者同职工是平等的,又要在道德风貌、行为准则上高于一般职工;既是"严师",又是"益友",同职工真正成为"同志加兄弟"、"亲密的伙伴",以平等、真诚、友好的态度对待下属成员,取得他们的信任。感情上默契会使领导者准确地预见周围世界对自己行动的反应,形成一种安全感;对下属来说,则会产生"士为知己者用"的效果。

7.3.4　积极强化行为,巩固价值观念

人类价值观念的形成是一种个性心理的累积过程,这不仅需要很长的时间,而且需要给予不断地强化。人的合理行为,只有经过强化予以肯定,这种行为才能再现,进而成为习惯稳定下来,从而使指导这种行为的价值标准转化为行为主体的价值观念。因此,对符合组织价值标准的行为要不断强化,给予肯定。在对行为实施强化时,要注意以下几点:

（1）应具有针对性,使被强化者能从中体会到更深更广的意义。例如,合理行为被肯定也就是得到了社会的承认,被强化者就有一种成就感,激励他继续这种行为。

（2）应考虑反馈的获得,也就是预测强化的效果。反馈具有一种导航功能,它能够指示强化效应和应强化的行为,从而保证强化的效果。

（3）注意强化的时效性,要及时强化,这样才能给人以深刻的印象。对经常出现的行为还要定期强化,以提高行为的反应频率,最终使之成为习惯性行为。

（4）强化手段的选择要因人而异,我们经常强调精神鼓励和物质鼓励以及两者相结合,指的就是强化手段的运用技巧问题。应该注意的是,不能片面的重视物质手段的运用,因为这毕竟只能满足人的低层次需要。因此,必须重视精神手段的运用,否则不可能产生持久的强化效果。精神的力量不仅会影响一个人的现在,而且对他的将来也会产生深远的影响。行为得到不断强化而稳定下来,人们就会自然地接受指导这种行为的价值准则,从而使组织的价值观念为全体成员所接受,形成组织文化。

7.3.5　适应环境变化,发展组织文化

组织文化并不是一成不变的,而应随着组织内外部环境的变化不断地发展和完善。当一种组织文化形成时,它反映了组织成员的动机和愿望,随后建立起来的有关制度和工作程序,提供了这个组织获得成功所必不可少的行为方式。但是,这种文化是以开始的条件为基础的,随着组织的发展和条件的变化,原有的组织文化就可能会与客观环境的需要不相适应。这时,领导者就要及时地予以发展和完善。在一定条件下,甚至要完全抛弃旧的组织文化,重新创造新的组织文化。但由于价值观念的更新是一个艰难的过程,而且需要很长的时间,因此应尽量避免完全重建,最好是逐步发展和完善。在这一过程中,要做到以下几点:

1) 要发动组织全体人员参加

价值观念是人们经过长期累积而形成的,已成为人们稳定的心理状态。因此,只有发动全员参加,才能获得成功。

2) 要从制度上予以支持

发展和完善组织文化,要求人们改进行为方式。这可以从强化制度入手,对期望产生的行为予以积极强化,鼓励这种行为的再生;而对需要改变的行为则进行负强化,以减弱和消除这种行为。

3) 领导者要积极推动变革

领导者可以通过推行参与管理、加强信息沟通等方式来加速组织成员观念的转变过程。当然,必要时也可以采取强制性措施来推行变革,这取决于外部环境的变化程度。如果外部环境变化剧烈,组织成员一时又难以接受新的价值观念,在这种应急情况下,组织领导者也可以强行变革,以保证组织对外界的适应能力。组织文化是一种现代管理思想指导下形成的管理方式,它是人类文明程度和人的现代化程度提高的必然结果。在我国社会主义组织中,职工本身就是组织的主人,而且党中央一直强调要重视精神文明的建设,努力提高人们的思想道德素质。因此,组织文化在我国组织管理中具有良好的应用条件和广阔的应用前景,并能对推动组织管理现代化产生重要影响。

组织文化的塑造是一项复杂的系统工程,必须按照以上提到的塑造途径,整体规划,分步实施,循序渐进地逐步推进。同时,组织文化的塑造成功还必须要有组织领导者的支持和相关配套措施的落实。领导者是组织文化建设的倡导者,组织文化建设的前提是领导者的高度重视。只有在领导者重视和理解组织文化建设的重大意义的基础上,才能获得员工的理解和配合,才能切实地把组织文化塑造工作深入推行下去。为了贯彻组织文化,应设立专门的职能部门,如组织文化中心等专门负责组织文化建设工作的进行。在确立了目标组织文化之后,应根据计划将财务、人员配置、考核、待遇、激励和约束机制等完善地建立起来,从而形成整套完整的优良的组织文化。

 本章小结

有关组织文化的定义有很多,一般观点认为,所谓组织文化就是指组织在长期的生存和发展中所形成的,为本组织所特有的,且为组织多数成员共同遵循的最高目标、价值标准、基本信念和行为规范等的总和及其在组织活动中的反映。

组织文化作为一种亚文化中的子系统,其特征主要包括以下 4 个方面:无形性、软约束性、相对稳定性和连续性、个性。

组织文化的内容也有很多,本书主要归纳为五部分:组织的最高目标或宗旨、共同的价值观、作风及传统习惯、行为规范和规章制度及组织价值观的物质载体。

组织文化的结构大致可分为 3 层:物质层、制度层与精神层。物质层是组织文化的表层,制度层处在中间层次,精神层位于最深层次。精神层还包括组织经营哲学、组织精神、组织风气、组织目标和组织道德等重要内容。

组织文化功能是指作为一个经营管理因素的组织文化对组织生存发展的作用和影响。比较多的观点认为,组织文化具有导向、激励、凝聚、融合、规范、守望和辐射功能。

组织文化的塑造是一项非常复杂的系统工程,也是组织文化作为一种管理手段发挥具体作用的难点与关键。组织文化的塑造过程可以分为 5 个阶段:分析内外因素,选择价值标准;进行感情投资,强化职工认同;领导身体力行,信守价值观念;积极强化行为,巩固价值观念;适应环境变化,发展组织文化等。

复习思考题

1. 如何理解组织文化的概念？
2. 组织文化的基本特征有哪些？
3. 组织文化的层次是如何划分的？
4. 组织文化有哪些基本内容？
5. 组织文化的精神层包括哪些内容？
6. 组织文化有哪些重要功能？
7. 请联系实际谈谈组织文化塑造应该怎样进行？

案例分析

案例 1

华为基本法[①]

华为技术有限公司成立于 1988 年，是由员工持股的高科技民营企业，主要从事通信网络技术与产品的研究、开发、生产与销售，是中国电信市场的主要供应商之一，并已成功进入全球电信市场。2002 年，华为的销售额为 220 亿元人民币，目前有员工 22 000 多人，85%的员工是大学本科以上学历。

总结华为二十多年来的迅速发展，其独特的企业文化功不可没。从 1996 年年初开始，华为公司开始了"华为基本法"的起草工作。

《华为基本法》（摘要）

一、核心价值观

（追求）

第一条　华为的追求是在电子信息领域实现顾客的梦想，并依靠点点滴滴、锲而不舍的艰苦追求，使我们成为世界级领先企业。

（员工）

第二条　认真负责和管理有效的员工是华为最大的财富。尊重知识、尊重个性、集体奋斗和不迁就有功的员工，是我们事业可持续成长的内在要求。

（技术）

第三条　广泛吸收世界电子信息领域的最新研究成果，虚心向国内外优秀企业学习，在独立自主的基础上，开放合作地发展领先的核心技术体系，用我们卓越的产品自立于世界通信列强之林。

（精神）

第四条　爱祖国、爱人民、爱事业和爱生活是我们凝聚力的源泉。责任意识、创新精神、敬业精神与团结合作精神是我们企业文化的精髓。实事求是是我们行为的准则。

（利益）

第五条　华为主张在顾客、员工与合作者之间结成利益共同体。努力探索按生产要素分配的内部动力机制。我们决不让雷锋吃亏，奉献者定当得到合理的回报。

---

① 周三多，陈传明，鲁明泓. 管理学——原理与方法（第 4 版）. 上海：复旦大学出版社，2005

（文化）

第六条　资源是会枯竭的,唯有文化才会生生不息。一切工业产品都是人类智慧创造的。华为没有可以依存的自然资源,唯有在人的头脑中挖掘出大油田、大森林、大煤矿……精神是可以转化成物质的,物质文明有利于巩固精神文明。我们坚持以精神文明促进物质文明的方针。

（社会责任）

第七条　华为以产业报国和科教兴国为己任,以公司的发展为所在社区作出贡献。为伟大祖国的繁荣昌盛,为中华民族的振兴,为自己和家人的幸福而不懈努力。

二、基本目标

（质量）

第八条　我们的目标是以优异的产品、可靠的质量、优越的终生效能费用比和有效的服务,满足顾客日益增长的需要。

质量是我们的自尊心。

（人力资本）

第九条　我们强调人力资本不断增值的目标优先于财务资本增值的目标。

（核心技术）

第十条　我们的目标是发展拥有自主知识产权的世界领先的电子和信息技术支撑体系。

（利润）

第十一条　我们将按照我们的事业可持续成长的要求,设立每个时期的合理的利润率和利润目标,而不单纯追求利润的最大化。

三、公司的成长

（成长领域）

第十二条　我们进入新的成长领域,应当有利于提升公司的核心技术水平,有利于发挥公司资源的综合优势,有利于带动公司的整体扩张。顺应技术发展的大趋势,顺应市场变化的大趋势,顺应社会发展的大趋势,就能使我们避免大的风险。

（成长的牵引）

第十三条　机会、人才、技术和产品是公司成长的主要牵引力。这四种力量之间存在着相互作用。机会牵引人才,人才牵引技术,技术牵引产品,产品牵引更多更大的机会。加大这四种力量的牵引力度,促进它们之间的良性循环,就会加快公司的成长。

（成长速度）

第十四条　我们追求在一定利润率水平上的成长的最大化。我们必须达到和保持高于行业平均增长速度和行业中主要竞争对手的增长速度,以增强公司的活力,吸引最优秀的人才,实现公司各种经营资源的最佳配置。在电子信息产业中,要么成为领先者,要么被淘汰,没有第三条路可走。

（成长管理）

第十五条　我们不单纯追求规模上的扩展,而是要使自己变得更优秀。因此,高层领导必须警惕长期高速增长有可能给公司组织造成的脆弱和隐藏的缺点,必须对成长进行有效的管理。在促进公司迅速成为一个大规模企业的同时,必须以更大的管理努力,促使公司更加灵活和更为有效。始终保持造势与做实的协调发展。

四、价值的分配

（价值创造）

第十六条　我们认为,劳动、知识、企业家和资本创造了公司的全部价值。

（知识资本化）

第十七条　我们实行员工持股制度。一方面,普惠认同华为的模范员工,结成公司与员工的利益与命运共同体。另一方面,将不断地使最有责任心与才能的人进入公司的中坚层。

（价值分配形式）

第十八条　华为可分配的价值,主要为组织权力和经济利益;其分配形式是:机会、职权、工资、奖金、安全退休金、医疗保障、股权、红利,以及其他人事待遇。我们实行按劳分配与按资分配相结合的分配方式。

（价值分配原则）

第十九条　效率优先,兼顾公平,可持续发展,是我们价值分配的基本原则。

按劳分配的依据是:能力、责任、贡献和工作态度。按劳分配要充分拉开差距,分配曲线要保持连续和不出现拐点。股权分配的依据是:可持续性贡献、突出才能、品德和所承担的风险。股权分配要向核心层和中坚层倾斜,股权结构要保持动态合理性。按劳分配与按资分配的比例要适当,分配数量和分配比例的增减应以公司的可持续发展为原则。

（价值分配的合理性）

第二十条　我们遵循价值规律,坚持实事求是,在公司内部引入外部市场压力和公平竞争机制,建立公正客观的价值评价体系并不断改进,以使价值分配制度基本合理。衡量价值分配合理性的最终标准是公司的竞争力和成就,以及全体员工的士气和对公司的归属意识。

【问题】

1. 华为文化的重要特征是什么?
2. 企业应如何发展有自身特色的企业文化?

案例 2

中兴文化的制胜之道

一、中兴通讯与中兴文化

中兴通讯是中国拥有自主知识产权的通信设备制造业的开拓者,国家重点高科技企业。拥有移动、数据、光通信以及交换、接入、视讯等全系列通信产品,具备通信网建设、改造与优化一揽子方案解决能力。

自 1985 年中兴通讯成立以来,公司即面临着客户需求日益增长、市场变化多端的状况,中兴人不断利用先进技术、优质产品和系统解决方案以满足并努力超出客户的要求。经过17 年的发展,中兴通讯这个靠 300 万元起家的小公司,已经在国内重点城市和美国、韩国设有 12 个全资科研机构,承担中国第三代移动通信(3G)等多个国家 863 个项目,并分别与美国德州仪器、摩托罗拉、清华大学、北京邮电大学、电子科技大学等成立联合实验室,在全球40 多个国家建有分支机构。中兴从最初南下的 5 个人创业到今天拥有 13 000 名员工,其中

85%具有大学本科以上学历,研究生有3 000多人。2001年,公司实现销售合同额139.9亿元,今年上半年,国内外各大通信制造企业业绩全面下滑,中兴通讯则一枝独秀,成为行业中唯一的亮点,继续保持稳健持续增长。

17年创业奋斗,中兴通讯大胆改革,创造出"国有控股,授权民营经营"为核心内容的混合所有制模式,被深圳市委市政府誉为"深圳国有企业改革的一面旗帜"。中兴通讯自1997年上市以来,始终以诚信回报投资者,一直树立起诚信和绩优的高科技龙头上市公司形象,深受证券监督管理机构赞誉和广大投资者的厚爱。2001年,中兴通讯入选中央电视台等单位发起评选的"中国最令人尊敬的上市公司"和教育部组织调查评选的"中国大学生首选就业企业"。展望未来之路,中兴通讯将引领中国通信业驰骋世界,全面进军国际市场,中长期目标是销售规模在2004年达到500亿元,2008年达到1 000亿元,实现"中兴通讯　中国兴旺"的企业理念。

中兴通讯的成功之路是如何走出来的?这应归功于中兴独特的企业文化。

企业文化的概念是20世纪80年代以后才提出的。其实19世纪工业化以来一直存在着企业文化,只是没有提"文化"这个概念而已。企业文化的定义也没有很多严格的界限,在我们看来,主要指企业的价值观体现在企业的行为上,核心的东西是价值观。如发展战略、企业标志、员工行为等都包括在其中,但所属的层面不同。中西方的企业文化不一样,但现在国际化趋势加强,世界变小了,文化要相互融合。文化不能割裂开来看,理解不能绝对化,原则的、大方面的东西要多一些。文化也是一个发展的概念。

企业文化对于一个企业的成长来说,看起来不是最直接的因素,但却是最持久的决定性因素。资金的多少、技术的高低、优质的产品、完善的服务、精明的决策,往往依托于企业深厚的文化底蕴。企业文化作为一种组织系统,它具有自我内聚、自我改造、自我调控、自我完善、自我延续等独特的功能。企业文化通过改变员工的旧有价值观念,培育他们的认同感和归属感,建立起成员与组织之间的依存关系,使个人行为、思想、感情、信念、习惯与整个组织有机地统一起来,形成相对稳固的文化氛围,凝聚成一种合力与整体趋向,以此激发出组织成员的主观能动性,为达成组织的共同目标而努力。另一方面,企业文化不断完善深化。一旦形成良性循环,就会持续推动企业本身的发展。大量的实证研究发现,企业文化与企业绩效存在相关关系:一个强大的企业文化如果与企业的环境或战略相符时,共同的信条使上下沟通变得更加便捷,决策的制定更加有效,共享的价值观同样有利于协作,这些都会提高企业的实际效率。

中兴文化到底是什么?即我们反对什么,提倡什么?

中兴通讯核心价值观:

互相尊重,忠于中兴事业;

精诚服务,凝聚顾客身上;

拼搏创新,集成中兴名牌;

科学管理,提高企业效益;

中兴通讯高压线:

高压线是中兴企业文化和价值观不能容忍的行为底线,是与中兴企业文化和价值观完全背道而驰的行为,一旦触及,一律开除——

1. 故意虚假报账。

2. 收受回扣。

3. 泄露公司商业机密。

4. 从事与公司有商业竞争的行为。

5. 包庇违法乱纪行为。

我们强调"互相尊重,忠于中兴事业",不是一种对企业目标的盲从,我们的事业首要的是强调"振兴民族通信产业是中兴人为之共同奋斗的事业",企业在自我发展自我积累的同时,要为国家和所在社区作出应有贡献。仅2001年,中兴通讯向国家和深圳市上缴税收就达13亿元,这是企业作出的直接贡献,间接的贡献则更多,比如中兴员工强大的住房购买力直接拉动各个区域的地产经济,消费实力直接刺激当地的消费指数强劲增长。在南京地区,我们企业不在当地上缴税收,但中兴通讯几千名研发人员形成了一个特殊消费群体,当地做过一个统计,发现大宗购物以中兴员工为主体。我认为,企业文化不应是企业的口号,需要企业中每个员工的学习、认同。文化最初是一个理念,然后通过种种机制,正式变为每一个员工的行为。比如为实现"精诚服务,凝聚顾客身上"的理念,中兴通讯每个月都要进行内部和外部顾客满意度调查、打分,结果直接关系到各个部门的考核和员工的薪水,长期下来理念就慢慢形成了文化。对于一个具有13 000名员工的公司,沟通与形成默契只有靠一套制度将每个人联系起来。

二、中兴文化,中兴通讯稳健持续发展的驱动力

随着经济全球化进程的加快,越来越多的企业开始认识到企业文化的重要性,一个企业的动力及凝聚力都来自于企业的文化,技术只是一个平台。没有一套较成功的文化的企业,生命力是有限的。在企业成功的因素中,技术是很重要的一点,但技术不能成为企业的主宰,这样不易看到市场的变化,容易偏离市场。中兴文化之所以制胜,主要源于独特的经营理念和管理方式。对于国内一个规模庞大的高科技公司来说,培养独特的企业文化,是企业持续、稳定发展的基础。企业文化建设应侧重于企业员工的思想观念、思维方式、行为规范、行为方式等方面。同时,不同的企业处于不同的内部与外部环境中,企业文化的特征也会不同,并产生不同的行为规范以及思维方式和行为方式。因此,企业文化建设不能千篇一律,应该根据本企业的特点、本企业的经营环境,进行具体的设计定位,这样才能在万变的市场上立于不败之地。

限于时间关系,我对中兴文化的特色做一个简要概述:

1. 诚信文化:诚信是中兴通讯的立身之本,是中兴人行动的第一准则。

诚信的第一个概念。企业的诚信。众所周知,近期美国各大企业纷纷曝出财务丑闻,在国内也同样存在财务报表的虚假利润,上市公司造假圈钱令广大股民深恶痛绝,诚信危机在拷问企业出路何在?综观通信业也是如此,国外电信业巨头纷纷出现巨额亏损,他们要技术有技术,要专利有专利,为什么业绩还如此下滑?答案是两个字:私利。在私利的驱动下,导致企业经营者不择手段,做出大量的不惜牺牲企业信誉的短期行为,目的是个人利益的套现。国内企业"造假圈钱"粉饰企业业绩,除了个人获利,再有的目的是体现个人任期业绩;国外企业不存在任期业绩,但虚假利润可以带来高额期权套现。这在中兴通讯行不通,中兴企业文化手册中明确规定,对外交往、宣传以及发布公司业绩要坚持诚信务实的原则。简单的例子,中兴通讯上市至今,从不参与股票炒作,给予投资者的是长期的回报,靠业绩增长赢得股民信任,基金大量持有中兴股票,看中的也是企业稳健经营,业绩保持持

续增长带来的收益。

诚信的第二个概念。企业成员之间的尊重和信任。企业文化应该是企业中每个员工都认同的一种观念、一种制度。好的企业文化能调动员工最大的能量、担起的责任。比如在管理上,中兴所创造的文化是"充分授权",授权团队走向成功。信任每一名员工,是将工作的主动权交给员工,给员工便利去创造企业的利益,各级管理者是教练的身份,指导和帮助员工实现工作目标。上下级观点不一致时,我们强调通过沟通达成共识,沟通则要求以倾听作为基础,平等、开放的心态,并且下级可以越级汇报,而上级一般不允许越级指挥。

对员工的尊重还体现在奖励上。在中国,曾经奖励的唯一办法就是提升,而事实上是不合理的。企业应接受一种观点:管理只是一个职位,因此不应成为奖励的一种。企业中每个人都是平等的,权力不是来自于地位,而是能力,个人影响力来自于个人能力,而不是地位,重要的是让每个员工在适合自己的岗位上发挥最大的才干。为此,我们为员工的职业生涯的发展设计了3条跑道,员工可以根据自己的擅长选择管理、业务和技术3条线来实现自己的职业发展,在中兴并非当官才是成功人士,有成就的业务和技术骨干可以和总裁一样的待遇,这也是留住人才最为重要的激励机制。事业、待遇和感情,是中兴吸引人才、留住人才的3个法宝,3条跑道使员工与企业共同成长。企业总说要重视人才,体现在哪呢?"员工是企业最重要的资源。"企业对此几乎众口一词,但大多数员工却不以为然。我们的原则就是在企业发展的进程中,要让员工充分分享企业的成功。这一点也集中反映在我们制定的分配原则上,企业收益,先分配给员工和投资者,然后是国家和企业。

2. 顾客文化:顾客之上,始终如一地为顾客的成功而努力。

企业是为客户服务的。企业成功的关键是客户,客户决定一切。中兴的产品是由客户决定的。客户随时变化的要求就是一种市场信息,指导企业的发展方向,企业必须适应这种情况而相应变化。

建立顾客文化。永远保持对顾客的热情。同顾客做有利可图的生意,是成功企业发展的推动力。一般来讲,顾客可以自主选择供应商。因此,想留住顾客并吸引新的业务,企业必须首先争取到为顾客服务的权利。要做到这点,企业只能提供顾客想要的产品或服务,出顾客愿出的价钱,而且要保证目标顾客明白企业所提供服务的好处所在。不仅如此,企业还要信守承诺并预见到顾客未来的需求。成功属于那些持之以恒提供优质产品或服务的企业,它们能够预期并满足顾客的要求。公司中有着一种与众不同的独特氛围。所有员工都了解和支持企业目标,总能生产出顾客愿意掏钱买的产品或服务。他们不仅时刻检查自己目前的业绩水平,寻求各种方式迅速提高业绩,而且测控各项重要的健康标准。

企业总是要求员工爱顾客,永无休止地为他们从未谋面的股东赚取利润。为此,企业需要员工的责任心和信心。员工只有感到企业重视、尊敬和信赖他们,感到自己是企业中的一员,才会有信心和责任感。由此看来,企业应当公平对待员工,让他们了解所有事宜的进展及前因后果。培养出良好的士气,企业才能战无不胜。

3. 学习文化:不学习的人,实际上是在选择落后。

学习是一种美德,学习先进企业的成功经验,以开放的心态对待一切批评;挑战变革,敢于突破常规,力图改变大大小小的游戏规则,把变革甚至危机转为机会;激励创新,不断寻找一切好的设想,不管它来自何处。

知识经济下企业的竞争,不仅仅是产品、技术的竞争,更是人才的竞争,实质上是学习能力的竞争。企业必须建立有利于企业知识共享和增值的新型企业文化,将知识视为企业最重要的资源,支持组织和员工有效地获取、创造、共享和利用知识,提高企业核心竞争力,成为一种学习型组织,适应竞争的需要。

Learning Organization(学习型组织),这是一个新的管理理念和手法。企业的生存需要吸收信息、消化信息,反过来指导行动。只有速度足够快的企业才能继续生存下去,因为世界的"脚步"在不断加快。世界正变得越来越不可预测,而唯一可以肯定的就是我们必须先发制人来适应环境的变化。同时,新产品的开发速度也必须加快,因为现在市场门户的开关速度在不断加快,产品的生命周期在不断缩短。而"精简"的目的,正是为了更好地实现"迅捷"。简明的信息流传得更快,精巧的设计更易打入市场,而扁平的组织则利于更快地决策。

员工的态度是企业文化的一方面。中兴员工总是"从正面看问题",认为挑战是机会,失败是机遇。中国有一句古话:"生于忧患,死于安乐。"保持健康的危机感是中兴不断追求更好的一个前提。作为国内通信行业中最大的企业之一,从企业到员工都具有危机感,挑战的是自己,所以一直稳健经营,保持持续健康增长,并准备迎接中兴越来越大的发展空间。

三、优秀的企业文化应成为员工的一种待遇

如何留住人才是一个永恒的企业管理课题。优秀人才总是跳槽而去,平庸的员工总是赖着不走。所有企业都必须面对一个矛盾:如何解决员工欲望的不断膨胀和薪酬的相对稳定。因为员工随时都可能在企业中成长而薪酬不可能紧紧相随,没有人会总是对自己的薪酬感到满意。而个人财富过大可能产生副作用,激励过度却可能让人不思进取。在我们这个变革的时代,面对企业员工欲望后面的永恒难题,我们究竟该何去何从。我认为,最重要的是如何确立企业的价值体系和分配机制,这也是企业文化的核心问题。

现实社会中,最为直接有效的激励方式就是薪酬分配。美国哈佛大学的专家发现,在缺乏激励的环境中,员工的潜力只发挥出20%～30%甚至可能引起相反的效果;但在适宜的激励环境中,同样的员工却能发挥出其潜力的80%～90%。所以如果你的员工对你的分配制度不以为然或者觉得理所当然,那么你的分配制度一定是失败的;而没有达到激励效果的分配对企业而言是一种巨大的损害。

毋庸置疑,企业成员都想得到而又不可能都得到最大化的企业所拥有的分配资源,将这些资源优先分配给成绩优异的员工是必然的选择。但并不是所有的人都是追求最大的工资、福利的回报。有的企业虽然给骨干员工极其丰厚的工资待遇,但是他们并不满意,反而愿意到别的工资、福利相对低的单位去,这就是因为后者有良好的文化氛围,协和的人际关系,良好的企业形象,有思想有魅力的企业家。在中兴的实践看来,解决人才激励问题,优秀的企业文化可以也应该成为员工待遇的一部分。

1. 企业社会美誉度是员工得到的文化待遇。一个好的企业品牌必然产生良好的社会美誉度,这会给每个员工带来许多无形的益处。比如中兴通讯的招聘门槛高,外界印象是非常难进入,而你一旦进入成为其中的一员,首先你会觉得在这样的企业工作有一种自豪感,自信心很强,工作是愉快而充实的。同时社会也对你另眼相看,当你选择流动,中兴品牌背景又是一个非常有竞争力的砝码,有的企业招聘,只需要看中兴员工的工作牌就可以直接进入。有的公司为了挖人,在中兴各个研发基地对面租间房号称研究所,主要"研究项

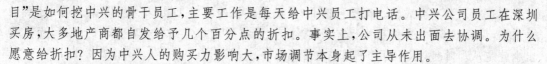

目"是如何挖中兴的骨干员工,主要工作是每天给中兴员工打电话。中兴公司员工在深圳买房,大多地产商都自发给予几个百分点的折扣。事实上,公司从未出面去协调。为什么愿意给折扣?因为中兴人的购买力影响大,市场调节本身起了主导作用。

2. 企业的经营管理经验和技术积累是宝贵的个人竞争资本。一个成功企业的管理经验是非常宝贵的,有些经验甚至是无法用语言表达的,你只有深入其境,才能真正体会到这种经验的获得,远远无法用金钱的尺度去衡量,将使你终身受益。全国各大重点院校累计为中兴输送了 10 000 多名高素质人才,同时中兴也向社会输送了一大批人才,有出国深造的,有自己创业的,也有在公司末位淘汰但换个环境又成为其他公司骨干的,等等。许多员工离开中兴时都是流着眼泪道别,因为他感到在中兴的收获无法用语言来表达。

3. 企业提供学习培训的机会,这是企业给员工的最大福利。中兴一直强调要建立学习型组织,学习文化是员工的一种隐性收入。每年投入给员工的培训经费几千万元,员工的知识得到不断更新,始终具有很强的时代竞争力。

(资料来源:中兴通讯)

【问题】

1. 中兴通讯的企业文化涵盖了哪些方面的内容?

2. 你是如何理解中兴文化中"优秀的企业文化应成为员工的一种待遇"这句话的深刻内涵的?

3. 随着时代的进步和环境的变化,你认为中兴文化应该作出哪些变革?

案例3

思科凭什么超越微软

微软曾是最有梦幻色彩的企业。然而 2000 年 3 月 25 日,另一家 IT 企业的股票市值却一举压倒了不可一世的微软,成为全球最有价值的企业,它就是硅谷的思科(Cisco)系统公司。思科的主打产品——路由器虽然远不及 Windows 知名,但它却是运转覆盖全球的因特网所必不可少的枢纽。

为什么思科能超越微软?很重要的一点是微软踏平的只是 PC 时代,而思科则已经拥抱 e 时代了,最新时代的网络文化造就了一代 IT 巨子。因此,这一起一伏所涵盖的,绝不只是两家企业的盛衰。

一、思科如何看待因特网

思科总裁钱伯斯在访问中国时曾专门针对中国企业说:"因特网革命将使中国获得与世界经济发展齐头并进的机会,而这场革命的迟到者将会彻底地丧失时机,这一点与工业革命可以在不同国家演进发生截然不同。"

一个企业要在因特网中获得成功,要注意什么呢?

首先,因特网对于企业的意义决不只是一种技术,并不只是你上网了你就算融入网络经济了,关键是你将如何利用因特网给你的企业创造机会,提高企业的竞争优势。

其次,在网络经济中,一切都在迅速地改变,而人恰恰有不愿意改变的惰性。你的企业这时就要引入"变是永恒"的企业文化。而问题还不仅仅是要"变",而且要"快"。

在 1993 年前后,思科已经认识到:因特网将是战略性工具,而绝不是花费。很多企业到今天都把 IT 只看成支出,因此只要企业的财政稍有不利,他们头一件事就是砍掉 IT 花费。

这样的企业永远不会成功。而思科把 IT 看成很重要的战略工具，不仅不隶属财务，还要独立出来，设立 CIO(首席信息执行官)。在今天，思科的成功与此有非常密切的关系，而事实上也就是从那时起，思科的竞争对手越落越远。

二、思科的工厂为什么那么小

很多人到思科都要求参观工厂，似乎看到了车间才会放心。但他们总是很失望地问："怎么你们公司车间这么小?"其实有很多家工厂在生产思科的产品，但真正属于 Cisco 的只有两家。因为，通过网络，远在千里之外的装配商可以随时看到来自客户的订单，并且在同一天的晚些时候将装配好的硬件运送到购买者手中，通常思科的员工连包装箱都不会碰一下。70％的思科产品就是这样生产出来，然后交到用户手中的。

那么思科是如何进行控制的呢？首先这些工厂的质量监控系统都是由思科安装，而质量不合格的产品，思科不会给它打上运输标签，它就出不了厂。这样，全世界都成了思科的生产基地。思科不在乎它在什么地方生产，只要它能合乎我们的质量和成本的要求。

通过这种"外部资源生产"法，思科无需建立新的工厂就将其生产能力扩大 4 倍，并且将新产品介绍给市场的时间缩短了 2/3，仅用 6 个月的时间，而他们的竞争对手通常需要 18 个月。结果，思科的员工人数仅相当于主要竞争对手员工总数的 1/10，但销售额却是这些厂商销售额总数的 1/2，也就是说思科的员工人均生产力是对手的 5 倍。所以，虚拟生产是我们每个企业都要重视的事情。

三、思科追求是什么

思科的经营文化有如下原则：

一是"如果一个功能在 3 个月里不能推出来，那我们就不干"。试想，如果你的设想还要花半年的时间去调查分析，那市场就失去了。

二是"任何功能存在的标准是一定要能提升企业的价值"。那么，这个"价值"如何去体现呢？有两点：(1)客户满意度提高；(2)成本降低。如果达不到这两点，思科也不会去做。

四、思科的企业文化是什么

思科为什么能成功？关键是思科有一套好的企业文化。在思科的企业文化中，很重要的一点是"客户永远第一"。思科的信条是"每一次接触都要使客户了解到他们是我们的重中之重"。

或许，这在很多企业经营者看来实在没什么稀奇，很多企业也确实经常这么喊。但这只是处于"口号管理"的阶段。比如你一进他的店，经常是一抬头就看到"顾客就是上帝"的标语，可一低头看到的却是工作人员正黑着脸，似乎巴不得你赶快走。这就是说，我们很多经营者想得很好，一相情愿地认为企业该是什么样，可他没有从机制上保证自己的思路转变为每个员工的行动。要知道企业的行为就体现在企业每一个员工的行为上。

五、思科靠什么机制来贯彻企业文化

一是思科每年都会请外面的公司为自己的员工进行顾客满意度调查，而满意度的分数会细化到每一名员工身上。在每一个员工的胸牌上，都印有下一年度客户满意度需要达到的指标。同时，每一名员工的满意度分数，与他的奖金是直接挂钩的。这就是说，如果让你的客户不满意了，你就要破财。因此，对于思科的员工来说，满意度是比销售额还重要的事情。

二是思科有机制可以使客户的问题迅速升档到让总裁每天都能知道。因为他每天晚上都要听与客户打交道的经理的录音电话留言,这样使问题可以很快得到解决。因此,一个客户遇到的问题越大,他对思科严肃对待问题的体会就会越深。作为表率,总裁钱伯斯把自己大部分的时间用于与客户打交道,他每天都要与公司的15个关键客户保持电话联系,发现问题就及时处理。他总共与1万多个客户交谈过,大规模的见面会参加过200多次。他来中国时说得最多的一句话是:"让客户满意是思科最重要的事。"

还有一个很能说明问题的例子,就是思科的第一次并购,即为了自己的两个重要客户:波音飞机公司和福特汽车公司。一次,总裁钱伯斯在与这两家公司的老总聊天时,听说他们对思科的技术不太满意,准备换用另一家局域网交换机制造厂商Crescende公司的产品。钱伯斯回到公司后,马上收购了那家公司。这次收购不仅将波音和福特留了下来,继续做思科的客户,而且使思科进入了一个新的业务领域,现在它每年为思科带来28亿美元的收入。

六、思科如何在线为客户服务

随着企业业务的发展,客户越来越多,这时要保证服务的水准,往往要提高成本。简单地说,企业要找人去接客户的咨询电话,无疑需要成本,而且这些人力还要是技术专家,甚至企业花钱都不一定能够找得到。怎么办?思科的办法是将这些全部上网。在客户买我们的产品时,思科会给人一个网址,让他自己上网咨询,结果70%~80%的问题在网上就已经解决了。现在,打到思科用户服务中心的70%的电话都不需要人工干预,由计算机自动完成而且日积月累,经常重复的问题的答案会立即显示出来,客户就会很高兴。于是,客户满意度反而比由人工干预时提高了25%。这一项,思科的成本就下降了2.5亿美元,因为思科不再需要那么多的人力。总裁钱伯斯说:"这使我可以在技术中少使用1 000名工程师,我将他们投入到开发新产品上,从而获得了极大的竞争优势。"

思科也曾遇到一个难题,就是随着业务的发展,在交易过程中各种错误越来越多(比如配音有误、传真模糊等),一度严重到业务没法做下去。这时,思科的解决方案就是把交易挪到网上去做。在网上,即使客户对交易流程不很清楚,网络也会带领着他走下去,于是错误减少到只有2%。这其中节省的资金是很惊人的。

七、思科如何为员工服务

思科很重视的另一个问题是实现网络化的员工服务,因为思科把员工也视为客户。现在思科有2万名员工可实现网络自我服务。当一名新员工加入思科时,他只要在公司的网络上输入他的名字,就可以立即查阅到与自己有关的所有信息(如薪酬、股权等),甚至有他今后的培训计划。

开展员工的在线培训是思科的重要战略。思科平均每2周就并购一家企业,也就是说每2周就会有一些新技术进来。如果消化不了这些技术,公司会有多苦?花费会有多高?我们计算过:同样的培训,用传统方式要花3个月,成本还很高,而用网络培训只要3个星期,成本还很低。

对于很重要的员工出差报销问题,也都是在网上瞬间就完成了。自然,员工满意度提高了(自愿离职率下降了50%,只有3%),而同时,公司在全球的报销只需由两个人进行核对,这样每年可节约5 500万美元。刚才提到的几项内容每年为公司节省5.5亿美元。而低成本必然带来竞争上的优势。对员工的硬指标有两条:①人员平均生产率每年至少提高15%;②生产成本每年至少降低15%。现在汽车行业的人均生产效率是16万美元,金融业是 18 万美元,而思科已经达到了 70 万美元。

八、思科如何建立 e 文化

1. 网络是战略性工具,绝不是可有可无、可多可少的。

2. 要建立灵活、开放的网络平台,也就是以 e 为核心的企业文化。有没有建立 e 文化,不在于你有没有"占有"IT 设施,而在于你有没有"应用"IT 技术。

3. e 文化必须由企业最高领导亲自建立并推动,没有选择。GE 的韦尔奇过去是忽视 IT 技术的,但后来他突然醒悟,于是给全球的 GE 雇员发电子邮件,通知以后与他通信的唯一渠道就是电子邮件,而不再是看纸上的东西。于是一年来,GE 在电子商务上进步神速。如果最高领导只说不练,那么所有员工只会跟着光说不练,建立 e 文化就无从谈起。

4. 建立快速应用与实施的机制。如果说过去的商业环境犹如海洋上航行的巨轮,那么今天则如同激流中疾驰的皮筏。

5. 衡量一个技术及其应用,完全看它能不能提升公司价值。

6. 公司 IT 人员一定要与公司业务人员加强沟通与协作。在思科,IT 部门是做平台,业务部门要做的是应用。从某种意义上说,业务部门也是 IT 部门的客户。如果业务部门去买机器,或 IT 部门直接操作对 IT 工具的应用,都是不对的。

【问题】

1. 思科为什么能超越微软? 具体表现在哪些方面?

2. 试述思科文化的特点。

8　组织变革与发展

▶ **案例导读**

如果说100年前通用电气公司刚成型时只有照明、铁路运输、发电和供应4个产业,那么,100年后的公司已拥有从飞机发动机到工业自动化,从发电机到新兴工业材料,从家用电器到医疗设备,从银行到广播电视等几十个产业,公司的业务已收集了自爱迪生以来的350多种工商业和生产线,在将近30个国家里设有130多家制造厂,雇员多达40万人。自20世纪80年代后,世界开始进入信息工业时代,电子工业和第三产业突飞猛进,而传统的制造业日趋萧条。大规模的基础设施建设年代已经过去,车辆市场已趋于饱和,通用电气公司可以说已走到了它辉煌岁月巅峰的尽头。

1981年,公司的总裁琼斯宣告退休,年仅44岁的韦尔奇登上通用电气公司的第一把交椅。不管怎么说,琼斯看来还是一个充分的现实主义者,或许他已意识到这个庞大组织存在的问题。所以,在他临退休之前,他大胆地选择了韦尔奇这样一个年轻的叛逆者来对公司进行管理的变革。

提起韦尔奇,有人甚至以暴君的形象来描述他。他的一些行为确实近似于残忍,曾激起不少人的愤恨。他着手去修理人们并不认为是破旧的东西,尽管这种做法在今天看来是正确的,但在当时却惹得天怨人怒。韦尔奇也曾因把工厂自动化装置出售给制造商们而损失了1.2亿美元。他在另外的两项收购中损失更大,后来事实证明这两家企业在生产计算机集成电路和辅助设计装置方面很不出色。他还不明智地买下了基德·皮博迪投资公司,结果由于一个名叫马蒂的家伙搞内部交易,将公司陷入犯罪的泥坑。联邦调查局为此驱逐基德公司的管理人员,从那以后,该公司便成了一个连年亏损的大户。仅1989年,通用电气公司的全年统计表显示的基德公司亏损数字就达2 300万美元。

但韦尔奇的成就也是巨大的。由于精简机构,灵活多变,通用电气闯过了道道难关。在喷气式飞机的引擎方面,它从远远落后于联合技术集团的普拉特飞机公司到压倒后者,抢占了约55%的国际市场。在火车机车方面,通用电气击败了通用汽车公司,取得了中国2亿美元的订单。1986年,通用电气吞并了美国无线电公司,从NBC(美国联合广播公司)带来了滚滚财源,并使通用电气成为仅次于通用汽车休斯电器公司的世界第二大国防电子生产厂家。

组织结构设计出来以后并不是一劳永逸的,需要随着组织内外环境的变化不断推动组织的变革和发展。本章主要阐述组织变革的定义以及组织变革的动力来源;组织成长模型及组织变革时机的选择;组织变革的基本类型、过程、阻力来源及其克服方法;最后讨论组织发展的概念及组织发展技术。

8.1　组织变革

美国著名的组织学者、哈佛大学教授拉里·格雷纳(Larry E. Greiner)指出,组织变革伴随着企业成长的各个时期,组织变革与组织演变相互交替,进而促使组织发展。组织变革是任何组织不可回避的问题,是否顺利地引导组织变革是衡量管理工作有效性的重要标志。

在国际经济一体化的今天,每一个组织为了生存都必须进行变革。新技术的发明和管理的创新将很快地取代组织原有的管理方式。面对着复杂多变的经营环境,组织必须快速跟进周围环境的变化。彼得·F.德鲁克十几年前曾指出:"所有组织必须做好抛弃现在所做一切的准备。"大组织必须找出像富有灵活性的小组织那样的行为方式。制造型公司需要寻求新型计算机一体化制造技术,服务型公司需要寻求新型的信息技术。为了在日益激烈的竞争环境中获得生存,今天的组织必须投身于创新和变革中。

8.1.1　组织变革及其力量来源

1) 组织变革的含义

组织变革是指对组织结构和组织成员之间的关系进行调整,以期更有效地实现组织目标的过程。组织变革是组织主动适应环境的结果,如果环境是一成不变的,过去怎样,今天仍旧怎样,这时管理就简单得多,也没有必要进行组织变革。正是因为环境总是在不断变化并趋于复杂,才使组织变革变得如此迫不及待,以致有人呼吁"要么变革,要么死亡"。

2) 组织变革的力量来源

组织变革的力量同时存在于组织的外部和内部。

外部力量主要来自市场、资源、技术、社会文化、自然环境等方面的变化。这部分因素一般管理者是难以控制的。市场变化如顾客的收入、价值观念、偏好发生变化,竞争者推出了新产品或产品增添了功能,加强广告宣传、降低价格、改进服务从而使公司的产品不再具有吸引力。资源的变化包括人力资源、能源、资金、原材料供应的质量、数量以及价格的变化。技术的变化如新工艺、新材料、新技术、新设备的出现,这些不仅会影响到产品,而且会出现新的职业和部门,会带来管理上、责权分工和人与人之间关系的变化。一般社会环境变化包括政治形势、经济形势、制度、投资、贸易、税收、产业政策与企业政策的变化。环境的变化特别是市场环境的变化是促使组织变革产生的最重要动因。

内部力量来自于组织的内部活动和决策,主要是人的变化、组织运行和成长中的矛盾所引起的。任何一个组织都存在着使这个组织成长的因素,同时也存在着使这个组织衰败的因素。如管理者与组织缺乏弹性,对外界环境的变化反应迟钝、决策缓慢、决策质量不高或做不出决策。企业内部不协调,组织目标与个人目标、各部门之间目标分歧,人与人之间沟通不畅,摩擦冲突太多,指挥不灵。职工的价值观念、工作态度产生变化,工作效率不高、怠工、士气低落、不满与抱怨增加。新的领导者上任或原有领导人采用了新的思想观念,组织高层制定了新的战略和目标;职工队伍增加了新的成分和思想发生变化。另外,在组织成长的每个阶段所具有的特殊矛盾,这些都促使管理者采取变革措施,以保证组织的生存与发展。

专栏8-1 ▶▶▶

知识经济时代组织管理面临的挑战

进入21世纪,组织管理者和组织面临的最主要问题是应付环境的迅速变化。组织在知识经济时代进行变革的动力来源主要有以下几个方面:

1. 全球经济一体化。知识经济时代的企业组织,无论其大小,都会在本土面临着国际竞争,同时也都需要具备国际竞争能力。组织不仅要使其管理结构全球化,而且还必须具有组织的生态系统(Organizational Ecosystem)、组织间的资源依赖性(Resource Dependency)、协作网络(Collaborative Network)和全球性战略联盟(Global Strategic Alliances)等的知识经济时代组织的观念和运作架构,这要求组织的运作内容也要进行相应的调整和改变。

2. 网络化信息技术。网络化是指组织基于各种先进的信息技术而形成的快捷、广泛的联络结构、信息技术的发展和管理信息系统在组织中得以建立,这是组织网络化的基础力量。网络对组织及其管理的影响表现在:网络使组织可以将管理对象定格于一个全新的时空范围——网络空间域和网络时间态。使得每个组织成员之间不但能实现一对一的沟通,同时还能实现一对多、多对多的沟通。互联网提供的虚拟空间冲破了物理意义上的空间阻隔,把现实资源迅速整合(Integration)成为一种没有围墙、超越时空的网络组织(Network Organization),为企业组织创造了无穷的虚拟生产(Virtual Production)、虚拟经营(Virtual Business)、虚拟管理(Virtual Management)、虚拟教育(Virtual Education)、虚拟研究与发展(Virtual R&D)和虚拟办公的"网上空间",组织活动的虚拟性,催生了一批新兴的企业组织,如"虚拟组织"(Virtual Organization)等。组织的这种变化,是过去管理中从未遇到过的,组织及其管理必须进行相应的变革,才能应付网络化信息技术对组织及其管理的影响。

3. 知识经济推动了组织的自我创新(Self-Transformation)。由于知识经济时代的经济和社会急剧变化,这种急剧的变化要求组织必须不断地改变自己的经营领域和经营规则,组织因而必须进行相应的自我创新。近年来,最流行的趋势是进行组织业务流程的再造(Business Process Reengineering)、重新建立组织的团队(Teams)和使组织变成学习型组织(Learning Organization)。

4. 知识经济要求通过变革来寻求组织的竞争优势(Competitive Advantage)。使消费者满意将是未来企业组织成功的关键。企业组织要将满足顾客的需求作为企业所有活动的基本原则,愿意并有能力将顾客置于组织活动的中心。知识经济时代的网络化信息技术已经为组织与顾客的沟通创造了条件,也为组织的成员获得完全的信息提供了可能,这些信息可以帮助组织的成员更好地为顾客提供满意的服务。

5. 知识经济要求组织发展是多样化的(Diversification)。由于经济全球化的影响,知识经济时代的企业组织已经成为一个"无疆界的"(Borderless)组织①,因而组织不得不面对多元化(Diversity)和多文化(Multiculturalism)的问题,企业组织内可能有多民族的人共同工作,组织所面对的顾客也在年龄、性别、种族、民族起源和价值观念等方面发生变化。这些经济、文化、价值观不同的人如何相处、共事和合作是管理学上所关注的课题。

---

① Kenichi Ohmae. "Managing in a Borderless World". *Harvard Business Review*, Vol. 67, 1989 (5/6): 152-161

8.1.2　组织变革的类型

目前,组织变革已经成为组织理论研究的热点问题之一。一般来说,除了因突发事件而导致的转变外,组织变革多是有计划的,即是经过详细考虑,有目标地改变组织内的系统或人事,以期提高组织的效能。

因为各种外部因素的改变,如科技、经济、劳动市场、社会和法律变动等,组织必须通过变革来提高组织的环境适应能力,例如进行新产品研究、调整战略部署、改善人力资源管理、更改工作方法等。管理者在改善组织的适应力,赢得战略优势方面,可以关注 5 种类型的组织内部变革,这 5 种类型的变革不是相对孤立的,而是相互联系的(见图 8.1)。

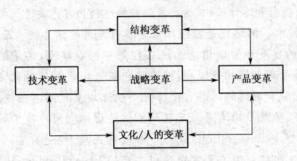

图 8.1　组织变革的类型

1) 技术变革

技术变革是组织生产流程方面的变革,与组织如何完成其工作密切相关,其目的是为了使产品或服务更有效率。今天,许多技术变革通常涉及新的设备、工具和方法的引进,以及实现自动化与计算机化等。一般而言,技术变革是自下而上发生的,位于较低层次的技术专家充当了技术变革的先驱。

2) 产品服务变革

产品与服务变革是变革组织的产品或服务产出。产品革新对组织来说意义重大,因为它通常意味着一个新战略的产生或者一个新市场的出现。此外,产品生命周期变得越来越短,公司需要不断推出新的产品或服务以满足顾客需求的不断变化。新产品包括对现有产品或整个产品线的改进。产品与服务变革始终要着眼于组织的全球化,并以进入高盈利、适销对路的产品市场为目标。产品开发对组织来说是高风险的活动,能够成功开发新产品的公司通常具有以下特征:

(1) 市场部人员对客户需求有很好的理解。

(2) 技术专家清楚最新技术发展并能有效地利用新技术。

(3) 关键部门如研发、制造、市场部的成员在开发新产品时通力合作。

3) 战略变革

战略变革涉及组织的宗旨、使命、经营方向、战略形态、经营方针、经营范围的调整问题。它包括组织的价值观系统、战略管理、经营政策、外部协调策略、战略信息的取得与适时监控系统的变革。现在不少组织都强调要对组织的战略信息系统和运作模式进行根本性的变革。

4) 结构变革

一个组织的结构是由其复杂性、正规化和集权化程度决定的。变革者可以对组织中一个或多个关键要素加以变革。例如可以将几个部门进行合并，或者精简某些管理层次以使组织扁平化。此外，为提高组织的正规化程度，可以制定更多的规章制度来约束员工的行为；或者将组织的决策权向更低层次下移，以提高组织的决策速度，增强组织的市场反应能力。

更彻底的组织结构变革涉及组织整体结构的变革，这包括了从职能型结构向事业部型结构的转变，或者形成一种矩阵结构、团队组织、网络结构。变革者需要重新设计职务和工作程序，重新修订职务说明书、丰富职务内容或实行弹性工作制，改变组织的绩效评估体系和报酬体系等。

5）人员与文化变革

人员与文化变革的主要原因是任何变革都需要组织成员来执行和支持，如果所计划的改变未能被接受，则肯定不能顺利推行。同时，组织的成效不能单靠更改组织结构和工艺流程，还需组织成员改变工作态度和习惯。战略、结构、技术和产品的变革不可能自己发生，任何领域的变革也包含了人员的变革。人员变革的目标是员工个人的价值、技能和态度，员工必须学会如何使用新的技术，或营销新的产品，或在一种基于团队的结构中高效地工作。因此，组织变革是要改变员工的行为才可成功的。

人员与文化变革是指员工的价值观、态度、期望、信仰、能力和行为等方面的变革。人员与文化的变革主要与员工如何思考有关，这种变革是在思想领域而不是技术、产品或结构领域。人员的变革只与少量员工有关，如少数中层经理接受培训以改善领导技能，而文化的变革与组织整体相连。近年来兴起的组织发展往往更侧重于改变人员及人际关系的本质和性质的各种方法或方案。常见的方法包括敏感性训练、调查反馈、过程咨询、团队建设和组际发展等。本章第2节对这些方法进行更详细的介绍。

8.1.3　组织成长模型与组织变革的时机选择

组织像任何有机体一样有其生命周期。格林纳（Glenna）认为一个组织的成长大致可分为清晰可辨的5个阶段。每阶段的组织结构、领导方式、管理体制和职工心态都有其特点。每一阶段都包括一个平稳的演变时期，这个时期又以一次管理危机而结束。组织要渡过危机，必须要经历一个动荡的变革时期，从而由演变和变革交替推动着组织的进一步成长（见图8.2）。

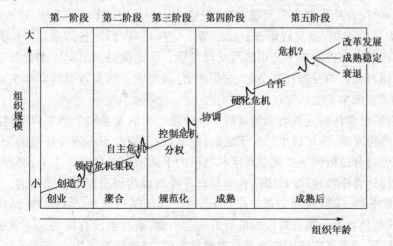

图8.2　组织成长阶段图

阶段一:通过创业而成长与领导危机。这是组织的幼年期,规模小,人心齐,关系简单,一切由创业者决策指挥。组织的生存与成长完全取决于创业者的素质与创造力。他的主要精力都用于制造和销售产品上,没有明显的科层,员工之间的沟通、协调往往是非正式的。一般这些创业者属技术业务型,不重视管理。随着组织的发展,管理问题日趋复杂,使创业者感到无法以个人的非正式沟通来解决问题。当企业试图规模经营时,具有创造性思想但管理不正规的企业主不能再有效地运转其企业了,从而产生"领导危机",这是第一次变革的开始。创始人需要寻找并委任一位强有力的业务经理,他能为创始人所接受,并能够使组织齐心协力。

阶段二:通过指导而成长与自主危机。这是组织的青年时期。通过委任一位能干的业务经理闯过第一阶段危机之后,企业进入一个持久的成长时期。在这一演变时期,直线职能型结构被建立起来,制造与销售活动分离,委派的工作更加专业化;组织内各种制度化的规则得以发展;管理者以铁腕作风与集权的管理方式来指挥各级管理者,这就是"成长经由命令"。在这种管理方式下,新任经理和主要高级管理人员担负大部分的管理责任,而较低层次的管理者被看作是职能专家。日久中下层管理者由于事事都必须请示,听命于上级而感到不满,要求对企业的经营管理有更多的发言权,从而产生来自较低管理层的"自主性危机"。

阶段三:通过分权而成长与控制危机。这是组织的中年时期。分权制的M型结构是解决第二阶段危机的一个手段。这时企业已有相当规模,增加了许多生产经营单位,甚至形成了跨地区经营和多元化发展。如果组织要继续成长就要突破集权的管理方式,采用分权式组织结构,容许各级管理者有较大的决策权力。但是分权导致了一个严重的问题,即高层主管感到由于采取过分分权与自由管理,企业业务发展分散,各阶层、各部门各自为政,本位主义盛行,使整个组织产生了"控制危机"。当高层管理者试图重新控制整个企业时,第三阶段的变革就发生了。

阶段四:通过协调而成长与官僚危机。为了防止"控制危机",组织又有采取集权管理的必要,将许多原属中基层管理的决策权重新收归总公司或高层管理者。但是由于组织已采取过分分权的办法,不可能重新恢复到第二阶段的命令式管理。解决问题的办法是通过一种特殊的协调技术,使各事业部的经理们注意到企业的整体发展方向。具体的技术包括:分权后的单位合并为产品集团组,建立投资中心,建立管理信息系统,建立正式的计划程序,成立委员会组织,或实行矩阵式组织等。这样,一方面使各部门有所作为,另一方面使高层主管能够掌握控制整个公司的活动与发展。为此就必须拟定许多规章制度、工作程序和手续。随着业务的发展和复杂化,这些规定、制度成了妨碍效率的官样文章,文牍主义盛行,产生了"官僚主义危机"或"硬化危机"。

阶段五:通过合作而成长与未知危机。此阶段组织的发展前景既可以通过组织变革与创新重新获得再发展,也可以更趋向于成熟、稳定,也可能由于不适应环境的变化而走向衰退。为了避免过分地依赖正式规章制度和刻板的手续所形成的文牍主义,必须培养管理者和各部门之间的合作精神,通过团队合作与自我控制以达到协调配合的目的。另外要进一步增加组织的弹性,采取新的变革措施,如通过工作团队迅速地解决问题、简化正规制度、加强培训、鼓励创新等。第五阶段的危机最终会出现,格林纳没有说明这一危机是什么,但他认为这一阶段的变革应该围绕员工心理满足为中心,这些员工因高强度的协作工作和革新的解决办法的沉重压力,而把成长起来的情绪和体力耗尽了。第五阶段的变革将会通过新的结构和计划,允许员工定期的休息、思考以及使其恢复精力。

一个组织并不一定都严格按上述的阶段顺序发展,但格林纳组织成长模型却说明了组织在不同的时期面临不同的问题,需要采用不同的管理方式,只有不断进行变革和创新,组织才能获得进一步的成长。格林纳的组织成长模型还要求管理者必须清楚地认识到组织目前正处于组织成长的哪个阶段,并预见可能出现的危机,在危机发展到不能控制之前,果断地进行组织变革。因此,组织变革的时机选择就在于判断组织成长的阶段所面临的危机的征兆。一般来讲,当组织出现大规模的危机,如令人吃惊的财务亏损、失去重要的客户等,组织决策过于缓慢以至于无法把握良好的发展机会,或时常造成重大的决策失误以及组织内部沟通不良、冲突严重,破坏了组织机能的正常发挥时,就意味着组织的创新时机已经来临。管理者要大胆地推进变革,使组织进入新一轮的成长阶段,寻求进一步的成长空间。

8.1.4 组织变革的基本过程

实践证明,并不是所有的变革都能带来发展,组织实施的绝大多数变革方案所产生的效果往往是令人失望的。当然,不同的组织失败的原因各异,但绝大多数称不上成功的变革方案中普遍存在一个共同的特点,即组织把过多的时间和精力用于研究他们希望变革什么,而只用了极少的一部分时间和精力研究应该如何实施变革。在今天的组织管理中,变革要成功,管理者必须把变革要涉及的各个层次的人员参与到变革方案的制定与实施过程中,因此必须建立由管理者和员工一道组成的管理变革团队来推动变革方案的实施。

20 世纪 90 年代以来,随着环境的剧变,许多研究者主张对组织进行一次彻底的根本性的转变,而且在全球范围内掀起一股组织再造的热潮,从而使得变革绝不是指那些小型的、局部的创新,而是重大的、涉及整个组织的变革。我们在这里所介绍的变革的基本过程主要是基于后者的。

变革的基本过程,一般说来分为 5 个阶段(见图 8.3),该模型还列出了每一阶段所需的大致时间。

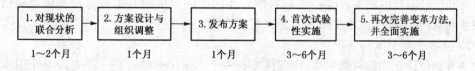

图 8.3 基本的变革过程①

1) 现状的联合分析

变革往往源于对组织现状的分析,找出什么地方或环节必须要改进,而且还要同那些在关键业务流程中工作的员工们联合起来共同完成。这样,一方面能获得实际工作中的真实情况,另一方面能够使员工认同变革的必要性和迫切性。但是,从哪里获得需要变革的信息呢? 除了从外部环境变动的一般信息中发现对自己有利或不利因素外,最重要的是从

---

① 〔英〕尼尔·M.格拉斯.卓越管理的新思维:理念、工具和人.北京:中国标准出版社,2000

组织内部日常活动的反馈信息中发现异常情况,如利润、销售、市场占有率、质量、成本、员工士气等。这些反馈信息往往通过访谈或小组讨论而获得,通过同经理人员访谈审查战略与环境的匹配性,通过同中层管理人员和员工进行访谈或小组讨论,确认关键的、面向顾客的业务流程,识别出这些业务流程的主要优势和缺陷。使每一群体认识到问题出在哪里,如果这些问题得以解决潜在的受益机会是什么,从而使不同层次产生认同感。最后,进一步同经理人员、重要的思考者或影响者进行面对面的讨论,总结访谈、分析小组讨论的结论,从而形成对问题的共同的认识。

专栏8-2 ▶▶▶

创造或激发紧迫感

通过承认某项财务损失或让管理者知道公司相对于竞争对手的主要弱点来创造一种危机感。

取消一些明显过度奢华的做法,例如公司的所有乡村俱乐部设施、大量的飞机或高级经理人员美食餐厅等。

在产值、收入、生产率、客户满意度和产品设计周期等方面设立超常规的目标。

把更多有关客户满意度和财务状况的数据发给员工,尤其是与竞争对手相比处于弱势的信息。

2) 变革方案的设计与组织调整

通过对现状的联合分析,组织上下达成共识,下一步就要对新的工作方法和组织结构进行设计。首先建立未来流程研讨小组,让该流程的专家、顾客和使用者广泛地参与进来,就现有流程的优劣分析达成一致,描述他们期望的未来流程运作的方式,从而使管理者认识到何种程度的变革是必需的,并在变革方案中体现出来。拟订初步的变革方案应该包括以下几项任务:①举行3~4个由经理人员参加的研讨会,以确保经理人员对变革方案的启动和实施过程一直站在赞同的立场上。②对4~6个关键流程进行更加细致深入的分析,重新设计并且应用新方法。③未来职能部门角色的变化。④完成新的组织设计以及支持性的报酬和提升制度等。⑤一个负责沟通的小组要确保正确及时地传播变革方案的目的、进展情况和已经取得的成果。⑥一个收益测评小组要制定出绩效指标以及衡量进展情况的对比基准,持续不断地监测变革方案是否正在实现它的目标。

3) 发布方案

从方案设计出来到付诸实施,中间还要有一个沟通传播的过程。通过向整个组织宣传变革方案的结构和目标,确保员工正确理解变革方案对他们的可能影响以及希望他们作出的贡献,并促使员工进一步讨论拟订方案中他们所关心的问题,同时挖掘在最初联合分析阶段尚未被注意的其他机会。变革方案的发布可以举行由经理人员主持的大型会议,可以向全体员工播放影像宣传材料,可以深入到每一职能和每一层次进行持续性沟通或者写一封给全体员工的信等。

4) 首次试验性实施

对于一些重大的变革,变革的推进并不是一下子在整个组织全面展开,而是先进行局部试验,进行小范围的改革,积累经验后再推及整个组织。①选择一个或几个关键业务流程,进一步深化变革初期进行的流程分析,识别出问题的实质;同时,要展开更加深入的研究和统计、财务或作业分析,以便能够准确地认识当前的绩效以及重新设计后的结果。②通过流程分析,形成流程应当如何运作的初步想法,经过广泛的讨论和审核并借鉴其他组织和行业经验,完成"完美流程"的设计。③进行差距分析,确认必须变革什么以完成从现有状态向完美状态的转变。④根据对现状的分析、完美流程的图景以及差距分析,就当前正在变革的流程应当如何在组织特定的环境中运作拟出建议方案。⑤获得许可,通过一对一的会谈及精心准备的论述材料,赢得经理人员和关键人员对拟议中的新流程的支持。⑥在试验区实施新的方法。

5) 再次完善变革方案并全面实施

通过借鉴在试验性实施阶段的经验或教训,进一步将变革方案加以完善,并在所有的关键业务流程中全面推广实施;同时实施必要的组织和系统变革,包括对组织结构和信息系统的再设计、职能部门向支持者角色的转变。当然,在变革实施过程中,还要成功地应付员工们对变革的抵制、阻止、破坏、防止、回避、迷惑以及其他阻碍变革的因素。

8.1.5 组织变革的阻力

库特·卢因认为组织变革不是一种静止的状态,而是相反方向作用的各种力量彼此消长的动态平衡过程。换句话说,组织变革是变革推动力量和变革阻力相互竞争的结果,当引入变革,一些力量推动它,另一些力量则抵制它。我们把组织变革中起推动作用,并承担变革管理责任的人,称为变革的推动者(Change Agents)。任何管理者都可能成为变革推动者,非管理者也可以是变革推动者,如内部的职能专家或者外部的咨询人员。特别是在推动系统范围的大变革,管理当局通常会聘请外部咨询专家提供建议和协助。由于这些人来自外部,他们对组织的认识相对比较客观。但由于其对组织的历史、文化、作业程序、人事等缺乏足够的了解,外部咨询人员通常倾向于剧烈的变革主张。

组织变革是一种改革现状的努力。任何一项变革方案,无论该方案的计划和沟通工作做得有多么出色,都会或多或少地遇到变革对象的阻力与反抗。抵制变革的因素既可来源于个体又可来源于组织。有时候,组织作为一个整体是能够变革的,但是某些关键人物,会由于种种原因阻止或至少能够阻滞变革。还有一些情况,个体可能已经热切地期望变革,但是组织却似乎陷入了某种既定的,有时甚至是狂热的行为模式中而无法自拔。

1) 来自个体的变革阻力

(1) 对变革不确定后果的担心。变革使已知的东西变成模糊不清和不确定。任何变革都既有优点又有缺点,即使再好的改革方案也未必能自然带来良好的结果。具有不同的学历、经历、专业知识的人对问题的认识不同,但一般人对不确定性有一种厌恶感。

(2) 担心丧失个人既得利益。从某种意义上来说变革也是一种利益和权力格局的再调整,变革中利益和权力受到威胁的人势必抗拒和阻挠变革。变革也将导致工作技术与方法的改变,使某些人丧失原来的技术与经验的优势,产生失去工作或难以适应新的技术和工作的忧虑,从而抗拒变革。

(3) 认为变革不是为了组织的目标和最佳利益。对变革真正目的的误解和偏见也促使某些人怀疑和抗拒变革。如果一个员工相信变革推动者所提倡的新操作程序将造成生产率或产品质量下降,那他就极有可能反对这项变革。

2) 来自组织的变革阻力

任何组织在其发展过程中,由于具有集体形成的历史、文化、思维和运作模式,从而使组织本身成为变革的阻碍。考察组织僵化的原因往往来源于 3 个方面:组织虽然有变革的能力但由于管理者的学习障碍而不愿意进行变革,除非迫不得已;组织虽然有变革的愿望,但由于管理者缺乏经验或能力而无法推动变革;组织既不愿意又没有能力进行变革——组织中的保守主义倾向日益严重(见图 8.4)。具体而言,来自组织的变革阻力主要表现在:

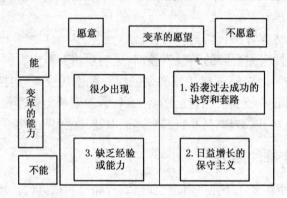

图 8.4　组织僵化的一些主要原因①

(1) 过去成功的诀窍和套路

过去成功的诀窍和套路是组织所习惯的、在过去曾经引导组织取得成功的行动模式。然而,随着环境的急剧变化,这些已经为人们很好掌握的行为模式可能会从优势转变为劣势,阻碍组织学习新的适应外部环境的方法。

(2) 日益增长的保守主义

当日益增长的保守主义盛行于组织时,组织并非仅仅只是继续重复那些已知的行为模式。面对来自外部的威胁,组织开始"回归至他们的根",而不是寻找新方法来迎战这些威胁。

(3) 缺乏经验

还有一些组织仅仅只是缺乏实施变革的经验,因为他们从未面临过经营环境的重大变化或激化的竞争压力。许多金融机构、铁路和大多数的航空公司突然发现自己正面临着解除管制的、新的竞争或者首次接触市场。大多数这类公司作出的直接反映就是抵制竞争。

3) 变革阻力的克服

变革总是要付出代价,没有人为变革作出牺牲,没有思想观念的革命,变革几乎是不可能实现的。不能将阻力看成完全是消极的,它促使人们对变革方案考虑得更加周全,因此改革的推动者不应当压制抗拒的发生,而应当设法疏导,力求将变革的阻力降至最低,赢得更多的人对变革的支持。其方法是:

(1) 沟通和教育

当参与变革的相关人员缺乏变革的相关信息或者预期有人抵制变革时,就可以使用沟通和教育的方法来解决抵制问题。特别是当变革涉及新技术知识或者使用者不熟悉的新

---

① 〔英〕尼尔·M.格拉斯.卓越管理的新思维:理念、工具和人.北京:中国标准出版社,2000

想法时,教育就显得尤其重要。通过沟通和教育,使更多的人正确了解变革的动因和目的及其可能产生的绩效和好处,使人们对变革的意图有正确的了解。

(2) 参与

当变革的问题重要、复杂、涉及面广,单独依靠变革推动者没有把握和能力制定出变革方案时,一定要吸收相关的部门和人员参与变革计划的设计,以便集思广益,使变革切实可行、有效。同时,通过参与变革方案的设计,可以使参与者对变革方案有更好的理解,从而有利于变革的实施。

(3) 谈判

谈判是实现合作的更正式的战术。谈判通过签署正式协定来赢得对方对预期变革的接受。当变革的方案可能影响到某些部门和群体的利益时,应事先找有关方面进行磋商与协调,尽可能使变革的方案兼顾各方面的利益。不要追求理想改革的方案,现实的变革方案是多数人可以接受的方案。

(4) 强迫

强迫意味着经理运用正式权力迫使员工接受变革。抵制则被告知要么接受变革,要么损失报酬甚至失去工作。大多数情况下不应使用这一战术,因为员工感觉自己成为受害者,从而迁怒于执行变革的经理,甚至会蓄意破坏变革。但在需要快速反应的紧急关头,强迫可能是必要的。

(5) 高层经理的支持

高层经理的明确支持也有助于克服对变革的抵制。高层经理的支持会向所有的员工表明,变革对公司来说是重要的。当变革涉及多个部门或者需要资源在部门之间进行重新分配时,高层经理的支持显得尤为重要。

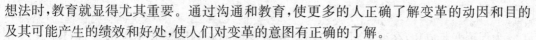

案例阅读

美国炼铝公司的重大变革

在匹兹堡市区最近的一个夏日里,美国炼铝公司(Aluminum Co. of America)的首席执行官保罗·奥尼尔(Paul Oneil)公布了这个原料"巨人"的宏伟规划。该规划将要对这个横跨 22 个国家、拥有 63 000 多名员工的公司进行一次全面彻底的革新。

奥尼尔提出了一个新结构,它集中于美国炼铝公司的主顾和业务单位:"不是匹兹堡,不是为它们服务的副总经理,也不是董事长,而是业务单位。"公司集中所有的资源为了这个目标,并联系和支持着公司的 22 个业务单位。

与变革有关的不仅仅是公司结构一个因素。通过引进公司的新战略,奥尼尔向公众皆知的持续改进的变革观点提出挑战。他声称,这个方法对那些已经成为市场领导者的公司或许奏效,但是,"如果你落后于世界领先水平,这是个糟糕的方法;如果你远远落后于世界水平,这可能是一个灾难性的方法。"

对美国炼铝公司来说,它们似乎是个落伍者。奥尼尔认为公司需要作出迅速的巨大改进,而不是缓慢的渐进变革。奥尼尔对员工提出的挑战是:两年内要消除公司和世界先进水平之间差距的 80%。

"等到外部事件来迫使组织进行变革,这是最佳的反应式管理办法,但也是最胆小的管理做法。"他告诉员工,领导并不是"那种组织绩效一团糟以至于股东强烈要求改变现状的强迫变革者"。

为保证变革成功,在变革过程中还需要对变革的有利因素和不利因素进行认真的分析,权衡利弊,对变革可能出现的新问题事先作妥善的处理,争取绝大多数人对变革的同情和支持。一般情况下只有得到多数人同情和支持的变革才能取得成功。同时,正确地选择变革的方式与策略,避免操之过急,妥善处理变革与稳定的关系,不作不停顿的改革,巩固一项改革成果后再展开另一项改革。表8.1列举了克服变革阻力的基本战术。

实施变革时要及时收集可以衡量变革效果的指标信息。衡量变革的效果有些可用既定的信息指标系统,有些则需另行设计特定的指标信息。根据收集到的信息要评估和确定整个改革期间改革效果的发展趋势,因为衡量一项变革的效果不能仅从某一个时点来考虑。有的变革,开始时效果甚为明显,但迅速恢复常态;有的开始时无效果,甚至会出现负效果,但稍后则逐步上升。要对实际成果与计划成果进行比较,及时对偏差采取纠正行动。

表 8.1   克服变革阻力的战术

战　术	应用时机
沟通和教育	变革是技术性的
	使用者需要准确的信息和分析来理解变革
参与	使用者要主动参与
	设计需要其他方面的信息
	使用者要有抵制的权力
谈判	团队有实施的权力
	团队可能在变革中受到损失
强迫	存在危机
	提出者确实具有权力
	其他实施技术都失败
高层经理的支持	变革涉及多个部门或者资源的再分配
	使用者怀疑变革的合理性

8.2 组织发展

管理者在推进组织变革时,一种极端情况是由高层管理者比较独裁地推行大部分变革过程,这可能是由不得不进行变革的时间限制或其性质决定的;另一种极端是让员工亲自分析问题、开发解决方案和实施变革。当获得员工的认同感对变革特别重要,或者当员工能够很好地理解问题并清楚应当如何解决问题时,这种方法尤其有效。在这些情况下,常常要选择组织发展的变革方法。

8.2.1 组织发展及其特征

20 世纪 70 年代,组织发展(Organizational Development,简称 OD)演进成为行为科学

中独立的一个领域,组织发展是指组织利用其应付环境变革、改善内部关系和提高解决问题的能力,应用行为科学知识来改善自身的状况和效率。从根本上讲组织发展是一个组织文化根本变革的过程。组织发展与一般变革方法有一些基本差异,例如,组织的发展强调整体的转变,如果要进行变革的话,则需顾及大局,用较广阔的眼光来推行。同时,组织发展也主张合作式的变革,即管理顾问和组织领导一同了解和设计变革,组织内各成员也须互相合作,不单是在执行阶段,也包括在规划和分析诊断阶段。

作为变革组织的一种手段,OD有几个显著特征:

(1) 组织发展通常以行动研究为基础,即收集有关一个群体、部门或组织数据,然后把数据反馈给员工,这样员工就可以自己分析数据推测出问题所在。

(2) 组织发展是应用行为科学的知识以提高组织的有效性。

(3) 组织发展使组织朝着提高解决问题的能力、反应速度、工作质量和有效性这一特定的变革方向。

组织发展运用行为科学的知识和技术,通过信任、公开面对问题、雇员授权和参与、设计富有意义的工作、群体间合作、充分利用人员的潜能等途径来改进绩效。其施行者相信通过在管理上减少层级和进行分权可以产生最好的绩效。

8.2.2　组织发展方式

以组织中的人和组织文化为焦点的组织发展技巧有很多种类,一类是以改变人员的认知和态度以及人际关系为中心的技巧,常见的有团队建立训练、工作生活素质调查反馈、冲突处理、沟通培训、跨群体活动等的处理方法;一类是以工作和技术为重心的技巧,包括工作设计、质量管理小组、全面质量管理等活动。这些活动的目的是提高组织的营运能力,帮助人与工作的协调。本章对前者进行详细的介绍。

1) 敏感性训练

敏感性训练是由实验室训练发展的一种传统的组织发展技法,又称T群体训练、实验训练等。"敏感性"是指对自我、对他人和人与人之间关系的敏感程度。敏感性训练就是通过团队活动、观察、讨论、自我坦白等程序,使组织成员面对自己的心理障碍,并重新建构健全的心理状态。敏感性训练的目标是提高参与人对他人的移情能力、倾听能力、对个体差异的承受能力和改进冲突处理技巧,进而将个人与组织融为一体。

2) 沟通培训

沟通培训可能从一个场外的会议开始,以明确对变革过程预期结果的愿景,创造一种新文化的缩影,设计在组织内部建立新的文化价值观的方式。场外会议限制了干涉和精力分散,使参与者集中精力于新的做事方式。

3) 团队建设活动

团队建设可以增强组织和团队的凝聚力以及成功机会。例如跨职能团队的成员可以采用一系列组织发展活动,从而学会以团队方式行动和发挥作用。组织发展专家可以和队员一起工作,提高队员的沟通技能,提高他们之间彼此和谐相处和接受共同目标的能力。一个团队可以在一起讨论冲突、目标、决策制定过程、沟通、创新以及领导等问题。团队建设活动被许多公司应用于培训任务组、委员会和新产品开发。

4）调查反馈活动

调查反馈就是对组织成员的工作满意度、态度、绩效、领导行为、环境以及工作关系质量进行调查，并将调查结果进行反馈以促进组织有关问题的讨论，从而有利于制定组织变革计划。调查完成后，一名组织发展顾问与团队成员会谈，对他们的反应和识别出的问题进行反馈。

5）大规模群体介入

大规模群体介入从所有的部门——通常包括从组织外部权益相关人中——召集参与者，讨论组织面临的问题、机遇以及变革计划。大规模群体介入可能包括 50～500 人不等，持续数天，涉及所有和变革利益相关的人。从组织系统整个环节收集到的观点和想法，引导组织内部成员间进行持久和导向性的对话，从而营造一种共同奋斗的组织前景。跨群体活动是使来自不同的群体的代表集中到一起来面对冲突、诊断原因，并制定计划，改进沟通与协调。这种方式在解决联合管理冲突、总部官员的冲突、跨部门的冲突以及兼并问题中得到广泛应用。

8.2.3　组织发展步骤

任何一个涉及人的变革过程都包括解冻、变革和再冻结 3 个过程。

1）解冻

解冻（Unfreezing）就是要促使人们改变他们原有的态度和观念并消除那些支持这些态度或行为的因素，灌输给他们一些新观念。任何一个组织内部都存在着力图保持现状、抵制变革的势力。因为人们在一个熟悉的环境中感到舒适，受到的压力较小。而变革将意味着有些人将会失去这种舒适感和预知感，所以他们要抵制。因此就要有一个解冻的过程作为实施改革的前奏，使人们认识现实总是有缺点，是可以改进的，原有的某些观念随着环境的变化是应该更新的，不能满足于现状。使人们对改革有所准备，将妨碍改革的因素减至最少，鼓励人们接受新的观念，乐意接受变革。

2）变革

变革（Changing）是指人们在经历了解冻过程，对变革做好了准备之后，具体的变革活动就可以开始实施。变革必须包含一个由现行的行为方式和组织结构向新的行为方式和组织结构转变的过程。正是在这个过程中变革行动实际进行了。人们往往倾向于变动的过程就是改革的全部，但如果我们把变革视为一个三阶段的过程就应当认识到根本性的变革只有在前有一个解冻过程，后有一个再冻结过程的条件下才能完成。

3）再冻结

再冻结（Refreezing）是指变动发生后，人和组织都有一种退回到原有习惯和行为模式之中的趋势。为了避免这种情况，必须保证新的行为模式和组织结构不断得到加强和巩固，为此就要对继续保持新态度与新行为方式的职工予以支持和奖励。这种巩固和加强新的行为模式的过程称为固结。没有这一过程，变革只是一种对组织和成员仅有短暂影响的活动。

本章小结

组织变革是指对组织结构和组织成员之间的关系进行调整，以期更有效地实现组织目标的过程。组织变革的动力来自于组织内部和外部两个方面,外部力量主要指市场、资源、技术、社会文化等因素,是组织难以控制的因素或力量;内部力量主要来自组织的内部活动和决策,主要是人的变化、组织运行和成长中的矛盾所引起的。

组织变革的类型包括 5 种,即技术变革、结构变革、产品变革、战略变革和文化/人的变革。

组织类似于一个生命有机体,存在着生命周期。一个组织的成长一般而言要经历 5 个成长阶段,每一阶段都有各自的特点,同时成长到一定阶段也面临着不同的危机。这 5 个阶段及其面临的危机是:通过创新而成长与领导危机;通过指导而成长与自主危机;通过分权而成长与控制危机;通过协调而成长与官僚危机;通过合作而成长与未知危机。组织成长模型要求管理者必须清楚地认识到组织目前正处于组织成长的哪个阶段,并预见可能出现的危机,在危机发展到不能控制之前果断地进行组织变革。因此,组织变革的时机选择就在于判断组织成长的阶段所面临的危机的征兆。

任何涉及组织整体的变革包括 5 个基本阶段:现状的联合分析;变革方案的设计与组织调整;发布方案;首次试验性的实施;再次完善变革方法并全面实施。

组织变革不可能是一帆风顺的,变革中总会存在抵制力量。组织变革的阻力主要来源于个体和组织两个层面。来自个体的变革阻力包括:对变革不确定后果的担心;担心丧失个人既得利益;认为变革不是为了组织的目标和最佳利益。来自组织层面的变革阻力来源于过去成功的诀窍和套路;日益增长的保守主义;缺乏经验。已经被实践证明是成功的化解组织变革阻力的方法有沟通和教育、参与、谈判、强制和高层经理支持。

组织发展是指组织利用其应付环境变革、改善内部关系和提高解决问题的能力,应用行为科学知识来改善自身的状况和效率。从根本上讲组织发展是一个组织文化根本变革的过程。组织发展的技术主要体现在人员过程、人力资源管理、技术结构和战略方面。组织发展的步骤包括解冻、变革和再冻结 3 个阶段。

复习思考题

1. 组织变革的动因有哪些? 你认为哪种力量是组织变革的主要动因?
2. 组织变革的类型有哪些?
3. 简述组织成长模型及其对组织变革的启示。
4. 简述组织变革的基本过程。
5. 组织变革的阻力有哪些? 如何化解组织变革的阻力?
6. 什么是组织发展? 组织发展技术有哪些?

案例分析

案例 1

东原公司的组织变革

从开了一整天的公司高层例会上回来,东原国际实业有限公司总经理徐文就一直陷入了一种难以名状的焦虑之中。例会是由徐总主持,几位副总经理参加,原本是想商谈一下公司今后的发展方向问题。因为东原公司成立 6 年以来,始终呈现着跳跃式的发展势头,取得的发展成就众人瞩目。例会上徐总想就公司如何进一步发展倾听几位副总的想法，没想到会议上的意见争执却大大出乎他的预料。很明显，几位公司高层领导在对东原公司所面临的主要问题以及下一步如何发展的认识上已经有了明显的分歧。

徐总试图整理一下被一整天会议搅乱了的思绪，他独自坐到沙发上，静静地深思起来……

东原公司6年来从艰难创业到成功的经历可以说历历在目。公司由初创时的几个人，发展到今天的1 300余人，资产也由当初的1 500万元，发展到今天的58亿元，经营业务从单一的房地产开发拓展到以房地产业为主，集娱乐、餐饮、咨询、汽车维护、百货零售等业务于一体的多元化实业公司。东原公司已经成为在沈阳以至辽宁地区较有竞争实力和知名度较高的企业。公司是由中美合资建立的企业，主营高档房地产，在本地市场先入为主，很快打开局面。随后，其他业务就像变魔术似的，1个变2个、2个变8个地扩展起来。近来公司上下士气高涨，从高层到中层都在筹划着业务的进一步发展问题。房产建筑部要求开展铝业装修，娱乐部想要租车间搞服装设计，物业管理部门甚至提出经营园林花卉的设想。有人提出公司应介入制造业，成立自己的机电制造中心。作为公司创业以来一直担任主帅的徐总在成功的喜悦与憧憬中，更多着一层隐忧。在今天的高层例会上，他在首先发言中也正是这么讲的："东原公司成立已经6周年了，在过去的几年里，公司可以说经过了努力奋斗与拼搏，取得了很大的发展。现在回过头来看，过去的路子基本上是正确的。当然也应该承认，公司现在面临着许多问题：一是企业规模较大，组织管理中遇到许多新问题，管理信息沟通不及时，各部门的协调不利；二是市场的变化快，我们过去先入为主的优势已经逐渐消失，且主业、副业市场竞争都渐趋激烈；三是我们原本的战略发展定位是多元化，在坚持主业的同时，积极向外扩张，寻找新的发展空间。"面对新的形势，就公司未来的走向、目前的主要问题，在会上各位高层领导都谈了各自的想法。

参加高层会议的主要副总中最有威望的一位，可以说是前年加盟公司的，管理科班出身，对管理业务颇有见地的刘副总经理，他主管公司的经营与发展；另一位要算是公司创立三元老之一，始终主管财务的大管家——陈副总经理。具有一些学究气的刘副总经理在会上谈到："公司过去的成绩只能说明过去，面对新的局面必须有新的思路。公司成长到今天，人员在不断膨胀，组织层级过多，部门数量增加，这就在组织管理上出现了阻隔。例如，总公司下设5个分公司，综合娱乐中心，下有嬉水、餐饮、健身、保龄球、滑冰等项目；房屋开发公司；装修公司；汽车维修公司；物业公司。各部门都自成体系。公司管理层级过多，总公司有3级，各分公司又各有3级以上管理层，最为突出的是娱乐中心的高、中、低管理层竟多达7级。且专业管理部门存在着重复设置。总公司有人力资源开发部，而下属公司也相应设置人力资源开发部，职能重叠，管理混乱。管理效率和人员效率低下，这从根本上导致了管理成本的加大，组织效率下降，这是任何一个公司的发展大忌。从组织管理理论角度看，一个企业发展到1 000人左右，就应以管理制度代替人治，企业由自然生成转向制度生成，我公司可以说正是处于这一管理制度变革的关口。过去创业的几个人、十几个人到上百个人，靠的是个人的号召力；但发展到今天，更为重要的是要依靠健全的组织结构和科学的管理制度。因此，未来公司发展的关键在于进行组织变革。我认为今天东原公司的管理已不适应我公司的发展了。事业部应是东原组织变革的必然选择。事业部组织形式适合于我们东原公司这种业务种类多、市场分布面广、跨行业的经营管理特点。整个公司按事业部制运营,有利于把专业化和集约化结合起来。当然,搞事业部制不能只注意分权,而削弱公司的高层管理。另外,搞组织形式变革可以是突变式,一步到位,也可以是分阶段的发展式,以免给成员造成过大的心理震荡。"

坐在徐总右边的陈副总经理考虑良久,非常有把握地说道:"公司之所以有今天,靠的就是最早创业的几个人,不怕苦、不怕累、不怕丢了饭碗,有的是一股闯劲、拼劲。一句话,公司的这种敬业、拼搏精神是公司的立足之本。目前我们公司的发展出了一点问题,遇到了一些困难,这应该说是正常的,也是难免的。如何走出困境,关键是要强化内部管理,特别是财务管理。现在公司的财务管理比较混乱,各个分部独立核算后,都有自己的账户,总公司可控制的资金越来越少。由于资金分散管理,容易出问题,真若出了大问题恐怕谁也负不了责。现在我们上新项目,或维持正常经营的经费都很紧张,如若想再进一步发展,首先应做到的就是要在财务管理上集权,该收的权力总公司一定要收上来,这样才有利于公司通盘考虑,共图发展。"

高层会议的消息在公司的管理人员中间亦引起了震荡,有些人甚至在考虑自己的去留问题。

【问题】

1. 东原公司面临什么管理问题?
2. 东原公司应如何进行变革?

案例 2

CPC 的组织变革

揭开这项变革序幕是在 1995 年 11 月起安排了 4 家杰出企业的负责人来和 CPC(台湾生产力中心)同仁座谈公元 2000 年的企业愿景 (Vision 2000),他们分别是:宏碁董事长施振荣先生、台湾惠普(HP)科技总经理黄河明先生、致伸电子董事长梁立省先生、星友科技创办人许文星博士。

CPC 在过去的一段时间虽然不断地自我变革、改善服务质量,希望成为引领台湾企业成长的一股力量,但是在面对 21 世纪,更希望了解未来企业成长的趋势及需求。在我们看来,变革启动需要一股巨大的能量,才能冲破安于现状的地心引力束缚。邀请外界杰出企业了解他们现在做什么? 公元 2000 年打算做什么? 正是鞭策我们成长和变革的原动力。

在这一系列座谈之后,CPC 于 1996 年 2 月 12 日至 14 日及 5 月 2 日至 4 日召开了两次 Vision 2000 的变革共识工作会议。会议中对未来的组织架构有了初步的共识,一方面将部分功能小组重组,一方面将一些绩效不彰的部门结束,目的是将各部门的工作焦距重新对准。

经过重组后,我们有一个很精简的策略行政总部,其功能有支援决策的单位,如人力发展、财务、行政支援等;也有研究发展的单位,如辅导业务企划中心、训练业务企划中心、组织发展研究所等。虽然有这么多的功能,但人数却很少,因为有些工作系由业务单位的资深同仁兼任。

变形虫组织

除了策略行政部门外就是业务单位。业务单位有的因为运作很成熟,彼此关系很紧密,有一套自己的运作规则,例如质量事业组群。有的业务单位功能彼此可以相互支援,但习惯独立决策,因此用专案结合(Project-Based)的方式运作,类似松散的邦联,例如经营管理事业组群。有的则针对大型专案彼此共同开发、合作辅导,组织方式则类似合伙的会计师事务所集体决策,例如企业变革事业组群。虽然组织的形态看起来很复杂且动态,但正如总经理石博士所言:

组织变革绝对不是把现在具有活力的自我管理小组打散后再将之聚合(Convergence)起来,而是菁英团队(Specialized Team)的变形虫组织,也就是在菁英(Specialist)与菁英之间形成多重网络,彼此互相支援,而这个网络又和中国生产力中心的通才(Generalist)相结合,形成顾客服侍者的"网状组织"(Web)。

这样的组织图,CPC认为这可能是未来企业组织发展的方向,每个单位为一个独立决策与决算的单位,有其核心专长(Core Competence)为焦距。在此组织中,彼此运用网络关系自行寻求支援与协助,而无须依赖传统金字塔组织来指挥与协调。当然,在这样的组织背后必须要有资讯科技的强力支持,才能发挥组织的综合效应(Synergy)。

四项核心战略

为了建构自己的核心优势,CPC的组织变革考虑到企业未来的四大需求:组织发展(Organization Development)、资讯科技运用(Information Technology Application)、人才开发(Human Capital Development)以及全球化战略(Global Strategy),参见图8.5所示。

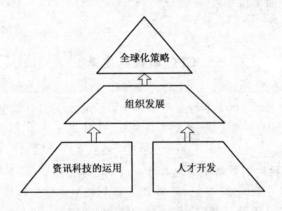

图 8.5 CPC 核心优势构建图

CPC必须以自我实践的精神成为变革的楷模。我们不能半吊子变革,也不能只作喊喊口号的变革,我们必须以追求卓越的精神来变革。

所以,在变革的战略上,第一点我们要求同仁必须生活在资讯科技的环境中,不只是用电脑打打文件或作作分析而已,我们必须成为"资讯科技"的重度使用者(Heavyuser),从总经理、顾问到司机,都必须懂得运用电脑网络来工作;其次,关于"人力资财",CPC一直强调是个终身学习的组织,对人力资财培育不遗余力,举凡企业界先进的管理观念及趋势,我们都会要求同仁先行学习或研修;再者,对于"组织发展",从早期推动"企业文化",到今天谈"变革工程",CPC不但是观念导入者,本身也是实践者,经由自我实践累积的经验,使得CPC成为一个"有机体",我们更能对辅导企业、机构有成功的承诺;至于全球化战略,CPC重视的则是趋势及解读趋势所代表的意义,所以我们不断地谈思维模式的转变(Paradigm Shift),借此提升自己及企业的视野。

因此也印证了澳大利亚优先期货公司执行董事长艾里亚德的一句话:

"如果今天你不活在未来里,那么明天你将生活在过去。"

移动办公室

搬到汐止,对 CPC 的组织变革有相当重大的意义。我们将汐止总部办公室设计的概念定位为所谓的"移动办公室"。其原因有三:①从 CPC 的组织图上来看,我们必须维持一个小到有市场焦点,但又同时大到可以集结各种不同专家,为企业界提供整合服务(Total Solution)的机构,所以,必须是类似电脑网络的"顾客端伺服器"(Client Server)。所以,CPC 的办公室不能像现有企业设计成有固定部门、固定座位的形态,而是必须满足员工在变形虫组织结构中到处可以移动、到处与不同工作伙伴交谈的需要。②CPC 的顾问可能是经常在接受辅导的厂商或是训练场所工作,而不在公司内的办公室,这样的工作场所也必然是移动的。我们必须满足同仁在任何地方,即使在国外,都能以电脑通过电信网络与总部联系,其工作环境也必须和在办公室里一样。③由于打破必须到办公室工作的传统观念,同仁来到汐止办公室可能是为了开会,可能是为了联络感情,也可能是为了参加社团活动,办公室的位置也不应该是"一个萝卜一个坑"的概念。因此,综合以上这些需求,将办公室座位设计成随到随坐的形式。

即使如此,"移动办公室"中也考虑到实际的需要,有一些固定座位的安排,例如,有些人员每天必须来公司上班、有些专门工作的设备及电脑必须固定摆设。折中下的办公室可以减轻同仁对没有固定座位的不安全感,但搬来 1 个月后,这些不安已经被弹性、自由感所取代。即使未来 CPC 的员工再成长 1 倍,我们也无须再增加办公室的空间,"移动办公室"仍能满足我们的需求。

不过,要实现"移动办公室"的理想,必须靠强而有效的资讯科技支援。虽然 CPC 采用资讯科技的原因是一项变革的战略,并不纯粹为"移动办公室"设计,但确实可以解决我们在工作上遇到的问题。例如,"大家在哪里"系统,由于座位不固定,同仁到办公室在选择座位后,必须先将电话设定成对外联络的分机号码,我们是以员工编号为代表,这时在电脑网络中的"大家在哪里"系统会显示你的座位在哪里。如果你出差或是请假,也是通过"大家在哪里"系统登记:你的代理人、电话、地点、理由等资料,任何一个 CPC 的同仁都可以在"大家在哪里"系统中找到"你在哪里"。

资讯科技——变革战略武器

资讯科技可以将变革的抽象理念、战略、工作流程具体化下来,厘清管理的盲点,所以是"变革"的一项战略性武器。

资讯科技在战略上更重要的是建构一个"资讯分享"、"知识分享"、"沟通"及"快速反应"的工作环境。CPC 通过资讯科技将人事、出勤、财务、专案管理、辅导业务系统(我要辅导什么公司)、训练、业务系统(我想开什么课)分别建构起来。当顾客需要最佳的辅导专家组合时,我们可以经由人事系统知道每个人的专长、辅导经验,组成提供最高品质的辅导团队,也可以知道所需要的那些顾问人在哪里,包括他们未来两三个月的工作行程,也可以分享他们过去累积在资料库中的辅导企业经验。因此,我们对顾客的反应就可更快速、更正确。因为,我们不是单兵独战,而是集结数百人、数百家企业辅导的知识与经验来提供服务。

其实,"移动办公室"也是一个"透明办公室",只要你是 CPC 的员工,你就可以知道

CPC所有的讯息，包括其他部门的财务状况。这有助于我们建立互信与互助的工作气氛。

过去，CPC每月举办一次"沟通大会"，在台北总部的同仁全部参加，他们可以直接听到重要政策的宣布，并与高层直接沟通，但可惜的是中、南部同仁只能选择性地参加。现在这个遗憾由"视讯会议"(Teleconference)的技术解决了，我们通过ISDN建构的"视讯会议"让台北、台中、高雄同仁可以一起参与"沟通大会"，增加了CPC家族互动及建立共识的机会。这也是必须运用资讯科技的重要原因。

为了建构这个虚拟的资讯科技环境，我们特别安排了一间教室让电脑室及资讯技术组的同仁在那里写软件、作模拟测试，十几位同仁连续工作了4个多月，每天几乎像7-Eleven便利商店，24小时全年无休地工作，同时也不断地开课程教其他同仁如何使用"互联网"、"电子邮件"(E-mail)、"语音信箱"(Voice Mail)，甚至连最简单的视窗软件(Windows)、各种输入法、文书软件、简报软件都教，务必让每位同仁都熟悉未来的工作环境，这期间连总经理石博士和他的司机小吴也一起为了学习输入法当过"同学"。更有趣的是，年过四十且仅小学毕业的小吴，一头栽进电脑学习世界乐此不疲，最近还要担任"家教"，为石博士讲授"视窗九五"的软件应用。

许多同仁虽然不是电脑的专业人员，但也为了这个令人兴奋的工作蓝图义务地投入建构。例如，负责辅导业务开发系统的李传政、负责训练业务开发系统的陈蓉美、负责网络建站的宋星贤、负责内部专案管理系统的程莜苹以及负责内部知识资料网络开发的陈慈晖，分别组成不同的工作团队，不断开会、沟通，与电脑部门的同仁讨论系统架构，同时还要兼顾其原来负责的业务。

许多企业在参观过CPC的办公室后，都希望能够购买我们开发的经验及系统。例如"大家在哪里"系统、"专案管理"系统等，但我们必须坦率地说：系统本身的价值有限，这套系统真正的价值是在CPC每位同仁都学会电脑输入，而且愿意诚实地输入资料（甚至自己在家里买电脑与公司连线）。这不是靠命令或高深的程式设计，而是要能激发大家"过这样一种新生活方式"的意愿，我们500多位同仁在很短的时间整体跃升到一个全新的资讯环境中，这才是最有价值的事。

CPC的组织变革是学习型组织的一个示范案例，因为我们确实经历过了，这样的经验是弥足珍贵的。

打破工作必须到办公室的传统观念，CPC同仁在任何地方都能以电脑和总部联系，随时随地皆可工作。

在很短的时间内，CPC全体同仁跃升到一个全新的资讯环境中，过着一种新的生活方式。

【问题】

1. 是哪些力量迫使CPC进行组织变革的？其中主要力量是什么？
2. 试分析信息技术在变革中的作用及其对组织的影响。
3. CPC变形虫组织有何特征？分析其优缺点。
4. CPC组织变革过程对组织变革有何启示？

9 领 导

案例导读

某企业的供销部由供应科、销售科、车队、仓库、广告制作科组成。当王强调任该部的经理时,听到不少人反映广告制作科、仓库管理科迟到早退现象严重,劳动纪律差,工作效率低。虽然经过多次批评教育,成效不大,群众反映很大。为了做好领导工作,王强对这两个科室进行了调查分析,情况如下:

文化水平及修养:广告制作科的员工全是大专以上文化程度,平时工作认真,干劲大,但较散漫,仓库管理科的员工文化程度普遍较低,思想素质较差。

工作性质:广告制作是创造性工作,工作具有独立性,好坏的伸缩性也较大,难以定量考核工作量;仓库管理是程序化工作,内容固定,且必须严格按规章制度执行,工作量可以定量考核。

工作时间:广告制作工作有较强的连续性,不能以 8 小时来衡量,有时完成一项工作仅靠上班是远远不够的;而仓库管理 8 小时内的工作是关键,上下班的准时性、工作时间不能随意离开岗位是十分重要的,否则就会影响正常的收发货物,有的还会直接影响车间的正常生产。

广告制作科的员工工作责任心强,有强烈的创新意识、有实现自我价值和获得成功的欲望,工作热情较高。仓库管理科的员工由于工作环境分散,工作单调,员工积极性不高。根据以上情况,你认为王强对这两个部门应如何实施领导?

领导,是联结计划工作、组织工作、人员配备以及控制工作等各个管理职能的纽带,是实现组织目标的关键。本章着重介绍了领导的基本含义和作用、几种基本的领导理论以及领导方法和艺术。

9.1 领导概述

领导工作的主要任务是如何在一个组织内外建立和调整人际关系,使人们自觉自愿地跟随领导,为实现组织和个人的目标而持续努力。了解领导的含义、作用和领导影响力的来源,是实施有效领导的基础。

9.1.1 领导的含义

管理过程中的领导,就是主管人员根据组织的目标和要求,在管理中学习和运用有关理论和方法以及沟通联络、激励等手段,对被领导者施加影响,使之适应环境的变化,统一意志、统一行动,保证组织目标实现的工作过程。因此,领导本质上表现为一种影响力,正是依靠这种影响力,领导者在组织或群体中才能实施领导行为。领导者的影响力,包含行使组织赋予的权力,实行监督和控制,但更主要的是通过领导者个人依据组织环境,运用领导技能与艺术,采取正确的领导方式和行为,团结和带领全体员工,同心协力地实现组织目标。所以,影响力表现为下属员工对领导者强烈的服从、认可和追随。研究者认为,领导职能通常包含以下 3 层含义:

1) 领导者一定要有领导的对象

领导者一定要与群体或组织中的其他成员发生关系,这些人就是领导者的下属,或者说是被领导者,没有被领导者,领导工作就失去意义。

2) 权力在领导者和被领导者之间的分配是不平等的

领导者拥有相对强大的权力,可以影响组织中其他成员的行为;而组织中其他成员却没有这样的权力,或者说其所拥有的权力并不足以改变其被领导的地位。领导者在权力方面的优越性是领导工作得以顺利进行的重要基础。

3) 领导者对被领导者可以产生各种影响

领导的本质是影响力。领导者拥有影响其下属思想和行动的权力。正是由于影响力的存在,领导者才能够对组织的活动施加影响,并使得组织或群体成员追随与服从。也正是由于被领导者的追随与服从,才能够保证领导者在组织、群体中的地位,并使领导过程成为可能。

9.1.2 领导影响力的来源

一般而言,领导者的影响力主要来源于职位权力和个人权力两个方面。根据法兰西(John French)和雷温(Bertram Raven)等人的研究,领导权力有 5 种来源。

1) 法定权

组织内各领导职位所固有的合法的、正式的权力,来自于人们在组织中的地位,是以组织职位的高低为基础的。组织职位越高,法定权就越大。

2) 奖赏权

决定提供报酬、奖赏的权力。如经理可以根据情况给下级增加工资、提升职务、表扬等。下属认识到服从上司的意愿会带来积极的奖励,由此会产生服从行为。所以,奖赏权源于被领导者期望奖励的心理,这种心理期望越强烈,被领导者受领导影响的程度就越高,领导者控制的奖励手段越多,其奖赏权就越大。

3) 强制权

建立在惧怕之上的权力,下属认识到不服从上司的意愿会导致惩罚,如分配不称心的工作、申斥等。所以,强制权源于被领导者的恐惧,是在运用惩罚手段中产生的,是建立在人们这种认识基础上的,即领导者有能力将自己不愿意接受的事实强加于自己,如果不执行,会受到相应的处罚。由于强制权容易引起愤恨、不满,因此必须谨慎对待。

4) 专长权

专长权是知识力量的表现,拥有这种权力的人一般具有某方面的专门知识或特殊技能。拥有较多知识和能力的人会赢得人们的尊敬、依赖和服从。

5) 典范权

典范权是由个人的品德、奖励、榜样或感情所产生的一种影响力,品行优秀、德高望重的人会令人敬佩,使人们乐于接受他们的影响。

前3项权力可以看成是领导的职位权力,即组织制度赋予领导者的影响其成员的权力,而后两项权力则主要依赖于领导者自身的能力和素养,因此可以看成是个人影响力。实践证明,领导者要想有效实施领导职能仅仅依赖职位权力是不够的,只有不断提升自己的个人权力,才能对其下属施加持久及深远的影响。

9.1.3　领导与管理

"领导"与"管理"两个词经常被混用,事实上这是两个既有联系又有区别的概念。管理和领导在类似的活动中有着不同的侧重点。

(1) 从本质上说,管理是建立在合法的、有报酬的和强制性权利基础上对下属命令的行为。而领导可能建立在合法的、有报酬的和强制性的权利基础上,但更多的则是建立在个人的影响力、专长权以及模范作用等基础之上。

(2) 从两者的功能特征上讲,管理强调的是计划、组织、控制和解决问题,是整合各种资源,借助各种手段来达到既定的目标。而领导强调的是提供方向、影响人和组织的凝聚力,以及激励和鼓舞人。所以,领导通常关注意义和价值,关注所要达到的目标是否正确,是否值得。

(3) 从两者的作用结果上讲,管理比较注意细节、手段、技术、过程的应用,追求的是秩序,是条理性、程序性和规范性,是与常规和秩序不可分的。而领导关注做人,关注人的尊严、人的价值、人的潜能、人的激励和发展。领导侧重人文和目的,侧重结果和艺术,追求的是创新、变革、突破,是与变革和创新紧密相连的。

由于管理重秩序,所以管理强调的是共性和刚性,不管什么对象什么时候都用相同的方式去管理。由于领导重变革,所以领导强调的是个性和柔性,强调根据不同的对象、不同的情境来选择不同的领导方式。因此,从职能上看,管理的范围大(维持秩序与运转),而领导的责任大(指明方向与创新),领导是管理的一个职能,领导行为属于管理的范围。

9.1.4　领导者及其作用

领导者就是组织中实施领导过程并发挥领导作用的人。对于正式组织来说,是指具有一名以上下属的各级主管。他们利用影响力带领组织或群体成员达成一定组织目标,领导者对于领导工作的有效性有着重要的影响。具体而言,领导者的作用主要体现在以下几个方面:

1) 指挥作用

在组织活动中,领导者需要头脑清醒,胸怀全局,能够高瞻远瞩、运筹帷幄的帮助组织成员认清所处的环境和形势,指明活动目标和达到目标的途径。同时要求领导者能站在群众的前面,用自己的行为带领人们为实现组织目标而努力。

2) 协调作用

计划的制定、组织机构的建立、进行人员配备以及实行有效的控制,各项职能都要靠人来完成。通过领导来协调组织中各部门各类各级人员的活动,克服组织内外部因素的种种干扰,协调组织成员之间的关系和活动,更加有效地实现组织目标。

3) 激励作用

社会活动中人的因素是由具有不同的需求、欲望和态度的个人所组成,蕴藏着任何一个组织所需要的生产力。所谓激励作用是指通过有效地领导工作去诱发这一力量,从而把人们的精力引向组织目标,并使他们热情地、满怀信心地为实现目标作出贡献。

9.2 领导理论

领导理论是研究总结领导工作的一般规律。20 世纪 30 年代以来,人们对于领导及其效能问题有各种各样的解释或理论,内容十分丰富。很多学者从不同角度研究了关于领导的理论,按照这些理论的时间先后顺序,领导理论可以分为特质理论(Trait Theory)、行为理论(Behavioral Pattern Theory)和权变(或情境)理论(Contingency Situational Theory)三大类别。

9.2.1 领导特质理论

领导特质理论(Trait Theory,20 世纪 30~40 年代)的创始人是阿尔波特,代表人物有斯托格迪尔、吉伯和穆恩。他们侧重于研究领导人的心理、性格、知识、能力等方面的特征,试图探求一种有效领导者的标准。该理论最早期的研究集中于找出领导者实际具有的特性或个人品质,以期预测具备什么样的人格特征或品质的人最适合充当领导者,有所谓"伟人说"理论,认为领导者的特质主要是由先天性的因素所造就的,也就是说领导者必须具备某些天赋。后期的理论,特别是现代领导特质理论则认为领导者的个性特征和品质是在后天的实践中形成的,并且可以通过培养和训练加以造就。领导特性理论的研究成果非常丰富,其中有代表性的观点包括:

1) 斯托格迪尔的领导个人因素论

斯托格迪尔(R. M. Stogdill)在全面研究了有效领导应具备的素质方面的文献后,总结了与领导有关的个人因素包括以下几方面的内容:①5 种身体特征,包括精力、外貌、身高、年龄、体重等。②2 种社会性特征:社会经济地位、学历等。③4 种智力特征,包括果断性、说话流利、知识渊博、判断分析能力强等。④16 种先天特性,包括有良心、可靠、勇敢、责任心强、有胆略、力求革新与进步、直率、自律、有理想、良好的人际关系、风度优雅、胜任愉快、身体健康、智力过人、有组织能力、有判断力。⑤6 种与工作有关的特征,包括责任感、事业心、毅力、首创性、坚持、对人关心等。⑥9 种社交特征,包括能力、合作、声誉、人际关系、老练程度、正直、诚实、权力需要、与人共事的技巧等。

2) 鲍莫尔的领导品质论

美国普林斯顿大学的鲍莫尔(W. J. Baumol)教授曾对领导者应具备的条件做过研究,他提出一个领导者应具备下面 10 个方面的条件:①合作精神:能赢得人们的合作,愿意与其他人一起工作,对人不是压服,而是感服和说服;②决策能力:依据事实而非想象来进行决策,有高瞻远瞩的能力;③组织能力:善于组织人力、物力和财力;④精于授权:能抓住大事,把小事分给部属去完成;⑤善于应变:权宜通达、机动进取而不抱残守缺、墨守成规;⑥勇于负责:对上下级以及整个社会抱有高度责任心;⑦勇于求新:对新事物、新环境、新观念有敏锐的接受能力;⑧敢担风险:敢于承担改变现状时遇到的风险,并有创造新局面的雄心和信心;⑨尊重他人:重视和采纳别人的合理化意见;⑩品德高尚:在品德上为社会和组织员工所敬仰。

3）吉赛利的领导品质论

美国管理学家吉赛利（EdwlnE Ghiselli）在其《管理才能探索》一书中,研究的 8 种个性特征和 5 种激励特征是:①个性特征,才智:语言与文辞方面的才能;首创精神:开拓新方向、创新的愿望;督察能力:指导别人的能力;自信心:自我评价较高;适应性:为下属所亲近;决断能力;性别（男性或女性）;成熟程度。②激励特征,对工作稳定的需求;对金钱奖励的需求;对指挥别人的权力需求;对自我实现的需求;对事业成就的需求。

吉赛利的这些性格研究,由于有严密的科学性而受到尊重。他的研究结果还指出了这些个性特征的相对重要性（见表 9.1）。

需要说明的是:才智和自我实现对于取得成功关系重大;指挥别人的权力概念并不很重要;督察能力基本上是指运用管理职能来指导下级的能力;性别这一特征与管理成功与否没有多大关系。

领导特性理论的主要贡献是为我们系统地分析了领导应当具有的能力、品德和为人处世方式,向领导者提出了要求与希望,为培养、选择和考核领导干部提供了方向。其缺陷包括,所列特性包罗万象,说法不一,时有矛盾;大多为描述性的,并没说明在多大程度上应具备某品质;并非一切领导都具备或需要具备全部品质。

表 9.1　领导个人特征价值表

重要特征	重要价值	个性特征
非常重要	100	督察能力（A）
	76	对事业成就的需求（M）
	64	才智（A）
	63	对自我实现的需求（M）
	62	自信心（P）
	61	决断能力（P）
次重要	54	对工作稳定的需求（M）
	47	适应性（对下属关系亲近）（P）
	34	首创精神（A）
	20	对金钱奖励的需求（M）
	10	对指挥别人的权力需求（M）
	5	成熟程度（P）
不重要	0	性别（男性或女性）（P）

说明:1. 括号中的 A 表示能力特征,P 表示个性特征,M 表示激励特征。
　　　2. 重要性价值 100＝非常重要,0＝没有作用。

9.2.2　领导行为理论

行为理论（Behavioral Pattern Theory）力图比较领导者在行为上的差异,从中总结出一套最有效的领导方法。领导行为理论的一些代表性成果主要有：

1) 勒温的 3 种基本领导风格

心理学家勒温以权力定位为基本变量，把领导者在领导过程中表现出来的极端的工作作风分为以下 3 类。

（1）独裁式领导

独裁式领导人以力服人，即靠权力和强制命令让人服从。其特点：独断专行；从不把消息告诉下级，下级人员只能奉命行事；行政命令口吻，纪律严肃，训斥和惩罚多；领导者很少参加群众性的集体活动，与下级保持相当的心理距离。

（2）民主式领导

民主作风的领导人是以理服人、以身作则的领导人。其特点：所有的政策都是领导者及其下级共同智慧的结晶，而不是由领导单独作出的；分配工作时尽量照顾到个人的能力、兴趣和爱好；对下属的工作并不安排得多么具体，给个人相当大的自主选择权；主要应用个人权威使人信服，而非职位权力。

（3）放任式领导

放任式的领导人是指工作事先无布置，事后无检查，权力完全给予个人，毫无规章制度。

2) 领导方式连续统一体理论

领导的连续统一体是坦南鲍姆和施莱特的关于领导风格的研究成果，这一理论列举出了 7 种有代表性的模式（见图 9.1）。该理论的基本要点是：①领导包含多种多样的作风，包括从以领导者为中心到以下属为中心的各种作风；②何种领导作风适合，取决于领导者、被领导者和情境；③强调领导作风所具有的开放系统的性质，并强调外部组织环境和社会环境两者所产生的各种影响。

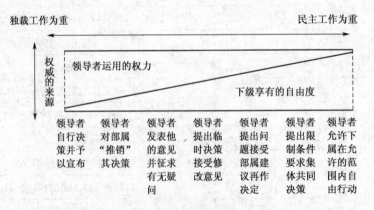

图 9.1　领导方式连续统一体

3) 俄亥俄州立大学的二维构面理论

美国俄亥俄州立大学的研究者们从 1945 年起，对领导问题进行了广泛的研究。他们发现，领导行为可以利用两个构面（Dimensions）加以描述：即"关怀"（Consideration）和"定规"（Initiating Structure）。一般称之为"俄亥俄学派理论"或"二维构面理论"（Two Dimension-theory）。所谓"关怀"是指一位领导者对其下属所给予的尊重、信任以及互相了解的程度。

从高度关怀到低度关怀，中间可以有无数不同程度的关怀。而所谓"定规"，也就是指领导者对于下属的地位、角色与工作方式，是否都制定有规章或工作程序。这也可有高度的定规和低度的定规。因此，二维构面可构成一个领导行为坐标，大致可分为 4 个象限或 4 种领导方式（见图 9.2）。他们的研究结论是：在生产性部门，生产效率与定规程度呈现正相关；而与关怀程度呈负相关。但在非生产部门内，这种关系恰恰相反。一般来说，高定规和低关怀的领导方式效果最差。虽然其他人的研究未必都支持上述结论，但这些研究激发了日后对于领导问题愈来愈多的研究和探讨。

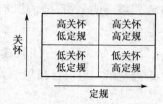

图 9.2 领导方式四分图

4) 阿吉里斯(ChrisArgyris)的不成熟—成熟连续流理论

美国管理学家阿吉里斯的不成熟—成熟连续流理论，主要集中在个人需求与组织需求问题上的研究。他主张有效的领导者应该帮助人们从不成熟或依赖状态转变到成熟状态（见表 9.2）。

表 9.2 阿吉里斯的不成熟—成熟连续流理论

不成熟的特点	成熟的特点
被动性	能动性
信赖性	独立性
办起事来方法少	办起事来方法多
兴趣淡漠	兴趣浓厚
目光短浅	目光长远
从属的职位	显要的职位
缺乏自知之明	有自知之明，能自我控制

阿吉里斯认为如果组织不为人们提供使他们成熟起来的机会，或不提供把他们作为已经成熟的个人来对待的机会，那么人们就会变得忧虑、沮丧，并且将会以违背组织目标的方式行事。

5) 管理方格理论

布莱克和穆顿在领导四分图的基础上，将四分图中的关怀改为对人的关心度，将定规改为对生产的关心度，并将两类领导行为的坐标各划分为 9 等份，形成 81 个方格，并在管理方格中列出了 5 种典型的领导方式（见图 9.3）。

（1）1.1 型——贫乏型管理。主管人员既不关心人也不关心生产，他们只做一些维持自己职务的最低限度的工作，抱着多一事不如少一事的态度，不求有功但求无过。

（2）1.9 型——乡村俱乐部型管理。主管人员很少甚至不关心生产，而只关心人。他们促成一种人人都得以放松，感受友谊和快乐的环境。

（3）9.1 型——专制的任务型管理。主管人员只关心促成有效率的经营，很少甚至不关心人，下属只能奉命行事，他们的领导作风是非常专制的。

（4）5.5型——中间式管理。主管人员对人和生产都有适度的关怀，保持工作与满足人们需要的平衡，他们既有正常的效率来完成工作任务，又保持一定的士气，但不是卓越的。

（5）9.9型——团队式管理。主管人员在行动中不论对人还是对生产都显示出可能的最大奉献。组织目标与个人目标有机结合，工作的完成是靠员工的自愿献身。

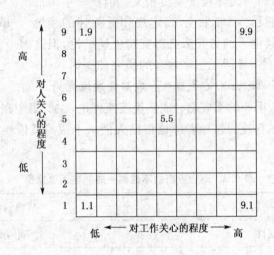

图 9.3　管理方格理论

9.2.3　领导权变理论

领导权变理论所关注的是领导者与被领导者的行为和环境的相互影响。该理论认为，某一具体的领导方式并不是到处都适用的，领导者的行为必须随着被领导者的特点和客观环境的变化而变化。权变理论的函数关系式为：$E = f(L, F, S)$。其中，E 表示领导的有效性；L 表示领导者；F 表示被领导者；S 表示环境。领导权变理论代表性的研究成果主要包括费德勒的权变领导模型和科曼的领导生命周期理论等。

1）费德勒模型

费德勒认为，领导的风格存在两种明显的倾向性差别，一种是关系导向型，另一种是任务导向型。在明确了两种基本的领导风格之后，费德勒指出：主要有 3 个工作环境的因素影响领导风格的有效性：①领导与成员的关系，即一个组织的成员对其领导人的信任、喜爱或愿意追随的程度，程度越高，领导人的权力和影响力就越大，这是影响领导方式最重要的因素；②工作结构，即对工作规定明确与否的程度，程度越高，领导人的权力和影响力就越大；③职位权力，即领导者所拥有的与职位相关联的权力，其大小是由领导者对其下属有多大的权力来决定的。

费德勒按照这 3 种因素的状况，把领导者所处的环境从最有利（3 种因素都有利于加强领导的权力）到最不利分成 8 种类型（见表 9.3）。在每一种环境下都需要不同的领导风格与之相适应，才能取得理想的领导效果。

表 9.3　费德勒模型

对领导的有利性环境类型因素	有　利			中间状态				不　利
	1	2	3	4	5	6	7	8
上下级关系	好	好	好	好	差	差	差	差
任务结构	明确	明确	不明确	不明确	明确	明确	不明确	不明确
职位权力	强	弱	强	弱	强	弱	强	弱
领导方式	指令型			宽容型		无资料	未发现什么关系	指令型

2）领导生命周期理论

领导生命周期理论是由美国管理学家科曼（A. K. Korman）在 1966 年首先提出，其后由两位管理学家保尔·赫西（Paul Hersey）和布兰查德（K. Blanchard）加以发展而形成的。该理论是以美国俄亥俄州立大学"四分图领导理论"为基础建立的，把下属的成熟度作为一个重要的情境变量，从而建立了一种三因素（工作行为、关系行为、成熟程度）权变的领导生命周期理论。

赫西和布兰查德认为，领导的有效是由工作行为、关系行为和下属的成熟程度这 3 个因素决定的。成熟度指职工对成就的要求、承担责任的意愿、工作的熟练程度和自我控制能力。随着下属由不成熟走向成熟（由 M1—M4），领导方式也相应地改变，形成了领导的生命周期，即"高工作、低关系——高工作、高关系——低工作、高关系——低工作、低关系"这样一个周期，相应的领导方式就是 4 个基本形式——命令型、说服型、参与型、授权型（见图 9.5）。

（1）命令型（Telling）

高工作、低关系，适用于成熟度低的下属（M1），需要领导者采用单向沟通的方式向下属明确规定任务，确定工作规程，告知应该在何时、何地、以何种方法去做好工作，以使下属较快地学会工作。

（2）说服型（Selling）

高工作、高关系，适用于较不成熟的下属（M2），领导者以双向沟通信息的方式给下属以直接指导，并从心理上增加他们的意愿和热情，使下属加强自我控制来完成任务。

（3）参与型（Participarting）

低工作、高关系，适用于比较成熟的下属（M3），领导者通过双向沟通和悉心倾听的方式与下属互相交流信息，讨论问题，支持下属发挥他们的才能。

（4）授权型（Delegating）

低工作、低关系，适用于高度成熟的下属（M4），领导者起监督作用，赋予下属权力，让他们自行决定如何工作则可。

赫西和布兰查德等人的领导生命周期理论中所提出的领导方式是一种动态的、灵活的领导方式，它更直观，也更容易理解。如果运用恰当，不但能激励下属，而且会促使下属趋向成熟。

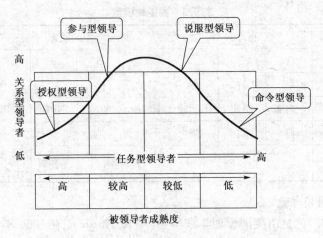

图 9.4　领导生命周期

9.2.4　领导理论新发展

如上所述,自 20 世纪 30 年代以来,对领导问题的研究,大致集中在 3 个方面:

(1) 研究领导者的性格特征。怎样成为一个好的领导者? 领导者与被领导者有什么不同? 才智、联系技巧、评估能力是领导者与被领导者有所不同的地方。这种研究有其缺陷:①它忽视了下级,而下级对领导者成功与否有着重要影响;②没有进一步区分这些个性特征对一个领导者的决定性作用;③没有考虑环境对个性的影响,包括改变个性与否及其改变的程度;④这些特征难以度量,人们还无法去衡量领导者个性所应具有的程度;⑤这些个性特征既不完善也不全面。

(2) 研究领导者的行为。在研究个性的基础上,力图比较领导者在行为上的差异,从中总结出一套最有效的办法。从多数的领导行为理论可以看出,建立规章和体谅是领导者行为的两个主要因素。①建立规章的行为是领导者规定自己与组织其他成员的关系,并建立明确的组织类型、信息渠道和程序方法。这类领导行为以工作为中心,因此,这种行为的特点,反映了领导者推动组织成员去实现组织目标的努力。②体谅的行为是在领导者与下级关系中表现出来的"友谊、相互信任、尊重和热情"。这类领导行为是以人为中心的,包括强调组织成员的个人需要,建立良好的人际关系与和谐的组织气氛等。这种行为的特点,反映了领导者帮助组织成员实现个人目标的努力。

(3) 研究领导环境对领导方式的作用。这方面的研究从环境角度出发,观察环境对领导者个性、行为的影响,强调个性、行为和环境 3 种因素都影响着领导者的领导效率。换句话说,有效地领导是 3 种因素共同作用的结果。在这方面,费德勒的理论是典型代表。

20 世纪 80 年代以来,美国的一些大公司,诸如美国电话电报公司、国际商用机器公司、美国通用汽车公司、摩托罗拉公司等着手公司"改革"规划,并且在短期内取得成效,人们发现富有成效的公司领导者,如李·雅可卡(Lee Lacocca),或军队领导者,如麦克阿瑟(Douglas MacArthur),他们各有不同的性格特征、领导方式等,但是都与既有的各种领导理论"对不上号",于是,一些学者提出了"超凡魅力的"(Charismatic)或"改革精神的"(Transformational)领导者的概念,即能够对本组织发挥非凡的影响力的人就是有超凡魅力的或有改革精神的领导者。

（1）美国管理学家巴斯（Bernard M. Bass）"改革精神"的领导理论。巴斯把领导者分为两类："执行型"和"改革型"。前者为下属提出需要做什么、有哪些要求，并且帮助下属树立信心，只要付出必要的努力，定能达到组织与个人的目标；后者则通过提高对完成任务的价值与重要意义的认识，通过强调集体和组织的利益高于个人的利益，以及通过强调追求更高层次的需求等来激励下属完成比原来预期的更多的工作。巴斯认为，传统的领导理论完全适合于执行型的领导者。当然，这些理论在过去、现在甚至将来都仍然还是可用的、有益的。但是，作为一个领导者，为了取得更有成效，以及对自己的组织发挥重大的影响力，就必须运用自己个人的想象力和精力去鼓舞下属。

（2）美国管理学家傅伊德（Richard Boyd）在巴斯理论的基础上，提出"改革精神"的领导者必须具备5种新的领导技能：

① 预见技能。对经常不断变化的内外部环境能深谋远虑。

② 想象技能。运用说服和榜样诱导下属按领导者或整个组织的意图行事。

③ 价值观综合技能。把员工在经济、安全、心理、精神、美学和物质等方面的需求结合起来，以便使人们有共同的动机、价值观和目标。

④ 授权技能。乐意并且有效地与下属分享权力。

⑤ 自知或反省技能。既明白自己的需求与目标，也了解下属的需求与目标。傅伊德理论的重要观点是，上述这些新的领导技能并不是生来就具备的，而是要在实践中锻炼、培养、学习和提高的。

（3）豪斯（Robert J. House）"超凡魅力"的领导理论。豪斯认为，超凡魅力的领导者拥有非常大的权力，具备强烈的自信心、强大的支配力，以及对于信念和道德的坚定性，以便使下属确认跟随他是正确的。豪斯还指出，超凡魅力的领导者能提出一个有想象力的、更远大的目标，从而赢得追随者的支持。这样的领导者还应该细心地创造一个成功而又力能胜任的形象，并以自己的榜样来表达他所坚持的价值观，以便使追随者确信能实现领导者的期望。总的说来，豪斯的理论尚属初创阶段，但是这一理论已经日益引起人们的关注。

9.3　领导方法和艺术

9.3.1　培养下属的方法和艺术

无论是首席执行官还是一线管理者，培养下属是管理者管理下属工作的重要部分。首席执行官需要培养组织中各级经理，以求建立连续的领导系统，并增强组织的创造性和活力。为了达到这个目的，管理者可以形成积极的情感力量，可以给下属灌输帮助组织达成目标的价值观，可以广泛听取下属对业务开发和经营的意见，还可以找出生动鲜活的故事以激励下属为追求更美好的前景而共同努力。对于那些不是从首席执行官开始做起的管理者来说，基于下述几点原因，培养下属也是十分重要的。首先，下属的专业技能和综合能力越强，经理的工作就越容易，因为经理可以将更多的责任委派给下属，而不必费心去控制工作中的每一个细节。其次，通过帮助下属解决个人问题、培养技术能力和建立令人振奋的职业发展计划，经理能够激励下属以更高的质量完成工作。所以，培养下属对于组织、经理及下属本人都是有利的①。

如何通过辅助和教育来帮助下属，如何通过委派工作来培养下属，如何对学习给出有意义的反馈，如何就工作绩效问题对下属进行指导，如何就个人问题和事业给下属忠告，以及如何引导下属进行长期的发展，这些都是培养下属的重要内容。

1) 培养下属的方针

作为培养者所关注的是：下属在你不提供帮助的情况下，也能够高效率地独立完成工作。你可以通过亲自做或指派他人协助来帮助下属更好地完成工作，但是只能推进当时的工作，而不能培养下属在以后的工作中有效地处理类似情况。在紧急情况下提供援助是必要的，但从长远来看，下属失去了学习如何处理类似情况的机会，同时对你产生了更多的依赖，这必将占用你更多的时间。

因此，培养下属，应当采取教育为主帮助为辅的方针。通过教育，能够使下属学会在未来的日子里如何解决自己的问题、如何有效而独立地开展工作。对于那些想获得即刻帮助的下属来说，由于你没有为他们解决问题，他们可能感觉受到伤害，甚至可能产生短期的怨恨，但从长远角度看，由于他们的能力得到了提高，而且他们从你的指导、培训和忠告中感到自尊，绝大多数下属都必将感激你的做法。

2) 培养下属的方法

委派工作是培养下属的有效方法。委派是指经理将权力移交给下属，从而使下属能够完成目标或决定怎样开展工作。委派有助于下属提高独立决策能力，为将来的提升做好准备。

作为培养方法，当你委派工作时，你应该预见并接受下属的一些错误。只要不付出过度的代价，只要你给出有效的反馈，错误是下属得到经验教训的好机会。另外，要保证错误造成的代价不超出所学到经验的价值：你需要在适当的时机给予控制。

如何有效地委派下属？应当做好下述几点：

（1）明确任务，应确定对下属委派什么工作才能最好地培养他（她）

假设你有一位愿意接受任务且具备能力的下属，你有责任就委派的工作、预期的结果、预计完成的时间以及所期望的绩效提出明确的要求。除非某种压倒一切的任务要求使用特定的方法，委派工作时，你应该只说出所要求的最终结果，让下属去确定工作方法。通过目标管理，让下属自由地根据自己的判断决定工作方法，你可以增进与下属之间的信任，增强他们的工作动力，并提高他们对工作结果的责任感。

（2）指定权限

每一次委派都有一定的限制，你下放权力让下属去做，但这种权力绝非是不加限制的权力。你移交权力让下属去做某项工作，但只是在这项工作中，而且是在一定限制内。你需要明确指出这些限制，从而使下属十分清楚他们的权限。如果你和下属对此进行了成功的沟通，你和你的下属都会明确权限范围，并知道在什么情况下可以不必向你请示。

（3）准许商讨委派内容

如果你允许下属参与决定应该委派什么工作、应该授权多大的权力、用什么标准来评判他们的工作，你就能够增加下属的动力，提高他们的满意程度和对绩效表现的责任感。

---

① ［美］菲利浦·L.胡萨克尔.管理技能：实战训练手册.北京：机械工业出版社，2003

但是应该注意,下属在评估自己的能力时常以自我为中心或带有偏见,这会存在一系列潜在的问题。比如,有些下属想扩大超出自身需要和自身能力的权力。让下属过多地参与决定委派什么任务和移交多大的权力,则会破坏委派过程的有效性。

(4) 通知相关人员

委派不能在真空中进行,不仅下属应该明确委派了什么工作,移交了多少权力,还应通知组织内外所有受此委派影响的人。必要时,你应通知大家委派的具体内容和被委派人。如果你没有做到这一步,你委派给下属的权力的合法性就可能遭到质疑。未能通知大家可能会导致冲突,并降低下属高效率完成任务的机会。

(5) 建立反馈监控机制

下属总有可能误用他(她)的处理权限,建立反馈监控机制来监督下属的工作进展,可及早发现重大问题,增加下属按时完成任务和达到预期标准的可能性。理想情况下,应在最初分派任务时就将反馈监控机制制定下来。共同确定完成工作的时间,以及下属汇报工作进展和主要问题的出现日期。这个时间表可以在周期性的检查中得到补充,以确保下属没有滥用权力、遵守了组织的政策、采取了适当的步骤等。然而,好事做得过了度就会失灵。如果控制得太过分,就会剥夺下属建立自信心的机会,同时也会丧失委派所具有的激励性。设计良好的控制系统允许下属犯一些小错误,但在大错误出现时能及时引起你的注意。

(6) 放手让下属处理问题

从一开始就应坚持,让下属准备好解决可能遇到的各种问题的方法或建议。委派后,下属的责任就包括作出必要的决定,不要让下属再把制定决策的任务推给你。

3) 培养下属的技巧

培养下属,既要委派工作进行实战训练,更要精心给予指导和忠告。实质上,指导和忠告运用同一个解决问题的过程,即倾听与理解、找出问题、列出几种选择、制定行为计划以及执行计划。两者也需要同样的行为技巧:创造有利的氛围、积极倾听、不要武断、善于理解、综合解决问题、指导下属去解决自己的问题,不要亲自去解决。

(1) 指导下属提高工作绩效

指导是指随时随地帮助下属发现改进工作绩效的机会。分析下属的绩效,深入了解以求找到改进其绩效的途径,提供指导、动力和有益的氛围来帮助下属改进。作为指导者,应当通过指示、指导、建议和鼓励来帮助下属提高工作绩效。具体而言,领导可运用 3 种技巧帮助下属提高绩效:

① 分析如何提高绩效,为下属寻找扩展能力和提高绩效的机会。要想知道提供什么样的机会,你需要随时随地观察下属的行为。你也可以问下属一些问题,如,你为什么这样做? 能否改进方法? 有无其他方法? 然后听他的回答。你需要从下属的角度去了解世界。最后,显示出你对他本人的真切的关心,而不要只把他当做下属。尊重他(她)的个性,比任何你能提供的提高工作绩效的专业技能都重要。洞察下属的独到之处等。

② 营造有益的氛围,减少发展的障碍,营造一个鼓励提高绩效的氛围。通过积极倾听和允许下属实现他们的正确想法,你能够创造出自由公开地交换意见的氛围。你还可以通过在下属需要时提供援助、指导和建议来帮助他们。积极向上的表现将会鼓励下属。不要采用威胁的方式,这种方式将会产生恐惧和压抑的气氛。把错误当做学习的机会。变化意

味着冒险,下属不应有犯错误会受惩罚的感觉。遇到失败时,反问自己:我们学到了哪些对今后工作有益的东西?分析你所掌握的因素,尽你所能去除工作中的障碍以帮助下属提高绩效。作为经理,你必须对结果承担责任,但是不能掩饰下属的责任和贡献。当下属成功时,要充分肯定下属的绩效;当他们失败时,要指出他们的疏漏,但绝不能因为不好的结果而责备他们。告诉下属他们的工作对于完成部门目标所具有的价值。

③ 影响下属改变他们的行为,最终检验指导是否有效,要看下属的表现是不是进步了。不要用静止的眼光看问题,要关注持续的成长和发展。因此,你应帮助下属不断改进工作,并在有所进展时给予认可和奖励来鼓励他们。不断地进步意味着下属的表现没有绝对的上限。

(2) 给予下属及时的忠告

进行忠告是指与下属讨论感情问题,以求解决,或者至少是帮助他更好地处理问题。需要你给予忠告的问题包括离婚、重病、个人财务问题、与同事关系不好、影响到工作的酗酒及因事业缺乏进展而受到挫折等。

进行忠告的目的是帮助下属深入认识他们的感情、行为和取舍。忠告适合于解决下属并未认识到的态度问题。进行忠告,着重认清和解决问题。当处理下属的感情和个人问题时,主要替下属保密。下属对你讲述个人问题并共同探讨原因时,他必然信任你,相信你不会在同事之间公开秘密而伤害他的自尊和声誉。因此,当你决定给下属忠告时,告之下属将会对一切私人问题保密。有时,下属只是需要有人来安慰他(她)以求得放松,而这可作为明确问题、确定解决方法以及加以纠正等一系列行为的前奏。感情往往令人失去理智的思考,而忠告可以帮助下属理清思路,恢复逻辑、连贯的思维。

通过忠告,可以使下属确信问题能够解决,也有能力解决。对于比较严重的问题,忠告可以确定下属是否需要专业治疗。严重的抑郁、使人丧失能力的恐惧症、家庭纠纷及迷恋物质等是下属的典型问题,都需要专业的帮助,如心理咨询也是援助计划的一部分。

忠告成功,可以避免使用警告、批评或解雇等纪律处罚手段。在某些情况下适于提出建议,告诉下属你认为他应该如何纠正错误或改善表现。如前面所述,下属在学习如何独立解决问题中成长,而不是依靠他人来解决。当然,一旦事实证明你的"忠告"是错误的,你应勇于承担责任。

9.3.2 时间管理的艺术

有效的时间管理是每个人,尤其是领导者需要的一项重要职业技能,掌握如何利用时间、积极工作、提高效率并取得成就的有效方法,有助于增加实现预定目标的可能性。但是,在实际工作中,我们总是难以很好地运用自身的时间。如何有效地掌握时间这一关键的资源,我们将分别从影响时间管理的因素、提高时间管理的主动性、时间管理的技巧和会议时间管理的实践 4 个方面阐述时间管理艺术的精髓,以促进领导者提高工作成效。

1) 明确浪费时间的因素

德鲁克明确指出了那些浪费时间的因素主要包括:

(1) 管理制度上存在问题而造成时间的浪费,这种浪费总是重复出现,例如关于财务申请的报告,无论数目大小都要提交给总经理审批,这样严重浪费了总经理的时间,其实只要明确界定一下具体数目内由部门负责人审批就可以帮助总经理省下大量的时间。

（2）人员过多也是造成时间浪费的因素。人手增多必定导致沟通复杂，如果一个管理者希望管理组织内的所有成员，那么，他的大部分时间将花费在沟通上。当然，卓越的管理者能够充分掌握高效的沟通方式。

（3）组织不健全和信息流通不畅也是浪费时间的主要原因。因为组织不健全，就需要展开许多不必要的沟通，如会议。而信息流通不畅则使得员工花费大量的时间去分享信息，而这些问题只要在管理方式上作出一些调整就可以解决。

许多人对能够自由支配的时间利用不力，最终导致大量的时间被浪费。例如我们的工作中或许会有许多零星的时间，但这些时间如果不能够集中起来，与没有时间的结果是一样的。因此，我们需要将这些零星的时间集中成一个整体，或是我们运用这些零星的时间去处理一些不太重要的事务，而将一些完整的时间如周末用来思考一些相对重要的问题。

2）树立时间管理的意识

对于一名渴望成功的人来说，学会管理时间是第一要务。

我们都是时间的消费者，但是我们一不小心便将沦落为时间的浪费者。尤其是当我们成为管理者时，"身为管理者，总有许多时间耗用在毫无贡献的工作上"。我们总是在忙于处理一些看起来重要，实际上对于组织成果毫无意义和价值的事。

管理者是否具备出色的管理能力决定着他对时间的有效运用程度，一位糟糕的管理者不仅会浪费自身的时间，还会浪费他人的时间。

那么，我们应该如何管理我们的时间？德鲁克提供了 3 条建议，这 3 条建议切实可行，而且极具成效。但是，在现实中，仅仅懂得节约时间是不够的，管理者还需要懂得如何高效地利用时间。

很多人听从了德鲁克的建议，节约了一些时间，却因为效率低下而无法取得预期的成果。优秀的管理者不仅懂得节约时间，而且懂得高效地运用时间。

首先，他们绝不"重新发明轮子"，一旦拥有可以参考的经验和样本，他们绝不会浪费时间从头开始。优秀的管理者大多是杰出的"拿来主义者"。当然，他们也不会单纯地抄袭. 活学活用是他们的追求。

其次，他们不会自负到去处理自身不擅长的事务。尽管通过努力他们可以解决原本不擅长的事务，但是那需要付出更多的时间。所以，优秀的管理者总是将这些事务交付给那些擅长解决此类事务的人。

最后，他们绝不会犯同样的错误，也不会重复做同一件事。很多时间是在我们不断地重复之中被无情地浪费掉了。

所有的管理者都必须认识到以下几点：①任何人的精力都是有限的，因此，不可能去做所有想做或是外界要求他做的事。②时间也是有限的，生命短短几十年，一眨眼就过去了，所以大多数人在晚年总会在后悔中度过。③解决不了的问题往往最耗时间。一旦管理者把有限的精力和时间消耗在这些问题上面，他们注定只能成为无效的工作者。因此，管理者必须思考如何成为时间的主人，而非时间的奴隶。一旦我们陷入一些无效的事务之中，我们的一生终将碌碌无为。

那么，我们应该如何高效地利用精力和时间呢？要事为先是最好的方法。无论是个人，还是组织，都有一些事务是必须处理的，而且决定着个人或是组织的命运。对于这些事务,管理者必须优先处理。这就是要事为先。但是,在管理者面前往往摆着很多看起来必须解决的问题和事务,这就需要管理者对这些事务作出客观准确的判断。也就是他们要确定事务的优先次序,乃至有些事务是否可以放弃。

3) 掌握时间管理的技巧

关于管理者应该如何有效利用时间,德鲁克提供了一些切实可行又易于操作的方法:善于分析自身的时间,将不需要应对的问题统统放弃,或是交付给他人;消除浪费时间的因素,浪费时间往往缘于某种习惯或是组织管理上的漏洞;统一安排可自由支配的时间,零星的时间等于没有时间,因为你根本无法利用它们去完成一件相对重要的事(思考需要充足的时间)。

针对这3种方式,德鲁克进行了细化,对时间进行分析可以从3个方面入手。首先,找出根本不需要做的事,然后坚定地取消这些事。许多人总是觉得事事都重要,事实上却是根本就没有必要为许多事浪费时间,如某个人的晚宴,或是某个不太正式的聚会。其次,将可以由他人代替的事情统统交给别人去做。作为管理者,切忌事事关心、事事操心,否则将深陷繁琐而复杂的细节之中,而忘记了自身的核心工作。如果我们能够静下心来仔细分析一下,将会发现其实有一半以上的事情根本就不需要亲自去做。最后,如果是浪费别人时间的事情,也将会浪费自身的时间。许多管理者喜欢开会,而且乐此不疲。对于许多员工来说,这些会议或许就是浪费时间,如果对于员工无效,这些会议就是不必要的,而珍贵的时间却因此而流失。因此,在时间管理上尤其要注意做好以下3个方面的工作:

(1) 区分费时事务

要事为先的管理原则已经在组织界广为流传,但是被烦琐而无用的事务纠缠着的管理者仍然数不胜数。因为这些管理者总是对各项事务都放心不下,总觉得离开了他们,问题将会变得很糟糕。这是一种自负心态。正是由于这种心态,在组织内形成了依赖心理。很多员工对管理者充满依赖,哪怕是随手可以解决的问题,他们也要等待管理者作出决定,甚至需要管理者亲自指导方才着手解决。这就是很多管理者整天忙碌却一事无成的根本原因。关于要事为先,史蒂芬·柯维也提供过一种方式,作为对德鲁克要事为先观念的补充,现呈现如下:

柯维将管理者需要面对的事务分为4种:重要且紧急的事务、重要但不紧急的事务、紧急但不重要的事务、不重要也不紧急的事务。对于第四种事务,几乎所有的人都可以对之置之不理。同样,第一种既紧急又重要的事务,大多数管理者都会立即着手解决,这些问题往往关系着组织的发展和命运。但是如果一位管理者整天处理这样的事务,那必定证明他没有处理好第二类事务,所以,最终导致他们不断地忙于四处灭火。柯维的建议是所有的管理者都应该将注意力集中在第二类事务上,也就是重要不紧急的事务。这与德鲁克提出的将来、机会和目标有着内在的相同之处。

对管理者侵扰最多的往往是第三类事务,这类事务尽管紧急但对组织发展和成长毫无帮助,例如一个临时响起的无聊的电话。有效的管理者应该拒绝这些事务,或是将这些事务转移给他人。唯有如此,他们才能够将精力集中在第二类事务上。

(2) 明确时间分配原则

德鲁克认为确定优先次序需要管理者拥有出色的勇气,以下是他认为可以帮助管理者确定优先次序的原则：

① 重视将来而不重视过去。关于过去的事务处理得再好也改变不了历史，因此，我们永远都要将眼光放在未来。过去已经成为事实，未来等待我们去创造。

② 重视机会，而不重视困难和问题。解决问题只能保证组织经营得不坏，不能保证组织能够取得高速的发展。只有机会才是组织能否取得发展的关键。因此，有效的管理者将精力和时间集中在机会的把握上，而不是问题的处理上。

③ 明确自身的目标和方向，而绝不偏移。一旦偏移了方向，他们就是在浪费时间和精力。一个人或组织成功的标准在于成果与当初的目标是否一致，如果不一致，那就意味着他浪费了时间和精力。

④ 目标制定一定要有高度，不能够激发潜力的目标等于没有目标。只有高目标才能够将组织成员的工作热情激发出来，也唯有高目标，才能够创造出组织预期的成果。机会和目标是管理者时刻都不能够忘记的关键，他们应该将精力集中在与它们相关的事务上。谁的工作重心偏移了它们，谁就将失去成效。

（3）做好时间计划

组织要做到以经济绩效为本是非常困难的，但这又是必需的。组织的成败取决于它们的经济绩效，要取得出色的经济绩效，就离不开卓有成效的管理。制定工作计划是卓越管理的前提条件。组织的计划能力决定着组织的经济绩效。

任何组织都必须拥有一个考虑到组织整体的统一计划，这份计划必须明确组织的经营宗旨、目标、优势以及优先考虑的事务和战略决策等。同时，工作计划还必须包含所需要的资源和人才。

同时，计划还必须包括工作分配，只有将每项事务都落实到具体的人员身上，才有可能产生出色的绩效。同时，对每一项分配下去的任务，管理者必须制定明确的时间限制和要求。

当然，工作计划最重要的一项因素是必须适应组织的能力。如果组织没有实施该计划的能力，这一计划将成为一纸空文。很多组织在制定计划时处于理想化状况，一旦计划落实到实施的过程中才发现资源与人才都远远不够。最后，一项良好的工作计划必须由人去执行，因此，人的贡献和精神决定着计划执行的成败。因此，管理者需要不断激发组织成员的热情和积极性，使他们以最佳的状态投入到工作之中。

管理者制定计划时必须关注几项核心因素：目标、行动方案以及执行计划所需要的人员、资金和资源。

目标在每份计划中都已经得到了体现，但是制定正确的目标并不容易。很多管理者制定的目标最终不是不了了之，就是不断变更。为什么？因为他们在制定目标时没有进行严谨的思考和分析，而是根据自我感觉制定出目标。

行动方案是计划中最重要的部分，它主要体现为责任的分解。只有将责任分解到具体的责任人身上，同时配以系统有效的管控制度，管理者才能够获得预想中的绩效。行动方案不仅明确了责任，还为责任人提供了执行和实施的指导方案。

最后，很多管理者往往会忽视自身所具备的能力。因为缺乏相应的资源，他们制定出来的计划根本无法实施。因此，在制定计划之前，管理者必须对自身的能力有着清晰的把握。唯有建立在这一基础上的工作计划才是切实可行的。

9.3.3 会议管理技巧

会议在管理工作中起着十分重要的作用,它是决策的重要方式,也是沟通信息的主要手段。有关资料表明,一些管理者用于参加各种会议的时间占其工作总时间的三分之一甚至更多。由此可见,会议开得好坏、效率高低,直接关系到管理效能的高低。然而,目前我们的会议却存在许多问题,或者过于频繁,或者过于冗长,或者流于形式,既浪费了宝贵的时间,又达不到预期的目的。

1) 开会的目的

根据不同的目的和要求,既可以将会议看作是一个集思广益的过程,也可以当作是一种信息传递的方式。通过会议,可以将许多人聚集在一起,就某些问题与员工互相交换思想并提出相应的对策。一个成功的会议是完成沟通的最佳工具,其目的大致可以包括:

(1) 交流信息。通过会议,管理者可以将有关政策和指示传达给下属或员工。同时,管理者也可以从他们那里及时得到反馈及获得其他方面的有关信息。

(2) 给予指导。组织通过把员工组织起来进行培训,以提高他们某个方面或某些方面的技能,使他们更好地适应工作环境。

(3) 解决问题。会议可以帮助澄清误会,处理各种冲突并利用他人的知识和技巧来解决问题。

(4) 作出决策。会议可以帮助营造民主的气氛,给管理者提供共同参与和共同讨论的机会,最终作出正确决策。

一个有效的会议,应该能使与会者心情舒畅并积极参与,使大家通过有效的方式得以沟通,从而获取有用的信息或达成一致的合作协议。

2) 会议的类型

无论在组织还是在其他各种组织中,每天都会举行各种各样的会议。据称,在美国每天举行的各种会议竟多达1 000次。按照会议目的分类,其类型主要有以下几种:

(1) 谈判。目的是为了解决双方在利益上的冲突,常采取双向互动式的讨论方法,力求达成一致的意见。

(2) 通知。目的是为了传播信息,其传播方式通常为单向式。在这里,一般不鼓励讨论,否则会影响信息的传播。

(3) 解决问题。这类会议的目的在于利用团队的创造力来解决问题。通常,要将待解决的问题摆在桌面上,与会者应提出解决的方法。在这类会议上,人们都会为探求解决方案而努力,不会停留在过去的状态之中。

(4) 决策。其目的是为了在不同方案中权衡利弊,作出抉择。与会者不仅要参与讨论和决策,而且还要遵守会议的决议,即使自己持不同观点。

(5) 交流。这类会议目的在于集思广益,常采取“头脑风暴式”讨论法,即安排5~7人,每一位与会者都可以讲自己对问题的看法,并从相互间的发言中得到启发,激发灵感,产生创意。这类会议鼓励讨论和提问。

3) 会议的组织

会议开得成功与否取决于会议的组织,因此为了使会议有成效,就必须做好以下3个阶段的工作：

（1）会前准备

凡事预则立，不预则废。会议前的准备工作是否充分是会议管理的首要问题。一般而言，会前准备工作的主要内容包括：

① 明确会议的必要性。会议的组织工作常常是从分析会议的主题和必要性着手，就设定的议题而言，若不经多方讨论协商不足以解决问题，那就有必要召开会议。如果通过其他方式能使问题更有效地获得解决，就尽量不要开会。

② 确定会议的目标。一般说来，组织中常见的会议主题有两类：或者讨论工作中所出现的问题，或者分析将来工作中可能会遇到的问题。一旦明确了会议的主题和必要性，就应当设置一个具体的目标，如达成协议或通过策划方案等。

③ 拟定会议议程。明确会议主题和目标后，就可以决定会议议程，即按会上将要讨论的问题的重要性和类别依次排序，并限定各项内容商议的时间。通常，会议议程应包括会议日期、时间、地点、议题及参加对象等。一次会议所讨论的问题不宜太多，讨论时间也不宜太长。因为在有限的时间里讨论太多的问题常常解决不了问题。

④ 准备会议文件。为了顺利地召开会议，会前应收集和整理与议题相关的信息，有必要的话应装订成册。如果内容太多，可以要点摘录的形式准备会议文件。

⑤ 分发预阅资料。会前先将会议议程和整理好的文件分发给与会者，使大家对将要讨论的问题事先有所准备。

⑥ 确定会议主持人。会议的成败与否在很大程度上取决于会议主持人。作为优秀的会议主持人，不仅仅主持会议，而且要以一个政治家、鼓动者、调解人或仲裁人的角色参与会议。作为主持人，应具有敏捷的思辨能力，沉着自信，表达能力强，富有幽默感，并且有较强的领导能力。一般情况下，主持人常由群体中职位高的管理者担任。高级管理者作为会议主持人，在会上常常能显示出老板的气度，但有时有碍于活跃会议气氛，因此，可以尝试着选择群体中具有相当知识经验的人来担当主持人，或者采用现在比较流行的做法——让组织秘书担任会议主持人，或者由与会者轮流担任主持人。

⑦ 确定与会人员。根据会议主题，通常选择那些对会议内容比较了解并与其工作相关的人员参加会议，不要因为害怕伤害某些人的感情而迫不得已地去邀请那些不相干的人参加会议。另外还要根据具体情况限定与会者的人数，因为参加会议的人数越多，就意味着越多的人不能发挥作用。

⑧ 预定会议场所。影响场所选择的因素很多，应该视会议的性质而定。如果是仪式性的会议，可以在自己单位的会议室，或在宾馆的大会议厅举行；如果是决策性会议，可以安排在一个能够促进真正沟通意见的环境举行。另外，会议地点应事先确定好，要事先列好相应的清单并在会前进行核实。清单内容包括：一是会议室是否预定好，是否有足够的椅子；二是视听器材如幻灯机、多媒体播放机、麦克风等都是否准备就绪；三是分发的材料是否准备充足；四是休息时的供应如茶水、水果和点心等是否准备好；五是是否备好记录本、纸张、铅笔和名片等。会场布置应根据会议的目的、会议的性质及与会者人数而定，常见的有 6 种类型（见图 9.5）。

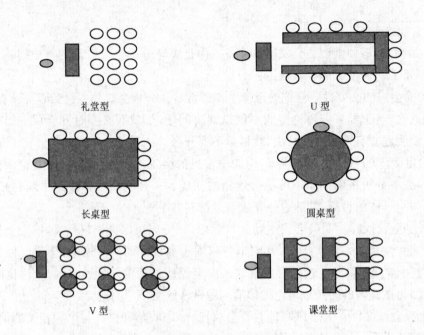

礼堂型   U 型

长桌型   圆桌型

V 型   课堂型

图 9.5　会议布局类型图

⑨ 补充最新信息。在正式开会之际,查看一下是否有新的信息。如果有新信息,可以在会上向大家简要地通报一下。

（2）会议过程控制

会议能否顺利进行,很大程度上有赖于主持人对会议的节奏和方向的把握。具体来说,控制会议进程,大致可以按以下步骤进行:宣布会议的主题和目的;根据会议议程顺序提出每个议题,然后征求有关与会者的意见;给每个人表述自己意见的机会;控制讨论进程,如果发生与议题无关或深入到不必要的细节时,应该及时引导到议题本身;如果会上出现各种不同的见解,主持人应该根据自己的理解将各种观点加以概括;遵守预定的时间,不要拖延;在每个问题讨论结束后加以概括,以便达成共识或作出决策;在会议结束时,对已取得的结果进行概括。对于部分问题如确有必要作进一步讨论,可以安排在下一次会议进行讨论;确定下次会议的议题和时间。

（3）会后工作

会议结束后,会议组织者还需做两项工作:一是为了贯彻会议精神,执行会议决议,可将会议记录或会议简报下发至与会者及其他有关人员。会议记录应该准确无误,会议中所形成的决议要突出承担任务的责任人姓名、时间及验收标准,并明确下次会议的日期和时间。二是根据会议精神,对执行工作进行监督和检查。

4）提高会议效率的策略

有时会议是一种既耗时费力又令人疲倦的活动,因此,要提高会议的效率,掌握一套行之有效的组织策略显得尤为重要。通常这些策略包括:

（1）不搞形式主义

只有在需要多方协商或有较多信息需要在一定范围内迅速传达的情况下才召开会议。

许多组织,一般1周或2周内召开一次例行会议。有规律的员工会议可以使部门员工感到一种较强的内聚力,并有助于员工愿为实现部门的目标而努力工作,但是并不需要在每周或每月的例会上都进行"回顾"。

(2) 明确会议的目的和目标

用书面形式将会议的目的与目标记录下来。多数情况下,会议的目的包括"讨论"或"以备评估"等,目标的范围就比较具体,如"购买品牌 A 或品牌 B"或"是否需支出 10 万元以装修房间"。

(3) 提前分发会议备忘录

在会议召开之前,应以备忘录的形式提前通知与会者,以便使他们有充足的准备时间。备忘录的内容包括时间、日期、地点、与会者名单、主要议题等,这些都应在送呈的议事日程上体现出来。

(4) 选择合适的与会者

主要邀请那些能够起到积极作用的人参加会议,那些优柔寡断、缺乏主见的人则尽量不要邀请。

(5) 控制好会议进程

按照议事日程上的安排按时召开和结束会议。

(6) 分发会议简报

在会议结束的 24 小时之内将会议简报分发下去。会议简报应该列出所作出的决策以及要求采取的主要措施的具体日期和具体负责人。

一个会议成功与否取决于会议主持人、与会者以及会议秘书的共同努力,其中以主持人最为重要。此外,会前做好充分的筹备工作、会议过程掌控好时间以及会后做好落实与检查是提升会议有效性的重要保障。

9.3.4　冲突管理的艺术

无论什么地方出现改革的需要,冲突都在所难免,因为总是有人愿意创新,有人想维持现状。有改革就有冲突。冲突管理(Conflict Management)成功的关键是不出现输方,长远的解决办法是建立共同遵守的游戏规则。

1) 冲突的概念

冲突是指人们由于某种抵触或对立状况而感知到的不一致的差异。一般所说的争议,指的是对抗,不搭调,不协调甚至抗争,这是形式上的意义;但在实质面,冲突是指在既得利益或潜在利益方面摆不平。什么是既得利益呢? 就是指目前所掌握的各种方便、好处、自由;而潜在利益则是指未来可以争取到的方便、好处、自由。

对组织中存在的冲突形成了 3 种不同的观点:

第一种为传统的冲突观点,认为冲突是有害的,会给组织造成不利影响。冲突成为组织机能失调、非理性、暴力和破坏的同义词。因此,传统观点强调管理者应尽可能避免和清除冲突。

第二种为冲突的人际关系观点,认为冲突是任何组织无法避免的自然现象,不一定给组织带来不利的影响,而且有可能成为有利于组织工作的积极动力。既然冲突是不可避免的,管理者就应该接纳冲突,承认冲突在组织中存在的必然性和合理性。

第三种是新近产生的冲突的互动作用观点。与人际关系观点只是被动地接纳冲突不同，互动作用观点强调管理者要鼓励有益的冲突，认为融洽、和平、安宁、合作的组织容易对变革和革新的需要表现为静止、冷漠和迟钝，一定水平的有益的冲突会使组织保持旺盛的生命力，善于自我批评和不断革新。

管理者不仅要解决组织中的冲突，更要刺激功能性的冲突，以促进组织目标的达成，故管理者处理冲突的能力与管理成功与否具有正相关。

管理学者杜拉克曾说："任何组织，包括人或机构，如果不能为它（他）所置身的环境作出贡献，在长期发展中，这个组织就没有存在的必要，也没有存在的可能。"所以讲求绩效，是现代经营者非常重要的使命。而经理人如果能够做好冲突管理，对提升绩效应该有实质性的帮助。

2）冲突管理的基本方法

处理组织内的冲突一般可选择3种主要方法：结构法，对抗法，促进法。结构法和对抗法通常假定冲突已经存在并且要求处理。结构法往往通过隔离各个部分来减少冲突的直接表现。与之相反，对抗法则力图通过把各个部分聚集在一起使冲突表面化，促进法则以缺乏"足够"的冲突的假设为基础。因此，促进法力图提高冲突的等级、数量或者同时提高两者。

（1）结构法

组织通常运用以下5种方法来处理冲突，即运用职权控制、隔离法、以储备作缓冲、以联络员作缓冲和以调解部门作缓冲。

① 运用职权控制。管理人员可通过发出指示，在职权范围内解决冲突。这些指示指出期望下级遵循的行动步骤。例如，在同一家企业的两位副总裁可能都在拟定组织的策略。一位副总裁可能倡导以增产为基础，而另一位副总裁要求把权力集中到组织的最高层，这样，增产和集中权力的目标发生了直接的冲突。总裁则应该行使权力来确定执行什么目标。

② 隔离法。管理人员可以直接通过组织设计减少部门之间的依赖性。分别向各部门提供资源和存货，使之独立于其他部门的供应，能够将它们隔离起来，从而减少部门之间冲突发生的可能性。不过，由于隔离需要花费精力和设备，这种独立可能会提高成本。

③ 以储备作缓冲。完全隔离部门，或者使它们完全独立，可能花费太大。因此，一个组织可能通过储备缓冲部门之间的工作流程。如果部门A生产的产品是部门B的输入，那么可以在两个部门之间建立储备，防止部门B受到部门A的暂时停产或减产的严重影响。这样，部门B的成员对部门A担心的可能性减低了。

④ 以联络员作缓冲。当两个部门之间整体性很差并存在不必要的冲突时，组织可以安排一些了解各部门操作情况、通过联系活动来协调部门的联络员，从而协调各部门活动。

⑤ 以调解部门作缓冲。环境不确定的企业需要通过专门的调解部门来协调各部门的关系。

（2）对抗法

冲突管理中的对抗不是指包含敌对的相互行动，而是用来描述一种处理冲突的建设性方法。在这种意义上，对抗是冲突双方直接交锋、公开地交换有关问题的信息、力图消除双方分歧，从而达到一个双方都满意的结果的过程。对抗法假设所有的部分都有所得，实际上是一种双赢的局面。用对抗法解决冲突的方法有：

① 谈判。当双方对某事意见不一致而希望达到一致时，他们可能进行谈判，在这个过

程中,双方力图对每一方在交易中付出什么和得到什么达成一致意见。像做买卖一样,谈判中既有分配性因素,又有增益性因素。如果双方仅仅看到非赢非输因素,谈判就不会产生对抗。但是如果双方都认识到取胜因素,谈判就能为冲突的建设性对抗处理提供机会。实现对抗型处理冲突方式要求公开地交流信息、寻找共同的目标、保持灵活态度并避免使用威胁手段。

② 咨询第三方。大多数对抗都采取双方谈判的形式,但是,中立者即第三方提供意见者,能帮助双方解决他们的冲突。第三方在策略上所起的作用如下:保证相互激励,每一方都应当有解决冲突的动机;维持形势力量平衡。如果双方力量不是大致相等,就很难建立相互信任,保持公开的沟通渠道;使对抗努力同步。

(3) 促进法

认识性冲突能够帮助避免小团体思想,所以促进职能的认识性冲突可能是处理冲突的一种有效的实际方法。

① 辩证探究法。辩证探究法是把认识性冲突导入决策过程的一种方法。这指的是由一位或一组倡议者提出并推荐一套行动方案,同时由另一位或另一组倡议者提出并推荐另一套对立的行动方案,决策者在选择一种方案或综合方案之前考虑这两组建议。既然推荐的行动方案来自同一形势下的相反观点,决策者考虑这两组建议时,必然产生了认识性冲突。通过解决这种冲突,决策者能够作出反映冲突观点的统一决策。

② 树立对立面法。把认识性冲突导入决策过程的另一个方法是树立对立面法,对所推荐的行动方案采用系统化的批评,而不像辩证探究法那样提供可供选择的行动方案。单纯的批评已经能推动决策者产生认识性冲突。解决认识性冲突的需要会促成对问题更好的理解,从而使决策更合理。在某些情况下,与辩证探究法相比较,树立对立面能形成更好的决策。它可能使决策者不把任何个人或群体的建议当作既定方案,并且对所推荐的行动方案表示肯定或否定的资料更加敏感。

3) 高管团队的冲突管理方法

对冲突进行管理就是要坚持权变的观点,正视高层管理团队冲突的客观存在,采取有效措施,防止冲突发展成情感冲突,使冲突的负面作用减少,最大限度地发挥冲突的积极作用。

(1) 冲突管理预警机制的构建

高层管理团队冲突是客观存在的,如果冲突严重而不能解决,会引起高层管理危机,因此建立高层管理团队的预警机制很有必要。构建该预警机制的原则是:

① 对冲突变动情况进行监测和评价,以此明确冲突的安全状态及变动趋势。

② 对冲突的内外环境进行监测,以此明确企业高层管理成员所处的环境以及由此对冲突产生的正面或负面的影响。

③ 建立冲突预警管理活动的评价指标体系,可分成两类指标,一类是评价指标,一类是预警指标。另外,必须构建预警部门。通过监测、识别、诊断、评价等步骤来分析企业面临的冲突状况,然后把分析结果反馈给决策部门,采取措施及时进行控制。

(2) 营造公开交流和团队协作的氛围

如果在决策过程中,仅仅是少数人发挥作用,那么企业高层管理团队的价值也就不复存在了。所以,一定要培养一种既能提高绩效又能促进成员积极参与、公开交流、团结协作的氛围,公开的交流可以使高层管理团队成员真诚地参与决策,加强团队成员的共识。尽管这种公开、坦诚的交流可能导致一些争论甚至冲突,但是如果团队成员能够认识到冲突是以决策目标为导向的,是为了提高绩效,他们就能积极对待冲突,从而提高团队成员的决策满意度。

（3）构建合理的权力结构

合理的权力结构往往能使得权力既不过于独裁又不过于平均。构建合理的权力结构,主要应做到:

① 变革组织结构。传统企业的组织结构,尤其是直线职能结构极易诱发破坏性冲突,因为传统职能结构的一大特点是同级之间的互逆协调性,也即同一层次人员彼此相互独立,无法协调,既不能相互指挥,又出现多头领导,很多事情都靠上级跨部门协调。因此企业应改变金字塔式的组织结构,变为扁平化、网络化的组织结构,减少管理层次,扩大管理幅度,广泛引入工作团队。

② 改变管理模式。过度集权所带来的信息代理成本和过度分权所带来的过高代理成本都会引起决策总成本的上升,从而降低效率。因此必须改变传统的管理模式,实行知识化管理。随着知识化管理的实施,企业信息将会实现低成本传播,这样就会对过去的集权产生制约。

（4）确立目标导向机制

高层管理团队应共同参与企业共同愿景和目标任务的设计和确认。调查显示,高效的高层管理团队总是能把工作重点放在核心问题有关的难题和事情上,高层管理团队如果缺乏共同目标就容易把彼此放在竞争的位置上,作出负面的决定。如果团队有共同目标,就会用更广的视野讨论企业的目标和怎样取得更高的绩效,虽然彼此在相关议题上有异议,但本质是建设性的。

4）冲突管理的技巧

识别冲突,调解争执,是管理最需要的能力之一。在人们的共同生活中,冲突是一种司空见惯的正常现象,长期没有冲突的关系根本不存在。凡是人们共同活动的领域,总会产生不同意见、不同需求和不同利益的碰撞,或在个人之间,或在小团体之间,或在大组织之间。日常生活中的绝大多数冲突无需多费口舌便会自然平息下去,要么是这一方让了步,要么是另一方,或者双方都作出可以承受的妥协。但是,也有一些事情却突然莫名其妙地变成另外一副样子。好好的对话变成了争吵,再由争吵变成各持己见而互不相让。诸如恼怒、仇恨和蔑视等情绪更使冲突升温,对立的双方开始攻击和反击,造成伤害,甚至突然掀起一场力图消灭对方的战争,其结局要么一胜一负,要么两败俱伤。

无论从伦理观念还是从经济观念出发,在家庭里或在工作部门中防止这类事情发生都是第一位的目标。所以,及时识别冲突状况,使改革顺利进行,而且将损失控制到最小,这才是当今管理人员事业有成最需要的能力之一。重新建立信任是调解冲突的基本前提。任何一种冲突都有来龙去脉,决非突发事件,更非偶然事件,而是某一发展过程的结果。冲突都是受到"误导"所致的,要想彻底消除冲突,必须让冲突"不受误导",即一定要理解发生的事情,逐步减少不信任,重新建立信任。对于误入歧途的双方一定要共同回过头去重温一下,才能使双方共同走上一条新路,而没有旧病复发的危险。通过双方的坦诚沟通,建立共同遵守的游戏规则。

（1）建立直接的交流。总的来说，冲突必须由直接与冲突有关的双方亲自去解决。然而，在发生冲突的初期双方直接沟通的可能性已被打断，这时，恢复直接对话的首要条件，即将对立的双方拉到同一张谈判桌上，则成为第一要点。

（2）监督对话。冲突的双方最初根本不可能真正地沟通。没有外力的帮助，他们在原有的片面观察问题的基础上极可能在很短的时间内再度彼此误解，重新争吵。所以在解决冲突的第一个阶段有必要由一个中立的第三方密切监视冲突双方的双向行为。

（3）袒露感情。若双方不能坦白地说出主观的感受，例如失望、受冤屈和伤害的感觉，则没有希望解决冲突。只有袒露感情，才能减缓积蓄已久的压力，使冲突回复到本来的根源上，即具体的需求和利益上去。

（4）正视过去。仅仅说出感觉还不够，双方都必须让对方明白，引起自己失意、失望和愤怒的具体情景、情况或事情，以及具体原因。做到这一点，对方才能明白自己在冲突中所占的分量，不论是有意的还是无意的，并且学会去承认这个事实。反过来，这也成为他不再将对方视为冲突中的唯一"责任者"的基本前提。

（5）取得双方可承受的解决办法。障碍清除以后，即应共同制定一个长远的解决办法，关键是不允许出现"输方"。双方在这时最好的举措是，跳出自己的阴影去协商解决办法，照顾双方的利益。但是解决办法是一回事，通过伙伴式的协商去达成协议又是一回事。习惯于合作才是化解冲突的关键步骤，解决冲突的质量一定要由实施来检验。坦率地交谈往往让双方如释重负，却容易导致盲目乐观，以为现在一切正常。日常工作中总会出现差错，即便在双方都抱有良好愿望的情形下仍然会出现故障，于是双方又开始挖空心思地去考察对方是否在认真对待坦率的合作。只有严格地遵守制定好的游戏规则才有助于克服新的危机，不至于重新陷入争吵之中。新的协作系统需要呵护，不过随着时间的推移，双方将逐渐学会与对方打交道，相互关系会正常起来，谁也不会再想着过去的冲突。直到这时，冲突才算真正地消除了。

 本章小结

所谓领导，就是主管人员根据组织的目标和要求，在管理中学习和运用有关理论和方法以及沟通联络、激励等手段，对被领导者施加影响，使之适应环境的变化，统一意志、统一行动，保证组织目标实现的工作过程。

领导影响力主要来源于法定权、奖赏权、强制权、专长权和典范权。前3项权力来自正式的职位，称为职务权力；后2项来自于领导者自身，称为个人权力。

管理和领导是两个既有联系又有区别的概念。管理和领导即使在类似的活动中也有着不同的侧重点。领导的作用主要体现在指挥、协调和激励3个方面。

领导理论的发展主要分为领导特质理论、领导行为理论、领导情景理论以及现代领导理论等几个阶段。领导特性理论主要强调领导成败的关键取决于领导人自身具备什么样的条件和表现为怎样的特征；领导行为理论着重研究不同的领导方式会导致何种不同的结果；领导情景理论认为领导工作的成效是领导者、被领导者和环境相互作用的结果；现代新型领导理论则提出了"超凡魅力的领导"和"改革精神的领导"等新概念，并给出了各自的基本特质和要求。

在领导艺术领域值得关注的几个问题是，作为一个领导者应该学会如何培养下属、如何管理好自己的和他人的时间、如何使会议更加卓有成效以及如何处理冲突。

复习思考题

1. 什么是领导？领导影响力从何而来？
2. 简述领导的作用。
3. 什么是领导特质理论？你对该理论有何评价？
4. 领导行为理论有哪几种主要成果？其主要观点是什么？
5. 费德勒模型的主要内容是什么？你如何评价？
6. 领导生命周期理论的主要内容是什么？
7. 什么是超凡魅力领导和改革精神领导？
8. 培养下属的方法和技巧是什么？
9. 请列举日常生活中时间不能有效利用的原因。
10. 请思考如何在日常工作中树立时间管理意识。
11. 结合自己的工作实践，提出有效的时间管理目标。
12. 阐述时间管理的有效改进途径。
13. 总结有效的会议时间管理经验。
14. 会议的作用是什么？
15. 有效的会议管理包含哪些内容？
16. 如何理解并处理冲突？

案例分析

案例 1

康涅狄格互助保险公司的苏·雷诺兹

苏·雷诺兹(Sue Reynolds)今年 22 岁，即将获得哈佛大学人力资源管理的本科学位。在过去的两年里，她每年暑假都在康涅狄格互助保险公司打工，填补去度假的员工的工作空缺，因此她在这里做过许多不同类型的工作。目前，她已接受该公司的邀请，毕业之后将加入互助保险公司成为保险单更换部的主管。

康涅狄格互助保险公司是一家大型保险公司，仅苏所在的总部就有 5 000 多名员工。公司奉行员工的个人开发，这已成为公司的经营哲学，公司自上而下都对所有员工十分信任。

苏将要承担的工作要求她直接负责 25 名职员。他们的工作不需要什么培训而且具有高度的程序化，但员工的责任感十分重要，因为更换通知要先送到原保险单所在处，要列表显示保险费用与标准表格中的任何变化；如果某份保险单因无更换通知的答复而将被取消，还需要通知销售都。

苏工作的群体成员全部为女性，年龄跨度从 19～62 岁，平均年龄为 25 岁。其中大部分人是高中学历，以前没有过工作经验，她们的薪金水平为每月 1 420～2 070 美元。苏将接替梅贝尔·芬彻的职位。梅贝尔为互助保险公司工作了 37 年，并在保险单更换部做了 17 年的主管工作，现在她退休了。苏去年夏天曾在梅贝尔的群体里工作过几周，因此比较熟悉她的工作风格,并认识大多数群体成员。她预计除了丽莲·兰兹之外,其他将成为她下属的成员都不会有什么问题。丽莲今年50多岁,在保险单更换部工作了10多年。而且,作为一个"老太太",她在员工群体中很有分量。苏断定,如果她的工作得不到丽莲·兰兹的支持,将会十分困难。

苏决心以正确的步调开始她的职业生涯。因此,她一直在认真思考一名有效的领导者应具备什么样的素质。

【问题】

1. 影响苏成功地成为领导者的关键因素是什么? 如果以群体满意度而不是以群体生产率定义成功,影响因素是否依然还相同?

2. 你认为苏能够选择领导风格吗? 如果可以,请为她描述一个你认为最有效的风格。如果不可以,请说明原因。

3. 为了帮助苏赢得或控制丽莲·兰兹,你有何建议?

案例 2

决策为何失败

A厂是B公司下属的一家企业.前几年以军工产品为主,经济效益一直很好。1990年以后,军工任务大量压缩,B公司又无适销对路的产品安排,要求企业自求生路。在企业由生产型向生产经营型转变的过程中,全厂干部和工人一时难以适应,生产任务大幅度下降,企业面临严重困难。这时B公司正在研制开发某新产品系列。B公司和有关领导认为,该新产品系列的所有设备部件都应在公司系统内自行配套解决、自成体系。根据A厂的加工设备及其技术力量,公司决定A厂立即上马生产其中的一个重要配件。这种配件精度高,生产难度大,有许多技术难题需要攻关解决,A厂的干部和工人感到难以承担。B公司有关领导却认为,"有活干总比没活干强",还是拍板决定先试制,然后小批量生产。经过一年的努力共生产了十余套,每套成本高于进口的同类型机,而且存在不少问题,原订货单位提出中止协议。A厂立即组织专门力量进行突击抢修,由于各种原因而告失败,使大量半成品、成品成了废品,损失重大。

【问题】

请根据领导科学的有关原理,分析决策失败的主要原因。

案例 3

德胜公司的领导力案例

一、企业背景简介

德胜(苏州)洋楼有限公司(以下简称德胜公司)成立于1997年,注册地址为苏州工业园区娄葑东区淞江路3号,是美国联邦德胜公司(FEDERAL TECSUN,INC.)在中国苏州工业园区设立的全资子公司,它的前身是美国联邦德胜公司在中国上海设立的代表处。德胜公司从事美制现代木(钢)结构住宅的研究、开发设计及建造,是迄今为止中华人民共和国境内唯一具有现代轻型木结构住宅施工资质的企业。

经过数年的发展,德胜公司现已成为拥有固定资产超过2亿元的企业,中国苏州总部占地约52.5亩;在昆山购地236亩建设"德胜昆山工业园",作为公司的工业生产基地。现公司年生产加工能力可以满足 1 000 栋以上的木结构别墅工程所需全部材料(按平均每幢 300 ㎡ 计)。

截至 2005 年 12 月 31 日,公司拥有员工 1 260 名。其中接受过轻型木结构住宅培训的工程及技术人员 830 名;专业管理人员 56 名;轻型木结构专家 4 名;轻型木结构设计人员 19 名;高级工程师 28 名;博士生导师 2 名;独立质量监督人员 10 名;全面质量服务神秘访客 6 名;现场施工总监 12 名;资料员 8 名。

1998 年 2 月,德胜公司被美国住宅协会吸纳为海外会员,成为中国境内唯一一家进入此协会的企业。

2003 年 10 月,经教育部门批准,由德胜公司捐资创办的德胜—鲁班(休宁)木工学校正式开学,首批学生于 2005 年 6 月毕业,并获得匠士学位(中国首批)。中国政府相关领导及美国、加拿大和芬兰等国驻华使领馆官员参加了隆重的毕业典礼。

2005 年 8 月,由德胜公司捐资成立的、专门招收家境困难的农村学生的休宁德胜平民学校正式开学。凡进入该校的学生,衣、食、住、行、学杂等费用一律全免。

2006 年 1 月,"TECSUN 德胜洋楼"被江苏省工商行政管理局认定为江苏省著名商标。

为了开阔员工的视野,增强专业技能,从 2001 年开始,德胜公司每年派送一批普通员工和技术骨干赴美国、加拿大、芬兰等国家学习和培训,以便更好地服务于客户。

德胜公司自创建以来,一直积极参与社会公益事业,尽最大努力回报社会。据不完全统计,截至 2005 年年底向西部大开发、贫困人群、各种学术团体、学校及其他文化事业等捐款过千万元。

德胜公司的价值观是"诚实、勤劳、有爱心、不走捷径"。

二、有效的公司领导力

公司总裁聂胜哲,美籍华人,安徽黄山人,原中国科技大学教师。由于聂总裁领导卓越,中层管理的优秀与有力,聂总裁平时非常悠闲,每天只花 10 分钟时间上网打开公共邮箱处理公司事务。聂总裁每年只有五分之一时间在国内,在国内时由于公司文化与管理的完善,他对公司管理没有耗费多少时间和精力,而把大量时间放在文艺、科研、公益事业和其他社会活动上。

聂总裁培养了高度自主、自觉、敬业和高尚的工作团队,德胜员工可以做到以下 4 点:

1. 开放式长途电话。
2. 从不打卡。
3. 员工自主自由调休。
4. 报销不需领导签字,直接报销。

三、案例分析

分析 1:

德胜公司副总 W 先生,负责众多工地的工程建设,在公司刚创立时就来公司,与总裁同甘共苦,吃苦耐劳,对公司贡献很大,与聂总裁是一个县的老乡,而且也结下了深厚的友谊。

W 先生在苏州购买的一套住房需要装修,他发现其他任何装修公司都比不上德胜公司自己的装修队伍,于是他利用自己拥有的调度人、物权力,从公司工地上调动员工 10 人次,共计 20 多天,装修材料价值数万元,为自己的房子进行装修。此事直到公司财务发现时,W 先生没有请示任何上级。但 W 先生在调用每个员工时,在考勤表上写的是"去 W 先生家",在领用建材时,在出库单上写的也是"用于 W 先生家",也就是说他没有掩盖用公司人、物的事实。

【问题】

假如你是德胜公司聂总裁,你将如何处理 W 先生? 要不要开除他? 采取什么方式解决这次事情?

分析 2:

作为德胜公司根本大法的《德胜员工手册》开宗明义:"员工的生命是公司最宝贵的财富,在任何危急的情况发生时,公司都奉行生命第一的原则。公司不认同员工冒着生命危险去抢救国家财产、集体财产及他人财产的价值观,带病坚持工作不但不能得到表扬,而且有可能受到相应的处罚。"曾有一名德胜员工因自己违规操作而导致全身 96% 严重烧伤,送到苏州医院烧伤科医治时医院认为在医学上无救活的先例,准备放弃抢救,而且就是要抢救,花费也在几百万元。这时公司管理层给公司最高层打电话,如实告诉实情,问还采取不采取抢救措施。

【问题】

这时,假如你是德胜公司最高层,你会怎样面对这件事,会抢救这名员工吗?

分析 3:

德胜公司在上海建设美林别墅完工后不久,业主开始入住。入住后不少业主反映美林别墅的闭路电视系统存在严重问题,如果不马上修好,很多业主准备退租或退房。德胜公司发现闭路电视系统确实存在问题,维修该系统需要花费 7 万元左右。但该系统不是德胜公司安装的,是一家闭路电视公司安装的,责任应该由电视公司负责,但从向电视公司说明到解决问题可能需要最起码 1 个月时间。美林别墅项目经理向聂总发邮件请示,该事情如何处理。一种是向业主如实说明该闭路电视系统不是德胜公司安装的,应该是闭路电视公司负完全责任,并且通知闭路电视公司。另一种是承担该事情责任,德胜公司自己修好电视系统。

【问题】

如果你是聂总裁,你将如何处理该事情?

10 激 励

朱彬是一家房地产公司负责销售的副总经理,他把公司最好的推销员李兰提拔起来当销售部经理。李兰在这个职位上干得并不怎么样,她的下属说她待人不耐烦,几乎得不到她的指点与磋商。李兰也不满意这个工作,当推销员时,她做成一笔买卖就可以立刻拿到奖金,可当了经理后,她干得是好是坏取决于下属们的工作,她的奖金也要到年终才能定下来。人们说她是"被高度激发了",她拥有一幢价格昂贵的市区住房,开着"奥迪"车,全部收入都用在生活开销上。李兰现在和过去判若两人,朱彬被搞糊涂了。一位管理咨询专家被请来研究这一情况,他的结论是,对李兰来说,销售部经理一职不是她所希望的,她不会卖力工作以求成功。管理咨询专家为什么会得出这个结论?

激励是领导工作的一个重要方面,是保持一个组织中员工工作激情和活力,进而提高他们的工作效率的重要手段。本章从激励的含义和过程入手,分析了几种典型的有关人性的假设,着重阐述和分析了几种有影响力的激励理论,并且介绍了几种常用的激励技术。

10.1 激励概述

简单地理解,所谓激励就是我们通常所说的如何调动人的积极性、主动性和创造性。从过程的角度看,激励是由需要、动机、行为、目标和心理满足等构成的一个完整的连锁系统。激励不仅是领导工作的一个重要组成部分,也是管理领域中一个古老而又永恒的话题。

10.1.1 激励的概念和过程

1) 激励的含义

从管理学的角度说,激励是指领导者运用各种手段,激发下属的动机,鼓励下属充分发挥内在的潜力,努力实现自己所期望的目标并引导下属按实现组织既定目标的要求去行动的过程。管理工作中的激励就是通常所说的调动人的积极性。

2) 激励的过程

激励的过程,可以看成是一系列的连锁反应过程:从感觉需要开始,由此引起要求或要追求的目标,这时便出现一种紧张感即未满足的欲望。然后引起为实现目标的行动,行动指向一定的目标,目标实现后获得满足,又产生新的需要。激励就是在上述连锁反应过程中,通过刺激人的某种需要,激发人的动机,使其形成一种强大的心理驱动力,进而产生某种特定行为的过程(见图10.1)。

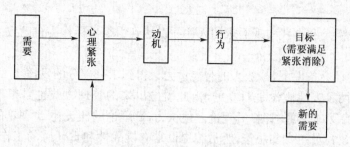

图 10.1　激励的简单过程

3）激励的内因与外因

激励来自两方面：一方面是"内在的"；另一方面是"外在的"。由内在因素即内因起作用的激励称为内激励；来自外部因素即外因的激励称为外激励。

内激励与外激励往往是同时存在的。人的内在因素是促使人产生行为的基本原因，外在因素是一种"诱因"。这些诱因包括物质的刺激，也包括精神的刺激。外在的刺激能否有效地影响激励效果，取决于外在的诱因与被激励者的需要、价值观和个性特征等内在因素相吻合并发生共鸣。人们只有在感觉到某种东西正好适合自己的需要并有可能得到时，才能产生较强的吸引力和影响力，从而激发人的工作动机，否则不会产生激励作用。

10.1.2　人性假设与激励

所谓人性假设，通俗的理解也就是如何看待人的本性，我国古代即有人之初"性本善"还是"性本恶"之争。作为管理者，对人性持有的看法不同，其选择的管理方式和方法会有很大不同。西方学者对人性的看法所持的观点有以下几种类型。

1）麦格雷戈的 X 理论和 Y 理论

美国心理学家麦格雷戈(Douglas McGregor)在他的《企业中人的方方面面》一书中提出了两种截然相反的人性假设。他把其中一种称为 X 理论，另一种称为 Y 理论。他认为，传统管理理论大都建立在 X 理论的人性假设的基础上。其要点可以概括为：

（1）多数人天生是懒惰的，只要有可能，他们便会尽量逃避工作。

（2）多数人没有雄心大志，不愿承担任何责任，心甘情愿受别人指导。

（3）多数人的个人目标都是与组织目标相矛盾的。所以必须用强制、惩罚的办法才能迫使他们为达到组织的目标而工作。

（4）多数人干工作都是为了满足基本的需要，只有金钱和地位才能鼓励他们工作。

（5）人大致可以划分为两类，多数人是类似上述设想的人；另一类是能够自己鼓励自己、能够克制感情冲动的人，这些人能负起管理的责任。

Y 理论是麦格雷戈对人的本性的一种积极评价的假设。其要点是：

（1）一般人是勤奋的，如果环境条件有利，工作就如同游戏或休息一样自然。

（2）控制和惩罚不是实现组织目标的唯一手段。人们在执行任务中能够自我指导和自我控制。

（3）在适当条件下，一般人不仅会接受某种职责，而且还会主动寻求职责。

（4）大多数人而不是少数人，在解决组织的困难时，都能发挥出高度的想象力、聪明才智和创造性。

(5) 有自我满足和自我实现需求的人往往以达到组织目标作为自己致力于实现目标的最大报酬。

(6) 在现代社会条件下,一般人的智能潜力只得到了一部分的发挥。

很明显,这两种人性假设是对立的,由此引申出来的管理方式也是很不一样的。麦格雷戈对 X 理论持反对态度,主张 Y 理论。他认为,Y 理论的假设比 X 理论的假设更实际有效。因此,他建议让员工参与决策,为员工提供富有挑战性和责任感的工作,建立良好的群体关系,认为这有助于调动员工的工作积极性。

2) 沙因的人性假设理论

美国管理学家埃德加·沙因(Edgar H. Schein)在对梅奥的人群关系论,麦格雷戈的 X、Y 理论,以及马斯洛的需要层次论进行概括总结的基础上,提出他本人对人性的看法。他认为有 4 种人性假设:

(1) 理性经济人假设。该假设认为,人是以一种合乎理性的、精打细算的方式行事,人的行为都是为了最大限度地满足个人的私利,工作是为了获得经济报酬。于是,管理工作就是对人诱之以利,惩之以罚,即俗话所说的"胡萝卜加大棒"的管理方法。这种人性假设与麦格雷戈的 X 理论很相似。

(2) 社会人假设。该假设认为,人们在工作中得到的物质利益,对于调动积极性只有次要的意义。人们最重视的是在工作中与周围人友好相处。良好的人际关系比上级主管的控制力量更加重要。社会需求的满足比经济上的物质刺激更能激励人。

(3) 自我实现人假设。马斯洛认为人类的高级需要是最有激励作用的,其最高层次就是自我实现的需要。所谓自我实现是指"人都需要发挥自己的潜力,表现自己的才能,只有人的潜力充分发挥出来,人的才能充分表现出来,人才会感到最大的满足"。这就是说,人们除了上述的社会需求之外,还有一种想充分运用自己的各种能力,发挥自身潜力的欲望。麦格雷戈借用了这个名词并把它作为人性特质,从而引申出 Y 理论。他认为人是自我激励、自我指导和自我控制的,具有提高自己能力并充分发挥个人潜能的强烈愿望。因此,企业就应该把人作为宝贵的资源来看待,通过提供具有挑战性的工作使人的个性不断成熟并体验到工作的内在激励。

(4) 复杂人假设。该假设认为,上述 3 种人性假设虽各有一定的合理性,但不能适用于一切人。因为现实中的人是复杂的,不仅因人而异,而且不断变化。也就是说,不同的人以及同一个人在不同的时间和场合下会表现出不同的动机和需求,人还能够学会和形成新的需要和动机。由于人的需要不同,能力各异,对于不同管理方式会有不同的反应。因此,没有一种适合任何时代、任何组织、任何个人的普遍行之有效的管理方法。复杂人假设是权变管理理论直接的理论基础。

3) 当代人性新认识

进入 20 世纪 80 年代以后,整个世界的形势发生了巨大的变化,管理思想也相应地进行着调整。正像对组织外部的环境要重新认识一样,对作为组织成员的人也要重新认识。美国负有盛名的管理学大师托马斯·彼得斯在他的管理理论中探讨了在新的组织环境中调动人的最大潜力的途径。

彼得斯认为,人性是一个矛盾的综合体,人受到"两重性"的驱动,他既要作为集体的一员,又要突出自己,他既要成为一个获胜队伍中一个可靠的成员,又要通过不平凡的努力而成为队伍中的明星。他认为人性具有以下一些特点:

(1) 所有的人都是以自我为中心的,对来自他人的赞扬感到快慰,有普遍趋于认为自己是优胜者的趋势。

(2) 人是环境的奴隶。

(3) 人迫切需要活得有意义,对于这种意义的实现愿意付出极大的牺牲。

(4) 人们通常将成功看成是由自身因素决定的,而把失败归于体制所造成的,以便使自己从中开脱出来。

(5) 大多数人在寻求安全感时,好像特别乐于服从权威,而另一些人在利用他人向他们提供有意义的生活时,又特别乐于行使权力。

根据彼得斯对人性的看法,人性是矛盾的,成功的领导者要善于处理自相矛盾的事情,既要为人们提供出人头地的机会,又要将这一机会和一种具有超越意义的哲学和信念结合起来。

案例阅读

两只水桶

一位挑水夫,有两个水桶,分别吊在扁担的两头,其中一个水桶有裂缝,另一个则完好无缺。在每趟长途挑运之后,完好无缺的水桶总能将满满一桶水从溪边送到主人家中,但是有裂缝的水桶到达主人家时却只剩下半桶水。两年来,挑水夫就这样每天挑一桶半的水到主人家。当然了,好桶对自己能够送满整桶水很感自傲。破桶对于自己的缺陷则非常羞愧,它饱尝了两年失败的苦楚,终于忍不住了,在小溪旁边对挑水夫说:"我很惭愧,必须向你道歉。"

"为什么呢?"挑水夫问道:"你为什么觉得惭愧?"

"过去两年,因为水从我这边一路的漏,我只能送半桶水到你的主人家,我的缺陷,使你做了全部的工,却只收到一半的成果。"破桶说。

挑水夫替破桶感到难过,他很有爱心地说:"我们回到主人家的路上,我要你留意路旁盛开的花朵。"

果真,他们走在山坡上,破桶眼前一亮,看到缤纷的花朵开满路的一旁,沐浴在温暖的阳光之下,这景象使它开心很多! 但是,走到小路的尽头,它又难受了,因为一半的水又在路上漏掉了! 破桶再次向挑水夫道歉,挑水夫说:"你有没有注意到小路两旁,只有你的那一边有花,好桶的那边却没有开花呢? 我明白你有缺陷,因此我善加利用,在你那边的路旁撒了花种,每回我从溪边来,你就替我一路浇了花! 两年来,这些美丽的花朵装饰了主人的餐桌。如果你不是这个样子,主人的桌上也没有这么好看的花朵了!"

【点评】 挑水夫为发扬破桶的自身特点,在路上撒下花种,恰好使破桶漏出来的水作为浇灌之用。这种处理方法非常合理。在企业中,要想每个员工都完美无缺是不可能的。人无完人,每个人都有他自身的弱点。在这种情形下,管理者就要懂得怎样去发挥员工的长处,对他的短处不要过多的苛责。如果宽容地来看,不难发现,很多时候员工的弱点也可以是一种长处。

10.2 激励理论

10.2.1 马斯洛的需要层次理论

1）需要层次理论的理论来源

这一理论是由美国社会心理学家亚伯拉罕·马斯洛提出来的,因而也称为马斯洛需要层次论。

需要层次论主要试图回答这样的问题:决定人的行为的尚未得到满足的需要是些什么内容? 早在20世纪30年代著名的霍桑实验中,梅奥等研究人员就以工厂为研究对象,希望找出提高工人劳动生产率的手段,研究除泰勒从前倡议的经济利益刺激外,是否还有其他激励内容。结果发现,工人的劳动积极性的提高在很大程度上取决于他们所处的环境,既有车间又有工厂外的社会环境。为此,梅奥认为工人在劳动过程中被激励的前提,是作为"社会人"的人格状态而存在的人,而不仅仅是简单的"经济动物"。

马斯洛在这种意义上深化了包括霍桑试验在内的其他关于激励对象的行为科学研究,通过对需要的分类,找出对人进行激励的途径,即激励可以看成是对具体的社会系统中未满足的需要进行刺激的行为过程。

马斯洛的需要层次论有两个基本出发点。一个基本论点是人是有需要的动物,其需要取决于它已经得到了什么,还缺少什么,只有尚未满足的需要能够影响行为。换言之,已经得到满足的需要不再起激励作用。另一个基本论点是人的需要都有层次,某一层需要得到满足后,另一层需要才出现。

在这两个论点的基础上,马斯洛认为,在特定的时刻,人的一切需要如果都未能得到满足,那么满足最主要的需要就比满足其他需要更迫切。只有前面的需要得到充分的满足后,后面的需要才显示出其激励作用。

2）需要层次理论的主要内容

马斯洛认为,每个人都有5个层次的需要:生理的需要、安全的需要、社交或感情的需要、尊重的需要、自我实现的需要(见图10.2)。

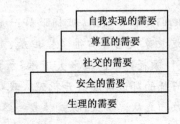

图 10.2　需要层次示意图

（1）生理的需要

生理的需要是任何动物都有的需要,只是不同的动物这种需要的表现形式不同而已。对人类来说,这是最基本的需要,如衣、食、住、行等。所以,在经济欠发达的社会,必须首先研究并满足这方面的需要。

（2）安全的需要

安全的需要是保护自己免受身体和情感伤害的需要。它又可以分为两类：一类是现在的安全的需要，另一类是对未来的安全的需要。即，一方面要求自己现在的社会生活的各个方面均能有所保证，另一方面希望未来生活能有所保障。

（3）社交的需要

社交的需要包括友谊、爱情、归属及接纳方面的需要，这主要产生于人的社会性。马斯洛认为，人是一种社会动物，人们的生活和工作都不是孤立地进行的，这已由 20 世纪 30 年代的行为科学研究所证明。这说明，人们希望在一种被接受或属于的情况下工作，属于某一群体，而不希望在社会中成为离群的孤鸟。

（4）尊重的需要

尊重的需要分为内部尊重和外部尊重。内部尊重因素包括自尊、自主和成就感；外部尊重因素包括地位、认可和关注或者说受人尊重。自尊是指在自己取得成功时有一种自豪感，它是驱使人们奋发向上的推动力。受人尊重，是指当自己作出贡献时能得到他人的承认。

（5）自我实现的需要

自我实现的需要包括成长与发展、发挥自身潜能、实现理想的需要。这是一种追求个人能力极限的内驱力。这种需要一般表现在两个方面。一是胜任感方面，有这种需要的人力图控制事物或环境，而不是等事物被动地发生与发展。二是成就感方面，对有这种需要的人来说，工作的乐趣在于成果和成功，他们需要知道自己工作的结果，成功后的喜悦要远比其他任何报酬都重要。

马斯洛还将这 5 种需要划分为高低两级。生理的需要和安全的需要称为较低级需要，而社交需要、尊重需要与自我实现需要称为较高级的需要。高级需要是从内部使人得到满足，低级需要则主要是从外部使人得到满足。马斯洛的需要层次论会自然得到这样的结论，在物质丰富的条件下，几乎所有员工的低级需要都得到了满足。

3）对需要层次理论的认识和评价

马斯洛的理论特别得到了实践中的管理者的普遍认可，这主要归功于该理论简单明了、易于理解、具有内在的逻辑性。但是，正是由于这种简捷性，也提出了一些问题，如这样的分类方法是否科学等。其中，一个突出的问题，就是这种需要层次是绝对的高低还是相对的高低？马斯洛理论在逻辑上对此没有给出确切的答案，我国管理学者对马斯洛的需要理论进行了讨论，认为人类需要实际上具有多样性、层次性、潜在性和可变性等特征。

需要的多样性，是指一个人在不同时期可有多种不同的需要，即使在同一时期，也可存在着好几种程度不同、作用不同的需要。需要的层次性，应是相对排列，而不是绝对由低到高排列的，需要的层次应该由其迫切性来决定。对于不同的人在不同时期，感受到最强烈的需要类型是不一样的。因此，有多少种类型的需要，就有多少种层次不同的需要结构。需要的潜在性，是决定需要是否迫切的原因之一。人的一生中可能存在多种需要，而且许多是以潜在的形式存在的。只是到了一定时刻，由于客观环境和主观条件发生了变化，人们才发现、才感觉到这些需要。

因此，只有在认识到了需要的类型及其特征的基础上，企业的领导者才能根据不同员工的不同需要进行相应的有效激励。马斯洛的需要层次论为企业激励员工提供了一个参照样本。

马斯洛需要层次理论的巨大贡献：

（1）它提供了一个比较科学的理论框架，成为激励理论的基础。

（2）它指出了每一种需要的具体内容。

（3）它将自我实现作为人的需要的最高层次对我国的管理者同样具有积极的意义。

马斯洛需要层次理论的缺陷：

（1）对需要层次的分析简单、机械。

（2）它的前提——人都是自私的，不是一种科学的假设。

（3）把人的基本需要归结为 5 个层次，还不尽完善。

10.2.2　赫兹伯格的双因素论

1）双因素理论的主要内容

美国心理学家赫兹伯格（F. Herzberg）和他在匹兹堡的心理学研究所的研究人员，通过一项研究提出了"双因素论"。

他们在研究中访问了 200 多位工程师和会计人员，请他们列举在工作中使他们感到愉快的项目有哪些，使他们不愉快的项目有哪些。对调查结果进行分析发现，受访人员觉得未能满足的因素，多数与工作环境有关，如公司的政策与行政管理、监督、工作条件、人际关系、薪金、地位、职业安定和个人生活等。而他们觉得满意的因素，大多属于工作本身的因素，如成就、赏识、工作富有挑战性、晋升和工作中的成长等。由此，赫兹伯格提出，主要由两类因素影响人们的行为：保健因素和激励因素。

保健因素是指那些与人们的不满情绪有关的因素，如企业政策、工资水平、工作环境、劳动保护。这类因素处理得不好会引发工作不满情绪的产生，处理得好可预防和消除这种不满。但它不能起激励作用，只能起到保持人的积极性、维持工作现状的作用。

能够促使人们产生工作满意感类的因素叫做激励因素，激励因素主要包括以下内容：

（1）工作表现机会和工作带来的愉快。

（2）工作上的成就感。

（3）由于良好的工作成绩而得到的奖励。

（4）对未来发展的期望。

（5）职务上的责任感。

双因素理论认为满意的对立面是没有满意，而不是不满意；同样，不满意的对立面是没有不满意，而不是满意。

专栏10-1 ▶▶▶

乔布斯语录

我相信最终是工作在激发人们的能力，有时我希望是我来推动他们，但其实不是，而是工作本身。我的工作是使工作尽可能地显现美好，并激发出人们的最大潜能。工作将是生活中的一大部分，让自己真正满意的唯一办法，是做自己认为有意义的工作；做有意义的工作的唯一办法，是热爱自己的工作。你们如果还没有发现自己喜欢什么，那就不断地去寻找,不要急于作出决定。就像一切要凭着感觉去做的事情一样,一旦找到了自己喜欢的事,感觉就会告诉你。就像任何一种美妙的东西,历久弥新。所以说,要不断地寻找,直到找到自己喜欢的东西。不要半途而废。让我能够作出人生重大抉择的最主要办法是,记住生命随时都有可能结束,记住自己随时都会死去,这是我所知道的防止患得患失的最好方法。

2) 对双因素理论的评价

赫兹伯格双因素理论的主要贡献如下:

(1) 它告诉我们一个事实,采取了某种激励机制的措施以后并不一定就带来满意。

(2) 满足各种需要所引起的激励深度和效果是不一样的。

(3) 要调动人的积极性,不仅要注意物质利益和工作条件等外部因素,更重要的是用一些内在因素来调动人的积极性。

同时,对此理论也存在很多负面的评价和批评:

(1) 赫兹伯格调查取样的数量和对象缺乏代表性。调查时的对象只是工程师、会计师等专业人员,他们不能代表工人的情况。

(2) 赫兹伯格在调查时,问卷的方法和题目有缺陷。

(3) 赫兹伯格认为,满意和生产率的提高有必然的联系,而实际上满意并不等于劳动生产率的提高。人因为出于种种考虑,可以在不满意的条件下达到高的生产率。反之亦然。

(4) 赫兹伯格将保健因素和激励因素截然分开是不妥的。

无论如何,双因素理论有很多值得我们借鉴的地方,尤其是结合中国特殊的国情,在员工激励方面至少有以下几点值得我们思考:

(1) 我们在实施激励时,应注意区别保健因素和激励因素的区别与联系。

(2) 当前,中国部分企业员工收入相对较低,所以工资和奖金不仅仅是保健因素,如果运用得当,也表现出显著的激励作用。

(3) 应注意激励深度问题。

(4) 随着人们收入水平逐步提高,内在激励的重要性越来越明显。

10.2.3　麦克利兰的成就需要论

美国管理学家大卫·麦克利兰(David Maclelland)专门研究了人的后天需要问题。他认为,人的需要并非都是与生俱来的,有些需要是在后天的个人生活经历中获取的。人在后天形成的需要主要有3种:权力的需要、友谊的需要和成就的需要。

权力的需要是指渴望影响或控制他人、为他人负责,对他人具有权威。

友谊的需要是指渴望与他人形成密切的关系,避免冲突,建立友谊。

成就的需要是指具有追求高成就的强烈欲望,他们敢于迎接挑战,为自己设置一些有一定难度的目标,掌握复杂的技能以及超越其他人。

不同的人,这3种需要排列的顺序和比重不同。这些差别,与个人早期的生活阅历有很大关系。

根据麦克利兰的研究,那些有着高成就欲望的人往往成长为企业家,有着强烈友谊需求的人一般是成功的"人际关系调节者",而对权力有着强烈需求的人有较多的机会晋升到组织的高级管理层。

10.2.4　期望理论

期望理论是研究人们对他们自己的工作能力和应得回报的期望值在激励过程中的作用的理论。该理论主要由美国心理学家 V. 弗鲁姆(Victor Vroom)在 20 世纪 60 年代中期提出并形成,其他许多学者也为这一理论作出了贡献。

该理论的基本观点是:人们从事某项工作所受到的激励程度,取决于经其努力后所取得的最终结果的价值和经其努力后实现该结果的可能性。该观点用公式表示为:

$$M = E \cdot V$$

M 表示激励程度,反映一个人工作积极性的高低和持久程度,它决定人们在工作中会付出多大努力。

E 表示期望值,是指人们实现某种既定目标的主观概率,即主观估计自己的能力和经过努力达到某种目标的可能性的大小。

V 表示效价,是指一个人对达到的某种成果的偏好程度,即人们对在实现目标后所获得的奖酬的价值的主观评价。

该公式表明,一个人对他所追求的目标的价值看得越大,估计能实现该目标的概率越高,那么他的动机越强烈,激励的水平也就越高,其内部潜力也就越被充分地调动起来。

根据这一理论的研究,员工对待工作的态度依赖于对下列 3 种联系的判断:

(1) 努力与绩效的联系。指通过努力能否达到预期的工作成绩,这是第一层目标。

(2) 绩效与奖酬的联系。指绩效能否带来预期的奖酬,这是第二层目标。

(3) 奖酬与个人需要的联系。指奖酬能否满足个人最迫切的需要和愿望,也即效价的高低。职工对经过努力取得业绩后所获得的某种工作报酬或奖励,往往根据个人的需要和追求的目标加以评价(见图 10.3)。

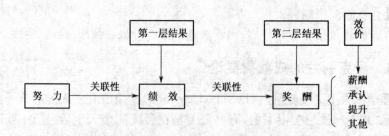

图 10.3　期望理论主要构成要素

根据上述理论,管理者在激励员工时,首先要了解员工的个人目标是什么或最迫切的需要是什么,为员工设置在他看来是最有效价的目标。其次,要使员工经过努力所达到的工作业绩与他的个人目标在客观上真正联系起来,并让员工预先知道这种联系。最后,要让职工树立这样的观念,只要努力工作,就有可能达到所期望的业绩水平,并最终可以获得所期待的奖酬。

10.2.5　强化理论

强化理论是美国心理学家斯金纳(B. F. Skinner)首先提出的,它是从人的行为与其结果之间的联系去研究如何改变人的行为。

强化理论认为,人的行为是个体对外界刺激所作出的反应。这种反应如何,取决于特定行为的结果。当行为的结果对他有利时,这种行为会重复出现。当行为的结果不利时,个体可能会改变自己的行为以避免这种结果。因此,管理者通过控制外部的环境条件(外部刺激),可以改变人的行为。这称为强化,也称行为修正。

强化方法有 4 种:

1) 正强化

指用一种令人满意的结果(如表扬、提高工资或其他奖励)表示对该类行为的肯定和奖励,强化组织所需要的行为。

2) 规避性学习

有时也被称为负强化。是指让员工明白不符合要求的行为会给自己带来不愉快的结果(如批评或低评价),员工们为了避免这种不愉快的结果而学会正确行事,从而增加了符合要求的行为的重复出现。这与正强化殊途同归。

3) 自然消退

指取消正强化,即对某些行为不予理睬,不再进行强化,促使该类行为慢慢消失。

4) 惩罚

惩罚指不良行为发生后,对行为者予以批评、降职、罚款或开除等处罚,造成一种令人不愉快的结果,表示对该行为的否定,以免该类行为再次发生。

上述 4 种激励方法中,正强化的效果最好,应以正强化为主。惩罚会引起职工个人的不满,有一定副作用。因此,应慎重使用。

专栏10-2 ▶▶▶

自我强化

尽管管理者总是组织中强化的提供者,但人们有时通过自我强化激励自己。人们可以通过为自己设置目标控制自己的行为,然后在他们取得目标的时候强化自己。自我强化物是那些对自己好的业绩给予所期望的或有吸引力的结果或奖励,比如成就感、看电影、外出吃饭、买新的 CD 或打高尔夫。当组织的成员通过自我强化控制他们的行为时,由于下属控制和激励他们自己,管理者就没有必要花费与以往一样的时间,通过对结果的管理来激励和控制他们的行为。事实上,这种自我控制通常被称为行为的自我管理。

(资料来源:[美]加雷思·琼斯,珍妮弗·乔治,查尔斯·希尔著. 当代管理学(第二版). 李建伟等译. 北京:人民邮电出版社,2003)

10.2.6 公平理论

公平理论是研究个体对自己是否得到平等对待的估价如何影响个体工作的行为及其满意度的理论。该理论是美国心理学家亚当斯(J. s. Adams)在 1965 年首先提出来的。

亚当斯提出"贡献率公式":

$$\frac{O_P}{I_P} = \frac{O_O}{I_O}$$

式中：O_P——一个人对他自己所获结果（报酬）的感觉与评价；

I_P——一个人对他自己所投入（劳动）的感觉与评价；

O_O——他对某人（比较对象）所获结果的感觉与评价；

I_O——他对某人（比较对象）所做投入的感觉与评价。

$$\frac{O_P}{I_P} > \frac{O_O}{I_O} \qquad 满意$$

$$\frac{O_P}{I_P} < \frac{O_O}{I_O} \qquad 不满意$$

$$\frac{O_P}{I_P} = \frac{O_O}{I_O} \qquad 认可$$

上述公式可能会出现 3 种情形：

（1）当大于时，员工得到过高的收入，虽没有觉得公平但是会感到满意。基于认为付出的努力较少，可能会自觉地增加付出。

（2）当小于时，员工对组织的激励措施感到不公平，可能会要求增加收入，或者减少付出，甚至离职。

（3）当等于时，员工觉得是公平的，保持工作的积极性和努力程度。

公平理论的基本观点是：当一个人作出了成绩并取得了报酬以后，他不仅关心自己所得报酬的绝对量，而且关心自己所得报酬的相对量。因此，他要进行种种比较来确定自己所获得的报酬是否合理，比较的结果将直接影响其今后的行为和工作的积极性。

同时，公平理论对报酬分配至少在以下 4 个方面提供了一种有价值的指导：

（1）按时间付酬时，收入超过应得报酬的员工的生产率水平将高于收入公平的员工。

（2）按产量付酬时，收入超过应得报酬的员工与那些收入公平的员工相比，产品生产数量增加不多而主要是提高产品质量。

（3）按时间付酬时，对于收入低于应得报酬的员工来说，将降低生产的数量和质量。

（4）按产量付酬时，收入低于应得报酬的员工与收入公平的员工相比，其产量高而质量低。

值得注意的是，公平理论提出的基本观点是客观存在的，但公平本身却是一个相当复杂的问题，这主要是因为个体在进行比较的过程中会受到以下主观因素的影响：①它与个人的主观判断有关；②它与个人所持的公平标准有关；③它与绩效的评定有关；④它与评定人有关。

尽管如此，公平理论至少应该在以下几个方面引起管理者的重视和思考：①影响激励效果的不仅有报酬的绝对值，还有报酬的相对值；②激励时应力求公正，使等式在客观上成立，尽管有主观判断误差，也不致造成严重的不公平感；③在激励过程中应注意对被激励者公平心理的疏导，引导其树立正确的公平观。

公平理论对于管理者有着重要的启示，因为当个体感到存在明显的不公平时，会出现心理上的紧张状态，并想方设法降低这种不公平的感觉，恢复心理平衡。因此，精明的管理者总是非常重视公平问题，力求创造一种公平的组织氛围，以使其下属受到不断的激励。

10.2.7　波特—劳勒的综合激励模型

波特和劳勒在其他人的激励理论的基础上提出了一个综合的激励模型（见图 10.4）。

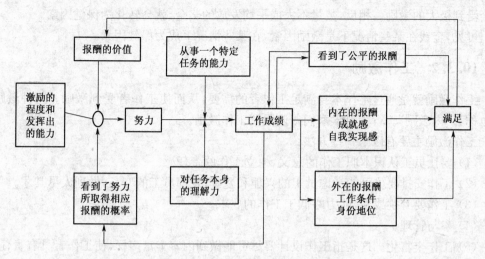

图 10.4　波特和劳勒的综合激励模型

该模式可以告诉我们：

(1) 努力来自于报酬的价值，个人认为需要付出的努力和受到的奖励的概率。

(2) 工作实际绩效取决于能力的大小、努力程度以及对所需完成任务理解的深度。

(3) 奖励要以绩效为前提，不是先有奖励后有绩效，而是必须先完成组织任务才能导致精神的、物质的奖励。

(4) 激励措施是否会产生满意，取决于受激励者认为获得的报酬是否公平。

(5) 满意将导致进一步的努力。

因此，对于管理而言，激励绝对不是一个简单的因果关系，管理者应该深刻理解并关注"努力—成绩—报酬—满足"这一连锁结构的复杂性。

10.3　激励实务

10.3.1　金钱激励

由于赫兹伯格的双因素论把薪金列入保健因素，因此有人便怀疑金钱的激励作用。正如前面所指出的，赫兹伯格的双因素理论所考察的对象是当时美国的工程师和会计师等白领阶层，对他们来说，薪金已经不是最重要的，他们更加重视从工作本身获得满足。这正好说明金钱并不是唯一的和万能的因素。

金钱虽然不是唯一的和万能的因素，但在许多情况下确实是重要的激励因素。金钱的激励作用对于抱着经济动机、经济收入偏低且需养家糊口的职工来说显得尤为重要。而对于那些经济收入已相当可观，物质生活根本不成问题，尊重和成就需要已成为优势需要的工作者来说，金钱的激励作用也就大大降低。

即便这样，金钱作为一种激励因素仍然不可忽视。因为金钱不仅是钱，它还是一个人的工作成就、地位和价值的反映。因此，高工薪、高奖金成为许多单位留住人才、吸引人才的一种手段。当工作者取得某项成果或贡献突出获得组织奖给的一笔数量较大的奖金时，就会受到极大的激励。相反,数量不大或平均发放的奖金,就会转化为保健因素。

可见,金钱在某些情况下是激励因素,在某些情况下成为保健因素。

10.3.2 工作激励

工作激励就是通过工作本身满足工作者的需要,从而使工作者受到激励。这种激励方法也称为"内激励"。行为科学家们普遍强调工作激励。

工作激励主要有以下一些方法:

(1) 要让员工认识本职工作的意义,树立工作的责任感。

(2) 工作安排要尽可能考虑员工的兴趣和爱好,发挥员工的专长,做到人尽其才。

(3) 工作要有挑战性,能力略低于工作的要求。

(4) 参与管理。

(5) 工作丰富化。这是指工作设计要尽可能做到内容丰富多样,使工作者具有责任感、成就感和充满乐趣。

10.3.3 精神激励

精神激励,就是通过满足员工精神方面的需要,如情感、尊重、成就感、自我实现的需要,在较高的层次上调动员工的积极性。这方面的激励方法很多,主要有:

1) 目标激励

目标具有诱发、导向和激励作用。许多有经验的领导者都非常注意将组织的长远目标、近期目标经常向员工们大力宣讲,让全体员工看到自己工作的意义和光明前景,从而激发大家强烈的事业心和使命感。

运用目标激励时,要注意把组织目标与个人目标结合起来,组织目标要尽可能体现个人目标,要让职工认识到组织目标与个人目标的一致性,个人目标要通过组织目标的实现来体现。

2) 支持激励

对下属的工作采取支持的态度,会大大调动下属的积极性。下属的工作得到上司的支持,遇到困难,得到上司的帮助,排忧解难,万一失败,得到领导的理解,这比什么都重要。

3) 关怀和尊重激励

人是有思想、有感情的动物,希望得到别人的关心和尊重。在工作环境中,领导者若能关心职工,解决职工的实际困难,平时经常与职工沟通,让职工感受到领导的关怀和组织的温暖,就会激发出强烈的工作热情和爱集体如家的精神。

尊重激励是一种基本的激励方式。员工的作用和价值得到领导的充分肯定和承认,有助于促使员工树立自信和调动员工的积极性。上下级之间、员工之间的相互尊重,有利于形成和谐的人际关系,加强集体的凝聚力。尊重员工不能停留在口头上,而是要在实际行动上处处体现。如果领导者不重视员工,不尊重员工,就会大大打击员工的积极性。

10.3.4 培训教育和发展机会激励

通过培训教育,培养员工的成就欲望和进取精神,充实知识,提高业务能力,提高自我激励能力,是重要的激励方法。

通过培训教育,充实他们的知识,提高他们的能力,提高他们的学历或等级证书,或获得专业技术职称的晋升等。这就为员工提供了进一步发展的机会,满足他们自我实现的需要。

 本章小结

从管理学的角度说,激励是指领导者运用各种手段,激发下属的动机,鼓励下属充分发挥内在的潜力,努力实现自己所期望的目标并引导下属按实现组织既定目标的要求去行动的过程。激励的过程,可以看成是一系列的连锁反应过程:从感觉需要开始,由此引起要求或要追求的目标,这时便出现一种紧张感即未满足的欲望。然后引起为实现目标的行动,行动指向一定的目标,目标实现后获得满足,又产生新的需要。

美国管理学家埃德加·沙因认为有 4 种人性假设:理性经济人假设、社会人假设、自我实现人假设和复杂人假设。

美国社会心理学家亚伯拉罕·马斯洛提出需要层次论:生理的需要、安全的需要、社交的需要、尊重的需要和自我实现的需要。

美国心理学家赫兹伯格(F. Herzberg)和他在匹兹堡的心理学研究所的研究人员,通过一项研究提出了"双因素论",即保健因素和激励因素。所谓保健因素,是指那些与人们的不满情绪有关的因素;所谓激励因素,是指能够促使人们产生工作满意感类的因素。

美国管理学家大卫·麦克利兰(David Maclelland)专门研究了人的后天需要问题。他认为人的需要可以分为权力的需要、友谊的需要和成就的需要。

美国心理学家 V. 弗鲁姆(Victor Vroom)在 20 世纪 60 年代中期提出了期望理论。该理论的基本观点是:人们从事某项工作所受到的激励程度,取决于经其努力后所取得的最终结果的价值和经其努力后实现该结果的可能性。根据这一理论的研究,员工对待工作的态度依赖于对下列 3 种联系的判断:努力与绩效的联系、绩效与奖酬的联系、奖酬与个人需要的联系。管理者在激励过程中需要注意处理好这 3 个方面的关系。

强化理论是美国心理学家斯金纳(B. F. Skinner)首先提出的。它是从人的行为与其结果之间的联系去研究如何改变人的行为。强化理论认为,人的行为是个体对外界刺激所作出的反应。这种反应如何,取决于特定行为的结果。

公平理论是研究个体对自己是否得到平等对待的估价将如何影响个体工作的行为及其满意度的理论。该理论是美国心理学家亚当斯(J. s. Adams)在 1965 年首先提出来的。帕特和劳勒在其他人的激励理论的基础上提出了一个综合的激励模型。

激励实务主要阐述了 4 种不同的激励技术和方法,即金钱激励、工作激励、精神激励、培训教育和发展机会激励。

复习思考题

1. 常听到一些经理说:"金钱是最有效的激励因素。只要多给钱,就可以调动职工的积极性。"你认为是这样的吗? 试运用有关激励理论对经理的话作一评论。

2. 人性假设与管理有何关系? 主要有哪几种人性假设? 相应的管理对策是什么? 你认为,强调企业文化重要作用的管理思想的人性假设是什么?

3. 马斯洛需要层次论对于管理有何指导意义? 你认为该理论有无什么缺点? 如果有

的话,它在多大程度上是正确的?

4. 假如你是一个企业的中层管理者,怎样运用赫茨伯格的双因素理论?

5. 现有 3 个经理,他们分别具有高成就感、人际关系导向明显和权力欲望极强,你愿意为哪个类型的上司工作? 为什么? 他们 3 人的优点和缺点是什么?

6. 期望理论中的"期望值"和"效价"是指什么? 它们如何影响个体的行为表现?

7. 财务部老张发现前年才来本公司任职的两名大学毕业生比他的薪酬还高,心里很不是滋味。而这两位年轻人还不满意,认为按他们的付出还要大幅度提高报酬。为什么对报酬问题大家会有不同的看法? 他们在进行比较时,会考虑哪些投入和产出因素?

8. 金钱激励、工作激励、精神激励和培训教育激励方法分别与哪些激励理论有关? 在运用时应注意什么问题?

案例分析

案例 1

松下公司管理诀窍

有"经营管理之神"美称的日本松下公司的创始人松下幸之助总结了他一生的经营实践经验,提出了 21 条诀窍:

1. 让每个职工都了解自己的地位的重要性和必要性;

2. 一有成就(绩),立即奖赏;

3. 如有不对,应事先或尽快通知有关人员,以示尊重;

4. 让职工参加和他们自身有关问题的规划和决策;

5. 要信任他们,以赢得职工们的信赖和忠诚;

6. 多亲自和职工们接触交谈,了解其能力、习惯、兴趣、爱好等,能正确地认识职工,也是一种资本;

7. 要耐心的倾听职工的建议,尤其是合理化建议;

8. 对举止怪异的要查清其原因,不可轻率处理;

9. 应妥善地讲清管理人员的意图;

10. 交代一件任务时,要讲清为什么要这样干;

11. 自己有了错误要及时承认,向有关部属表示歉意,不要推卸自己的责任;

12. 及时告诉职工每项工作的重要意义;

13. 鼓励职工提出批评意见,并力求找到改进的办法;

14. 在责备某人时,要先讲他(她)的优点,对其缺点错误有帮助的诚意,不只是要惩罚;

15. 自己要以身作则,作出好榜样;

16. 自己要言行一致,不要失信于职工;

17. 把握一切机会,表明本企业以有这样的职工而骄傲;

18. 有人发牢骚时,应耐心找出其不满原因的合理性而加以改善;

19. 尽可能安抚不满情绪,不使之蔓延;

20. 每个职工,都由自己定出目标规划并即时衡量进步情况;

21. 尽量支持职工,使之权、责、利一致。

【问题】

你能够从松下公司管理员工的 21 点诀窍中得到哪些关于激励的启示?

案例 2

对奖励的再思索

今天,很多公司依靠奖励体制来帮助其实施战略计划。从奖给高级经理的成百上千万股股票,到最为优秀的销售人员赢得去旅游胜地度假的机会,奖励和激励是企业生活中的一个重要部分。奖励和激励在社会中更加广泛地发挥着同等重要的作用,老师用小金星或不是之处来敦促学校中的孩子;宗教组织奖励那些坚持到教堂做礼拜和捐助宗教事业的人;政治党派也有着复杂的奖励和激励体制。

想象一下,如果没有奖罚措施,你们班会变成何种景象? 激发学生学习的动机将是什么? 班级会变得更好还是更坏? 更有趣还是更乏味? 什么手段将代替诸如分数等奖罚措施?

一个基本观点是人们投身于某种行为,因为它将带来奖励。随着战略实施概念的演进,很多人论述说,有必要把战略目标及计划的实施和完成与一个专门的奖励体制联系在一起。为了实施一些长期的战略目标,管理者会在计划实行若干年才受到奖励。

阿尔菲·科恩在《受奖励之罚:金星、激励计划、A 级、称赞和其他诱饵的问题所在》一书中提出:"任何根据工作业绩而颁发奖励的办法注定失去效果。"他给出 4 条理由,说明奖励不是什么好主意。

首先,奖励是一种惩罚形式,当你得不到奖励,这就跟你被惩罚一样;而当你得到了,你很容易开始痛恨它代表的控制力量,有胡萝卜——奖励的地方必有大棒——惩罚。管理学理论学家哈利·莱文森说,人们唯一把胡萝卜和大棒联系在一起的就是一头驴。按照这种观点,利用奖励制度即是把人等同于驴来对待。

第二,奖励会损坏关系。真正的合作和分享对高质量的产品和服务大有必要。如果某人为了或奖或罚来评判你,你的一举一动将是为了寻求赞许、避免责难,而不是做必要的工作。

第三,奖励强调结果,并很可能忽视原因。通过奖励结果,我们很容易忽略起因和造成此种结果的更大的系统。科恩举了一个例子,一名工人业绩大不如前,因而没有拿到奖金。但是业绩下降的原因被忽视了,他说:"把工作场地变成一个节目游戏('告诉员工,如果生产力提高,将有巨额大奖等着他们……')这对于解决内在的问题和进行必要的变革不起任何作用。"

最后一点,奖励会阻碍冒险行为。管理者一时注重奖励,就可能忽视战略实行过程中必要的战略调整和改动,他们不会选择高收益高风险的决策。科恩告诉我们:"如果你被允诺了一项奖励,你会开始把工作看作奖励和你之间的障碍物。工作越轻而易举,你就能越快地把它打发掉,摘取你的大奖。"

如果科恩的分析有一定正确性的话,未来的管理者们就必须采取一种新的战略实施方法,他们得重新设计企业和工作,使之适应员工的需要和抱负;他们还要设定新战略,提出员工希望实现的生活前景。至少,我们所讲的动态融合并不强调行为奖励,而更依赖于从价值观——员工和其他利益相关的动力——的角度来理解企业和工作。

(蔡茂生选编)

【问题】

你对案例中科恩的观点持什么样的态度? 请说明你的理由。

案例 3

工人们为何不满

高明最近由大冶某总公司委派到下属的油漆厂,担任油漆厂厂长助理,以协助厂长搞好管理工作。高明毕业于某名牌大学,主修企业管理,来油漆厂之前在公司企业管理处负责人力资源管理工作。这次来油漆厂工作,他信心十足。

到油漆厂上班的第一周,高明深入车间体察"民情"。一周后,他不仅对工厂的生产流程已了如指掌,同时也发现生产效率低下,工人们怨声载道,他们认为在车间工作又脏又吵。工厂对他们工作的环境压根就没有改善性措施,冬去夏来,他们常常要忍受气温从冬天的零下10度到夏天的40多度的剧烈变化,而且报酬也少得可怜。

在第一周里,高明还看到了工厂工人们的有关记录,从中他获悉以下信息:

工厂以男性工人为主,约占92%。50%的工人年龄处于25~35岁,36%的工人在25岁以下,14%在35岁以上。工人的文化程度低下,66%的工人小学毕业,初高中毕业占32%,具有中专、技校学历的占2%。任职时间较短,50%的人在油漆厂工作仅1年或更短,30%的人工作不到5年,工作5年以上的仅占20%左右。

高明将他一周来所了解的情况向钱厂长做了汇报,同时向他提出自己的一些想法:"钱厂长,与车间工人们在一起,我发现他们的某些需要没有得到满足,我们厂要想真正把生产效率搞上去,必须首先想办法去满足他们的需要。"没想到钱厂长却振振有词地说:"要满足工人们的需要?你知道,他们是被金钱驱动着,而我们是被成就激励着。他们所关心的仅仅是通过工作获得外在的报酬,如能拿到多少工资。他们根本不关心内在的报酬。"钱厂长稍稍停顿了一下,语气更加激愤:"小高,你在车间一周也看到了吧,工人们很懒,他们逃避责任,他们不全力以赴。问题在于,他们对工作本身根本不关心。"

钱厂长的一席话使高明颇为吃惊。他认为钱厂长对工人们的评价不太正确。通过与工人们一周的接触,他觉得他了解工人,也相信工人。

于是,高明准备第二周向所有的工人发出调查问卷,以便确定出工人们有哪些需要,并找到哪些需要已被满足,哪些需要未被满足。他希望通过问卷调查结果来说服厂长,重塑油漆厂工人的士气。在问卷中,他根据对工人工作的重要程度排列了15个因素,每个因素都涉及他们的特定工作。

调查问卷的结果显示,工人们并不认为他们懒惰,只要工作合适,他们并不在乎多做额外工作。工人们还要求工作具有挑战性,能运用创造性,并激发他们的潜力。比如:他们希望工作复杂多样,能让他们多动脑筋,并提供良好的回报。此外,工人们表达了工作中需要友情的愿望。他们乐于在良好的合作关系中工作并互相帮助,分享快乐和分担忧愁,并且能了解到怎样才能把工作做得更好。

由此,高明得出了一个简单的结论,即导致工人愤恨情绪和低的生产效率的最主要的原因来自报酬低、工作单调和人情冷漠。

【问题】

请你设想出高明调查问卷的主要项目,根据问卷结果,试分别列出保健因素和激励因素可能包括哪些项目。

案例 4

林肯电器公司

林肯电器公司的生产工人按件计酬,他们没有最低小时工资。员工为公司工作两年后便可以分年终奖金。该公司的奖金制度有一整套计算公式,全面考虑了公司的毛利润及员工的生产率与业绩,可以说是美国制造业中对工人最有利的奖金制度。在过去的 56 年中,平均奖金额是基本工资的 95.9%,该公司中相当一部分员工的年收入超过 10 万美元。近几年经济发展迅速,员工年平均收入为 44 000 美元,远远超出制造业员工年收入 17 000 美元的平均水平。在不景气的年头里,如 1982 年的经济萧条时期,林肯公司员工收入降为27 000 美元,这虽然相比其他公司还不算太坏,可与经济发展时期相比就差了一大截。

公司自 1958 年开始一直推行职业保障政策,从那时起,他们没有辞退过一名员工。当然,作为对政策的回报,员工也相应要做到几点:在经济萧条时期他们必须接受减少工作时间的决定;而且接受工作调换的决定;有时甚至为了维持每周 30 小时的最低工作量,而不得不调整到一个报酬更低的岗位上。

林肯公司极具成本和生产率意识,如果工人生产出一个不合标准的部件,那么除非这个部件修改至符合标准,否则这件产品就不能计入该工人的工资中。严格的计件工资制度和高度竞争的绩效评估系统,形成了一种很有压力的氛围,有些工人还因此产生了一定的焦虑感,但这种压力有利于生产率的提高。据该公司一位管理者估计,与国内竞争对手相比,林肯公司的总体生产率是他们的 2 倍。自 30 年代经济大萧条以后,公司年年获利丰厚,没有缺过一次分红。该公司还是美国工业界中工人流动率最低的公司之一。前不久,该公司的两个分厂被《幸福》杂志评为全美十佳管理企业。

【问题】

1. 你认为林肯公司使用了何种激励理论来激励员工的工作积极性?
2. 为什么林肯公司的方法能够有效地激励员工工作?
3. 你认为这种激励系统可能会给管理层带来什么问题?

11 沟 通

▶ 案例导读

张中是某大学化学系的系主任,他最近非常烦躁,因为系办公室的秘书们老是出差错。例如,上星期,人事秘书未经他签字同意就把一份关于要求给某职工转正的报告送交校人事处,而事实上他当时是吩咐办公室主任要向人事处提出该职工的工作安排问题;1个月前,他要求办公室把教师的工作量统计出来,以便发放这学期的酬金,但至今还没有看到统计报表;学校昨天召开各系主任会议,布置下学期的工作,通知登在学校下发的每周会议安排上,但办公室却没有通知他,以至于他因缺席而受到了校长的批评等。张中不希望再发生类似事件。他应该怎么做?

沟通是组织运行和管理的重要条件,也是联系组织内外部各种关系的重要纽带和桥梁,卓有成效的沟通是组织成功的基本保障。本章从沟通的定义、过程和要素入手,逐一介绍了人际沟通、组织沟通的目的、作用、沟通渠道模式以及相关的沟通技术和方法。

11.1 沟通概述

沟通是信息的传递与理解[①]。沟通的内涵丰富,形式多样。在通信科学领域,沟通是通信工具之间的信息交流,例如通讯卫星、电视、传真、电话、电子邮件等;在工程心理学领域,沟通是人与机器之间的信息交流;在管理学上,沟通表现为组织和组织之间、人和人之间的信息交流。在管理上,个体和组织间存在差异,要保持成员间协调一致,产生协同效应,顺利地实现组织目标,有必要进行有效的沟通,消除个体和组织传递信息的障碍,化解因沟通不足而引发的各种冲突。

11.1.1 沟通的内涵

进入21世纪以来,现代化进程不断加快,社会信息的传递越来越频繁,人与人之间、组织与组织之间因沟通不足造成的冲突也越来越多,促使"沟通"成为时尚词汇,显得愈发重要。

1) 沟通的含义

我国古代沟通的本意是"开沟使两水相通",信息社会沟通泛指"信息的传递与交流"。《大英百科全书》对沟通的解释是:沟通就是"用任何方法、彼此交换信息。即指一个人与另一个人之间用视觉、符号、电话、电报、收音机、电视或其他工具为媒介,所从事之交换消息

---

① 斯蒂芬·P. 罗宾斯. 管理学[M]. 北京:中国人民大学出版社,1997

的方法"。《韦氏大词典》认为:所谓沟通就是"文字、文句或消息之交通,思想或意见之交换"。美国管理人员训练协会给沟通的定义是:"沟通是人们进行的思想或情况交流,以此取得彼此的了解、信任及良好的人际关系。"到目前为止,关于沟通的定义可能有 150 多种。综合来看,对沟通的理解有以下几种基本观点:

(1) 共享说:沟通是传者和受者对信息的分享。

(2) 交流说:沟通是有来有往的双向活动。

(3) 影响说:沟通是传者对受者施加影响的行为。

(4) 符号说:沟通是符号(或信息)的流动。

我们认为,所谓沟通,是信息凭借一定的符号载体,在个人、群体或组织之间从发送者到接收者进行传递,并获取理解的过程。

2) 沟通的管理学意义

沟通对于组织运行和管理而言具有非常重要的意义:

(1) 有效沟通可以降低管理的模糊性,提高管理的效能。组织内外存在大量模糊的、不确定信息。沟通可以澄清事实、交流思想、倾诉情感,从而降低信息的模糊性,为科学决策奠定基础。事实上,组织决策的关键信息往往来源不确定、模糊不清。管理者的沟通能力在消除信息的不确定方面起着关键作用。

(2) 沟通是组织的凝聚剂、催化剂和润滑剂,它可以改善组织内的工作关系,充分调动下属的积极性。沟通可以了解员工的愿望,满足员工的需要;沟通也可以让员工了解组织,参与管理,增进对于组织目标的认同,建立相互信任的融洽的工作关系。

(3) 沟通是组织与外部环境之间建立联系的桥梁。组织间的沟通可以降低交易成本,实现资源的有效配置,提高组织的竞争能力。有资料表明,60% 以上的医患冲突都并非产生于医疗事故,而是由于沟通不充分产生的。从某种意义上说,组织的沟通能力对于培养顾客的忠诚度至关重要。

11.1.2　沟通的形式

常见的沟通方式有书面沟通、口头沟通、非言语沟通和电子沟通。

1) 口头沟通

口头沟通即以口语为媒体的信息传递,主要包括面对面的交谈、电话交谈、开会、讲座、讨论会等。在口头沟通下,沟通比较迅速、灵活并且反馈及时。但是,信息传送的环节越多,其失真的潜在可能性越大。

2) 书面沟通

书面沟通是以文字为媒体的信息传递,主要包括文件、报告、信件、书面合同等。书面方式沟通比较规范,信息传递准确度高,传递范围广,有据可查,便于保存。但是书面沟通耗费了更多的时间,缺乏反馈。事实上,花费 1 小时写出的东西只需 10～15 分钟就能说完。

3) 非言语沟通

非言语沟通是指非口头和非书面形式进行的沟通,如刺耳的警笛、十字路口的红绿灯、谈话的语调、演员的手势等都是非言语沟通。体态语言和语调是日常沟通中使用最广泛的非言语沟通形式。研究表明,在面对面的交谈中,信息的 55% 来自面部表情和身体言语,38% 来自语调,只有 7% 真正来自于词汇。恰当地使用非言语沟通形式可以提高沟通的效果。

4) 电子沟通

电子沟通是以电子符号等媒体进行的沟通,如电报、电话、电子邮件、计算机网络、录音录像等。随着现代信息和通信技术的发展,电子媒体在现代信息沟通中将扮演越来越重要的角色。

11.1.3 沟通的要素

成功的沟通首先要界定沟通的目标。为达到这样的目标,就需要根据不同的对象提供不同的信息,采取相应的沟通渠道、策略和恰当的手段把信息传递给对象。把信息传递给对象时,要及时识别对象的反应,修正与完善沟通的方式和路径等。由此,可以总结出有效的沟通应考虑的 7 个方面的基本要素:

(1) 目标。分析整个沟通过程所要解决的最终问题。

(2) 信息源。沟通的发起者。

(3) 听众。信息的接收者。特别要注意区分听众的类型。如是积极听众、中性听众还是消极听众;关键听众与非关键听众;直接听众与间接听众;潜在听众与显性听众。

(4) 环境。分析沟通的内部环境(包括文化、历史和竞争状况等)、外部环境(如潜在顾客、代理机构状况、当地的或国家的有关媒体等)。

(5) 信息。分析有多少信息要沟通、谁是信息的受益者、如何组织信息才具有最好的说服力等。

(6) 媒介。口头、书面文字、电话、电子邮件、会议、传真、录像和记者招待会。

(7) 反馈。沟通是一个过程,而不是一个简单的行为或一个目标。不同的听众有不同的反应,有的支持,有的漠不关心,还有的反对,因此在沟通过程中要尽可能地考虑可能出现的结果,并及时给予反馈。

11.2 人际沟通

11.2.1 人际沟通的内涵

人际沟通是什么? 顾名思义,人际沟通指的是人与人之间的信息和情感的传递过程。人际沟通并不只是口头上的沟通,人们的所作所为也是人际沟通的一部分。

人际沟通的强度与效应,主要取决于以下几个因素:

1) 沟通双方对信息的接受和理解程度

冲突的发生,沟通的中断,大多由于双方没有完全正确理解对方的动机、意图及目标等,甚至误解了对方而造成的。因此在沟通时,一方面要善于表达自己想要交流的内容,另一方面还要善于听取和理解对方所提供的信息。

2) 沟通中信息的性质和作用

人际沟通是以双方具有共同的语言、共同的思想情感为基础的。因而决定沟通内容的处世态度、世界观、价值观及行为方式等,深刻地影响着沟通的性质和作用。所以在沟通的过程中应注意寻找双方共同之处,并通过沟通不断吸收对方的长处,扩大沟通内容。

3）沟通中的情境与个性特点的影响

双方信息交流在顺境和逆境中进行的效果是不大一样的。如果双方是在互不信任、用词含糊、信息失真、存在对立情绪的情景中沟通，自然不会取得良好的效果。同时，一个人的个性、气质也影响着信息的交流、意见的沟通。例如，一个性格急躁的人，当他正生气时，如果你过去与他交流工作经验，他一定会很不耐烦地对待你。因此，在沟通的时候还必须注意沟通的时机。

4）沟通的环节

信息传递的环节越多，造成信息积压或流失，甚至失真的可能性就越大，而误会的可能性也就越大。因此，在沟通时要考虑上述因素，避免产生那种无作用或反作用的行为出现。

11.2.2　人际沟通的原则

社会交换理论的创始者乔治·霍曼斯认为，人与人之间的交往基本上是一种利益交换的过程。这不仅是物质商品的交换，而且更重要的是诸如赞许或声望符号之类的非物质商品的交换，包括能使对方心理需要得到满足的精神报偿。"交换论"者认为，社会过程实际上是付出和酬赏的相抵过程。付出包括维持交往互动关系的金钱、时间和劳动；酬赏包括物质和精神的报酬。按照这种观点，人与人之间的正常交往和沟通，必须是各自的付出与酬赏刚好相抵，即人们总是试图保持"账目"的收支平衡，以维持和发展社会的互动关系，也就是我们通常所说的"互惠互利"原则。

"互惠互利"原则有3个特点：①这种互酬常常是不同步的，不能要求你在物质上帮了我，我就马上给予酬谢，而常常是铭记情义，在适当的时候给予答谢。②这种互酬常常是不等量的，不是你给我几分好处，我马上也就还你几分好处。③交往中一般不仅仅以一般等价物的货币形式进行反馈，现实生活中还存在着其他补偿形式，比如物质的、精神的、情感的等。

专栏11-1 ▶▶▶

互惠的不同形式

实际上，人们会根据不同的对象用不同的报偿形式。按照一般规律，人们总是希望在精神上得到朋友的支持和鼓励，而把需要在生活环境与工作环境得到实际帮助的愿望寄托在邻居关系与同事关系上。

对于同事、邻居、职业与服务等非亲密关系，其报偿行为主要表现在：在对方需要时，乐意主动提供帮助；在对方患病时，帮助照看病人和孩子；即使对方不在场，也应考虑到他的利益；提供感情上和精神上的帮助；提供建议、鼓励和指导，也愿意听取对方的意见；对对方的友好与帮助应回以报酬行为；必要时为对方的利益而努力；关心重视对方的个人问题。

至于婚姻、家庭、朋友等亲密关系，其报偿行为的主要表现是：对对方的活动表现出关心和兴趣；为对方的成功感到高兴；信任；注意节日和特殊日子的问候；在相互接触中力图使对方愉快；邀请对方参加家庭聚会和其他亲密的活动；力图使对方让别人喜欢；向对方表露自己爱慕的情感；与对方交流隐没在心灵深处的思想。

除了互惠互利，人际交往和沟通还应遵守诚信原则和相容原则。诚信原则主要有两层含义：一是沟通中要讲真话，而不说假话，做到"言必信"；二是遵守诺言，实现诺言，说到做到。行失于言是一种极糟糕的形象，应尽量避免。相容原则即交往者要心胸坦荡、宽广、有爱心。爱人者必被人所爱，人际之间就会产生一种"亲和力"。有了爱心，就有理解。爱心越大，就越具有忍耐性和宽容性。因此，要实现宽容原则，首先要理解、体谅别人，常以"将心比心"的态度设身处地的对待和处理问题；其次是大事清楚，小事糊涂，不在琐碎小事上与人计较；三是严于律己，宽以待人，即使对方错了，也以宽厚之心给予谅解。

11.2.3 人际沟通的技巧

1) 说话技巧

同样的内容，有的人说起来娓娓动听，使人听了倍感舒服，而有些人说起话来锋芒锐利，令人恐惧，而另外一些人，一张口便令人生厌。说话的确是一门艺术，那么怎样才能算得上会说话呢？美国学者戴维·丰塔纳认为，会说话的关键在于使他人高兴。当然，在现实生活中人们很难做到这一点，原因是不可能保证所说的每句话对方都爱听。实际上，只要对方愿意与自己沟通，也就达到了"会说话"的要求。应注意以下几个方面：

(1) 态度要诚恳

心理学的互惠关系定律表明，在人际沟通和人际交往中，你对我友善，我也对你友善。即沟通双方应该以自己的坦诚换来听众的坦诚。了解了这一点，我们就把握了沟通中最关键的东西。如果你希望谈话合作和坦诚，那么首先你要有合作和坦诚的态度，这样别人才会有诚意。所以，沟通之前，所要做的是希望别人如何对待自己，然后用这种方式去对待他们。如果想得到对方的尊重，自己首先要尊重对方。

案例阅读

1858 年，林肯在竞选议会议员的时候，他要到伊里诺伊州南部去演讲。林肯是主张废除奴隶制的人，而伊里诺伊州南部的人却是奴隶制的拥护者。这里的人性情暴戾，他们非常痛恨反对奴隶制的人。听说林肯要来演讲，那里的恶霸们云集在一起，准备将他赶出当地，并且还要将他杀死。面临这样的恐吓，林肯并没有退缩。在他开始演讲之前，他亲自去会见对方的头目，并且和他们热情地握手。然后，他用十分诚恳的态度作了一番演讲。他说："南伊里诺伊州的同乡们，肯塔基州的同乡们，密苏里的同乡们，我听闻在场的人群之中，有些人要和我为难，我不知道他们为什么要那样做？我是一个和你们一样爽直的平民，那为什么不能和你们一样有着发表意见的权利呢？朋友们，我也是你们中的一个，我和你们共同携手，不是来干涉你们的人。我生在肯塔基州，长在伊里诺伊州。和你们一样，我也是在艰苦的环境中挣扎出来的。我认识南伊里诺伊州的人，也认识肯塔基州的人，我还认识密苏里州的人，因为我是你们中的一个，所以我应该在认识他们的同时，让他们也能认识我。如果他们能够十分清楚地认识我，那么，他们就应该知道我是不做对他们不利的事情的。我不做不利于他们的事情，那么，他们为什么要来做对我不利的事情呢？诸位同乡们，请不要做那样的蠢事，让我们来做朋友，让我们彼此来用朋友的态度互相对待。我是世上最谦虚最平和的人中的一个，我不会去损害任何人的，而且也不会去干涉任何人的权利的。我对你们没有什么奢侈的要求，只是我有几句话要说，希望你们能够静心地听一下。你们是勇敢而豪爽的人，我相信我对你们的一点希望，你们是能够做到的。现在，让我们诚恳地同大家共同来讨论我们的意见吧!"林肯在说上面的一段话的时候,态度十分的诚恳和善,讲话的声音也充满了恳切之情。因此,一场一触即发的动乱,立刻变成了风平浪静。他们本来对他是仇视的,现在把仇视变成了友谊,而且对他的演说还报以雷鸣般的掌声。后来,这些粗鲁的人,还成了林肯当选总统最热烈的赞助者。

（2）多谈对方感兴趣的事情

《美国联合日报》总经理考伯曾经说过:"人人都对自己最感兴趣,第二点亦由第一点派生;人人都对自己所认识的人或所看见过的东西以及所经历过的事情感兴趣。"考伯还说:"在每天早晨的报纸的封面和第二页上,尽管有许多从欧洲来的重要新闻,可是你差不多看也不看它们一眼,你最热心的是:你的所得税怎样了? 你所住的那条街发生了什么事? 你所认识的人发生了什么事? 本县发生了什么事? 本省发生了什么事? 国家大使怎样了?"《合众日报》总经理毕考尔也曾说过:"每一个人都以为世上最有趣的人乃是自己,如果你没机会在报纸上看到关于自己的报道,那么看看关于你认识的或闻名的人的消息也是好的。"虽然毕考尔和考伯的话多少有些夸张,但是有一点是可以肯定的,那即人们常常对自己及自己的事情非常注意。比如自己所缺乏的东西,与自己有关的一切问题,以及与自己的经验有关的种种事情。因此,在与别人谈话的时候,不能一个劲地只谈"我如何,如何",这只会使对方反感和厌烦。最明智的做法是提一些对方感兴趣的问题,多让对方谈谈自己。美国发明家贝尔就是一个很健谈的人,别人都爱和他说话,因为他的谈话常是围绕着别人的兴趣和经验,再穿插以自己的东西,因而他能够使他所谈的事情跟看戏一样有趣。与别人谈话,多说"你",对自己并没有什么损失,相反它却会帮自己获得对方的好感,使自己同别人的关系左右逢源。

（3）重视每一个人

人们在众多人的谈话中,常常只会跟自己谈得来的人说话,而有少数人却搭不上几句话,而被无情地冷落。这种冷落别人的举动是极不明智的做法,"如同宴会上赶走客人一样荒唐和不礼貌"。假如被冷落的恰巧是来日对你事业前途起关键作用的人物,那么你就可能要为你现在的举动付出代价。因此,在谈话时,千万不要冷落了任何人,留心每一个人的面部表情和对你谈话的反应,让每个人都有被重视和尊重的感觉,即使他（她）的言谈举止是多么令人生厌。

（4）学会使用万能语

所谓"万能语",一般具有以下几个特征:①使对方觉得你很有礼貌;②听起来平易近人,用起来简单方便;③给人一种舒心的感觉;④富有弹性。那么,"万能语"有哪些呢? 几个最常见的例子是:噢,是的,是的;真是太不好意思了;托您的福;请多多包涵;哪里,哪里,实在不敢当;真是太感谢你了;请多指教;拜托,拜托,等等。"万能语"是人际关系的润滑剂,巧妙地使用,能收到意想不到的效果。

（5）注意"停顿"

说话时的"停顿"其实也是一种艺术。巧妙地运用停顿,不仅使讲话层次分明,还能突出讲话的重点,吸引听话人的注意力;适当的停顿,能够使听话人更加明白你所讲的内容。适当的停顿能够让别人觉得你讲话有逻辑性。如果不懂得停顿,滔滔不绝地一直讲下去,势必使对方产生一种急促感,从此怕听你说话。那么在何时需要停顿呢? 当转换语言,承上启下，或提示重点，总结中心思想的时候，就需要停顿，停顿的时间按具体的情况而定。有的两三秒钟，有的八九秒钟。此外，如果想表达出蕴藏在内心的激情，讲话时还应该抑扬顿挫，在语调上下一番工夫。

（6）谈话十忌

以下是与别人谈话时常犯的毛病，要尽量避免：①打断对方的谈话或抢对方的话；②说话没头没脑，让对方一头雾水；③心不在焉，让别人重复说过的话；④连续发问，让对方觉得你过分热心和要求太高，难以应付；⑤随便解释某种现象，轻率地下断语，借以表示自己是内行；⑥避实就虚，含而不露，让人迷惑不解；⑦对待他人的提问漫不经心，让人感到你不愿意为对方的困难助一臂之力；⑧不恰当地强调某些与主题风马牛不相及的细枝末节，使人生厌；⑨当别人对某话题兴趣不减时，你却感到不耐烦，立即将话题转移到自己感兴趣的方面去；⑩将正确的观点、中肯的劝告称为错误的和不适当的，使对方怀疑你话中有戏弄之意。

2）赢得人心的技巧

许多人可能会被一个问题长期困扰，怎样做才能赢得别人的心，让周围的人喜欢自己呢？以下一些赢得人心的技巧可供借鉴。

（1）记住对方的名字

在谈话中，特别是与交往不多的人谈话，如果能够在见面时叫出对方的名字，往往能够让对方产生一种被重视的感觉。在会谈中，多叫几次对方的名字，可以增进彼此的感情。要记住对方的名字其实并不难，首先要做的是把对方的名字听准。将这个名字与主人的外貌或行为特征作夸张的视觉想象，并在心中默记片刻，事后再多次提醒自己这个名字便可。

（2）赞美的力量

恰到好处的赞扬，是一种赢得人心的有效方法，它可以抬高别人的自尊，从而获得别人的善意协助。很多成功人士，几乎都是使用这一策略的高手。美国总统罗斯福便是一例。他有一种本领，对任何人都能使用恰当的称誉。林肯也是善于使用称誉的高手，挑出一件使人足以自矜并引起兴趣的事情，再说一些真诚而又能满足其自矜和兴趣的话，是林肯日常必有的作为。著名的公用事业家卜德曾定下 6 条法规，作为处理部下的规范。其中有一条是这样的："对于他们所做的事，给他们以十足而明确的赞誉，要当众赞美他们。"美国有两位最有成就的铁路建筑师，一位名叫海尔，另一位名叫希尔曼，他们同样具有善于赞美人的品德。据说海尔期望并珍视他手下的人；而希尔曼则是对各式各样的人给予各得其所的赏识和嘉许。不分男女，无论贵贱，都喜欢合其心意的赞美，正如林肯所说的"一滴甜蜜糖比一斤苦胆汁能拥获到更多的苍蝇"。学会使用赞美，是一种博得好意与维系好意的最有效的方法。所有的人，不分男女，无论贵贱，都有优点，如果你能够发现这些优点，并加以赞美，有时会起到金石为开的效果。当然，在赞扬别人的时候要恰到好处。称赞不当，犹如明珠夜投，更有甚者，激起对方的疑虑和反感。要使颂扬得当，只要掌握各人性格的不同之处，区别对待，找出对方较为不易为人所知的优点，加以赞扬。这种赞扬，往往能给他们加倍的能力、成就和自信。

（3）倾听是你能给予的礼物

在沟通中，在适当的场合说适当的话是十分重要的。但是还有一件与说话同样重要的事情，即聆听。在别人说话时，心不在焉，哈欠连天，时时看表，只能使讲话者意兴阑珊，索然寡味。积极地聆听要用心、用眼睛、用耳朵去听，"真正的倾听是暂时忘记自己的思想、期待、成见和愿望,全神贯注地理解讲话者的内容,与讲话者一起亲身感悟,经历整个过程"。倾听是你表现个人魅力的大好时机,是你能够给予讲话者的礼物。通过聆听,表示你对讲话者的谈话充满了兴趣,使对方产生一种被尊重的感觉,从而赢得其好感。社会心理研究表明,要做一个会听的人,你必须注意以下几点:一是姿势,身体面向对方而前倾,胳膊与腿不要交叉,保持目光交流。二是态度,态度要真诚,不要过快地下结论,因为这样会把自己的意见强加给对方,过早地把问题明确化,使对方没有勇气说下去或使他们反感。三是声调,在作评论的时候,声调要比平时低一些、柔和一些、慢一些。

（4）关心别人从小事做起

做一些不起眼的小事,最能够体现你对别人的关心,也最能帮你赢得人心。这些小事包括:一是记住对方说过的话,然后向对方表示:您曾经说过……接受您的建议……;二是记住对方的兴趣、爱好:我记得你比较喜欢吃鱼;三是分别后,打个电话寻问一下是否安全到家;四是指出对方在服饰上的变化:你的头发变了……这条领带配你的西装还不错等;五是记住对方特别的日子,并送些小礼物、写张贺卡、打个电话表示问候。每个人都希望被人关心,并且对关心他的人自然地产生好感。虽然这些是不起眼的小事,做出来却往往会让别人高兴,得到意想不到的效果。

3）得人善待的技巧

（1）助人者助己

有一个小男孩出于一时的气愤对他的母亲喊道:"我恨你"。然后,也许是害怕受到惩罚,他就跑出房屋,走到山边,并对山谷喊到:"我恨你,我恨你。"接着,从山谷传来回音:"我恨你,我恨你。"小男孩有点吃惊,他跑回屋去对他母亲说,山谷里有个卑鄙的家伙说他恨他。他的母亲把他带回山边,并要他喊:"我爱你,我爱你。"这位小男孩照他母亲的话做了,而这次他却发现,有一个很好的小孩在山谷里说:"我爱你,我爱你。"生命就像山谷里的回音,你送出去什么,你就得到什么;你对别人礼貌,别人也对你礼貌;你体谅别人,别人也体谅你;你尊敬别人,别人也尊敬你;你帮助别人,别人也帮助你。因此无论你是谁,也不论做什么,你在对待每一个人和情况时,都要寻找良好的一面,好好地对待每一个人,并在别人需要帮助的时候帮他(她)一把。你帮的人越多,你以后得到的帮助也就越多。因为曾经得到过你的帮助的人,说不定就是你危难之中的救星,正所谓"助人者助己"。

（2）主动发现别人的需求

在现实生活中,如果你能够主动发现他人的需求,并想办法满足他,则容易得人善待。当然,人与人的个性、背景各不相同,需求也必然不一样。但是有些需求却具有普遍性,很容易被确定出来。

对于大多数人来说,这些需求包括:①欣赏,即别人认识到我们的努力和能力;②重要性,即我们对于某一个机构或社会是重要的;③权利,即那种能够用来影响生活中某些重要领域的决策能力;④有用,即个体需要对社会有用的技巧和能力;⑤接受,即被他人接受而不是不断地受到批评;⑥理解,即我们的问题得到他人的同情和理解;⑦指导,即当我们要求时得到明确的指导;⑧空间,即必要限度的个人自由和隐私;⑨空闲,即自由时间以及随之而来的放松;⑩同伴,即我们可以与之交谈和分享爱好的朋友和熟人;⑪刺激,即能使我们生活中多样化和分心的因素;⑫进步,即进步感和成就感,或感到自己正走向某个明确的目标。

案例阅读

法国名将福希

在欧洲任联军总司令的法国名将福希,当他从军官学校毕业的时候,他并不像其他军官那样乐意被分配到繁华热闹的城市去工作,而是选择了太勃斯这个不起眼的小城区。因为,在这个城市里各个种族的法国人常来参加热闹非凡的赛马节,他可以从中观察他们"特殊的气质"。这位将军在他毕生的事业中始终致力于研究人的性格,这对他用不同的策略指挥不同个性的下属有着极为重要的意义。从前做过报童,后来成为美国万国协会主席的布来希也曾说过:"在我所做的许多事中,使我受益最多的也许是发现我上司的需求,并依照他的办事习惯去做我的事。我熟悉我的上司,在我做每一件事的时候,我的每一个举动、每一个欲念均模仿上司。每天早上,我都会在他赶到之前到办公室,帮他做一些我预想到他肯定会做的事情,以此证明我脑筋的敏锐。"布来希能主动发现他老板的需求这一习惯,终于带来了事业的成功。

(3) 把荣誉留给别人

贺华德曾说:伟大的事业能否成功,很大程度上取决于你是否给别人机会。许多人常常只顾及个人荣誉,所以大业难成。卡纳奇也说:把一切名誉统归自己的人,是不会在事业上有所成就的。将荣誉留给别人,这种权术对于领导者尤其显得重要。一个真正的领袖做事并不以追求自己的光辉为目的。对他们来说,成功的结果才是最重要的东西。因此,荣誉尽可能让给别人。在历史上,运用它功成名就、永垂青史的例子比比皆是。可是现实生活中,也有一些人,为了一己之荣,竟然牺牲手下的人。这种人获得的荣誉也是一时的,难以获得最后的胜利。一个真正的领袖,不但能够将荣誉让给手下的人,而且在他们犯了错时,还能替他们承担责任。

案例阅读

美国南北战争时联邦军的统帅洛勃·李

美国南北战争时联邦军的统帅洛勃·李即是一个善于感化部下并使其对他忠心不二的例子。迄今为止,在军事史上,他被公认为世界军人中的佼佼者。大多数军事家在评论他的部下如此忠诚于他,都认为归因于他有一种豪迈的个性:公开把一切失败和挫折归咎于自己。洛勃·李有一个朋友,也是采取这种态度对待部下,他的部下曾经这样记载他的经历:"他把自己应得的荣誉全部让给了别人。在他手下任职的人,没有哪个不对此铭记在心。我那时很年轻,对我所做的事,他总是多方鼓励,奖励有加。如果我失败了,他便负起责任。"这位将军的所作所为终于使他的部下大受感动,他们也因此对他忠心耿耿,愿以死相报,肝脑涂地也在所不惜。

4) 拒绝别人的技巧

拒绝别人,或被人拒绝,几乎所有人在日常生活中经常会遇到。但有些人不知道该如何巧妙地拒绝别人,因而结下了许多怨恨,原本是比较要好的朋友,却从此不相往来。那么到底该怎么做才能不伤和气? 对于拒绝别人的人来说,首先应该注意拒绝的语言艺术,拒绝别人必然会在对方的心理上造成不快,语言的艺术能把这种给别人造成的失望和不快控制在最低的限度之内。

拒绝别人，不管你多么的小心翼翼，都可能会使对方有所不满，心里产生疙瘩。因此，除了注意语言的艺术之外，另外一件十分关键的事情即要注意处理善后事，与被拒绝者重建意见交流的管道，这点必须立刻着手进行。当然，对方的不满情绪可能会随着时间的推移而慢慢地冲淡。若站在一个被拒绝者的立场上，想想自己受到"拒绝"后的滋味，就应该在拒绝别人之后为对方做点什么。比较理想的办法是打电话、写信或者找个时间登门造访一下，以诚挚的态度来弥补此次交涉失败的不快。如果双方在分别时仍然保持良好的关系，彼此期待将来尚有相会握手的时候，那么这一次成功的拒绝，就算是为将来的事业播下了一颗种子。

专栏11-2 ▶▶▶

拒绝别人的艺术

常见的拒绝方式有以下几种：①沉默。有时不必把"不"字说出口，你只要开始一直注意听对方说话，当对方要你发表意见时，你只需以沉默，或一笑置之，别人即会明白。②推脱。一位男士想请你吃饭，他对你说："今天晚上有空吗？我想请你吃饭。"如果你不想去，你可以说："真不巧，我晚上正好有事，改天吧。"③回避。你的朋友请你去听了一场古典音乐会，散场后，朋友问："你觉得音乐会如何？"你可以说："我更喜欢流行音乐。"④诱导否定。在对方提出问题之后，并不马上回答，先讲一点道理，提出一些条件或发问一个问题，诱使对方自我否定，自动放弃原来提出的问题。美国总统林肯在少年时代读书时，遇到一次考试，老师问他："你愿意答一道难题呢，还是答两道容易的题目？"林肯答："就让我答一道难题吧。"老师问："你回答，鸡蛋是怎么来的？"林肯答："是母鸡生的。"老师又问："那母鸡又是从哪里来的呢？"林肯拒绝地说："老师，这已经是第二道题了……"这即是诱导的方法，诱使问者自动放弃了问题，从而解除了回答之难。⑤用"当然……但是……"句型。心理学研究表明，当一个人说"是"的时候，他的肌体就呈现开放状态，使他在轻松的心理感受中继续接受信息。尽管最终是拒绝，但这种柔和地叙述反对意见，对方较易接受。如果你的意见和领导的看法不一致的时候，不妨这样说："是，是，您说的一点不错。不过，这么一来，会不会这样呢？请允许我谈谈我的看法，好吗？"

5）批评他人的技巧

学术上的进步大多都是靠批评，有了批评，才能分出是非，所以"批评"二字，在学术研究上是极有价值的。可是，在人际沟通的过程中，批评就很容易引起对方不满，甚至闯出乱子。因为人们大都只是见到别人的不好，而没有见到自己的不好，他们也只愿意听别人的不对，而不愿听自己的不对。因此，一般说来，如果直接去批评别人，往往是伤了和气，又达不到目的。所以，必须用一种方法，明明是说着不易入耳的话，但是听者却可以甘心地领受。

批评他人最关键的是：①让对方感觉到自己的错误；②尽量不要伤害对方的自尊。那么要将这两点付诸实践，就要在批评别人的时候采取一定的策略。比较婉转的批评方式有：先甜后苦，即在批评别人之前先给对方一番赞誉，使人先尝一些甜，然后你再说上批评的话，别人就更容易接受；旁敲侧击，即绕一个圈子，从侧面点醒对方；鼓励的方法，比如某家小孩不肯吃饭，家长就会鼓励说他最近如何乖了，在学校得了小红花，在家里表现又乖，父母这样说着，小孩十分高兴，他心里即使不愿吃饭，也不愿意把鼓励立刻丢掉，所以便大口吃饭了。

专栏11-3 >>>

批评的有效性

美国学者戴维·丰塔纳的《实用社交技巧》中提出了有效批评的主要准则,它们是:①保持批评的建设性,即帮助人们认识到如何改进,而不是简单地指出他们错在哪里。②对事不对人。即批评人的行为,而不是批评人本身。③不要引起反感,如果批评引起人们的怨恨和不满,则是产生负效应的。④通过提及对方干得很好来指出其某些不足,而并非仅指出他们没干好的事以改善气氛。这能保护他们的自尊,使他们既愿意也有能力去改进。⑤批评简短扼要,一语中的,从而使对方清楚今后应做什么。⑥使用一种温和的语言和一种有效的、去除了不必要的僵硬和冷淡的方式。⑦让对方也说出自己的意见,如果他们也能得以公平的申诉,他们将会更加合作。

当然,并不是对所有的情况都要采用同一种批评方式,如对于惰性、依赖性较强的人,婉转的批评形式可能就不起作用,那么在这种情况下,就应该采取更直接的形式,如触动式批评,即措辞比较尖锐、语调比较激烈的批评方式,或即席式批评,即当时、当场或当事指出错误,这种方式对于那种不肯轻易认错的人尤其有效。

批评别人要讲究艺术,而面对批评也应该泰然处之。不管批评是多么的刺耳,最好能够保持冷静,并作出乐意倾听的样子,不管是否赞同,都要听完后再作分辩。听到批评就激动起来,和对方争执起来,其结果可能是灾难性的。

11.3 组织沟通

11.3.1 组织沟通的内涵

所谓组织沟通①,即在组织结构环境下的知识、信息以及情感的交流过程,它涉及战略控制及如何在创造力和约束力中达到一种平衡。

组织沟通具有明确的目的,即影响组织中每个人的行为,使之与实现组织的整体目标相符,并最终实现组织目标。作为日常管理活动,组织沟通按照预先设定的方式,沿着既定的轨道、方向、顺序进行。

组织沟通往往与组织规模有关,即如果组织规模大,就可能比较规范,沟通过程也就会较长;而如果组织规模较小,就可能不那么规范,沟通过程也就会较短。从某种意义上讲,后者的沟通结果容易控制,而前者则不太容易。由于组织沟通是组织管理的日常功能,因此组织对信息传递者具有一定的约束力。

11.3.2 组织沟通的类型

组织沟通一般分为两大类型:内部沟通和外部沟通(见图11.1)。根据不同的沟通路径、形式和载体,组织内部沟通又包括纵向沟通、横向沟通和斜向沟通。

① 康清. 管理沟通. 北京:中国人民大学出版社,2006

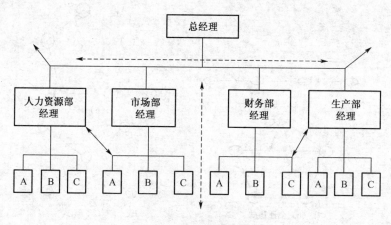

图 11.1　组织沟通路径图

图 11.1 中垂直线所表示的是纵向沟通,横线所表示的是横向沟通。斜向沟通是沿着组织结构中斜线进行的沟通,它包括不同部门之间、不同层面管理者和员工之间的沟通,它也可涵盖上行和下行两种形式的沟通。外向沟通则是沿着组织结构外斜线进行的沟通,它涵盖了一个组织与其他相关组织的沟通和联系。

在组织沟通中,存在几种典型的沟通类型:

1) 正式沟通和非正式沟通

正式沟通是通过组织正式结构或层次系统运行的,一般指在组织系统中,依据组织明文规定的原则或规章制度所进行的信息传递与交流,例如组织内的文件传达、召开会议、上下级之间的定期信息交流等。而非正式沟通则是通过正式系统以外的途径而进行的。一般而言,在非正式沟通中,无论是沟通对象、时间还是沟通内容,均存在很大的不确定性和偶然性。

2) 书面沟通和口头沟通

书面沟通是通过有形展示的、长期保存的并可作为法律依据的书面载体进行的信息传递,多见于正式沟通情境;而口头沟通是通过以快速传递和即时反馈的口头载体进行的信息传递,多见于非正式沟通情境。

3) 下行沟通和上行沟通

纵向沟通指的是沿着组织结构中的直线等级进行的信息传递,它包括下行沟通和上行沟通。纵向沟通中,自上而下进行的下行沟通是纵向沟通的主体,而自下而上的上行沟通是纵向沟通的关键。

11.3.3　组织内部的沟通网络

组织的沟通网络是组织内成员之间交流信息的模式。组织沟通网络分为正式沟通网络和非正式沟通网络,正式沟通网络是通过组织正式结构或层次系统运行,并涵盖于纵向沟通与横向沟通之中的,非正式沟通网络则是通过正式系统以外的途径来运行的。

1) 正式沟通网络

正式沟通一般指在组织系统内,依据组织明文规定的原则进行的信息传递与交流。正式沟通主要有以下 4 种网络形态(见图 11.2)。

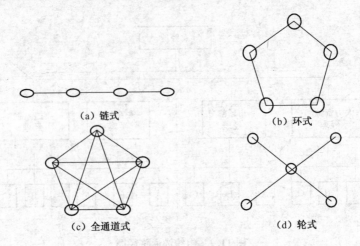

（a）链式 （b）环式

（c）全通道式 （d）轮式

图 11.2　4 种沟通网络形态

（1）链式沟通网络。这是一个平行网络，其中居于两端的人只能与内侧的一个成员联系，网络中的其他人则可分别与其他两个人沟通信息。在一个组织系统中，它相当于一个纵向沟通网络，具有 5 个层次，逐渐传递，信息可自上而下或自下而上进行传递。此外，这种网络还可以表示组织中主管人员和下属之间的组织系统，属控制型结构。

（2）环式沟通网络。这种网络形态可以看成是链式形态的一个封闭式控制结构，表示 5 个人之间依次联络和沟通。其中，每个人都可以同时与两侧的人沟通信息。这个网络可以创造出比较高昂的士气。

（3）轮式沟通网络。这是一种纵向的沟通网络，其中只有一个成员位于沟通的中心，成为沟通的媒介。这种网络集中化程度高。

（4）全通道式沟通网络。这是一个开放型网络，其中每个成员之间都有一定的联系，彼此了解。网络中的沟通渠道很多，组织成员士气高昂，合作气氛浓厚。学习型组织及高效、自治性团队均属于这类沟通形态。

这 4 种沟通网络形态的利弊比较见表 11.1。

表 11.1　4 种沟通网络形态比较

评价标准	沟通网络形态			
	链式	环式	轮式	全通道式
开放程度	适中	适中	低	高
信息传递速度	适中	慢	快	快
信息精确度	适中	低	高	较高
控制力	较高	低	高	低
员工满意度	适中	高	低	高

2）非正式沟通网络

尽管正式沟通网络在组织中占据重要地位，但它并不是组织沟通形式的全部，组织内的非正式网络也起着不容忽视的作用。非正式沟通与正式沟通的不同之处在于其沟通目的、对象、形式、时间及内容等都是未经计划或难以预料的。

　　组织中非正式沟通网络的形成涉及各种因素,但组织的工作性质是构成非正式沟通网络的主要因素,即从事相同工作或工作上有关联的人们倾向于组成同一群体。一般来说,非正式沟通网络均具有下列共同特点:

　　(1) 不受管理层控制。

　　(2) 被大多数员工视为可信。

　　(3) 传播迅速。

　　(4) 关系到人们的切身利益。

　　非正式沟通不是根据组织结构、按组织规定程序进行的,其沟通途径繁多,且无定型。因此,非正式沟通形式也因其无规律性而被形象地比喻为"葡萄藤"(见图11.3)。正是由于非正式沟通网络在形式上的这一特点,因此它能够及时、快捷地获得一般正式沟通渠道难以提供的"小道消息"。

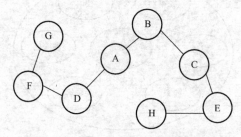

图11.3　非正式沟通网络的葡萄藤形态

　　小道消息或办公室传闻是非正式沟通网络的重要组成部分,这是因为小道消息的传播有助于缓解员工的焦虑情绪,传达员工潜在的愿望和期待。当组织成员无法从正式渠道获得他们渴望的信息时,或者由于对与自己切身利益有关的组织重大事件,如结构重组,高层领导人事变动,人员、工资福利调整等不知情而感到茫然时,就会求助于非正式渠道。小道消息可以暂时缓解组织成员因不确定性而导致的焦虑情绪以及满足他们的愿望和期待。但是,假如组织成员的焦虑和期望得不到及时的缓解或满足,那么小道消息便会失控而四处蔓延,谣言四起,从而导致组织中人心涣散,缺乏凝聚力,成员士气低落。

　　因此,在非正式网络客观存在的情况下,组织各级管理者应该使小道消息的范围和影响限定在一定区域内,并使其消极影响减少到最低,以下是管理者可采取的几项措施:①公布进行重大决策的时间安排;②公开解释那些看起来不一致或隐秘的决策行为;③对目前的决策和未来的计划,强调其积极一面的同时,也指出其不利的一面;④公开讨论事情可能的最差结局,减少由猜测引起的焦虑。组织领导应该十分重视小道消息,努力把小道消息扼杀在摇篮中,对不同的小道消息,依事情的轻重缓急,分别由不同层面的管理者进行解释。一些比较大的,诸如与谣言有关的重大人事任免、兼并重组等甚至会由董事长亲自向大家作解释,一般比较小的,就由一般的经理来解决。

专栏11—4 ▶▶▶

　　均瑶集团由于倡导一个透明、平等的组织文化,在消除小道消息对组织产生的负面影响上下了很大的工夫,也创造了一些很好的办法:在上海康桥的均瑶基地食堂里,你会看到这样的一块小黑板,上面写着现在在组织流行的小道消息,后面是组织管理层或员工的答复和想法。小道消息一旦公开化,它对组织的负面影响就会大大降低,组织的领导就能察觉得到并进行及时的处理,透明的组织文化使得大家可以畅所欲言。

11.3.4　组织的外部沟通

组织外部沟通是指组织与外部环境中的其他组织和个人之间的信息交流,组织外部沟通构成了组织有机的外部社会关系(见图 11.4),它与组织内部沟通紧密相连。如果我们将组织的外部社会关系加以扩展,就不难看出,一个组织要生存、要发展,离不开与外界的沟通和联系,只有与组织外部其他相关组织如顾客、股东、社区及媒体等进行相互沟通与信息交流,组织的形象才会得到社会的承认。组织的外部沟通不仅有助于组织获得充分的外部支持,也是组织回馈社会的重要途径。

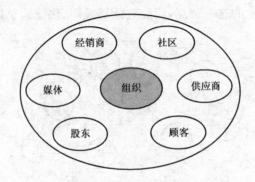

图 11.4　组织的外部社会

1) 上下游组织的沟通

在与上下游组织沟通时必须遵循"顾客至上"、"合作双赢"的原则,将本组织与上下游组织看成是利益共同体。可以建立通信网络,互派人员参与彼此的重大决策,深入对方工作实际了解需要,发现问题并提出对策,从而增进上下游组织之间的沟通。

2) 社区的沟通

组织不是建立在真空之中的,总是与周边环境发生着各种联系,社区是组织最直接的外部环境。社区的许多工作都是公益性的,需要资金支持,需要全社会的支持。组织管理者应该本着相互依赖、同舟共济的理念,主动保持与社区的沟通,积极参加社区讨论,赞助慈善活动,组织志愿者活动等,这样可以帮助组织从社区中获得资源和支持,使社区成为塑造组织形象的可靠依托。

3) 媒体的沟通

媒体是组织与一般公众进行沟通的最广泛、最有效的沟通渠道之一。各种传媒也是一把双刃剑,当它对组织作正面宣传时,无异于做一次免费的广告;然而当它对组织作负面报道时,就如同雪上加霜。面对媒体,一方面,组织应遵守诚信为本、顾客至上的原则,遵守商业伦理;另一方面,组织应尊重媒体,以人为本,配合媒体,满足社会民众的知情期望。现在,许多组织的负责人已经认识到媒体舆论的重要性,积极面对面地回答记者提出的问题,这样不仅增加了信息的权威性,同时也能使媒体感觉备受尊重,最终有利于组织树立良好的公众形象。尤其是在组织遭遇危机时,与媒体保持良好的沟通是化解危机渡过难关的重要途径。

沟通具有重要的意义,常见的沟通方式有书面沟通、口头沟通、非言语沟通和电子沟通等形式,有效的沟通有 7 个方面的基本要素,组织沟通可分为内部沟通和外部沟通两种类型,包括纵向沟通、横向沟通和斜向沟通等形式。

11.4 组织沟通技巧

11.4.1 下行沟通技巧

从本质上讲,下行沟通即指上司作为信息发送者与下属进行沟通的一种形式。传统上,下行沟通一直是组织沟通的主体,组织管理所涉及的种种职能的运作,如计划的实施、控制、授权和激励等,基本上全依赖于下行沟通来实现。

1) 下行沟通的目的

主要包括以下各个方面:①让员工知晓组织重大活动,如扩大再生产、市场兼并、劳资关系、利润状况、销售状况、市场份额、新产品计划、技术革新等。②突出组织对员工的创造力、努力和忠诚度的重视态度。③探讨员工在组织里的职责、成就和地位。④观察员工真正的实力,及其所享受的各种福利待遇。⑤了解有关的社会活动、政府活动和政治事件对组织的影响。⑥了解组织对社会福利、社会文化发展和教育进步所作出的贡献。⑦让员工的家属了解组织,致力于营造凝聚力。⑧让新来的员工看到组织发展的生动足迹。⑨让员工了解不同部门发生的各种活动。⑩鼓励员工将组织出版物作为各抒己见的论坛。⑪作为外界了解组织发展的窗口。

显然,下行沟通在组织沟通中起着十分重要的作用。此外,为了达到上述目的,还要注重沟通媒介和沟通时机的选择。当有重大事件和重要信息需要让员工知道时,必须采用较为正规的渠道。今天,越来越多的管理者采用相对高效的计算机信息服务体系来协助实施下行沟通。

2) 下行沟通的载体

从沟通的载体进行分类,下行沟通主要有以下3种形式。①书面的:如指南、声明、组织政策、公告、报告、信函、备忘录等。②面谈的:如口头指示、谈话、电话指示、广播、各种会议(评估会、发布信息形式会议、咨询会、批评会)、小组演示乃至口头相传的小道消息等。③电子的:如闭路电信系统新闻广播、电话会议、传真、电子信箱等。这是一种简单易行的传统分类方式。另外,根据时间序列对下行组织沟通进行划分,可以得到3类形式(见图11.5),即按照传达的信息涵盖的时间跨度、长度来划分,可以得到3类组织中传递的信息,对这3类信息的沟通则得到3种不同的下行沟通方式。

图 11.5 3 类下行沟通形式

具体来讲,反映长期(包括过去或将来)的事实、意见、想法或打算,比如组织简介、组织中长期计划、组织多年沿袭的员工福利政策等信息,被视为第一类信息,交流传达此类信息的沟通,称为第一类沟通。第一类沟通多采用书面形式,如员工手册、组织白皮书、组织年报等。传递的信息跨度为几个星期至几个月(不超过 1 年),时间概念上包括过去的或将来的,譬如组织内部近期发生的重大事件,组织每个季度销售业绩,组织未来半年实施的计划等,被视为第二类信息,其沟通被称为第二类沟通。第二类沟通多采用书面形式和会议形式,如组织内部期刊,组织内部通讯,组织全体员工会议,组织中层干部周会、月会等。第三种信息的时间跨度最小,基本上仅涵盖每日例行工作的信息,比如每日工作任务的布置,每日工作情况的反馈,临时出现问题的解决,刚收到的顾客请求现场服务的任务的下达等。这类信息包括组织运作过程中碰到的由不确定性因素带来的突变和紧急情况,此类信息的一大特点是更新很快,具有很大的不可预测性。第三类信息的沟通形式多为简短的书面和非书面形式,如口头沟通、E-mail 和备忘录等。

这种分类便于我们理解沟通技巧与沟通形式的关系。一般来讲,越是长期类信息的传播,因为其信息稳定的特性,其对沟通技巧的要求越低;越是短期类信息的传递,因为其不可预测性,其对沟通技巧的要求越高。从管理理论上讲,第三类信息的沟通表现为管理者与下属进行的一对一、面对面的接触,也正是管理者使用和发挥其沟通技能最多的地方。下行沟通类型与沟通技巧的对应关系见表 11.2。

表 11.2 下行沟通类型与沟通技巧的对应关系表

沟通类型	沟通技巧、媒介
第一类:信息跨度大于 1 年	低:书面、会议
第二类:信息跨度大于 1 周小于 1 年	中低:书面、会议
第三类:信息跨度不大于 1 周	高:口头、面谈

3) 下行沟通的障碍

下行沟通在组织沟通中扮演着举足轻重的作用,是组织沟通的主体。但组织中下行沟通的现状又是怎样的呢?管理专家彼得·德鲁克曾尖锐地指出:"数百年来,管理者只注重向下沟通,尽管他们表现出莫大的智慧,但这种沟通无济于事。这种沟通失效,究其原因,首先是因为仅仅关注管理者想传达的,所有传达的内容都是指令。"显然,这是一种单向沟通。而且,这种形式的沟通无一例外的视信息接收者即员工为不犯错误的全能的机器人,不仅百分之百接收到了信息,而且准确无误地理解了下行的信息。单纯采用这种沟通形式的管理者无意从下属那里得到任何反馈,这时沟通的效果是差强人意的。

美国管理协会(AMA)曾经做过一项统计调查,研究上下级对下属特定的工作职责的认识能否达成共识。调查对象是 5 家不同组织中的 58 对上下级关系,调查具体包括工作职责(下属在其职位上应该做的事)、工作要求(该职位所需的技能、背景、经历、正规培训和个性)、未来工作职责中的变化(可预见的在将来几年中可能发生的工作职责或要求的变化)和工作业绩中的障碍(上司和下属对完成工作的干扰和障碍问题的认识)。

调查结果见表 11.3,从中可以看出 85% 的上下级对工作职责达成一半以上的共识。但是关于第二项工作资格要求达成一半以上的共识的上下级降到 63.7%,仅有 53.3% 的上下级同意在未来几年可能发生的职责变化达成一半以上的共识,而对于障碍仅有 31.7% 的上下级达成共识。

表 11.3　上司对下属、下属对自己工作职责认知调查结果

调查内容	调查结果				
	4 同意几乎全部 的命题 （%）	0 几乎不同意 （%）	1 同意少于 一半的命题 （%）	2 同意几乎 一半的命题 （%）	3 同意超过 一半的命题 （%）
工作职责	3.4	11.6	39.1	37.7	8.2
工作要求	7.0	29.3	40.9	20.5	2.3
未来工作中的变化	35.4	14.3	18.3	16.3	18.7
工作业绩中的障碍	38.4	29.8	23.6	6.4	1.7

可见，下行沟通的结果是令人遗憾的，信息在下行沟通运作中往往被遗漏和曲解。当下行沟通涉及若干个管理层面时，会引起信息的丢失和扭曲。一项关于美国组织中层管理者沟通状况调查显示的结果进一步证明，下行沟通的结果是不容乐观的。通常的情形是，信息在下行沟通中运行，如同经过一个漏斗一样，层层过滤，信息经过 5 层后，到达最后一个信息接收者时，只剩下 20%，80% 的信息因为这样或那样的原因被过滤或丢失了（见图 11.6）。

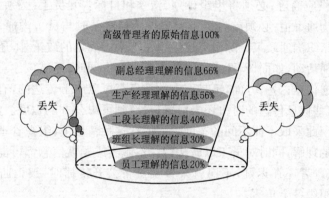

图 11.6　信息理解漏斗图

由此可见，下行沟通的结果是不尽如人意的。一般情况下，第三类、第二类沟通的效果可以达到预期水平。真正令管理者头痛的下行沟通是第一类沟通形式，因为这类信息基本上是命令、指示，当然也有反馈。产生这些问题的原因在于下行沟通存在着各种障碍。

（1）管理者的沟通风格与情境不一致。沟通风格多种多样，如前所述，通常我们将之分为 4 类：命令式、指导式、支持式、授权式。而任务的性质因为时间要求、复杂程度的不同而表现得不尽相同。如果对一个十分重要、时间要求紧迫的任务采用委托式沟通，势必不能准确完全地传递出信息，致使任务不能如期完成。

（2）接收者沟通技能上的差异。对员工来讲，沟通技能之一是理解力。但由于员工在组织内部所处的时间长短不一、员工自身的理解能力不同等因素，造成了员工沟通技能的差异。对一个新进员工采用简单的命令式进行沟通，可能造成员工误解信息或一知半解，致使沟通失效。

（3）沟通各方心理活动的制约。研究表明，下行沟通中容易出现信息膨胀或扭曲。之所以出现信息膨胀，主要是因为信息传递方对沟通效果的顾虑。

（4）不善倾听。普遍的情况是，在组织中员工和管理者都急于表现自己，以达到邀功请赏的目的。于是，更多的人学会了口若悬河，而非侧耳聆听；在他人说话时，听众甚至会粗暴地用毫不相干的话题插话，并发表一通议论。要做到倾听，首先必须自我克制，同时全神贯注。

（5）草率评判。很多时候，信息接收方在与对方交谈时，不是试图去理解对方的意思，而是企图进行评判，或进行推论和引申。有时，在没有充分理解的情况下就妄下结论，在内心表示赞同或否定。这样的沟通结果可想而知。

（6）编码环节语意上的歧义。有这么一个希腊神话：一个人向神许愿，希望长生，却对神说成"不死"。结果，一般人"生老病死"，他却老是"病而不死"，永远也解脱不了。在沟通中，类似这种因为语意歧义而引起误解和沟通失效的例子比比皆是。

4）下行沟通的策略

为了确保下行沟通畅通无阻，管理者有必要掌握一定的沟通策略。下行沟通策略包括以下 9 个方面的内容：

（1）制定沟通计划。为了保证每个管理者及时有效地下传信息，必须制定相应的沟通政策，明确沟通目标。这些政策包括以下内容：必须将相关事宜及时通知有关方，如员工、社团成员、客户、供应商等；必须将组织计划、指令和目标告知员工；必须鼓励、培育和建立一个稳定的双向沟通渠道；必须就有关重大事件的信息及时与员工沟通；划拨足够的资金和工作时间实施组织沟通政策。除了上述组织总体沟通规划的政策外，还应制定具体的细则来规范具体沟通活动，如面谈、开会和组织出版物等。同时，还应该注意：一方面，组织需要下行沟通来传递信息；另一方面，不是所有的信息都可以向下传达的，有些是有关组织战略发展的机密，有些信息传达的时机还未成熟，没有到可以公开的程度。然而，这并不足以说明管理者可以因此采取不闻不问的态度。即使在这种情形下，组织管理层也必须表示出对员工关注信息的理解，同时对员工以诚相待。不诚实或操纵信息都可能降低员工的忠诚度。事实上，当管理者还在迟疑，不愿就某事实进行公开传播时，被歪曲的事实早已顺着"葡萄藤"散布到组织各个角落。

（2）"精兵简政"，减少沟通环节。复杂的系统和庞大的机构是组织为了应对规模的扩大作出的自然反应，然而优秀的组织却力求用简单的机构和精练的系统来回应扩张发展的策略。许多组织通过分权来抑制组织的管理队伍的扩充，减少整个管理的中间层。它们建立临时的项目小组或产品小组来控制组织结构的复杂化。一般的美国组织在首席执行官和生产线的监督之间有 15 层中间管理者，而日本的丰田只有 5 层。因此，通过组织沟通的效果最有力的做法是"精兵简政"，用简单的结构和精练的系统来保证沟通的顺利进行。

（3）"去繁从简"，减轻沟通任务。管理者需要有效地控制信息流。对信息流加以有效管理或控制能够极大地提高沟通的效率，具体可以采用以下方法：①例外原则。当命令、计划和政策执行中出现偏差时，才进行沟通。②排队原则。管理者应该按轻重缓急来处理信息沟通。不很重要的会议、约见、信件、电话和报告都可以延后或改期。③关键时间原则。管理者应该在恰当的时间向员工传递信息，比如，不要在 3 个月前将会议通知告知员工，这样会让员工觉得会议不很重要，或者容易忘记。

（4）授权的加盟。下行沟通的一个致命缺点是：具有单向性，自上而下，而授权为下行沟通带来了双向的可能性。最近十几年来,随着授权对管理工作的重要性日益突出,并越来越多地为管理者所使用,下行沟通又具有了另外一项管理职能——授权。这无疑给有点先天不足的单调的下行沟通增添了信息色彩。授权所能产生的激励作用,缓和了下行沟通冷冰冰的纯粹命令的气氛,极大地改善了沟通低效的状态。宏碁,作为台湾20世纪70年代后期起步的企业,经过20年的发展,创造了1 500亿台币的营业额,一举成为台湾地区最大的电脑组织。其总裁就很重视沟通和授权的作用。宏碁的员工80%都是刚毕业的大学生,宏碁的总裁不仅高度信任他们,而且对他们大胆放手,进行分级授权。1995年,宏碁推出的大获成功的"渴望"电脑,就是在总裁的高度授权下,平均年龄只有29岁的青年工程师们齐心协力、共同奋斗取得的成果。

(5)言简意赅,提倡简约的沟通。沟通中力求避免含糊其辞。除了沟通中其他因素会引起误解,信息本身也会产生歧义,如果沟通的信息本身模糊不清,接收者就无法理解并记住信息。为了避免这一点,管理者可以采用简单、直接的措辞,使用与对方理解层面相符的措辞,而非从自己层面出发进行沟通。

(6)启用反馈。可以肯定的是,让下行沟通真正发挥作用的办法不是关闭这条渠道,而是开掘上行沟通的通路——鼓励接收者对信息进行评价,这就是反馈。从理论上讲,下行沟通管理者并不打算让员工对信息进行评价,这种沟通形式本身也没有创造反馈发生的条件。然而,如前所述,信息接收者或多或少会作出一定程度、一定数量的反馈,这些多由接收者的面部表情、动作姿态等肢体语言(如听者一脸错愕,听众交头接耳)来表现,可以作为管理者判断沟通信息效果的参考依据,在信息没有被错误地执行前及时发现问题并采取补救措施,从一开始就确保了执行工作的成功实施。另一方面,管理者应该尽可能采用面对面沟通的途径,面对面沟通相对书面沟通在很多方面都表现出优势,尤其在获得反馈方面。

(7)多介质组合。减少下行沟通的信息接收和理解上的丢失或屏蔽,增强下行沟通的效率,最主要和最简单易行的方法是采用多种沟通介质。换言之,是通过采用多种沟通介质,减少冗余和重复,提高沟通的效率,增强沟通的效果。比如,书面请求之后采用备忘录跟进,或者报告之后采用电话跟进。甚至在一个沟通的信息里,也可以结合多种方式进行沟通。比如在与员工进行口头沟通时,管理者可以在开场白里陈述主要观点,然后举例解释说明该主要观点,最后在结论中重复该观点。

(8)头脑风暴式会议。头脑风暴式会议的目的主要是集思广益,激荡大家的脑力,迸射智慧的火花,来寻求最佳的解决之道。英特尔组织经常举办头脑风暴式会议,与会者不分职位高低,畅所欲言,针对观点、方法,直言不讳,提出怀疑,最后得到最佳的解决问题的方案。

(9)减少抵触和怨恨的沟通五法则。在下行沟通中,最令管理者头痛的沟通莫过于向下属传递负面的信息,或者向员工传达一些他们不希望接纳的信息。比如手下的员工工作上出现差错,按照规章制度必须给以明确批评,即指出下属行为中的不当表现,有时甚至是训诫下属,以彻底杜绝此类现象。或者是组织出现经济危机,某些岗位的薪金面临着下调的危险,管理者必须向其下属传递该信息等。在进行此类信息沟通时,容易出现的情况是员工产生抵触情绪,或者更为严重的后果是,员工对领导产生怨恨。而且,当接收者认为某个信息对个体具有威胁性或与实际情况不相符时,往往会扭曲信息,甚至努力忘却该信息。那么,管理者应该怎么办呢? 首先,管理者应该正面处理诸如否定、反对意见。其次,选择的沟通时间和介质很重要。同时,沟通的措辞也要经过慎重考虑,太过含蓄,尽管可能避免冲突,但或许起不到警戒作用;太过直接,当然可以引起对方的注意,但可能制造了不必要的矛盾和抵触情绪。

具体来讲,如何减少抵触、降低怨恨,同时又准确地传递信息呢?不妨按照下面的策略进行:

① 掌握事实。在与员工正面交谈之前,要尽可能多地了解事实情况,越具体、越准确越有利于面谈。道听途说是十分危险而且不明智的。

② 了解当事人的想法。让你的员工有时间和机会仔细说明事情的经过是十分有益的,借此可以缓和气氛,或可以了解当事人对问题的看法,以及他对问题的自我认识。

③ 私下处罚员工。当众批评、指正或训斥员工是让人难以接受的,此类沟通选择私下场合比较好,但切不可滞后,不要在员工已将此事遗忘之后再提及。

④ 对事不对人。对员工进行批评时,应尽量就事论事,不要涉及人的个性,说明你对他的行为的改变的具体期待。如果你不注意措辞而因此伤及员工的自尊心,就为以后的有效沟通设置了障碍,埋下了隐患。

⑤ 不要意气用事。人们在怒不可遏时很少能保持理智、公正和客观,因此,在正面接触员工之前,一定要头脑冷静、心平气和。当然,如果员工处于发怒状态,马上进行批评训斥也是不合适的。

11.4.2 上行沟通技巧

所谓上行沟通,是指信息经由组织的正式沟通渠道自下而上的传递过程,但是从本质上讲,上行沟通应该是下属主动作为信息发送者,而上司作为信息接收者的一种沟通形式。

1) 上行沟通的目的

开辟一条让管理者听取员工意见、想法和建议的通路。同时,上行沟通可以达到有效管理的目的。上层管理部门特别需要了解生产的业绩、市场营销信息、财务数据,以及基层员工在做什么、在想什么,就此而言,客观地传递信息至关重要。

上行沟通的具体目的主要包括:①为员工提供参与管理的机会;②减少员工因不能理解下达信息而造成的失误;③营造民主管理文化,提高组织创新能力;④缓解工作压力。

显然,这些积极的动机使上行沟通比下行沟通更具优势。然而,多年来,一直困扰管理者的一个问题是如何创造成功、有效的上行沟通。尽管有很多途径,诸如意见箱、小组会议、反馈表等,但这些途径真正发挥作用的关键在于营造上下级之间良好的信赖关系。显然,完成这项任务是颇费力气和时间的。从本质上讲,上下级间的信赖关系是很脆弱的,无论这些关系具体表现为总经理与高管之间,还是中层管理者与本部门内的职员之间,或者是高级职员与一般职员之间,培养建立相互间的信任都需要长期连续的努力,而偶尔一次无意的破坏可能导致通过长时间努力才建立起的信任前功尽弃。

有效的上行沟通与组织环境、氛围直接相关,在参与式管理和民主式管理的组织中通常可以看到。除了指挥链系统外,有些组织会设置专门的上行通道,让高层能够听到来自底层的声音。

2) 上行沟通的形式

上行沟通正规的途径包括:意见反馈系统、员工座谈会和巡视员制度。

（1）意见反馈系统。意见箱是最常见的保障上行沟通的途径之一。意见箱产生的最初动机是为了提高产品的质量、提高生产效率，管理者相信一线员工肯定对此有独到且有效的见解。所以收集生产建议的意见箱由此渐渐演变成收集员工反馈的渠道，至此，倾听员工心声的上行渠道渐具雏形。为了鼓励那些敢于提出创新见解的人不断开动脑筋，让组织分享群众无穷的智慧，还可设立相应的鼓励机制。当然，真正奖励员工的其实不仅是奖金，还有员工所得到的心理上的回馈——拥有参与感、成就感。当然，一个好的建议必然带来皆大欢喜的结局，但倘若建议被否决，就难免产生问题，员工可能会心存怨恨，士气受挫。另外一个可能的问题则是，提出好建议的员工可能被顶头上司怀恨在心，双方关系可能出现危机。尽管问题不可避免，但大多数实践证明，管理者认为上行沟通利大于弊，感到很有必要建立这么一个通路。中美合资的双良企业在这方面就受惠于组织设立的"实话实说"意见箱。

（2）员工座谈会。每个部门选派若干名代表与各部门领导、高层领导一起举行员工座谈会，也是一种颇具效果的上行沟通途径。在座谈会上，员工可以就自己部门存在的某些问题畅所欲言，提出意见和建议。这种座谈会要定期举行，比如每个月一次或每季度一次。同时，为确保座谈会上轻松、愉快、畅所欲言的气氛，要注意以下几点：①最好在一种非正式的气氛下举行会议，因此，应选在工作时间之余，并辅以茶点、饮料。②由一位能说会道、会活跃气氛的人员主持会议，以起到协调气氛的作用。③尽管会议并不限制员工就何种问题发表意见，但仍有必要引导员工就某些话题展开讨论，以激励士气，并避免会议变成恶意的声讨会。

（3）巡视员制度。巡视员的概念源于瑞典，在那里，公民可以向国家公务员提出调查有关政府的官僚主义的申诉。当今，在许多组织中也设置了类似的职位，专门调查员工所关心的问题，然后再向上级管理层汇报。

3）上行沟通的障碍

导致上行沟通障碍可能是多方面的，主要表现在：

（1）封闭式组织文化。尽管管理界一直以来积极倡导参与式和民主式管理，但一家管理咨询组织的调查结果显示，一般组织中多数员工是没有机会发出大量信息的。

（2）内部沟通机制不健全。员工发出的信息要么需费很大的周折才能到达上层管理者，要么石沉大海、无声无息。

（3）信息失真。由于管理者的官僚作风，会片面相信一些经过精心设计、不符合实际情况的信息。

除此之外，前面所述的下行沟通中的6个障碍也时常会出现在上行沟通中。

4）上行沟通的策略

上行沟通策略主要包括以下两个方面：

（1）建立信任。从组织学角度看，联结员工和管理者的是权力和责任；而从沟通的角度看，维系员工和管理者的是信任。从本质上看，信任是主体对客体未来采取行动的能力的正面预期。换言之，如果上级对下属充满信任，表现为他对下属下一步将采取的行动很有把握。然而信任是双向的，信任不会从天而降，管理者必须投入时间、资源建立信任。

（2）采用走动管理，鼓励非正式的上行沟通。从不离开办公室一步，仅依赖正式沟通渠道的管理者得到的可能是失真的信息，为了避免这种状况，主管人员需要通过非正式沟通方式以弥补正式沟通的不足。试问，管理者不离开自己的办公室，如何获得关于员工和工作的真正信息？如何在第一时间获得组织经营的动态信息？又如何赢得员工对自己的信任？使上行沟通有效的第一步是走出办公室，深入员工的工作场所，减少与员工的物理距离，从而减少心理差距感。因此，管理者需要偶尔踱出办公室，去员工工作的场所察访员工的工作状况。在彼得斯和沃特曼①对经营卓越的组织的研究中，指出了美国航空企业的管理者所实行的"走动管理"。在惠普企业中实行相似的做法，称之为"巡回管理"。这种做法的目的是要通过漫步整个车间来拓宽非正式沟通渠道。走动管理相比其他正式沟通渠道更加有利于组织文化的建设，有利于传达组织的价值观。各层级的管理者都积极行动，通过经常四处走走，经常出现在员工的工作场所，这样自然会建立比较融洽的氛围，提高员工对管理者的信任度，最终帮助员工更好地完成工作。

走动管理鼓励根据组织经营管理的特点采用任何时间、任何形式的非正式沟通途径。下面是一些开放式上行沟通的有效途径：

（1）共同进餐。很多组织有自己的食堂或餐厅，这就为管理者走近员工天然地提供了一个好途径。许多国际知名组织的总裁或执行官，总是定期去餐厅用餐，随意与任何一个员工或经理、秘书坐在一起，进行聊天式谈话。其实，很久以来，老板们去全球各地的分部视察，都要安排与部门经理和其他管理者共进午餐或晚餐。将这种传统引入本地区、本部门的管理对提高组织整体沟通效果有着积极的作用。

（2）四下走动。除了固定的用餐时间外，管理者还能怎样增加与员工接触呢？另一个好主意是，有时不通过秘书而是自己将备忘录或文件交给下属，这样许多员工可以趁此机会和总裁谈及一些潜在问题或想法。美国科浦企业的总裁拜洛姆，会选择乘组织的电梯，而不是专用电梯，这样，人们就有机会在电梯里与他交谈。

（3）深入工作现场。真正与员工打成一片的方法是深入工作现场。总裁或总经理可以经常不期而至地出现在工作现场，有时甚至是晚班或周末时间去工作现场看看。一方面，可以在现场解决一些问题，可能正赶上员工遇到难题，不能通过正式渠道解决；也可能赶上员工有个好主意，而苦于不知道向谁汇报这个想法。另一方面，通过深入工作现场这种形式，管理者还可以获得许多员工临时想起事后可能忘记提呈的好建议和想法，以及其他员工不愿意花费气力通过正式渠道提交的主意。

11.4.3　横向沟通技巧

横向沟通，是指沿着组织结构中的横线进行的信息传递，它包括同一层面上的管理者或员工进行的跨部门、跨职能沟通。与纵向沟通的实质性差别是，横向沟通中不存在上下级关系，沟通双方均为同一层面的同事。

1）横向沟通的作用

组织中横向沟通的作用主要包括以下几点：

（1）确保组织总目标的实现。部门化便于组织提高劳动生产率，进行有效管理，但部门化势必使员工在追求提高实际工作中的效率，力求完成手边的工作时，忽略组织全局的整体利益。通过横向沟通增强对其他部门的了解，便于本部门从宏观层面认识本职工作，并自觉协同其他相关部门进行操作，最终实现组织的总体目标。

---

① ［美］托马斯·彼得斯，罗伯特·沃特曼. 追求卓越［M］. 北京：中央编译出版社，2004

（2）弥补纵向沟通造成的不足。不管组织多么努力地创建上、下行沟通渠道，但囿于沟通场合、时间性形式等因素的限制，误解、信息遗漏、信息不解等情况仍不可避免。从某种程度上讲，员工间相互传递信息，其沟通氛围较纵向沟通来得轻松，有利于员工达成共识。因此，横向沟通无疑可以起到相互确认信息、强化纵向沟通信息的作用。

2）横向沟通的形式

简单地说，横向沟通包括：部门管理者之间的沟通；部门内员工间的沟通；一部门员工与另一部门员工间的沟通。不同类型的横向沟通采用的沟通形式不同。

跨部门的横向沟通通常采用会议、备忘录、报告等沟通形式，其中会议是最经常采用的沟通形式。而这种跨部门会议根据目的不同可分为决策性会议、咨询性会议和信息传递性会议。

部门内的横向沟通，更多地采用面谈、备忘录等形式。由于沟通双方相互熟知，并且有着相同的业务背景，此类沟通的效果通常比较理想。

部门员工与其他部门的管理者或员工的沟通，面谈、信函和备忘录等可能更合适。

3）横向沟通的障碍

正如引导案例中所描述的那样，横向沟通的现状也是令人担忧的。然而，事实上，当每个部门经理置身于触手可及的四墙之内，就仿佛置身于戒备森严的城堡之中，坚硬冰冷的四壁把组织部门割裂开来，阻断了相互的视线，使管理者认识不到沟通的必要，有时甚至会引起龃龉和冲突。因此，横向沟通成为组织沟通中最难以控制，效果最不理想的沟通渠道。从表面上看，这种沟通的组织管理压力最小，因为很少有人会认为有必要去了解其他部门正在发生的事情，但实际上，事实并非如此。

归纳起来，横向沟通的障碍包括以下几个方面：

（1）部门"本位主义"和员工短视倾向。工作业绩评估体系的存在，是造成部门本位主义泛滥、部门员工趋于短视行为的主要原因。对每个部门经理来讲，为获得晋升和嘉奖机会，往往会不自觉地表现出维护本部门利益，强调本部门业绩，而不是从组织、本部门、其他部门3个角度立体地看待本部门在整个组织中的地位，以及相应的利益。

（2）"一叶障目"，对组织结构抱有偏见。有些部门对其他部门的先入为主的偏见会影响部门沟通的顺利进行，就好比戴上有色眼镜去看待事物。例如，营销部门认为本部门天生比其他部门重要。这种认为组织部门有贵贱等级之分的成见，显然会降低正常横向沟通的效果。

（3）性格冲突。跨部门经理间的沟通失败、低效、龃龉产生的另一个主要原因是沟通各方性格以及思维方式、习惯的冲突。每个人因为其独特的工作领域、成长经历和生活体验，会形成独特的思维方式和沟通方式。如果缺乏对沟通对象的特定沟通方式的了解，就会导致沟通失败。

（4）猜疑、威胁和恐惧。缺乏信任的后果不完全是猜疑和恐惧，但引发猜疑、威胁和恐惧的原因一定是缺乏信任。由于过去经历的负面沟通，会使人产生猜疑或感觉到威胁。当然，这也与沟通双方的个人性格有关。

4）横向沟通的策略

横向沟通中出现的问题、存在的障碍，我们可以采取以下策略加以克服：

（1）树立"内部顾客"的理念。"内部顾客"的理念认为工作服务的下一个环节即本职工作的顾客,要用对待外部顾客、最终顾客的态度、思想和热情为内部顾客服务。

（2）倾听而不是叙述。在横向交流中,每个部门的参与者最常见的是描述本部门的困难和麻烦,同时指责其他部门如何不合拍、不协同,却很少花时间倾听。当沟通的各方仅仅关注如何去阐述、强调本部门、本岗位遇到的阻碍和困难时,就不会去倾听他人的发言。

（3）换位思考。试着站在他人的立场和角度,设身处地替他人着想,并体会他人的看法,是很有益的。跳出自我的模式,进入他人的心境,未必是同意他人,但能了解他人看待事实和认识事物的方式,这样才能找到合适的沟通方式并行之有效。倘若能与他人一起感受、一起思维,则会有更大的收获。

（4）选择准确的沟通方式。如前所言,横向沟通由于沟通目的不同而有所不同,因此需要"对症下药"。对于决策性会议,与会的人数倾向于少而精,减少因人多带来的意见纷杂,以提高集中度。对于咨询性的会议,如新概念会议,其目的是集思广益,采用"头脑风暴",因此应该增加与会人数,协调与会人员的背景,以扩大覆盖面。对于通知性会议,只要让所有需要知晓信息者接收到信息即可,同时注意反馈,确保沟通接收者准确无误地理解信息。

（5）设立沟通官员,制造直线权力压力。针对横向沟通中经常出现的互相推诿、讨论裹足不前的现象,我们认为必须设立专门部门或官员,承担召集和协调部门或员工间的沟通功能,这尤其适合跨部门沟通的需求。这种沟通官员负责定期召开促进部门间沟通的会议,或要求各部门的人员定期相互提交报告,从而让不同部门中的成员了解各自正在进行的活动,并鼓励提出具有建设性的建议。

专栏11-5 ▶▶▶

日本企业的管理工作中非常注重不同部门人员的接触和沟通,每个员工定期参加某个小组,讨论与工作相关的事宜。这种小组是跨部门的,小组会议召开的目的主要是为了增强员工间的沟通,而非解决问题或制定计划。在会议上,一个员工可能会谈及他所在部门正在研制的新产品,另一个员工可能会谈及他的本职工作,而还有一个员工可能会讲述他们部门正在采用的新的计划表。这种性质的会议无疑可以帮助员工拓展其对工作的认知角度,给他们带来更多本职工作以外但同时又与工作相关的知识,其结果是将组织有机地结合成一个整体。

本章小结

所谓沟通,是信息凭借一定的符号载体,在个人、群体或组织之间从发送者到接收者进行传递,并获取理解的过程。沟通对于组织运行和管理而言具有非常重要的意义:①有效沟通可以降低管理的模糊性,提高管理的效能;②沟通是组织的凝聚剂、催化剂和润滑剂,它可以改善组织内的工作关系,充分调动下属的积极性;③沟通是组织与外部环境之间建立联系的桥梁。

常见的沟通方式有书面沟通、口头沟通、非言语沟通和电子沟通。

人际沟通指人与人之间信息和情感的传递过程。人际沟通并不只是口头上的沟通,人们的所作所为也是人际沟通的一部分。社会交换理论的创始人乔治·霍曼斯认为,人与人之间的交往基本上是一种利益交换的过程。即是人们总是试图保持"账目"的收支平衡,以维持和发展社会的互动关系,也就是我们通常所说的"互惠互利"原则。

人际沟通的技巧主要包括说话技巧、赢得人心技巧、得人善待的技巧、拒绝别人的技巧和批评他人的技巧等内容。

所谓组织沟通,即在组织结构环境下的知识、信息以及情感的交流过程,它涉及战略控制及如何在创造力和约束力中达到一种平衡。在组织沟通中,存在几种典型的沟通类型:正式沟通和非正式沟通、书面沟通和口头沟通、下行沟通和上行沟通、正式沟通的网络。

组织沟通渠道主要包括链式沟通网络、环式沟通网络、轮式沟通网络和全通道式沟通网络等几种形式。

非正式沟通与正式沟通的不同之处在于其沟通目的、对象、形式、时间及内容等都是未经计划或难以预料的。其特点是:不受管理层控制、被大多数员工视为可信、传播迅速、关系到人们的切身利益。

组织外部沟通是指组织与外部环境中的其他组织和个人之间的信息交流,组织外部沟通构成了组织有机的外部社会关系,它与组织内部沟通紧密相连。具体形式包括:上下游组织的沟通、社区的沟通和媒体的沟通。

从本质上讲,下行沟通即指上司作为信息发送者与下属进行沟通的一种形式。传统上,下行沟通一直是组织沟通的主体,组织管理所涉及的种种职能的运作,如计划的实施、控制、授权和激励等,基本上全依赖于下行沟通来实现。下行沟通的策略主要有:制定沟通计划、"精兵简政"、减少沟通环节、"去繁从简"、减轻沟通任务、授权的加盟、言简意赅、提倡简约的沟通、启用反馈、多介质组合、头脑风暴式会议、减少抵触和怨恨。

所谓上行沟通,是指信息经由组织的正式沟通渠道自下而上的传递过程,但是从本质上讲,上行沟通应该是下属主动作为信息发送者而上司作为信息接收者的一种沟通形式。

横向沟通,是指沿着组织结构中的横线进行的信息传递,它包括同一层面上的管理者或员工进行的跨部门、跨职能沟通。与纵向沟通的实质性差别是,横向沟通中不存在上下级关系,沟通双方均为同一层面的同事。横向沟通的策略主要包括:树立"内部顾客"的理念;倾听而不是叙述;换位思考;选择准确的沟通方式;设立沟通官员,制造直线权力压力。

🔲 复习思考题

1. 什么是沟通?管理沟通的目的是什么?
2. 常见的沟通方式有哪些?
3. 人际沟通的基本原则是什么?
4. 说话的技巧有哪些?
5. 拒绝和批评他人的技巧有哪些?
6. 组织沟通包括哪些类型?
7. 纵向沟通存在哪些障碍?如何克服?
8. 如何避免横向沟通中的"本位主义"思想?
9. 如何看待"小道消息"?试分析"小道消息"的利与弊。
10. 结合实际讨论有效组织内外部沟通的作用。

AC 航班坠落事件

一个初春的晚上 19:40,AC 航班正飞行在离目的地 K 市不远处的高空。机上的油量还可维持近两个小时的航程。在正常情况下,像 AC 这样的航班,由此飞行到降落 K 机场,仅需不到半小时的时间。但没有想到,AC 航班在降落前遭遇了一系列耽搁和问题。

首先,20:00 点整,K 机场航空交通管理员通知 AC 航班飞行员,由于机场出现了严重的交通问题,他们必须在机场上空盘旋待命。20:45,AC 航班的副驾驶员向机场报告他们飞机的"燃料快用完了"。交通管理员收到了这一信息,然而,在 21:24 之前,飞机并没有被批准降落机场。而在此之前,AC 航班机组成员没有再向 K 机场传递任何情况十分危急的信息,只是飞机座舱中的机组成员在相互紧张地通告说他们的燃料供给出现了危机。

晚上 21:24,AC 航班第一次试降失败。由于飞行高度太低及能见度太差的原因,飞机安全着陆没有保证。当机场指示 AC 航班进行第二次试降时,机组成员再次提到他们的燃料将要用尽,但飞行员还是告诉机场交通管理员说新分配的飞行跑道"可行"。几分钟后,准确时间是 21:32,飞机有两个引擎失灵了,1 分钟后,另外两个也停止了工作。耗尽燃料的飞机终于在 21:34 坠毁于 K 市,机上 73 名人员全部遇难。

当事故调查人员考察了飞机座舱中的磁带并与当事的机场交通管理员交谈之后,他们发现导致这场悲剧的原因实际上很简单:机场方面不知道 AC 航班的燃料会这么快耗尽。

下面是有关人员对这一事件所作的调查。

第一,飞行员一直说他们"油料不足",交通管理员则告诉调查者,这是飞行员们惯用的一句话。当因故出现降落延误时,管理员认为,每架飞机都不同程度地存在燃料不足的问题。但是,如果飞行员发出"燃料危急"的呼声,管理员有义务优先为其导航,并尽可能迅速地允许其着陆。一位管理员这样指出:"如果飞行员表明情况十分危急,那么,所有的规则程序都可以不顾,我们会尽可能以最快的速度引导其降落。"事实是,AC 航班的飞行员从未说过"情况危急",由此导致 K 机场交通管理员一直未能理解到飞行员所面临的真正问题。

第二,AC 航班飞行员的语调也并未向交通管理员传递有关燃料危急的严重信息。机场交通管理员普遍接受过专门训练,可以在多数情况下捕捉到飞行员声音中极细微的语调变化。尽管 AC 航班机组成员内部也表现出对燃料问题的极大忧虑,但他们向 K 机场传达信息时的语调却是冷静而职业化的。

另外也应当指出,AC 航班的飞行员不愿意声明情况紧急是有一些客观原因的。如按条例规定,飞行员在飞行中作了紧急情况报告之后,他们事后需要补写出长篇的、正式的书面汇报交给有关方面。还有,紧急情况报告后,如果飞行员被发现在估算飞行中需要多少油量方面存在严重的疏漏,那么飞行管理局就有理由吊销其驾驶执照。这些消极的强化因素,在相当程度上阻碍着飞行员发出紧急呼救。在这种情况下,飞行员的专业技能和荣誉感便会变成一种"赌注"。

【问题】

1. AC 航班和 K 机场航空交通管理员之间的沟通存在什么问题?

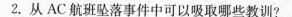

2. 从 AC 航班坠落事件中可以吸取哪些教训?

案例 2

从惠普文化看企业有效沟通

1938 年惠普公司的创始人比尔·休利特和戴维·帕卡德利用业余时间在一个简陋的汽车房以 38 美元开始创业,并于 1939 年 1 月 1 日正式创办了仅由他们两人组成的合伙企业。从此以后惠普公司经历了 60 多年的风风雨雨,逐渐成长为如今全球领先的面向大中小型企业、研究机构和个人用户的技术解决方案提供商,其服务能力遍及 170 多个国家和地区,在 IT 基础设施、全球服务、商用和家用计算机以及打印和成像等诸多领域居领导地位,在全球 500 强公司中居于前列的著名跨国公司。在截至 2005 年 1 月 31 日的过去的 4 个财季中,惠普公司的总收入达到了 818 亿美元。是什么让这个企业如此神奇般地、持续而又有活力地成长呢? 其答案就在于惠普的企业文化,在于蕴含其中的有效沟通理念。

一、惠普文化及其沟通理念

惠普中国总裁孙振耀在接受《财富》记者访谈时说,"企业文化就像一个人的价值观,平时看不见,摸不着,但关键时刻就会暴露无遗,高下分明。"细心探寻领悟惠普的发展历程,不难看出正是惠普的企业文化保证了它走过经济萧条时期,进而在激烈的市场竞争中脱颖而出。在一项题为"惠普精神:梦想成真"的网上员工问卷调查显示,有 75％以上的惠普员工为惠普文化感到自豪和骄傲。著名的"惠普之道"成就了惠普卓越的企业文化,也使惠普公司赢得了业界的普遍尊敬,其中归纳为惠普的 7 个价值观:"热忱对待客户,把客户放在一切事情的第一位;信任和尊重个人,相信人们想要做好工作,并且在给予恰当工具和支持时将能够做好工作;追求卓越的成就与贡献,意为不懈追求最佳成果;注重速度和敏捷性,即为要比竞争对手更快地取得成果;专注有意义的创新,是指惠普公司是发明有意义的、重要的技术公司;靠团队精神达到共同目标,意为有效协作是惠普成功的关键;在经营活动中坚持诚实与正直,不能因妥协而放弃正直。"1958 年,戴维·帕卡德提出了惠普公司的 n 条原则,即:①优先考虑其他同事;②帮助他人建立自信心;③尊重他人的个性权利;④真诚称赞他人;⑤杜绝恶意批评;⑥不用试图直接改变他人;⑦尽力去理解他人;⑧反省对他人的初始印象;⑨注意细节;⑩发展合群的天性;⑪坚持不懈。

时至今日,这些基本原则在惠普已经成为全体员工的集体意识和行为习惯,形成了公司引以为豪的优秀企业文化,其中的"真诚称赞他人"、"杜绝恶意批评"、"不用试图直接改变他人"、"尽力去理解他人"、"发展合群的天性"等原则都直接表明了惠普公司的沟通之道。惠普公司倡导,当发现他人把事情完成好的时候要毫不迟疑地让他知道,给予他应得的夸奖,但这并非是明显地去恭维;要尽量减少否定,因为批评很少能实现其使用者的意图,却总会带来怨恨,最小的否定有时也会导致怨恨,甚至会数年产生不利影响;避免公然地试图改变他人,因为即使人人都知道他是有缺点的,他也不会希望别人试图让他改正缺点。如果你想改进一个人,帮助他实现更高的标准、更加理想的工作目标时,他自身改正要远远有效于你帮他来改正;要尽量去理解他人,要考虑在类似的情况下自己会如何反应,了解他人的理由能使人们之间更好地相处;要发展处于人群中的真正的兴趣,只有拥有真实愿望去喜欢、尊重并帮助他人,才能成功地实现这一原则,获得与他人在愉快的环境下工作的乐趣。

二、惠普沟通的方式和特点

惠普公司非常重视为员工创造最佳的沟通氛围，为此制定了很多相关的政策，既增强了员工个人的满意度和成就感，更确保了公司能够有效地进行信息沟通，及时制定并执行解决问题的方案。同时，惠普公司通过与客户进行有效沟通，既与客户之间建立了紧密的联系，更为其产品的开发与推广提供了高价值的全面信息。从惠普之道以及惠普公司的诸多政策、大量案例和调查问卷中可以总结出惠普的独特沟通方式。

首先，进行"走动式的管理"。这项政策是惠普公司的一个帮助经理们和监督者们了解其属下员工和他们正在做的工作，同时使他们自己也更加平易近人的办法。"走动式的管理"是经理们同工厂工人一起致力于解决问题的做法，它解决了书面指令难以面面俱到的缺点，使管理者亲自参与、深入实际。《惠普之道》中特别指出，"走动式的管理"虽然听起来是简单明了的，但做起来却也有一些微妙之处和必要的条件。例如，并非每个经理都能轻松、自如地做到这一点。如果做得勉强或不经常，那就不会管用。它必须是经常的、友好的、不特别专注某个问题的，而且是不安排时间表的——但绝不是漫无目标的。由于它的主要目的是要弄清楚人们的思想和意见，这就需要虚心倾听。

其次，实行"开放式管理"。这项政策是对员工、职能直线经理、人力资源经理、人力资源部雇员关系等的作用和责任进行明确规定，用以确保惠普的开放式工作环境。例如，在员工的责任条款中规定：员工有责任公开提出问题；与直接上司讨论解决问题的最佳选择；明朗而真实地进行沟通交流；了解解决方案应该包括与他人进行交谈；清晰表述具体需要的管理行动等。在职能直线经理的责任条款中包括：公开倾听员工提出的问题和关注点，争取充分理解；做主解决问题；识别并寻求人力资源经理的帮助以找到解决方案；采取清晰、决定性的行动解决问题等。"开放式管理"政策旨在建立相互信任和理解，以及创造一种环境，使人们感到可以自由表达他们的思想、意见和问题。不管雇员的问题是属于个人的，还是同工作有关的，"开放式管理"政策鼓励他们同一个合适的经理讨论这种问题。从大量的情况来看，这个经理将是雇员的直接上司。但是，如果这个雇员不大愿意同这位上司谈，他（或她）可以越级同较高一级的经理讨论，寻求问题的解决。通过这项政策，人们乐意提出他们可能有的问题或关心的问题，而且经理们通常也能够很快地找出令人满意的解决办法。比尔·休利特和戴维·帕卡德都经常参加不同雇员的"开放式管理"的沟通工作，通常是讨论普遍关心的问题，而不是个人的不满。惠普公司的每个人，包括最高主管，都是在没有隔墙、没有门户的大办公室里工作的。这种开放式的做法虽然也有缺点，但是惠普公司发现这种做法的好处远远超过其不利之处。"开放式管理"政策是惠普管理哲学不可分割的一部分，而且这个做法鼓励并保证了沟通交流不仅是自上而下的，而且也是自下而上的。

第三，比尔的"戴帽子过程"。在《惠普之道》中特别提到了一个有效的沟通案例就是比尔的"戴帽子过程"。惠普公司1967年在纽约市电气和电子工程师学会的贸易展览会上展示它的一台计算机。一位富有创造性的革新者满怀热情地提出一种新思想，第一次找到比尔。比尔马上戴一顶"热情"帽子，他认真地倾听着，在适当的地方表示惊讶，一般是表示赞赏，同时问一些十分温和的、不尖锐的问题。几天以后，他把创新者又叫来，戴的是"询问"帽子。这回比尔提出了一些非常尖锐的问题，对他的思路进行了深入的探讨，有问有答，问得很详细，然后就休会了，未作出最后决定。不久以后，比尔戴上"决定"帽子，再次会见这位革新者。在严格的逻辑推理和敏感的思维下作出了判断，对这个思路下了结论。即便是最后的决定否定了这个项目，这个过程也给予这个创新者一种满足感。这是"惠普之道"中倡导的使人们继续保持热情和创造性的一个极为重要的沟通方式。

第四，亲密的情感沟通。惠普的创始人在公司内部营造了浓郁的家庭气氛，并在其年轻的企业里也创造了对这种亲密的情感沟通方式的认同感。"野餐"被惠普的创始人公认是"惠普之道"的重要内容之一。在早期，惠普公司每年在帕洛阿尔托地区为所有的雇员及其家属举行一次野餐。这是一项大规模活动，主要由雇员自己计划和进行。比尔·休利特和戴维·帕卡德以及其他高级行政人员负责上菜，从而有机会会见所有的雇员及其家属。这是一项很受欢迎的福利，因此后来决定在世界其他地区有惠普人聚居的地方也这样做。公司的发展壮大也波及了公司野餐的规模和性质，随着公司的扩大，每个分公司都将举行自己的野餐会。此外，惠普公司还采取了包括会见所有雇员及其家属的多种多样的感情交流方式。例如，惠普公司经理们很好地利用了喝咖啡时的交谈和其他非正式的雇员集会。雇员的刊物、电影和录像带都是有益的沟通工具，但是没有什么东西比亲自的相互沟通更能促进合作和团队精神，更能在雇员之间建立一种信任和理解的气氛了。

第五，有效的外部沟通——倾听客户。惠普公司获得成功的根本基础，是努力满足顾客的需要。惠普鼓励公司的每一个人经常考虑使自己的活动围绕为顾客服务这一中心目标，认真地倾听客户的意见。"热忱对待客户"位于惠普公司提出的 7 个价值观的首位，"倾听客户的意见"也是惠普之道的核心部分。在惠普公司，为顾客服务的思想，首先表现于倾听客户意见，并据此提出新的思路和新的技术，在这个基础上开发有用的重要产品。这些新的思路成为开发新产品的基础，而新产品将满足顾客潜在的重要需求。除此以外，惠普公司还提供许多不同种类的产品，以满足不同顾客的需求。兼备彩色打印功能的台式喷墨打印机的问世和成功推广就是惠普有效客户沟通的一个很好的例证。在 1991 年推出台式喷墨 500C 型彩色打印机以前，彩色打印机是很昂贵的，只有那些有特殊需要的用户才肯出高价购买它。惠普公司的市场调查表明，顾客并不急于购买彩色打印机。当问他们最需要什么样的打印机时，顾客总是把彩色打印机放在末位。但是当问及"如果我们满足了你的黑白打印的所有需要，同时又使你具有彩色打印的能力，而且基本上不需要加钱，那么你是否买这样的打印机?"绝大多数的回答是肯定的。尽管顾客并不想买彩色打印机，但他们对兼有彩色打印功能的打印机是非常感兴趣的。因此惠普公司在认真倾听客户的意见后决定提供兼备彩色打印功能的打印机，其成效是显著的。1991 年各种非撞击式彩色打印机在全世界的销售量约为 36 万台，而 1994 年仅惠普公司一家销售的彩色打印机就几乎达到 400 万台。惠普公司通过与客户有效的沟通，成功地打造了其业务上的辉煌。

三、由惠普沟通得到的启示

从以上的分析和总结中可以看出惠普公司在其企业文化中对沟通的重视和关注。惠普公司成功发展与不断壮大的事实，验证了惠普沟通的有效性。通过有效沟通，惠普公司实现着其"为客户创造价值，助员工实现梦想"的核心价值观。

首先，惠普公司通过有效的信息沟通，提高了决策力和执行力。信息完全有助于决策判断的科学性和正确性。无论是"走动式管理"，还是"开放式政策"，也包括"比尔的戴帽子过程"，都使得经理们和监督者们更加了解下属员工和他们正在做的工作，掌握了最真实、最直接的信息。一方面，通过这些有效的信息沟通方式，有助于领导者掌握更真实、更全面的信息,有利于他们在决策之前进行全面的科学分析和判断,进而作出科学的决策;另一方面,从"开放式政策"中的各项责任规定也可以看出,惠普公司的沟通交流不仅是自上而下的,而且也是自下而上的,这些信息沟通也有助于员工(被领导者)了解领导者所作出的决策。只有当被领导者真正理解领导者所作出的决策,才能更好地执行这些决策。

其次,惠普公司通过有效的情感沟通,增强了凝聚力。感情是建立人际关系的重要基础。惠普公司的情感沟通既体现出公司对员工的关心,也增强了员工的凝聚力和归属感,拉近了经理层与员工之间的距离。一方面,情感沟通能够加深沟通双方之间的信任度,体现出领导者对被领导者的情感尊重,进而增强了企业的凝聚力;另一方面,通过情感沟通能有助于消除冲突,消除误解和情感上的隔阂,进而提高了凝聚力。惠普公司在 2004 年进行的一次内部问卷调查中,有 73% 的被访员工表示为公司感到自豪,38% 的人觉得温馨和感动,14% 的人深受鼓舞。这一调查结果也反映出惠普公司通过有效的情感沟通在公司内营造出了一种友善、随和、信任、理解,而很少有压力的气氛。

再次,惠普公司通过良好的外部沟通,赢得了客户,在市场竞争中获得了成功。惠普公司与客户的良好沟通,既沟通了有价值的信息,为决策的科学性提供了必要的保障,同时也增进了与客户间的情感,拉近了彼此间的距离,确立了惠普在客户心目中的地位。良好的外部沟通为惠普赢得市场竞争起到了非常重要的作用。

【问题】

惠普文化对沟通起了一个什么样的作用?现在的惠普公司又如何?

12 控 制

案例导读

张正在几天前被任命为一家国有化妆品公司的总经理。他很快就发现这家公司存在着很多问题,而且其中的大多数问题都与公司不适当的控制管理有关。例如,他发现公司各部门的预算是由各部门自行制定的,前任总经理对各部门上报的预算一般不加修改就签字批准;公司内部也没有专门的财务审核人员,因此对各部门的预算和预算的实施情况根本就没有严格的审核。在人事方面,生产一线人员流动率大,常有人不辞而别,行政工作人员迟到早退现象严重,而且常有人在工作时间利用公司电话炒股票。

公司对这些问题都没有采取有效的控制措施,更没有对这方面的问题进行及时调整或解决。不少中层管理者还认为,公司业务不景气,生产人员想走是很正常的,行政工作人员在没什么工作可做的情况下,迟到早退、自己想办法赚点钱也是可以理解的,对此没有必要大惊小怪。而张正认为,要改变公司的面貌,就一定要加强资金、人员等方面的控制,为此,就需要制定出一个综合控制计划。你对此有何见解?

控制是管理的一项重要的职能,它与计划、组织、领导工作是相辅相成、互相影响的,它们共同被视为管理链的 4 个环节。计划提出了管理者追求的目标,组织提供了完成这些目标的结构、人员配备和责任,领导提供了指挥和激励的环境,而控制则提供了有关偏差的知识以及确保与计划相符的纠偏措施。本章从分析控制的内涵着手,讨论了控制工作的必要性、控制的类型、程序和步骤以及常用的控制技术和方法。

12.1 控制概述

与管理的其他职能一样,控制职能涉及一系列原理和方法,正确的和因地制宜的运用这些原理和方法,是实施有效控制以保证实现组织目标的重要保证。从控制的定义出发,正确理解控制工作和计划工作的相关联系,把握控制的对象和作用,是正确实施控制职能的基本前提。

12.1.1 控制的内涵

1) 控制的概念

从一般意义上讲,控制就是使执行结果与标准相一致的过程。因此,所谓控制,是指管理者对组织内部的管理活动及其效果进行衡量和校正,以确保组织的目标以及为此而拟定的计划得以实现的行为。控制职能,是控制论在管理活动中的运用,控制是重要的管理活动。

计划和控制是相辅相成的两个方面。管理者首先制定计划,然后计划又成为用以评定行动及其效果是否符合需要的标准。计划越明确、全面和完整,控制的效果也就越好。这个基本观点在实际工作中有几重意义:首先,一切有效的控制方法首先就是计划方法,例如预算、政策、程序和规则,这些控制方法同时也是计划方法或计划本身。而"计划评审法"则更是兼有二者的特征。其次,如果不首先考虑计划以及计划的完善程度,就试图去设计控制系统的话,那是不会有效果的。换句话说,之所以需要控制,就是因为要实现目标和计划。控制到什么程度、怎么控制都取决于计划的要求。第三,控制职能使管理工作成为一个闭路系统,成为一种连续的过程。在多数情况下,控制工作既是一个管理过程的终结,又是一个新的管理过程的开始。控制职能绝不是仅限于衡量计划执行中出现的偏差,控制的目的在于通过采取纠正措施,把那些不符合要求的管理活动引回到正常的轨道上来,使管理系统稳步地实现预定目标。纠正的措施可能很简单,例如批评某位负有责任的主管人员。但是更多的情况下,纠正措施可能涉及需要重新拟定目标、修订计划、改变组织机构、调整人员配备并对指导或领导方式作出重大的改变等。这实际上是开始了一个新的管理过程。从这个意义上说,控制工作不仅是实现计划的保证,而且可以积极地影响计划工作。

2) 控制的必要性

任何组织、任何活动都需要进行控制。尽管计划可以制定出来,组织结构可以调整得非常有效,员工的积极性也可以调动起来,但是这仍然不能保证所有的行动都按计划执行,不能保证管理者追求的目标一定能达到。

控制的必要性是由以下因素决定的:

(1) 外部环境的变化。计划从构思、制定到执行一般都要经历较长的时间。在这段时间内,组织外部环境必然会发生变化,从而影响到已定的计划和目标。为了适应变化的环境,组织必须有一个有效的控制系统,来根据变化的环境采取相应的对策。计划的时间跨度越大,控制就越显重要。

(2) 组织内部的变化。受到组织内部环境因素的影响,组织成员的思想、组织结构、产品结构和组织业务活动范围都有可能发生变化。计划的变化对计划的执行也会产生影响。

(3) 组织成员的素质。计划要靠人去执行、实现,而组织成员的才能、动机和工作态度是非均质的、不断变化的,人们对计划的理解也不相同。因而,人的素质对计划的执行也会产生影响。

上述因素的存在,使计划执行过程充满不确定性。为保证计划执行不偏离正确的方向,就必须将控制工作穿插其间。有效的控制工作不仅能衡量计划执行的速度、发现偏差并采取纠正措施,而且在许多情况下,它还可以导致确立新的目标、提出新的计划,甚至改变组织结构、改变人员配备以及在领导方法上作出重大改革。

控制工作通过纠正偏差的行动与其他3个职能紧密地结合在一起,使管理过程形成了一个相对封闭的系统。

12.1.2 控制的作用

在管理活动中,无论采用哪种方法来进行控制工作,要达到的第一个目的,也是控制工作的基本目的是要"维持现状",即在变化着的内外环境中通过控制工作,随时将计划的执行结果与标准进行比较,若发现有超过计划容许范围的偏差时,则及时采取必要的纠正措施,以使系统的活动趋于相对稳定,实现组织的既定目标;控制工作要达到的第二个目的是要"打破现状",在变化的内外部环境对组织提出新的要求时,要改革创新,要开拓新局面。这时,就势必要打破现状,即修改已定的计划,确定新的现实目标和管理控制标准,使之更先进、更合理。具体而言,控制的作用可以从以下几个方面去理解:

1) 有效的控制是完成计划的重要保障

控制对计划的保证作用主要表现在两个方面:其一,通过控制纠正计划执行过程中出现的各种偏差,督促计划执行者按照计划办事;其二,对计划中不符合实际情况的内容,根据执行过程中的实际情况进行必要的修正、调整,使计划更加符合实际。

2) 有效的控制是提高组织效率的有效手段

控制可以提高组织的效率主要表现在两个方面:其一,控制过程是一个纠正偏差的过程,这一过程不仅能够使计划执行者回到计划确定的路线和目标上来,而且还有助于提高人们的工作责任心,防止再出现类似的偏差,有助于提高人们执行中的计划更加符合实际情况,发现和分析制定的计划所存在的缺陷以及产生缺陷的原因,发现计划制定工作中的不足,从而使计划工作得以不断改进;其二,控制过程中,控制者通过反馈所了解的不仅仅是受控者执行决策的水平效率,同时也可了解到自己的决策能力和水平,以及管理控制的能力和水平,有助于决策者不断提高自己的决策和控制管理活动的水平。

3) 有效的控制是管理创新的催化剂

控制不等于"管、卡、压"。控制不仅要保证计划完成,并且还要促进管理创新。控制过程要通过控制活动调动受控者的积极性,这是现代控制活动的特点。如在预算控制中实行弹性预算就是这种控制思想的体现,特别是在具有良好反馈机制的控制系统中。施控者通过受控者的反馈,不仅可及时了解计划执行状况,纠正计划执行中出现的偏差,而且还可以从反馈中受到启发、激发创新。

4) 有效的控制是确保组织适应环境的重要条件

一个组织要想生存发展,必须适应环境。计划就是组织为适应环境所作的准备。但是,如果计划一旦制定就能够自动的实现,就不需要控制了。事实上,组织在实施目标和计划的过程中,正是环境的变动使得组织的计划不再正确,实质上也就是组织与环境不再相适应。控制在某个方面就是防止这种不适应的距离变大。因此说,控制的一个重要的作用是使组织计划与环境相适应。

12.1.3 控制的对象

所谓控制对象,是指组织及组织活动中需要控制的环节和内容,选择控制对象是控制工作的基础,也是提高控制效率和效果的保证。控制对象大致可以分为以下几种:

1) 作业控制

所谓作业控制,是指从劳动力、原材料等生产资源到最终产品和服务的转换过程。组织中作业质量很大程度上影响甚至决定了组织所提供的产品和服务的质量,而作业控制就是通过对作业过程的监控和评价来提高作业质量,最终达到提高组织产出质量的目的。组织中常见的作业控制有生产控制、质量控制、原材料采购控制和库存控制等。

2) 人员控制

人是组织活动的主体,也是管理的核心。组织的各项任务和目标都需要由人来完成,员工应该按照管理者制定的计划和标准去完成工作。为了保证做到这一点,必须对人员实施控制。人员控制的方法很多,可以通过直接巡视,发现问题立即进行纠正;也可以通过其他系统化评估的方式,依据评价结果采取适当的有效奖惩措施来达到防止和纠正偏差的目的。

3) 财务控制

财务控制的目的是为了保证组织获取正常利润以维持组织的生存和发展。财务控制主要包括审核各期财务报表,以保证一定的现金存量和合理的资产结构,以及确保组织各项资产都能得到合理有效的利用等。预算是财务控制的一种有效的方法和常用的工具。

4) 信息控制

随着信息化时代的到来,信息成为组织重要的资源,也是管理者实施有效管理的重要基础和条件,在管理过程中,对信息的准确性、真实性、及时性、完整性等方面的要求越来越高。因此,现代组织对信息的控制显得越发重要。组织信息控制的主要方法是建立并不断完善信息管理系统,以保证能够为管理者提供充分、可靠的信息。

5) 组织绩效控制

组织绩效是管理者尤其是高层管理者非常重要的控制对象。要有效地对组织绩效进行控制,关键是建立一套完整的组织绩效衡量评价体系。组织的整体绩效很难通过一两个指标进行衡量,生产率、产量、产值、市场占有率、员工福利、组织成长性等都有可能是衡量绩效的重要指标,关键是看组织在特定时期的目标取向。因此,要根据组织完成目标的实际情况并按照目标所设置的标准来衡量组织绩效。

12.1.4 控制的原则

为了保证控制的有效性,无论采取哪种控制类型和方法,都必须遵循一定的原则和要求。控制原则主要可以归纳为:

1) 依据计划原则

控制是实现计划的保证,控制的目的是为了实现计划。因此,计划越是明确、全面、完整,所设计的控制系统越能反映计划的要求,控制工作也就越有效。

2) 组织适宜原则

控制必须能够反映组织结构的类型,组织结构既然是对组织内各个成员担任什么职务的一种规定,因而也就成为明确执行计划和纠正偏差的依据。因此,组织适宜原则可表述为:组织结构的设计越明确、完整和完善,所设计的控制系统越是符合组织机构中的职责和职务的要求,就越有助于纠正脱离计划的偏差。例如,如果产品成本不按制造部门的组织机构分别进行核算和累计,如果每个车间主任都不知道自己所在部门产出的成品或半成品的目标成本,那么他们就既不可能知道实际成本是否合理,也不可能对成本负起责任,在这种情况下就无法进行成本控制。

3) 关键节点原则

为了进行有效的控制,必须特别注意根据各种计划来衡量工作成效时有关键意义的节点。通常,控制住了关键点,也就控制住了全局。

4) 控制趋势原则

对于控制来说,重要的是现状所预示的趋势,而不是现状本身。

5) 关注例外原则

例外偏差在一定程度上客观反映计划缺陷或控制缺陷,关注那些超出一般情况的特别好或特别坏的情况,控制住这些例外,往往可以事半功倍,提升控制工作的效能和效率。

12.1.5 控制的类型

控制的类型,按照不同的标志可分成许多种。按照控制对象的全面性,可分为局部控制和全面控制;根据工作方式不同,可以将控制分为间接控制和直接控制;根据纠正措施的环节不同,可分为现场控制、反馈控制和前馈控制 3 类。

1) 按控制信息获取的时间划分

控制职能可以按照活动的位置,即侧重于控制事物进程的哪一阶段而划分为 3 种类型:前馈控制、现场控制和反馈控制(见图 12.1)。

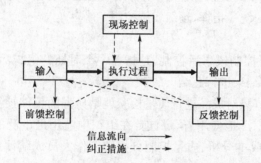

图 12.1 现场控制、反馈控制和前馈控制

(1) 前馈控制

前馈控制亦称预先控制或事前控制,是实际组织活动开始之前进行的控制。前馈控制以未来为导向,在工作之前对工作中可能产生的偏差进行预测和估计,采取防范措施,以便在实际偏差出现之前,管理者就能运用各种手段对可能产生的偏差进行纠偏。典型的前馈控制,如进厂材料和设备的检查、验收,工厂的招工考试,入学考试,干部的选拔等。

前馈控制有如下优点:

① 前馈控制是在工作开始之前进行的控制,因而能够防患于未然,避免事后控制无能为力的弊端。

② 前馈控制是针对某项计划行动所依赖的条件进行的控制,不针对具体人员,不会造成心理冲突,易于被员工接受并付诸实施。

(2) 现场控制

现场控制亦称同步、实时、事中、同期或过程控制,是指企业组织活动开始以后而进行的指导和监督。现场控制(或过程控制)是一种主要为基层主管人员所采用的控制工作方法。主管人员通过深入现场来亲自监督检查、指导和控制下属的活动。其主要的控制行为有:

① 向下级指示恰当的工作方法和工作过程。

331

② 监督下级的工作以保证计划目标的实现。

③ 发现不合标准的偏差时,立即采取纠正措施。

典型的现场控制,如生产制造活动的生产进度控制、每日情况的统计报表、每日对住院病人进行临床检查等。

现场控制是控制工作的基础。一个主管人员的管理水平和领导能力常常会通过这种工作表现出来。在现场控制中,管理当局授予主管人员的权力使他们能够使用经济的和非经济的手段来影响其下属。控制工作的标准来自于计划工作所确定的目标、政策、战略、规范和制度。现场控制的内容应该与被控制对象的工作特点相适应。例如,对简单重复的体力劳动可以实行严格的监督,而对创造性劳动,应为其创造宽松的工作环境。

在现场控制中,控制工作的有效性取决于主管人员的个人素质、个人作风、指导的表达能力以及下属对这些指导的理解程度。其中,主管人员的"言传身教"具有很大意义。在现场控制中,主管人员必须避免单凭主观意志进行工作。主管人员必须注意提高自身素质,亲临第一线进行认真细致的观察和监督,以计划(或控制标准)为控制的依据,服从组织原则,遵从正式指挥系统的统一指挥,逐级实施控制。

(3) 反馈控制

反馈控制亦称成果控制或事后控制,是指在一个时期的组织活动已经结束以后,对本期的资源利用状况及其结果进行总结。

在产品质量控制中,只对成品进行质量检验就是典型的反馈控制。反馈控制并非最好的控制,但它目前仍被广泛地使用着。目前,在组织中应用最广泛的反馈控制方法主要包括财务报告分析、标准成本分析、质量控制分析和工作人员成绩评定。其中,最重要、最困难的是"工作人员成绩评定"。

反馈控制通过总结过去的经验和教训,为未来计划的控制和活动的安排提供借鉴。

这种控制位于活动过程的终点,把好这最后一关,可使错误的态势不致扩大,有助于保证系统外部处于正常状态。但反馈控制有一个致命的缺陷,即整个活动已告结束,活动中出现的偏差已在系统内部造成损害。

前馈控制面向未来,克服了反馈控制中因时间延迟所带来的弊病。反馈控制是纠正式的,与之不同,前馈控制则是预防式的,它作用于计划执行过程的输入环节上,工作重点是防止所使用的各种资源在质和量上产生偏差,而非控制行动的结果。

2) 按采用的手段划分

可以把控制划分为直接控制和间接控制两种类型。

(1) 间接控制

间接控制是指根据计划和标准考核工作的实际结果,分析出现偏差的原因,并追究责任者的个人责任以使其改进未来工作的一种控制方法,多见于上级管理者对下级人员工作过程的控制。

这种控制方式是建立在如下假设基础上的:

① 工作成效是可以计量的,因而也是可以相互比较的。

② 人们对工作任务负有个人责任,个人责任是清晰的、可以分割的和相互比较的,而且个人的尽责程度也是可以比较的。

③ 分析偏差和追究责任所需的时间、费用等是有充分保证的。

④ 出现的偏差可以预料并能及时发现。

⑤ 有关责任单位和责任人将会采取纠正措施。

（2）直接控制

直接控制是指通过提高主管人员素质，使他们改善管理工作，从而防止出现因管理不善而造成的不良后果的一种控制方式。这种控制模式的特点是通过培训等形式，着力提高主管人员的素质和责任感，并在控制过程中实施自我控制。

3）按控制源划分

按控制源可以把控制分为 3 种类型，即正式组织控制、群体控制和自我控制。

正式组织控制是由管理人员设计和建立起来的一些机构或规定来进行控制，像规划、预算和审计部门是正式组织控制的典型例子。

群体控制是基于群体成员的价值观念和行为准则，它是由非正式组织发展和维持的。

自我控制是个人有意识地按某一行为规范进行活动。

4）按问题的重要性和影响程度划分

按问题的重要性和影响程度可以把控制分为任务控制、绩效控制和战略控制 3 种类型。

任务控制亦称业务控制，是针对基层生产作业和其他业务活动而直接进行的控制。任务控制多采用负馈控制法，其目的是确保有关人员或机构按既定的质量、数量、期限和成本标准完成所承担的工作任务。

绩效控制是一种财务控制，即利用财务数据来观测企业的经营活动状况，以此考评各责任中心的工作实绩，控制其经营行为。此种控制亦称为责任预算控制或以责任发生制为基础进行的控制。

战略控制是对战略计划和目标实现程度的控制。战略控制站在更高的角度看待问题，而不像低层次的控制活动那样仅局限于矫正眼前的、内部的具体执行工作。

12.2 控制的程序

控制的对象一般都是针对人员、财务、作业、信息及组织的总体绩效，无论哪种控制对象其所采用的控制技术和控制系统实质上都是相同的。

12.2.1 控制的基本程序

控制的基本程序主要包括建立标准、衡量绩效、纠正偏差 3 个步骤。

1）建立标准

建立标准的任务是明确业绩衡量的尺度。标准是管理者检查和衡量工作过程及其结果的规范，为业绩衡量和偏差纠正提供了客观依据。控制标准来源于计划，但是由于计划的明细度和复杂性都不一样，计划的结果不一定都能作为具体的控制标准。如果计划已经制定了具体的、可考核的目标及指标，则可以直接作为控制的标准；如果计划仅为某一决策目标制定了综合性的行动方案或行动纲领,则需要将计划的目标转换为更具体的、可考核的标准。

控制标准包括定量和定性两大类:定量标准包括实物标准、计划标准、资本标准、成本标准、收益标准、指标标准等;定性标准是一种无形标准,用于衡量那些无法用数量计量的方面,如管理者衡量部门经理人员才干的标准、经理人员衡量产品质量水平是否符合长期目标的标准等。

2) 衡量绩效

衡量绩效的任务是将实际工作绩效与控制标准相比较,发现二者的偏差,以利于对实际工作作出客观的评价。衡量绩效的关键是衡量什么和如何衡量两个问题。

关于衡量的内容,应当与控制标准的类型相适应。对于定量标准,直接将实际数与标准数进行比较,计算差异的绝对值和相对值,并分析差异产生的原因;对于定性标准,管理者应当寻求一种主观衡量方法,而不能以难以衡量为借口放松控制。

关于衡量的方法,主要有亲自观察、统计报告、口头汇报、书面报告等形式。统计报告和书面报告是组织正规的控制方法,书面报告的优点在于全面、系统和精确,统计分析报告则具有时效性强的特点;亲自观察和口头汇报是非正规的控制方法,但是亲自观察可以获得员工面部表情、语调、懈怠等被其他来源忽略的信息,口头汇报可以通过语言语调和词汇本身传达其他被正规衡量方法过滤掉的信息。

这一阶段的具体内容包括:确定衡量的手段和方法;落实进行衡量和检查的人员;通过衡量对比过程获得偏差信息,即确定实际业绩是否满足了预定或计划的标准。

按照标准来衡量实际成效的最好办法应当建立在向前看的基础上(即前馈控制),这样可使差错在其实际发生之前就被发现并采取适当的措施加以避免。富有经验与远见的主管人员常常能预见可能出现的偏差。

有些工作其成效是很难精确衡量的,甚至其标准也是难以精确确定的。在这种情况下,尽量要拟定一些可考核的标准,用定量的或定性的"有形"标准去取代那些无形的、笼统的、往往掺杂着许多主观因素的标准。

3) 纠正偏差

纠正偏差的任务是根据业绩衡量的结果,采取管理行动,保证组织目标的实现。衡量比较后,如果没有偏差,或偏差在警戒范围内,管理者不必采取行动;如果有偏差,且超出警戒范围,则必须采取措施纠正偏差。工作中的偏差可能来自脱离现实的标准,在这种情况下,应当重新审视控制标准的影响因素,制定"严格而可实现"的控制标准,过于严格或宽松的标准不但不利于计划的执行,而且是导致员工不满或工作懈怠的行为因素;如果偏差是由于绩效不足所产生的,管理者就需要采取纠正行动,改进实际绩效,具体而言,管理者可以通过组织职能重新分派任务或明确职责来纠正偏差,可以采用增加人员,更妥善地选拔和培训下属人员,或是最终解散、重新配备人员等方法纠正偏差,以及通过货币与非货币奖惩等管理者补偿方式纠正偏差(见图 12.2)。

以上 3 步是相互联系、相互制约的。没有标准就没有控制的依据;没有衡量成效、找出偏差,也就没有控制的对象;没有纠正偏差的措施,也就无法进行控制。

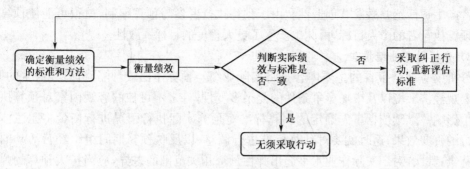

图 12.2 控制的基本程序

12.2.2 典型的控制程序

在管理中典型的控制程序通常包括战略计划、预算准备、分析财务业绩报告、绩效评价和管理者补偿几个步骤。

1) 战略计划

战略计划是一个决定"组织将采取的方案和这一方案在接下来的若干年度内所需分配的资源数量"的过程。战略计划不同于战略选择：战略选择是决定一个新战略的过程，而战略计划是决定如何去执行它；在战略选择的过程中，管理者决定组织的目标和达成这些目标的主要战略，战略计划过程针对这些目标和战略，寻求能高效率的、经济的实施这些战略的进一步计划；战略选择是非系统性的，随着市场环境的变化，战略可能被修改，而战略计划是系统的，每一个年度都有战略计划过程，这一过程的结果体现为具体的执行方案和时间表。

一个正式的战略计划过程对组织的贡献体现在：①战略计划提供一个年度经营预算的编制框架；②正式的战略计划促使管理者花时间思考重要的长期性问题；③战略计划制定过程中的争论和讨论有助于澄清整体战略，统一和协调各层次管理者与组织战略的关系。战略计划还涉及组织重要的资源分配问题，在这方面，投资分析、价值链分析和作业成本分析都是战略计划制定过程中的重要分析技术。

2) 预算准备

预算准备是为战略计划所作的进一步年度安排，编制预算有 3 个基本目的：一是协调组织各部门的工作；二是指定管理者的责任，授权其开支数额，告知其要达到的业绩；三是获得一个评估管理者实际业绩的基本标准。全面预算主要包括 3 个组成部分，即经营预算、专门决策预算和财务预算，其中，财务预算是全面预算的核心，以价值量指标总括反映了组织预算期内的现金收支、经营成果和财务状况。

在预算准备过程中，应当考虑两方面重要的行为因素：一是预算目标的难易程度，如果预算目标过于容易，预算标准过于宽松，管理者很可能把他们的期望值定在预算的标准上，使实际的执行结果比没有预算时还要差；如果预算目标过于困难，预算标准过于严格，管理者将预见到预算的不现实性以至于没有动力去实现它，西方实证研究的结果表明，"严格而可实现"的预算通常导致最佳的执行结果，充分发挥预算的激励和控制职能。二是预算过程的参与，参与式预算允许预算执行者对预算编制充分发表意见，而不是将预算强加给其执行者们，这就能够大大降低管理者与预算执行者之间的信息不对称。参与式预算使预算执行者产生责任感并激发其创造性。由于预算执行者参与预算编制,就很可能使预算目标成为预算执行者的个人目标,由此也产生了更大程度的目标一致性。

3) 分析财务业绩报告

分析财务业绩报告的主要内容是将实际业绩与预算作比较,并分析差异产生的原因。由于宏观经济环境以及市场竞争条件的复杂多变性,许多不可控的客观因素对预算执行结果产生影响。继续依据事先确定的预算标准对预算实际执行情况进行衡量将无法体现预算执行的真实效果,这时就要对预算标准进行调整,以反映预算期间组织经营活动的实际经济背景;其次,对于实际作业水平超出弹性预算相关范围的差异,应当扩大预算的弹性空间,并对作业量加以相应调整;另外,对于预算单位现有经营效率的差异问题,在诊断评价中要慎重考虑,因为有些预算单位经营效率很高,如果采用"一刀切"的做法,以增量的方式要求不同效率的预算单位按相同的增减比例控制其业务量及费用水平,势必增加高效率预算单位的负担,而又无法充分挖掘低效率预算单位的潜力。

4) 绩效评价

预算执行效果评价涵盖了组织绝大多数的重要财务性指标,但是并不能反映组织的整体绩效,这主要体现在一些非财务性指标上,如产品质量、客户满意度、创新及组织变革等。如果将预算标准的执行情况作为绩效评价的唯一标准,忽视影响企业组织竞争能力的重要非财务性指标,将会导致短期行为,阻碍组织长期战略的实现。比如,为了改善短期的预算业绩,销售部门可能会选择降低售后服务质量以降低销售费用,生产部门可能会选择低质量的原材料以降低材料成本。这些短期行为势必导致企业组织产品质量下降、市场份额缩小,给组织的长期持续发展造成危害。

因此,绩效管理应在预算业绩评价的基础上,充分考虑预算执行结果对产品质量、客户满意度等指标的影响。平衡积分卡法正是综合了财务性指标与非财务性指标的业绩评价方法,从财务方面、客户方面、内部经营方面和创新与学习方面衡量组织多种多样、相互联系的目标。在组织绩效的评价中,既可以采用单一指标衡量(如利润、销售额等),也可以采用多重指标衡量(如分项预算);可以采用财务指标衡量,也可以采用非财务指标衡量;可以采用定性衡量方法,也可以采用定量衡量方法。可供选择的衡量方法包括:选择适当的衡量标准(脱离计划偏差、利润、投资报酬率、剩余收益、经济增加值等);计算价格差异和数量差异;区分固定成本和变动成本;分析衡量标准的可控性。

5) 管理者补偿

在绩效评价的基础上,就要确定管理者的报酬补偿,激励性报酬是鼓励和促使管理者达成组织目标的一个重要机制,管理者通常对有回报的工作投入大量的精力,而对没有回报的工作付出的努力较少。

因此,首先,应将预算执行结果以及管理绩效与激励性报酬机制联系起来,对于达到预算控制标准、绩效良好的给予奖励;对于未达到预算控制标准、绩效较差的给予惩罚。其次,还要实施收益分享计划,以促进组织整体效益的提高。所谓"收益分享计划",是指按照预先确定的反映生产率和利润率改善的公式,员工和公司分享财务收益的计划。收益分享计划能使员工分享组织或主要部门的效率改进而带来的收益,这些计划鼓励团队合作,并就他们对组织的总贡献进行奖励。一些得以普遍应用的收益分享技术包括利润分享计划、集体收益与分享计划、风险—收益平衡计划和员工持股计划等。另外,在实施财务性激励报酬的同时,还要重视非财务激励手段的运用,比如给予下级部门及所属员工适当的自主权,增强其责任心以及对出色完成工作的满足感;还可以通过实施非货币性的表扬计划提高员工的自尊心和荣誉感。

管理者补偿的宗旨在于激励员工的积极性和成就感,激励措施既可以采取财务性激励(如奖金),也可以采取非财务性激励(如提升、工作委派);激励补偿标准的确定可以以内部奖惩制度为基础(被激励者可预期的、固定的),也可以以高层管理者的主观判断为基础(依赖提供激励者的主观判断,能够反映环境变化);可以采取个体激励方式,也可以采取群体激励方式。

12.3 控制的方法与技术

本节对官僚控制的方法、当前流行的两种控制方法以及现代控制的信息技术方法进行探讨。

12.3.1 官僚控制的方法

所谓的官僚控制是韦伯对科层组织的一种描述,即具有组织内的分工和专业化,层级化的权力结构,明确的规章制度和组织程序,正式的沟通方式等特征。官僚控制是利用规则、权威层级、书面文件、标准等其他组织正式机制来进行行为和业绩的控制。

1) 预算控制

预算就是用数字,特别是用财务数字的形式来描述组织未来的活动计划,它预估了组织在未来时期的经营收入和现金流量,同时也为各部门或各项活动规定了在资金、劳动力、材料、能源等方面的支出的额度。

预算控制就是根据预算规定的收入与支出标准来检查和监督各个部门的活动,以保证各种活动或各个部门在完成既定目标、实现利润的过程中对资源的利用,从而使费用支出受到严格有效的约束。

(1) 预算的用途。主要是明确预算的作用:落实战略计划、制定责任、确定业绩及评估的标准、协调作用。

(2) 预算的类型。预算的种类主要有:收入预算、成本预算、现金预算、资产负债预算。

(3) 预算的编制。预算的编制是由主管人员负责,预算部门和预算委员会负责提供预算信息和相关技术。预算要根据组织的发展战略计划制定,采取"自上而下"与"自下而上"相结合的过程。

2) 财务控制

财务报表是用来追踪出入组织的商品和服务的货币价值,它是组织监控资产的流动性、总体财务状况和盈利能力3个主要方面财务状况的基本工具。

(1) 资产负债表。报表分三部分:资产、负债、股东权益。三者关系为:资产=负债+股东权益。

(2) 损益表。损益表反映了公司收入和支出的各项内容。

(3) 财务评价。财务评价可分为:偿债能力评价、营运能力评价、盈利能力评价。

3）审计控制

审计是对反映组织资金运动过程及其结果的会计记录及财务报表进行审核、鉴定，以判断其真实性和可能性，从而为控制和决策提供依据。3种主要类型：

（1）外部审计。外部审计是由外部机构选派的审计人员对组织财务报表及其反映的财务状况进行独立的评估。

（2）内部审计。内部审计提供了检查现有控制程序和方法能否有效地保证达成既定目标和执行既定政策的手段。

（3）管理审计。管理审计是利用公开记录的信息，从反映组织管理绩效及其影响因素的若干方面将组织与同行其他组织或其他行业的著名组织进行比较，以判断组织经营与管理的健康程度。

反映组织管理绩效及其影响因素主要有：经济功能、组织结构、收入合理性、研究与开发、财务政策、生产效率、销售能力、对管理当局的评价。

12.3.2 标杆控制

随着竞争的加剧和经营复杂性的提高，现代企业需要进行控制的组织层面越来越高，所要控制的活动范围越来越广，这就需要企业采用综合的方法对企业运营的整个过程进行控制。标杆控制和平衡积分卡控制是两种当前具有代表性的控制方法。

1）标杆控制的内涵

标杆控制是以在某一项指标或某一方面实践上竞争力最强的企业或行业中的领先企业或组织内某部门作为基准，将本企业的产品、服务管理措施或相关实践的实际状况与这些基准进行定量化的评价、比较，在此基础上制定、实施改进的策略和方法，并持续不断反复进行的一种管理方法。标杆控制的心理学基础在于人的成就动机导向，认为任何个人与组织都应设定既富有挑战性又具有可行性的目标，只有这样，个人和组织才有发展的动力。

2）标杆管理的实施流程

20世纪70年代末以来，标杆管理已经为国外众多企业所采纳，并作为一种重要的常规管理工具。因此，很多企业都在长期的标杆管理活动中摸索和积累了丰富的经验。虽然不同企业的具体做法和步骤会有所不同，但是这种不同通常只是在文字表述上的差异，其有共同的实施流程（见图12.3）。

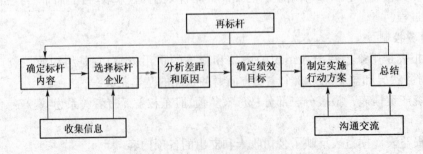

图12.3　标杆企业管理实施流程图

3) 标杆控制的作用与缺陷

通过设立挑战和赶超对象，并以最关键或最薄弱的因素作为改进内容，标杆控制以此来全面提升企业的竞争力。在标杆管理的控制指标中，不仅要求采用财务指标，还要求采用一些非财务指标。

与其他控制方法一样，标杆控制也存在着不足。一是标杆管理和控制容易导致企业的竞争战略趋同。标杆控制方法鼓励企业相互学习和模仿，因此在奉行标杆控制的行业中，可能所有的企业都企图通过采取类似行动来改进绩效，在竞争的某个关键方面超过竞争对手。模仿可能使得企业之间相对效率差距日益缩小，这会导致各个企业在战略上趋于一致，各个企业的产品、质量、服务甚至供应销售渠道大同小异，在企业运作效率上升的同时，利润率却在下降。二是标杆控制容易使企业陷入"落后——标杆——又落后——再标杆"的"标杆管理陷阱"之中。如果标杆控制活动不能使企业跨越与领先企业之间的"技术鸿沟"，单纯为赶超先进而推行标杆控制，反而会使企业陷入繁杂的"标杆管理陷阱"。

12.3.3　平衡积分卡控制

平衡积分卡(The Balanced Score Card，简称 BSC)是绩效管理中的一种新思路，适用于对部门的团队考核，是 20 世纪 90 年代初由哈佛商学院的罗伯特·卡普兰(Robert Kaplan)和诺朗诺顿研究所所长、美国复兴全球战略集团创始人兼总裁戴维·诺顿(David Norton)发展出的一种全新的组织绩效管理方法。平衡积分卡自创立以来，在国际上，特别是在美国和欧洲，很快引起了理论界和客户界的浓厚兴趣与反响。

平衡积分卡被《哈佛商业评论》评为 75 年来最具影响力的管理学，它打破了传统的单一使用财务指标衡量业绩的方法。而是在财务指标的基础上加入了未来驱动因素，即客户因素、内部经营管理过程和员工的学习成长。

1) 平衡积分卡控制的内涵

平衡积分卡控制的核心思想就是通过财务、客户、内部流程及学习与发展 4 个方面指标之间的相互驱动的因果关系展现组织的战略轨迹，实现绩效考核——绩效改进以及战略实施——战略修正的战略目标过程。它把绩效考核的地位上升到组织的战略层面，使之成为组织战略的实施工具。

2) 平衡积分卡的特征

从平衡积分卡由来中可以看到，平衡积分卡首先是业绩衡量工具，进而发展为战略实施工具，因而平衡积分卡具有绩效评价和战略实施双重功能，可概括为以绩效评价为特征的战略管理工具。

罗伯特·卡普兰等在研究总结优秀企业成功经验时发现：财务绩效、内部运营、学习及创新、满足客户需求这 4 个方面是企业长期成功的关键因素，并且这 4 个方面可具体设立关键绩效指标进行评价。卡普兰等创立的平衡积分卡的出发点就是对以上 4 个方面进行绩效评价，通过业绩评价和引导来促进企业战略的实施及业绩的增长。

平衡积分卡所设的 4 个方面相互之间具有明显的特点，体现出谋求各方面平衡与和谐的思想。平衡积分卡所包含的"平衡"体现为多方面：财务与非财务评价之间的平衡，长期目标与短期目标之间的平衡，外部和内部要求的平衡，结果和过程的平衡，前导指标与滞后指标的平衡，管理业绩和经营业绩的平衡等。

平衡积分卡四方面具有依次保障促进的关系。"学习及创新"是长期、基础和过程型关键成功因素,其保障促进"内部运营";"内部运营"是改进企业业绩的重点,相对为半基础、间接和过程型关键成功因素,其保障促进"满足客户需求";"满足客户需求"是速效、直接和过程型关键成功因素,其保障促进"财务绩效";"财务绩效"是企业结果型关键成功因素,是企业经营管理最直观、最重要的绩效指标。

3) 平衡积分卡的作用

平衡积分卡为战略绩效管理和企业战略管理提供强有力的支持。平衡积分卡分析设立四方面关键成功因素,通过建立各级业务单元乃至各岗位的关键绩效指标,并与企业战略目标紧密相连,形成有机统一的企业战略保障体系和绩效评价体系,可以促进各岗位工作的有序和效率,明显节约企业管理者的时间,提高企业管理的整体效率和业绩。

平衡积分卡改进了传统绩效评价的不足,能提高企业激励作用。传统的绩效评价方法要么单单通过财务指标评价,其覆盖面适用部门和岗位过窄;要么是定性、分散的工作任务设立和评价,难以保障公平性、系统性以及战略目标的实现。平衡积分卡通过四方面指标的系统分解和评价,更加体现出管理的系统性和评价的公平性,明显改进了传统绩效评价的不足。

平衡积分卡有利于促进企业凝聚力和员工参与管理的热情。平衡积分卡通过指标分解让员工参与管理指标的设立,让员工了解到企业战略,让员工认识到自身工作对企业战略及整体业绩的作用,有利于促进团队合作和企业凝聚力,增强员工参与管理的热情,有利于战略的更好执行。

12.3.4 现代控制的信息技术方法

1) 电子数据处理系统(EDPS)

电子数据处理系统又称为事务处理系统(TPS),起源于20世纪50年代初。

EDPS系统能迅速有效的处理大量数据的输入输出,能进行严格的数据整理与编辑,通过审计保证输入、输出的完整性与准确性,应有一定的安全防护能力。它的工作有脱机、联机和混合3种方式。

EDPS系统的主要功能:记录,保存精确的记录;分类;检索数据;计算;汇总;产生文件、管理报告、账单等报告。

EDPS系统特点:支持每日运作;能处理大量的数据;精度要求高;逻辑关系简单;重复性强;能支持多用户;无法制止非法或犯罪行动。

2) 管理信息系统(MIS)

管理信息系统是一个由人、计算机结合的对管理信息进行收集、传递、存储、加工、维护和使用的系统,兴起于20世纪70年代。

管理信息系统的基本组成:

(1) EDPS部分。

(2) 分析部分。

(3) 决策部分。

(4) 数据库部分。

管理信息系统的特点:

（1）MIS 是一个人机结合的辅助管理系统。

（2）主要应用于结构化问题的解决。

（3）主要考虑完成例行的信息处理业务。

（4）目标是要实现一个相对稳定的、协调的工作环境。

3）决策支持系统（DSS）

决策支持系统是以管理科学、运筹学、控制论和行为科学为基础，以计算机技术、仿真技术和信息技术为手段，针对半结构化的决策问题，支持决策活动的具有智能作用的人机系统。

DSS 的概念结构由会话系统、控制系统、运行及操作系统、数据库系统、模型库系统、规则库系统和用户共同构成。DSS 系统的特点：

（1）系统的使用面向决策者。

（2）系统解决的问题是针对半结构化的决策问题。

（3）系统强调的是支持的概念。

（4）系统的驱动力来自模型和用户。

（5）系统运行强调交互运行的处理方式。

常见的决策支持系统包括群体决策支持系统（GDSS）和智能决策支持系统（IDSS）。

 ## 本章小结

控制是指管理者对组织内部的管理活动及其效果进行衡量和校正，以确保组织的目标以及为此而拟定的计划得以实现的行为。计划和控制是相辅相成的两个方面。

控制的必要性是由如下因素决定的：外部环境的变化、组织内部的变化和组织成员的素质。

控制的作用可以从以下几个方面去理解：有效的控制是完成计划的重要保障，有效的控制是提高组织效率的有效手段，有效的控制是管理创新的催化剂，有效的控制是确保组织适应环境的重要条件。

控制对象主要包括作业控制、人员控制、财务控制、信息控制和组织绩效控制等方面。

控制原则主要可以归纳为依据计划原则、组织适宜原则、关键节点原则、控制趋势原则和关注例外原则。

控制的类型，按照不同的标志可分成许多种。按照控制对象的全面性可分为局部控制和全面控制；根据工作方式不同可以分为间接控制和直接控制；根据纠正措施的环节不同可分为现场控制、反馈控制和前馈控制等。

前馈控制亦称预先控制或事前控制，是实际组织活动开始之前进行的控制。现场控制亦称同步、实时、事中、同期或过程控制，是指企业组织活动开始以后而进行的指导和监督。反馈控制亦称成果控制或事后控制，是指在一个时期的组织活动已经结束以后，对本期的资源利用状况及其结果进行总结。

间接控制是指根据计划和标准考核工作的实际结果，分析出现偏差的原因，并追究责任者的个人责任以使其改进未来工作的一种控制方法，多见于上级管理者对下级人员工作过程的控制。直接控制是指通过提高主管人员素质，使他们改善管理工作，从而防止出现因管理不善而造成不良后果的一种控制方式。

控制的基本程序主要包括建立标准、衡量绩效、纠正偏差 3 个步骤。

官僚控制是利用规则、权威层级、书面文件、标准等其他组织正式机制来进行行为和业绩的控制。主要包括预算控制、财务控制和审计控制。

标杆控制是以在某一项指标或某一方面实践上竞争力最强的企业或行业中的领先企业或组织内某部门作为基准,将本企业的产品、服务管理措施或相关实践的实际状况与这些基准进行定量化的评价、比较,在此基础上制定、实施改进的策略和方法,并持续不断反复进行的一种管理方法。

平衡积分卡控制的核心思想就是通过财务、客户、内部流程及学习与发展 4 个方面指标之间的相互驱动的因果关系展现组织的战略轨迹,实现绩效考核——绩效改进以及战略实施——战略修正的战略目标过程。它把绩效考核的地位上升到组织的战略层面,使之成为组织战略的实施工具。

现代控制的信息技术方法主要包括电子数据处理系统(EDPS)、管理信息系统(MIS)和决策支持系统(DSS)。

复习思考题

1. 什么是控制?控制的必要性是什么?
2. 控制的主要对象有哪些?
3. 控制有哪几种类型?
4. 控制的关键要素是什么?
5. 什么是预算控制?
6. 什么是标杆控制?试述标杆控制管理的流程。
7. 什么是平衡积分卡控制?
8. 谈谈信息技术在控制技术中的应用。

案例分析

案例 1

山东威海未"雪"绸缪预防寒潮

2008 年 12 月 1 日至 5 日,一股强冷空气袭击了我国西北、华北、黄淮、东北等地区,其中东北地区东部、山东半岛出现了大到暴雪天气,气温出现大幅下降。针对此次寒潮降温天气过程,山东省气象局高度重视并认真贯彻落实中国气象局局长郑国光就做好 12 月 3～5 日强冷空气预报服务工作的重要指示精神,迅速做好预报预警工作,与寒潮降温天气展开了赛跑。针对此次寒潮,山东省气象局向省委、省政府、省防指、省安监局报送了重要天气预报,提醒相关部门做好防寒准备工作。同时,山东省气象局根据情况,启动山东省气象局重大气象灾害Ⅱ级预警防御应急预案,要求省局应急办、各直属单位及 17 市气象局立即进入Ⅱ级应急响应状态,严格按照《山东省气象局重大气象灾害预警防御应急预案》Ⅱ级应急响应的相关规定做好应急响应工作。针对省气象局的寒潮预警预报,山东省威海市政、环卫、运输等相关部门未"雪"绸缪,已做好迎战风雪的准备。

"在上一次'练兵'的基础上,这次降雪我们也做了充分准备。"威海市政处生技科吕科长介绍说,接到气象部门的信息后,他们立即协调市政公司、园林公司、路灯处等部门,组织了专门的清雪队伍,共计500余人,备齐了融雪剂、防滑沙、车辆、铁锹、扫帚等除雪物资。并对市区进行区域划分,兵分多组,随时准备清扫路面降雪。

"接到天气预报后,局里组织了清雪队,行政管理人员也将一起上路扫雪。"12月3日下午,威海市环翠区环卫局工作人员马女士说,他们针对冬季降雪做了充分准备,物资、人员、车辆都已准备妥当。马女士说,环卫局按照清理积雪应急方案,130多名行政后勤人员除留一人值班外,其他所有干部职工服从统一调度。与此同时,被纳入市区环卫大网的6个镇,300余名清扫工也将全部到岗,主要清扫镇级主干道上的积雪。

为应对此次寒潮,威海市公路部门已做好了扫雪防滑准备工作,确保风雪天气全市干线公路畅通。公路部门已提前对20多台套除雪设备改装、调试完毕,每台改装后的清雪车1小时能清除积雪300多立方米,有效提高了公路应急能力。同时,他们还及时在人员安排和扫雪物资储备上进行调整,成立了由855名养护员组成的扫雪防滑突击队,对立交桥、急弯及坡陡路段等重点部位严格落实责任人,并配备了4 880多立方米的防滑沙和260多吨融雪剂。降雪天气里,全体养护人员将及时上路,全面开展除冰、扫雪、撒铺防滑沙工作。为做好油料供应和保持车辆运行状态良好,他们对0号至—10号柴油进行了一定数量的储备,并成立了流动机械维护小组,保证不让一台设备出现因油料供应不足和因故障出现"趴窝"问题。市公路局在对工程及养护机械进行统一调度使用的同时,还在社会上租赁一些清雪机械。

威海汽车客运站在了解到天气变化情况后,已经启动了应急预案,备好了清雪工具。及时向800多辆长、短途客运车发出通知,要求每辆车都要准备防滑链、防滑沙以及铁锹等物资,确保车辆运行安全。机场方面也组织了除雪队,并检修了3辆除雪车,确保在第一时间清除机场跑道上的冰雪,保障飞机正常起飞降落,同时加强信息通报,及时向乘客发布航班变化情况。

12月3日,为应对寒潮天气,确保海上航行和作业船舶的安全,威海海事部门发布今冬首个海上风险黄色预警。威海海事局还积极与气象、海洋等有关部门保持密切联系,实时掌握大风动态,并通过网络平台将气象信息及时通知相关人员。与此同时,海洋渔业部门还成立了应急督导组,奔赴各市区一线督察安全措施落实情况。组织各市区的渔政、海监、船检等行政执法部门进行拉网式排查,彻底撤离应转移人员。做到对大、小马力渔船分港口、分区域停泊,保证渔船专人看守,防止发生碰撞和火灾。对沿海堤坝、养殖场、海上养殖物逐一进行检查加固,消除安全隐患。组织渔业单位、养殖场等成立多支抢险队,将防汛物资、器材、救助设备运送到第一线。

在各部门的努力下,威海市将此次寒潮带来的灾害减少到了最低,水电暖正常供应,肉菜充足保障供给,有效地保障了市民日常生活的顺利进行。

【问题】
山东威海预防寒潮采取了什么控制类型和方法?这种方法有何优缺点?

案例 2

恶劣天气考验交通管理

2007年7月18日17时左右,济南及其周边地区遭受特大暴雨袭击。这次降水过程历时时间短、雨量大,降水从 18 日 15:00 开始到 20:30 前后减弱,市区 1 小时最大降水量达 151 mm,2 小时最大降水量达 167.5 mm,3 小时最大降水量达 180 mm,均是有气象记录以来历史最大值;小清河流量是 1987 年"8·26"的 1 倍以上。突如其来的暴雨造成省城低洼地区积水,部分地区受灾,大部分路段交通瘫痪,造成人员财产严重损失。据初步统计,22 名市民不幸遇难,6 人失踪,142 人受伤。

暴雨灾害发生后,省委书记李建国立即作出指示,要求全力以赴做好抢险救灾工作,确保人民群众生命财产安全。省委副书记、代省长姜大明冒雨来到泉城广场、山水沟路段,现场查看济南市雨情汛情,了解济南市政府防汛措施落实情况。姜大明要求各级各部门高度重视防汛工作,采取一切措施,保证人民生命财产安全,把灾害造成的损失降到最低限度。省委常委、济南市委书记焉荣竹,济南市委副书记、市长张建国冒雨赶赴济南市城市防汛抗旱指挥部办公室坐镇指挥防汛救灾工作。随后,立即分赴事故发生地,现场指挥抢险救灾工作。

目前,济南市各级各部门正迅速组织起来开展抢险救灾。17:20 启动主汛期应急工作程序,各防汛指挥机构进入临战应急状态。各级防汛部门负责人全部到一线指挥排水抢险,迅速组织低洼地区居民安全转移。交警部门紧急启动恶劣天气交通管理工作预案,派出全部交通警察上路疏导交通,开展保卫工作。武警济南支队出动武警部队官兵到受灾最严重的地区现场,出动多部车辆和橡皮艇帮助居民从家中排水和转移群众。

截至 20:00,部分路段已恢复正常交通;大部分受灾地区供水、供电逐渐恢复正常。

1. 路上车辆排起长龙

18 日下午,济南的天气异常闷热,而大雨降临时,正是人们下班回家的时间。

19:00 左右,记者在泺源大街上看到,整个路面上排满了机动车辆。在历山路和泺源大街交叉口处,信号灯足足变了 7 次信号,车辆却一动不动。由于 102 路电车停电,导致东西向的路面彻底堵死。交警站在马路中央,也是无可奈何。

路口上,一辆小轿车前轮陷进了一个被雨水冲出的大坑里,雨水已经快漫到引擎盖,坐在副驾驶位置上的孩子吓得哇哇大哭。正在路口执勤的交警招呼了七八个人,硬是将车从大坑里"抬"了出来。

2. 路边店成了避雨地

暴雨突至,在历山路和文化西路路口,历下大润发超市内一时人满为患,许多人纷纷到店内避雨。在文化西路南侧一家服装商店的廊檐下也有许多躲雨的人。刚刚下班的许小姐说,她在单位等到 7 点多,看雨还不停,只好冒雨回家。路上根本打不上车,而且没带雨伞,走出单位不远,就只好到路边店里避雨。

"这么大的雨,有伞也不管用。"同在一个屋檐下避雨的王先生说。记者看到,由于雨太大,雨伞失去了作用,许多市民干脆将伞收了起来,冒雨赶路。

3. 砖头上了马路中央

一场急雨,使得马路都成了一条条河流,水流湍急的地方,都能冲走一辆自行车。在和平路与山师北街交叉口东侧,一辆电动车被冲到马路中央,结果顶到了一辆出租车上。

由于水流湍急,许多大块的砖石被水裹挟着到处滚动。行人趟水过马路时,不时会被水流中的石块击中。20:00 许,当大水渐渐退去时,人们发现和平路上突然多了许多砖块,星罗棋布地散落在路面上,甚至还有水桶、拖鞋、脸盆等日常用品。

4. 乘客压在公交车站

18:00 左右,在泺源大街东口路南的公交车站上,许多乘客正在焦急地等待。因怕雨水泡坏了鞋子,有一位等车的姑娘干脆脱了鞋子提在手上,光着脚丫站在水里。

"等几路车?"记者问一位等车的老先生。"等几路?现在是哪一路也来不了呀!"老先生告诉记者,他已经在车站上等了一个多小时了。

一场大雨,使省城公交车站普遍出现了乘客滞留的情况。刘先生说,在黄岗公交车终点站,上百名乘客在雨中等了一个多小时都没有公交车。

【问题】

1. 遇到恶劣天气影响交通时,决策如何迅速有效地实施?

2. 管理者是否应该准备一些预案或者计划,以备紧急情况下使用?

3. 遇到特殊情况时,如何组织人员以及如何与公众沟通?

13 全球化管理及管理创新

一个苹果砸醒了牛顿，于是开启了经典物理学。现在又有一个被咬了一口的苹果，在我们享受它给我们提供的高质量服务的同时，有没有想过它在非物质方面给了我们什么？

苹果的产品从某些方面来说是商业与艺术的结合。从电脑、手机，到鼠标、音乐播放器，似乎总是走到了人们思维的前面。但是究其根基，它们都是建立在商业基础上的某些艺术气息的体现。

说得再明白一点，它是苹果能够不断创新的思维源泉或思维模式。创新，是进步与发展的具体体现，一味地模仿，就注定永远跟随着创新者在奔跑。

苹果也不是一个在各个方面都是第一个吃螃蟹的企业，但是它在吸取别人的经验、技术之后，能为我所用，并且突破原有的思维模式，将软件与硬件形成有机的结合，往往能够给人一个惊喜。苹果就像一个画家，画的人物的五官与脸型单独看往往不是最好看的，但是经过其组合，往往能够给人呈现一个很有特点的人物。苹果往往能够将一个成功的商业模式、先进的技术、有效的管理方式、健全的机制在特定的时间、空间、地点，通过一个或一些人有机地整合，突破原有时间、空间的束缚，创造出一款引领时尚的产品。

创新不是发明创造，如果有这种想法的人，从一开始就给自己设置了一个巨大的障碍。就像乔布斯是一个很好的管理者但他不是一个发明家一样。人的创新不应仅局限在对技术的追求上，同时思维的创新往往比技术进步更重要。

在产品开发过程中，苹果往往是设计者，同时也是使用者，这是对顾客的最大的尊重。

苹果往往站在使用者的角度思考问题，使用者需要什么样的产品，需要什么特色的产品，需要哪些可以明显区别于其他品牌的产品，而且这种诉求已经达到了苛刻的地步。例如乔布斯有一次要求一位设计师设计一款机箱上不能看到螺丝的电脑，但是设计出的模型上露出了一颗螺丝，结果乔布斯把那位设计师开除了。这个小故事当然涉及了领导力与执行力的问题，但是从另外一个角度看，他是彻底站在了使用者的角度来看问题。

对消费者的尊重，就是对自己的尊重。苹果没有利用自己的品牌效应，将一款过于理想的产品强加给消费者。而是充分考虑到了使用者的需求，体现对他们的尊重，并且将这种尊重延伸到了设计领域与管理理念上。一款界面友好、功能卓越、饱含创意的产品，往往能够得到消费者最大的支持。在尊重消费者的同时，也得到了消费者的尊重。

苹果给我们的另一个思考，便是对人才的尊重上。苹果设计师的收入比同行业其他设计师的收入高一半左右。这是对人才尊重的物质体现。苹果对员工要求严格，但是也给了他们充分的创造空间，鼓励他们将头脑中的想法变为现实。

对人才的尊重，是体现在各个方面的。充分发挥个人优势和特长，给他们适合的空间，则是其中之一。我们可以看看 Phil Schiller、Eddy Cue 和 Scott Forstall 这些苹果的干将，在进入苹果之前，他们头上的光环并不是那样金光耀眼。

创新精神、尊重用户、尊重人才，我们不是不知道，但是有多少人能够像苹果一样自始至终贯彻到底。在我们欣赏苹果带给我们惊喜的同时，是否能够看到其背后蕴含的精神魅力。

13.1　全球化管理及管理创新

21 世纪是经济全球化的世纪。经济全球化是指贸易、投资、金融、生产等活动的全球化，即生存要素在全球范围内的最佳配置。经济全球化对管理者提出了更高更新的要求，管理者要解决诸如贸易保护主义、信息化与网络开放以及气候变化与排放等因素所带来的众多全球化问题。

本节详细阐释了经济全球化与贸易保护、信息化与网络、气候变化与 CO_2 排放等全球变化与管理之间的关系，并在此基础上进一步提出了全球管理者的概念。

13.1.1　经济与贸易全球化

经济全球化是一个历史过程，是指生产要素跨越国界，在全球范围内自由流动，各国、各地区相互融合成整体的历史过程。经济全球化要求实行自由贸易，自由贸易在一定程度上为一个国家国民经济的发展带来利益，但是对外贸易这把双刃剑在带来利益的同时也在冲击着各国国内产业。当今世界的主流是倡导自由贸易，但是各国都在一定程度上实行着贸易保护政策。

1) 经济全球化的含义

根据国际货币基金组织(IMF)对全球化的界定，全球化是指跨国商品和服务交易及国际资本流通规模和形式的增加以及技术的广泛迅速传播使世界各国经济的相互依赖性加强。而经济全球化，是指商品和生产要素超越国界流动，国际贸易、跨国投资和国际金融的迅速发展，高新技术的广泛传播，跨国公司作用显赫，从而导致各国经济活动高度相关，世界经济整体化和一体化空前突出的经济现象与过程。

经济全球化是一个历史过程：一方面在世界范围内各国、各地区的经济相互交织、相互影响、相互融合成统一整体，即形成"全球统一市场"；另一方面在世界范围内建立了规范经济行为的全球规则，并以此为基础建立了经济运行的全球机制。在这个过程中，生产要素在全球范围内自由流动和优化配置。因此，经济全球化是指生产要素跨越国界，在全球范围内自由流动，各国、各地区相互融合成整体的历史过程。

2) 经济全球化的效应

经济全球化是世界经济发展到一定阶段的必然结果。从经济角度看，全球化被视为经济活动在世界范围内的相互依赖，特别是形成了世界性的市场，资本超越了国家的界限在全球自由流动，资源在全球范围内配置。但同时我们在考察经济全球化所产生的效应时，应该注意到其两面性。

一方面，生产要素在全球范围内流动，可以使其得到更有效的配置和利用，从而增加总产出和消费者福利。对于单个国家来说，可以更为有利地利用自己具有比较利益的要素，获得经济全球化带来的利益。此外，经济全球化利益所产生的经济驱动力导致了世界范围内产业结构调整。这种调整必将促使不同产业在不同国家和地区间转移，形成了"你中有我，我中有你"的经济局面，加强了各国经济的相互依赖和相互协调。

另一方面，经济全球化的趋势也会产生一些负面效应，它可能导致国家的经济及主权受到威胁，加剧财富分配上的不平等，加剧富国与穷国的差距，在世界范围内形成新的垄断以及加深经济被动的影响。事实上，我们已经看到，20 世纪 90 年代以来，发展中国家在经济竞争过程中，其民族工业面临生存的危机，工业化国家和不发达国家的人均国民收入差距不断扩大，1997 年的亚洲金融危机已经影响到整个世界经济的增长。经济全球化的负面效应主要体现在两个方面：

（1）世界各国经济内部结构发展水平事实上存在不平衡。各国经济结构不平衡表现在产业结构存在级差。从目前的状况看，发达工业国家、新兴工业化国家和发展中国家的产业结构存在固有的技术级差。由于这种技术级差的存在，发达国家在转移技术时，一般都是在这项技术到成熟期时才开始转移。这种级差技术转移的结果是发达国家与发展中国家的经济发展水平的差距进一步拉大。在经济全球化潮流推动下，世界市场引导国际产业的转移，由于事实上已经存在着产业级差，必然进一步促使世界各国经济的不平衡发展。

（2）市场利益引导有害产业的转移威胁到发展中国家的社会综合发展水平。在经济全球化过程中，各经济主体仍关心自身利益的最大化，这使一些发达国家为了经济利润，把有损社会利益的污染产业、色情业及赌博业等向发展中国家转移。而发展中国家为了追求数量增长，被迫或不自觉地接受这种转移，致使其社会综合发展水平下降。

3）经济全球化趋势下的贸易保护

贸易保护最初源于重商主义，以本国利益最大化为目标使各国竞相采取贸易保护主义措施。后来的凯恩斯的贸易保护学说、李斯特的幼稚工业保护理论，都为贸易保护提供了理论基础。

虽然在经济全球化的今天，自由贸易显得愈发重要，也越来越表现出一定程度上为一个国家的国民经济的发展带来了利益，但由于世界经济发展的不平衡，由于存在着国家和民族的利益，世界上从来没有出现过纯粹的自由贸易。在国际贸易发展过程中，我们可以看到各种各样的贸易保护理论和政策。任何一个发展水平相对较低的国家，在对外开放融入世界经济体系的时候，都不是奉行毫不设防的完全自由的贸易政策，都会设置一些障碍对某些领域和产业采取一些特殊的保障措施。因此，尽管当今世界的主流是倡导自由贸易，但是国家都在一定程度上实行着贸易保护政策，其中也包括美国在内的很多发达国家。

国际贸易是在世界市场上进行的跨越国界的商品交换活动。而这种贸易关系到国家的命运和国内各阶级的利益，贸易体制必然随着经济发展与经济格局的变化而有所变化。正如吉尔平所说："随着贸易额的扩大和贸易越来越深的渗透到各国社会中，贸易日益与政治敏感事件缠绕在一起，并与强大的国内利益发生冲突。"①

经济活动总是在一定的社会政治结构中进行的，这种既定的社会政治结构会影响经济活动的走向；经济的运行最终也会对社会既定的政治结构产生影响，促进它的变化与发展。

---

① ［美］罗伯特·吉尔平. 全球政治经济学. 杨宇光, 杨炯, 译. 上海：上海世纪出版集团, 2003

经济与政治始终处于一种相互影响、相互作用的状态。现实生活中,政治与经济是密不可分的。国际经济的运行和利益分配还影响到国家间的实力对比与权力关系,这种实力对比对主权国家在国际政治中的权力位势产生重大影响,因为经济联系产生的权力关系限制了国家的自由性;反过来,国家间的权力关系也影响着世界经济运行体制和国际经济成果在国家间的分配(甚至包括国际内部的分配关系)。当今世界的政治与经济的组织形式主要是以民族国家与市场经济为主,因此,这种政治与经济的互动关系表现为国家与市场的互动关系。

经济全球化下贸易保护呈现出新的特点,主要有:

(1) 贸易保护倾向并没有消除,各国的贸易保护措施出现了新的变化,即由公开转向隐蔽,由固定转向灵活,由单个国家自我保护转向区域集团集体保护,由通过贸易政策保护转向寻求国内产业政策保护等。《乌拉圭回合最终文件》的生效,使得像关税、配额、进口许可证等传统贸易保护手段越来越难以发挥作用,非关税壁垒开始成为各国实施贸易保护的主要工具。诸如对反倾销条款的使用、有秩序的销售安排、安全、卫生防疫、技术标准等较之传统的贸易保护手段更加多变和隐蔽,从而更能起到限制进口的作用。值得注意的是,发达国家还要将劳工标准、环保标准纳入世贸组织谈判议题,其目的是打着人权与环境的幌子,借机剥夺发展中国家的比较优势,保护其传统产业。区域性贸易集团的出现则使贸易保护措施添上了集团的色彩,集团对内实行贸易自由和生产要素自由流动,对外则形成统一对外的市场机制,对非集团成员实行贸易歧视。其贸易保护手段主要不是关税,而是诸如技术标准、卫生标准、知识产权等形形色色的非关税壁垒,这给集团外国家向集团内成员出口设置了障碍。

(2) 通过产业政策对一国贸易实施间接保护是经济全球化背景下贸易保护的又一特点。这是由于在制定贸易政策上,各成员都要在不同程度上受到共同的国际准则制约。国际准则由国际性贸易准则和区域性经济运行规则组成,它是为了促进贸易自由化而作出的制度性安排。这些制度性安排在很大程度上削弱了一国借助贸易政策进行自我保护的能力。因此,各国政府或贸易集团便把贸易保护措施转向不受国际贸易规范制约或者制约较少的国内或集团内经济政策,其中产业政策日益成为一国或贸易集团实施自我保护的重要手段。

(3) 新贸易保护主义具有明显的歧视性。这些非关税措施都是针对特定国家的。由于新贸易保护主义一方面通过各种歧视性非关税措施使国内工业避开国际竞争,另一方面又通过补贴手段促使本国产品占领其他国家的市场。

13. 1. 2　信息化与网络

21 世纪的另外一个重要特征就是信息化与网络。在知识经济时代,信息不断爆炸,知识快速更新。随着第三次技术革命浪潮的到来,以信息技术为标志的生产力飞速发展,世界正日新月异地展示人类的巨大力量。电脑的出现与普及,使网络也在不知不觉中传播开来。一名有效的管理者在网络开放的时代要充分认识到信息化与网络的特点,发挥信息化与网络的优势,实施全球化管理。

信息化与网络呈现出以下几个特点:

1) 先进性

判断一个新事物是否具有先进性的唯一标准,是看它是否有利于生产力的发展。以微电子技术为标志的网络的出现,使人类的劳动生产率成百上千倍的提高。人类从来没有如此近的彼此交流。社会的进步与发展速度是以前所无法想象的。

2）高效性

无法想象,如果我们没有信息化与网络,重新回到以前的时代,我们会怎样面对,生产力的巨大发展,社会的巨大进步,显示了信息时代的无穷魅力,网络的普及,使"天涯咫尺"不再是梦想。信息技术的应用,使我们的社会插上了飞翔的翅膀。

3）紧密性

一个现代社会,如果没有了信息与网络的话,那是无法想象的,信息技术已如此广泛而深刻地与我们的生产生活联系起来,已经成为生活的必需,与其说我们生活在这个世界上,不如说我们生活在纵横交错的网络里。网络的普及是这样的影响着我们的生活和内心世界,我们正以一种全新的姿态生活着。

4）复杂性

当然,信息化和网络的普及,并不如我们想象的那样美好,它是一把双刃剑,如果不认真对待的话,也会给我们带来许多不利影响。同样,如果我们不能与时俱进,想出相应的解决办法的话,网络就会成为我们的敌人。网络的复杂性向我们提出了前所未有的挑战。面对网络开放的特性,除了在网络设计上增加安全服务功能,完善系统的安全保密措施外,还必须花大力气加强网络的安全管理,因为诸多的不安全因素恰恰反映在组织管理和人员录用等方面。

13.1.3　全球管理与管理者

传统的管理理论定义管理是在特定的环境下,对组织所拥有的资源进行计划、组织、领导和控制,通过既定资源的整合从而放大系统的功效或者提高系统整体效益的活动。这一活动怎样才是有效的呢？换句话说,就是怎样的管理才能视为有效管理,有效管理的标准是什么呢？

大多数人首先想到的是效率（Efficiency）和效果（Effectiveness）,即"相同的投入取得最大的产出,或者用最少的投入取得相同的产出"和组织目标的实现。弗雷德·卢森斯（Fred Luthans）的研究表明,管理者在从事以下 4 种活动的过程:一是传统管理:决策、计划和控制;二是沟通,交流例行信息和处理文书工作;三是人力资源管理;四是网络联系,当时间分配的比例平均约为 2：4：3：1 时,可以称之为有效管理。然而 21 世纪是基于信息化背景的经济全球化时代,管理者所面对的环境呈现出以下特点:一是世界经济一体化趋势:全球贸易一体化、金融一体化、投资生产一体化、销售和消费一体化,实质是生产要素的全球流动和资源的全球配置。二是世界经济、政治、社会文化和环境等问题的复杂化。三是跨国公司在经济全球化过程中发挥了主导作用。四是全球化与本土化的共存。在新的环境下,仅仅用效率和效果的抽象概念或是管理活动时间的分配比例不足以衡量管理是否有效,新的标准应该包含更丰富的内容,对管理者也提出了更高的要求。

1）跨国公司全球生产体系的管理

20 世纪 90 年代后半期以来,为适应知识经济、网络经济和经济全球化趋势的发展,跨国公司纷纷作出了相应的战略调整和组织结构变化,全球化战略成为跨国公司发展战略的主要特征。它们为了充分利用自己巨大的资本优势、技术优势和世界各国有利的生产要素,往往选择在全球经济整体范围下重新建立战略体系,将具备供求关系的上、下游产业分布在世界不同的地区,以实现资源的共享和优势的互用。如在一国设计,零部件在其他一些国家生产,最后再去另一国或地区组装生产完成品。美国的部分计算机厂商就常常如此,他们在中国大陆制作印刷电路板,在中国台湾生产机箱,由日本提供集成电路芯片,而在美国进行整机设计、关键零部件制作、总装及调试。跨国公司就这样形成了全球生产体系。跨国公司全球生产体系中有些投资项目定位在采购方式上,它利用东道国很强的生产供应能力进行合同生产、委托加工,即采用所谓的虚拟垂直一体化。这种方式是跨国公司在全球专业理念导向下,通过 OEM 的方式将自身缺乏比较优势的零部件的生产分包给下游厂商,掌握品牌的跨国公司只负责设计、营销以及少量核心部件的生产,由此获得最低的生产成本,取得竞争优势。"品牌商——主要零部件供应商——零部件分包商"是这个网络体系中的主要链条。还有些项目定位在直接投资上,通过实际的垂直一体化方式在世界范围内安排中间产品或最终产品的生产。

跨国公司全球生产体系可通过股权参与方式,也可通过非股权参与方式建立。股权参与方式有合资、合作、兼并收购、独立设厂等,其中兼并更为外商所希望。因为和绿地投资相比,跨国并购方式可以直接获得东道国原有的资产,大大缩短项目投资周期和建设周期,使跨国公司最迅速有效地进入新市场,获得先发优势。而非股权参与方式中合同生产方式能使跨国公司将生产链精简,主要抓设计、开发、销售,而把赢利有限的生产环节弱化,将其外包、委托给外单位完成。它使跨国公司更能适应市场竞争激烈、产品周期缩短的局面,而且投入也不多。所以 20 世纪 90 年代合同生产成了高科技企业供应链的万应灵药。

跨国公司国际一体化生产体系的发展,对世界经济及各国的经济发展产生了深远影响。它不仅加深了各国经济的相互依赖,也为各国企业提供了参与跨国公司国际分工和扩大生产与贸易的机会。各国应按比较利益原则,在跨国公司的国际生产体系中从事相关的产品与劳务的生产。各国的经济发展水平、资源禀赋及比较优势,决定了一国在跨国公司国际生产体系中的地位。由于任何国家的经济总是处于不断的发展过程中,比较优势也是动态变化的,因此,一国在跨国公司国际生产中的地位也是不断变化的。通过自身的努力,可以形成新的比较优势。全球管理者应该致力于改善投资环境、加强基础设施建设和金融市场建设、发展人力资本、建立高科技研究与开发机构等措施,促使东道国企业被纳入跨国公司的国际生产体系,从而带动国内经济和对外贸易的发展。另外,东道国还要实行更加开放和自由的政策,保证跨国公司在全球范围内自由地配置资源。

2) 贸易全球化的管理

贸易全球化是经济全球化的先导。经济全球化首先是从商品的国际化开始的。世界各国进行对外贸易,首要的原因是不同的国家和地区生产要素的拥有程度不同。根据比较利益的原则,各国各地区可以凭借自己的优势产品,通过对外贸易获得利益。世界贸易越发展,意味着世界性生产,即国际分工越深化。随着国际分工的不断发展和深化,世界性的生产使世界各国、各经济主体相互之间的依赖和协作程度更高。它们作为有机的整体进行生产与贸易活动,增加社会的价值与财富,因而国际贸易也不仅限于互通有无,而是更多地作为价值实现的手段,是世界生产过程的一个阶段。

贸易全球化导致两极分化。一个是以美国、欧盟和日本为主体的发达国家贸易增长强劲,其中欧盟 25 国对全球贸易增长的贡献接近三分之一;另一个是以中国为代表的新兴市场国家在国内经济强劲发展的推动下,贸易高速增长,东亚、拉美和转型国家的贸易增长保持在 30% 以上。2005 年,在全球货物进出口贸易的前 10 位国家中,发达国家占了 9 席,发展中国家只有中国占得 1 席;在全球服务进出口贸易的前 10 位国家中,发达国家占了 8 席,发展中国家只有中国和印度占了 2 席。

发达国家是贸易全球化的主要受益群体,部分发展中国家也从贸易全球化的发展中获得了一定的发展机会。但是,发展水平较低以及最不发达的国家或地区往往在贸易全球化过程的初始阶段,难以获得实质性的贸易利益或其付出无法得到充分的补偿。在货物贸易领域,2005 年世界排名前 10 位国家的出口在全球出口贸易中所占比重超过了 67%,进口所占比重也超过了 56%。在服务贸易领域,2005 年世界排名前 10 位国家的出口在全球出口贸易中所占比重超过了 54%,进口所占比重也超过了 53%。这种发展不平衡的现象仍然是贸易全球化中需要解决的一个重要问题,也是国际大家庭在制定全球贸易规则的时候应该慎重考虑的一个关于贸易全球化可持续发展的、具有长远意义的问题。[1]

世界经济的稳定增长是解决贸易全球化内在问题的首要因素。全球管理者要致力于促进世界经济持续快速增长。同时,要改革现有不合理、不公正的国际贸易机制,努力建立惠及所有国家真正平等、共同繁荣的贸易运行机制。此外,还要在深度和广度上开拓空间,借用新的高科技及沟通手段,逐步推动贸易全球化的进程。

3) 金融全球化的管理

"金融全球化"是近 20 年来人们使用频率很高的一个名词,也是整个世界日益广泛关注的热点问题。金融全球化是指世界各国、各地区在金融业务、金融政策等方面相互交往和协调、相互渗透和扩张、相互竞争和制约已发展到相当水平,进而使全球金融形成一个联系密切、不可分割的整体。

金融全球化是把"双刃剑"。它对世界各国利弊、喜忧兼有,机遇、风险相伴。

金融全球化促使资金在全世界范围内重新配置,一方面使欧美等国的金融中心蓬勃发展,另一方面也使发展中国家,特别是新兴市场经济国家获得了大量急需的经济发展启动资金,带动了地区经济乃至世界经济的增长。可以说,世界经济的发展离不开金融全球化的推动。

然而,金融全球化给世界各国带来的不仅仅是好处,还有各种风险和灾难。1992 年的西欧金融风暴不仅使英格兰银行损失了大量资产,而且迫使英国退出欧洲货币体系。1994—1995 年墨西哥爆发金融危机对拉美经济造成了严重影响。1997 年爆发的东南亚金融危机迅速扩大到东亚地区,不但对世界股市造成冲击,而且还导致了俄罗斯金融危机。在当今世界,一场金融风暴对世界经济的影响是多层面、深层次的。无论是发达国家还是发展中国家,它所引起的震撼都难以避免。

金融全球化为发达国家的"剩余"资金提供了更广阔的投资空间,也为发展中国家带来了更多的融资机会。但是,对于金融体系仍相对脆弱、金融法规不够健全、金融监管比较滞后的发展中国家来说,确定合适的资本市场开放速度和进程是十分重要的大事。加强金融领域的建设是发展中国家的一项紧迫工程。建立公正合理的国际金融新秩序,既是广大发展中国家的权利,也是发达国家的义务和责任。全球管理者应注意到一国融入金融全球化

---

① 冯雷.贸易全球化浅析.中国工业报,2006

或对外开放金融领域的速度必须与其宏观控制能力相适应；一国的经济发展不能过度依赖外资，尤其是不能过度依赖短期外债；对短期资本的流入要加强监测和管理；在扩大对外开放的同时，必须强化金融体系，加强金融监管，切实防范和化解金融风险，保持国内宏观经济总量基本平衡，促进国民经济稳定运行，以稳健而强劲的国内金融和经济与国际金融、经济体系接轨。此外，由于金融全球化本身是全球性的，所以对它的管理也必然要求全球性。

4）气候变化与 CO_2 排放的管理

气候变化问题已成为各国关注的焦点之一。近年来，气候变化问题已被列为全球环境问题之首。面对复杂的全球气候变化，全球管理者要制定相关的气候变化政策以应对气候变化。

气候变化政策涉及一国的能源政策、产业政策、环境政策、自然保护政策等多个方面，影响到产业发展、能源、环境、贸易、科技、外交等诸多领域。因此，气候变化是公共政策与管理领域中少有的跨越多学科、多领域问题。应对全球气候变化是创新发展模式、实施可持续发展战略的重大机遇和挑战。

气候变化政策同时也对经济发展的速度、质量和前景影响重大。气候变化问题与能源、产业发展、人类生活等方面的相关性，使它不可避免地与国家的经济发展有着紧密的关联。一般认为，在今后相当长的时期内，现实的减缓 CO_2 排放的技术措施主要在于提高能源的生产、转换、利用各个环节的技术水平，以及发展不排和少排 CO_2 的替代能源技术，这些措施从根本上符合长远的社会经济可持续发展目标。良好的气候变化政策可以从最大程度上保障经济发展目标与环境保护目标的协调和统一。

气候变化问题是全球性、综合性的问题，其重要性不言而喻。然而，就目前的情况来看，多数国家的气候变化政策往往是应对性的、被动的，缺乏前瞻性和主动性，缺乏灵活性，国家相关机构也尚未发挥积极的领导作用。气候变化政策和管理应该更为积极、主动。

13.2　创新

基于全球环境的变化，虽然传统的计划、组织、领导与控制等智能体是保证组织目标的实现所不可缺少的。从某种意义上来说，它们同属于管理的"维持职能"，其任务是保证系统按预定的方向和规则运行。但是，管理是在动态的国内国际环境中生存的社会经济系统，仅有维持是不够的，还必须不断调整系统活动的内容和目标，以适应环境变化的要求，这就是经常被人们忽视的管理的"创新职能"。

13.2.1　创新概述

在英文中，Innovation（创新）这个词起源于拉丁语。它原意有 3 层含义，第一，更新，就是对原有的东西进行替换。第二，创造新的东西，就是创造出原来没有的东西。第三，改变，就是对原有的东西进行发展和改造。创新是指人类为了满足自身需要，不断拓展对客观世界及其自身的认知与行为的过程和结果的活动。具体来讲，创新是指人为了一定的目的，遵循事物发展的规律，对事物的整体或其中的某些部分进行变革，从而使其得以更新与发展的活动。

1) 创新的含义

创新是美籍奥地利经济学家熊彼特(J. A. Schumpeter)在他的《经济发展理论》(1912)一书中提出的一个经济学概念。熊彼特认为,创新就是把生产要素和生产条件的新组合引入生产体系,即建立一种新的生产函数。他把创新活动归结为5种形式:

(1) 生产新产品或提供一种产品的新质量。

(2) 采用一种新的生产方法、新技术或新工艺。

(3) 开拓新市场。

(4) 获得一种原材料或半成品的新的供给来源。

(5) 实行新的企业组织方式或管理方法。

熊彼特之后,经济学家在发展创新理论的过程中把创新区分为涉及技术性变化的创新及非技术性变化的组织创新;也有人把以上5种组织形式概括为技术创新、管理创新、制度创新3种创新类型,并认为制度创新是技术创新和管理创新的动力和基础,技术创新是管理创新和制度创新的物质条件。

2) 创新的类别

从创新的规模以及创新对系统的影响程度来考察,可将其分为局部创新和整体创新。局部创新是指在系统性质和目标不变的前提下,系统活动的某些内容、某些要素的性质或其相互组合的方式,系统的社会贡献的形式或方式等发生变动;整体创新则往往改变系统的目标和使命,涉及系统的目标和运行方式,影响系统的社会贡献的性质。

从创新与环境的关系来分析,可将其分为消极防御型创新与积极攻击型创新。防御型创新是指由于外部环境的变化对系统的存在和运行造成了某种程度的威胁,为了避免威胁或由此造成的系统损失扩大,系统在内部展开的局部或全局性调整。攻击型创新是在观察外部世界运动的过程中,敏锐地预测到未来环境可能提供的某种有利机会,从而主动地调整系统的战略和技术,积极地开发和利用这种机会,谋求系统的发展。

从创新发生的时期来看,可将其分为系统初建期的创新和运行中的创新。

从创新的组织程度上看,可分为自发创新与有组织的创新。有组织的创新包含两层意思:①系统的管理人员根据创新的客观要求和创新活动本身的客观规律,制度化地检查外部环境状况和内部合作,寻求和利用创新机会,计划和组织创新活动。②同时,系统的管理人员要积极地引导和利用各要素的自发创新,使之相互协调并与系统有计划的创新活动相配合,使整个系统内的创新活动有计划、有组织地展开。

3) 创新的过程

总结众多成功企业的经验,成功的变革与创新要经历"寻找机会、提出构思、迅速行动、忍耐坚持"这样几个阶段的努力。

(1) 寻找机会

创新活动是从发现和利用旧秩序内部的这些不协调现象开始的,不协调为创新提供了契机。

就系统的外部来说,有可能成为创新契机的变化主要有:技术的变化,从而可能影响企业资源的获取、生产设备和产品的技术水平;人口的变化,从而可能影响劳动市场的供给和产品销售市场的需求;宏观经济环境的变化,迅速增长的经济背景可能给企业带来不断扩大的市场,而整个国民经济的萧条则可能降低企业产品需求者的购买能力;文化与价值观念的转变,从而可能改变消费者的消费偏好或劳动者对工作及其报酬的态度。

就系统内部来说,引发创新的不协调现象主要有:①生产经营中的瓶颈,可能影响劳动生产率的提高或劳动积极性的发挥,因而始终困扰着企业的管理人员。这种卡壳环节,既可能是某种材料的质地不够理想且始终找不到替代品,也可能是某种工艺加工方法的不完善或是某种分配政策的不合理。②企业意外的成功和失败,如派生产品的销售额及其利润贡献不声不响地、出人意料地超过了企业的主营产品,老产品经过精心整顿改进后,结构更加合理、性能更加完善、质量更加优异,但并未得到预期数量的订单……这些出乎企业意料的成功和失败,往往可以把企业从原先的思维模式中驱赶出来,从而可以成为企业创新的一个重要源泉。

(2) 提出构想

敏锐地观察到了不协调现象产生以后,还要透过现象究其原因,并据此分析和预测不协调的未来变化趋势,估计它们可能给组织带来的积极或消极后果,并在此基础上,努力利用机会或将威胁转换为机会,采用头脑风暴、畅谈会等方法提出多种解决问题、消除不协调、使系统在更高层次实现平衡的创新构想。

(3) 迅速行动

创新成功的秘密主要在于迅速行动。提出的构想可能还不完善,甚至可能很不完善,但这种并非十全十美的构想必须立即付诸行动才有意义。"没有行动的思想会自生自灭",这句话对于创新思想的实践尤为重要。一味追求完美,以减少受讥讽、被攻击的机会,就可能坐失良机,把创新的机会白白地送给自己的竞争对手。

(4) 坚持不懈

构想经过尝试才能成熟,而尝试是有风险的,不可能"一打就中"的,可能会失败。创新的过程是不断尝试、不断失败、不断提高的过程。

13.2.2　技术创新

技术创新是指人类通过新技术改善经济福利的商业行为。技术创新不是纯技术概念,而是一个经济学范畴。熊彼特认为,创新就是发明创造的第一次商品化。

1) 技术创新的分类

从生产过程的角度来分析,可以将其分为以下几个方面:

(1) 材料创新。材料创新的主要内容是寻找和发现现有材料,特别是自然提供的原材料的新用途,以使人类从大自然的恩赐中得到更多的实惠。

(2) 产品创新。产品创新包括新产品的开发和老产品的改造。

(3) 工艺创新。工艺创新包括生产工艺的改革和操作方法的改进。

(4) 手段创新。手段创新主要指生产的物质条件的改造和更新。

上述几个方面的创新,既是相互区别,又是相互联系、相互促进的:材料创新不仅会带来产品制造技术的革命,而且会导致产品物质结构的调整;产品的创新不仅是产品功能的增加、完整或更趋完善,而且必然要求产品制造工艺的改革;工艺的创新不仅导致生产方法更加成熟,而且必然要求生产过程中利用这些新的工艺方法的各种物质生产手段的改进。反过来,机器设备的创新也会带来加工方法的调整或促进产品功能的更加完善,工艺或产品的创新也会对材料的种类、性能或质地提出更高的要求。总之,上述各类创新虽然侧重点各有不同,但任何一种创新都必然会促进整个生产过程的技术改进,从而必然会带来企业整体技术水平的提高。

综合起来看,技术创新一方面通过降低成本而使企业产品在市场上更具价格竞争优势,另一方面通过增加用途、完善功能、改进质量以及保证使用而使产品对消费者更具特色吸引力,从而在整体上推动企业竞争力的不断提高。

2) 技术创新的源泉

创新源于企业内部和外部的一系列不同的机会。这些机会可能是企业刻意寻求的,也可能是企业无意中发现并立即有意识地加以利用的。美国学者德鲁克把诱发企业创新的这些不同因素归纳成 7 种不同的创新来源:意外的成功或失败、企业内外的不协调、过程改进的需要、产业和市场的改变、人口结构的变化、人们观念的改变以及新知识的产生等。

(1) 意外的成功或失败

意外的成功通常能够为企业创新提供非常丰富的机会。未曾料到的成功则常被企业所忽视。

意外的成功也许会被忽视,未曾料到的失败则不能不面对。

不论是意外的成功还是意外的失败,一经出现,企业就应正视其存在,并对之进行认真的分析,努力搞清并回答这样几个问题:①究竟发生了什么变化? ②为什么会发生这样的变化? ③这种变化会将企业引向何方? ④企业应采取何种对策才能充分地利用这种变化,使之成为企业发展的机会?

(2) 企业内外的不协调

当企业对外部经营环境或内部经营条件的假设与现实相冲突,或当企业经营的实际状况与理想状况不相一致时,便出现了不协调的状况。这种不协调既可能是已经发生了的某种变化的结果,亦可能是某种将要发生的变化的征兆。同意外事件一样,不论是已经发生的还是将要发生的变化,都可能为企业的技术创新提供一种机会。

(3) 过程改进的需要

意外事件与不协调是从企业与外部的关系这个角度来进行分析的,过程改进的需要则与企业内部的工作(内部的生产经营过程)有关。由这种需要引发的创新是对现已存在的过程(特别是工艺过程)进行改善,把原有的某个薄弱环节去掉,代之以利用新知识、新技术重新设计的新工艺、新方法,以提高效率、保证质量、降低成本。由于这种创新的需要通常存在已久,所以一旦采用,人们常会有一种理该如此或早该如此的感觉,因而可能迅速被组织所接受,并很快成为一种通行的标准。

(4) 行业和市场结构的变化

企业是在一定的行业结构和市场结构条件下经营的。行业结构主要指行业中不同企业的相对规模和竞争力结构以及由此决定的行业集中或分散度;市场结构主要与消费者的需求特点有关。这些结构既是行业内或市场内各参与企业的生产经营共同作用的结果,也制约着这些企业的活动。行业结构和市场结构一旦出现了变化,企业必须迅速对之作出反应,在生产、营销以及管理等诸方面组织创新和调整,否则就有可能影响企业在行业中的相对地位,甚至带来经营上的灾难,引发企业的生存危机。

（5）人口结构的变化

人口因素对企业经营的影响是多方位的。作为企业经营中必不可少的资源，人口结构的变化直接决定着劳动市场的供给，从而影响企业的生产成本；作为企业产品的最终用户，人口的数量及其构成确定了市场的结构及其规模。有鉴于此，人口结构的变化有可能为企业的技术创新提供契机。

（6）观念的改变

对事物的认知和观念决定着消费者的消费态度，消费态度决定着消费者的消费行为，消费行为决定一种具体产品在市场上的受欢迎程度。因此，消费者观念上的改变影响着不同产品的市场销路，为企业提供不同的创新机会。

（7）新知识的产生

一种新知识的出现，将为企业创新提供异常丰富的机会。在各种创新类型中，以新知识为基础的创新是最为企业重视和欢迎的。但同时，无论在创新时间、失败的概率或成功的可能性预期及对企业家的挑战程度上，这种创新也是最为变化莫测、难以驾驭的。

在企业实践中，创新通常是几种不同来源或影响因素共同作用的结果。

3）技术创新的决定因素

根据技术创新理论的代表人物莫尔顿·卡曼和南赛·施瓦茨的研究，决定技术创新的因素有3个：

（1）竞争程度。竞争引起技术创新的必要性。竞争是一种优胜劣汰的机制，技术创新可以给企业带来降低成本、提高产品质量和经济效益的好处，帮助企业在竞争中占据优势。因此，每个企业只有不断进行技术创新，才能在竞争中击败对手，保存和发展自己，获得更大的超额利润。

（2）企业规模。企业规模的大小从两方面影响技术创新的能力，因为技术创新需要一定的人力、物力和财力，并承担一定的风险。规模越大，这种能力越强。另一方面，企业规模的大小影响技术创新所开辟的市场前景的大小，一个企业规模越大，它在技术上的创新所开辟的市场也就越大。

（3）垄断力量。垄断力量影响技术创新的持久性。垄断程度越高，垄断企业对市场的控制力就越强，别的企业难以进入该行业，也就无法模仿垄断企业的技术创新，垄断厂商技术创新得到的超额利润就越能持久。他们认为，"中等程度的竞争"即垄断竞争下的市场结构最有利于技术创新。在这种市场结构中，技术创新又可分为两类：一是垄断前景推动的技术创新，指企业由于预计能获得垄断利润而采取的技术创新；二是竞争前景推动的技术创新，指企业由于担心自己目前的产品可能在竞争对手模仿或创新的条件下丧失利润而采取的技术创新。

技术创新主要以企业活动为基础，企业的创新活动需要有一定的动力和机制。在市场经济条件下，作为自主经营、自负盈亏的经济主体，企业之间存在着竞争，要生存和发展，就必须争取市场，否则就会在竞争中被淘汰。要扩大市场，就必须在成本、产品质量、价格上占优势，这就迫使企业必须进行技术创新。企业在市场竞争中求生存和发展，这是促进企业技术创新的必要条件。技术创新也需要有良好的宏观环境。企业进行技术创新的主要动力是获取高额利润，只有当对经济前景有乐观的预期时，才愿意进行技术创新，这就要求宏观经济能稳定增长。政府的主要经济职能就是稳定经济，减少经济波动。完善的社会保障制度是企业进行技术创新的后盾,否则,技术创新的风险使一些企业难以承受。国家还应从财政、信贷、公共投资等方面保证技术创新的资金供应。

13.2.3 企业制度创新

知识经济正悄然走来。知识在企业生产制造、市场营销、人事管理、财务控制等经营活动中的作用正日显重要。知识及其运用的产品化、产品及其生产过程的知识化是在愈来愈多的企业中可观察到的、正在发生的客观现象。不管人们是否已经认识到,也不管人们是否承认或愿意,知识经济正逐渐取代工业经济成为现代社会的主要特征。

1) 企业制度创新的含义

所谓企业制度创新,是指随着生产力的发展,要不断对企业制度进行变革,因而通常也可以称之为企业制度再造。企业制度创新对企业来讲是极其重要的,因为企业本身就是一种生产要素的组合体,企业对各生产要素的组合,实际上就是依靠企业制度而组合起来的。正是因为如此,所以不少人在谈到企业的定义时,往往都认为企业就是一个将各种生产要素按一定制度组合起来的经营主体。由此可见,企业制度对于企业来说是极其重要的。

现代企业制度创新是为了实现管理目的,将企业的生产方式、经营方式、分配方式、经营观念等规范化设计与安排的创新活动。制度创新是把思维创新、技术创新和组织创新活动制度化、规范化,同时又具有引导思维创新、技术创新和组织创新的功效。它是管理创新的最高层次,是管理创新实现的根本保证。

企业制度创新的目的是建立一种更优的制度安排,调整企业中所有者、经营者、劳动者的权力和利益关系,使企业具有更高的活动效率。

2) 企业制度的重要性

企业制度的重要性,主要表现在以下几个方面:

(1) 企业制度是企业赖以存在的体制基础。

(2) 企业制度是企业及其构成机构的行为准则。

(3) 企业制度是企业员工的行为规范。

(4) 企业制度是企业高效发展的活力源泉。

(5) 企业制度是企业有序化运行的体制框架。

(6) 企业制度是企业经营活动的体制保证。

正因为企业制度有着上述这6个方面的重要性,所以讨论企业问题,首先要讨论的是企业制度创新问题。也就是说,所有要研究企业问题的人以及经营企业的人,都首先要考虑企业制度的创新问题。就经营企业的人来说,如果企业制度问题解决不好,就谈不到企业充满活力的问题,也就谈不到企业的有序化发展的问题,当然更谈不到企业高效益经营的问题;就研究企业问题的人来说,如果搞不清楚企业制度创新问题,就根本不可能深入地把握企业的实质性问题,从而就不可能正确地研究企业问题。由此可见,讨论企业问题,往往首先需要研究的是企业的制度创新问题。

3) 企业制度创新思路

在信息社会中,市场信息复杂多变,人类知识日益膨胀。企业要根据管理的基本原则,结合企业自身的特点,对企业原有的一些内部制度进行创新,以适应企业在信息多变的环境中生存发展的需求。

（1）要对原有的建立在精细分工基础上的已不适应市场竞争需要的一些管理制度、企业业务流程设计方面的制度、系统化管理方面的制度和议事决策方面的制度进行创新。

（2）信息管理制度的创新是企业信息化的必然要求，企业必须加快制定和完善相关的信息管理制度。

（3）通过建立学习型组织，通过员工学习和组织学习的相互促进，不断提高企业职工接受教育的能力，提高企业的整体科学文化素质，最大限度地发挥员工的潜能。

（4）开辟企业与信息群或信息系统的新的有效的联系方式和途径，建立一种紧密的、渗透式的合作关系。尤其是要提高企业对信息的依赖和开发利用的意识及能力，提高企业对信息作出反应的灵敏程度。在信息社会中，企业对新信息的反应程度和利用率是企业具有活力的重要标志。

（5）在及时、全面掌握市场信息的基础上，要着重培养企业的创新意识和创造能力。在信息社会的竞争中，企业的竞争能力最终表现为创新意识的强弱和创造能力的大小。对于获得的信息必须充分地消化、吸收、为我所用，面对市场信息适时调整企业战略，大胆地进行管理创新。

（6）引进竞争机制，完善分配制度。建立员工的竞争体制，营造竞争环境，帮助员工树立自主自强、顽强拼搏、竞争进取的敬业精神和思想观念。要改进分配方式，从按生产要素分配转向按知识分配，体现多劳多得与竞争有机地结合起来，运用分配制度激励人学习，用竞争的办法来调节收益分配制度，从而调动职工的积极性，加快学习型组织的建设进程。

13.2.4　企业管理创新

1）企业管理创新的含义

管理创新是指组织形成一种创造性思想并将其转换为有用的产品、服务或作业方法的过程。也即富有创造力的组织能够不断地将创造性思想转变为某种有用的结果。当管理者说到要将组织变革成更富有创造性的时候，他们通常指的就是要激发创新。

管理创新是指企业把新的管理要素（如新的管理方法、新的管理手段、新的管理模式等）或要素组合引入企业管理系统以更有效地实现组织目标的创新活动。

有 3 类因素将有利于组织的管理创新，它们是组织的结构、文化和人力资源实践。

（1）从组织结构因素看，有机式结构对创新有正面影响；拥有富足的资源能为创新提供重要保证；单位间密切的沟通有利于克服创新的潜在障碍。

（2）从文化因素看，充满创新精神的组织文化通常有如下特征：接受模棱两可，容忍不切实际，外部控制少，接受风险，容忍冲突，注重结果甚于手段，强调开放系统。

（3）在人力资源这一类因素中，有创造力的组织积极地对其员工开展培训和发展，以使其保持知识的更新；同时，它们还给员工提供高工作保障，以减少员工担心因犯错误而遭解雇的顾虑；组织也鼓励员工成为革新能手；一旦产生新思想，革新能手们会主动而热情地将思想予以深化、提供支持并克服阻力。

2）管理创新的 4 个阶段

一般来说，管理创新过程包含 4 个阶段。

第一阶段：对现状的不满。

在几乎所有的案例中，管理创新的动机都源于对公司现状的不满：或是公司遇到危机，或是商业环境变化以及新竞争者出现而形成战略型威胁,或是某些人对操作性问题产生抱怨。

第二阶段:从其他来源寻找灵感。

管理创新者的灵感可能来自其他社会体系的成功经验,也可能来自那些未经证实却非常有吸引力的新观念。

管理创新的灵感很难从一个公司的内部产生。很多公司盲目对标或观察竞争者的行为,导致整个产业的竞争高度趋同。只有通过从其他来源获得灵感,公司的管理创新者们才能够开创出真正全新的东西。

第三阶段:创新。

管理创新人员将各种不满的要素、灵感以及解决方案组合在一起,组合方式通常并非一蹴而就,而是重复、渐进的,但多数管理创新者都能找到一个清楚的推动事件。

第四阶段:争取内部和外部的认可。

与其他创新一样,管理创新也有风险巨大、回报不确定的问题。很多人无法理解创新的潜在收益,或者担心创新失败会对公司产生负面影响,因而会竭力抵制创新。而且,在实施之前,我们很难准确判断创新的收益是否高于成本。因此对于管理创新人员来说,一个关键阶段就是争取他人对新创意的认可。

本章小结

全球化是指跨国商品和服务交易及国际资本流通规模和形式的增加以及技术的广泛迅速传播使世界各国经济的相互依赖性加强。而经济全球化,是指商品和生产要素超越国界流动,国际贸易、跨国投资和国际金融的迅速发展,高新技术的广泛传播,跨国公司作用显赫,从而导致各国经济活动高度相关,世界经济整体化和一体化空前突出的经济现象与过程。

21世纪的另外一个重要特征就是信息化与网络。信息化与网络呈现出以下几个特点:先进性、高效性、紧密性和复杂性。

当今世界是基于信息化背景的经济全球化时代,管理者所面对的环境呈现出以下特点:一是世界经济一体化趋势,表现为全球贸易一体化、金融一体化、投资生产一体化、销售和消费一体化,实质是生产要素的全球流动和资源的全球配置;二是世界经济、政治、社会文化和环境等问题的复杂化;三是跨国公司在经济全球化过程中发挥了主导作用;四是全球化与本土化的共存。

创新是美籍奥地利经济学家熊彼特(J. A. Schumpeter)在他的《经济发展理论》(1912)一书中提出的一个经济学概念。熊彼特认为,创新就是把生产要素和生产条件的新组合引入生产体系,即建立一种新的生产函数。他把创新活动归结为5种形式:生产新产品或提供一种产品的新质量;采用一种新的生产方法、新技术或新工艺;开拓新市场;获得一种原材料或半成品的新的供给来源;实行新的企业组织方式或管理方法。

创新的过程包括寻找机会、提出构想、迅速行动和坚持不懈4个阶段。

技术创新是指人类通过新技术改善经济福利的商业行为。技术创新不是纯技术概念,而是一个经济学范畴。熊彼特认为,创新就是发明创造的第一次商品化。

技术创新的源泉主要包括:意外的成功或失败、企业内外的不协调、过程改进的需要、行业和市场结构的变化、人口结构的变化、观念的改变、新知识的产生。

技术创新的决定因素主要包括竞争程度、企业规模和垄断力量。

企业制度创新是指随着生产力的发展,要不断对企业制度进行变革,因而通常也可以称之为企业制度再造。

管理创新是指组织形成一种创造性思想并将其转换为有用的产品、服务或作业方法的过程。

管理创新的4个阶段是:对现状的不满、从其他来源寻找灵感、创新、争取内部和外部的认可。

复习思考题

1. 什么是经济全球化?
2. 信息化和网络化的基本特征是什么?
3. 21世纪管理者面对的环境呈现出哪些特点?应该如何应对?
4. 创新的含义是什么?
5. 什么是技术创新?技术创新的源泉有哪些?
6. 什么是制度创新和管理创新?

案例分析

案例1

全球竞争背景下中国式创新的极限

在比亚迪生产手机电池的深圳工厂里,每个车间都有几十条生产线,每条生产线上密密匝匝坐着四五十名工人,他们的身边都放着夹具,帮助他们熟练地完成点焊、监测的工作;而在日本,这样的流水线只需要几名工人。但是,由于中国低廉的劳动力成本,半自动的比亚迪的成本却比全自动的日本厂商低得多。正是依靠这么一个看起来不太起眼的创新,比亚迪击败了曾经不可一世的日本厂商,成为全球第二大手机电池供应商。

这其实也是过去10年来中国企业的缩影,长江商学院教授曾鸣将其称为低成本创新。在他看来,中国人正在"以西方人难以想象的方式尝试创新,创业者出了格的想象力和看似疯狂,使他们一再突破西方领先者们所固守的可能性边界,在全球化带来的成本革命的过程中,将低成本优势和规模优势发挥到极致,使一个又一个手工作坊蜕变成国际水准的现代化工厂,实现了规模浩大的追赶和超越"。

当中国企业把这种低成本创新策略从制造拓展到研发领域,原有的全球产业秩序也就岌岌可危了。2001年,英特尔公司执行副总裁魏德生(Les Vadasz)访问华为,得知华为的研发人员已经超过了1万人的时候不由得大吃一惊,因为华为的研发人员竟然比英特尔还多。如今,这个数字可能已经突破了3万人,而华为还在以每年几千人的规模招收研发人员,扩充遍布全国各地的研发基地。当华为以相当于跨国公司1/10的人均成本、1/2的人均效率开发出同样性能产品的时候,竞争对手们的衰落也就不足为奇了。

过去10年,低成本创新帮助中国企业在一些领域击败了跨国公司;未来10年,它还能帮助中国企业继续成功吗?

答案是否定的。2007年10月,当华为产品与解决方案预研部部长舒骏站在英特尔中国研究论坛的台上,与英特尔资深院士康凯文讨论创新的时候,他的心里一定是既激动又有些担忧。英特尔已经在中国建立起了完善的研发体系,其中位于上海的软件研发中心已经成为英特尔全球最重要的软件研发基地之一;当然,研发中心中的大部分员工都是中国人,他们的创新成果也归英特尔所有。今年,微软亚洲研究院即将成立10周年了,微软在中国的研发人员已经增长到了3 000人,研发项目从基础研究到产品开发一应俱全。

研发上是如此,生产上更是如此。当跨国公司纷纷把制造和研发基地都建在中国,将成本降到同样水平的时候,中国企业的竞争优势又在哪里呢?在手机和彩电行业,中国企业一度通过低成本占领了市场,但是很快就在跨国公司的反击下打回了原形。

因此,只有低成本是不够的,中国企业还必须另辟蹊径。例如,爱国者就通过各种新颖的产品外形来换取消费者的欢心,这是典型的产品创新;分众则通过独特的楼宇广告模式进行商业模式的创新;TD-SCDMA则试图通过产业标准上的创新完成对跨国公司的超越。

但是,仅仅依靠这些单点式的创新仍然是不够的。TCL集团总裁李东生在谈到TCL遇到的难题的时候就曾经感慨"最大的挑战在于我们的系统性能力不足",中国企业可以将音乐播放器做得像iPod一样漂亮,但是却既做不到苹果那样的时尚气质,也无法建立iTunes那样的网上销售模式;龙芯可以将通用CPU造出来,但是却无法找到支持的主板和芯片组;中国企业可以定义自己的产业标准,但是却无法将其尽快产业化,最后仍然眼睁睁地看着跨国公司将市场占领。在这里,中国企业缺少的不仅仅是某个方面的创新能力,而是将创新这种"胜势"转化成"胜利"的能力。

因此,对于希望在未来10年内成为世界级企业的中国企业来说,培养自己在某个方面的"长板"——创新能力固然重要,踏踏实实地补上在其他领域的"短板"同样也很重要。

(资料来源:整理自2008年3月21日《IT经理世界》)

【问题】

你认为是否存在所谓"中国式创新的极限"?为什么?如果存在这种极限,该如何超越?

案例 2

"萧规曹随"的故事

假如还没有破,就不要去修它,免得弄巧成拙。历史上有一个"萧规曹随"的典故,"萧"指的是萧何,"曹"指的是曹参。曹参这个人,为相不如萧何,为将不及韩信。为相,萧何是立法者;曹参只是守成者。为将,韩信大开大阖,动辄倾国倾城,改变天下格局;曹参只能小打小闹,补苴罅漏,聚沙成塔。不过曹参也有他的长处:懂得管理之道,有自知之明。

曹参一生的事业大致可分为前后两个阶段。前期为将,后期为相。曹参前期为将未建奇功。然而在从"为将"到"为相"的转折过程中,曹参遇到一个名为"盖公"的道家高人,从此改变了他的性格,也成就了他的后期事业。

汉惠帝元年,废除了诸侯国设置相国的规定,改相国为丞相,朝廷改派曹参为齐国丞相,统辖齐国七十座城池。天下方定,万业凋敝,百废待兴,曹参便把齐国的长老和儒生召集起来,一起讨论安定百姓的方法。齐国儒生数以百计,众说纷纭,曹参不知所从。这时听说胶西有一位名叫盖公的高人精通黄老之学,曹参便派人把他请来,向他求教。盖公对曹参说了一句话:"治道贵清静而民自定。"换言之,也就是"无为而治"。曹参认为盖公的说法很有道理,十分佩服。仰仗着盖公的黄老之术,曹参当了9年的齐国丞相,在其治理下百姓安居乐业,齐人誉之为"贤相"。

汉惠帝二年,萧何去世。曹参在齐国听到这个消息,便让手下赶紧收拾好行装。这是怎么回事呢? 曹参说,我马上要到朝廷去当相国了。不久,朝廷果然遣使来召曹参担任相国。断定自己必将替代萧何的位置,"当仁而不让",这是曹参的自知之明。曹参代萧何为相国之后,"举事无所变更,一遵何约束"。他知道自己的才华不及萧何,没有必要画蛇添足,这也是自知之明,因为画蛇添足很可能会弄巧成拙。

曹参的这种做法,不但同僚不能理解,就连汉惠帝也沉不住气了:相国的职责乃是治理国家、辅助皇上商议朝政大事、为皇帝排忧解难,现在曹参身为相国而不治事,莫非是因为我年轻而看不起我吗? 当时曹参的儿子也在朝中为官。汉惠帝让他回家质问其父亲:先帝当年托付重臣辅佐当今皇上,皇上现在还年轻,你曹参身为相国却每日饮酒,也不向皇上请示汇报,这样怎么治理天下大事啊? 曹参的儿子为人机灵,回家劝谏父亲时隐瞒没说这是惠帝的话,只当是自己的意见。曹参一听,勃然大怒,把儿子狠狠地打了两百皮鞭,叱责道:"你小子知道什么? 也敢谈论天下大事! 赶快给我进宫伺候皇上去!"

曹参责打的是自己的儿子,得罪的却是皇帝。这下汉惠帝真生气了,在朝会上当面谴责曹参。曹参自然装糊涂,马上脱帽谢罪,然后说:"请陛下您想想看,陛下的圣明神武比得上高帝吗?"惠帝说:"我怎敢与先帝相比!"曹参又问:"陛下您看我与萧何,哪一个更高明呢?"惠帝说:"依我看,你似乎不及萧何。"于是曹参继续说:"陛下说的对啊! 高帝与萧何平天下,定法令,一应俱全,明确无误;现在陛下只需垂衣拱手,无为而治,我等一班朝臣守住自己的职位,按部就班,遵循原有法度而不改变,不也就可以了吗?"汉惠帝无言以对,只得说:"好,曹参,现在你可以回去休息了。

古今中外的管理者,往往都喜欢标新立异,不推出自己一套新的办法就不足以说明自己是个创新者,害怕后人忘记他们。一旦前任退休,后任就推翻前任的约定和制度,给人的感觉总在变。其实他们应该学学曹参与玛丽法则,假如还没有破,就不要去修它,免得弄巧成拙。

【问题】

　　上述案例给那些致力于创新的当代管理者们哪些方面的启示?

附录　管理者的知识素养

由于管理者面对问题的多样性以及管理环境的复杂多变,要做好管理工作,不仅需要掌握完整的管理理论,具备丰富的管理艺术和方法,还需要适当了解和掌握诸如政治学、经济学、哲学、心理学、社会学等相关知识,本附录简略介绍了管理者应当掌握和拓展的相关领域的概念、原理、方法与技能。

1　经济学基础知识

经济学是什么?经济学是研究财富增长的科学,经济学是研究人们如何选择和使用有限资源(土地、劳动、设备、技术等)来生产各种财富(物品或服务,如小麦、牛肉、衣服、舞蹈、动画、道路、导弹等),并把这些物品分配(或通过交换)给不同的社会成员以供消费的科学。

经济学研究的主要内容,可以归纳为 4 个方面:①生产什么?经济学家用了一句非常形象的话来描述这个问题:"是生产面包还是生产大炮",面包是食品,大炮用于战争,这是一个国家经常面临的选择。②如何生产?人们生产一种物品的方法可以多种多样,比如生产一件衣服,可以用手工,也可以用机器,甚至还可以用计算机,是什么原因决定到底使用哪一种方法呢?③为谁生产?主要是研究分配问题。④谁来决定生产的决策呢?是靠计划的手段还是靠市场的手段来配置资源呢?计划经济制度下是通过专门的计划机构发布命令,告诉人们生产什么、生产多少、怎样生产、怎样分配和消费。前苏联和我国改革开放前实行的就是这种经济制度。市场经济制度以商品自由交换为基础,主要由市场机制决定上述问题。自亚当·斯密提出"看不见的手"理论以来,世界主流经济学理论就是以此为基础。

管理者应当了解哪些经济学原理和方法?应当了解:供求关系原理是经济学的基本理论、货币时间价值理论、政府与市场调节理论。

1.1　供求关系理论

供求关系原理是经济学的基本理论。众所周知,资源配置是经济社会中需要解决的首要问题,在市场经济社会中,资源配置问题主要是通过市场由价值规律的自发调节来解决的。也就是说,生产什么取决于市场价格的高低,如何生产取决于由商品和生产要素价格所决定的收益与成本的比较,产品的分配取决于生产要素的价格。供求关系原理解释了价格的形成及其变化规律。

1.1.1　需要量与需求曲线

1）需求量与需求曲线的概念

需求量是指人们在一定的时期内,在每一个价格水平上,愿意购买和能够购买的商品量。"愿意"和"能够"这两个条件缺一个都不构成需求。需求则是需求量的组合,在坐标轴上可表示为:纵坐标表示价格,横坐标表示需求量。把每个价格点上的相应需求量都标出,并连接起来画出的就是一条需求曲线,这条曲线是向右下方倾斜的,该曲线就是需求,而需求量则是该曲线上的点。例如,牛奶在每盒价格是 5 美元时,消费者每年会购买 900 万盒牛奶。

表 1.1　牛奶的需求表

价格(美元/盒)	需求量(百万盒/年)
1	20
2	15
3	12
4	10
5	9

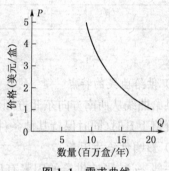

图 1.1　需求曲线

2）需求曲线的特点

需求曲线从西北方向东南方倾斜,这一重要性质称为需求向下倾斜规律。即在保持其他条件不变的前提下,当一种商品的价格上升时,购买者便会减少购买的数量。现实世界中,我们所能直接观察得到的往往是市场需求。市场需求曲线是将在每一价格水平下所有个人的需求量加总而得到的。

3）影响需求的因素

给定某一价格,一系列因素均会影响需求量。一般来说,有商品本身的价格、相关商品的价格、消费者的收入及社会分配的公平程度、消费者偏好、人口数量与结构的构成、政府的消费政策、消费者对未来的预期等。严格地讲,其中只有商品本身的价格是决定需求量的因素,其他都是影响需求的因素。

4）决定需求的重要因素

消费者的平均收入是需求的重要决定因素。当人们的收入上升时,即使价格不变,个人也会倾向于购买更多数量的几乎任何物品。较高的收入会使汽车的购买量急剧上升。商品本身的价格引起需求曲线上点的移动,其他因素引起的都将是需求曲线的移动。

1.1.2　供给量与供给曲线

1）供给量与供给曲线的概念

供给量是指厂商在一定的时间内,在每一个价格水平上,愿意购买和能够购买的商品量。供给曲线也是供给量的组合,就是在纵坐标表示价格,横坐标表示供给量的图表上,把每个价格点上的相应供给量都标出,并连接起来画出向右上方倾斜的供给曲线。这条曲线就是供给曲线,而供给量则是该曲线上的点。

表 1.2 是一张假定的牛奶的供给表。

表 1.2   牛奶的供给表

价格(美元/盒)	供给量(百万盒/年)
5	18
4	16
3	12
2	7
1	0

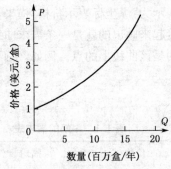

图 1.2   供给曲线

2) 供给曲线的特点

供给曲线从西南方向东北方倾斜。这一重要性质称为供给向上倾斜规律,即当一种商品的价格上升时(同时保持其他条件不变),供给者(厂商)便会趋向于生产更多的数量。

3) 影响供给的因素

一般来说,影响供给的因素有厂商的目标、商品本身的价格、相关商品的价格、生产技术的变动、生产要素的价格、政府的政策、厂商对未来的预期等。

4) 决定供给的因素

商品本身的价格引起供给曲线上点的移动,其他因素引起的都将使供给曲线移动。所以有关供给和需求的原理,其经济意义大抵相同,只是曲线移动的方向相反。

1.1.3   供给和需求的均衡

1) 均衡的产生

当市场平衡了所有影响经济的力量时,市场就达到了供给和需求的市场均衡。消费者和企业愿意购买或出售的数量取决于价格。市场找到了正好平衡买者和卖者的愿望的均衡价格。过高的价格意味着产量太多从而产品过剩,而太低的价格则会引起排队和导致短缺。在某一价格水平上,买者所愿意购买的数量正好等于卖者所愿意出售的数量,这一价格就达成了供给和需求的均衡。

2) 均衡价格

均衡价格就是供给量与需求量相等时的价格,也就是供给曲线与需求曲线相交时的价格。如果实际价格高于均衡价格,就会因为供给量大于需求量,而使实际价格掉下来;如果实际价格低于均衡价格,则会因为需求量大于供给量,而使实际价格升上去。需求增强则使需求曲线向右上方移动,均衡价格上升,均衡产量增加;反之则相反。供给增加则使供给曲线向右下方移动,均衡价格降低,均衡产量增加;反之亦相反。如果供给和需求都变动,其效果则取决于这两条曲线移动的净距离。

3) 举例说明市场均衡的产生

通过寻找使得需求量等于供给量的价格水平,我们找到了市场均衡。均衡价格发生在供给曲线与需求曲线的交点,即图 1.3 中的 C 点。

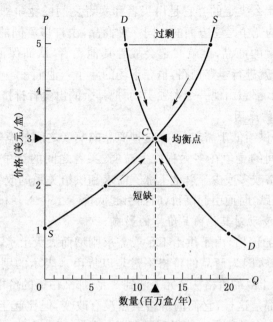

图 1.3 均衡曲线

我们如何知道供给曲线与需求曲线的交点就是市场均衡点呢?我们从最初的每盒 5 美元的高价开始分析,这一价格表示在图 1.3 中纵轴的顶端。在这一价格水平上,供给者愿意出售的数量高于需求者愿意购买的数量。其结果是出现了过剩,即供给量超过了需求量,如图中标有"过剩"的线段所示。沿着两条曲线向下的箭头表示当市场存在着过剩时价格的运动方向。

在每盒 2 美元的低价上,市场出现了短缺,即需求量超过了供给量,如图中标有"短缺"的线段所示。在存在着短缺的情况下,购买者为得到有限的物品而展开的竞争引起价格上升,如图中向上的箭头所示。

现在,我们看到了供给与需求的平衡或均衡发生在供给曲线与需求曲线的交点,即 C 点。在 C 点,价格为每盒 3 美元,数量为 12 单位,需求量与供应量相等:既不存在短缺,也不存在剩余;价格既没有上升的趋势,也没有下降的趋势。在 C 点,而且只有在 C 点,供给与需求的力量才能达到平衡。

当供求力量平衡时,只要其他条件保持不变,价格就没有理由继续波动。我们也称均衡价格为市场出清价格。这意味着所有供给和需求的订单都已完成,需求者和供给者都得到了满足。

4) 供求分析的应用

供给分析与需求分析也能用于预测经济条件的变化对于价格和数量的影响。假设一段时期的不良气候提高了面包的重要原料小麦的价格,从而使面包供给曲线向左移动。而需求曲线却没有移动。面包市场会发生何种变化呢?在原价格水平上,恶劣的天气最终使得面包商只能生产较少的面包,从而导致需求量超过了供给量。价格会因此上升,生产会得到刺激,因而在抑制消费降低需求量的同时也提高了供给量。

5) 商品价格的决定

商品的价格是由什么决定的? 它是由买者和卖者之间的竞争即需求和供给的关系决定的。决定商品价格的竞争是三方面的。同一种商品,由许多不同的卖者供应。谁以最便宜的价格出卖同一质量的商品,谁就一定会战胜其他卖者,从而保证自己有最大的销路。于是,各个卖者彼此间就进行争夺销路、争夺市场的斗争。他们每一个人都想出卖商品,都想尽量多卖,如果可能,都想由他一个人独卖,而把其余的出卖者排挤掉。

6) 商品价格变动的原因

可见,某种商品的供给低于需求,那么这种商品的卖者之间的竞争就会很弱,甚至于完全没有竞争。卖者之间的竞争在多大程度上减弱,买者之间的竞争就会在多大程度上加剧。结果便是商品价格或多或少显著地上涨。需求和供给关系的改变,时而引起价格的上涨,时而引起价格的下跌,时而引起高价,时而引起低价。

7) 某种商品价格变动对其他商品价格的影响

假如某一种商品的价格,由于供给不足或需求剧增而大大上涨,那么另一种商品的价格就不免要相应地下跌,因为商品的价格不过是以货币来表示的别种商品和它交换的比例。举例说,假如 1 斤土豆的价格从 2 元上涨到 3 元,那么白银的价格对于土豆来讲就下跌了。其他一切商品也都是这样,它们的价格虽然没有改变,但比起土豆来却是跌价了。人们在交换中必须拿出更多的商品才能得到原来那么多的土豆。

8) 价格波动对资源配置的影响

商品价格上涨会产生什么后果呢? 大量资本将涌向繁荣的产业部门中去,而这种资本流入较为有利的产业部门中去的现象,要继续到该部门的利润跌落到普通水平时为止,或者更确切些说,要继续到该部门产品的价格由于生产过剩而跌落到生产费用以下时为止。

反之,假如某一种商品的价格跌落到它的生产费用以下,那么资本就会从该种商品的生产部门抽走。除了该工业部门已经不合时代要求,因而必然衰亡以外,该商品的生产,即该商品的供给,就要因为资本的这种外流而缩减,直到该商品的供给和需求相适应为止。就是说,直到该商品的价格重新上涨到它的生产费用水平。或者更确切些说,直到供给低于需求,即直到商品价格又上涨到它的生产费用以上为止,因为商品的市场价格总是高于或低于它的生产费用。

因此,资本是不断地从一个产业部门向另一个产业部门流出或流入的。价格高就引起资本的过分猛烈的流入,价格低就引起资本的过分猛烈的流出。

1.2 货币时间价值理论

货币的时间价值是指当前所持有的一定量货币比未来获得的等量货币具有更高的价值。从经济学的角度而言,现在的一单位货币与未来的一单位货币的购买力之所以不同,是因为要节省现在的一单位货币不消费而改在未来消费,则在未来消费时必须有大于一单位的货币可供消费,作为弥补延迟消费的贴水。在商品经济中有这样一种现象:现在的 1 元钱与 1 年后的 1 元钱相比,其经济价值不相等。现在的 1 元钱比 1 年后的 1 元钱的经济价值要大一些,即使不存在通货膨胀也是如此。为什么呢? 例如:现在将 1 元钱存入银行,如果银行的年存款利率为 12%,那么 1 年后你能得到 1.12 元。也就是说,现在的 1 元钱经过 1 年时间的投资增加了 0.12 元,这 0.12 元就是货币的时间价值。

1.2.1　货币时间价值产生的原因

1) 货币时间价值是资源稀缺性的体现

经济和社会的发展要消耗社会资源,现有的社会资源构成现存社会财富,利用这些社会资源创造出来的将来物质和文化产品构成了将来的社会财富,由于社会资源具有稀缺性特征,又能够带来更多的社会产品,所以现在物品的效用要高于未来物品的效用。在货币经济条件下,货币是商品的价值体现,现在的货币用于支配现在的商品,将来的货币用于支配将来的商品,所以现在货币的价值自然高于未来货币的价值。市场利息率是对平均经济增长和社会资源稀缺性的反映,也是衡量货币时间价值的标准。

2) 货币时间价值是信用货币制度下,流通中货币的固有特征

在目前的信用货币制度下,流通中的货币是由中央银行基础货币和商业银行体系派生存款共同构成的,由于信用货币有增加的趋势,所以货币贬值、通货膨胀成为一种普遍现象,现有货币也总是在价值上高于未来货币。市场利息率是可贷资金状况和通货膨胀水平的反映,反映了货币价值随时间的推移而不断降低的程度。

3) 货币时间价值是人们认知心理的反映

由于人们在认识上的局限性,人们总是对现存事物的感知能力较强,而对未来事物的认识较模糊,结果人们存在一种普遍的心理就是比较重视现在而忽视未来,现在的货币能够支配现在商品满足人们现实需要,而将来货币只能支配将来商品满足人们将来不确定需要,所以现在单位货币价值要高于未来单位货币的价值,为使人们放弃现在货币及其价值,必须付出一定代价,利息率便是这一代价。

1.2.2　货币时间价值产生的条件

货币具有时间价值,必须满足一定的条件,即必须以一定的正的收益率对其进行投资。这个收益率通常称为折现率,它由三部分组成:无风险报酬率、通货膨胀增溢和风险增溢。人们经常用银行存款的年利率作为计算时间价值的折现率。折现率在货币的时间价值中起着很重要的作用。一笔钱将来的价值取决于折现率的大小。折现率越大,经过相等时间的投资后所能获得的金额就越多,或者为了获得一定量金额的货币所需要的投资时间越短。

1.2.3　货币时间价值理论的运用

1) 货币时间价值计算

以上面的例子为例来说明。现在将 1 元钱以年利率 10% 存入银行,1 年以后得到 1.1 元。其中,1.1 元就是这 1 元钱的 1 年期终值,终值通常用 F_v 来表示。现在的 1 元就是相对于终值 1.1 元的现值,以 P_v 来表示。年利率 10% 为折现,用 k 来表示。有的书中也用 r 或 i 来表示折现率。而 1 年就是时间价值的计算期,用 n 来表示。时间价值的计算期可以是几年,也可以是几个月,甚至是几天。

2) 货币时间价值的具体运用

货币时间价值的具体运用表现在对不同时刻的现金流量进行价值比较。货币时间价值的概念和运用,实际上构成了金融市场运行的基础,对于金融市场中企业的融资、经营、投资和分配等活动来说,货币时间价值有广泛的运用,如对投资方案进行可行性评估、是否购进新设备、分期付款的定价、制定偿还贷款时间表和实施养老金计划等的决策必须具备时间价值观念。

1.3　市场与政府调节理论

市场和政府作为人类组织社会经济活动的两种方式,各有其优点和缺陷,二者从来就是相互依赖、相互补充的。可以预期,市场经济与计划经济相结合的混合经济将在未来很长时期内成为人类社会的合理选择。本节首先从市场失灵入手,分析市场失灵的原因,讨论市场为什么需要政府介入经济;再从政府在经济中的角色入手,讨论政府在市场经济中可以发挥什么作用。

1.3.1　市场失灵的概念

在市场经济社会中,价格是主要的分配机制。价格引导消费者挑选可彼此取代的商品以及资源在不同行业之间的分配。在需求方面,均衡价格反映了消费者对多购买一个单位商品所作的估价;在生产方面,它反映了生产者多生产一单位商品所产生的边际成本。当竞争市场能发挥调节作用时,均衡价格不但使需求量等于供给量,而且使一件商品的边际估价等于边际成本。在完全正常的情况下,可实现资源的最佳配置。因为这时所有市场的边际成本等于边际效益。如果某种商品再多生产一些,那么经济效益会减少,因为这时商品的边际成本超过边际估价,在资源和技术给定的情况下,会使其他商品产量下降。

虽然价格能促使市场调节商品供给量和需求量,但也会出现价格不能反映消费者边际估价或生产者生产这一商品的边际成本。一个明显的例子是在垄断和寡头市场结构中,企业索取了高于边际成本的价格,市场出现了价格扭曲现象和垄断行业中产量过少。这是典型的"市场失灵"。市场失灵是市场扭曲。它可这样定义:市场价格既不等于该商品的边际社会收益又不等于该商品的边际社会成本。它是一种市场中私人理性无法导致社会理性的情形。

1.3.2　市场失灵的原因

1) 公共物品

自 20 世纪 60 年代起,越来越多的经济学家发现,市场之所以会失灵,还在于它不能有效地提供社会正常活动所必不可少的公共产品。公共产品是集体消费的产品,它的特征是消费的非排他性和非竞争性。这种特征决定了人们不用购买仍然可以消费,这样公共物品就没有交易,没有市场价格,生产者不愿意生产。如果仅仅依靠市场调节,由于公共物品没有交易和相应的交易价格,就没人生产,或生产远远不足。公共产品过于缺乏会损害经济运行的效率,甚至使整个社会经济无法正常运行。因此,向社会提供公共产品的任务只能由政府来承担。

2）外部性

"外部性"问题最早是由英国著名的福利经济学家庇古发现并提出的。根据他的观察分析引起"外部性"问题的原因在于边际社会成本或边际社会收益与边际私人成本或边际私人收益的背离。外部性又称外部效应,指某种经济活动给予这项活动无关的主体带来的影响;"负外部性"是指某些活动会产生一些不由生产者或消费者承担的成本;"正外部性"指不由生产者或消费者获得的利益。无论是正外部性还是负外部性都会引起市场失灵。在个别领域,这种背离程度可以很大。此时,自由市场均衡将使产生外部成本的产品产量过高,而产生外部收益的产品产量过低。这种背离之所以会发生,是因为社会上相互影响的经济活动得不到相应的补偿。

3）垄断

只有在完全竞争的条件下,"看不见的手"才能充分发挥作用,然而有些现实因素使某些行业无法达到完全竞争的市场结构。在纯粹垄断的情况下,单一卖主可以通过提高产品价格和把产量限制在竞争条件下可能达到的水平以下来得到最有利的价格。垄断导致了较高的价格、较低的产量和垄断者额外的利润。虽然垄断具有经济上的必然性,但就其抑制竞争与降低社会经济福利而言,它同时又具有经济上的不合理性。这种矛盾迫使人们寻求国家干预,以防止市场经济中的自发力量(垄断)最终破坏市场经济这种具有较高效率的资源配置方式。

1.3.3　政府在解决市场失灵中的作用

1）没有任何组织方式可以取代市场

市场是一种人类社会组织经济活动的好方式,但它并不完美,还有许多自身无法克服的缺陷不断影响着社会经济发展。最近100多年以来,人类一直在努力探索比市场更有效的其他经济活动组织方式以替代市场,但没有取得成功,最终仍然回到了市场的轨道。历史实践证明,在维持市场前提下不断修正市场运行机制比取消市场更有利于促进经济发展。前文关于市场失灵的讨论旨在从逻辑上说明市场在促进社会合作和促进经济发展方面存在缺陷和不足,以强调修正市场运行机制的必要性。

2）依靠政府解决市场的缺陷

社会选择政府作为解决市场缺陷问题的主要依靠力量,那么政府该以何种社会身份选择什么方式来参与经济活动呢?这其实就是政府角色的界定问题。所谓政府角色是指在一定范围内充当社会公共权力主体的政府所具有的功能作用的人格化。"政府角色"与"政府职能"、"政府作用"在本质上是一致的,但又并不总是"形神合一",实际上它们经常出现"形神离散"的格局,科学定位政府角色是社会认识和分析政府职能及作用的基础。

1.3.4　政府的角色

正确定位政府角色是科学界定政府职能的重要前提,政府角色错位必然导致政府职能混淆。政府角色由政府在整个国家政治、经济、社会运行体系中的地位决定的,不同的政治、经济、社会运行方式决定了政府扮演不同的角色。政府的角色又决定了政府所拥有的职能,市场经济体制下的有限政府角色要求政府与社会和市场之间进行合理分工,以政府职能来补充社会和市场职能的不足,从而更好地促进社会合作与经济发展。

1) 政府的"守夜人"角色

早在资本主义生产关系萌芽时期,资产阶级古典经济学的先驱——重商主义者就已经开始注意到政府和市场经济的关系。在重商主义时代,资本主义经济的迅速发展要求对内统一国内市场,对外开拓国际市场。为了消除国内的封建割据,建立统一的国内市场秩序,促进海内外贸易的发展,发动以掠夺他国财富为目的的战争,新兴的资产阶级主张建立中央集权政府,凭借政府的强制性力量积极干预社会经济。

2) 政府的"经济人"角色

作为一个独立的行为主体,政府有其自身的利益诉求;政府作为国家代理者又受国家性质的影响,身份的特殊性必然影响政府角色界定。一个国家性质影响下的行为主体,政府可以被视为参与市场经济的"经济人"。从新制度经济学的国家理论中,我们可以明显看到这样一个始终追求自身利益最大化目标的政府角色。

3) 政府的"立法者"角色

如果说"守夜人"角色强调了政府以执法来守护市场秩序的责任,那么"立法者"角色——更准确地说是制度供给者角色——则强调政府以立法来建设市场秩序的责任。市场是交换的经济,而交换需要一系列规则来保障秩序,没有秩序则交换不能进行。交换的规则包括各种法律、法规和制度,制定这些规则需要依靠作为国家代理者的政府,因为往往只有政府才有确立规则所需要的暴力工具。人们尽管对法律的暴力性颇有微词,但也很少有人愿意冒险回到人类祖先曾经生活过的完全没有法律的原始丛林——没有法律的地方也就没有安全和秩序,除非你拥有能够征服一切的暴力,但这几乎是不可能的。

4) 政府的"生产者"角色

政府不仅供给制度、安全和秩序,也和私人企业一样供给产品。政府拥有包括电信、铁路、邮政、电视台等许多行业的国有企业,也拥有教育、医疗、科研等许多领域的事业机构,还拥有军队、警察等为社会直接提供安全与维护秩序的国家机器——这些部门供给的产品和服务或者有明显的规模经济效应,或者有显著的正外部效应,或者涉及重大的国计民生和国家安全问题,政府积极参与这些领域的生产活动对社会而言是个好的选择。

5) 政府的"社会保险者"角色

市场经济的剧烈波动性导致人们经常面临巨大的生存风险,个人或家庭甚至商业保险都无法消除这些风险带来的威胁,因此社会要求政府来充当"社会保险者"。国际劳工局在《展望二十一世纪:社会保障的发展》一文中指出:"不能指望个人或家庭提供自身保障,特别是在靠工资为生的工业化和城市社会中。社会保险被看成是一种力量,它不仅保障已纳入的项目,而且有助于使不稳定的经济体系具有较大的稳定性。"

6) 政府的"宏观调控者"角色

面对宏观经济的周期性波动以及经济波动引起的失业和通货膨胀问题,市场不能以自身力量来有效解决,所以政府的宏观调控者角色对市场经济来说也就非常必要。"宏观调控者"角色要求政府对宏观经济总量进行适当的调节和控制。政府的宏观调控有两大目标,第一是使宏观经济总量平衡;第二是产业结构的调整和优化。政府主要通过经济手段、法律手段和必要的行政手段来调控经济总量,以实现宏观的资源优化配置。微观层次的资源优化配置由市场机制来完成,但政府可以通过间接调控手段,利用其在信息方面的优势,制定经济发展计划和产业政策以及相关的税收政策,来引导资源的流向和微观经济主体的经济行为,指导产业结构的优化和促进产业的升级,以配合经济总量的控制。

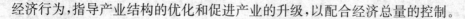

案 例

太湖环境治理的案例

太湖蓝藻暴发引发的水危机事件及应急措施

2007年5月29日上午,太湖无锡流域突然大面积蓝藻暴发,供给全市市民的饮水源也迅速被蓝藻污染。水面漂浮着厚厚一层蓝藻,腥臭味随风迎面扑来。蓝藻就像一层厚厚的棉被覆盖着水体,散发浓浓腥臭味的水进入了自来水厂,然后通过管道流进了千家万户,从而引发了全市的饮用水危机。

为了应对饮用水危机事件,尽快解决饮用水危机问题,解决蓝藻在水厂附近的堆积引发的水质恶化问题,有关部门立即着手制定并实施了应急措施(如下)。

(1)减少外来水华蓝藻在景观湖区内的集聚。

(2)围隔外侧集聚水华蓝藻的去除。

(3)景观湖区内蓝藻水华的沉降。

(4)利用现有水利工程,适当提高太湖水位,利用太湖现有水利工程,控制太湖水体出流,通过望虞河引江通道自引和泵引方式增加入湖水量,将太湖水位由2.93 m尽速提升至3.1～3.2 m。

太湖多年治理成效不大及目前的严峻形势

应急方案只能解决眼前的危机,并不能从根本上解决太湖水环境问题。多年来,江浙沪三地政府对太湖环境进行了治理,但未能收到标本兼治的效果,太湖的水污染依然严重,太湖蓝藻水华每年都要集中暴发,太湖生态系统结构持续恶化。特别是2005年以来,太湖夏季出现严重蓝藻水华的面积大幅南扩和东扩,目前已基本覆盖整个太湖。以前太湖蓝藻暴发的时间是每年的5月至11月,但去年12月,部分水域仍漂浮着大量的藻体颗粒。今年蓝藻暴发更是比往年提前了近3个月。蓝藻暴发的严重性也在增加。据太湖沿岸的村民描述,去年太湖首次出现超厚蓝藻水华,沿岸带几百米水面上的蓝藻厚度达10 cm左右,湖面上如同盖了个厚厚的绿色泡沫棉被。由于污染不断加重,太湖沉水植物的分布面积大幅度萎缩。中科院南京地理与湖泊研究所的报告显示,近3年来,随着蓝藻大面积入侵,在贡湖湾、西山岛南至七都的东英嘴一带、西山与东山之间,清水型水草大量减少,水体透明度显著下降。

太湖流域污染严重,虽然当地政府采取一系列治污措施,但治理力度远远低于经济高速发展造成的污染加剧趋势。因此,如何遵循科学发展观的要求,转变经济发展方式,在太湖流域确立经济社会和环境协调发展、人与自然和谐相处的新发展模式。治理思路要吸取历史教训,把控制污染物总量作为治理的重要指标,总量与浓度一并严格控制。

太湖流域水环境问题依然严重,边治理、边污染的现象依然存在,水环境恶化的趋势还在发展,湖泊面积减少,湿地严重萎缩,生物多样性锐减,生态功能退化,特别是水污染事件时有发生,严重损害了人民群众的健康和环境权益。

太湖治理所面临的困难和挑战

(1)环太湖地区饮用水安全形势严峻

目前太湖流域部分饮用水水源地尤其是河网地区水质远未达到国家标准,而且面临水质污染程度进一步加剧的威胁。环太湖地区大部分水厂净水工艺落后，有些城市供水水源单一，在水源遭受突发性污染时，只能被动应对甚至被迫停水，饮用水安全缺乏保障。

（2）污染物排放总量不减反增

太湖水污染治理仍然滞后于流域经济增长，水污染排放量远远超过水环境容量。根据"十五"计划，2005 年 COD 排放控制目标为 37.81 万吨，实际 COD 排放为 50.1 万吨；湖体总氮污染持续加重，且尚未纳入国家的总量控制指标。

（3）产业结构及布局不尽合理

重污染工业企业主要分布在村镇一级，部分地区产业布局未能严格执行流域重点地区环境保护规划。

（4）工业点源污染治理和污水处理水平不高

相当数量的工业企业不能做到废水稳定达标排放。污水处理厂还停留在以去除 COD 为主，总氮等污染指标还未纳入污染治理和控制范围。已建成污水处理厂的配套管网建设滞后，雨污分流体系不完善，污水不能完全收集入网，部分污水处理厂进水浓度偏低，降低了污水处理设施的效率。大多数污水处理厂未考虑污泥的资源化利用和安全处置，部分污水处理厂尾水排放口位置不合理。

（5）农村面源污染治理严重滞后

太湖流域耕地平均化肥施用量每亩约 40 kg，是全国平均水平的 2.16 倍；农药施用量每亩 1.61 kg，是全国平均水平的 2.37 倍；畜禽养殖量大，分布区域较广，粪污处理率低；生活污水和垃圾污染严重。长期以来，对农村面源污染重视不够、投入很少，已成为太湖流域的重要污染来源。

（6）水环境监测和预警应急能力不强

现有的环境在线监测、监控设施不足，覆盖率低，环境综合信息管理能力薄弱，未建立统一的水环境污染监管和预警体系，不能有效应对严峻的环境挑战。

（7）法规不完善，执法不严

目前尚没有针对太湖流域管理的专门法规，现有水环境保护法律制度尚需进一步完善；有法不依、执法不严现象较为突出，环境违法处罚力度不够；偷排、超标排放等违法行为还时有发生，环境"守法成本高，执法成本高，违法成本低"的问题还未得到有效解决。

（8）部门分割管理，缺乏相应的合作机制

太湖流域的开发、利用与保护，涉及众多部门和两省一市，有关部门各自为政，职能交叉，地区之间存在一定的利益冲突。统一管理缺位，治污工作难以达到预期目标。

（9）资金筹措渠道不畅，投入不足

十年治理明显受到投入不足、筹资渠道单一的制约，这是"九五"计划和"十五"计划未能如期完成的重要原因之一，反映出在污染防治和生态建设方面的投融资机制不健全，市场机制的作用没有充分发挥。

长期目标

确保蓝藻不再大规模暴发，确保居民饮用水安全，力争使太湖水质在 3～5 年内明显改善，再经过 8～10 年彻底治太，还江苏人民青山碧水的太湖美。我们要统一认识，痛下决心，明确责任，真抓实干，坚决实现彻底治理太湖的目标。

【思考与讨论】

1. 治理太湖污染可不可以完全通过市场手段来解决？如果不能，请说明原因。并进一步说明需要采取什么手段来解决，为什么？（从外部性角度谈谈太湖污染由政府治理的必要性）

2. 根据这个案例说明政府在治理太湖污染时扮演了什么角色？是如何完成其职能的？

3. 请你根据案例的情况提供一系列解决太湖污染问题的办法。

2 法律基础知识

管理者依法管理是法治社会的根本要求。要做到依法管理，管理者就需要了解相关法律知识。本节主要阐明了与管理比较密切的行政法、市场经济管理法、社会保障法、刑法和国际法等法律规范。

2.1 行政法律规范

2.1.1 行政法律规范概述

1）概念

行政法律规范泛指有关国家行政管理的法律、法规。行政法有一般行政法和特别行政法之分。

一般行政法律规范是指具有以下内容的法律法规：规定国家行政管理的基本原则、方针、政策；国家机关及其负责人的地位、职权和职责；国家机关工作人员的任免、考核、奖惩；有关行政体制改革和提高行政机关的工作效率等。

特别行政法律规范是指各专门行政职能部门如教育、民政、卫生、统计、邮政、财政、海关、人事、土地、交通等方面的管理活动的法律、法规。

所谓行政法律规范，是指行政主体在行使行政职权和接受行政法制监督过程中与行政相对人、行政法制监督主体之间发生的各种关系，以及行政主体内部发生的各种关系的法律规范的总称。它由规范行政主体和行政权设定的行政组织法、规范行政权行使的行政行为法、规范行政权运行程序的行政程序法、规范行政权监督的行政监督法和行政救济法等部分组成。其重心是控制和规范行政权，保护行政相对人的合法权益。

2）行政法律关系

作为行政法调整对象的行政关系主要包括4类：

（1）行政管理关系

即行政机关、法律法规授权的组织等行政主体在行使行政职权的过程中，与公民法人和其他组织等行政相对人之间发生的各种关系。行政主体与行政相对人之间形成的行政管理关系，是行政关系中的主要部分。行政主体的大量行政行为，如行政许可、行政征收、行政给付、行政裁决、行政处罚、行政强制等，大部分都是以行政相对人为对象实施的，从而与行政相对人之间产生行政关系。

（2）行政法制监督关系

即行政法制监督主体在对行政主体及其公务人员进行监督时发生的各种关系。所谓行政法制监督主体，是指根据宪法和法律授权，依法定方式和程序对行政职权行使者及其所实施的行政行为进行法制监督的国家权力机关、国家司法机关、行政监察机关等。

（3）行政救济关系

即行政相对人认为其合法权益受到行政主体作出的行政行为的侵犯，向行政救济主体申请救济，行政救济主体对其申请予以审查，作出向相对人提供或不提供救济的决定而发生的各种关系。所谓行政救济主体，是指法律授权其受理行政相对人申诉、控告、检举和行政复议、行政诉讼的国家机关。主要包括受理申诉、控告、检举的信访机关，受理行政复议的行政复议机关，以及受理行政诉讼的人民法院。

（4）内部行政关系

即行政主体内部发生的各种关系，包括上下级行政机关之间的关系，平行行政机关之间的关系，行政机关与其内设机构、派出机构之间的关系，行政机关与国家公务员之间的关系，行政机关与法律、法规授权组织之间的关系，行政机关与其委托行使某种行政职权的组织的关系等。

在上述 4 种行政关系中，行政管理关系是最基本的行政关系；行政法制监督关系和行政救济关系是由行政管理关系派生的关系；而内部行政关系则是从属于行政管理关系的一种关系，是行政管理关系中的一方当事人——行政主体单方面内部的关系。

2.1.2 行政法律规范的具体内容

（1）关于行政管理活动基本原则的规范

如关于依法治国、建设法治国家的原则，人民参与国家管理的原则，保障人权和保障公民权利自由的原则，法制统一的原则，工作责任制原则，民族平等原则，行政首长负责制原则，行政机关工作人员接受人民监督的原则的基本原则规范。

（2）关于国家行政机关组织、基本工作制度和职权的规范；关于国务院各部委和审计机关的基本职权规范；关于地方各级人民政府的组织、基本工作制度的基本职权的规范；关于民族自治地方人民政府的组织、基本工作制度和基本职权的规范；关于民族自治地方人民政府的组织、基本工作制度和基本职权的规范等。

（3）关于国家行政区域划分和设立特别行政区的规范。

（4）关于公民基本权利和义务的规范。

如关于公民批评权、建议权、申诉权，私有财产权，获得赔偿、补偿权，言论、出版、集会、结社、游行、示威自由权，非经法定程序不受逮捕、拘留权，劳动权，受教育权，社会保障权以及服兵役的义务，纳税的义务，遵守法律、公共秩序、尊重社会公德的义务的规范。

（5）关于保护外国人合法权益和关于外国人义务的规范。

（6）关于国有经济组织、集体经济组织、外资或合资经济组织以及个体劳动者在行政法律关系中的权利、义务的规范。如关于国有企业在法律规定的范围内享有自主经营权的规范；关于集体经济组织在遵守有关法律的前提下享有独立进行经济活动自主权的规范；关于国家保护个体经济、私有经济等非公有制经济合法权益，对非公有制经济予以鼓励、支持和引导，并依法实行监督和管理的规范等。

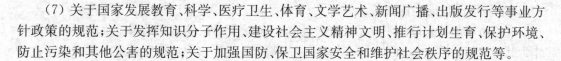

（7）关于国家发展教育、科学、医疗卫生、体育、文学艺术、新闻广播、出版发行等事业方针政策的规范；关于发挥知识分子作用、建设社会主义精神文明、推行计划生育、保护环境、防止污染和其他公害的规范；关于加强国防、保卫国家安全和维护社会秩序的规范等。

2.1.3　行政法律规范的管理效用

1) 能够保证管理行为的合法性与有效性

管理者由于其不同的身份性质使得其行为具有某种专断性，同时其行为能够给被管理者带来具有决定意义的结果，因此，管理者的行为是否合理、合法是法律规范必须涉及的内容。管理者对于行政法规的了解使得管理行为的实施能够依法进行，在法治社会的大环境中，按照法律的规定来规范自己的行为，同时在团体内部根据相应的法律法规制定出符合我国法律法规相应的规章制度，有效合理地使得管理权限实现最大化。

2) 保证管理行为能够最大限度地保障公民、法人和其他组织的合法权益

被管理者处于弱势地位，其权利的保障是现在社会法律所关注的焦点问题，管理者必须规范自己的行为，同时接受监督，在行政法律规范的规制下，合法、合理的行使自己的权力，使得权力不发生异化的可能。

3) 有效行使管理者的监督权

管理者对于被管理者具有监督和控制权，管理者应当根据行政法规的相应规定来规范被管理者的行为，保证被管理者的行为能够符合法律的具体规定以及团体内的相关制度，行政法律规范便成为管理者能够最大限度行使监督权和控制权的有力支持。

2.2　市场经济管理法律规范

2.2.1　概述

1) 概念

市场经济管理法律规范是指在市场经济中，对于市场主体的行为予以规范和监督的法律规范的总称。根据规制主体的不同，可以分为平行法律关系主体之间的法律规范与位阶性法律关系主体之间的法律规范。

2) 特征

（1）主体的复杂性

参与市场经济的主体和参与市场管理的主体分属于不同性质的法律主体。参与市场经济的主体主要以民商事主体的方式出现，同时行业监督组织也能够参与到日常的市场行为之中。在一般情形下，政府是以市场的监管者和调控者的方式出现的，充分保证市场经济的自由性得以充分发挥。由此可以看出，主体复杂性是这一法律关系的特色所在。

（2）法律关系的复杂性

由于市场主体与市场行为的复杂性，市场经济管理法律法规也通常呈现出复杂多样的法律形式。其多样性主要体现在：平等主体之间的民商事法律关系、政府宏观调控的经济法律关系、政府部门对于市场的监督职能的行政法律关系都交叉存在。因此，既有平衡对等的法律关系，也有处于不同位阶层面的法律关系。

（3）调整手段的多样性

调整市场经济采取的手段是具有递进力度的,这部分法律规范的调整手段以自愿平等作为其一般行为方式,同时辅之以行政手段的调节。但当出现法律监督之内需要法律主动规制问题的时候,那么行政手段和刑事手段都是可以介入产生作用的。

2.2.2 市场经济管理法律规范的具体内容

1）民事法律制度

包括《民法通则》、《合同法》、《担保法》和《物权法》等一系列法律。与建立社会主义市场经济体制相适应,财产权的确认、变更、行使、流转、消灭和保护规则是民事法律制度的核心。包含了债权制度和所有权、用益物权、担保物权的物权制度等具体制度,遵循合同自由原则以及国家、集体、私人的物权和其他权利人的物权受法律平等保护的原则。

2）市场主体的法律制度

包括《公司法》、《合伙企业法》、《个人独资企业法》、《商业银行法》和《农民专业合作社法》等法律。《公司法》确立了有限责任公司和股份有限公司等基本制度,完善了公司治理结构,为建立现代企业制度、保障公司投资者和利益相关人的合法权益奠定了制度基础。《企业破产法》建立了规范市场主体退出的破产制度。同时,建立了法律、财务、信息咨询等大批市场服务组织,完善了市场中介组织法律制度。

3）市场管理的法律制度

包括《反垄断法》、《反不正当竞争法》等法律规范,规范了市场竞争行为,促进了垄断行业的改革,加强了政府监管和社会监督,并相应地确立了民事赔偿和行政赔偿并存的法律救济制度。《消费者权益保护法》、《产品质量法》建立了保护消费者利益和保证产品质量的法律制度。《城市房地产管理法》建立了有利于城市房地产的管理,维护房地产市场秩序,保障房地产权利人合法权益的制度。《保险法》、《证券法》、《银行业监督管理法》和《外汇管理条例》等法律法规,确立了以公开、公平、公正为价值取向的行业监督管理制度,以有效防范和化解金融风险。《直销管理条例》、《商业特许经营管理条例》等法规也有效规范了市场行为。

4）宏观调控的法律制度

包括《预算法》、《审计法》、《政府采购法》、《价格法》、《个人所得税法》、《企业所得税法》、《税收征收管理法》和《中小企业促进法》等法律,对相关领域进行宏观调控并依法作出规定。《中国人民银行法》等法律,为保持币值稳定、化解金融风险、保证金融安全提供了制度保障。《统计法》为国民经济和社会发展的科学决策提供了法律基础。

5）知识产权保护的法律制度

包括《专利法》、《商标法》、《著作权法》和《反不正当竞争法》等法律,以及出台《计算机软件保护条例》、《集成电路布图设计保护条例》、《著作权集体管理条例》、《信息网络传播权保护条例》、《知识产权海关保护条例》和《植物新品种保护条例》等一批行政法规。同时,最高人民法院、最高人民检察院制定了《关于办理侵犯知识产权刑事案件具体应用法律若干问题的解释》、《关于办理侵犯知识产权刑事案件具体应用法律若干问题的解释(二)》,依法打击侵犯知识产权的犯罪行为。

6）资源节约和环境保护的法律制度

包括《环境保护法》、《环境影响评价法》、《大气污染防治法》、《水污染防治法》、《环境噪声污染防治法》、《固体废物污染环境防治法》和《放射性污染防治法》等9部环境保护方面的法律,以及《可再生能源法》、《节约能源法》、《土地管理法》、《水法》、《森林法》、《草原法》、《矿产资源法》、《煤炭法》、《电力法》和《清洁生产促进法》等17部资源节约和保护方面的法律,建立健全了环境影响评价、"三同时"、排污申报登记、排污收费、限期治理、总量控制和排污许可制度,以及自然资源的规划、权属、许可、有偿使用、能源节约评估等方面的法律制度。同时,我国缔结或参加了《联合国气候变化框架条约》、《京都议定书》、《生物多样性公约》、《联合国防治荒漠化公约》等30多项国际环境与资源保护条约,必须积极履行所承担的条约义务。

7) 对外经贸合作的法律制度

包括《中外合资经营企业法》、《中外合作经营企业法》、《外资企业法》和《对外贸易法》等一系列法律。2001年加入世界贸易组织后,中国通过修订《对外贸易法》,进一步规范对外贸易经营者的权利和义务,健全货物进出口、技术进出口和国际服务贸易管理制度,建立起符合中国特色的对外贸易调查制度和对外贸易促进体制,并根据世界贸易组织规则完善贸易救济制度,完善海关监管和进出口商品检验检疫制度,确立统一、透明的对外贸易制度。

2.2.3　市场经济管理规范的管理效用

1) 便于遵守各项法律法规

管理者在把握该类法律规范之后,能够更为积极有效的参与到市场竞争中去,在合理利用市场有效资源的同时,遵循法律的各项规定,在实现权利的同时,保证义务的履行,避免由于对于法律规范的模糊导致利益的损失和资源的浪费。及时掌握各类有效的法律资讯,将其转化为无形资产,在经营管理的过程中,积极利用法律创设的条件作出长远的发展规划。

2) 便于监督与自我监督

在市场经济条件下,个人与团体都有可能介入市场之中,管理者在市场中承担两项职能:监督与自我监督。管理者不仅需要利用法律来规范自己的行为,保证团体行为的作出符合法律规定与市场规律,同时要对被管理者的行为形成团体内的监督,避免由于个体行为引发团体危机的发生。

3) 进行有效的自我保护

在市场经济中,危机与机遇并存,在市场行为中,管理者严格依照法规实施市场行为,保证自己和交易对象行为的规范化,能够保证在出现危机和纠纷之时提供有效的自我保护机制,避免由于市场经济的复杂带来不必要的损失。

2.3　社会保障法律规范

2.3.1　概述

1) 概念

社会保障法律规范是调整以国家、社会和全体社会成员为主体,为保证社会成员的基本生活需要并不断提高其生活水平，以及解决某些特殊社会群体的生活困难而发生的经济扶助关系的法律规范的总和。

2）社会保障法律规范的特征

（1）社会保障关系的主体特征

社会保障项目的确立，社会保障的管理和运作、监督乃至出现争议的解决，都要通过具体的社会保障机构以及国家的职能部门来操作。因而，在社会保障实施过程中，社会保障职能机构就始终代表着国家一方。社会保障关系的一方必须是社会保障职能机构，也即国家。社会保障关系主体中的"社会"，在我国主要指用人单位、部分社会服务机构。同时，个人在社会保障制度中的主体身份可以说是双重的，不仅是社会保障被给付主体，在许多项目上（例如社会保险的一些项目上）还是资金来源主体（从该意义上讲，也有说是给付主体）。

（2）社会保障关系的属性特征

社会保障关系的属性特征主要包括以下几点：

① 社会保障关系具有人身关系和财产关系相结合的属性。社会保障包括社会保险、社会救助、社会福利以及优抚安置等。除社会福利具有广泛性以外，社会保险、社会救助、优抚安置都是针对特定社会群体的，只有具备一定的主体身份才能享受这些保障项目。而社会保障的核心是给付，通过给付，使保障对象获得生活的必需，因此社会保障关系又是一种典型的财产关系。

② 社会保障关系既不完全是平等主体间的关系，也不完全是体现国家权力的管理和服从关系。社会保障法律关系属于社会法的下位概念，因此其主体之间的关系是纵横交错的。

③ 社会保障关系中的权利义务具有非对等性。这种权利义务的非对等性是指在社会保障关系中，既有无形履行了义务的法定权利，也有不享受任何权利的国家义务。前者体现在社会救济、社会优抚和社会福利法律关系中，享受社会保障权利的公民，不需要履行任何社会保障义务（不需要履行缴费等法定义务），只要符合一定的条件或主体身份，即可享受社会保障权利。

2.3.2　社会保障法律规范的具体内容

1）综合类规定

主要包含对于劳动与社会保障问题的指导性规定，包含有《中华人民共和国劳动合同法》、《中华人民共和国劳动合同法实施条例》、《中华人民共和国残疾人保障法》、《中华人民共和国劳动争议调解仲裁法》国务院关于修改《全国年节及纪念日放假办法》的决定、《职工带薪年休假条例》、《中华人民共和国就业促进法》、《中华人民共和国未成年人保护法》等相关法律，这部分法律对于各个阶层公民的劳动权和社会保障问题作出了原则性与具体性相结合的规定。

2）劳动保障法制工作

包括《劳动保障监察条例》、《劳动和社会保障部政务公开办法》、《劳动和社会保障行政复议办法》和《劳动监察员管理办法》等相关法律，主要目的在于对劳动保障的相关行为予以监督。

3）劳动力市场与就业

包括《残疾人就业条例》、《外国人在中国就业管理规定》、《台湾和香港、澳门居民在内地就业管理规定》、《境外就业服务机构管理规定》等相关规定,主要针对各个行业、各类特殊人群的就业问题设立了相应的制度,同时对于劳动力市场进行规范,使得就业的合法化与合理性配置。

4) 劳动关系、劳动报酬与福利的相关规定

包括《违反和解除劳动合同的经济补偿办法》、《建设领域农民工工资支付管理暂行办法》、《最低工资规定》、《外商投资企业工资收入管理暂行办法》等相关规定,对于各个行业的不同劳动人员的福利待遇问题进行了较为全面的规定,保证劳动者的合法利益的获得。

5) 劳动争议处理

包括《劳动争议调解仲裁法》、《劳动争议仲裁委员会组织规则》等相关规定,对于出现劳动争议和劳动纠纷时如何处理进行了细致的规定。

6) 劳动保险类的相关规定

具体包括养老保险、失业保险、医疗保险、工伤保险、生育保险、农村社会保险等类型。对于劳动者的基本生活需要设立了较为全面的保障体系。

2.3.3　社会保障法律规范的管理效用

1) 使得管理者能够合理有效的配置劳动力

分配的差异、收入的悬殊等,势必会导致部分社会成员收入下降,生活出现困难。这时,社会保障就可以对低收入阶层给予生活所必需的给付,或者在老龄、失业、伤病、残废等情况发生时实施必要的所得给付,就会对经济活动所造成的所得分配不均进行再分配,实现对国民收入的再调节,尽量缩小贫富差距,缓和社会矛盾。从管理心理学的角度出发,合理解决社会保障问题是有效利用劳动力的根本方法。因此,在法规的指引下,对被管理者的社会保障措施落实到位,对于被管理者的心理具有稳定的作用,减少社会矛盾产生的源头,同时能够提高工作效率,实现资源的有效利用。

2) 约束管理者行为

社会保障法处于法学与社会学的交叉点上,其既具有强制性的法律特征,也具备对社会的公平性的价值目标。管理者处于社会的强势地位,被管理者处于弱势地位,而社会保障是其最为根本的生活依靠,因此,这部分权利的保护必须拥有强有力的手段,不规范的管理行为带来的后果必然是被管理者的生活基本权利的丧失,因此,要实现社会公平的价值理念,必须对管理者的理念进行引导,对其行为进行严格规范。

2.4　刑事法律规范

2.4.1　刑事法律规范概述

1) 概念

刑事法律规范是刑事实体法、刑事程序法律以及犯罪学的总称,刑事实体法是规定犯罪、刑事责任和刑罚的法律,是掌握政权的统治阶级为了维护本阶级政治上的统治和经济上的利益,根据其阶级意志,规定哪些行为是犯罪并应当负刑事责任,给予犯罪人何种刑事处罚的法律。

2）刑事法律规范的特征

（1）刑事法的强制性最为严厉

刑事法是所有法律规范中最为严厉的，刑罚不仅可以剥夺犯罪分子的财产，剥夺犯罪分子的政治权利，限制或剥夺犯罪分子的人身自由，而且在最严重的情况下还可以剥夺犯罪分子的生命。

（2）刑事法的最后手段性

一般的违法行为与犯罪有着本质的区别，刑法具有谦抑性，其内涵包括刑法的紧缩性、刑法的经济性，如果可以用其他法律规范来解决的问题，不允许适用刑事法律，因此，刑法是保障法，在其他法律均无法与该违反社会规范的行为相对应时方可使用。

（3）刑事法调整的社会关系最为广泛

刑法分则共十章，规定了 410 多个罪名，这些犯罪涉及国家安全、公共安全、伪劣产品、走私、公司、企业管理、金融管理、税收、知识产权、市场秩序、公民人身权利、民主权利、婚姻家庭、财产权利、公共秩序、司法秩序、国边境管理、文物管理、公共卫生、资源保护、毒品、淫秽物品管理、国防利益、贪污贿赂、渎职、军人犯罪等，可以说所有重要的社会关系刑法都需要保护。

2.4.2 刑事法律规范的具体内容

1）刑事实体法

刑事实体法主要包括《中华人民共和国刑法》和单行刑法。

（1）刑法总则内容

- 刑法的任务、基本原则和适用范围。
- 犯罪和刑事责任，犯罪的预备、未遂和中止，共同犯罪和单位犯罪。
- 刑罚的种类，其中主刑有：管制、拘役、有期徒刑、无期徒刑、死刑；其中附加刑有：罚金、剥夺政治权利、没收财产。
- 量刑、累犯、自首和立功、数罪并罚、缓刑、假释和时效。
- 其他规定。

（2）刑法分则内容

- 危害国家安全罪。
- 危害公共安全罪。
- 破坏社会主义市场经济罪。
- 侵犯公民人身权利、民主权利罪。
- 侵犯财产罪。
- 妨害社会管理秩序罪。
- 危害国防利益罪。
- 贪污贿赂罪。
- 渎职罪。
- 军人违反职责罪。

2）刑事程序法

刑事程序法规定的内容包括侦查机关、检察机关和审判机关在案件的诉讼过程中能够

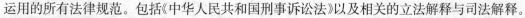

运用的所有法律规范。包括《中华人民共和国刑事诉讼法》以及相关的立法解释与司法解释。

3）犯罪学

所谓犯罪学是研究一定历史阶段的犯罪现象、犯罪原因和犯罪预防的科学。犯罪学是根据犯罪现象来分析犯罪的成因，最终对于犯罪进行预防的学科。犯罪学是刑法学的基础学科，内容主要有犯罪原因学、犯罪现象学和犯罪预防学。

2.4.3　刑事法律规范的管理效用

1）对于犯罪行为的预防与监督

犯罪是一种社会现象，在任何团体中都有存在的可能性。对于犯罪行为与犯罪者，最为有效的预防和控制是通过最为直接的主体来进行，也就是团体的管理者。因此，管理者必须对于犯罪形成的原因、犯罪行为的处理以及犯罪行为的预防知识均有一定程度的了解。设置合理的犯罪预防体系，在出现犯罪行为之后，能够迅速、合理地处理，同时，运用犯罪学与刑法学时，应做到预防与控制相结合，有效防止犯罪。

2）威慑管理者的行为

管理者往往处于权力集中的状态，权力的无监控是导致腐败犯罪和渎职犯罪的关键。因此，对于刑事法律规范的了解，必然对其心理产生一定的威慑性，在行使权力的同时，保证权力行使的规范性与合法性。

3）有效防止刑事被害

团体以及团体的个人处于社会群体之中，从被害预防的观点出发，任何人都可能成为被害的对象，尤其当团体出现被害倾向性时，被害的几率就会增大。因此，管理者必须运用犯罪学的被害预防理论对于团体内的个人和组织处于被害的高度警惕之中，设置科学的保护措施，避免刑事被害的发生。

2.5　国际法律规范

2.5.1　概述

国际法律规范是相对于国内法律规范而言的，是指规范国与国之间以及国家社会之间的法律方面的规范。主要包括国际公法、国际私法以及国际经济法等。

1）国际法

（1）概念

国际法（国际公法）指适用主权国家之间以及其他具有国际人格的实体之间的法律规则的总体。

（2）基本原则

● 互相尊重主权和领土完整原则。

● 互不侵犯原则。

● 互不干涉内政原则。

● 平等互利原则。

● 和平共处原则。

2）国际私法

（1）概念

国际私法是以涉外民事关系为调整对象，以解决法律冲突为中心任务，以冲突规范为最基本的规范，同时包括规范外国人民事法律地位的规范、避免或消除法律冲突的统一实体规范以及国际民事诉讼与仲裁程序规范在内的一个独立的法律部门。

（2）原则

● 主权原则。

● 平等互利原则。

● 国际协调与合作原则。

● 保护弱方当事人合法权益原则。

3）国际经济法

（1）概念

国际经济法是指调整国家之间、国际组织之间、国家与国际组织之间、国家与他国私人之间、国际组织与私人之间以及不同国籍私人之间相互经济关系的法律规范的总称。它是随着各国之间贸易和经济往来日益增长以及国家对贸易和经济活动的干预日益加强而形成和发展的。

（2）原则

● 经济主权原则。

● 公平互利原则。

● 全球合作原则。

● 有约必守原则。

2.5.2　国际法律规范的具体内容

1）国际法部分

（1）条约

条约和其他经一致同意的协议是具有法律拘束力的，国际法律规范主体可以通过它们（如果是国际习惯法不要求任何形式）宣布、修改或发展现行的国际法。它们也可以通过条约将尚未组织起来的国际社会转变为联合的或凌驾于国家之上的全球性或区域性的国际社会。

（2）国际习惯法

其实质上就是适用于尚未组织起来的国际社会的国际法。国际习惯法的构成有两个要素：普遍的或区域性的国家实践以及这种实践为有关国家承认为法律。国际习惯法常常是以早期条约的某些条款为其渊源，这些条款后来就被承认为法规。但是也有个别的国际法规则是由世界列强大致相同的实践发展而成的。

（3）为各国所承认的一般法律原则

只有在国际习惯法或条约法没有相应的规则与之平衡的情况下才起作用，所以它的造法作用是辅助性的。这种原则必须是一般的法律原则，而不是作用范围有限的法律规则；它还必须得到相当多的国家（至少包括世界上所有主要的法律体系）的承认。

2）国际私法部分

我国的国际私法主要包含于具体的国内法以及与外国签订的双边条约之中。中华人民共和国建立后,制定了一些有关国际私法的规章,缔结了有关条约。如 1951 年内务部规定,外侨相互之间及外侨同中国人之间在中国结婚,适用中国法,即婚姻登记地法。1960 年《中捷领事条约》规定领事可以根据派遣国的授权,办理双方都是派遣国公民的结婚登记,但不免除当事人或关系人遵守驻在国有关法令规定的义务。中国同各国缔结的相互注册和保护商标的协定都规定这种注册和保护适用各自的国内法。近年来,中国与法国等不少国家缔结了关于司法协助的双边协议。为了解决国际贸易和海事争执,中国早已设立了仲裁委员会。《中华人民共和国民事诉讼法》设立专编,作出涉外民事诉讼程序的特别规定。

　　3) 国际经济法部分

　　国际经济法所包含的法律规范包括国际法和国内法,国际经济活动往往因其主体不同,所涉及的法律关系不同,形成种种相互联系的复杂结构。因此,国际经济法包括的法律规范,就不仅仅是国际法规范,如条约、协定、国际惯例等,而且包括国内法规范,即涉外经济法。在处理一项具体国际经济问题时,有关的国际法规范与国内法规范,往往需要相互补充。

2.5.3　国际法律规范的管理效用

　　1) 了解国际间的法律规范,有利于管理者对于本团体涉外事务的处理

　　涉外事务主要包括政治、经济、民事等各方面的内容。针对不同的管理者,其对于涉外法律规范的把握方向会有着不同的侧重点。同时,涉外法律行为往往会带来较为重要和复杂的结果,一旦处理不当势必会引发涉外纠纷,带来较为严重的法律后果。

　　2) 有利于实现本团体的资源丰富化

　　把握最为前沿和全面的国际法律规范的动态,使得管理者能够较为敏锐地观察到国际之间交流或者国际间业务的契机,有利于本团体的快速发展。

案　例

阿拉善左旗草原案件

　　随着国家西部大开发战略的实施,阿拉善草原生态环境的治理和保护被提到了重要的地位,这完全符合当地的实际情况和未来发展目标。同时随着开放搞活,受经济利益的驱动,人们到草原上的活动加剧,使草原生态环境遭受到了新的破坏,给牧区畜牧业经济的发展带来了不安定的负面因素。进入 21 世纪后发生的几个典型草原案件对草原生态环境造成了很大的影响与破坏。

草原破坏案件

　　(1) 搂发菜对草原的破坏

　　阿拉善左旗地处 3 省交界,且盛产发菜,虽然国家三令五申严禁采集和销售发菜,但发菜黑市交易还存在,价格不断上涨,每年都有大量外来人员进入阿左旗内搂发菜,致使成片牧草枯死,造成大面积土壤裸露。而且搂发菜者长期驻扎在草原上,大量砍伐灌木,取暖做饭,导致大面积草场退化、沙化。在阿拉善干旱少雨的特殊生态环境下,经过几十年上百年才能长成的灌木植被一经破坏,就基本上没有恢复的可能,对全旗的生态环境构成严重的威胁。严重的是外来搂发菜者倚仗人多势众,随意污辱、殴打牧民,偷盗和破坏牧民财

物,宰杀牧民牲畜,毁坏水井,破坏畜牧业设施,给牧民畜牧业生产带来很大威胁。2004年上半年草原监理部门清理搂发菜者6 000余人,搂发菜者多属宁夏固原、海原、同心县人。由于搂发菜人员多,我们采取的措施是没收工具,劝退回家。根据草原法律、法规之规定,对于搂发菜者执法人员有权予以处罚,但由于我们人员少,装备不全,交通缺乏,且搂发菜者多来自宁夏贫困山区,无法对其进行处罚,只能采取清理劝退的办法,因为打击力度不够,外来搂发菜人员屡禁不止。

(2)砍挖灌木、拉沙取土破坏草原

随着草原"双权一制"工作的进一步落实,草原大部分承包到户,牧民在自己承包的草场上砍挖灌木、挖药材,或收费允许他人砍挖灌木、挖药材、拉沙、取土,对草原造成了很大的破坏。

非法占用草原案件

由于阿左旗矿产资源丰富,西部开发基础建设加大,所以人们到草原上作业相当频繁,主要是开矿(金矿、煤矿、铁矿等)、拉沙、取土、采石、建场、采集野生植物、石油物探、修路等。根据有关草原法律、法规的规定,国家需要临时使用草原的、国家建设征用集体所有草原或者使用全民所有草原,苏木镇或者嘎查建设使用集体所有的草原,在依法办理用地手续时,必须经旗县以上草原行政主管部门签署意见。而该旗绝大部分的草原临时作业都没经草原行政主管部门审批,属于非法占用。由于近2年煤炭、铁矿价格上涨,到处开采矿石,且在局部地区对草原形成了毁灭性的破坏。2004年,草原监理部门对草原临时作业进行了规范整顿,共有150余家企业个体经济组织在草原上进行作业,占用草原超过666.67 hm²,对于一些相关证件齐全的单位,征收了草原养护费,发放了草原临时作业许可证,划定了作业区域,而对于无任何证件的单位责令停产,并加收草原养护费。

草原纠纷案件

草原"双权一制"的落实是畜牧业经营管理制度上的一大突破,是深化牧区改革的一项重要内容,具有很强的群众性、政策性和思想性。为了保证草原"双权一制"工作顺利进行,阿拉善左旗人民政府根据草原法律、法规,结合本镇的实际情况,专门出台了《阿左旗进一步落实完善草原"双权一制"实施方案》,要求各苏木镇根据本地的实际情况,严格按"双权一制"方案做好草原"双权一制"落实工作。但由于此项工作涉及面广,比较复杂,在具体工作中引发了很多草原纠纷,仅2003年草原监理部门收到各类草场纠纷案件106起。草场纠纷如不及时处理,就会造成牧民上访告状,严重影响了政府机关工作的正常秩序,同时激化了牧民之间的矛盾,发展下去就会出现群殴、群斗、人员伤亡,相互破坏草原建设设施,所以必须及时处理。草场纠纷主要有草场界线、面积、质量、非牧业人员承包草场、历史原因、"人情草场"等原因引起。

阿拉善左旗草原上发生最多最频繁的案件主要是以上3种,其他非法开垦草原、非法买卖草原、破坏草原设施等案件也时有发生,对草原生态环境形成了很大的破坏。

(刘尚军,包根晓,王秀艳.阿拉善左旗草原案件对草原生态环境的影响及防治对策[J].内蒙古草业.2004,(4):32-34)

【思考与讨论】 针对草原案件的发生,相关管理部门应该采取哪些草原保护措施? 作为管理者如何加强他们的环境保护意识?

3　哲学基础知识

以整个世界万事万物为研究对象的哲学,注定了哲学思维方式是最高层次的思维,是最具普适性的方法,具有整体性的功能和作用。马克思主义哲学的思维方式是唯物辩证的思维方式,是人们在认识和实践中普遍适用的思维规则。

管理者需要宏观统筹、整体驾驭、开拓创新的能力,这种能力根本上受制于一个人的思维方式。具备一定的哲学知识、养成辩证思维习惯是管理者成功的关键因素之一。管理者应具备的哲学知识有:唯物辩证的思维方法,唯物辩证的思维规律,唯物辩证的思维范畴,唯物辩证的思维路径。

3.1　唯物辩证思维方法

唯物辩证的思维方式是指在思维活动中坚持从客观出发,用联系和发展的观点、路径来分析问题和思考问题。唯物辩证思维方法是人类认识世界的科学方法。

3.1.1　根本原则:客观性原则

唯物主义是马克思主义的根本立场,从客观实际出发、坚持思维的客观性原则是唯物辩证思维方式的首要原则,也是马克思主义思维方式与其他思维方式的首要区别。

思维的客观性原则是指,思维的源头是客观实在,是人们的生存实践;思维过程是客观事物、人们生存实践以及认识活动的主观再现。一句话,思维必须尊重客观事实,以客观事实为基点进行抽象。任何脱离实际的思维浪漫主义都是错误的、有害的。

3.1.2　思维方式:逻辑和历史相一致

人类科学史表明,辩证思维建构科学知识体系和理论结构的根本原则和方法就是逻辑的东西和历史的东西相一致。历史的东西,一是指客观事物自身的历史发展过程,即事物自身的自然进程;二是指人类认识的客观发展过程,即人类对事物认识的自然进程。逻辑的东西是指逻辑范畴的次序、层序和关系序。

逻辑的东西与历史的东西相一致是指逻辑的发展要与客观事物的历史发展进程、人类认识史的历史发展进程相对应。逻辑是历史发展、认识发展的观念反映,是其在思维领域的再现,是由历史的东西派生出来的。而历史发展、认识发展是逻辑发展的现实基础和材料。"逻辑的研究方式是唯一使用的方式。但是,实际上这种方式无非是历史的研究方式,不过摆脱了历史的形式以及起骚扰作用的偶然性而已。历史从哪里开始,思想进程也应当从哪里开始,而思想进程的进一步发展不过是历史过程在抽象的、理论上前后一贯的形式上的反映。"[1]理论的逻辑顺序与客观历史进程、认识的历史进程、发展顺序相一致。

---

[1]　马克思恩格斯全集(第2卷).北京:人民出版社,1957

但是,逻辑与历史的统一不是僵化的、一一对照的机械统一,而是与历史的基本方向、基本规律、基本线索,必然的、主流的统一。逻辑是被修正了的历史,是与摒弃了偶然、细节和偏差的被修正的历史的统一,而不是自然主义的历史描述。逻辑并不是时时追随历史发展的具体进程,而是具有自身的相对独立性。

3.1.3 分析方法:归纳与演绎、分析与综合

归纳与演绎、分析与综合是思维的重要方法。在历史上把归纳与演绎相分离、把分析与综合相割裂的主张一直存在,辩证法则将二者有机统一起来。

1) 归纳与演绎

归纳是指从个别(结论、经验、材料等)上升到一般(原则、理论、规律等)的思维方法或路径。演绎是指从一般到个别的方法或路径。比如现在已成为社会共识的科学发展、和谐社会的理念等,首先是部分人通过社会调查等从一个个个案中逐渐归纳出来的,通过宣传、讲解使之成为更多人接受并成为社会的共识,这就是从个别到一般的归纳;作为一般原则和理念的科学发展、和谐社会在指导某个领域、某个方面的具体工作时,又要和该具体工作相联系,得出具体的行为方法和具体的结论,这就是从一般到具体的演绎。在科学发展的视野下,一所具体的学校如何发展?那就得把科学发展的一般理念和该校的具体实际相结合,才能找到科学具体的行动方案,这是个演绎的过程。

"归纳万能论"和"演绎万能论"把归纳和演绎割裂开来,而唯物辩证思维方式则将二者有机统一起来:二者互为前提、互相补充、不可分割。一方面,归纳是演绎的基础,演绎离不开归纳。没有归纳就形不成一般的原则,达不成理论的共识,也就没有任何东西可以演绎。另一方面,演绎是归纳的理论指导和方向规定,归纳离不开演绎。为什么要归纳?往哪个方向归纳?往往是与社会发展的实际,与契合实际的理论需求相关联,对运用理论指导实际工作(演绎)的现实需求规定着创造理论的方向,是归纳的目的指向,同时在归纳的过程中也不断地使用演绎的方法。

2) 分析与综合

分析与综合是两条运行路线相反的分析方法。分析是把整体分解为各个部分、方面,以便逐个加以研究的思维方法,常用的有定性分析、定量分析等。门类齐全、科室林立的现代医学的产生就是(对人)"分析"的结果。综合是把各个要素属性组合成一个整体的思维方法。分析不是机械的任意的肢解,综合也不是事物各方面的简单相加,而是辩证的分析、辩证的综合。辩证的分析是包括综合在内的整体前提下的局部分析。辩证的综合是在思维中把对象的各个方面按照其内在的必然联系有机地统一为整体的思维过程。

唯物辩证的思维方式认为分析与综合是辩证统一的:综合离不开分析,分析是综合的基础,没有经过系统周密的分析就不可能有科学的正确的综合;分析也离不开综合,分析以综合为目的指向,万事万物纷繁复杂,分析什么、不分析什么是由人们综合的需要所决定的,没有综合的分析就会沦为对事物毫无意义的任意肢解。

3.2 唯物辩证思维规律

事物的普遍联系和永恒发展,在宏观过程中体现为对立统一、质量互变和否定之否定

三大规律,它们相应地是从作为事物发展变化的动力、状态和路径等不同的角度揭示了事物的联系和发展。唯物辩证思维方式遵循着三大规律:对立统一规律、质量互变规律和否定之否定规律。

3.2.1　对立统一规律

对立统一规律揭示了事物发展的源泉、动力和实质内容,是唯物辩证法的实质和核心,是贯彻唯物辩证法其他规律和范畴的中心线索。

1) 矛盾的基本属性及其方法论意义

矛盾是反映事物之间或事物内部诸要素之间既对立又统一及其关系的哲学范畴。矛盾的统一性是指矛盾着的对立面之间相互依存、相互吸引、相互贯通的一种趋势。矛盾的斗争性是指矛盾着的对立面之间互相排斥的属性,体现着对立双方互相分离的倾向和趋势。统一性和斗争性是矛盾的两种基本属性。

矛盾是事物发展的根本动力。矛盾的统一性在事物发展中的作用主要表现在:使矛盾双方联为一体,互为条件;使对立面在相互依存的统一体中得以存在和发展,为事物的存在和发展提供了统一体环境;使矛盾双方相互吸取有利于自身发展的因素,在相互促进、相互利用中促进各自的发展;矛盾双方的相互贯通规定事物发展的基本趋势,事物的发展不是任意的发展,而是向自己对立面的转化。矛盾的斗争性在事物量变过程中的作用表现为推动着矛盾双方力量的变化,促进此消彼长;其在事物质变过程中的作用更加明显,促进旧矛盾统一体的分解,加速旧事物向新事物的转化。

矛盾基本属性有着重要的方法论意义:其一,事物发展的方向就在事物自身,因此从事物自身而不是外部出发,才能正确分析出其演进的方向;其二,矛盾是事物发展的根本动力,要想促进事物发展,必须从分析或解决事物自身的矛盾出发;其三,坚持矛盾分析法,矛盾分析法是一种最重要、最根本的分析方法。

2) 矛盾的普遍性与特殊性关系原理及其方法论意义

矛盾的普遍性有两重含义:"其一是说,矛盾存在于一切事物的发展过程中;其二是说,每一事物的发展过程中存在着自始至终的矛盾运动。"[①]也即事事有矛盾、时时有矛盾,任何事物任何时候都有矛盾。矛盾的特殊性是指矛盾的个性和相对性,即矛盾着的事物的性质、地位等各方面,以及矛盾解决的具体形式各有其特点。不同的事物具有不同的矛盾,同一个事物在不同的时候具有不同的矛盾。矛盾的普遍性寓于特殊性之中,矛盾的特殊性包含着普遍性,二者相互依赖、有机统一、不可分割。二者的关系就是人们常说的共性与个性、一般与个别的关系。毛泽东把其称为矛盾问题的精髓。

矛盾的普遍性与特殊性关系原理的方法论意义:其一,把一般原理和具体情况、事物相结合。这是由普遍性寓于特殊性之中,特殊性离不开普遍性,又不等同于普遍性的特性决定的。在社会发展上就是要求我们把马克思主义基本原理和中国具体实际相结合,把世界的一般发展理论与中国的具体发展实际相结合。其二,坚持具体问题具体分析的方法,区别对待,不能一概而论。这是由矛盾的特殊性决定的,不同的事物及同一事物不同的时候都包含不同的矛盾,解决的方式方法也应不同,不能照抄照搬。

---

①　毛泽东选集(第 1 卷).北京:人民出版社,1964

3) 内外因关系原理及其方法论意义

事物的内外矛盾常称为事物的内外因,是促进事物发展变化的两大因素。其中,内因是事物发展的根本原因,是事物发展的决定性因素。外因是事物变化发展的条件,是事物发展的必要因素,外因通过内因起作用,外因只有和内因有机结合才能发挥自身的作用。

内外因关系原理告诉我们:其一,要重视事物的内因,要从事物的内因抓起,这是促进事物有效发展的根本。无论事物的成败,分析其原因都得从内因出发才能寻找到真正的根源,从事物的内因着手才能从根本上改变事物。其二,外因是事物发展的必要条件,培育良好的外部环境,积极利用外部条件来促进和加速自身发展。任何事物的发展都需要外部条件,都需要良好的环境,这一方面要塑造,另一方面更要积极利用。其三,把外部条件和自身发展、内在因素积极结合,及时把外部优势转化为内部优势。任何再好的外部条件也不会自动地发挥作用,通过内因、与内因结合是外因发挥作用的根本途径。

4) 矛盾的不平衡性规律及其方法论意义

矛盾的不平衡性有两种情况:一是在事物的矛盾群体中(一个事物往往由很多对矛盾,即矛盾群组成),各个矛盾的地位和作用不同,有主要矛盾和次要矛盾之分。主要矛盾是指处于决定性地位并决定事物发展方向的矛盾,而次要矛盾是指处于从属地位的矛盾,二者相互依赖、相互转化,有机统一不可分割;二是在一个矛盾中,矛盾双方的地位和作用不同,有主要方面和次要方面之分。矛盾的主要方面是指处于支配地位的方面,而矛盾的次要方面是指处于从属地位的方面,二者相互依赖、相互转化,有机统一不可分割。

矛盾的不平衡原理重要的方法论意义:首先,坚持"重点论"和"两点论"的统一,既要抓全面,更要抓重点,二者有机统一缺一不可。其次,反对"均衡论"和"一点论"。"均衡论"是平均用力,眉毛胡子一把抓。坚持"均衡论"的人往往是终日忙忙碌碌,却很难有显著的成绩。而"一点论"是只抓重点不顾其余,这样做事往往会使人因受到其他因素(次要矛盾、次要方面)的严重掣肘而很难前行。

3.2.2　质量互变规律

质量互变规律揭示了质、量、度等事物的规定性,量变、质变等事物联系与发展的状态,对于指导我们正确认识事物具有重要的方法论意义。

1) 质、量、度:事物的规定性及方法论意义

质和量都是事物所固有的属性。质是一事物成为它自身并区别于其他事物的内部所固有的规定性,是一个事物之所以是它自身的根本所在。质与事物是直接统一的,质"变"则事物变。量是事物的规模、程度、速度等可以用数量来表示的规定性。量包括内涵的量和外延的量。内涵的量是指事物的等级程度、结构方式等的量,是不能通过机械的方法加以计算的量;外延的量是指事物存在的范围和广度的量,是可以通过机械的方法加以计算的量。度是质与量的统一,是事物保持其自身质的量的范围。量与事物不是直接统一的,若量在一定范围内("度"内)变化,事物的质不变。

事物质、量、度的规定性具有重要的方法论意义:

(1) 定性研究是认识事物的开始,要重视定性研究。质与事物是直接统一的,而对事物质的认识就是定性研究。因此,要区别不同的事物就必须首先进行定性研究,它是深入细致地研究事物的第一步,是研究事物的开始。

（2）定量研究是认识事物的精确化，要重视定量研究。量与事物不是直接统一的，同质的事物量未必相同。因此，要区分同质的事物就必须进一步研究量，即定量研究，它是对事物认识的精确化。

（3）事物是质和量的统一，认识事物要坚持定性研究与定量研究的统一。

（4）适时坚持适度原则。在有必要保持事物质的稳定性时，就不要超越度的范围，坚持适度原则；在需要打破事物的状态时，就要竭力地冲破度的范围。

2）量变、质变：事物变化的状态及方法论意义

量变即事物量的变化，是事物在原有性质的基础上，在度的范围内发生的不显著的变化，主要包括数量的增减、场所的变更、组成要素排列次序的变化和事物功能的变异等形式。质变是事物性质的变化，是一种质态向另一种质态的转变，是根本性的、显著的突变。量变是质变的准备和必要前提，没有量变就没有质变；质变是量变的必然结果，量变不会无限制地进行下去，积累到一定程度就会引起质变，并在新的基础上为量变开辟道路。正是这种不断的质量互变把事物渐次推向高处并促使其前进。

质量互变规律具有重要的方法论意义：

（1）注重量的积累。既然量变是质变的准备和必要前提，我们就要耐心地积累。无论是工作上还是学习上都要脚踏实地、埋头苦干，要一步一步地做，要一点一点地积累，"急于求成"、"立竿见影"、"拔苗助长"，只会事与愿违，不可能成功。

（2）抓住时机，促进质变。质变是量变的必然结果，在质变来临时，不敢抓住时机，畏首畏尾，不敢上一个新的台阶，就会坐失良机，造成损失。在时代快速发展、急剧变革的今天更是如此。时机稍纵即逝，一步落后便会步步落后。因此，抓住质变的契机，带动整个系统腾跃而起，达到"牵一发而动全身"的效果，就成为十分重要的问题了。

（3）反对"庸俗进化论"和"激变论"。前者否定了质变，畏首畏尾，不敢质变。一切社会改良主义者、自然主义的进化论者、右倾主义者都是如此。后者否定了量变，在没有做准备或准备不够的情况下就仓促质变。一切冒进主义者、激进主义者、"左倾"主义者、仓促冒进者都是如此。这都是违背事物自身规律的错误认识和有害做法，日常生活中我们要竭力避免。

3.2.3　否定之否定规律

否定之否定规律揭示了事物发展的曲折历程和现实道路，任何事物一次质的飞跃都要经过肯定、否定、否定之否定，3个阶段2次否定才能完成。

1）辩证的否定观及其方法论意义

任何事物的内部都由肯定和否定两个方面组成。肯定的方面是指事物中维持其存在的方面；否定的方面是指事物中促使其灭亡的方面。辩证的否定观，一方面认为事物的肯定与否定相互对立、相互排斥，又相互包含，并在一定条件下相互转化，坚持肯定与否定的有机统一，反对将二者割裂开来的绝对否定观，另一方面认为事物的否定是自我否定，而不是外力、外在的否定。

辩证的否定观的方法论意义：对待旧事物要坚持扬弃的观点，对其要批判地继承，辩证地发展，任何对旧事物的完全拒斥都是错误的和有害的。

2）否定之否定规律及其方法论意义

任何事物的发展都经历如下过程：一开始，事物的肯定因素处于主导地位，矛盾处在肯定阶段。随着矛盾的进一步展开,否定因素逐渐战胜了肯定因素,事物发生了质变,矛盾运动由肯定阶段进入否定阶段。但事物的质变到此没有完成。只有在对第一次否定的基础上进行第二次否定,即否定之否定,才能解决前两个阶段之间的矛盾,克服各自的片面性而达到肯定方面与否定方面的对立统一,使事物在自身运动中得到充分发展。到此,事物一次质的飞跃的完整过程经过肯定、否定、否定之否定实现了。

否定之否定规律的方法论意义:其揭示了事物发展的方向和道路,方向是前进的、上升的,路径是曲折的、螺旋式的。在事物的发展过程中,我们一方面要看到前进性和上升性而满怀希望、充满信心,另一方面又必须做好准备,不怕走曲折的道路。

3.3 唯物辩证思维范畴

作为联系和发展的基本环节,"范畴"从"微观"的层面上概括客观世界某方面的普遍关系,从不同的角度深化了对普遍联系和永恒发展的思考,是人们认识和实践的思想武器,对于指导人们的活动具有重要的方法论意义。

3.3.1 原因和结果

因果关系是反映客观世界中引起和被引起现象间关系的范畴,引起某种现象的现象叫原因,被某种现象引起的现象叫结果。因果关系有两点规定性:一是具有时间先后性,原因在前结果在后,而不能因果颠倒;二是两个现象之间有着必然联系,是引起和被引起的关系。二者同时具备才是因果关系。

原因和结果之间的关系是对立统一的辩证关系。其一,原因和结果的区分既是确定的又是不确定的。在"一对"因果关系中,原因就是原因,结果就是结果,二者的区分是确定的。但万事万物是普遍联系的,任何一对因果关系同时又处在因果链中,在一个无限的因果链中,首可以是尾,尾可以是首,原因可以是结果,结果也可以是原因,二者的区分又是不确定的。其二,原因和结果是相互联系、相互作用的。有原因必然有结果,有结果也必然有原因,二者不可分离,没有无因之果,也没有无果之因。其三,原因和结果之间的相互关系是多样的。一因多果,同因异果;一果多因,同果异因等是客观存在的。

因果关系的方法论意义:因果关系是唯物主义决定论原则的内在依据,是人们认识和改造世界的方法论前提。正是有了世界的因果关系,人们才可能追根溯源,才能创造未知世界,才有了科学。因果关系为人们预测未来,进行自觉的有目的的活动,提供了方法论指导。

3.3.2 必然性和偶然性

必然性和偶然性是事物发展中的两种不同趋势。必然性是指客观事物联系和发展合乎规律的确定无疑的趋势,在一定条件下是不可避免的和确定的;偶然性是指事物发展过程中呈现出来的某种摇摆,是可以出现也可以不出现,可以这样出现也可以那样出现的不确定的趋势。

必然性和偶然性是相互联系不可分割的:没有脱离偶然性的必然性,任何必然性都是通过大量的偶然性显现出来的,偶然性是必然性显现的途径;没有脱离必然性的偶然性,任何偶然不管多么离奇,其背后都包含着某种确定无疑的必然性;同时,必然性、偶然性在一定条件下可以相互转化。

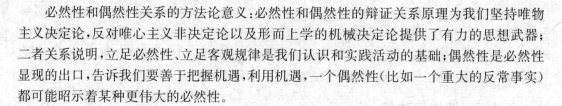

必然性和偶然性关系的方法论意义：必然性和偶然性的辩证关系原理为我们坚持唯物主义决定论，反对唯心主义非决定论以及形而上学的机械决定论提供了有力的思想武器；二者关系说明，立足必然性、立足客观规律是我们认识和实践活动的基础；偶然性是必然性显现的出口，告诉我们要善于把握机遇，利用机遇，一个偶然性（比如一个重大的反常事实）都可能昭示着某种更伟大的必然性。

3.3.3　内容和形式

内容和形式是任何事物都具有的两个侧面。内容是指构成事物的内在要素；形式是这些内在要素的结合方式。它们揭示了事物的不同侧面，不可混淆，同时二者又是有机统一的：其一，内容决定形式，形式依赖于内容。形式是为内容服务的，最恰当的形式就是能够积极有效地表现内容的形式。其二，形式不是消极被动的，而是积极影响内容，对内容有极大的反作用。

二者的辩证关系原理具有重要的方法论意义：在观察和处理问题时，要特别重视事物的内容，反对片面夸大形式而忽视内容的形式主义，这是由在内容和形式关系中，内容的决定性地位决定的；在重视事物的内容时，还必须重视形式的作用，要选择恰当的形式来表现内容，反对形式虚无主义。

3.3.4　可能与现实

任何事物的产生和发展都是一个由可能到现实的转变过程。可能性是指现实事物所包含的预示着事物发展前途的种种趋势。可能性是尚未实现的现实性。现实性是指现在的一切事物、现象的实际存在性，是已经实现了的可能性。把握可能性范畴要区分以下几个概念：可能性与不可能性。我们要去做可能性的事，不去做没有可能性的事；现实的可能性与抽象的可能性。前者是指有充分的根据和条件，目前可以实现；后者是指目前缺乏充分的根据，当前条件下还不能立即实现。对于现实的可能性，要去区分不同的性质，是好的可能性还是坏的可能性，对于好的可能性要进一步认识其实现的概率。

可能性和现实性是统一的，二者不能分割。可能性包含在现实性之中，是还没有展开、没有实现的现实性，离开了以现实性为基础的可能性就是不可能性；现实性是已经展开和实现了的可能性，现实性离不开可能性。

二者的关系原理告诉我们，人们的行动要从现实性出发，同时对各种可能性做较全面的分析；在日常生活和工作中，我们要尽可能去做好的、实现概率大的、具有现实可能性的事情，同时为具有抽象可能性的事情积极创造条件。

3.3.5　现象与本质

现象与本质是揭示事物内在本质与外在表现的一对范畴。现象是事物的外部联系和表面特征，是个别的、片面的、表面的东西。现象是外在的，具有多变、易逝和较大的流动性等特征。本质是事物的根本性质，是组成事物基本要素的内在联系。本质是内在的，具有稳定、深刻、不易变等特征。

现象与本质的如上差异、对立，决定了科学研究的必要性。正是因为本质与现象不同，只有把握事物的本质才能从根本上把握事物，所以透过现象把握本质即科学研究，是必要的，"如果事物的表现形式和事物的本质会直接合二为一，一切科学都成为多余的了"①。

现象与本质又是统一的，二者是相互依赖、相互贯通的。本质决定现象，任何现象都从某种角度反映和体现着事物的本质，现象表现本质，任何本质都是通过现象来表现的。正是本质与现象的有机统一，使通过现象走向本质，即科学研究成为可能。

3.3.6 结构与功能

结构与功能是从事物与周围环境的相互作用的过程来揭示事物联系和发展的一对范畴。结构是指事物内各要素的组合方式、结合方式，具有稳定性与有序性的特点；功能是事物作用于他物的能力，即系统作用于环境的能力，是揭示事物有什么作用的范畴。

结构与功能的关系是对立统一的。一方面，结构与功能是不同的、对立的。结构指功能的结构方式，功能则是指事物与环境的关系，二者所指内容不同。另一方面，结构与功能又是相互联系、相互作用的，并在一定条件下相互转化。首先，事物的结构决定着事物的"构功能"（事物的结构所形成的功能），是事物"构功能"的基础和前提。其次，功能又反作用于结构。在事物发挥作用的过程中，事物与周围环境进行着物质、能量和信息的交换，这种交换又促进了事物自身结构的变化（更加有序或者原有结构解体）。

结构与功能的关系原理，要求我们在分析事物时要坚持结构方法与功能方法的有机统一。结构方法是从结构上认识、创造事物的方法，其优点是直接，清楚，易于接受。其局限性是必须弄清楚事物的结构才能运用结构的方法，而对于极其复杂的事物，无法深入到事物系统内部或系统不能直接打开时，结构的方法则无能为力。功能方法是从事物的功能认识、创造事物的方法。现实中，我们应坚持结构方法与功能方法的有机统一。

3.3.7 系统与要素

系统是诸多要素相互联系的整体。系统具有整体性，系统是在各要素及其相互关联中形成的有机整体，系统的功能不等于各个要素的功能之和；统一性，系统是作为统一体出现的，系统与要素之间是一与多的关系；稳定性，系统都是要素统一的、有序的结合，具有相对稳定性；复合性，系统都是由两个或两个以上的要素组成的整体，具有复合性的特征。

要素是组成整体的各个相互联系的部分。要素具有个别性，要素是整体的一部分；多样性，系统中的诸要素往往是多种多样的，分别起着不同的作用；相互依赖性，各要素之间是不可分割的；不确定性，相对于较稳定的整体结构，要素是相对不稳定的。

系统与要素是对立统一的，除上述的对立和差异，又相互统一。要素构成系统，没有要素的相互连接也就无所谓系统。但系统不是要素的无机堆砌，而是有机统一，系统统摄要素，要素的功能只有在系统中才具有，离开了系统要素也就不再具有要素的功能，就像离开人的身体的手就不再是人的手一样（不再具有人手的功能）。

系统与要素的辩证关系告诉我们要坚持系统论的观点，具备系统的观念。具体体现为要坚持整体性原则、有序和动态性原则、等级系统和系统发展原则以及模型化和优化原则。②

---

① 马克思恩格斯全集(第25卷).北京:人民出版社,1974
② 李秀林等.辩证唯物主义和历史唯物主义原理(第4版).北京:中国人民大学出版社,1995

3.4　唯物辩证思维路径

唯物辩证法是普遍的真理，但是要学习它、理解它，特别是要很好地运用它，就需要我们在实际生活中不断地发现、提炼和总结，并运用到具体的管理工作中去。

3.4.1　坚持客观原则

从客观现实出发，坚持思维的客观原则是唯物主义的根本要求。而客观事实是普遍联系且不断变化的，不是孤立静止的，坚持从客观出发其中重要的一方面就是要坚持联系的发展的观点看问题，思考要跟上变化了的实际。

用联系的发展的观点看事物、看世界，不能把任何事物割裂开来，只有把事物放在整体中、事物链中、环境中才能正确认识事物。用变化的发展的眼光看待事物，"一切皆流、无物常在"是永恒的法则。

唯物辩证法的思维方法是经过许多人实践和检验了的科学方法。当今时代，尽管产生了许许多多新的科学方法，但是这些新的和旧的科学方法都不能代替唯物辩证法，当然唯物辩证法也不能取代具体的科学方法。实际上，它们是不同层次上对世界上事物规律性的把握，是不同层次的思考方法，只有两者相辅相成才能产生科学的认识。把握思维的时代取向，不是要取代辩证的思维方法，而是把辩证法放在时代中观照，把辩证法具体化。所以要坚持唯物的、辩证的世界观和方法论。

3.4.2　养成勤思善思习惯

要养成把平常事物与哲学思维相连接的习惯，养成从日常事务中总结规律、勤于思考的习惯。

哲学思维并不神秘，也非高不可攀，但需要训练和养成。其实日常生活中各种各样的事物都蕴含着某种哲学道理，就看你是否是一个有心人，是否勤于思考、善于思考。哲学思维水平高的人善于在没有问题的地方、在熟知的事物、在习以为常的东西背后找到新的问题，发现新的道理，开辟新的思路，因为辩证法本质上就是一种批判性思维，就是对习以为常的东西的反省，这样才能使一个人看到别人看不到的东西，想到别人没有想到的东西，才能使自己的脑子活起来，办法多起来。所谓勤于思维，就是遇事多问几个为什么。所谓善于思维，就是多从辩证法的角度考虑问题，把辩证法运用到实际生活中。

3.4.3　思维与现实紧密结合

"任何真正的哲学都是时代精神的精华"（马克思语），任何真正哲学的思维方式也都必然打上时代的特色，要立足时代、立足当下的发展状况、发展需求等思考为题，把思维建立在现实之上，经常把思维与现实相对接，双向相生相长。

辩证法的规律与一切规律一样，本身都是抽象的，都是近似的。正确运用辩证法的关键是把这些抽象的规律化为具体的规律和知识，用辩证的方法来观察实际的材料，因此，那种把辩证法当成现成的公式到处乱套，本身是不符合辩证法的，也无助于问题的解决。学习唯物的、辩证的方法不是要人当思想的懒汉，不是要把辩证法当成万人一方的灵丹妙药。

在辩证法的运用过程中,还必须具备很多具体科学的知识,还要有强烈的时代感和现实感,否则哲学思维就会变成僵化的空洞教条。

把思维与现实对接,最根本的是在时代中把握现实。事物是在时间中无限发展的,都会显现它的时代性的特质,把握这种特质,也就是把握事物具体的规律和具体的真理,这就要求我们时刻保持与时代的联系,站在时代的前沿,使"思维时时与时代平行",驾驭事物的发展。

▎案 例

气候变化与污染控制

材料1 联合国政府间气候变化专门委员会在 2007 年 2 月 2 日就气候问题发出了警告:从现在开始到 2100 年,全球平均气温的"最可能升高幅度"是 1.8~4℃,海平面升高幅度是 18~58 cm。美国著名智库国际战略研究所的报告认为,"如果温室气体排放仍得不到控制,其灾难性后果不亚于发生一场核战争。"

材料2 现在国际上担心中国很快就会成为世界头号污染物排放国,而且再过 25 年,中国温室气体排放量将超过其他发达国家总和……中国的高速崛起,会用掉全球大半的能源,加重能源危机;由于巨大的污染物和温室气体的排放量,中国将成为全球最大的污染源,中国是气候变化的主要威胁。

材料3 从 1950 年到 2002 年,中国化石燃料排放的二氧化碳占世界同期累计排放量的 9.33%(同期发达国家排放量占 77%,而此前的 200 年间,发达国家更是占到 95%);1950 年到 2002 年的 50 多年间,中国人均排放量居世界第 92 位,从单位 GDP 二氧化碳排放的弹性系数看,1990 年到 2004 年的 15 年间,单位 GDP 每增长 1%,世界平均二氧化碳排放增长 0.6%,中国增长 0.38%。

材料4 2007 年 12 月 14 日,刚刚参加完印尼巴厘岛联合国气候变化大会的世界银行行长佐利克来到中国。针对近年来中国为节能减排所付出的努力,佐利克说,中国已经形成强烈共识,在发展经济的同时更关注环境保护,并提出了科学发展观。他认为,中国政府在降低能耗、提高车辆能效标准,以及发展全球碳市场等方面发挥了重要作用……这不仅对中国本身发展意义重大,也将为全球应对气候变化挑战作出贡献。

材料5 改善人居生态环境:增强人口、资源、环境协调发展意识。加强对人口控制、环境保护和资源利用的整体规划,增强人口、资源、环境对经济发展的支撑能力。改变人们对资源、环境的传统思维和行为方式,采取预防为主、污染者付费和强化环境管理等措施,扭转环境恶化的状况,使城乡环境质量明显改善。完善自然资源有偿使用和资源更新的经济补偿制度,提高资源综合利用率和经济效益,遏制资源破坏性开发,缓解人口和经济增长同资源有限性之间的矛盾。转变生活方式和生产方式。改变过度消耗资源的、高污染的、不可持续的生活方式和生产方式,形成有利于节约资源、保护环境的消费结构和生产方式,促进可持续发展。保护重点区域生态环境。重点保护和改善人口与环境资源矛盾尖锐区域的生态环境。科学规划、合理设置城市功能区域,提高城市生活污水和垃圾集中处理率,推广使用清洁能源,净化空气,加强绿化。合理和节约利用土地尤其是耕地资源,加强城市环境基础设施建设,规划产业结构和布局,避免走先污染后治理的老路。加强流域污染防治,保证居民饮水安全。改变掠夺性经营开发方式,有计划地退耕还湖、还林、还草,大力开展植树造林,治理水土流失,防止沙漠化,建立生态农业,加强耕地、水源、森林、草场、物种等自然资源和生物多样性保护。

（资料来源：《中国 21 世纪人口与发展》白皮书）

【思考与讨论】

1. 运用上述材料谈谈环境保护与经济社会发展的普遍关联性。

2. 运用联系的和变化的观点谈一谈对"中国气候威胁论"的认识。

3. 上述材料中所反映的气候变化的严峻事实对我们理解自然环境在社会发展中的作用有何启示？

4　心理学基础知识

管理学重在管人，要管好人，管理者就必须熟悉和掌握人的相关心理规律和特点。因此，了解一些心理学知识对管理者来说至关重要。当然，心理学是一个庞大而复杂的学科体系，管理者不可能也没有必要对心理学的方方面面都有很好的把握。本节将选择心理学中与管理有关的人的重要心理特质及其原理加以介绍，以便让管理者能在短时间把握心理学中最主要的概念和原理，从而能更好地指导自己的实践工作。本节主要介绍如下主要心理特质：注意、情绪、动机、性格、能力和社会行为。

4.1　注　意

注意是人脑信息加工的第一步。没有注意，外部刺激就无法进入大脑进行信息加工。注意是人类关注外部世界和内心世界最重要的心理机能。

4.1.1　注意的概念

注意为心理活动（意识）对一定对象的指向和集中。注意包括 6 个方面：①选择性，选择一部分信息；②集中性，排除无关的刺激；③搜索，从一些对象中寻找其中一部分；④激活，即应付一切可能出现的刺激；⑤定势，即对特定的刺激预先加以接受并作出反应；⑥警觉，即保持持久的注意。

4.1.2　注意的种类

按照不同的标准可以将注意分成不同的类型。

1）无意注意、有意注意和有意后注意

按照目的性和需要意志努力的程度，注意可分为无意注意、有意注意和有意后注意 3 种类型。无意注意，是指事先没有目的也不需要意志努力的注意。无意注意一般是在外部刺激物的直接刺激作用下，个体不由自主地给予关注。如正在开会的时候，有人推门而入，大家会不自觉地向门口注视。有意注意是指有预定目的、需要一定意志努力的注意。在有意注意状态下，人向自己提出一定的任务，自觉地把某些刺激物区分出来作为注意的对象。如当我们确定修改某个公文文件之后，在做这件事的过程中有意地把注意集中在修改公文之上。不论该刺激是否强烈、是否新异、是否有趣，我们都必须集中注意，同时排除各种无关刺激的干扰。因此,有意注意必须付出意志努力。有意后注意是注意的一种特殊形式。有意后注意是指有预定目的,但不需要意志努力的注意。它是在有意注意的基础上,经过学习、训练或培养而形成的。在有意注意阶段,个体从事一项活动需要有意志努力。但随着活动的深入,由于兴趣的提高或操作的熟练,个体就不用意志努力也能够在这项活动上保持注意。例如,一个学习驾驶的人在初学阶段需要注意打方向盘、踩刹车及看反光镜等情况,很容易感到疲倦;随着练习次数的增多,驾驶水平不断提高,他就可以很随意地驾驶汽车,甚至可以边开车边与人说话,这就可以说达到了有意后注意的状态。

2) 选择性注意、持续性注意和分配性注意

根据注意的特性或品质,可将注意分为选择性注意、持续性注意和分配性注意 3 种类型。选择性注意是个体在同时呈现的两种或两种以上的刺激中选择一种进行注意,而忽略其他的刺激。持续性注意是指注意在一定时间内保持在某个客体或活动上,这也叫注意的稳定性。分配性注意是个体在同一时间对两种或两种以上的刺激进行注意,或将注意分配到不同的活动中。比如说一边朗诵诗词一边做算术题,或者一边唱歌一边洗衣服等。

4.1.3　注意的理论

注意的实质是什么? 什么原因引起注意和不注意? 对于这些问题有以下几种理论解释。

1) 衰减理论

特雷斯曼的衰减模型认为,有机体总的加工能力是有限的,在信息加工系统中存在着某种过滤器。但过滤器不是按"全或无"原则工作的,而是按衰减的方式工作的。信息在通路上并不完全被阻断,而只是被减弱,其中重要的信息可以得到高级的加工并反映到意识中。双耳听音实验发现,被试可以觉察出追随耳中 87% 的词以及非追随耳中 8% 的词。这表明,被试能够同时注意两个通道的信息,但信息有不同程度的衰减。

2) 后期选择模型

该模型认为,所有的选择注意都发生在信息加工的晚期,过滤器位于知觉和工作记忆之间。注意的选择依知觉的强度和意义为转移。该模型假定信息到达了长时记忆,并激活其中的项目,然后进行工作记忆的加工。选择注意在加工系统中扮演控制者的角色。通过它,某些信息的编码被选择出来作进一步的系列加工。

3) 智源限制理论

该理论把注意看作心理智源,认为对输入进行操作的智源在数量上是有限的。如果一个任务没有用尽所有的智源,那么注意就可以指向另外的任务。注意的有限性不是过滤器作用的结果,而是由从事操作的智源的有限数量所决定的。

4.2　情绪

"人非草木,孰能无情?"生活中人的一切活动都有情绪的印迹,它像催化剂一样,使人的生活染上各种各样的色彩。

4.2.1　情绪的概念

情绪是人对客观事物的态度体验及相应的行为反应。情绪由 3 个独特的成分所组成,

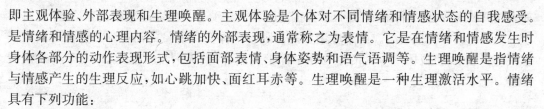

即主观体验、外部表现和生理唤醒。主观体验是个体对不同情绪和情感状态的自我感受。是情绪和情感的心理内容。情绪的外部表现,通常称之为表情。它是在情绪和情感发生时身体各部分的动作表现形式,包括面部表情、身体姿势和语气语调等。生理唤醒是指情绪与情感产生的生理反应,如心跳加快、面红耳赤等。生理唤醒是一种生理激活水平。情绪具有下列功能:

1) 适应功能

情绪情感是人适应生存和生活的精神支柱。从进化论的角度来看,人的情绪最初就是为了适应生存而发展起来的。

2) 动机功能

情绪和动机关系密切。其一,情绪是伴随动机性行为而产生的,即行为的目的在于寻求动机的满足。其二,在某些情况下,情绪本身可以视为动机,情绪本身就具有动机的作用,此时的情绪引发的个体行为就是情绪性行为。

3) 组织功能

情绪这种由需要的满足与否引起的特殊的心理活动,对其他的心理过程也有影响。感知、记忆和思维等认识过程是主体对事物本身的反映,而情绪情感是对此反映的一种监测系统,具有调节和组织的作用。

4) 信号功能

情绪在人际交往中起着信号作用,是人际交流的重要手段。个体面部表情的喜怒哀乐、声音中语气和语调的变化以及身体姿势都能显示出个体的情绪状态。

5) 感染功能

个体的情绪表现对他人情绪能产生重要的影响。当一个人产生情绪时,他能通过表情动作等形式外显出来,被他人所察觉,并引起他人相应的情绪反应。

6) 迁移功能

情绪的迁移作用是指一个人对他人的情感会迁移到与他人有关的对象上的效能。一个人对他人有感情,那么对他所使用的物品、他周围的朋友等也都会产生好感。这也是我们常说的"爱屋及乌"现象。

4.2.2　情绪的分类

情绪的存在形式是多种多样的,依据情绪发生强度、持续性和紧张度,可以把情绪划分为心境、激情、应激 3 种情绪状态。心境是指人比较平静而持久的情绪状态。它具有弥漫性,可以使人的整个精神活动染上某种情绪色彩,也称之为心情。心境按其强度来说并不强烈,但往往可以持续很长一段时间。激情是一种暴发性的、强烈而短暂的情绪状态。激情具有爆发性,强度大,并伴有生理变化和明显的外显行为,但持续时间较短,犹如暴风骤雨,来得快去得也快。激情通常是由一个人生活中的重大事件、对立意向的冲突、过度的兴奋或抑制所引发的。处于激情状态的人,会出现认识范围缩小、分析能力受到抑制、自我控制能力减弱等。从这个意义上讲,对激情要善于控制。当然,并不是所有的激情都是消极的,也有积极的激情存在,而且有些活动非得要有激情不可。作家没有激情就难以写出慷慨激昂的作品,运动员没有激情就难有超水平的发挥。应激是指人对某种意外的环境刺激所作出的适应性反应,是由出乎意料的紧急情况所引起的快速而高度紧张的情绪状态。比如天气突然变冷,但又没有衣服可加,人们此时就会调动全身的能量来抵抗寒冷,而这时所产生的情绪状态就是应激。由于应激状态伴随着个体全身能量的消耗,因此,长时间处于应激状态之中,会破坏一个人的生物化学保护机制,降低人的抵抗能力,以至于为疾病所侵袭。

4.2.3　情绪的理论

1) 情绪的生理反应理论

情绪的生理反应理论是詹姆士、兰格提出的,也称为詹姆士-兰格情绪理论。詹姆士认为,情绪是内脏器官和骨骼肌活动在脑内引起的感觉。詹姆士在《心理学》一书中写到:"我认为,我们一旦知觉到激动我们的对象,立刻就引起身体上的变化;在这些变化出现时,我们对这些变化的感觉就是情绪。""合理的说法是:因为我们哭,所以愁;因为动手打,所以生气;因为发抖,所以怕。并不是愁了才哭,生气了才打,怕了才发抖。"

2) 情绪的丘脑理论

美国心理学家坎农认为,情绪并不是外周变化的必然结果,情绪产生的机制不在外周神经系统,而在中枢神经系统的丘脑,并提出了情绪的丘脑学说。他认为,当刺激引起的感觉信息传到皮层时,释放经常处于抑制状态的丘脑中心,并唤醒丘脑,导致特定模式的情绪产生。丘脑同时向大脑皮层和身体的其他部分输送神经冲动,冲动向上传至大脑则产生情绪的主观体验,向下传至交感神经则引起机体的生理变化,所以身体变化和情绪体验是同时发生的。

3) 情绪的评定-兴奋理论

美国心理学家阿诺德在 20 世纪 50 年代提出了情绪的评定-兴奋学说,该学说强调情绪的来源是对情境的评估,而评估是发生在大脑皮层的。阿诺德举例说,人们在森林里看到熊会产生恐惧,而在动物园里看到关在笼子里的熊却不产生恐惧。由此看来,情绪的产生取决于人对情境的认知和评价,人们通过评价来确定刺激情景对自身的意义。因此,阿诺德认为情绪是对趋向知觉为有益的、离开知觉为有害的东西的一种体验的倾向,这种体验倾向被一种相应的接近或退避的生理变化模式所伴随。

4) 情绪三因素理论

美国心理学家沙赫特提出了情绪三因素理论,他认为情绪受环境因素、生理唤醒和认知过程三因素所制约,其中认知因素对情绪的产生起关键作用。在情绪的产生过程中,生理唤醒是情绪激活的必要条件,但是真正的情绪体验是由个体对唤醒状态赋予的"标记"决定的。这种"标记"的赋予是一种认知过程,个体利用过去经验和当前环境的信息对自身的生理唤醒状态作出合理的解释,而正是这种解释决定着会产生怎样的情绪。所以,无论生理唤醒还是环境因素都不能单独决定情绪,情绪发生的关键取决于认知因素。

4.3　动　机

"为什么人们要做这些事而不是去做另外的事?""什么东西激发人们去干这些事并且一直做这些事?"这个问题就是心理学中的动机问题。

4.3.1 动机的概念

动机是指引起个体活动,维持已引起的活动并促使该活动朝向某一目标进行的内在作用。作为活动的一种动力,动机具有 3 种功能:

1) 激发功能

动机能激发起个体产生某种活动。有动机的个体对某些刺激,特别是当这些刺激和当前的动机有关时,其反应更易受激发。例如,饥饿的人对食物有关的刺激、干渴的人对水有关的刺激反应特别敏感,这些刺激更容易激起个体的寻觅活动。

2) 指向功能

动机可以使个体的活动针对一定的目标或对象。商人在逐利动机的支配下,会放弃安定的生活而选择高风险、高收益的活动。

3) 维持功能

当活动产生以后,动机维持着这种活动针对一定的目标,并调节着活动的强度和持续时间。如果活动达到了目标,动机促使有机体终止这种活动;如果活动尚未达到目标,动机将驱使有机体维持或加强这种活动,或转换活动方向以达到某种目标。

4.3.2 动机的种类

人的动机也是多种多样的。按照不同的标准,可以对动机作出如下分类:

1) 生理性动机和社会性动机

根据动机的起源,可把动机区分为生物性动机和社会性动机。前者与人的生理需要相联系,后者与人的社会需要相联系。如填饱肚子的动机属于生理性动机,而成就动机则属于社会性动机。

2) 长远的、概括的动机和短暂的、具体的动机

根据动机的影响范围和持续作用时间,可把动机区分为长远的、概括的动机和短暂的、具体的动机。前者影响范围广,持续作用时间久;后者只对个别具体行动一时起作用。例如,一名学生想成为优秀的机械工程师,为祖国的工业化作出自己的贡献。这个动机促使他努力学习科学知识,积极锻炼身体,深入工厂参加实践活动,这种动机是长远的、概括的动机。如果仅仅为了考试得高分或应付老师的提问而努力学习,这种动机则是短暂的、具体的。

3) 主导动机和次要动机

根据在复杂活动中动机的不同作用,可把动机分为主导动机和次要动机。在人的复杂的活动中并不只是受一种动机的推动,而是受多种多样的整个动机系统的推动。这些形形色色的动机交织在一起,互相补充。它们对活动的驱动作用却不是同等的,有的动机起主导作用,会对人的行为产生支配作用,这种动机称为主导动机;另一些是次要的,称为次要动机,对人的活动会产生影响但却不起支配作用。随着人的成长和周围环境的变化,人的主导动机也是不断变化和发展的。

4.3.3 动机的理论

1) 本能理论

比较有影响力的本能论的代表人物有美国心理学家威廉·詹姆斯、麦独孤和奥地利的精神病医生弗洛伊德。麦独孤是本能论的最有力的鼓吹者。他认为人类的所有行为都是以本能为基础的;本能是人类一切思想和行为的基本源泉和动力;本能具有能量、行为和目标指向 3 个成分;个人和民族的性格与意志也是由本能逐渐发展而形成的。弗洛伊德认为,人有两大类本能。一种是生的本能,他称之为里比多,生的本能包含一系列行为和动机现象,如饮食、性、自爱、他爱等个人所从事的任何愉快的活动。另一种是死的本能,他称之为萨那托斯,像仇恨、侵犯和自杀等都是死的本能。这两种本能在现实生活中都不能自由发展,常常受到压抑而进入无意识领域,并在无意识中并立共存,驱使人采取行动。

2) 驱力理论

驱力是指个体由生理需要所引起的一种紧张状态,它能激发或驱动个体行为以满足需要,消除紧张,从而恢复机体的平衡状态。美国心理学家赫尔提出了驱力减少理论,是内驱力理论的主要代表人物。他认为,机体的需要产生内驱力。内驱力主要有两种:原始性内驱力和获得性内驱力。内驱力激起有机体的行为,是一种中间变量,其力量大小可以根据剥夺时间的长短、引起行为的强度或能量消耗,从经验上加以确定。但他认为,剥夺的持续时间是一个相当不完善的指标,强调用行为的力量来衡量。

3) 认知理论

动机的认知理论认为,人类的动机行为是以一系列的预期、判断、选择,并朝向目标的认知为基础的。主张认知论的早期代表人物是托尔曼和勒温,后期有海德、韦纳等。托尔曼通过对动物的实验提出行为的目的性,即行为的动机是期望得到某些东西,或企图避开某些讨厌的东西。这就是期望理论的原始形态。而海德认为,人们日常生活中的因果概念并不是来自严谨的逻辑推理,而是来自于对复杂现象简单化、笼统化的常识理解。例如,一个人工作成功了,他可能归因于自己的努力或能力,失败了则可能认为是工作难度太大或运气不好。韦纳也将人的归因分为内部和外部的两种,但在此基础上加入了"稳定性"这个维度。他认为,内外部归因,还可以分为稳定与不稳定两种。同为内部的因素,能力属于稳定的归因,而努力则属于不稳定的归因。如果一个新的结果和过去的结果不同,人们一般归因为不稳定的因素,如努力和运气;如果新的结果与过去的结果一致,人们一般归因于稳定的因素,如任务难度和能力等。正是这种归因会使人们对下一次的行为结果产生预期,同时也会形成两种不同的动机。比如,一个人把失败归因于不够努力,另一个人归因于能力不行。归因于不够努力的个体会振奋起来挽回失败;而归因于能力不行的个体今后很有可能不再努力。

4.4　性格

在"空城计"中,诸葛亮敢于空城设疑等援兵,正是由于掌握了司马懿多疑寡断的性格。而后人在总结诸葛亮的一生时,也说"诸葛一生唯谨慎"。以上这些评价和判断都涉及人最重要的心理特质——性格。

4.4.1　性格的概念

性格为个人对现实的稳定的态度以及与之相适应的习惯化了的行为方式。性格包含以下 3 个基本特征。

（1）性格是人对现实的态度和行为方式概括化与定型化的结果，性格具有抽象性，会演绎出许多类似但不同的行为。

（2）性格指一个人独特的、稳定的个性心理，在人的一生当中，性格一旦形成就很难再发生改变。这就是所谓的"江山易改，本性难移"。

（3）性格是个性特征中最具核心意义的心理特征，这表现在两个方面。一方面，在所有的个性心理特征中，只有人的性格与个体需要、动机、信念和价值观联系最为密切。另一方面，性格对其他个性心理特征具有重要的影响。性格的发展规定了能力和气质的发展，影响着能力和气质的表现。

4.4.2　性格的形成和发展

人生来时不具有某种性格。一个人的性格是在其生活实践的过程中形成的。性格的形成和发展，反映着一个人的整个生活历程。影响性格形成和发展的因素是多方面的，其中主要有：

1）性格形成的生物学条件

一个人的相貌、身高、体重等生理特征，生理成熟的早晚，某些神经系统的遗传特性以及性别差异等都会影响到人的性格的形成与发展。如活泼型的人比抑制型的人更容易形成热情大方的性格；男性比女性在性格上更独立、自主并有强烈的竞争意识，敢于冒险；女性则比男性更依赖，较易被说服，做事更有分寸，具有较强的忍耐性等。

2）家庭因素

家庭气氛、父母的文化程度及家长的教育观念、教育态度对儿童性格的形成有相当大的影响。一般来讲，家庭成员之间和睦、宁静、愉快的关系所营造的家庭气氛对儿童的性格产生积极的影响；家庭成员之间相互猜疑、争吵、极不和睦的关系所造成的家庭紧张气氛则会对儿童性格的形成产生消极影响；母亲的文化程度则对儿童性格的果断性、思维水平、求知欲、灵活性 4 项行为特征产生显著影响，而父亲的文化程度的影响主要表现在儿童的意志特征上。

3）学校教育

课堂教学是学校教学的主要环节。在传授知识的过程中，训练学生习惯于系统地、有明确目的地学习；克服学习中的困难，可以培养坚定、顽强等性格的意志特征。体育课，不仅使学生掌握运动技能，也能培养学生的意志力及勇敢精神。此外，教师在学生性格的养成过程中也起着榜样的作用。

4）文化、社会因素

儿童都是在某种文化、某种社会和某种特定的经济地位中被教养起来的。一般的文化背景、社会制度、经济地位都会对儿童性格的形成和发展产生深刻的影响。如，电视、报纸杂志、文艺作品中的典型人物或英雄榜样也会激起学生丰富的情感和想象，引起效仿的意象，从而影响性格的形成与发展。

4.4.3　人格理论

1）奥尔波特的人格特质论

奥尔波特认为，人格结构中包含两种特质：共同特质和个人特质。共同特质是属于同一文化形态下人们所具有的一般性格特征。人们在共同特质上有多寡或强弱的差异。个人特质是个人独特的性格特征。个人特质又有 3 类不同的层次。第一类是首要特质,它代表一个人的人格的最独特之处,例如说某人乐观,仅"乐观"这个特质即可说明他的个性。第二类是中央特质,这类特质不像首要特质的影响遍及个体的每一行动,但也代表个性的重要特征。第三类是次要特质,这类特质只是个人在适应环境时的某些暂时性行为,而不是一种固定的特征。

2) 卡特尔的特质因素理论

卡特尔用因素分析方法把特质区分为表面特质和根源特质。表面特质是指一组看来似乎聚在一起的特征或行为。同属于一种表面特质的特征之间虽有关联,但不一定一起变动,也不源于共同的原因。而根源特质指的是行为之间形成一种关联,会一起变动而形成单一的、独立的人格维度。例如,有恒性是一种根源特质,一个人身上的有恒性的量影响着他的各个方面,如做事是否有始有终、待人接物是否有自己的原则等。也就是说,有恒性这一根源特质的外部表现就是表面特质。卡特尔通过因素分析的结果得出有 16 个根源特质,并设计出卡特尔 16PF 人格因素问卷。

3) 艾森克的人格维度理论

艾森克根据因素分析法提出了人格的三因素模型(Three Factor Model)。这 3 个因素是:①外倾性(Extraversion),它反映的是人的内外向特征;②神经质(Neuroticism),它反映的是人的情绪是否稳定的特征;③精神质(Psychoticism),它反映的是人的孤独、冷酷、敌视、怪异等偏于负面的人格特征。

4) "大五"人格理论

许多学者在研究人格因素时都重复得到了人格的五因素结构。这些因素是:①外倾性:表现出热情、社交、果断、活跃、冒险、乐观等特点。②神经质或情绪稳定性,包括焦虑、敌对、压抑、自我意识、冲动、脆弱等特质。③开放性,具有想象、审美、情感丰富、求异、创造、智慧等特征。④随和性,包括信任、利他、直率、谦虚、移情等品质。⑤尽责性,包括胜任、公正、条理、尽职、成就、自律、谨慎及克制等特点。

4.5 能 力

现实生活中,有人善于绘画,色彩鉴别、空间比例关系的估计等方面很强,画得特别逼真。而另一些人则擅长歌唱,曲调感、节奏感和听觉表象等很强,歌声优美动听。以上个体差异都涉及人的能力因素,能力对于个体生活的影响巨大而深远。

4.5.1 能力的概念

能力是人顺利地完成或实现某种活动所必须具备的那些心理特征。能力总是和人的某些活动联系在一起,只有从一个人从事某项活动中,才能看出他到底是否具备某种能力。能力是保证活动取得成功的基本条件,但却不是充分条件。活动是否能够取得成功,除与能力有关之外,还与人的性格、物质条件、身体健康状况等有着非常密切的联系。在西方心理学中,能力有两种含义,既可以解释为实际能力,即现在实际能做的;也可以解释为潜能,即通过一定的训练可以达到的能力水平。

4.5.2　能力的分类

能力的表现形式多种多样,根据不同的标准,可以对能力作出如下分类:

1) 一般能力与特殊能力

一般能力是在许多基本活动中都表现出来的,是各种活动都必须具备的能力。如人的观察能力、记忆能力、逻辑推理能力、空间感知能力等,一般能力的综合也称为智力。特殊能力是在某种专业活动中表现出来的能力。例如,数学能力、音乐能力、绘画能力、机械操作能力等,这些能力对于完成相应的活动是必须具备的。每一种特殊能力都是由该活动性质所制约的几种基本的心理品质构成的。

2) 模仿能力和创造能力

根据能力的创新成分可将能力分为模仿能力和创造能力。模仿能力是指人们通过观察别人的行为、活动来学习各种知识,然后以相同的方式作出反应的能力。模仿的主要成分为观察和仿效。创造能力是指产生新的思想和新的作品的能力。创造能力总是与创造产物相联系。创造产物通常是指"首创"加"适宜"的产物。如艺术作品和科学理论以及有创见性的谈话和奇特的建筑等。在创造能力中,创造性思维和创造想象起着十分重要的作用。

3) 流体能力和晶体能力

根据能力在人的一生中的不同发展趋势以及能力和先天禀赋与社会文化因素的关系,可分为流体能力和晶体能力。流体能力指在信息加工和问题解决过程中所表现出来的能力。它较少依赖于文化和知识的内容,而取决于个人的先天禀赋。晶体能力指通过掌握社会文化知识而获得的智力。如词汇概念、言语理解等,它取决于后天的学习,与社会文化有密切的关系。晶体能力在人的一生中一直在发展,只是到 25 岁以后,发展的速度趋于平缓。

4.5.3　能力的理论

1) 能力的因素理论

英国心理学家斯皮尔曼认为人的能力由两种因素构成:"一般因素"(G 因素)和"特殊因素"(S 因素)。人完成的任何一种作业都是由 G 和 S 两种因素决定的。塞斯顿用因素分析法求得智力由 7 种因素构成,他把这 7 种因素称为 7 种基本心理能力:①词的理解力:了解词的意义的能力;②语词运用能力:讲字正确迅速和同义联想敏捷的能力;③计算能力:正确而迅速地解答数学问题的能力;④空间知觉能力:运用感知经验正确判断空间方向及各种关系的能力;⑤记忆能力:对事物强记的能力;⑥知觉速度:迅速而正确地观察和辨别的能力;⑦推理能力:根据已知条件进行推断的能力。

2) 能力的结构理论

持这种观点的主要有弗农的层次结构理论和吉尔福特的三维智力结构理论。1971 年英国心理学家弗农提出了能力的层次结构理论。他以一般因素为基础,设想出因素间的层次结构。他认为,智力的最高层次是一般因素(G);第二层次分两大群,即言语和教育方面的因素,与操作和机械方面的因素,称为大因素群;第三层次为小因素群,包括言语、数量、机械信息、空间信息、用手操作等;第四层次为特殊因素,即各种各样的特殊能力。吉尔福特1977年根据智力测验研究结果的因素分析,进一步提出了智力三维结构模型。他把智力区分为3个维度:内容、操作和产物。智力活动的内容包括图形、符号、语义及行为。它们是智力活动的对象和材料。智力操作指智力的加工活动,智力操作包括认知、记忆、发散式思维、聚合式思维和评价。智力活动的产物是指智力加工所产生的结果。这些结果可以分为单元、类别、关系、系统、转换和蕴涵。由于3个维度中含有多个因素,因而人的智力可以区分为 $4 \times 5 \times 6 = 120$ 种。

3) 能力的信息加工理论

美国耶鲁大学的心理学家斯腾伯格提出了智力的三元理论。他认为,大多数的智力理论是不完备的,它们只从某个特定的角度解释智力。一个完备的智力理论必须说明智力的3个方面,即智力的内在成分,这些智力成分与经验的关系,以及智力成分的外部作用。智力三元理论认为人类的智力由3类不同的能力组成:①组合性智力,包括元成分、操作成分和知识获得能力。其中元成分是智力的高级管理成分,它的功能是对其他成分的运行进行计划、评价和监控。操作成分的功能是执行元成分的指令,进行各种具体的认知加工操作,对信息进行编码、推断、提取、应用、存储等一系列操作,同时向元成分提供反馈信息。知识获得成分的功能是学习如何解决新问题,学会如何选择解决问题的策略等。②实用性智力。它从本质上揭示了智力的社会文化内涵。归根到底,智力是一种主体生存环境的适应、选择和改造的行为。包括适应环境的能力、选择环境的能力和改造环境的能力。③经验性智力。包括经验运用的能力、经验改造的能力和处理新情况的能力。

4.6 社会行为

对人类社会行为的研究,是现代心理学研究的八大主题之一。这些年来,受社会急剧变化的影响,对人类社会行为的研究发展得也十分迅速。

4.6.1 社会知觉

所谓社会知觉,指的是对人的知觉,故而也称人知觉,它主要包括以下几种情况。

1) 第一印象

所谓第一印象是指观察者在第一次与对方接触时,根据对方的身体相貌及外显行为所得的综合性和评价性的判断。例如,某门课程授课老师第一次上课,根据他的衣着、谈吐、见解等,学生就会对他产生一个第一印象。第一印象的形成主要受以下几个因素的影响:人的表面特征,即人的相貌;人的性格因素。

2) 社会认识

所谓社会认识,也就是采用认知结构或基模的概念,对个体所得的社会知觉,也像对其他信息处理的过程一样看待。这也是我们常说的"先入为主"现象。

3) 自验预言

所谓自验预言是指在有目的情境中,个人对自己(或别人对自己)所预期的东西,常常会在自己以后行为结果中应验。这一现象也称为皮格马利翁效应。

4.6.2　人际关系

所谓人际关系,是指人与人在相互交往中存在于人与人之间的关系。人与人之间的关系是心理性的,是对两人(或多人)都发生影响的一种心理性连接。按照连接基础的不同,人际关系可以分为三大类:

1) 以感情为基础的人际关系

此类人际关系的特征是存在于人与人之间的心理性连接靠感情,比如亲情、爱情或友情等。

2) 以利害为基础的人际关系

此类人际关系的特征是存在于人与人之间的心理性连接靠认知,这种利害既可以是经济上的利益,也可以是社会的、权力的、政治的等。

3) 缺乏任何基础的陌生关系

此类人际关系存在于路人之间,彼此间不存在心理性连接。

4.6.3　社会影响

所谓社会影响是指个人行为离不开社会关系的现象。在人类所有的行为中,我们很难找出不受社会影响的行为,哪怕是最简单的吃饭,也是在社会关系中进行的,比如中国人吃饭用筷子,而西方人吃饭则喜欢用刀叉。社会影响主要包括 3 个方面的内容。

1) 角色与规范

所谓角色是指个人在团体内为团体成员所认可的身份和任务。个人在取得其角色的身份和位置之后,依照他的角色所表现的行为,称为角色行为。个人依据其所在社会中众所认可的社会规范去适当地表现角色行为,即称为角色扮演。而某人取得社会角色之后,团体中其他成员按照社会规范希望或要求他如何扮演其角色的心理倾向,则是角色期待。个体在社会情境中往往会扮演多个角色,比如父亲、职员、儿子、领导等。个人在生活中角色扮演时会遇到一些冲突,比如身兼多个角色而彼此无法两全或者担任统一角色而无法同时满足多方需求等。另外,有时个人对自己的角色缺乏明确的认识,无法在自己的角色行为上有效地扮演符合社会对其所寄予的角色期待,称为角色混淆。

2) 从众与心理反感

所谓从众,是指社会规范建立之后,对团体中的成员,在行为上即具有约束作用,个人在团体中的活动,如按照社会规范行事,行为表现符合众所认可的标准,即称之为从众。规范代表团体的客观行为标准,而从众则代表这个人的心理倾向。但也有一种情况,即当个体遇到团体压力或别人影响而感觉自由受到威胁时,在心理上产生反感,继而在行为上表现出反从众的倾向。这种现象称为心理反感。

3) 助人行为

在社会行为中,凡是利人而不求回报的行为,均可称为助人行为。但也有一种情况,危机现场中,人数愈多,救助行为出现的可能反而愈少。这种现象称为旁观者效应。

4.6.4　团体行为

所谓团体行为是指在团体目标下,个体受团体影响或个体间彼此影响所表现出来的行为,主要有以下几种情况。

1) 团体决策

所谓团体决策是指团体性的事务,乃是经由团体中多数成员同意后所作出的决策。在一个团体中,如果团体成员较多属于冒险激进者,那么团体集体决策就会比个体决策更为冒险激进,这一现象称为冒险转移。反之,如果团体成员较多比较保守,那么他们所做的团体决策就会比个人决策更加保守,这一现象称为谨慎偏移。以上两种现象称为团体极化,即个人置身团体时趋于支持极端化决策的心理倾向。

2) 团体作业

所谓团体作业是与个人作业相对的概念,即众人合作一件事。在团体作业时,个人由于众人的注意,加强了个人动机,因而表现出优于自己单独作业时的成绩。这种现象,称为社会助长。但也有一种情况,即因他人在场的影响而减低了个人作业成绩,这一现象为社会抑制。一般而言,对动作简单而又熟练的工作者而言,当众作业将因社会助长而提升作业成绩;对于动作复杂而又是初学者的新手而言,当众作业往往会因社会抑制而降低作业成绩。

▌案　例

抗洪救灾的故事

1998 年,是我在部队的最后一年,也是我最难忘的一年。这一年,洪水泛滥,全国多个地方发生水灾。灾情就是命令,我们接到命令,火速赶往湖北灾区。由于我们当年担任三级战备,各项装备很快就发到个人,第二天就从开封赶往郑州机场(奇怪当时为什么没在开封登机),这也是我们第一次坐民航的飞机。一个多小时后到达武汉,我们的驻地安排在武汉通讯指挥学院,任务是保卫武汉的长江大堤。但斗志昂扬的我们却在武汉"休息"了一个星期,连长江都没看到,天天就是打扫卫生,很是无聊。还好,一个星期后接到命令:洪湖告急,部队马上赶赴湖北洪湖。接到命令后不到一个小时,我们的车队已经行驶在了去洪湖的路上。经过几个小时的行军后,抵达洪湖境内,远远地看到远处人声鼎沸,仔细一看,当地老百姓扶老携幼,拖儿带女的坐着货车、开着拖拉机正浩浩荡荡的往后方撤呢,遇到我们后就有人问:解放军同志,你们是从这路过的还是来抗洪的啊? 我们回答:是来抗洪的。"那我们就不走了,你们来了我们就安全了,我们跟你们回去,谢谢解放军!"就这样,他们跟着我们就回来了。当时的场面很壮观,心里也油然而生一种自豪感。

下午,到达洪湖的燕窝镇。我们的驻地是镇上的一个棉纺厂的仓库。简单的安顿后,我们当晚就踏上了长江大堤。守在大堤上的是当地政府组织的老百姓,看到我们来了报以热烈的掌声。行军太累,我们披着雨衣就睡在大堤上。天刚蒙蒙亮,淅淅沥沥的雨把我们淋醒了,睁开眼一看,倒吸一口凉气,呈现在我们眼前的长江竟然一眼望不到边,混浊的水已经把原来堤内的防护林淹没了,只露个树梢在上面随波逐流,大堤上已经用沙袋堆起了一道防水墙,我们昨晚就睡在沙袋的这边。

一天没事,很幸运,下午我们回到了仓库,当地的老百姓很热情,给我们熬了绿豆粥降火,还有一些老奶奶给我们烧了开水。看着她们白发苍苍的样子,很是感动。男人们都去抗洪了,留下的妇女就来帮我们做后勤了,真正地感受到了军民鱼水情。说实话,以前对于"鱼水情"只是经常说和经常听说,从来没有现在这么感受真切。当然,我们也是坚决推辞。

接下来的日子好像很平静,几天换一次防倒也没什么大事,部队甚至还和当地的篮球队来了一场友谊赛。师长亲自上阵。师长球技不错,连投几个 3 分,以致后来只要球一到他手上,当地的老百姓就喊:3 分、3 分。有个小插曲:每天都要点几次名,那天吃午饭时我突然发现我们班有个新兵不见了,急得我到处找,大声叫,没想到这小子从一棵树上伸了个头出来:班长,我在这呢。原来他没筷子吃饭,爬树上折树枝当筷子用去了。呵呵呵,这迷彩服的伪装效果还真不错。

好了,该说点正事了。在离大堤几百米的一处鱼塘发现了管涌,情况紧急。我们迅速赶至该地段组织抢险,连长在前面喊了一声:突击队的跟我上。我们一班突击队员跟着他跳进了水塘。然后就从岸上源源不断地传来了沙包,我们在水中不能动,只能站一排,一个一个的传,2 个多小时没时间直腰,直到险情排除。后来了解到,扛着沙包跑步是最轻松的活,装沙袋的人全部把手磨破了。

后来又连续抢了好多次险,筑围堰、堵管涌基本上每两天就有。我们的神经也每天都紧绷着,再也没有了刚来时的清闲,印象最深的是和当地的民兵一起抢险:那是一个下午,需要在大堤上筑一道挡水围堰。雨下得很大,大堤上异常的滑,我们一个个都成了泥人,为了加快速度我们索性坐起了"滑梯"。从大堤上直接滑下去,然后背着沙袋深一脚浅一脚地爬上来。民兵也不示弱,和我们一起战斗。只见堤下人来人往,扛包运土的川流不息,口号声也不断。经过 5 个多小时的战斗,终于筑起了一道大围堰,险情被排除。晚上回到驻地,许多人连饭都没吃就睡着了。

【思考与讨论】

1. 在这场抗洪抢险中,战士处于什么样的情绪状态之下?
2. 老百姓对于军人具有什么样的社会知觉,这种社会知觉是如何形成的?
3. 军人与民兵一起作业时是否有社会助长现象的发生?为什么?

5 科技创新基础知识

现代社会科学技术飞速发展。第二次世界大战以来,一系列高新技术领域中的重大突破,对人类历史产生了巨大的影响。科学技术已越来越充分地显示出是推动生产力发展和社会进步的决定性力量。创新是一个民族进步的灵魂,是国家兴旺发达的不竭动力。面对科技创新的挑战,世界各国都在纷纷制定面向新世纪的高科技发展战略。

本节主要介绍科技创新与经济发展、科学发现与科学创新、技术发明与技术创新、创新体系与创新人才、自主创新与创新型国家等。

5.1 科技创新与经济发展

现代科学发现和技术发明的重大突破,通过迅速而广泛的技术创新,引发了新的产业革命。20 世纪 40 年代以来,尤其是近 20 年来,科技创新逐渐成为经济增长和社会进步的主要动力,知识经济逐步成为发达国家的主要经济形态。

现代高科技最大的特点在于能在短期内迅速地直接实现产业化。近代第一次技术革命中,蒸汽机技术从发明、改进到工业上的广泛应用,用了将近一个世纪的时间。第二次技术革命中,电力技术从理论原理到技术发明,再到生产应用,用了半个世纪。20世纪40年代以来新的技术革命中,从科学发现、技术发明到实际应用的时间缩短为5年左右。现代科技革命带来的高科技产业群的迅速崛起,直接引发了一场新的产业革命。这场新的产业革命的到来,表明科技创新越来越快地转化为现实生产力,成为推动经济发展和社会进步的巨大动力。

经济增长是满足人类的生存和发展的需要,推动社会进步和保障可持续发展的物质基础,是当代每个国家和地区所追求的首要目标。现代科技革命引发的新的产业革命,使经济持续增长,科技成为第一生产力,科技创新成为推进经济增长的主要因素。

21世纪,随着科学技术革命的迅猛发展,高科技产业的迅速崛起,经济全球化和知识化,全球范围内的合作与竞争将进入更高的层次,竞争的焦点从争夺自然资源和市场转向争夺人才与科技,科技创新成为争夺的制高点。科技进步对经济增长的贡献日益增大,科技创新活动国际化趋势进一步发展,科技创新能力将成为国际竞争的关键性因素,科技创新将成为人类社会变革与发展的主导力量。

5.2 科学发现与科学创新

科学发现是人类认识自然、揭示自然奥秘的理论总结,是在一定思维形式(哲学思想)指导下,为解决一定问题而进行的有成效的创造性活动。科学的发现同人类的思想、文化、经济、社会的发展紧密相连。科学发现的过程,就是科学创新的过程,科学创新是科学发现的灵魂,没有科学创新就不可能有科学发现,整个科学技术,乃至人类社会也就会停滞不前。现代科学的创立一般要经历4个阶段:第一阶段,提出科学问题,创立科学假说;第二阶段,进行观察实验,验证科学假说;第三阶段,进行科学抽象,形成科学理论;第四阶段,深化科学理论,建立学科体系。因而科学创新的过程主要是科学观念创新、科学手段创新、科学理论创新和科学体系创新。

5.2.1 科学发现

20世纪是现代科学取得辉煌成就的世纪,也是人类对自然,包括其本身的认识不断深化、日益成熟的世纪。这一百年在物质科学、生命科学和思维科学三大领域中都取得了重大的理论突破;以相对论、量子论、基因论和信息论这四大最富有创造力的科学发现为主线,形成了一场场伟大的科学革命,构建了人类认识自然的崭新的世界图景,促进了信息、生命、新材料、新能源、海洋和空间、环保、管理等现代高科技的迅猛发展,推动了人类文明的重大飞跃,使经济与社会发展进入新的时代。

相对论的诞生大大推动了自然科学与技术的发展,它不仅是现代物理学和整个科学技术的重要理论基础之一,同时也为辩证唯物主义的时空观提供了坚实的科学依据。相对论的创立是现代科学发现史上的奇迹,它开创了20世纪一场伟大的科学革命。

广义相对论是爱因斯坦天才的创造。广义相对论的建立,标志着现代时空观的建立,是人类对自然界认识的一次伟大的革命性的飞跃。相对论作为人类探索自然界奥秘的强有力的理论武器,不仅为物理学的发展开辟了一个全新的方向,而且为现代科学技术的发展奠定了基础。今天,相对论已成为原子能科学、基本粒子理论、宇宙航行和天文学的理论基础。相对论和量子论的诞生以及它们的结合,导致了20世纪最伟大的科学革命。爱因斯坦成为20世纪最伟大的科学巨人。

量子论是研究微观世界的结构,描述微观粒子如电子、原子、分子等运动和变化规律的理论。现代量子论的发现引发了一系列划时代的科学发现与技术发明,从半导体晶体管的发明到大规模集成电路再到信息产业的出现;从原子分子结构到凝固态物理再到材料科学;从原子核物理到粒子物理、物质与反物质、核能与激光技术等无一不是以量子论的发展为前提的。而且,量子论对人类思想观念的创新,特别是科学哲学的发展产生了深远的影响,为辩证唯物主义自然观提供了重要的科学依据。

在20世纪现代科学大革命中,生物学取得了飞跃的进展。基因理论的创立,分子生物学的兴起,DNA双螺旋结构的发现和遗传信息传递方向的中心法则的提出,被视为20世纪自然科学的重大突破之一,为描绘生命的遗传和发育的蓝图奠定了基础,也为控制生命过程的技术提供了科学原理,在揭示生命遗传奥秘和开创以基因工程为核心的现代生物技术等方面都具有里程碑意义。

在第二次世界大战后几乎同时诞生了3门崭新的横断学科——信息论、控制论、系统论。这"三论"从不同侧面揭示了客观物质世界的本质联系和运动规律,为现代科学技术的发展提供了新的概念和方法。

20世纪初叶能量量子化、光速极限、遗传基因和信息量的发现,引发了现代科学的重大革命,导致了量子论、相对论、基因论和信息论的创立,这场科学革命为物质科学、生命科学和思维科学三大科学体系确立了新的纲领,为科学世界建立起新的自然图景:一是物质微观结构新层次的夸克模型;二是描述宏观宇宙的起源和演化的大爆炸模型;三是我们生活所在地球的地壳运动的板块模型;四是揭示包括人类在内的一切生物生命科学的DNA双螺旋结构模型;五是引导人们的思维进入新时代的思维科学的图灵计算模型。科学世界崭新的自然图景的建立,标志着人类理性的进一步成熟,对物质、能量、信息及人类自身认识的进一步升华,并为高科技的突飞猛进、信息社会和知识经济时代的来临奠定了基础。

5.2.2　科学创新

1) 科学观念创新

人们在探索未知事物及其发展过程中,首先需要发现科学问题和创立科学假说。发现或提出新的科学问题、创立新的科学假说意味着科学发展方向的确立和科学创新突破口的识别,所以是科学创新中的首要战略环节,它关系到整个科学工作的成败。然而,在纷繁复杂不断变化的科学世界中如何才能准确地提出科学问题,开创性地建立科学假说呢?关键是科学思想观念的创新,而这种创新的思想观念往往又来源于新的科学事实与经典理论的互相矛盾和互相撞击之中。思想观念的创新贯穿于提出科学问题和创立新的科学假说的始终,贯穿于科学创新的始终。

科学创新的根本任务是在已知基础上探索未知,揭示研究对象的本质和规律,逐步形成和建成科学理论,推动科学发展。而科学假说是科学理论建立和发展的必经阶段,是极其重要的中心环节。一项科学研究,只有在提出并确定科学问题之后,通过观察、实验等获得大量资料信息,并以此为基础建立起科学假说,然后通过观察、实验对科学假说进行验证,才能逐步形成科学理论。显然,没有科学假说,就不可能建立科学理论,更不可能引发科学革命,科学假说是形成科学理论、引发科学革命的有力杠杆。

2) 科学手段创新

科学事实是进行科学创新的基础,是形成和验证科学假说,评价、构建和发展科学理论的主要依据。科学发现不可逾越搜集科学信息、掌握科学事实这一重要阶段。搜集科学信息、获取科学事实的主要方式是科学观察和科学实验。这两者都是科学创新不可缺少的重要手段;同时,它们本身又在不断创新的过程中,成为科学创新的重要组成部分。

所谓科学观察,是指通过人的感官或借助于科学仪器,在自然条件下,有计划、有目的地从研究对象身上搜集科学信息、获取科学事实的一种研究方法。

科学实验是人们根据一定的科学研究目的,利用科学仪器、设备,在人为控制或模拟自然现象的条件下排除干扰、突出主要因素、搜集研究对象信息、获取科学事实、探求其本质和规律、创新科学理论的一种手段。

3) 科学理论创新

科学创新的任务,不仅是通过科学观察与实验,对科学假说和原有理论进行检验,更重要的是在此基础上创立和发展新的科学理论。科学理论包括基础科学理论、应用科学理论和技术科学理论。科学理论的创立是对科学事实材料进行创造性加工的过程,即进行科学创新的过程。这一过程中主要进行的活动是富有创造性的理性思维活动,是在哲学思维的启迪下,通过理想模型与理想实验,数学推演和数学模型等形式,创立科学新理论。科学的发展过程就是科学理论不断创新的过程。该过程呈现着渐进式创新和突变式创新两种形态,也就是量变和质变,连续性和跃变性的过程。

科学理论渐进式的创新过程,即量变过程. 就是在理论限度内发展创新。所谓理论限度是指理论应用的限度。一般来说,任何一种科学理论都有其自身应用的限度,超过此限度,真理会转化为谬误。

科学理论突变式创新过程,即质变过程,是突破原有理论的限度,创立新的理论。这种科学理论的质变,又称为科学革命。当发生科学革命,一种新的理论就取代了旧理论。在20世纪初,相对论和量子论的创立突破了牛顿经典力学的低速和宏观的界限,因而是科学发展史上的重大革命。

科学理论的创新,也就是建立一种新的理论,并不是去全盘否定已被科学事实证实过的旧理论,而只是确定旧理论使用的限度,修正旧理论中不正确、不完善的部分,增添新的内容,扩展旧理论限度,使原有理论发展到一个新的高度。新的理论还往往能涵盖旧的理论。在一定条件下,旧的理论成为新理论一种极端条件下的结果。新的理论随着实践发展,人们认识不断深化,又不断创新、不断前进。

4) 科学体系创新

在科学知识创新的过程中,科学假说经过检验和证明而发展成科学理论。科学理论是由科学概念、科学原理或科学定律、科学推论所构成的科学知识体系。科学知识创新是一个不断发展的过程,构成科学理论的科学知识体系也不断地创新。这种科学知识体系的创新主要表现在两个方面,一方面是科学知识体系即科学理论的深化与发展,另一方面是对学科交接点这一科学处女地的开发,不同的科学知识体系即不同的科学理论之间互相移植、交叉、融合、渗透形成新的学科知识体系,创建新的学科理论。

科学理论的持续深化与扩展,使科学知识创新进一步向纵深方向发展,这主要体现在,在批判地继承原有科学理论的基础上,合理地突破原有科学理论已经达到的水平、界限和层次,更加深刻、更加全面、更加系统地揭示研究对象的本质和规律。

不同学科的交叉点或知识的空白区域称为"科学的处女地",在这片处女地上进行耕耘,不同的学科理论知识之间互相移植、交叉、渗透、融合,往往能发现新的科学问题,提出新的科学假说,获得新的科学手段,创建新的科学理论,形成新的学科知识体系。近代和现代科学发展的历史表明,科学上的重大突破、新的生长点乃至新学科的产生,常常在不同的学科彼此交叉和相互渗透的过程中形成。不同学科之间的概念、理论、技术、方法等的移植、交叉、渗透、融合已经成为促进现代科学发展的有力杠杆。学科交叉的形成与发展极大地推动了经济与科学技术的发展和社会的进步。学科交叉是科学综合化发展,并且相互渗透的一种具体表观。伴随横断科学、交叉科学和边缘科学的兴起,各学科日益交织,融合成一个各领域、多层次、非线性的大系统。我们已经进入了学科交叉的时代,各门学科之间向综合化发展是现代科学技术发展的重要特点和趋势。

科学创新的发展不是一蹴而就的,而是经过不断的演变发展过程、在扬弃中循序渐进的。尽管现在它的发展显现出衍生分化和高度综合的主要趋势,呈加速度状,但它始终脱离不了自身的发展规律。任何科学创新都是一个以科学观念创新为先导,在科学手段创新的有力支持下,经过科学理论创新,进而实现学科体系创新的过程。几乎没有哪一种科学创新可以完全脱离科学问题、科学假说、科学观察、科学实验、科学抽象、科学理论、理论深化和学科交叉等各环节。

5.3 技术发明与技术创新

如果说科学发现是人类认识自然、揭示自然奥秘的理论总结,那么技术发明就是人类在科学发现的基础上改造自然、弘扬人类力量的智慧结晶。纵观人类的文明历史,每一次科学发现的重大革命,都会引起技术发明的重大突破,而每一次技术发明的重大突破,又为科学发现提出新的科学问题,提供新的科学资料,创造新的科学手段,从而推动科学发现的进一步发展。科学发现和技术发明的过程都是科学技术知识创新的过程。技术创新是科学发现、技术发明的后续阶段,是一个将人类知识创新成果产品化、商品化、市场化和产业化的过程。从微观上看,技术创新是提高企业竞争力和经济效益的根本途径;从宏观上看,技术创新是优化产业结构和促进产业升级的现实道路,是实现国民经济高质量增长的不竭动力。

5.3.1 技术发明

20世纪以相对论、量子论、基因论和信息论为代表的现代科学革命,直接导致现代技术的重大突破,并引发了一次大规模的、持续至今的现代技术革命浪潮,涌现了一大批对人类生活和科学发展产生重大影响的技术发明。进入21世纪,科学发现和技术发明朝着高层次、高智慧、高投入、高竞争、高影响的方向发展。未来的世纪是科学技术持续进步的世纪,以信息科学技术、生命科学技术、物质科学技术为先导的科学技术的迅猛发展将大大促进世界经济的繁荣和人类文明的进步。

20世纪中,在科学技术和社会发展需求的有力推动下,信息技术、生物工程技术、新能源技术、新材料技术、航天航空技术、海洋技术、环境保护技术等现代高技术领域取得了具有划时代意义的重大突破,每一个领域的重大突破不仅本身是革命性的技术发明,而且还引发了一系列对人类生活、经济发展、社会进步产生深远影响的技术发明。这一项项技术发明,就像人类在20世纪利用自然、改造自然历程中留下的一串串足印,它们既是现代人类文明进步的一个缩影,又是体现人类创新精神的一面镜子。

21世纪是信息科学时代、生命科学时代、航天航空时代、海洋时代、纳米材料时代、新能源时代相互叠加、相互渗透、相互推进的世纪,将是人类依靠知识创新和高技术创新持续发展的世纪,将是人类的科学发现和技术发明不断涌现,科学创新与技术创新层出不穷、开创人类新的文明的世纪。

5.3.2　技术创新

技术创新作为20世纪一门方兴未艾的理论,特别是经过20世纪50年代的深入研究而不断丰富和发展,许多学者从自身的研究背景出发提出了对技术创新的理解,但对其概念的界定一直没有形成比较公认的说法。总的来说,技术创新是应用创新的知识和新技术、新工艺,采用新的生产方式和经营管理模式,提高产品质量,开发生产新的产品,提供新的服务,占据市场并实现市场价值的过程。

1) 工艺创新

工艺创新,在西方也称过程创新,是指企业在产品的生产过程中进行的技术性变革。工艺创新按照创新强度可分为根本性工艺创新和渐进性工艺创新。根本性工艺创新是由于科学技术取得革命性突破,新的技术原理得到运用而直接引发的重大创新。渐进性工艺创新是指在对现有技术改进和优化的过程中所出现的渐进的、连续的创新,它一般不直接改变产品的基本功能,只涉及产品外观、性能、质量以及生产成本和效率的改变。

对制造型企业来说,产品是企业的生命,工艺是产品生产的主动脉,工艺创新是技术创新的基础。为了使产品具有高技术含量、高艺术含量、高附加值,必须要有先进的生产工艺作为保证。工艺创新不仅为技术创新提供了必不可少的物质基础,而且是技术创新效率得以提高的源泉。技术创新如果离开了工艺创新,就像植物离开了土地一样,根本无法生长和发育,更不可能开花结果。在知识经济时代,工艺创新已经成为现代企业赖以生存的前提。

工艺创新是整个技术创新的基础,对工艺创新的现代理解,除了包括对其技术层面的关注,更应重视其生产流程、人员管理、物流管理、资金管理、时间管理等管理因素。许多企业的成功经验都表明,在工艺创新中,有时管理上的变革比技术上的变革更为彻底,对工艺水平和效益的影响更加深远。

2) 产品创新

产品创新是指企业针对产品进行的技术性变动和革新。与工艺创新一样,产品创新按照创新的强度和影响也可分为根本性产品创新和渐进性产品创新。根本性产品创新主要是指在生产生活中发挥巨大作用,具有重要应用价值的产品创新,它们通常来自重要科学发现或技术发明的首次商业化应用。根本性产品创新不仅会导致生产方式和生产组织的变革,而且可能引起产业结构、技术—经济范式乃至人们生活方式和价值观念的变更。渐进性产品创新是指围绕市场需求,对产品所做的性能上的扩展、外观上的改良和技术上的改进,其成果分为两类:换代型新产品和改进型新产品。换代型新产品一般指产品的基本原理不变,部分地采用新技术、新材料和新结构,从而使产品的功能、性能、经济指标有显著提高或改变的新一代产品。改进型新产品主要指通过新的设计或采用新的技术、工艺、材料,对原有产品的性能、结构、用途、品种及包装等方面有了重要改进或部分创新的新产品。

3) 制度创新

企业制度创新是指企业为适应外部环境的改变,通过重新调整和优化企业所有者、经营者和劳动者三者之间的关系,重新规划企业的组织结构和修正完善企业内部的各项规章制度,使各个方面的权利和利益得以充分的体现,使企业内部各种要素合理配置,并发挥最大限度的效能。简单地说,企业制度创新就是企业对不适应将来发展的一切制度的扬弃和革命。企业制度创新既包括宗旨、目的等根本性原则的改变,也包括细节和条文的改变。我国目前企业制度创新的目标模式主要是建立现代企业制度,它是企业产权制度、经营制度、管理制度的综合创新。

相对于工艺创新、产品创新、市场创新来说,制度创新对企业带来的影响也许是最为根本的。制度创新发生在企业内部,直接调整的是企业内最基本的产权关系、组织关系和人事关系,直接动摇的是长期束缚企业发展的深层体制,直接解放的是现有的生产力,直接创造的是更大的创新空间,直接激发的是企业原本就具备的创新潜能。因此,制度创新给企业带来的震撼往往是革命性的。

任何企业的技术创新系统都运行在一定的制度平台上,制度创新是企业整个技术创新系统良性运转的根本保证。没有制度的企业难以想象,同样,没有制度创新作为保证的技术创新也难以想象。一个企业如果未能实现经济持续增长,一个重要的原因可能是企业没有为技术创新活动提供激励或保障。也就是说,没有从制度方面去保证创新活动的行为主体得到最低限度的报酬或好处。制度创新的重大意义就在于在制度上对技术创新主体利益的分配作出合理的安排,为技术创新活动的实施提供高效的组织保证,为技术创新的持续涌现和经济持续增长提供体制保障。

4) 市场创新

所谓市场创新,就是在市场经济条件下,企业为了开辟新的市场,调整或改变现有的市场产品定位、市场组织结构、市场营销渠道、市场供求状况的一系列活动的总和。狭义的市场创新主要包括市场领域创新、目标顾客创新、营销渠道创新、广告意念创新、促销工具创新、定价方式创新、市场形象创新、产品品牌创新等。广义的市场创新除了上述内容外,还包括受市场因素强烈影响的生产工艺创新、产品创新、外观设计创新、组织制度创新等。

5.4　创新体系与创新人才

现代科学发现和技术发明的重大突破,通过迅速而广泛的技术创新,引发新的产业革命,新的产业革命又使现代科技以空前的速度渗透到教育、科研、生产和生活中,推动科学技术创新和整个社会前进。20 世纪中叶,尤其是近 20 年来,科技创新逐渐成为新的经济增长的主要因素,知识革命成为社会进步的主要动力,知识经济上升为社会的主要经济形态。同时,世界各个国家、地区和集团围绕经济增长的核心——科技创新,纷纷建立和完善国家科技创新体系,出台旨在提高国家科技创新能力的战略举措,使世界性的科技创新竞争呈现纷繁复杂、愈演愈烈的态势。

科技创新是经济发展的动力,是社会前进的基础和核心。创新人才是科技创新的主体,是决定国家竞争力的关键。对于什么是创新人才,目前学术界还没有统一的界定。一般可以认为,创新人才是具有创新精神、创新能力和创新知识的人才。本节主要介绍创新体系、创新人才等。

5.4.1 创新体系

1) 国家创新体系

国家创新体系的研究是在知识经济时代下对技术创新研究的深化和延展,它把一般性的微观创新活动上升到宏观活动,把一个国家或地区、集团的各种创新活动看作是一个系统和一个整体,使技术创新理论从微观层次上升到宏观层次,标志着技术创新研究发展到一个新的阶段。为了迎接知识经济的到来,世界各国普遍把建立一个强大而完善的国家创新体系作为富国兴邦的战略举措,国家创新体系的理论研究和现实建构正在成为一股席卷全球的潮流。

关于知识经济时代的国家创新体系的内涵,不同的学者有不同的理解。目前国际上较通用的定义是:国家创新体系是指由一个国家的公共和私有部门组成的组织和制度网络,其活动是为了创造、扩散和使用新的知识和技术。中科院《迎接知识经济时代,建设国家创新体系》的报告中,将我国国家创新体系定义为:由知识创新和技术创新相关的机构和组织构成的网络系统。即它实际上是在一个宏观层次上,建立起包括企业、科研机构、高等院校和政府部门参加的网络体系。目前,这两种定义都已被国内广大学者所接受。

国家创新体系可分为知识创新系统、技术创新系统、知识传播系统和知识应用系统。知识创新是技术创新的基础和源泉,技术创新是企业发展的根本,知识传播系统培养和输送高素质人才,知识应用促使科学知识和技术知识转变为现实生产力。4 个系统各有重点、相互交叉、相互支持,是一个开放的有机整体。

国家创新体系是经济和社会可持续发展的基础和引擎,是培养和造就高素质人才的摇篮,是综合国力和国际竞争力的支柱和后盾。国家创新体系的根本性功能在于优化创新资源配置,协调国家的创新活动,促进科技与经济有机结合。国家创新体系的具体功能是知识创新、技术创新、知识传播和知识应用,包括创新活动的执行、创新资源(人力、财力和信息资源)的配置、创新制度的建立和相关基础设施建设等。

2) 世界科技创新竞争态势

纵观人类历史,有一个明显的规律,即当某种生产要素成为经济增长的核心的时候,它就成为各个国家、地区和集团竞争的焦点。当历史迈入 21 世纪的时候,科技创新取代了土地、资本、劳动力等传统生产要素的主导地位,上升为新的经济增长的主要因素,它也就不可避免地成为世界各个国家、地区和集团竞争的焦点。当今世界科技革命、经济发展、全球化竞争对各国宏观经济调控体系及相关管理体制提出了新的挑战。为了回应知识经济的挑战和获得国际竞争的优势,各个国家纷纷出台旨在提高国家科技创新能力的战略举措,建设和完善国家创新体系,积极推进科技创新。这种以国家意志为主导、以政府行为来干预的科技创新活动是前所未有的,它使得当代世界性的科技创新竞争朝 3 个方向发展:决策层的高级化,范围的全球化,投入的规模化。

　　科技创新是美国成为世界第一经济大国的重要条件。一百多年来美国能够保持世界老大地位,特别是自 20 世纪 90 年代以来,美国的综合国力全面增强,率先进入知识经济的轨道,成为世界上唯一的超级大国,主要受益于科学技术不断创新,一直保持在科技上的领先地位。从近年美国出台的一系列举措看,不仅可以发现美国经济长期持续增长的奥秘所在,更能感受到美国要继续做世界的科技大国和教育大国。

　　欧盟曾一度对科研事业不够重视,对许多新的东西并不急于去应付。这种做法使得欧盟科技投入不足,科研体制落后,科技意识陈旧,科研与生产脱节,缺乏统一规划和协调,科学研究向技术开发、技术开发向商品市场转化的过程不甚畅通。进入 20 世纪 90 年代,面对美国知识经济的崛起以及知识经济所产生的巨大经济效益,欧盟不得不重新调整自己的战略,加快知识化社会的建设,并采取一系列措施,强化科研和推动技术创新。

　　日本近些年再次进入以美国为目标赶超先进的新阶段,通过重新制定科技发展战略,选择战略重点,加大投入力度,引进竞争机制,加速高新技术的产业化进程,确立新世纪的龙头产业群,拉动经济再次进入新的增长阶段。

　　中国要建设自己的国家创新体系,既是世界发展的潮流所迫,又是自己的发展形势所需。新中国成立 60 多年,特别是改革开放以来,我国的科学技术事业取得了长足的发展,某些方面甚至创造了世界奇迹,国家的创新能力有了较大的提高,一批重大科技成果在国际上产生了重大影响,为国家的经济建设和社会发展解决了许多重大科学技术问题。但我们也必须清醒地看到,我国的创新能力与国家发展的需求和国际先进水平相比差距较大,近年来在某些领域甚至还有进一步拉大的迹象。当前,我国的知识创新和技术创新能力不足,知识和科技储备不足,对经济和社会发展的支持不力,人才外流,从事基础、高科技前沿和重大战略研究的基地建设亟待明确和加强,科研机构和大学之间的分工合作和产学研结合需要加强,企业科技创新能力和科技中介力量需要培养和扶持,风险投资机制尚未建立完善,短期行为、低水平重复、投资分散的状况需要扭转,政府职能应向宏观调控方向转移。针对这些情况,如果不及时采取有力措施大幅度提高国家的创新能力,势必影响我国在知识经济时代的国际竞争力和国际地位,影响实现第三步战略目标的进程。深化科技体制改革,建设国家创新体系,增加国家科技战略储备,促进 21 世纪我国经济的可持续发展,已成为全国上下的共识。

　　总而言之,跨入了竞争更加激烈的 21 世纪,世界各国都未雨绸缪,纷纷制定富有远见的科技、教育和产业发展战略,旨在大幅度提高自身的知识生产、传播、转移和应用的能力,提高国家创新能力,增强未来的竞争力。不难预见,随着知识经济的发展,这种以建设国家创新体系为内涵的选择在今后很长一段时间内都将是各国战略调整的重点。

5.4.2　创新人才

　　所谓创新力,是指根据预定目标和任务,运用一切已知信息,开展能动思维活动,产生某种新颖、独特、有社会价值的成果的智力品质。这里的成果主要是指以某种形式存在的思维成果,它既可以是一种新概念、新设想、新理论,也可以是一项新技术、新工艺、新产品。

　　一般来说,创新意识、知识技能和思维技巧(包括创新技法)是决定创新力的三大关键因素。首先,创新意识是决定创新力的动力。一个创新意识强烈的人常常把对真理、对创新的追求视为自己个性与生命的重要组成部分,不怕失败,勇于探索。其次,知识技能是创新力的基础,一般而言,拥有丰富知识和技能的人具有更强大的创新思维力,因为这种人大脑中储存的创新思维素材丰富,知识信息交叉碰撞的机会很大,而创新的知识层次也较高。最后,包括创新技法在内的思维技巧决定创新力的发挥程度。激发创新思维是有技巧的,它可以通过学习和训练来提高:一个受过创新思维专业训练的人能掌握必要的思维技巧,通常能比未受过专业训练的人更快地找到解决问题的思路。

美国宾州大学教授罗尔菲尔德提出创新力具有 8 大特征:对问题的敏感性;变通性;流畅性;独创性;再定义与再构成的智力;区别与抽象的能力;综合能力;组织的一贯性。

创新力的开发就是把创新力理论和方法转化成为创新者的创新素质和创新技能,以提高知识创新、技术创新的速度、水平和效率。创新力的开发对于弥补传统教育的不足,矫正传统教育偏重于知识传授、禁锢人们思维的弊端,启迪人们的创造智慧,具有极为积极和现实的作用。创新力的开发包括:培养优秀的创新品质,挖掘强大的创新潜力,掌握必要的创新技法,跨越隐形的创新陷阱,养成良好的创新习惯。

如果我们把创新的理解延伸到民族、国家和社会时,其开发就不是个体力所能及的了,而是需要全社会的力量。简单而言,民族和国家创新力的开发是一个系统工程,首先需要营造浓厚的创新气氛,要使创新成为全社会的主旋律,成为社会积极评价的焦点;其次需要普及创新知识,要使创新方法、创新技法成为科普内容的一部分,使创新成为深入人心、家喻户晓的大众文化;最后需要为创新建立合理的保障和激励体制,为创新者分担一定的创新风险,对作出突出创新贡献的人才给予奖励。

5.5　自主创新与创新型国家

5.5.1　自主创新

1) 提高自主创新能力成为各国战略实施的重点

实施重大科技计划成为提高自主创新能力的突破口。为寻求支撑未来全球经济增长的新技术,先进国家把实施科技计划作为提高自主创新能力的突破口,如美国实施的信息基础设施计划、日本的科学技术基本计划、欧盟的第 6 个框架计划、韩国科技发展长远规划——2025 年构想等。各国除了出台综合性的科技战略规划外,还实施各类专项计划以保持领先优势,能源、信息技术、制造业、生物技术与纳米技术等成为科技计划的重点。针对世界能源的紧缺,各国纷纷出台能源技术创新计划。

自主创新与产业发展逐步结合,强化科技投入与科技战略计划紧密结合。自主创新与产业发展紧密结合,成为当代世界自主创新的一个基本动向。美国关键技术报告指出:"技术本身并不能保证经济繁荣和国家安全,只有在我们学会将其更有效地应用于研制新型、高质量、成本有竞争能力的产品时才能如此。尽管美国持续保持着强大的科学基础,但它还必须更加侧重对其知识基础的富于想象力的开发利用。"欧盟的关键技术选择也充分体现了这个特征。因此自主创新技术的选择应着眼于技术与经济结合点上,强调研究、开发、应用的一体化,强调技术必须在一定时期内依靠本国的技术能力或产业基础实现商品化、产业化,产生经济效益和社会效益。如美国的信息技术的自主创新带动了信息技术产业的大发展,韩国近年在信息技术、先进制造领域的自主创新大大提高了其产业的国际竞争力。

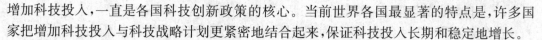

增加科技投入,一直是各国科技创新政策的核心。当前世界各国最显著的特点是,许多国家把增加科技投入与科技战略计划更紧密地结合起来,保证科技投入长期和稳定地增长。

2) 自主创新已成为我国的战略重点

改革开放以来,我国科学技术发展基本上是采取了一种以跟踪模仿为主的"追赶"式战略,这种"追赶"式战略的实施,缩小了我国与世界上某些科技强国之间的差距。

20 世纪 90 年代末,在经济日益全球化的时期,我国在吸纳全球科技资源的基础上,开始更加重视自主创新。进入新世纪,我国人均 GDP 已经达到 1 000 美元,东部地区达到 2 000 美元。根据国外的经验,这个阶段是经济转型的关键时期,迫切需要科技创新的支撑。为此,国务院组织有关部门专家认真研究我国的长期科技发展战略,提出了"自主创新、重点跨越、支撑发展、引领未来"的科技指导方针,为我国的经济发展战略转型努力做好筹划和安排。胡锦涛总书记多次强调指出,要坚持把推动自主创新摆在全部科技工作的突出位置,大力增强科技创新能力,大力增强核心竞争力,在实践中走出一条具有中国特色的科技创新的路子。温家宝总理在国家科学技术奖励大会上的讲话中指出:自主创新是支撑一个国家崛起的筋骨,必须把增强自主创新能力作为国家战略,贯彻到现代化建设的各个方面,贯彻到各个产业、行业和地区,努力将我国建设成为具有国际影响力的创新型国家。党和国家领导人对自主创新的高度重视,进一步为我国经济发展的战略转型指明了方向。

5.5.2 创新型国家

进入 21 世纪后,经济全球化浪潮风起云涌,国与国之间的竞争愈加激烈,大多数国家都在提升自己的创新能力和综合国力,以便在这场竞争中赢得主动。于是,2006 年 1 月,在全国科学技术大会上,中共中央、国务院发出了建设创新型国家的号召,并将其作为今后一段时期内国家的发展战略。

1) 创新型国家内涵

纵观世界各国的发展道路,主要有 3 种类型:一是资源型国家,即主要依靠自身丰富的自然资源增加国民财富的国家,如有些中东产油国,也有人称之为资源消耗型国家。二是依附型国家,即主要依附于发达国家的资本、市场和技术来发展的国家,如一些拉美国家。三是创新型国家,即将技术创新作为基本战略,大幅度提高自主创新能力,形成日益强大的竞争优势的国家。

一般来说,判断一个国家是不是创新型国家,主要有 4 条衡量标准:①创新资金投入必须达到一定标准。目前的创新型国家,研究与发展资金的投入占国民生产总值的比重都在 2% 以上。在 2002 年,美国和日本的这一指标就已达到 2.79% 和 3.35%,瑞士和芬兰也都超过了 3%。②科技创新必须成为促进国家发展的主导战略,创新综合指数必须明显高于其他国家。目前的创新型国家,科技进步的贡献率一般都已达到 70% 以上。③必须有很强的自我创新能力。目前的创新型国家,对引进技术的依存度都在 30% 以下。例如芬兰和韩国,利用自主创新,在 10～15 年的时间里就实现了经济增长方式的根本转变。④创新产出高。世界公认的 20 个创新型国家拥有的发明专利总数占到全世界的 99%。而人口仅占世界 15% 的富国却拥有世界上几乎所有的技术创新成果。此外,这些国家所获得的三方专利(美国、欧洲和日本授权的专利)数占三方专利总数的绝大多数。

2) 中国建设创新型国家的条件与不足

在全面建设小康社会步入关键时期之际,中共中央提出建设创新型国家的重大战略任务,是建立在科学分析中国国情和全面判断中国战略需求的基础之上的。中国目前已基本具备了推进自主创新战略,建设创新型国家的基本条件,主要表现在以下几个方面:

(1) 虽然中国人均 GDP 刚刚突破 1 000 美元,但科技创新的综合指标已相当于人均 GDP 5 000~6 000 美元国家的水平。目前,中国创新能力指数已接近 20(超过 25 即被认为是创新型国家),居发展中国家前列。从发展潜力分析,中国是世界上少有的几个有可能通过科技创新实现经济社会快速发展的大国之一。

(2) 早在 2006 年,中国科技人力资源总量已达 3 200 万人,研发人员总数达 105 万人/年,分别居世界第一和第二,这是任何其他国家都无法比拟的,也是中国走创新型国家发展道路独具的最大优势。

(3) 经过 60 多年的努力,中国的科学技术发展已经形成了相当丰厚的积累,目前已建立了世界上大多数国家尚不具备的比较完整的科学体系,拥有专业门类齐全的科研队伍,这是建设创新型国家的重要基础。

(4) 随着中国经济持续快速增长,国家、产业和企业的经济实力不断增强,提升自主创新能力,建设创新型国家所需要的资金基础日益雄厚,中国的综合国力有条件增加技术开发投入。

(5) 以市场为导向、以企业为主体、产学研相结合的技术创新体系建设正在不断推进,目前几乎每个行业中都有一些企业的技术装备处于国际领先水平,中国已涌现出一批依靠自主创新迅速发展起来的企业典型,如海尔、华为、奇瑞等。相当一部分大型企业及企业集团已形成研究与开发投入和承担创新风险的体制和机制,创新环境逐步改善。

(6) 中国具有独特的传统文化优势,中华民族重视教育、辩证思维、集体主义精神和丰厚的传统文化积累,为中国未来科学技术发展提供了很大的思想优势。

尽管中国已基本具备了建设创新型国家的条件,但目前离创新型国家仍有一定距离。以下数据告诉我们中国离创新型国家到底有多远:

(1) 创新型国家的研究与发展资金投入占国民生产总值的比重都在 2%以上,而中国研究开发投入占 GDP 的比重现在是 1.3%左右,离 2%还有一段距离。

(2) 创新型国家科技进步贡献率都已达到 70%以上,而中国科技进步贡献率仅为39%,差了近一半。

(3) 创新型国家对引进技术的依存度均在 30%以下,而中国对国外引进技术的依存度达到 54%。

(4) 世界公认的 20 个创新型国家拥有的三方专利(美国、欧洲和日本授权的专利)占世界绝大多数,而中国目前拥有的专利极少。

总之,在建设创新型国家这一关系到国家长远发展的问题上,既要认识到中国所具有的优势,又要清醒地看到中国和创新型国家的差距,从而制定适合中国国情的方针政策,稳步推进创新型国家建设。

3) 建设创新型国家必须着力发展科学技术事业

21 世纪前 20 年,是中国经济社会发展的重要战略机遇期,也是科技事业发展的重要战略机遇期,要实现 2020 年进入创新型国家行列,必须实行"自主创新、重点跨越、支撑发展、引领未来"的指导方针,着力发展科学技术事业。

自主创新能力是国家竞争力的核心。当今时代是一个科技成果转化和普及越来越快速和广泛的时代。市场竞争和国家综合实力竞争的胜出者,其制胜诀窍几乎全在于拥有自主知识产权的科技创新成果。没有自主创新,企业就会失去活力,只能处于世界经济一体化的产业链的末端,被市场无情淘汰;没有自主创新,国家的发展就难以突破知识产权壁垒的限制,难以从根本上解决自身发展和国家安全所面临的重大战略问题。自主创新是支撑一个民族进步、一个国家崛起的桥梁。拥有自主创新能力,才能使中国在国际竞争中掌握主动权。自主创新的核心竞争力,是全面提高中国科技水平的根本。

重点跨越,就是坚持有所为有所不为,选择具有一定基础和优势、关系国计民生和国家安全的关键领域,集中力量,重点突破,实现跨越式发展。国际经验表明,通过关键领域的突破实现技术跨越,一直是后进国家赶超先进国家的重要方式,也是先进国家保持领先的法宝。对于中国而言,应该既要看到现在的经济基础和科技实力同过去相比有很大增强,又要看到中国仍然是一个发展中国家,科研经费和人才力量仍相对不足,因此,必须集中力量办大事,把有限的资源用在刀刃上。同时,客观发展规律也表明,只有把有限的财力、精力、人力投到起战略作用的领域才能出奇制胜。

支撑发展,就是从现实的紧迫需求出发,着力突破重大关键技术和共性技术,支撑经济社会持续协调发展。要实现惠及十几亿人口的更高水平的小康社会,最根本的是靠两大动力:一是要坚定不移地推进改革开放;二是要靠科技进步和自主创新的有力支撑。目前,中国已经到了必须更多依靠增强自主创新能力和提高劳动者素质推动经济发展和提升国家竞争力的历史阶段。支撑发展,最根本的是支撑经济社会全面协调发展,这是中国科技进步的根本任务。支撑发展,主要包括 3 个方面的内容:一是为转变经济增长方式,建设资源节约型、环境友好型社会提供重要支撑;二是为促进产业结构优化升级提供重要支撑;三是为提高中国经济的国际竞争力和抗风险能力提供重要支撑。

引领未来,就是要根据全面建设小康社会的紧迫需求、世界科技发展趋势和中国国力,统筹当前和长远,在基础科学和前沿技术研究若干领域超前部署,包括确定若干重点领域,抓住一批重大关键技术,实施若干重大专项,建设一批创新基地,培育大批创新企业,创造新的市场需求,培育新兴产业,引领未来经济社会发展。

▌案　例

政协委员就北京夜间光污染问题提出建议

夜幕降临,京城的大街上到处能看到各种各样的霓虹灯、激光射灯和探照灯,尤其是在一些娱乐及餐饮场所的建筑物顶部。虽然这些灯光给城市的夜晚增添了绚丽的色彩,但有些造成了光污染,影响到人们的休息。

为此,在今年两会上,市政协委员左立臣提出《关于本市应限制日常使用经营性耗电量大,又光污染严重的激光探照灯的建议》,呼吁有关部门对激光探照灯进行必要的限制和约束,限制其开启的时间和地点。

居民家被晃得如白昼

住在广外的李小姐告诉记者,她住的小区旁边新盖了一座大型娱乐城,每天晚上路过该场所时,必定会看到无所不在的激光射灯的照射。"大概有 20 多米吧,我怕灯光刺眼,到这里都尽量低着头走。"

记者在现场看到,这家娱乐场所位于4个楼盘的正中间,每天晚上,6根灯柱同时打开,36盏射灯把天空照得如同白昼。

附近一位居民说,一开始还没觉得怎样,慢慢地就发现,看过这种灯光后,就会眼前发黑,头也发晕。"现在我已经养成一个习惯,知道快要看到这个娱乐城时,就提前准备好低头行走。"

记者发现,该娱乐城四周全是居民楼,一旦打开射灯,对面的居民就无法入睡。"家里亮得跟白天似的。"一位居民如是说。

耗电量大造成光污染

市政协委员左立臣一直在关注着一些娱乐场所安装的激光射灯和探照灯造成的光污染现象。"这些探照灯在夜空摇来晃去,完全是出于商业需要,也为招揽生意而安装。"左立臣委员说,这些灯首先是耗电量相当大。据计算,一盏灯一夜的用电量,相当于上百户居民家中照明的用电量。另外,激光探照灯的强烈光束,容易形成对住高楼居民的光污染,极大地影响了居民的正常生活和休息。

左立臣委员建议,首先,应明确这一问题的治理部门,应由哪个管理部门负责。其次,应制定并实施相关的管理办法,特别是对随意浪费能源及造成光污染的后果,应准确界定其违规的依据,以做到治理有法规可依。同时,要限定激光探照灯的功率,限制其开放的时间和地点。

将劝其限制开放时间

北京市市政管委在回复左立臣委员的提案时表示,激光探照灯是近年来新出现使用的设施,主要使用在娱乐场所为招揽生意、引人注目,经初步调查,四环内约有22处使用场所,一般探照灯功率在 3 000~5 000 W。探照灯的夜间照射的确在一定程度上对高楼居民的生活和休息造成了一定的影响,对景观美化的作用不大,并确实存在扰民现象。

北京市市政管委表示,将结合修改《北京市市容环境卫生条例》有关内容,规范城市夜景照明行为,增加城市管理执法的力度和依据。在法规和标准出台之前,将会同北京市城管执法局共同找激光探照灯设施场所的管理人,劝其取消该设施或限制开放时间。

【思考与讨论】

1. 结合资料,在法规和标准出台之前,如何说服激光探照灯设施场所的管理人,劝其取消该设施或限制开放时间呢,假如你是北京城管执法局的负责人,你会怎么做?

2. 取消灯光设施或限制开放时间的成本有哪些? 为何光污染问题难以控制?

6 文书写作基础知识

具备较强的写作能力,是做好管理工作的基础。本节主要介绍管理文书写作的基本概念与原理、公务文书写作、事务文书写作、经济文书写作、专业文书写作等内容。

6.1 概念与原理

管理文书写作主要是介绍一些与管理相关的应用文写作,使学生通过比较系统的学

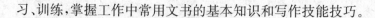

习、训练,掌握工作中常用文书的基本知识和写作技能技巧。

6.1.1 应用文的分类

应用文是人们在日常工作、学习、生活中进行管理、处理业务经常使用的一种体式完整、内容系统的文书材料。

应用文的分类比较复杂,这主要是因为划分的标准不尽相同,其分类结果也就不同。根据应用文的使用范围及其不同特点,主要有公务文书、事务文书、经济文书等。公务文书,是指国家机关、社会团体、企事业单位在处理行政公务时往来的文书材料,简称公文或通用公文。事务文书,是指除公文外,各机关团体、企事业单位,甚至包括个人经常使用的一类应用文。经济文书,是指与经济活动有关的那些应用文。

应用文是社会生活中处理公、私事务不可缺少的工具。随着社会主义市场经济体制的建立和完善,随着人才市场竞争激烈程度的加强,经济工作者学会掌握这一工具将显得十分重要。

6.1.2 应用文的特点

应用文是一门独立的学科,有其自身的特点和规律,它具有写作的共性,但更具有其个性特点。这些特点是:

1) **鲜明的政策性**

应用文中能显明地体现出这一特点的主要是公文,公文是适应国家管理的需要而产生的,它是维护国家机器得以正常运转的一种书面工具。当然,事务文书中,也有政策性的问题,像工作计划、工作总结这样的文书中,在写作时总是以党的方针政策为依据的。鲜明的政策性,是应用文写作的一个重要特点。

2) **明确的目的性**

一般文章或文学作品没有明确的特定的作者,但是应用文却不然,应用文写作目的十分明确、具体。从大的方面看,应用文常常是为贯彻、执行党的路线、方针、政策才写作或行文的;从小的方面讲,应用文总是为了解决某一实际问题才进行写作,例如,请示、报告、通知等。那种不论有无用处,滥发公文的现象必须克服。

3) **事实的准确性**

应用文涉及的对象是工作、学习、生活中的一些具体事实。或对下级提出要求,或向上级汇报工作,或相互询问、答复问题,这些行文所涉及的对象是工作、学习、生活中的真人真事。我们强调准确,是指文中一定要如实地反映事物的真实情况和本来面目。

4) **程式的规范性**

应用文的体式和结构统称为程式,包括用纸和印装格式、行文的书面格式、正文的结构形态等,均有具体的规范要求。

5) **效用的时间性**

应用文是国家机关、企事业单位在开展工作,进行业务活动中所使用的书面材料,或传达党和政府的方针、政策,或汇报工作,反映情况,或单位之间的相互询问、答复问题,其行文目的明确,时效性也很强。它要求写得及时,发得及时,办得及时,否则必然会贻误工作。

6) 语言的朴实性

应用文的语言,一般是以叙述和说明为主,除"总结"和"调查报告"外,要尽量避免描写、抒情、议论性的语体。应用文不追求华丽的辞藻,不刻意修饰,不采用比喻、夸张等文学表现手法。一般来说只要把内容陈述清楚、明白就可以了。在运用陈述性、说理性语言方面应有技巧,但不必在文艺色彩上下工夫。

6.2 公务文书写作

公文是国家机关、社会团体、企事业单位用来处理公务的具有直接行政效力和特定格式的文字材料,是机关、团体、单位之间请示报告工作,公布、知照事项,联系、商洽、解决问题的书面凭证和重要工具。它是公务文书的总称,也是简称。党的各级领导机关的公文习惯上称作文件。本节主要介绍公文的种类、公文的格式、公文的行文、公文的办理等内容。

6.2.1 公文的种类

国务院办公厅 1987 年 2 月 18 日发布,1993 年 11 月 21 日修订、1994 年 1 月 1 日起施行的《国家行政机关公文处理办法》中列举我国现行公文共有 12 类 13 种,即命令(令);议案;决定;指示;公告;通告;通知;通报;报告;请示;批复;函;会议纪要等。上述公文又称通用公文,此外还有外交文书、司法文书、经济文书等,叫做专用公文,也叫专业公文。但在实际工作中,人们又习惯根据各种不同的标准对公文的类别进行再划分。

1) 按照行文关系、行文方向划分

(1) 下行文。是指上级机关对其下级机关发的公文。

(2) 上行文。是下级机关向上级机关呈送的公文。

(3) 平行文。是指不相隶属机关之间的往来公文。

2) 按照公文的作用划分

(1) 指挥性公文。像命令、批示、批复等,是党和政府各级领导机关用于实施领导和指挥的公文。

(2) 报请性公文。下级向上级报告工作、反映情况、请示问题时使用的公文,诸如报告、请示等。

(3) 规范性公文。机关、团体就某一事项或问题制定、发布的有关规范和要求,如章程、规定、联系工作、公布要求的一类公文(通知、通报、通告、公告、函等)。

(4) 记录性公文。是党和政府机关用来记录有关情况或记载某些活动的公文,如会议记录、会议纪要、大事记等。

3) 按照公文的制定者划分

(1) 党内公文。指党的各级组织发的文件。

(2) 行政公文。指国家各级行政机关、各企事业单位发的文件。

(3) 群团公文。指各群团组织发的文件。

(4) 个人公文。指以党政机关的主要负责人名义发的公文。

4) 按公文的秘密等级划分

(1) 绝密公文。指那些内容涉及党和国家的最高一级核心机密,在一定时间内必须绝对控制在一定范围内的某些文件。

（2）机密公文。也称秘密文件。这些文件的内容也涉及党和国家的一些重要事宜，在一定时间内必须谨慎处理。

（3）普通公文。这是相对上述两种保密文件而言的。所谓普通，是说保密程度没有特殊要求，但它同样要求文秘工作者认真负责处理。

5）按照公文处理在时间上的不同要求划分

（1）特急公文（又称特急件）。属于内容重大，处理时间紧迫，需要以最快的速度形成、传递和处理的文件。

（2）急办公文（又称急件）。是相对特急公文而言，内容比较重要，时间比较紧。

（3）常规公文（又称平件）。指按正常要求形成和处理的公文。

6.2.2　公文的格式

公文是一种具有特定格式的文字材料。公文行文部分的格式分三大部分，即文头部分、正文部分、文尾部分，其格式分述如下：

1）文头部分

公文的文头部分包括文件编号、文件名称、发文字号、间隔线。

文件编号：指这份文件在该文件中的顺序号，位置在文头部分的左上角。

文件名称：由发文单位的名称加上"文件"两字构成，有的基层单位也可只写单位名称，文件名称应在文件编号的下一行，字体要大些以示庄重醒目。发文机关应当写全称或者规范化简称；联合行文，主办机关应当排列在前。

发文字号：写明机关代字、年份、序号。联合行文，只标明主办机关发文字号。发文字号的位置在文件名称的下一行中间部分。

间隔线：发文字号下的横线，用以将文头与正文分开。党的机关习惯在间隔线中间加一颗五星，使文中格式更为鲜明醒目。

2）正文部分

公文的正文部分包括秘密等级、紧急程度、文件标题、主送机关（收文机关）、正文、附件标注、落款、发文日期、印章等。

秘密公文应当分别标明"绝密"、"机密"、"秘密"，"绝密"、"机密"公文应当标明份数序号。

紧急公文应当分别标明"特急"、"急件"。

文件标题，应当准确简要地概括公文的主要内容，一般应当标明发文机关，并准确标明公文种类。一个完整的文件标题应该由发文机关名称、事由和文种三部分组成，也可根据情况省略某一部分。标题中除法规、规章名称加书名号外，一般不用标点符号。

上送单位或收文单位，指文件送达单位的名称。如送达单位较多可以用泛称，如"各单位"。主送机关位置在文件标题的下一行，顶格，后面用冒号。上报的公文，应在首页注明签发人姓名。

正文是文件的核心部分，即文件主旨的阐述部分。

正文部分的写作需要注意以下几点：①符合国家的法律、法规，符合党和政府的方针政策。②符合生活情况和工作实际。③谋篇布局合理、语言准确、简洁、庄重。④人名、地名、数字、引文准确。引用公文,先引标题,后引发文字号。日期应写具体年、月、日,不宜用"今年"、"上月"、"明天"等。⑤文内必须使用简称时,一般应先用全称并注明简称。⑥正文少的数字,除发文字号、统计表、序号、百分比、专用术语和其他必须用阿拉伯数字外,一般用汉字书写。在同一份文件中,数字的使用应前后一致。

附件标注,是在正文之后,发文机关名称(印章)之前,用来说明公文正件所附材料的名称及件数。专为转发文件而发的公文,在标题中直接引用了被转发文件(即附件)的名称、正文后可以不再标注附件。文件如有附件,注明附件的标题和件数,不要只写"附件如文"。

落款,即发文机关的名称,机关领导人落款叫签署,位置在附件标注下一行右侧。在拟文稿(发文稿纸)上,一切公文都需经签署才可以印制,重要的文件由机关主要负责人签署,一般事务性文件由主持日常工作或分管该项工作的领导人签署,经授权,有的公文可由秘书长或办公厅(室)主任签署。

印章与落款一样起着证实文件效力的作用,不可遗忘。印章表示发文机关对公文的负责态度,联合上报的非法规性文件,由主办机关加盖公章;联合下发的公文都应加盖公章。用印位置在正文(和附件)右下,成文日期的上侧,要求上不压正文、下要骑年盖月。

成文日期指公文定稿的时间,也是公文的生效时间。有时公文的生效时间,是在正文中另外写明的。成文日期一般应以领导人签发的日期为准,联合行文,应以最后签发机关领导人签发的日期为准。成文日期应标明公元年、月、日,一律用汉字小写数码书写,不使用阿拉伯数字,年、月、日要写全。

主题词是由规范化名词或名词性词组组成的,位置应在末页下部、抄送范围的上方,凡正式公文,均应标注主题词。主题词的作用,一方面在于反映公文的主要内容,另一方面是为了适应计算机储存公文的需要。主题词之间要空一个字的距离。主题词有 1 个的,有 2 个的,一般不超过 4 个。选用主题词的方法是问题加文种,也有将这种方法分为类别词(反映公文主要类别)、类属词(反映公文具体内容)、文种类(反映公文形式)3 个层次。

公文的书写形式,要从左至右横写、横排。少数民族文字按其习惯书写、排版,在民族自治地方,可并用汉字和通用的少数民族文字。

3) 文尾部分

文尾部分包括文件发至范围、抄报、抄送机关、文件印制单位、印制年月日、印刷份数。

总之,文件的格式十分重要而项目繁多,应该引起文秘工作者的高度重视,严格按照公文的特定格式行文,以保证公文格式的正确性和规范性。

6.2.3 公文的行文

国家机关、社会团体、企事业单位之间在处理日常工作时,要经常收文、发文。我们把国家党政机关、社会团体、企事业单位之间根据各自的隶属关系和职权范围所进行的公文往来称为公文的行文。

1) 行文规则

各级行政机关的行文关系应当根据各自的隶属关系和职权范围确定。

政府各部门在本部门职权范围内可以互相行文,可以向下一级政府的有关业务部门行文,也可以根据本级政府授权和职权规定向下一级政府行文。

向下级机关的重要行文,应当同时抄送直接上级机关。

部门之间对有关问题未经协商一致,不得各自向下行文。如擅自行文,上级机关有权责令纠正或撤销。

同级政府、同级政府各部门、上级政府部门与下一级政府部门可以联合行文;政府及其部门与同级党委、军队机关及其部门可以联合行文;政府部门与同级人民团体和行使行政职能的事业单位也可以联合行文。联合行文应当确有必要,单位不宜过多。

各级行政机关一般不得越级请示。因特殊情况必须越级请示时,应当抄送被越过的上级机关。

"请示"应当一文一事;一般只写一个主送机关,如需同时送其他机关,应当用抄送形式,但不得同时抄送下级机关。除领导直接交办的事项外,"请示"不得直接送领导者个人。

"报告"中不得夹带请示事项。

受双重领导的机关向上级机关请示,应当写明主送机关和抄送机关,由主送机关负责答复。上级机关向受双重领导的下级机关行文时,必要时应当抄送其另一上级机关。

经批准在报刊上全文发布的行政法规和规章,应当视为正式公文依照执行,可不再行文。同时,由发文机关印制少量文本,供存档备查。

2) 行文方式

由于行文的机关层次多,公文的种类多,所以行文的方式也就不可能是单一的。就我国目前的行文看,注意行文方式,运用正确的方式行文是十分必要的。我国的行文方式主要有两大类:直接行文和间接行文。

(1) 直接行文

所谓直接行文是指直接向上级或下级行文。这种行文方式是经常使用的,在我国行文方式中占有主要地位。这种行文方式的优点是文件精神传达迅速,避免许多环节,有利于提高工作效率。

(2) 间接行文

其包括批转、转发、转呈等行文方式。

6.2.4　公文的办理

公文办理分为收文和发文。收文办理一般包括传递、签发、登记、分发、拟办、批办、承办、催办、查办、立卷、归档、销毁等程序;发文办理一般包括拟稿、审核、签发、缮写、校对、用印、登记、分发、立卷、归档、销毁等程序。

需要办理的公文,文秘部门应当及时提出拟办意见送领导人批示,或者交有关部门办理。紧急公文,应当提出办理时限。

承办单位应当抓紧办理,不得延误、推诿。对不属于本单位职权范围或者不适宜本单位办理的,应当迅速退回交办的文秘部门并说明理由。

6.3　事务文书写作

除国家党政机关使用的公文之外,我们把处理日常工作或事务的工作计划、工作总结、工作简报、调查报告、会议记录和书信的写作,归于事务应用文一类。这类文章有如下特点:一是软化的约束性。它不像公文那样具有强制性的行政约束力量,无法硬性规定写作主体或接受主体应该做什么或不做什么,但它在工作与生活实践中确有一定的规范作用。无论是计划、总结,或者是简报、书信、调查报告以及礼仪词稿等,都是为调整生活与工作中的某种关系而写作的。二是使用范围广泛。公文、财经应用文的写作主体是从事特定专业的人员,而事务性应用文则不论你从事什么样的工作,都要经常使用,即使是处理个人性事务,也需要写这类文书材料。三是使用的频率较大。由于这类文书所处理的事务的综合性以及这类事务与生活实践的贴近性,就必然使它的使用频率大大高于其他文书材料。本节所介绍的事务文书主要有以下几种:工作计划、工作总结、工作简报、调查报告等。

6.3.1　工作计划

工作计划是用文字表达出来的工作设想、安排和行动方案。换言之,它是预先对一定时期的工作写出打算和安排的文书。

计划的种类很多,按内容分,有工作计划、生产计划、学习计划等;按性质分,有综合计划、专题计划等;按范围分,有部门计划、个人计划等;按时间分,有长远的、多年性的计划(又称规划),有短期的,如年度计划、月份计划等,有比较粗略的计划,又称设想,有比较概括的计划,又称工作要点,有比较具体的计划,又称工作安排;按写作形式分,可分为条文计划和表格计划等。根据管理的业务需要,这里重点介绍一般工作计划的写作。

1) 制定计划的要求

(1) 有目标。写计划首先要明确地写出工作的目标、意义和要求,以及提出这些要求的依据,使计划的执行者事先就知道工作的未来结果,做到心中有数。

(2) 有措施。有了既定的任务,还必须有任务完成的措施和方法,这是实现计划的保证,措施和方法主要指达到既定目标需要什么手段,动员哪些力量,创造什么条件,排除哪些困难等。

(3) 有步骤。也就是工作的程序和时间的安排、要求。

2) 计划的一般写法

(1) 标题:主要写明制定计划的单位、时间、性质、文种等内容。

(2) 引言:写明制定计划的目的、意义、计划的根据、指导思想等。

(3) 正文:写明计划的主要内容,即各项具体任务、目标、要求、措施办法、时间安排、工作程序等。

(4) 结尾:对重点问题进行强调或提醒,或者是提出号召、要求和希望等,若属于上报的工作计划,应署名,写清具体时间和加盖公章。

6.3.2　工作总结

工作总结是对某一时期、某一阶段的工作进行分析、研究,然后进行全面评价、鉴定,从中找出经验、教训,以便指导今后工作的文书材料。

总结所要回答的问题是在某一时期内"已经做了什么,如何做的,做到什么程度"的问题,是对某种实施结果的总鉴定和总结论。

总结的种类很多。按内容分,有工作总结、学习总结、思想总结、生产总结等;按时间分,有年度总结、季度总结、月份总结等;按性质分,有综合总结、专项总结等。根据需要,这里重点介绍工作总结的写作。

1) 工作总结写作的要求

(1) 事实的客观性

因为总结是对已经完成的工作进行检查、分析、评断,这就决定了总结有很强的客观性,是以所完成工作的具体情况为依据,不能随意杜撰、夸张歪曲。不实事求是,就谈不上总结的价值。不在认清事实的基础上进行总结,就不能发扬成绩、推广经验、纠正错误。

(2) 认识的理论性

从理论认识的高度概括经验教训,这使总结同一般的情况反映、消息等有了基本区别。情况反映、消息等侧重陈述某些个别事实,总结则在于通过个别事实揭示一般规律。换句话说,总结不应当是就事论事,而要在事实的基础上上升到理论的高度去认识、去总结。

(3) 实践的指导性

写作总结,务必要考虑到指导现实的效用性角度和目的。一些学术论文、文艺论文等,是基于事实理论概括,但它们并不强调直接指导实践的效用性。总结要有效用性,不立足于指导今后的实践,总结就空泛。换言之,不是为了总结而总结,总结只有立足于指导今后的实践,才有其真正的意义。

2) 总结的一般写法

(1) 标题

写明总结的单位名称、总结的时间范围、总结的性质和文种。

(2) 引言

引言的主要内容是介绍总结单位工作的基本情况,概述形势任务,交代工作的政策依据、有关条件,简要说明经验和结果,以及成败及其原因等,然后提示总结的主要内容。

(3) 正文

主要是概述工作进程、采取的方法与步骤,如开始怎样,中间遇到过什么问题,是怎样解决的,人们的认识有什么发展,后来怎样等。在对工作进程情况概述完了之后,接着,一般只要讲到成绩和取得的经验、缺点和存在的问题。谈成绩,成绩有多大,表现在哪些方面,是怎样取得的;谈缺点,缺点有多少,表现在哪些方面,是什么性质的,是怎样产生的等。介绍成绩和缺点,常要求形成问题,分条分项列写,从分析阐述、举例到小结,写作时要求有系统性和规范性。

(4) 结尾

一般写出希望、要求、打算、设想等。有时可作为正文的一个内容,无需结尾。最后是署名,若属上报性的总结,应加盖公章。

6.3.3　工作简报

简报是国家机关、企事业单位、群众团体用来反映和沟通情况、汇报工作、交流经验、揭示问题的一种文书材料。其作用主要是反映和交流情况,供上级领导部门及时掌握下面的各种动态,供下属单位或左邻右舍有关人员了解上面和别的单位情况、问题、经验,以作为开展工作的参考。

简报的种类繁多,从内容上可分为工作简报、生产简报、学习简报等;从性质上可分为情况简报、经验简报、会议简报等;从时间上可分为临时性简报、定期性简报;从范围上可分为综合性简报、专项性简报。

1）简报的写作要求

（1）要快。就是说，要有极强的时间性，简报能否发挥作用和发挥作用的大小，快慢是一个重要因素。

（2）要简。就是说，在形式上要求篇幅简短，内容简明，文字必须精练。

（3）要新。就是说，在内容上要有新意，要反映新问题、新情况、新经验。

（4）要密。就是说，简报有不同程度的保密性。发行范围越广，机密程度越低；发行范围越小，机密程度越高。属于机密性的简报，发文和收文单位都应很好地注意传送和保管。

2）简报的一般写法

简报写作的格式同其他公文有所不同，其大体分为报头、正文、报尾3个部分。

（1）报头

占第一页上方几行的位置。中间是"某某简报"、"某某简讯"、"情况反映"、"情况交流"、"互通情报"、"内部参考"等几个醒目的大字。报头下面是编号，有一段一编号的，也有统编的。左侧是编发简报的单位名称，右侧是本期简报印发的日期。

（2）正文

正文的标题和新闻报道的标题相似，标题应简明地概括出正文的内容。正文的内容关键在于抓准问题，把报告的内容写清楚。如果是经验简报，就应当清楚是什么经验，取得经验的原因是什么，这一经验推广的价值如何等；如果是会议简报，一定要围绕会议中心议题，把与会人员对会议报告的修改意见、对上级领导的批评建议，以及会议中反映出来的主要情况和问题写出来。

6.3.4　调查报告

调查报告，是对某一事物或某一问题进行调查研究后所写出来的书面报告。

调查报告从内容上、作用上分，大体可分为重大事件的调查、新生事物的调查、典型经验调查、斗争历史调查、基本情况调查、揭露问题调查。还可把它分为政治调查、经济调查、学术调查、专案调查等。

由于调查的问题、目的、要求不同，调查有普遍调查和非普遍调查（包括重点调查、典型调查、抽样调查）。在调查报告的写作中，一般把经过普遍调查写成的调查报告叫做综合调查报告；把经过非普遍调查，包括重点调查、典型调查、个别抽样调查写成的调查报告叫做专题调查报告。

1）调查报告写作的要求

（1）要深入调查研究

调查报告，顾名思义，一是调查，二是报告。调查是报告的基础，报告是调查结果的反映；调查是报告的灵魂，报告是调查的体现。可以说，要写好调查报告，首先要进行深入的调查研究。

（2）要精心提炼主题

从调查研究中获取了大量的材料，这只是写好调查报告的基础，还需根据所得材料精心提炼主题。调查报告的主题，是在广泛、深入调查所得的材料中，经过分析归纳，揭示出事物内在的基本规律。调查报告主题的确定，要依据3个要素：调查研究最初的目的；调查研究中得到的基本材料；现实生活中所提出的需要回答的问题。

（3）要占有详尽材料

材料是形成主题的基础。所以写作调查报告必须先占有材料，而占有材料的标准是什么呢？一是详尽；二是系统。所谓详尽，就是既要占有正面材料，又要占有反面材料；既要占有历史材料，又要占有现实材料；既要有概括材料，又要有具体材料；既要有从领导那里得来的材料，又要有从群众那里得来的材料。一句话，要"面面观"，而不是"一面现"。所谓系统，是指要搞清楚所调查问题的来龙去脉，而不是片断零散、支离破碎。当然，在调查中获得的材料，还必须随时加以核实，做去伪存真的工作，不全的补充，不实的舍弃。

（4）要确定调查方法

一般来说，在调查之前必须搞清调查的意义，学习与本次调查有关的方针、政策，以便掌握思想理论。同时还要查阅与本次调查有关的现实材料、历史材料，有关文字材料等，以便寻找调查的线索。这些准备工作做好之后，方能进行调查。而调查时，又要根据调查的内容、目的、意义，确定调查方法。

2）调查报告的一般写法

从结构上讲，调查报告一般包括标题、正文和结尾三部分。

调查报告的标题有的和一般文章的标题一样，有的类似公文的标题，有的标题是提问式的，有的还有正副标题。

调查报告的正文部分，一般由前言和主体构成。

前言部分简明扼要地说明为了什么目的，在什么时间，到什么地点，对哪个对象或范围，做了哪些调查，本文所要报告的主要内容是什么。这部分的主要任务是介绍基本情况和提出问题，写法不拘一格。

主体部分要展开对事实的叙述和议论。这部分一般要把调查的主要情况、经验或问题归纳为几个问题，分为几个小部分来写，每个小的部分有一个中心，加上序码来表明，或加上小标题、提示和概括这部分的内容，使之眉目清楚。在每个小部分中，观点和具体材料的安排，比较常用的是先提出观点，后叙述材料。这种观点领先，然后叙述事实的方法，是最便于理解的。但也有先叙述事实，后概括出观点的。有时，在叙述一个比较复杂的过程时，要在叙述中进行说理。这种类似夹叙夹议的写法，能把观点和材料紧密地结合在一起，不过，要写得有条理、有层次，议论穿插恰当。

调查报告的结尾，大致有3种情况：无结束语；有简短的结束语；有较长的结束语。从内容上可分成几种情况：①概括全篇的主要观点，进一步深化主题；②由点带面，指出方向；③对调查的情况和问题，提出解决的办法措施、意见和建议；④发出号召，进行鼓舞。

6.4　经济文书写作

应用文广泛使用于经济领域，是直接为生产和经营管理服务的。它是国家财经部门在生产、分配、交换、流通过程中，进行有效的组织与管理的重要工具。工商管理部门在贯彻和执行党和国家的各项方针政策中，以及单位间进行联系交往中，既要用到通用公文，又要用到事务应用文，更要用到财经应用文。财经应用文的文种较多，各文种的写作均有自己的特点，所以，我们只能把常用的主要文种的写作，如经济活动分析报告、市场调查报告、经济预测报告、审计报告等，分别作简要介绍。

6.4.1 经济活动分析报告

1) 什么是经济活动分析报告

经济活动分析是运用会计资料、统计资料、业务核算及计划等资料,对企业一定时期的生产、流通、分配和资金使用等经济活动过程及其结果进行的研究分析。分析与报告是两个步骤,分析只分析微观经济方面的内容,不分析宏观经济方面的内容,这种分析,是企业挖掘内部潜力,合理使用人力、物力和财力,不断提高经营管理水平的有力手段。报告,是对经济活动分析后写出的报告。

2) 经济活动分析报告的种类

(1) 按内容分

经济活动分析报告按内容可以分为 3 种类型:第一,全面分析,又叫综合分析。它是对某一单位在一定时期内各项经济活动指标完成情况进行全面、系统的分析。第二,简要分析,又叫部分分析。它是企业在生产经营活动中,围绕一个或几个财政指标、计划指标的完成情况或存在问题进行简要的分析,以便领导及时处理。第三,专题分析。它是对经济活动中所发生的重大问题,或某一特定经济事件进行深入调查和细致分析研究所写出的分析材料。

(2) 按时间分

经济活动分析报告按时间可以分为:第一,预测分析。这是某项经济活动开始之前的分析。其根据以往经济活动资料和企业的现状条件以及对市场发展的趋势、可能达到的经济目标等情况来选择最佳活动方案。第二,事中分析。它是在经济计划执行过程中,根据报表及信息反馈,对经济活动的变化进行分析,以便及时发现问题,及时解决问题。第三,事后分析。它是经济活动告一段落后的分析,从中找出规律性的东西,以便为今后制定计划和进行决策提供依据。

3) 经济活动分析报告的写作格式

经济活动分析报告的结构格式,通常包括标题、正文、落款 3 个部分。

(1) 标题

一般由单位名称、时间、内容范围和文种组成。在标题中企业单位名称可以省略,其他两项不能省略。

(2) 正文

一般分为三部分,即开头、中间、结尾。

① 开头。简明介绍形势,针对要分析的问题用数字说明基本情况;有的人笔就从生产情况和存在问题谈起;有的交待目的后即转入正文;有的无开头,把开头的内容放在正文,常见的开头方式有直叙式、对比式、提问式、评述式、结论式。

② 中间。这是分析的主体部分。写作时,应抓住分析的问题,运用数据和资料,结合具体情况,进行辩证的分析。

③ 结尾。这是全文的终结,其写法可以是预测趋势,提出对策,提出意见、建议,概括全文等。

(3) 落款

一般要写明报告单位或报告人名称或姓名,有的还要签字、盖章,最后注明报告日期递交主管部门,也有一些用于研究的报告不需要落款。

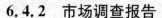

6.4.2 市场调查报告

1) 市场调查报告的含义

市场调查,就是对市场供需情况、发展趋势进行的调查。在调查过程中要搜集影响市场变化的情况资料,如产品调查、价格调查、供应情况的调查、销售情况的调查等。

市场调查报告,就是在以市场变化为研究对象的调查活动、调查过程、调查结果的基础上而编写的书面报告。

2) 市场调查报告的内容

凡是直接或间接影响市场变化的情况都是市场调查的内容。主要有:

(1) 环境调查

包括政治、经济、科学文化的调查。政治环境调查有国际国内环境、政府有关政策和法令、国际国内政治形势的变化等;经济环境调查有不同地区和不同单位的生产状况、人口数、经济收入等;科学文化调查有教育程度、文化层次、职业构成、民族分布、宗教信仰、风俗习惯、审美观念等。

(2) 市场需求调查

调查市场对产品的实际需求量和潜在的需求量,以及企业产品在市场上的占有率等。

(3) 技术发展调查

主要调查与本单位经营的商品有关的技术资料,如新技术、新产品的发展趋势。

(4) 消费者调查

调查的内容包括年龄、性别、民族、职业、消费习惯、消费水平、购买动机、购买行为等。

(5) 产品调查

主要调查产品性能、顾客对产品的意见和要求、产品的使用状况、新产品的发展趋势等。

(6) 竞争对象调查

主要是对竞争对象单位的调查研究,包括生产、销售、价格以及管理机制等情况的调查。

3) 市场调查报告写作的格式

市场调查报告的写作结构格式近年来已趋向于规范化,这样,一方面便于写作,一方面便于有关部门的处理和领导决策机构的阅读。其结构格式大体如下:

(1) 标题

标题的拟定取决于内容,它包含调查单位、内容、范围、文种等。

(2) 前言

前言主要是交待调查的时间、地点、对象、范围、目的和调查采取的方法等。有的前言是在交待了上述几点之后,还简略地介绍调查的基本内容和本文作者的观点。

(3) 正文

正文是调查核心部分,具体又可分为三部分:情况部分,文章中可用简洁的语言加以介绍,具体情况可以利用数据、图表等形象地加以说明;预测部分,即利用对资料的分析,预测市场的发展变化趋势;建议部分,这是在对市场发展前景作出了判断之后,提出的建设性的意见。

（4）结尾

结尾是全文的结束。通常要照应前言，做到首尾呼应。

6.4.3　经济预测报告

1）经济预测报告的含义

什么是经济预测？概括地说，预测是对尚未发生或目前还不明确的经济事物进行预先的估计和推测。它是在一定理论指导下，以事物的历史和现状为出发点，以调查研究资料和统计数据为依据，在对事物发展过程进行深刻分析的基础上，研究并认识事物的发展变化规律，进而对事物发展的未来变化预先作出科学的推测。所谓经济预测报告，就是将预测的对象、内容、范围及其结果，用文字写出来的书面材料。

2）经济预测报告的种类

（1）按照范围来分，可分为宏观预测与微观预测两大类。宏观市场预测范围大，一般来说是指国际性和全国性的市场预测；微观市场预测范围小，一般是指局部性的，如某一部门、某一单项性的预测。

（2）按时限来分，可分为长期预测、中期预测、短期预测 3 类。10 年以上的为长期预测，3 年至 7 年为中期预测，1 年左右为短期预测。

（3）按内容来分，可分为产品预测、消费预测、流通渠道预测、价格变化预测、竞争趋势预测等。

3）经济预测报告的写作格式

经济预测报告的写作结构格式有：

（1）标题

经济预测报告标题式样繁多，常见的有 3 种：①完整式，包括预测时限、预测地区、预测对象和文种。②部分式标题。这类标题只有预测的对象和文种。③消息式标题。这类标题类似新闻报道中消息的标题，不写"预测"，但从标题上可以看出是预测的内容。

（2）引言

一般是对预测的有关内容的基本情况作一简单介绍。

（3）正文

正文是预测报告的主体部分。应依据预测调查的资料所具有的性质和内在联系，按客观存在的规律和写作要求来安排层次，大体上是先说明市场现状情况。说明市场的现状情况通常采用叙述的方法，必要时可用数据和图表来帮助说明。接着，写预测部分。写好市场的预测，其关键在于通过市场现状的分析研究，作出对未来发展趋势准确无误的预测。预测能否准确无误，取决于预测报告写作者对市场历史、现状的认识、分析和未来判断的能力。预测之后，摆在企业经营者面前的一个重要问题，就是要看准这种未来发展趋势对本企业、本部门将会产生什么影响，进而提出相应的决策。

正文部分，也可以说就是分析部分。在分析时方方面面都要考虑到，如对贯彻、执行党的方针政策的分析。党的方针政策，会直接影响经济形势和经济活动。在对某一经济活动进行分析时，如能考虑到这一点，可以使预测更具有准确性。另外，对经营活动的分析也是非常重要的，经济活动是预测的基础和出发点，离开了运用数据对经营活动的分析，预测的正确性也就难以保证。当然，在分析时，一定要做到理由充分，唯有如此，预测才能合理、正确。

(4) 结尾

这是全文的结尾部分,又叫结束语。一般来说,正文写完了就可以结束。但有时根据内容的要求和作者的意图,在正文写完后再加上一段结尾。常见的结尾有:预测后再提出办法、意见、要求等。正文结束后,为加深读者的印象,常对全文作一总括,以此与开头相呼应。

6.4.4 审计报告

1) 审计报告的含义

审计报告是一种经济监察报告。它是审计人员对企事业单位的经济活动情况(包括财务状况、经营成果、经济效益和遵纪守法的情况等)审查后,把审查的结论意见向审计机关或被审计单位主管部门提出来的书面文件。

2) 审计报告的种类

(1) 按审计范围分,可分为全面审计报告和专项审计报告。全面审计是对全部财务活动和经济效益审计后写出来的报告。专项审计报告是对一部分财务活动或经济效益的个别指标进行审计后所写的报告。

(2) 按审计机构分,可分为外部审计报告和内部审计报告。外部审计报告是指国家审计机关和社会上独立开业的会计事务所写出的报告。内部审计报告是指国家机关、企事业单位内部建立的审计组织写的审计报告。

(3) 按审计内容分,可分为财务审计报告、财经纪律审计报告和经济效益审计报告3种。

除上述3种分类方法之外,还有的按审计报告的形式划分的,分为审计报告书、审计证明书、审计决定等。

3) 审计报告的写作格式

(1) 标题

审计报告的标题,类似公文的标题。但不一定非写出单位、事由和文种3个部分。审计报告,可以直接写上"审计报告",也可以写出事由和文种两个部分。

(2) 主送单位

因为审计报告一般是由审计人员为被审计单位的上级主管部门写的报告材料,所以,报告形成后要呈送给上级主管部门。主送单位在标题的下一行。

(3) 正文

这是审计报告的主体部分。这一部分的写作必须根据审计的对象、目的、内容去考虑安排层次段落,一般是按照概况、问题结论、处理意见、建议要求这个程序写。

(4) 结尾

审计报告同公文的请示报告一样,属于上行的报请性公文,因此在结尾处要写上"上述处理是否恰当,请研究决定"、"以上意见当否,请审定"等字样。如果是属于公正性的审计报告,结尾应写上"特此证明"。

(5) 附件

在审计中发现的问题、了解的事实不能一一写在正式报告中,但它又需上级主管部门知道,这样的材料可作为附件附在审计报告之后以备查证。

（6）签署

这是审计单位、审计人员的签名,同时要加盖印章,写上行文的时间。

6.5　专业文书写作

工商行政管理在行使权利,实现监督、协调、组织服务的管理过程中,有一套完整的管理机制,同时也形成具有专业性很强的文书材料,本节只介绍常用的几种,如市场信息、企业法人登记公告、企业年检统计分析报告等。

1) 市场信息

市场信息,又称"市场情报"、"市场动态"、"市场消息"等。

市场信息就是反映市场动态的文章,其作用在于对市场情况作出及时的判断、反映,以便引导生产和消费,调解供求矛盾,促进经济发展。

市场信息的种类主要有两大类:一类是广告体,如产品介绍、经销信息等。这类文章的写法是以介绍说明为主。另一类是新闻体,如市场管理信息、商品展销信息、开业信息等。其写法既有简短的叙述,又有准确的说明。

2) 企业法人登记公告

企业法人登记公告是工商行政管理机关代表政府发布的一种具有法律效力的正式公告。企业法人登记公告的内容是政府机关核准的,它具有确认企业成立,证明企业登记事项真实性的法律效力。

企业法人登记公告的写作格式如下:

（1）标题

公告的标题制作与机关公文标题的制作一样,由发文机关、事由和文种三部分构成。

（2）文号

企业法人登记公告的文号与一般的公文编号略有不同。企业法人登记公告是在专门的报刊上登载的,一般都省去机关代号和年号,而只保留顺序号。

（3）正文

企业法人登记公告行文的对象不确定,一般没有主送单位,标题与文号之后,下一行便是正文。公告的正文有:企业名称、住所、法人代表、经济性质、营业执照号码、电话。有的还有分支机构、电报挂号或电传等。

3) 企业年检统计分析报告

企业年检统计分析报告,是指工商行政管理机关以企业年检报告书的统计报表资料为主要依据写成的分析报告。它是报送给上级机关的文书。如果是作为本机关存档用,它就是企业年检分析材料。在企业中进行年检分析,可以从一个或多个侧面反映一个地区、一个省(市)乃至整个国家的企业状况,可以了解行业分布、企业结构、发展速度、网点布局等情况,进而为各级领导制定政策提供依据。作为一种报告文书,它与机关公文的报告写法相同。

（1）标题

标题一般包括单位名称、时间和文种三部分。企业年检统计分析报告的标题,有时可

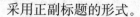

采用正副标题的形式。

（2）正文

正文的开头，应该简述年检情况以引起正文。正文的主体，是分析部分。分析要根据写作要求，紧扣主题，结合具体情况，围绕重点安排内容、展开分析。分析的重点可以是一个，也可以是几个。重点确定后，要有针对性地采用数字和文字相结合的方法，展开深入的分析。分析过程中，要注意客观因素的分析、主观因素的分析和主客观因素相结合的分析。企业年检统计分析，常用的方法是围绕重点，逐项或逐层展开。正文的结尾，企业年检统计分析报告，一般不必有一个独立的结尾部分，可以是文章的分析文字一完，便自然结束。

此外，专业文书还包括停业整顿决定、经济合同监督检查文书、经济合同仲裁文书、经济监督检查文书等。

总之，管理者必须具备广博的知识、敏锐的分析问题的能力和果断的意志，才能作出正确的决策。这其中经济、法律、科技和心理学的相关知识是最基本的知识，辩证思维的方法则是根本的认识方法和工作方法，公文写作则是基本技能。经济学的理论知识中，供求关系理论是基础之基础，市场和政府调节理论是核心内容之一。在实际的管理工作中必须十分清楚这两种调节手段的不同作用和机制，综合且灵活地运用两种机制。现代市场经济是一种法治经济，管理者必须掌握、熟悉基本的法律知识，包括行政法规、市场经济法规、社会保障法、刑法、国际法等知识。好的管理者必须具备哲学（辩证法）的头脑，勤于、善于用唯物辩证法的规律、范畴分析问题，唯物辩证法中最根本的是矛盾分析法，具体问题具体分析是这一方论体系的灵魂。管理者不仅管物、管钱，最重要的是管人，所以管理者必须十分了解人的心理规律，掌握人的心理机制。人类已经进入高科技时代、知识经济时代，无论在微观的个人层面、中观的企业层面，还是在宏观的国家层面，科技创新能力已经成为核心竞争力的主要指标。管理者必须洞察这一时代特点，充分认识科技创新在管理工作中的地位，掌握科技创新的规律，推动科技进步。最后，管理者还要具备一种基本技能，即各种文书的写作，包括公务文书、事务文书、经济文书、专业文书等。

参考文献

[1] [美] 迈克尔·波特. 竞争优势. 北京:华夏出版社,1997

[2] [美] P. F. 德鲁克. 有效管理者. 北京:中国财政经济出版社,1988

[3] [美] 斯蒂芬·P. 罗宾斯. 管理学(第四版),北京:中国人民大学出版社,1997

[4] [美] 哈罗德·孔茨,海因茨·韦里克. 管理学(第九版). 北京:经济科学出版社,1993

[5] [美] 安妮·玛丽·弗朗西斯科,巴里·艾伦·戈尔德. 国际组织行为学. 北京:中国人民大学出版社,2003

[6] [美] 斯蒂芬·P. 罗宾斯. 组织行为学(第七版). 北京:中国人民大学出版社,2002

[7] [美] 弗雷德·R. 戴维. 战略管理(第八版). 北京:经济科学出版社,2001

[8] [美] 彼得·圣吉. 第五项修炼——学习型组织的艺术与实务. 上海:上海三联出版社,2000

[9] [美] D. A. 雷恩. 管理思想的演变. 北京:中国社会科学出版社,1995

[10] [美] 斯坦雷·M. 戴维斯. 企业文化的评估与管理. 广州:广东教育出版社,1991

[11] 徐康宁. 现代企业竞争战略——新的规则下的企业竞争. 南京:南京大学出版社,2001

[12] 徐康宁. 网络环境下的企业兼并与营销研究. 南京:南京大学出版社,2005

[13] 黄凯. 战略管理——竞争与创新. 北京:北京师范大学出版社,2008

[14] 邱斌,张少勤,张纪凤. 市场营销学——基本原理与经典案例. 南京:南京大学出版社,2005

[15] 李廉水. 管理学——基础与技能. 北京:气象出版社,2009

[16] 仲崇高. 管理学. 苏州:苏州大学出版社,2009

[17] [法] H. 法约尔. 工业管理与一般管理. 周安华,等,译. 北京:中国社会科学出版社,1982

[18] [德] M. 韦伯. 新教伦理与资本主义. 于晓,译. 上海:上海三联书店,1987

[19] [加] H. 明茨伯格. 经理工作的性质. 孙耀君,译. 北京:中国社会科学出版社,1986

[20] [美] A. D. 钱德勒. 看得见的手. 上海:商务印书馆,1987

[21] [美] A. 奥肯. 平等与效率. 王奔洲,译. 北京:华夏出版社,1999

[22] [美] A. 德赫斯. 长寿公司. 王晓霞,译. 北京:经济日报出版社,1998

[23] [美] C. I. 巴纳德等. 经理人员的职能. 孙耀君,译. 北京:中国社会科学出版社,1997

[24] [美] D. A. 雷恩. 管理思想的演变. 孔令济,译. 北京:中国社会科学出版社,1997

[25] [美] D. 肯尼迪. 美国企业文化. 黎红雷,译. 广州:广东高等教育出版社,1989

[26] [美] E. 弗莱姆. 增长的痛苦. 李剑峰,译. 北京:中国经济出版社,1998

[27] [美] F. W. 泰罗. 科学管理原理. 曹丽顺,译. 北京:中国社会科学出版社,1984

[28] [美] F. 卡斯特. 组织与管理:系统与权变的方法. 傅严,译. 北京:中国社会科学出版社,2000

[29] [美] G. 索罗斯. 开放社会——改革全球资本主义. 上海:商务印书馆,2001

[30] [美] K. 盖尔西克. 家族企业的繁衍. 北京:经济日报出版社,1998

[31] [美] H. 孔茨. 管理学. 郝国华,译. 北京:经济科学出版社,1993

[32] [美] H. 西斯克. 工业管理与组织. 段文燕,译. 北京:中国社会科学出版社,1985

[33] [美] H. 明茨伯格. 战略历程:纵览战略管理学派. 刘瑞红,译. 北京:机械工业出版社,2002

[34] [美] I. 爱迪生. 企业生命周期. 赵睿,译. 北京:中国社会科学出版社,1997

[35] 张文昌,于维英. 西方管理思想发展史. 济南:山东人民出版社,2007

[36] 苏勇. 当代西方管理学流派. 上海:复旦大学出版社,2007

[37] 方振邦. 管理思想百年脉络:影响世界管理进程的百名大师. 北京:中国人民大学出版社,2007

[38] 亚当·斯密. 国富论. 上海:商务印书馆,1987

[39] [美] 罗宾斯,库尔特. 管理学(第七版). 孙健敏,译. 北京:中国人民大学出版社,2004

[40] 周三多. 管理学(第二版). 北京:高等教育出版社,2007

[41] 乔忠. 管理学(第二版). 北京:机械工业出版社,2007

[42] 王焕忱,李廉水. 现代管理与科技管理. 南京:东南大学出版社,1993

[43] 芮明杰. 管理学——现代的观点. 上海:上海人民出版社,1999

[44] 杨文士. 管理学原理(第二版). 北京:中国人民大学出版社,2004

[45] 王凤彬. 管理学. 北京:中国人民大学出版社,2004

[46] 李维刚,白瑗峥. 管理学原理. 北京:清华大学出版社,2007

[47] 徐二明. 企业战略管理. 北京:中国经济出版社,1998

[48] 解培才. 企业战略管理. 上海:上海人民出版社,2002

[49] 陈忠卫,王晶晶. 企业战略管理. 北京:中国统计出版社,2003